尼耳斯·玻尔集

第四卷

周期系

1920-1923

J·汝德·尼耳森 编 戈 革 译

华东师范大学出版社

上海市版权局著作权合同登记　图字：09－2010－703 号

1922 年的尼耳斯·玻尔

译 者 说 明

1. 本书作者可以说是科学史上一位"大名垂宇宙"的人物. 他的生平,见本书第一卷所载其得意门生雷昂·罗森菲耳德撰写的《传略》;他的科学-哲学思想应该由科学史界和科学哲学界进行广泛深入的讨论和研究,所以在此不以个人的一己之见加以评论.

2. 本书所收的文章和书信,除英文者外,还附有丹麦的或其他语种的原文. 译本主要据英文部分译出(有些书信只有德文本或法文本,也分别译出),其他语种的原文,一律略去不排,以省篇幅. 德、法文部分的翻译,得到许多同志的大力协助,已分别标出,以示感谢.

3. 人名译法:有通用译法者尽量采纳通用译法,但也有少数例外;索引中已有者,正文中不再附注原文. 人名译法尽量做到了全书(所有各卷)一致.

4. 中译本排列次序一依外文版原书。

5. 外文版原书中的少数印刷错误或明显的笔误,都在译本中作了改正,一般不再附注说明.

6. 中译本中的边码均为外文版原书中的页码.

7. 中译本中的脚注参照外文版原书,中译者注另行标出。

8. 表示量、单位的符号一般照录原书,不强求与现行标准相合。

第四卷前言

正如在第三卷前言中所谈到的,尼耳斯·玻尔在 1918 年到 1923 年底这段时间内的研究具有一种双重的目的:发展一种逻辑合理而又合用的量子论和确定原子的结构,并从而解释各元素的物理性质和化学性质. 在第三卷中,提供了玻尔主要为处理量子论而制订的论文和稿本. 本卷包括的是他的处理原子结构问题的论文和稿本. 这些是和包括在第三卷中的论文密切相关的;因为,正如玻尔所反复强调的,为了理解现象,理论是必要的,而另一方面,为了提示一种理论,仔细地研究现象也是必要的.

在 1920 年到 1923 年这一期间,虽然对量子论的不足之处玻尔越来越明了,但是他对原子结构的解释却在这一期间达到了一个顶峰,而且对物理学和化学的发展产生了深远的影响.

既然编入本卷中的某些最重要的论文起初是作为演讲提出并保留了讲稿的形式的,补充着实验资料的辛苦分析的那些数学计算(大多数都相当简单)一般就没有包含在这些论文之内.

也像在第三卷的情况一样,本卷分为两编. 第一编包括已发表的论文和一些未发表的稿本,前面有一篇引言. 第二编提供引言中引用了的那些信件的原文本. 少数几封丹麦文的信件都附有(英文)译文. 虽然这些信件中未经引用的部分可能和玻尔关于原子结构的工作关系不大或毫无关系,但是它们却是玻尔参加讨论了 20 年代初期向物理学家们提出挑战的大多数问题的一种证据.

在这一卷的准备工作中,我们曾在各方面得到 D·H·D·罗莱尔教授、E·鲁丁格尔和 K·斯托尔岑伯格的专门意见的协助. L·玛德森女士和俄克拉何马大学打字社曾经提供了精心的打字稿. S·赫尔曼夫人在从尼耳斯·玻尔文献馆取得和准备材料方面,以及在她的出版服务及广泛校订稿件方面都提供了无可估价的协助. 印刷工作仍是由北荷兰出版公司很精巧地完成的.

J·汝德·尼耳森

　　本研究所愿意对卡尔斯伯基金会的持久不衰的慷慨支持表示感谢；这种支持对于本书本卷的编辑印行也像对于以前各卷的编辑印行一样是具有决定重要性的.

　　　　　　　　　　　　　　　　　　　　　尼耳斯·玻尔研究所

目　　录

第一编　原子结构

IX

第二编　通信选(1920—1924)

第一编 原子结构 >>>> 1

引　言

J·汝德·尼耳森

　　尼耳斯·玻尔《论线光谱的量子论》一文的前两部分是在 1918 年发表的[*]；他在该文的引论中宣称，该文还将包括另外两部分，第三部分处理多电子元素的光谱理论，而第四部分则处理这些元素的原子结构和分子结构.虽然玻尔花了许多精力来修改他的第三部分的早期底稿，但是 1918 年以后几年中的量子论的发展却是如此之快，以致他无法完成修改工作，从而第三部分就在 1922 年在原始的形式下发表了[**].但是，《玻尔集》第三卷的大部分是处理所想到的主题的.《论线光谱的量子论》的第四部分从来没有完成[***].在一定意义上，本卷可以说包含了当在 1918 年宣布第四部分的主题时所或多或少模糊地想到的一部分材料.

　　玻尔的进展起初是缓慢的，但是，在将近 1920 年的年底时，重要的进展开始以较快的速率出现了.在描述这些进展以前，我们将通过玻尔通信中的少数摘录来阐明当这一发展刚刚开始出现时他的观点是什么.

　　在 1920 年 6 月 18 日，鲁道夫·拉登堡写信告诉玻尔说，他曾在哈雷的本生会议上作了有关原子结构和周期系的报告：

　　　　而且在讨论中提出了关于您的（从 1913 年以来）确定元素中电子排列的尝试和考塞耳于 1916 年提出的排列建议之间的差别问题.我现在能否问问您对考塞耳的概念有些什么想法？他的概念是：卤族元素 F、Cl、Br、I 在它们的简单化合物中（例如在和碱金属相化合时）将通过俘获单独一个电子而采取外层有八个电子的那种特别稳定的稀有气体组态，正如碱金属通过失去一个电子而采取那种组态一样……确实，在我看来，玻恩关于卤族元素

---

　　[*]　见第三卷原第 65 页.
　　[**]　见第三卷原第 167 页.
　　[***]　其片段底稿见第三卷原第 185 页.

及硫的电子亲合势的计算,就是这种观念的有力支持……或者,您是否仍然
更喜欢您那认为稀有气体的外壳层中有两个电子的老看法呢?……

玻尔于 1920 年 7 月 16 日给拉登堡写了复信. 既然这封复信很清楚地表明
了他在 1920 年年中前后的观点,我们现引用信的译文如下:

亲爱的拉登堡教授:

　　在回复您的亲切来信时,我必须首先深表抱歉;由于形势所迫,我迟至
现在才能回信. 至于所询我对各元素的原子构造的看法,我必须承认我认为
任何观念都还没有足够肯定得使我们能够采取一个确定的立脚点. 无论如
何,就这一点来说,我的早期论文中的那些考虑必须看成一种试探性的摸
索. 问题的困难特别在于如何合理地利用所提出的不同电子组态来解释所
谈元素的化学性质. 事实上,这不但取决于组态的几何特点,而且首先取决
于它的稳定性质. 且不谈从许多方面强调了的电子环假设在解释晶体性质、
带光谱、电离电势等等时所遇到的那些困难,仅仅由于不够稳定,这种假设
看来就是应该放弃的,从而我们就不得不考虑原子中电子的更加复杂得多
的运动. 但是,直到这种运动的某一确定事例已经被彻底研究了为止,特别
是到它在稳定性质方面被彻底研究了时为止,看来要就这种运动在化学性
质问题上的应用表示最后的意见总是困难的.

　　至于您那个关于稀有气体的原子构造的特殊问题,我相信考塞耳那样
的考虑并不像人们初看起来所倾向于相信的那样是一种有分量的论证,而
且我认为这一问题只有当进行了更加透彻得多的考察之后才能解决,而这
样的考察是至今还没有作出的.

　　我为这些论述的形式简略而深致歉意,不过我希望它们是表示了我的
观点的倾向的. 致以亲切的问候.

您的忠实的

N·玻尔

拉登堡于 1920 年 8 月 27 日致函感谢玻尔的复信,并且写道:

　　……我完全同意您的看法,稳定性的考虑是起决定作用的. 但是,只要
人们还不能说出关于电子运动细节的任何肯定的东西,我却相信,根据关于
各元素的化学性质和物理性质的大量实验数据并借助于周期系,人们是能
够得出某些预备性的结论并叙述某些要点,即能用的假说的……在目前,我

发现稀有气体组态的稳定性的化学理由是使人信服的……*

在 1920 年 9 月 29 日，克喇摩斯通知拉登堡说玻尔早已起草了给他的复信，但是他因为一直没能抽出时间来修改信稿，而且他现在又已经去短期休假，所以他要求克喇摩斯把信稿寄去. 玻尔在这篇信稿中写道：

在答复您的亲切来信时我愿意首先指出，尽管，……我认为……我们对运动的条件和稳定性还了解得不够，还不足以对电子组态问题作出决定，但是我当然同意您的观点，即试着用化学现象所提供的类例来进行工作是极其有用的，而且在这方面我对考塞耳的和别人的工作评价很高；但是，我感到自己因为一个信念而十分谨慎，那就是，化学稳定性的解释这一整个问题毕竟不能看成主要是一个几何学的问题，而却必须设想成一个动力学的问题……**

正如在第二卷和第三卷中所提到的***，在 1916 年秋天，玻尔和克喇摩斯曾经对氦原子的结构和力学进行了广泛的计算. 特别说来，他们曾经发现了两类不同的定态，他们相信这两类定态就能解释观察到的这一元素的两个不相组合的谱项组的存在. 玻尔在 1919 年 4 月间访问莱顿时曾对这一工作进行了简略的说明，但是它的发表却是被推迟了的.

在 1919 年，A·朗德发表了一篇关于氦的结构的论文（Phys. Zeitschr. **20** (1919)228），这篇论文至少在表面上是和玻尔及克喇摩斯的工作相似的. 这就导致了玻尔和朗德之间的重新通信. 在 1920 年年初，朗德把他的"未公开稿"的摘录的样本寄给了玻尔，而玻尔在 2 月 24 日的一封信中感谢了他；在这封信中，玻尔简略讨论了朗德关于氦的工作和克喇摩斯及他自己的关于氦的工作之间的不同. 他写道：

……我们文章的发表可惜比我当时设想的拖延得更久****，因为克喇摩斯的康复比我所希望的历时更长，而且因为我在这一期间曾经不得不忙于其他工作. 现在我又在做这些方面的工作了，从而我希望……搁置了这么久的克

*　信的全文见本卷原第 712 页.
**　信稿全文见本卷原第 713 页.
***　见第二卷第三编第 6 节和第三卷原第 3 页.
****　[玻尔提到了致朗德的一封长信，日期为 1919 年 6 月 26 日.]

喇摩斯和我自己的关于氦光谱的联合著作都将很快地问世……　*

　　在 1920 年 4 月间,玻尔和朗德在柏林见了面;当时玻尔在那里对德国物理学会发表了演讲†.在 7 月 25 日,朗德在致玻尔的一封信中附寄了一篇打字稿,标题为《论立方原子("Würfelatome")、周期系和分子结构》;他写道,该文

　　……总结了我关于空间原子结构的动力学的研究,并由此得出了一系列推论……如果您感兴趣,我将很高兴亲自来哥本哈根向您报告……††

　　在 7 月 29 日,玻尔邀请朗德对哥本哈根物理学会发表演讲.朗德在 10 月间来了,并且关于具有空间对称性的原子发表了演讲,而且和玻尔及克喇摩斯讨论了氦的问题.虽然玻尔不能接受朗德的计算,但是和朗德进行的讨论却无疑地给玻尔关于多电子原子结构的工作提供了动力.

1. 玻尔在哥本哈根物理学会发表的演讲(1920 年 12 月 15 日)

　　大约在朗德来访的同时,玻尔对哥本哈根的某些同道提到他已经找到了氦的亚稳态的一种解释,从而他就在 1920 年 12 月 15 日对物理学会发表了演讲.这篇演讲代表了玻尔在解释多电子原子结构的努力方面的一个里程碑.这篇演讲从来没有印行过;但是尼耳斯·玻尔文献馆中却有一篇手写稿,显然是在发表演讲以后不久向 O·克莱恩口授的.这篇底稿相当粗略;其中一部分是用铅笔写的,缺少两页,而且稿子显然未经玻尔改正过.此外还有两个片段,标有"Fysisk Forening 1920"(物理学会,1920)字样.其中一份包括三页打字稿和一页手写稿,并标有"Nogle Betragtninger over Atomernes Bygning"(关于原子构造的若干考虑)的字样;相信这是打算用作演讲的引论,而且可能是在发表演讲以前写成的.另外一份包括 $2\frac{1}{2}$ 页打字稿,标有"Om vort Kendskab til Atomerne"(我们的原子知识)字样;这可能是为相同的目的而准备的,而且很可能是在演讲以后写成的.这两份残稿的译文见本书原第 44 页和原第 46 页.

　　玻尔在他的演讲的前半部分中讨论了关于原子结构和对光谱及 X 射线谱

---

　　*　信的全文见本卷原第 719 页.
　　†　见第三卷原第 241 页.
　　††　信的全文见本卷原第 720 页.

的诠释的早先的工作,而且提到了一些悬而未决的问题和困难.他承认了具有空间对称性的原子模型的必要性:

　　……具有重大意义的就是,正如玻恩和朗德所指出的,存在一些具有立方体对称性的可能的电子运动,它们是和量子论的假设相容的,而且显得是可以根据量子论原理来确定其定态的.玻恩和朗德被引导着研究了这样的可能运动,并不是从各元素的化学性质的考虑出发,而却是从他们的关于晶体结构、特别是关于晶体压缩率的考察出发的.

他对朗德表示了感谢:

　　在朗德近来发表的一篇论文中,他曾指出通过引用一个假设可以在很多情况下得到数量级上的符合;这一假设和索末菲用来解释 L 辐射的起源的那种假设相类似,就是说,在正常态中,较外电子的运动对应于用 $n=2$ 来表征的点状原子的定态……在通过朗德于今年 10 月间在哥本哈根物理学会发表的演讲得悉这一工作〈关于金刚石的结构〉以后,我曾经想到或许能够从一些简单观点对这一初看起来颇为特别的假设作出一种合理的解释.

玻尔接着开始了演讲的第二部分,它是从一些简单的计算开始的,这些计算表明,某些态在力学上是可能的.这就解释了正氦的亚稳态,并导致了这样的假设:锂原子和钠原子中的价电子是束缚在 $n=2$, $k=1$ 的轨道上的.他指出,这就意味着他在 4 月间在柏林发表的一篇演讲(Z. Phys. **2**(1920)423)中的一个图上给出的钠定态的量子数必须修正.他也指出,$n>1$ 的椭圆轨道上的电子可能透入较内电子的区域之内,并从而变得比氢中具有相同量子数的电子束缚得更紧些.他谈到了较外电子和较内电子之间的一种耦合,并强调了这一新的、多少有点模糊的概念的重要性.他推测,碳原子包含两个像仲氦中那样的交叉的 1 量子轨道上的电子,以及四个也许具有四面体组态的 2 量子轨道上的电子.他假设这四个电子按照规律性的时间经过它们的近核点,而不是像在玻恩和朗德的模型中那样同时经过近核点:

　　……首先必须强调,这些作者完全没有考虑原子中不同电子层之间的耦合的影响,从而就把他们的关于可能组态的论证仅仅建筑在……对称性质上面了……但是,……我们就在最突出的方式下看到,这种耦合是对各元素的性质起着决定性的作用的……当像在朗德的和玻恩的论文中那样对较

8

内电子的出现并未特别加以考虑时,就不可能提出任何理由来排除和氢的正常态相类似的一个态……

在演讲的结尾处,玻尔很简略地考虑了氮、氧和氯的结构.他假设了头两个电子是在等价的具有不同空间取向的 1 量子轨道上运动的,并且推测了其余的电子将是在等价的 2 电子轨道上运动的,但是他意识到,五个、六个或七个这样的轨道不能分布得像在两个、三个或四个这样的轨道的情况下那样对称.

9   ……但是,很难确定应该赋予这一事实以多大重要性;因为,正如已经指出的,我们认为较内电子和较外电子之间的耦合的存在是具有头等重要性的,而较外电子的对称性则是起着第二位的作用的……

有趣的是他当时没有提到关于第二周期中最后一种元素即氖的结构的任何问题.

玻尔的 1920 年 12 月 15 日的演讲中那些新观念的主要关键,就在于他给某些态的排除以及主量子数大于 1 的电子轨道在原子正常态中的出现找到了解释.正如在 1921 年 2 月 14 日致朗德的一封信所表明的[*],当朗德于 1920 年 10 月间访问哥本哈根时,玻尔就已经和他讨论过这种解释了.在这些新观念中,最重要的也许是这样一种认识:$n>1$ 的椭圆轨道上的电子可以透入较内电子的区域中而和它们相耦合.

玻尔的意图是要发表一篇建筑在这篇演讲中所表示的那些新的洞察上的关于原子结构的综合性论文.例如,他在日期为 1920 年 12 月 3 日的一封致朗缪尔的信中写道:

……随信附上我的一篇演讲的抽印本,这是我在 4 月间在柏林发表的一篇演讲.这里包含了关于线系光谱问题的普遍讨论,而却只是稍稍触及了原子的内部结构;但是,这一问题将在一篇新的论文中很详尽地加以处理,这篇论文的抽印本我希望不久即可寄奉……[**]

在上面提到的 1921 年 2 月 14 日致朗德的信中,他写道:

……我现在相信,正如我当时告诉您的那样,人们不能仅仅达成原子正

---

[*] 信的全文见本卷原第 721 页.
[**] 信的全文见本卷原第 725 页.

常态中多量子轨道的一种自然的解释,但是,同一论证的详细制订,已经以一种自然而然的方式把我引导到了关于原子中这些轨道的完全确定排列的一条假设.诚然,这种排列显示了显著的空间对称性,但它并不属于你所建议的那种运动类型,而却可以用下列叙述来最好地加以表征:原子中的每一个电子,在一定意义上是独立于其他电子而运动的.我已经将这一观点发展成一种原子结构理论⋯⋯而且我打算很快就在一篇综合性的文章中报道这些颇为详尽的结果⋯⋯

克喇摩斯在 1921 年 2 月 28 日致朗德的信中谈到,玻尔打算用德文发表这篇论文[*].

2. 原子结构,致《自然》的信
(1921 年 3 月 24 日)

这时,为了筹备新的哥本哈根理论物理学研究所,玻尔是很忙的.在 1921 年的大部分时间内,他都操劳过度而且他的健康也受到了影响.因此,他没有能够完成拟议中的文章.但是,在 1921 年 2 月 14 日,他给《自然》期刊写了一封相当长的信;这封信在 3 月 24 日发表了(Nature **107**(1921)104);他在信中简略叙述了他的 1920 年 12 月 15 日演讲中的主要结论,以及从那时以来的两个月中所得到的结果.其所以选择《自然》作为发表的媒介是由于当时在该刊上进行了关于原子结构的讨论,在 1920 年 11 月 25 日,诺尔曼・坎普贝耳曾经指出了两种原子结构观念之间的矛盾:一种是建筑在线系光谱的量子论诠释上的,另一种是为了说明各元素的物理性质和化学性质而发展起来的.他的意见是,这种表观上的矛盾性可能并不真实,而却可能起源于量子论原理特别是对应原理的形式性.玻尔在他的信的开头处对这种看法表示了异议:

> 从而在这封信中我就愿意简略地说明,看来怎样能够通过这一原理的引申应用来克服某些基本的困难,这些困难是一直包括在依据量子论对有核原子的应用来发展一种原子构造的普遍理论的那些尝试中的.

尽管他在演讲中不曾讨论氯以后的任何元素中电子轨道的排列,现在他却提出了一切惰性气体中的下列电子分布:

---

[*] 信的全文见本卷原第 723 页.

$$氦(2_1) \qquad\qquad 氪(2_18_218_38_2)$$

$$氖(2_18_2) \qquad\qquad 氙(2_18_218_318_38_2)$$

$$氩(2_18_28_2) \qquad\qquad 氡(2_18_218_332_418_38_2)$$

此处大号数字代表从最内部算起属于各组的电子数,而小号数字则代表每一组内电子轨道的总量子数.

他还假设,在稀土族中,

我们可以……看到原子中那种地方的包括三十二个电子的一个较内电子组的逐步形成,在那里,对应的组中起先只具有八个电子.

11 在铁族、钯族和铂族的情况,出现八个电子一组的各个形成阶段,但其条件却更加复杂,因为该组离原子的表面更近一些.在信的末尾,玻尔谈到一种更加完备的阐述很快就将发表,而且他表示这种阐述还将处理各元素的其他性质,特别是磁性质.

写给《自然》的这封信见本书的原第71页.

1921年3月24日这封信在《自然》上的发表,引起了相当数量的信件往还.玻尔把这封信的一份底稿寄给了朗德,朗德在2月21日写道:

非常感谢寄示尊稿,此稿对未来的原子理论将具有最大的重要意义.在我看来,直到您的详细阐述问世时为止,在原子理论方面进行进一步的理论工作似乎是毫无意义的.因此我愿意建议,请让我把您致《自然》的信保存一段时间,以便我能够把它译成德文并尽快地寄给《物理学报》(Zeits. f. Phys.);这样,德国物理学家们也就能够尽快地得悉您的新进展了……*

几天以后(2月28日),克喇摩斯代表玻尔回答了朗德的建议:

……关于您的盛情倡议,即把致《自然》的信译成德文并把它例如发表在《物理学报》上,他相信那将是欠妥当的.事实上,这封信只应该看成是对目前正在《自然》上进行着的关于原子结构的讨论的一篇投稿,而且,假如把它在别的地方单独发表,那就会显得太自命不凡了,这尤其是因为,关于稿

———————————

* 信的全文见本卷原第722页.

中那些新观念的论证,事实上还完全没有发挥出来,此外,玻尔教授希望在几星期之内对有关课题完成一篇详细的德文论文……*

在 1921 年 2 月 22 日,玻尔把他致《自然》的信的一份副本寄给了索末菲. 索末菲在 3 月 7 日的一张明信片上承认已经收到:

> 多谢寄赐您的致《自然》的信. 它显然代表 1913 年以来原子结构方面的最大进展. 正如您在 1916 年所做的那样,我已经在它的影响下撤回了我已经寄给《物理学报》(Zeitschr. f. Phys.)的一部分稿件. 在那一部分稿件中,关于在原子内部系统地增大的量子数在原子表面上可能怎样减小,我曾经表示了一些想法. 但是您现在牢固地将此事具体化了……**

一件有趣的事实是,不久以后,玻尔关于这一点的看法就变得相反了.

在 4 月 25 日,索末菲给玻尔写了一封长信. 信的一部分谈到了玻尔的欠佳的健康,这使他放弃了到哥廷根的旅行;索末菲曾经希望在哥廷根更详细地了解玻尔的新观点,以便把这些细节纳入他的《原子结构和光谱线》一书的新版中. 他在这封信中写道:

> ……肯定地,我充分确信您的方法是正确的;如果像所指明的那样,你能够数学地重建各周期中的元素种数 2、8、18……,那么这事实上就是原子物理学中最大胆的希望的实现. 但是我却有足够的异端倾向,以致相信有一天这将以一种更不形式化而更加统一的方式得以实现……***

在 1921 年 4 月 18 日,A·汝宾诺维兹在感谢了玻尔寄赠论文抽印本、特别是致《自然》的信的抽印本以后写道:

> ……虽然这封致《自然》的信并没有让我们看到您现在又一次为我们打开的那一奇境的更精致的细节,而只是预示了这些细节,但是我却相信,由此已经足以意识到我们通过您的工作又被引领到了一个峰顶,从那里,我们可以眺望作为一种清晰而美丽的谐和统一体的广阔原野……****

---

* 信的全文见本卷原第 723 页.
** 明信片的全文见本卷原第 740 页.
*** 信的全文见本卷原第 740 页.
**** 信的全文见本卷原第 733 页.

12

　　1921 年 2 月 7 日,当时刚刚在布雷斯劳接替 Cl·歇弗尔担任了理论物理学教授的 E·薛定谔,(用英文)写了信向玻尔索取致《自然》的信及其他论文的抽印本.他附寄了他自己的一篇论文(Z. Phys. **4**(1921)347)的抽印本.在即将结束时,他写道:

　　……我现在正主持一个关于原子模型的讨论班,因此你可以想到我得到你的那些重要论文会是多么感激的,这特别是因为,索末菲的美好著作(目前在德国这当然是我们在一切原子问题方面的标准著作)在许多方面正如你所知道的那样是和你自己看待问题的那种最使人神往的方式相差很大的……*

玻尔在 6 月 15 日回复了这封来信.在谈到薛定谔的论文时,他写道:

　　……附带提到,很久以前我自己就采用了完全相同的考虑;例如,在去年 12 月间对哥本哈根物理学会发表的演讲中(我在那里提出了致《自然》的信中所指明的那些关于周期系的解释的结果),我作为例证报道了,为了精确地重新得出锂的锐辅线系的各个谱项,这样一种球形分布的半径所必须具有的值.由于工作过度,我很不幸地还没有能够发表关于这一演讲内容的综合论述.但是,我现在正试着重新开始工作,并且希望在今后几星期内完成这样一篇供发表的文章……**

很自然的是,化学家们对玻尔在《自然》上发表的信特别感兴趣.在 1921 年 6 月 25 日,K·法扬斯给玻尔写信说:

　　……在您致《自然》的信中宣布解开了周期系之谜,这使我们这些化学家们心中充满了特别大的期望.当我们一旦熟悉了许多种元素中的电子组态时,我相信许多化学问题就将以完全新的面貌出现了.事实上,只靠认为一切碱金属卤化物的离子(除 Li^+ 以外)都具有相同结构的这一假设(这条假设通过您关于一切稀有气体中 8 电子壳层的论断,可以认为已经证明),就已经导致了许多出人意料的澄清……***

---

　　* 信的全文见本卷原第 737 页.
　　** 信的全文见本卷原第 738 页.
　　*** 信的全文见本卷原第 691 页.

在 1921 年 7 月 19 日,玻尔写信感谢 W·考塞耳寄赠论文抽印本,他并且写道:

  ……也许您已经从索末菲处听说,我因工作过度而身体不适.但是,我现在又开始工作了,而且我希望在今后几星期内完成一篇报告,来阐述我在致《自然》的信中简略报道了的关于原子结构的观点.我用不着告诉您,我在这一工作中是怎样依靠您的概念的.如果我长期以来对您的原子价理论有所保留,那是由于我相信自己看到了在把它和原子结构图景详细地协调起来时的巨大困难.但是,现在我相信已经看出如何在和作为量子论之应用基础的理论处于最美好协调的情况下来表述原子价理论了,而且我正在盼望着很快就能够把我的详细论述寄给您……

玻尔在他的信的末尾提到了他在 1914 年夏天和考塞耳在慕尼黑的会晤,而且表示因为考塞耳近来已经移居离哥本哈根不远的基尔而感到高兴.

考塞耳于 8 月 15 日给玻尔写了复信.

  ……现在我们都极其迫切地想了解您在致《自然》的信中已经宣布的惊人进展.我用不着说它们对我是如何特别重要的;我已经很仔细地研习了您的信,并且已经为《物理消息》(Physikalische Berichte)准备了一篇评述.因此,使我特别高兴的是,我们能够指望很快地看到您关于这一课题的完整阐述,而且也使我很高兴的是,您发现从您的普遍观点看来我试图从化学现象和其他现象得出的那些结论是有用的……*

3. 我们现在的原子知识(1921 年)

不是在 1920 年底就是在 1921 年初,玻尔为一般的读者们写了一篇文章,题目是《我们现在的原子知识》;该文于 1921 年 4 月 30 日在《展望》上刊出(Die Umschau **25**(1921)229).此文的译文见本书原第 83 页.

4. 索尔威报告的后半部分(1921 年)

1921 年 3 月 3 日,哥本哈根大学理论物理学研究所宣告落成(见第三卷原

---

* 信的全文见本卷原第 708 页.

第 283 页).玻尔曾经答应出席 1921 年 4 月间在布鲁塞尔召开的索尔威会议并提出一篇报告《论量子论对原子问题的应用》.但是,由于工作过度和健康欠佳,他没有能够前往布鲁塞尔(而且也取消了去哥廷根和剑桥的旅行).玻尔把他的报告的第一部分寄给了 P·艾伦菲斯特,而艾伦菲斯特向会议提交了这份材料(见第三卷原第 364 页).他在好几封信中都许诺把这一报告的第二部分寄给 H·A·洛伦兹,但是,在撰写中,这一部分变得太长了,于是他在 1921 年 9 月 1 日就写信告诉洛伦兹说他不能完成这一部分,并建议在《会议纪录》中只发表第一部分,结果就这样做了.(见第三卷原第 364 页.)在 10 月 10 日,他通知艾伦菲斯特说他正在撰写一篇关于原子结构的新的长篇论文(见第三卷原第 630 页).

在尼耳斯·玻尔文献馆中,有好几份稿件代表着索尔威报告部分 B 的或致艾伦菲斯特的信中所提到的那篇新的长论文的一些部分.虽然这些稿件上没有标明日期,但是稿件的内容却表明它们是在 1921 年的夏天和秋天写成的.其中一份包括六页打字稿,标题是《玻尔教授的报告第二部分的简单摘要》.这一标题和最后一页下部的一个括号注解表明,这份稿子是由玻尔的一个合作者撰写或记录的,这个人或许是克喇摩斯.这份稿子代表所谈报告的一份计划.在最后一页上,曾两次提到了 3 月 24 日的玻尔致《自然》的信,而且给出了和信中相同的惰性气体中电子轨道的排列.其中两页上的叙述似乎有互相不一致的地方.在第 3 页上曾经假设,碱金属正常态中的线系电子描绘一个 2 量子轨道($n=2, k=1$).这一点在最后一页上重复叙述了,而且在那儿明确地说到,在钠中,

　　……价电子又将束缚在 2 量子轨道($n=2, k=1$)上,正如在锂中一样.

另一方面,在前面一页上却谈到,在核电荷较大的原子中,第 11 个电子是在 3 量子轨道上运动的.这份稿件[的译文]见本卷原第 91 页.

另一份稿子的标题是《B. 原子构造. §1. 各元素线系谱的诠释.原子束缚电子的过程的普遍考虑》.这份稿子包括 32 页打字稿,其开头处说:

　　既经〈讨论了〉关于量子论普遍原理的考虑,现在我们将回到在本报告开始时提到的实际原子中各粒子的排列和运动的问题……

这份稿子显然是打算用作索尔威报告第二部分的第一节.例如,在第二页上曾经提到"本报告的第一部分",而在以后的两三页中则把该部分叫做"部分 A".而且,还用数字表示了索尔威报告第一部分中的一些方程.

这份稿件涉及的课题包括：X 射线谱的起源，线系光谱理论，有心运动，透入性轨道，以及通过椭圆轨道的旋进假设来解释双重谱线结构的尝试．碱金属原子正常态中价电子的量子数被假设为 $n=2$、$k=1$．这份稿件似乎是大约两年以后写的两篇论文《论量子论对原子结构的应用 I 和 II》(见第三卷原第 455 页和原第 501 页)的一种早期稿本．其最后一句是：

　　……正如我们在以下各章中即将看到的，关于逐步束缚电子而形成原子的那种过程的考虑，把我们引导到了关于原子正常态的构造和稳定性的一种观点，这种观点在似乎提供了诠释各元素化学性质的周期律的适当基础的同时，实际上是满足了这一要求的〈即同时存在各种形状的轨道的要求〉．

这份稿件[的译文]见本卷原第 100 页．

　　第三份稿子包括 22 页打字稿，标有《§2. 氦》的字样．这份稿子的一大部分，被用来说明玻尔和克喇摩斯关于氦原子结构的早期工作．这种工作的结果是用了尽可能少的数学来给出的．公式只写出来而没有推导．解释了正氦的亚稳态，提到了 T·赖曼和 H·弗瑞克关于 585Å 处紫外氦谱线的发现．(这一结果发表于 Science 56(1922)167，但是玻尔在该文发表以前就已经得到了发表此文的消息，或许是从弗瑞克那里得到的．)然后就把注意力转向了氦原子正常态的新模型，即假设它包含两个等价的、近似圆形的 1 量子轨道，其平面之间的夹角为 60°．稿中提到克喇摩斯正在研究这种模型，并且给出了它的能量的初步值．

　　正如一些打印错误所表明的，这份稿子没有校改过．当用到索尔威报告的这一节中或以前各节中的公式时，或者省略其编号或者用空白括号来代表．稿子的第 11 页上有一个公式写成 $\sigma = \omega \dfrac{9}{32} h/P^5$，这在量纲上是错误的．这个公式已改成 $\sigma = \omega \dfrac{9}{16} h^3/P^3$(见 1922 年 6 月间在哥廷根发表的第四篇演讲的方程(73)，本卷原第 383 页)，而且后来的一两个公式也相应地进行了改正．打印错误也进行了改正，而且试着首尾一贯地对公式进行了编号．这份稿子[的译文]见本卷原第 122 页．

　　第四份稿子包括 11 页打字稿和大约 25 页的手写稿，其标题是《论周期系第二*周期中的元素》．它看起来比这一组中的其他稿件更早一些．这份稿子的大

17

————————

　　* [稿中写的是"第一周期"，但这是和玻尔及别人通常所用的术语不一致的．]

约四分之三的篇幅是处理的锂. 这一元素的光谱被在一定的详细程度上进行了讨论. 稿中指出, 除了 S 序列中的谱项以外, 一切 Li 谱项都和氢谱项相差很小. 得到的结论是, 这是由于, 即将被束缚在锂原子中的第三个电子不能容纳在 1 量子轨道上, 而是

> ……在锂的正常态中, 最后一个束缚电子的轨道将对应于这些原子〈即氢和氦〉中某一原子中的一个电子的中间束缚阶段.

没有给这一轨道提出主量子数的任何确定值, 这一轨道被假设为包括若干个相等的圈线, 其中每一圈线都近似于一个开普勒椭圆.

在打字稿件的最后两页上, 简略讨论了第四、五、六个电子的束缚过程. 既然当时还不知道铍、硼、碳的光谱是怎样的, 稿中就只能很试探性地谈到了这些电子的被束缚的效应, 它们被束缚在一种

> 变了形的有心轨道中, 其类型和第 4 个电子不存在时的第 3 个电子的轨道相同.

完全没有提到 N、O、F 或 Ne. 手写的部分大都是很难辨认的. 但是这里讨论了 N、O、F 和 Ne, 也讨论了"透入性轨道"和"耦合"之类的概念. 打字稿[的译文] 见本卷原第 140 页.

其次一份稿子包括五页打字稿, 其标题是《§4. 对应原理》. 前四页叙述了应用于多周期体系的这一原理. 在最后一页上谈到, 在 §5 中即将证明, 虽然多电子原子中的运动要复杂得多, 但是对应原理却仍能起到检查原子内部过程的指南的作用:

> 我们即将看到, 这就又导致一种原子构造图景, 它……将提供适于用以适应着包含在周期表中的那些结果来诠释各种特定性质的若干方面.

18 这份稿子[的译文]见本卷原第 148 页, 其中某些打印错误已经改正.

这一组稿件中的最后一份包括分别标有"第 V. 1 章"、"V₂2a"和"V 章 5"字样的三页, 和标有"V₂1—40"字样的另外 40 页*. 这些稿子都是手写稿, 其中部

---

* 这份稿子中用了"章"而不再用"节"; 这一事实表明它可能是在 1921 年 9 月 1 日以后口授的, 当时已经放弃了索尔威报告第二部分的交稿计划.

分地用了铅笔. 大部分是用的英文, 但约有四分之一用的是丹麦文. 少数的句子和改文是玻尔的手迹, 这显然是在口授过程中而不是在以后写上去的. 在页边上或某些页的部分上, 有一些粗略的草图和关于轨道大小或束缚强度的数字估计. 这份稿子进行了誊清, 丹麦文的部分被翻译了出来. 原稿上很不完全的标点得到了补充. 明显的笔误已经改正, 若干介词也进行了改动. 有五六个地方增加了少数用尖括号括起来的字句, 为的是使意义更加清楚一些. 很难辨认的字句用问号或底注标明. 周期系中各周期的编号也经过改动, 以便和通常的用法一致. 这份稿子[的译文]见本卷原第 152 页.

　　稿子的开头处讨论了第十一个电子的束缚情况. 讨论了钠光谱的各种谱项序列, 并且得出结论认为, 钠的正常态中的价电子是在量子数 $n=3$、$k=1$ 的透入性轨道上运动的(而不是像本组中较早的稿件所假设的那样 $n=2$、$k=1$). 稿中假设, P 谱项和 D 谱项的双重化, 是由较外轨道相对于较内电子系轴线的不同取向引起的. 参照周期系第三周期中各元素的光谱, 讨论了其次七个电子的束缚情况. 有趣的是, 这里提出的氩的电子组态和在 3 月间致《自然》的信中所提出的不同, 因为最外面的八个电子是被假设为在 3 量子轨道上而不是在 2 量子轨道上运动的. 在钾和钙中, 则假设最外的电子是束缚在 $n=4$、$k=1$ 的轨道上的. 但是, 在其次的第四周期中的各元素中, 3 量子圆形轨道可能束缚得更紧一些, 而且在铁族元素中假设发生了 3 量子组的一种转变, 这就引起这些元素的磁性质, 并造成这一周期中存在 18 种元素的结果.

　　关于第五周期中各元素的性质, 作出了相似的、尽管更不详细的诠释. 铷中的价电子被假设为在 $n=5$、$k=1$ 的轨道上运动, 而氙中最外面的两个电子组则被假设为在 4 量子轨道和 5 量子轨道上运动, 而不是像在 3 月间致《自然》的信中所建议的那样在 3 量子轨道和 2 量子轨道上运动的. 在第六周期中, 稀土元素的出现是通过原子内部 4 量子电子组的逐渐转变来解释的, 即从(三个亚组中的)18 个电子转变为(四个亚组中的)32 个电子. 氡的电子组态是按照致《自然》的信中所用的符号给出的, 即 $86(2_1 8_2 18_3 32_4 18_5 8_6)$. 这种组态和该信中所给出的组态在给最外面的两个电子组所指定的量子数方面是不同的.

19

5. 原子结构, 致《自然》的信
(1921 年 10 月 13 日)

　　正如《论周期系的普遍诠释》一稿所表明的, 到了 1921 年的秋天, 玻尔的原子结构观点已经大大扩充了, 而且也或多或少修订了. 在试图撰写一篇综合性的论文以供丹麦皇家科学文学院发表的同时, 他又给《自然》寄去了另外一封信. 在这封标明日期为 9 月 16 日而于 1921 年 10 月 13 日刊出的信中（Nature **108** (1921) 208），玻尔指出了自从他前一封致《自然》的信（1921 年 3 月 24 日）发表以来在用量子数来表征电子轨道方面作出的主要改变. 在那封信中，他曾经假设重元素中最外的电子是在用那样一些量子数表征的轨道上运动的，各该量子数等于甚至小于某些束缚得更紧并在离核更近处运动的电子的量子数. 这种假设的依据在于考虑了

> 位于较内电子组区域以外的那一较大的轨道部分.

但是，当考虑到包括透入性较内圈线在内的整个轨道的力学性质时，他就被引导着给较外电子指定了较大的主量子数，而且事实上是被引导到了这样的假设：当人们从一个电子组过渡到其次一个电子组时，主量子数永远增加一个单位.

> 例如，氡原子中最外"壳层"中的轨道就应该表征为 6 量子轨道，而不是表征为 2 量子轨道.

就如在前一封致《自然》的信中所做的那样. 第二封致《自然》的信[的译文]见本卷原第 175 页.

甚至在此信刊出以前，玻尔就把信的副本寄给了他的几个相熟的物理学家. 例如，他在 1921 年 9 月 16 日把副本寄给了索末菲和杰姆斯·弗兰克. 他在给索末菲的信中写道：

> ……在最近几个月中，我已经觉得好多了，而且我已经忙着完成一篇关于我的原子结构观点的综合性论文了……在工作过程中，我的观点已经变得清楚多了，而且甚至变得比我所敢于希望的都要简单多了. 现随函附上我刚刚寄给《自然》的一封信的副本；正如你将看到的，这封信在……一个本质问题上代表着一种修正和改进……*

他在同一天给弗兰克写了信，内容和给索末菲的信大体相同，而且他还说，他打算用这篇关于原子结构的论文来代替《论线光谱的量子论》的第三部分和第四部分. 他提到，Vieweg 公司已经承担了该文第一部分和第二部分的德译本的

---

* 信的全文见本卷原第 741 页.

出版工作,并且请求弗兰克替他找一位青年德国物理学家,来把即将由丹麦科学院用英文发表的新论文译成德文,以便该论文能够几乎同时用两种文字刊出 *.

6. 各元素的原子结构及其物理性质和化学性质,1921 年 10 月 18 日在哥本哈根物理学会和化学会的一次联席会议上的演讲

我们不知道玻尔到底在什么时候放弃了作为丹麦皇家科学院的研究报告来发表一篇关于原子结构的综合论著的计划. 但是,在 1921 年 10 月 18 日,他在和哥本哈根化学会的联席会议上向哥本哈根物理学会发表了一篇关于这一课题的演讲. 演讲辞的全文想必是在演讲发表之前或刚刚发表以后准备出来的,因为它恰恰在年底之前就在《物理时报》(Fysisk Tidsskrift **19**(1921)153)上刊出了. 这篇演讲辞于 1922 年的 1 月间由哥本哈根的 Jul. Gjellerups Forlag 出了单行本(玻尔序言所标的日期是 1921 年 12 月). 演讲辞很快就译成了德文,于 1922 年 1 月 3 日被《物理学报》所接受,而且不久就刊出了(Z. Phys. **9**(1922)1). 后来这篇译文作为第三篇论文被收入了《关于光谱和原子结构的三篇论文》(Friedr. Vieweg & Sohn, Braunschweig, 1922)中. 玻尔为此书所写的序文标明日期为 1922 年 4 月. 英译本是由 A. D. 乌登翻译的,并作为第三篇论文发表在《光谱理论和原子构造》(Cambridge University Press, 1922)中. 玻尔序文所标日期为 1922 年 5 月. 一年以后,一种法文本出现在《光谱理论和原子结构》(J. Herman, Paris, 1923)一书中. 英文《光谱理论和原子构造》一书的第二版是在 1924 年出版的.

在内容方面,这篇演讲和原第 99—174 页上的未发表稿件的主要差别在于对周期系中第二组元素给予了更大的注意,而且包括了关于 X 射线谱的简略讨论.

但是,写作的风格却是不同的. 在一篇相当长的引论之后,原子构造问题是通过提出一个问题来处理的,那就是:"可以怎样通过各电子在核周围的力场中被逐个俘获来形成一个原子?"答案主要是通过在化学性质和对应原理的指导下来分析观察到的光谱而得出的. 文中或多或少隐约地用到了一些假设,它们后来作为量子数的不变性和持久性公设**而被提了出来. 数学计算完全被省略了. 这无疑地使某些读者感到了困惑. 但是,显而易见的是,详细的计算对所考虑的大

21

---

　* 信的全文见本卷原第 693 页.
　** 参阅本卷原第 632 页和第三卷原第 473 页.

多数原子是无法进行的.略去的计算是关于束缚能量和有心运动性质的简单模型的大小的粗略估算.

演讲只包括一个插图,即采自 Z. Phys. **2**(1920)423 的已经过时的钠原子图示.在演讲发表以后,增加了三个小注,提到了晚近的论文.

其译文见本卷原第 183 页的丹麦文单行本和发表在 Fysisk Tidsskrift 上的文本基本上相同,只在分段方式和页码方面有些不同,而且还有一篇序文.

在《物理学报》(Z. Phys.)上刊出的德译本是一份仔细的、几乎逐字逐句的译本,它十分确切地传述了丹麦原本.文中增入了一个钠光谱的图示,其量子数已经修正,而且附有几行说明;另外,在第一页上有一条底注,简略叙述了论文的来源和安排.在一个地方,曾经增加了一个副句,提到了近期的工作.在若干地方用了斜体字来表示加重.

发表在《关于光谱和原子结构的三篇论文》中的演讲稿和在 Z. Phys. 上刊出的在若干方面有所不同.增加了四幅新图:钠和钾的电弧光谱图示以及镁和钙的火花光谱图示,氦、氖和氩的 X 射线能级,以及 1895 年由丹麦化学家尤里乌斯·汤姆森设计的周期表排法.此外还在四个地方增加了关于近期工作的引述,特别是关于 X 射线谱的近期工作的引述.其中一处提到了原子序数为 72 的未知元素应该是和锆及钍同族的.但是,此书有一篇后记("Nachschrift"),玻尔在那里提到了近来卢瑟福致《自然》的一封信(Nature **109**(1922)781);信中处理了 A.道维列关于稀土混合物的 X 射线谱的研究,这种研究表明第 72 号元素是一种稀土元素,而且是和一种叫做 celtium 的元素等同的,这种元素的存在以前曾由 G·乌尔班根据光谱学推测过.在后记中,玻尔企图把这一表观事实和他的原子结构观点调和起来.

《各元素的原子结构及其物理性质和化学性质》的英译本基本上和《三篇论文》中的德文本相当.但是二者在若干方面有些差异.英译本并不像德译本那样忠实于丹麦原文.这部分地是由于把丹麦文译成英文要比把它译成德文更困难一些,但是,正如玻尔在序文中所指出的,这些差异也是有意为之的.省略了某些内容,而增入了某些说法.不但在四个主要部分上加了标题,而且在小节上加了标题.文中再次提到,必须预期第 72 号元素是和锆及钍同族的.提到了 A.道维列的工作,按照这一工作,这一元素应该是一种稀土元素,但是,玻尔现在不是试图把这一结论和他的理论调和起来,而是对这一结论的正确性表示怀疑了.

《光谱理论和原子构造》一书于 1924 年出了第二版.玻尔在所标日期为 1924 年 5 月的序文中谈到,虽然自从第一版问世以来发表的作品已经对原子结构理论既提供了进一步的支持又在各种问题上揭示了困难,但他却曾经决定保留文章的原样,而只在附录中对后来的发展作一简略的说明.

这一附录中包括一张表,给出了周期系中将近半数元素的电子组态.表中包括了第 72 号元素,但未列入稀土族中,而且用的符号是 Hf(铪).此外,附录还包括五张图,给出了所选的将近二十种光谱的图示,另外的一张图则表示了不同的 X 射线能级随原子序数的变化情况.近期发表的碳的火花光谱表明,以前假设的这一元素的电子组态必须稍加修正.此外也简略提到了狄尔克·考斯特尔和乔治·德·希维思关于铪的发现.本卷所收的译文是根据《各元素的原子结构及其物理性质和化学性质》的 1924 年的英文第二版.

7. 在哥廷根发表的关于原子结构理论的 七篇演讲(1922 年 6 月 12—22 日)

23

玻尔曾经承诺于 1921 年夏天到哥廷根发表由沃耳夫斯开耳基金会主办的一系列演讲.但是,由于工作过度和身体欠佳,他不得不把这一工作推迟到下一年.

曾于 1921 年春天到过哥本哈根的 A·汝宾诺维兹也正在考虑于 1922 年春天到哥廷根住一段时间.玻尔于 1 月 3 日给他写信说:

听说您相信今年春天可能到这里来,这使我很高兴,而且如果您真能够考虑帮助我准备哥廷根讲稿,那就将是对我的很大帮忙……正如我已经告诉希维思的,我必须于 3 月间去剑桥演讲,那是我去年因病而没有去成的;因此,我将只有 4 月和 5 月的时间来准备必须在 6 月间到哥廷根去发表的演讲……[*]

在尼耳斯·玻尔文献馆中有七篇演讲的打字稿,是由鲁道夫·闵考夫斯基和另外一个人准备的[**].有三页打字稿似乎是这些演讲的未经使用的引论.还有五、六页是演讲中所给出的某些数据的计算.另外还有为演讲准备的 20 张幻灯片的一个表(手写的丹麦文).这些幻灯片已经不存在了,但是在三张纸上有其中 10 张幻灯片的印本,另外还有三张没有列在表中的幻灯片的印本.此外还有一份副本,其中六张已散失的幻灯片可能是根据这份副本制成的.

前三篇演讲处理了应用于氢及应用于外场对氢光谱的影响的线光谱量子论

---

[*]　信的全文见本卷原第 734 页.
[**]　[参阅 *Sources for History of Quantum Physics*, The American Philosophical Society, Philadelphia, 1967, p. 108.]

的基本原理. 第四篇演讲处理了多电子元素的光谱的一般面貌. 在这篇演讲的后半部分, 讨论了氦的光谱. 第五篇演讲处理了周期系第二周期中的各元素的结构, 并处理了钠原子的结构. 第六篇演讲处理了其余的一切元素的结构, 特别是处理了稀土族和铂族的解释. 演讲中说到, 原子序数为 72 的未知元素不应该是一种稀土元素, 而应该和锆具有相似的化学性质. 最后一次演讲用来讨论了 X 射线谱, 而且显示了采自考斯特尔的近期工作的氖、氩和氦的能级图.

这些演讲稿[的译文]见本卷原第 341 页.

24　　当从哥廷根回来以后, 玻尔在 1922 年 7 月 15 日给弗兰克写了一封长信:

> 我在哥廷根的整个停留, 对我来说是一种奇妙而有教益的经历, 而且我也无法形容我是多么为了每一个人对我表示的友谊而感到高兴. 特别说来, 我也很难形容我感到和您的关系多么密切, 以及我是多么感谢您在大大小小的事情方面给予我的帮助和同情……我正在同时给柯朗写信; 但是, 对于别的同道们和朋友们, 请转达我的问候和感谢……我以后将给玻恩写信, 那时我将更多地了解一些出版我的演讲的计划……

在第一段附言以后, 玻尔接着写道:

> 附言 2. 我所肯定知道的关于我的哥廷根演讲的唯一情况, 就是我在那里报道的若干结果已经是错误的了. 第一点就是第 72 号元素的构造; 该元素和我的预期相反, 到底被乌尔班和道维列证实为一种稀土元素了. 我在刚刚由 Vieweg 出版的一本小册子的后记中曾经提到了这一点, 也提到了哥慈的一篇论文. 另一点就是汞的光谱, 以及相同类型的光谱; 关于这些光谱, 我所出示的幻灯片上的那些量子数不能全部保留了. 另一方面, 我现在相信我已经得到了这些光谱的一种相当肯定的诠释.

弗兰克在 1922 年 7 月 29 日回了信:

> 多谢您的亲切而热诚的来信, 这封信和您寄给柯朗的信都同样使我们非常高兴. 假如我不曾受到各种情况的妨碍, 我就肯定会更早一些回信, 并力图表明您在这里花费的时间对我们意味着什么了. 除了其他事务以外, 我很不幸地必须和泡耳一起到柏林去参加我们的已故理事长汝本斯的葬礼. 他这么早 (57 岁) 就去世是很令人伤心的. 他得的是恶性白血病. 但是, 现在请让我说, 我们认为您在这里停留的每一分钟都是一份丰

厚的礼品,而且我们已经在希望您很快就会再到这里来,并且和您那亲爱
的夫人一起来……

在关于玻尔信中第一段附言的一番很长的讨论以后,弗兰克接着说,当他把一个
概念向爱因斯坦提出以后,爱因斯坦告诉他,他[爱因斯坦]持有相同的看法已经
一年多了.于是弗兰克接着写道:

　　　　……对于这样的概念来说,情况总是这样的:要么它是错的,要么玻尔
　　和爱因斯坦早就知道它了……

玻尔在哥廷根见到了相当多的德国物理学家,特别说来,他见到了几位青年 25
物理学家,其中包括 W·泡利和 W·海森伯.这些物理学家把这一系列演讲叫
做"玻尔的节日演出"("Bohr Festspiele").

8. 论周期系的解释,在瑞典乌普萨拉召开的第二届 北海地区物理学会议(1922 年 8 月 24—26 日) 上的演讲摘要

　　《论周期系的解释》这份摘要是由玻尔本人准备的.它于 1922 年在瑞典由
Edv. Berlings Boktryckeri A. - B 印行,而且在丹麦刊载在 Fysisk Tidsskrift **20**
(1921—22)112 上.摘要[的译文]见本卷原第 421 页.
　　玻尔在 1922 年 8 月 30 日写信给奥席恩说:

　　　　我愿意感谢你和你的夫人在乌普萨拉的有趣而成功的物理学会议期间
　　对我的一切盛意和款待.每次见面,我们都感到彼此在有关物理学基本问题
　　的观点方面是如此地接近,我真无法形容这是一件多大的乐事.
　　　　我借此机会寄给你一点点计算,这是由克喇摩斯针对外莱德所处理的
　　问题而作出的……

挪威物理学家 Th·外莱德* 在乌普萨拉提交了一篇关于相对论和原子物
理学的论文.

---

　　* 　陶尔斯坦·外莱德(1882—1969)从 1919 年到 1952 年在奥斯陆大学任讲师.他研究的是统计力学,
液体中的扩散和相对论.

9. 诺贝尔奖（1922 年）

　　在 1922 年,瑞典科学院把 1921 年度的诺贝尔奖授予了爱因斯坦,并把 1922 年度的诺贝尔奖授予了玻尔,以表彰他的关于原子结构和辐射的工作. 12 月 11 日,玻尔在斯德哥尔摩发表了他的诺贝尔演讲《论原子的结构》. 这篇演讲稿的丹麦文原本几乎同时在斯德哥尔摩(Les Prix Nobel en 1921—22, Norstedt & Söner, 1923)和哥本哈根(Jul. Gjellerups Forlag, 1923；Fysisk Tidsskrift **21** (1923)6)被印了出来. 德译本(Über den Bau der Atome, Naturwissenschaften **11**(1923)606,Springer,Berlin,1924)和英译本(The structure of the atom, Nature **112**(1923)29)不久也问世了. 这篇演讲辞[的译文]见本卷原第 467 页.

　　诺贝尔演讲具有相当广泛而普遍的性质. 玻尔在开始时说:

　　　　……我曾经想到,我将是按照诺贝尔基金会的传统而行动的,如果我把这次发言组织成近年以来出现在那一物理学领域中的发展的一种综述,而这里所谈的工作就是属于那一领域的……

　　在演讲的结尾处,玻尔能够宣布考斯特尔和希维思已经成功地确立了第 72 号元素在各种含锆的矿物中的存在,这样就证实了这一元素并不是一种稀土元素. 在印出的演讲辞的一条底注中,玻尔提到考斯特尔和希维思已经能够获得这一新元素,其纯度允许人们进行它的原子量的初步测定；他们建议(按照哥本哈根的拉丁名称 Hafnia)将这一元素命名为铪(hafnium).

　　当在斯德哥尔摩的宴会上接受了诺贝尔奖以后,玻尔发表了下列的致辞(此处是译文):

尼耳斯·玻尔在斯德哥尔摩宴会上接受了 诺贝尔奖以后的致辞

　　当我站起身来,对于瑞典皇家科学院[Kungl. Svenska Vetenskapsakademien]通过授予我以本年度诺贝尔物理奖而给予我的巨大荣誉表示我深深感到的谢意时,我很自然地想到要强调阿弗瑞德·诺贝尔的伟大基金所依据的那种科学的国际性. 这对我来说是尤其自然的,因为我所以能够曾经很幸运地对物理科学的发展作出一点点贡献,就在于将对于我们有关自然界的知识的一些贡献结合起来,这些贡献要归功于不同国家的研究者们,他们是在很不相同的科学传统中成长起来的.

在世纪交替期间的那些伟大的实验发现中,来自许多国家的研究者们都起了如此杰出的作用;当这些发现给了我们一种进入原子结构中的不曾预料的洞察时,我们首先要感谢英国学派的伟大研究家约瑟夫•汤姆孙爵士和欧内斯特•卢瑟福爵士,他们已经作为想象力和敏锐洞察力能够怎样看透经验的多重性而把自然界的简单性暴露在我们眼前的光辉范例,而把自己的名字铭刻到科学史上了.另一方面,在揭开对直接观察者隐蔽着自然规律的帷幕方面,一直是人类最有力的臂助之一的抽象思维,在应用所得到的关于原子结构的洞察来解释我们的感官可以直接觉察的各元素的性质方面也曾经具有决定的重要意义.在这一工作中,许多国家的人们也曾经作出了重要的贡献;但是,通过他们的抽象而系统的研究来首先教导了我们的,却是伟大的德国科学家普朗克和爱因斯坦;他们教导我们,适用于支配着元素性质的各原子性粒子的运动的那些定律,是和人们一直企图用来整理自然现象的观察结果的那些定律有着本质上不同的性质的.

我很侥幸地能够成为这一发展的一个阶段上的连接纽带,只不过是许多例证中的一个例证,这种例证表明了科学界中在不同人类条件下发展着的研究工作的尽可能密切交流的富有成果.

但是,当一个丹麦科学家在这样一个场合置身于斯德哥尔摩时,他却不应该仅仅想到科学的国际性,而且应该同样充分地想到各个北欧国家之间的精神合作,这是我们全都不仅仅在科学范围内感觉到的.试图描述科学以及丹麦的研究工作对过去和现在的瑞典科学家们的重大感谢,这是很诱人的工作,但是,这就会说来话长,即使是只限于描述今晚出席的瑞典自然科学的杰出代表们的最重要的贡献,他们的工作在各种方面对于原子研究也是有过基本重要性的.因此,我将只提到一位瑞典物理学家,即伦德的黎德伯教授,他的揭示光谱定律的天才工作对于加深我们的原子知识,同样对于由我所作出的贡献,都曾经具有如此巨大的重要性.

为了再一次深深感谢瑞典科学院通过授予我以诺贝尔奖而给予我的和给予丹麦科学的荣誉,我愿意在这次宴会上建议,为了科学进展的国际工作的迅猛成长而干杯,这种成长在这种在许多方面很可悲的时代中是人类生存的光明点之一;特别说来,我也建议为北欧各国的科学友谊而干杯,这些国家尽管有其独特的区别,却感到它们自己是由亲属关系而如此密切地联系在一起的.

玻尔在 1922 年 11 月 11 日写信给爱因斯坦说:

……在颁发诺贝尔奖方面我竟然得以和您相提并论,这对我来说确实是一种……最大的荣幸和喜悦.我知道自己是多么不够格的,但是我愿意说,我曾经感到最为幸运的是,您对于我在里边工作的那个更专门的领域所作出的基本贡献——完全抛开您对人类思想界的伟大贡献不谈——也像卢瑟福和普朗克的贡献一样,在我被考虑授予这样的荣誉之前就得到了承认,而且也是十分公开地得到了承认……

玻尔的信在日本寄到了爱因斯坦手中,于是他就在1923年1月10日在轮船"榛名丸"上写了复信:

您的热诚来信在我即将离开日本时寄到我的手中.我可以毫不夸张地说,这封信正像诺贝尔奖那样地使我高兴.我发现特别感人的是您曾担心在我之前获奖——这确实是"玻尔式的"作风.您的关于原子的最新研究陪伴了我的旅行,而且它们使我对您的思想的喜爱变得更强烈了……

玻尔收到了许多物理学家的贺信.这里将摘录其中的一些.
A·汝宾诺维兹在11月10日写道:

……当然,这对我们来说并不是任何的意外之事;任何人,即使是道听途说地知道您的工作的人,都会在很早以前就乐于授予您以诺贝尔奖了.即使像上面说到的那样,这是最高的荣誉之一,但是,对于您以一种独一无二的方式开创和追求了的那许多进展来说,这毕竟只是科学界对您的巨大感激的一种微薄表示而已.现在我们将为了曾经有幸和您结识而多么自豪啊……*

R·拉登堡在11月12日写道:

……我愿意借此机会告诉您,您那些关于原子结构的探索,对我们科学界的整个物理思想和物理知觉曾经有过多么无与伦比的重要意义;多年以来,我们这些您的同行们几乎没有一天不讨论由您的工作所提出的那些问题……**

29

---

* 信的全文见本卷原第735页.
** 信的全文见本卷原第714页.

期发射和氢光谱的类型完全相同的光谱,只除了黎德伯恒量要换成九倍的值.尽管作出了艰苦而持久的努力,包括近年以来在哥本哈根物理实验室中作出的努力,这种光谱和单电荷锂离子的光谱却还没有被观察到.特别是后一光谱对于检验所作出的诠释氦光谱的理论努力将有巨大价值,因为在这种锂离子中我们处理的是力学上和中性氢原子相似的一个体系*.产生这些光谱的困难无疑是和一个情况密切相关的,那就是,中性锂原子中的两个电子要比第三个电子束缚得紧密得多,这是由锂的化学性质清楚地表明了的.这一点也可以由锂的普通线系光谱的考虑推得,这种光谱属于在上述演讲中讨论过的了解得很清楚的碱金属光谱.在那里已经指出,量子论给适用于碱金属蒸气的吸收光谱的定律以及适用于电子撞击引起的这种蒸气的辐射和电离的定律提供了一种简单解释.在下面,我们将更详细地讨论可以由它的光谱得出的关于锂原子正常态的结论.

当过渡到原子序数更高的元素时,我们应该预期出现许多和原子中不同电子的逐个束缚过程相对应的不同类型的线系谱.但是,这些光谱中的大多数并不能用我们目前的实验手段来直接观察,因为还不能制备同时失去了它们的许多电子的那种原子.至今为止,除了起源于中性原子的黎德伯型的普通线系光谱,我们只能肯定地确立所谓火花光谱的存在,它们的线系公式属于由否勒最初研究了的那种类型.但是,除了这些光谱以外,在原子序数较高的元素中还出现所谓 X 射线谱,它们的起源和线系光谱的起源大不相同,而且它们的结构也是不同的,因为它们并不具有由其频率收敛于确定极限的无限多个谱项所构成的线系.这些射线谱并不是当若干个电子被从原子中取走时才出现的,它们的发射是本质地和单独一个内部电子转移到原子中另一轨道上的过程相联系着的.这一点,也许可以最清楚地从用电子轰击来引起 X 射线的实验中看出.例如,在量子论的早期形式下已经可以证明,产生穿透性最大的所谓 K 辐射的 X 射线所需的能量,恰好和从一个体系中把电子带到无限远处时所需的能量同数量级,该体系包含一个和所考虑的原子序数相对应的[正]电荷和单独一个电子,并且处于正常态;可以预期,这一能量和取走其中一个最内部的电子时所需的能量同数量级.这一观点也和不久以后在摩斯莱的基本研究中发现了的关于 X 射线的简单定律相一致.但是,摩斯莱给出的 X 射线谱的公式比人们随便倾向于预期的公式更加近似于按照理论由一个核和单独一个电子所发射的那种光谱.例如,摩斯莱发现,不但 K 辐射的最强谱线可以相当精确地由简单的氢光谱公式给出,这时

---

* 这是索末菲和考塞耳⟨Verh. d. D. phys. Ges. **21**(1919)⟩提出的关于线系光谱的普遍"位移法则"的一个例子;按照这一法则,必须预期一种元素的电弧光谱和周期系中其次一种元素的火花光谱之间存在一种相似性,这种预期在许多情况下曾被发现是和经验相符的.

H・A・洛伦兹在 12 月 10 日用英文写道：

亲爱的玻尔教授：

　　请允许我为了今天授予你的崇高荣誉而向你表示最衷心的祝贺. 肯定地, 任何物理学家都不比你更配获得这种荣誉, 而且我也很高兴地听到瑞典科学院通过授予你以诺贝尔奖而表示了对你的工作的普遍赞赏；通过你的工作, 我们对大自然的理解曾经得到了如此奇妙的深化, 致以亲切的问候.

你的忠实的
H・A・洛伦兹

P・艾伦菲斯特于 1922 年 11 月间写信给玻尔夫人道：

　　当我得悉爱因斯坦和尼耳斯已经获得 1921 年度和 1922 年度的诺贝尔奖时, 我真感到一种巨大的纯粹的喜悦.

　　我从内心深处祝您幸福, 而且首先是祝你们两位和你们的孩子们以及和你们亲近的人们都很健康——想到你们的幸福的家, 实在使人高兴……*

艾伦菲斯特于 1923 年 2 月 13 日给玻尔本人写了一封长信.
　　P・S・艾普斯坦在 1922 年 12 月 23 日写道：

　　……曾经有幸在您那辉煌的原子论大厦方面参加过工作的那些较亲近的同道们, 即使是在微不足道的规模上参加过工作的, 也早就承认了您的工作的宏伟意义, 但是, 更广泛范围内的人们不能再忽视其重要性, 这毕竟是值得庆幸的……**

在 1922 年 12 月 23 日, 弗兰克在致玻尔的一封长信中写道：

　　……除了那份可怜的贺电以外, 我早就想给您写一封长信, 来告诉您我们在这里是怎样因为您终于获得了当之无愧的诺贝尔奖而欢欣鼓舞了. 人们因为您和爱因斯坦同时获奖而普遍地感到喜不自胜. 人们看到, 一个委员

30

---

* 信的全文见本卷原第 683 页.
** 信的全文见本卷原第 688 页.

会有时还真能作出明智的决定来……*

10. 铪的发现(1922 年)

在 1922 年 4 月间,玻尔在即将载入《三篇论文》中的《各元素的原子结构及其物理性质和化学性质》的文本中加了一个小注;他在这条小注中说,原子序数为 72 的未知元素不应该是一种稀土元素,而应该在化学性质上和锆相似. 在 5 月间,A·道维列和 G·乌尔班发表了两篇短文(C. R. **174**(1922)1347, 1349);他们在文中宣称,已经在两种稀土元素镥和镱的混合物中通过它的 X 射线谱发现了第 72 号元素,而且已经把它鉴定为和一种叫做 celtium 的元素相等同,该种元素的存在是早先由乌尔班推测过的,在同一个月中,玻尔在《各元素的原子结构及其物理性质和化学性质》的英文本中加了一个小注;他在这条小注中提到了道维列和乌尔班的文章,但是他现在对他们的结果的正确性表示了怀疑,并且指出,接受他们的结果将导致严重的困难,而且会违反

在其他方面为普遍的一条法则,那法则就是,当在周期表中从一种元素过渡到下一种元素时,原子价的增加永远不超过一个单位.

但是,在 1922 年 6 月 17 日,卢瑟福在《自然》上发表了一篇短文,《一种缺失元素的鉴定》(Nature **109**(1922)781). 他在文中翻译了道维列和乌尔班的短文,而且显然承认了他们的发现. 这就引导玻尔在《三篇论文》中加了一篇后记,在后记中他指出了道维列和乌尔班的宣称的后果. 在他还没能看到卢瑟福的文章以前在哥廷根所作的第六篇演讲中,玻尔简单地提到第 72 号元素必将具有和锆的化学性质相似的化学性质,"如果我们的原子结构观念是正确的".

检测 72 号元素并解决其化学性质问题的最直接的方法是利用 X 射线谱学;而且,完全抛开这一问题不谈,X 射线谱学也是检验玻尔的原子结构理论的一个重要领域.

玻尔早在 1920 年夏天就和青年荷兰 X 射线谱学家狄尔克·考斯特尔有过接触,而且不久以后就把他推荐给了瑞典伦德的马恩·席格班**. 考斯特尔在席格班的实验室中度过了将近两年的时间. 在此期间,玻尔的研究所中已经得到了

31

---

* 信的全文见本卷原第 698 页.
** Manne Siegbahn(1886—1978),瑞典物理学家. 于 1923 年任伦德大学教授. 由于 X 射线波谱学的工作而获得 1924 年度诺贝尔奖;从 1937 年到 1964 年任诺贝尔研究所所长.

适当的 X 射线波谱学设备,于是考斯特尔就在 1922 年秋天转到了哥本哈根. 甚至在他来哥本哈根以前,考斯特尔就把一些论文寄给了玻尔,请他在发表之前给以审定和校订. 因此,当玻尔知道了《自然》上卢瑟福的短文时,他去征求考斯特尔的意见就是很自然的了. 他在 1922 年 7 月 3 日写道(用的是丹麦文,因为考斯特尔在长期住在瑞典并多次访问哥本哈根以后,当时已经懂得丹麦文了):

> ……从哥廷根回来以后,我在 7 月* 17 日的《自然》上发现了一篇卢瑟福的短文,这篇短文您也许看过了;文中提到了关于把原子序数为 72 的元素鉴定为和 celtium 等同的道维列和乌尔班的某些短文. 如果您能来信告诉我,您对道维列有关 X 射线谱线的鉴定的可靠性有什么看法,我将是极为感谢的. 这问题是最为有趣的,因为如您所知,原子结构的观念看来要求原子序数为 72 的元素具有和稀土元素所显示的很不相同的化学性质. 问题看来是相当清楚的,但是人们当然永远要对复杂性有所准备. 它们可能起源于这样一种情况:我们遇到的是两个较内电子组的同时发育.

考斯特尔于 7 月 15 日从乌得勒支写了详细的回信,表示对道维列的声明并不确信. 第二天他在海牙见到了席格班,而且他立即从那里写信告诉玻尔说,刚刚在巴黎访问过道维列的席格班已经授权他说明:

> 如果道维列宣称他的样品中有 0.01%(百分之一的百分之一)的第 72 号元素,那么人们必须承认他所拍的底片和这一点并不矛盾——但是这同样地也不肯定……**

不久以后,考斯特尔寄给玻尔一份稿子,并且请求他尽可能快地转给《哲学杂志》. 他附寄了关于道维列的工作的另外一篇短文. 玻尔于 8 月 5 日写信给考斯特尔说:

> 我已经将您的论文寄给弗兰西斯……我从您的信中删去了关于致《自然》的信的提法……和您一样,我也确信人们几乎不能认为道维列的结果有多大重要性. 但是我想,在没有机会亲自考察道维列的底片或乌尔班的样品的情况下,您是很难根据对他的其他实验研究的考虑来直接地和公开地对

32

---

* ［应该是 6 月 17 日.］
** 信的全文见本卷原第 677 页.

道维列的结果表示怀疑的.

我在同一批邮件中也给卢瑟福发了信,完全私下地把您和席格班对道维列结果的可靠性的怀疑告诉了他……*

在考斯特尔来哥本哈根以前,玻尔已经从奥尔·封·外耳斯巴赫那里得到了稀土元素的样品,并得到了供应更多这种样品的许诺. 在哥本哈根,考斯特尔得到了玻尔的老朋友杰出化学家乔治·德·希维思的指导和协助.

如上所述,玻尔在 1922 年 12 月 11 日已经能够在诺贝尔演讲的结尾处宣称,考斯特尔和希维思已经成功地在各种锆矿石中检测到了第 72 号元素的存在,这就证实了它不是一种稀土元素. 考斯特尔和希维思在几篇短文中宣布了他们的发现(Nature **111**(1923)79, 182, 252, 462). 在 1923 年 1 月 20 日刊出的第一篇短文中,他们写到:

对于这种新元素,我们建议命名为铪 (Hafnium, 按 Hafniae = Copenhagen).

希维思发表了关于新元素的制备和化学性质的一些论文. 当元素已经制备得足够纯时,在玻尔的研究所中工作的 H·M·汉森和斯文·沃尔诺就测定了它的光学光谱. 他们的包括紫外谱域在内的第一篇论文是在 1923 年 3 月 10 日发表的(Nature **111**(1923)322). 在样品中没有发现乌尔班谱线中的任何一条谱线.

11. X 射线谱和元素周期系(和 D·考斯特尔合撰,1923 年)

在考斯特尔到达哥本哈根以后不久,他就和玻尔合写了一篇关于 X 射线谱和周期系的论文. 论文于 1922 年 10 月底完成,于 11 月 2 日由《物理学报》收到,并于 1923 年 1 月底刊出 (Röntgenspektren und periodisches System der Elemente, Z. Phys. **12**(1923)342). 这篇论文[的译文]见本卷原第 519 页.

论文的第一节用来简略叙述了玻尔关于原子结构的观念,而且列出了一个表,包括在大约四十种元素中假设了的电子轨道的类型. 第 72 号元素也包括在内,但仍然标明为未知的. 在论文的第二节中,给出了从镁到铀的 48 种元素的已知 X 射线谱的分类. 一个表给出了除以黎德伯恒量的谱项值,而另一个表则给

---

* 信的全文见本卷原第 678 页.

出了这一比值的平方根. 对于每一个能级,都指定了一个符号 n(k_1, k_2). 对应于能级之间的组合的谱线是对于 $\triangle k_1 = \pm 1$、$\triangle k_2 = 0$，± 1 而出现的. 这些根据实验数据确定的能量值在 §3 中进行了讨论. 在 §4 中,作出了利用"内"、"外"屏蔽常数和一个相对论改正项来在理论上估计能级的尝试. 在其次一节中,将经验的 X 射线能级和原子结构理论进行了比较. $k_1 = k_2$ 的能级被称为"正常"能级,而 $k_1 \neq k_2$ 的能级则称为"反常"能级. 每一个反常能级被认为和两个正常能级形式地有关.

　　例如,这些能级中的每一个能级都和一个具有相同的 k_1 值的正常能级一起出现在原子中,而且二者的屏蔽常数也相同. 另一方面,它也和一个具有相同 k_2 值的正常能级相联系着,因为二者具有相同的相对论项,如果不考虑出现在这些项中的有效核电荷的差别的话. 这种事态就引导人们到受激原子两个相邻亚组中的电子运动之间的密切相互作用那里去寻找这些反常能级的根源……

但是作者们却强调指出,能级多重结构的完备解释,在目前的理论状态下是无法给出的. §6 处理了能级对原子序数的依赖关系. 这种依赖关系是用两张图来表明的. 在某一电子组被假设为完成了的那些元素处,各条摩斯莱曲线显示了急剧的斜率变化,而且在理论预言了出现新型轨道的原子序数处,出现了新的能级.

拉登堡曾经请求玻尔同意,在一本书中发表他于 1922 年 6 月间在哥廷根给出的各元素中电子轨道的分布表;玻尔在 1922 年 12 月 23 日写信给拉登堡说:

　　……我唯一关心的是它们要正确……我现在愿意更加慎重地对某些问题表示我的意见;有一张我认为更值得维护的表已包括在我和考斯特尔合写的一篇关于 X 射线谱和周期系的论文中,该论文在几星期内即将在 Z. f. Phys. 上刊出. 您在该文中也可以找到关于 X 射线能级数目问题的一种见解,这问题现在还不能认为已经解决了……*

在一封日期为 1923 年 3 月 14 日的致 J·C·马克楞南的信中,玻尔写道:

　　……在考斯特尔博士和我本人合写的关于 X 射线谱和周期系的论文

34

————————

*　信的全文见本卷原第 716 页.

中,你将在 p. 344 上找到一张表,这张表对电子组态给出了一个概貌;就我所能相信的来说,这是目前的理论状态为之提供了可信基础的. 在那张表中,已经对一些元素标明了不确定号,那里的光谱学证据不足以确定最高量子数的各组中的电子数. 但是,有鉴于近几年来的光谱学的迅速进步,人们可以希望不久就能够不但解决这些问题,而且得到关于表中所缺的那些元素的确切结论……*

12. 线光谱和原子结构(1923 年)

1922 年 12 月 16 日,H·考诺恩写信给玻尔,问他是否准备给《物理纪录》的"祝寿专号"写一篇文章,哪怕是一篇很简略的文章;那一专号是编辑部和出版社打算用来庆祝 1923 年 3 月 16 日的 H. 卡伊塞尔七十寿辰的. P·塞曼、W·尤里乌斯、M·席格班、C·荣芝、F·帕邢以及别的一些人已经答应供稿. 如果玻尔能够于 1 月底把文章写好,那就是够快的了. 考诺恩接着写道:

> ……我借此机会对一件事表示我的喜悦和满意,那就是,本年度的诺贝尔奖已经授予了那样一个人,他对光谱学的贡献是必须和达尔文对生物学的贡献相提并论的,如果可以引用我从 1913 年以来的说法的话.**

玻尔在 1922 年 12 月 23 日接受了考诺恩的约稿,但他没能如期交稿,从而35 他就于 1923 年 3 月 13 日写信给考诺恩说:

> 我十分抱歉,没有能够按照约定的日期寄上卡伊塞尔专号的稿件. 拖延的原因倒不是我有多少别的工作负担,而最主要的是我在撰写文章本身的过程中遇到了科学上的困难,从而我不得不花许多时间来澄清我的概念……

他寄去了文章的前四节,并且答应在几天之内再寄出最后两节(正在打印中). 撰写文章的工作使他得到许多乐趣

> 因为它使我有机会再一次重新考虑许多新老问题并且从一个统一的观

---

* 信的全文见本卷原第 729 页.
** 信的全文见本卷原第 702 页.

点来把它们弄明白. 对于最后两节尤其是这样,那里的问题本来在许多方面是处于混乱之中的……*

玻尔也附寄了一封给卡伊塞尔的祝贺信,信中表示为文章的延期而致歉. 他不愿意把信直接寄给卡伊塞尔,因为他不清楚卡伊塞尔是否知道《物理纪录》出版专号的计划. 玻尔于 4 月 4 日交了其余部分的稿件. 他在给考诺恩的信中写道:

> ……正如在我的上一封信中所提到的,延期是由主题方面的工作所造成的,这种工作逐渐导致了原来计划的短文的完全改变. 就是说,我意识到了,不讨论较深入的原子结构问题而对线系光谱理论作出满意的形式阐述是何等地困难. 就目前的事态来看,我对您的约稿所给予我的准备这篇论文的促进,是很感谢的……**

两天以后,在 1923 年 4 月 6 日,玻尔写信给考诺恩说他已把校样寄还给印刷所,并且接着说:

> ……我在整个这件事情中的行为无疑地显得很特别,但是我在并不企图为自己辩解的同时可以向您保证,只有到了现在,当文章已经完成时,我才明白它可能多么不适应它的目的. 在一个人当企图澄清自己关于所处理问题的想法时所经常发生的那些困惑的影响下,阐述的形式逐渐地改变了和扩大了,而且我在最近的一个月中不得不搁置了一切其他的工作和责任,来彻底把这篇文章写完.***

36

这篇论文(Linienspektren und Atombau, Ann. d. Phys. **71**(1923)228)是和编入第三卷中的若干论文密切相关的,特别说来,是和不多几个星期以前发表的《论量子论对原子结构的应用. I》(Z. Phys. **13**(1923)135)密切相关的;在那篇文章中,第一次提出了现在这篇论文所不可缺少的量子数的不变性和持久性的形式公设. 这一公设想必是由玻尔在企图诠释所观察到的光谱时酝酿出来的;特别说来,它要求在一个组或亚组中增加一个电子时一般并不会改变组中已有的各电子的量子数.

---

　* 信的全文见本卷原第 703 页.
　** 信的全文见本卷原第 704 页.
　*** 信的全文见原第 705 页.

这篇论文的最后一节处理的是复杂光谱;这一节可以看成在也已编入第三卷的未发表稿件《论量子论对原子结构的应用. II》中所给出的对这一课题的处理的较早文本. 另一方面,正如玻尔在他于 1923 年 4 月 4 日致考诺恩的信中所指出的,曾经运用了玻尔于 1921 年到 1922 年间发展起来的关于各化学元素的结构的详细观点. 这就是之所以将这篇文章编入第四卷而不编入第三卷的理由. 在论文的第 344 页上*,给出了大约四十种元素中的电子轨道类型表,这张表和玻尔与考斯特尔合撰的论文中所给出的表相同,只除了已经填入 Hf(铪)来代替原子序数为 72 的元素,以及 71 Lu(镥)已经换成 71Cp(镏)而 86Nt(氡)已经换成了 86Em(射气). 论文包含大约二十多种所选的光谱的八张谱项值图示. 图中标出了量子数 nkj,也标出了有效量子数 n^*.

这篇论文[的译文]见本卷原第 611 页.

13. 氦问题(1916—1923 年)

在企图确定氦原子的结构并解释两种完全分离的光谱的存在时,玻尔和克喇摩斯在 1916 年秋天进行了大量的计算. 他们考虑了两个电子的相互干扰并且求得了两类不同的轨道,它们可能分别表示正氦和仲氦. 这一工作并没有为发表作好准备. 在尼耳斯·玻尔文献馆中,有大约 200 页的手写计算稿. 虽然其中有些是标了日期的,但是把它们整理清楚却将是困难的,从而并没有把它们编入著作集中. 但是,这些计算的结果却在玻尔的已发表和未发表的一些论文中以及在他的许多信件中提到了.

在 1919 年,A. 朗德建议了氦原子正常态的一种可能的结构,而在 1919 年和 1920 年期间玻尔和朗德之间就进行了有关问题的一些通信. 在他 1920 年 12 月 15 日对哥本哈根物理学会发表的演讲中,玻尔已经能够解释正氦的亚稳态,并且能够在对应原理的基础上说明氦的旧式环模型必须放弃了. 在刊于 1921 年 3 月 24 日《自然》上的信中,他在一个表中指出,在氦的正常态中,两个电子都是位于 1_1 轨道上的,但是他没有讲明细节. 标题为《§2. 氦》的那份未发表的稿子是在 1921 年的某个时候写的,而且起初显然是打算纳入索尔威报告的第二部分中的;玻尔在这份稿子中给出了他和克喇摩斯的早期工作的一个轮廓(参阅本卷原第 122 页). 他提到,T·赖曼和 H·弗瑞克曾经确定了仲氦光谱的最低谱项的值,这是和氦的正常态相对应的. 他提到,在这个态中,两个 1_1 轨道的平面可能相互夹有 60°的角,而且这种模型具有轴对称性,他并且提到克喇摩斯近来已

---

* [中译者注:这是原刊页码.]

经承担了这一模型的能量的计算. 在他 1921 年 10 月 18 日的演讲《各元素的原子结构及其物理性质和化学性质》(见本卷原第 257 页)中,玻尔又简略地提到了 1916 年他和克喇摩斯的工作以及克喇摩斯关于新模型的计算(这种模型后来曾由 E·C·开姆保提出). 他在这里以及在 1923 年所发表的一些论文中都假设,即将在一切元素中被束缚的第二个电子也都是束缚在 1_1 轨道上的. 玻尔在 1922 年 6 月间在哥廷根发表的第四篇演讲中给出了早期计算的概要,比在《§2. 氦》中给出的稍微数学化一些.

P·S·艾普斯坦在 1922 年 12 月 23 日致玻尔的一封信中写道:

　　……我个人目前已经从量子论转向了其他方面的研究. 唯一或许会使您感兴趣的是,我在某些时候以前计算了对称氦模型的电离电势. 可惜我的结果太低: 21 伏特. 我有些怀疑,因为我的计算显得意外地简短. 但是,一两个星期以前我有机会和布朗教授谈了这个问题,他表示的意见是,当第一级和第二级的微扰(像在我的情况中那样)几乎相同时,得到正确结果的可能性是相当大的. 后来,范·弗来克的论文发表了〈Phil. Mag. **44** (1922) 842〉;他用完全不同的方法求得了相同的结果……如果能够知道克喇摩斯和泡利两位先生的结果是否和我的结果一致,那将是使我很感兴趣的. 目前来说,我还不考虑发表……*

在 1923 年 3 月 4 日,M·玻恩给玻尔写信说:

　　不久以前,海森伯给〈当时在哥本哈根的〉泡利写信谈到,他和我一起曾经进行了受激氦原子的谱项计算. 既然泡利还没有复信,我就愿意问问您本人对此有些什么看法. 我们的结果是完全否定的. 当人们利用微扰理论求出受激 He 的轨道的一切可能类型时,人们发现(除了 p 谱项以外)任何能级都和观察到的谱项不相符合. 因此,甚至在这里,当其中一个电子已被弄到很远处时,也必然出现离开力学定律或量子法则的偏差. 现在我将不通过讨论人们可以用来避免这一灾难的一切方法来麻烦您;但是我想请您告诉我,您或克喇摩斯或泡利是否作过类似的计算,而且如果没有作过,您认为我们简略地发表这种结果是否合适. 事实上,这种计算就是您以及泡利(和我一起)关于正氦所进行的那些考虑的直接继续……

38

———————————

* 信的全文见本卷原第 688 页.

玻尔在 4 月 9 日回复了这封信：

>　……我……只能建议，请你们只管发表你们的计算而不必考虑我们．事实上，氦光谱的问题毕竟还是一个远远没有解决的问题．在上面提到的综述性文章中〈Linienspektren und Atombau, Ann. d. Phys. **71**(1923)228〉中，我曾经表示了某些一般观点，而且也宣布了即将发表克喇摩斯和我的计算，那是我希望在下一个星期中寄出的……我曾经强调了一旦我们和多电子体系发生任何关系时就会到处遇到的那些深刻的困难．我打算在我发表在 Zs. f. Phys. 上的关于原子结构的量子论的论文的第二部分（《论量子论对原子结构的应用. II》，见第三卷原第 501 页）中更详细地阐述这些问题．

玻恩在 4 月 17 日复了信：

>　……尽管您在来信中说我们可以发表我们关于氦的论文而不必考虑您和您的合作者们，海森伯和我却还是决定首先把它给您看一下．这样做的一个理由是，泡利曾有几次在给海森伯的信中表示，他认为我们一定有算错了的地方；我们认为这是相当不可能的，但是我们毕竟愿意赢得泡利的赞同．我确信您一定肯费心把附寄的稿子转给泡利看一下，然后请他早些把稿子退还（给我）．您自己也许能够抽出一点时间来看看这篇论文．我不愿意不经您的同意就在和您关系最密切的工作领域中发表任何东西．
>
>　我正在迫切地等待您打算发表的文章．我也思考得很多的一个问题是，为什么力学似乎在多电子情况下会失效……

玻尔在 1923 年 5 月 2 日又给玻恩写了信：

>　……事实上，只要涉及的是有着多个电子的体系，作为目前量子论基础之不适当性的证据来看，这一结果是很重要的．但是，我对困难的看法并不和你们所表明的看法完全相同；因为我相信，正如我在最近发表在《物理学报》上的论文中已经指出的，给出量子论的那样一种统一的诠释是可能的，在该种诠释中力学对〈多电子〉定态的不适用性可以很自然地被容纳下来．从这种观点来看，在表述确定定态的条件时所将应用的方式，或者是理论的目前状态下的主要问题……
>
>　至于我和克喇摩斯关于氦问题的旧工作，我们很惭愧的是没有把它更好地完成；因为非共面轨道的研究在原理上也是可以用我们的方法同样好

地进行的……在这种形势下,我们现在很难考虑发表我们的计算.

　　玻尔的和克喇摩斯的关于氦原子的旧计算从来没有发表. H. A. 克喇摩斯关于新的玻尔-开姆保氦原子模型的计算是发表在 Z. Phys. **13**(1923)312 上的. 他求得了比实验值高出 3.9 电子伏特的一个值,并且得出了这样的结论:并不是模型不对,而是力学定律甚至对这一简单原子的定态也不能适用. 马科斯·玻恩和沃尔纳·海森伯的论文发表在 Z. Phys. **16**(1923)229 上. 艾普斯坦的计算显然从来没有发表.

14. 梅恩·斯密兹和斯通诺尔提出的对原子中电子分布的修正(1924 年)

40

　　1924 年 3 月 28 日,《化学和工业》(Chemistry and Industry)上发表了 J·D·梅恩·斯密兹的一篇论文(**43**(1924)325);他在文中提出了电子按亚组的一种分布,和玻尔所提出的相差颇大. 根据一个事实,即除了每一主要组中的一个 X 射线能级以外,每一个 X 射线能级都是双重的,他把每一个 n 量子组分成了比玻尔所分的更多的亚组. 而且,他根据大量的化学证据(原子价和配位数)得出了这样的结论:在这些已满的亚组中,每一亚组中的电子数等于量子数 k 的值的两倍. (他使用了 X 射线能级的旧符号,这种符号标在玻尔和考斯特尔论文的图 2 的左侧,见原第 524 页.)例如,已满的 2 量子组中的电子被分成包含 2 个、2 个和 4 个电子的三个亚组,而不是分成各含 4 个电子的两个亚组. 他假设已满的 4 量子组中的 32 个电子的分布由数字 2244668 给出,而不是像玻尔所建议的那样由数字 8888 给出的.

　　因为发表在一份化学期刊上,梅恩·斯密兹的工作并没有立即为物理学家们所知. 但是,在 1924 年 10 月间,E·C·斯通诺尔发表了一篇论文(Phil. Mag. **48**(1924)719),他在文中独立地提出了相同的电子分布. 斯通诺尔使用了三个量子数 nkj,正如朗德所建议的那样(Z. Phys. **16**(1923)391). 肯定是武断地,他把"内"量子数 j 同玻尔和考斯特尔所用的符号 k_2 等同了起来. 他注意到,一个由给定的 n 值来表征的已满组中所有内量子数之和的两倍,等于玻尔所假设的该组中的电子数. 这就引导他推测:

　　　　每一个亚组中的电子数也分别地等于内量子数的两倍.

这就引导斯通诺尔得到了和梅恩·斯密兹所提出的相同的方案(前者的 j 等于

后者的 k). 斯通诺尔能够收集一些有利于所提出的电子分布的实验证据,但这肯定不是结论性的. 最直接的物理证据似乎是 X 射线的强度,但是可惜这些强度的测量是不很准确的. 梅恩·斯密兹-斯通诺尔分布的优点之一就是它不要求电子亚组的任何改组,例如按照玻尔理论出现于氩和氪之间的那种 3 量子组的改组.

读了斯通诺尔的论文以后,刚刚在格罗宁根被任命为教授的考斯特尔就于 1924 年 12 月 7 日写信给玻尔说:

41

> ……我很遗憾的是,我现在没有机会和您或克喇摩斯讨论一个使我非常感兴趣的问题,那就是斯通诺尔关于电子按组的分布的论文. 我相信人们应该考虑这一工作的结果本身,而不管那种实际上相当可疑的论据. 克喇摩斯在来信中告诉我,说您对这篇论文持有否定的态度,而我很遗憾的是不知道您的论证如何……在我看来,似乎确实可能适当地建立起一个电子组,以使人们得到斯通诺尔的那些亚组……目前能够到手的实验资料还不允许作出肯定的决定. 但是,我希望不久就在这里力图获得更详细的信息……

玻尔在 1924 年 12 月 10 日写了复信:

> ……来信所谈关于斯通诺尔论文的话使我很感兴趣;我从一开始就理解他的能级分类法的形式美和简单性,但是,在此地的讨论中我只强调了,从量子论的观点来看,它不可能意味着问题的最后解决,因为我们还没有任何可能来用一种合理的方式把能级的分类和电子轨道的量子论分析联系起来. 完全抛开这一点不谈,您所强调的关于能级初次出现的问题能够得到解决,这当然是具有最大的意义的. 事实上,人们由此即将得到关于各组的建立的重要的新信息,即使人们很难用它来直接确定斯通诺尔的这种考虑从在《物理学报》上我们的合撰论文中所指出的能级多重性观点来看是否可取. 最重要的是,在我看来,只要理论还不能对有关双重线特点的主要实验结果作出合理的解释,人们就几乎不能足够有力地强调实验和理论之间的对比的歧义性. 我现在正企图就我们目前在原子理论中遇到的那些困难的普遍本性写一篇小文章,而且一经写完,我就将寄一份稿子给您.

我们不知道玻尔是在什么时候了解到梅恩·斯密兹的工作的. 但是,在尼耳斯·玻尔文献馆中有一些没有日期的校样,它们是梅恩·斯密兹致《自然》的信和玻尔的答复. 既然这些短简显然是没有发表过的,而且玻尔的答复是和他在

1924 年 12 月 10 日致考斯特尔的信相似的, 这些东西就没有重印在这里. 但是,
引用玻尔短简中的最后一句话或许是有兴趣的:

> 可以再说一句, 在化学资料的诠释中, 只要它们依赖于电子轨道之间的 42
> 细致耦合特点, 所遇到的困难也许就比在光谱资料的情况中遇到的还要大,
> 因为分子中各电子的轨道往往可以和有心轨道相差如此之大, 以致要描述
> 这些轨道就要用到一些量子符号, 它们是本质地不同于用来对孤立原子中
> 的电子轨道进行分类的那些量子符号的.

斯通诺尔的论文无疑地给泡利提供了一种重要的激励, 他大约在一年以后
表述了所谓不相容原理, 这就最后解决了不同亚组中的电子数的问题.

玻尔在《大英百科全书》的"原子"条目中($\mathbf{13}$(1926)262), 给出了许多种元素
中的电子排列表. 这个表一般说来和梅恩•斯密兹及斯通诺尔所给出的表相一
致, 但是不如他们那些表那么详细, 因为在分类中只用了两个量子数 n 和 k. 玻
尔写道:

> ……各个组和各个亚组中有多少个电子的问题, 最近几年来已经讨论
> 得很多了. 表 II 是这种讨论的暂时结果, 而且似乎对于光谱资料和化学资
> 料都能作出合适的描述……

这一条目[的译文]见本卷原第 657 页.

I. 关于原子结构的一些考虑

在哥本哈根物理学会的演讲

1920 年 12 月 15 日[*]

我们的原子知识

演 讲 的 引 论

物理科学曾经长期地致力于原子的存在和结构问题. 当为原子的存在提供证据的越来越多的资料已经在时间进程中积累起来时, 我们关于原子结构的知识就在很晚近的年月中开始了. 对于原子结构获得较密切的知识的第一个可能性是随着所谓电子的发现而得到的; 所谓电子就是带负电的小粒子, 它比最轻的原子还轻一千多倍. 这些粒子的发现起源于和稀薄气体中的放电有关的那些现象的较密切的研究, 而且既然这些粒子具有相同的质量和电荷, 而不依赖于所用的气体和制造电极的材料, 那么就很清楚, 在电子那儿, 我们遇到的是构成一切化学元素的原子的公共成分. 这一结果不久以后就在一种非常有趣的方式下被塞曼的发现所证实了, 那发现就是, 当一种元素的发光原子被放到磁场中时, 它的光谱线就发生奇特的变化; 因为, 正如洛伦兹所证明的, 这种效应正是所应预期的, 如果光谱的发射是由于原子内部电子的运动的话. 在新旧世纪的交替期间, 这些结果有力地唤醒了原子结构问题, 而且在这期间 J·J·汤姆孙的工作是不同凡响的; 因为他对在原子物理学中寻求进展所应遵循的方向方面给出了许多提示. 但是, 直到大约十年以前卢瑟福发现原子核为止, 并没有得出任何决定性的结果. 事实上, 直到那时, 关于把电子保持在原子中的那些力, 人们只限于纯粹的猜想而已. 既然整个原子是中性的, 那就必须假设, 它除了电子以外还包含正电, 但是直到卢瑟福的工作为止, 关于这一电荷的分布却是毫无所知的. 但是, 根据有关放射性元素所发射的射线的实验, 卢瑟福得到了这样的结论: 原子中的正电是集中在一个核上的, 这个核比整个原子小得多, 但是却几乎含有原子的全部质量. 卢瑟福曾经在一系列极端重要的论文中继续阐述了这一结果, 而且近来已经能够证明, 根据来自放射性元素的射线在物质中的透射, 不但已经能够得到关于原子核的存在的知识, 而且, 在和其中一种射线的某些碰撞中, 核还会分裂为两部分, 其中每一部分都形成一个新原子的核. 但是, 我将不再进一步讨论这些实验的巨大重要性, 在这些实验中, 第一次观察到了由外界手段造成的一种元素原子的永久性的转化; 相反地, 我却将讨论原子的组成部分的发现即核和电子的发现所引起的原子研究领域中的前景和结果. 这时我们将假设,一个原子是由一个重的、带正电的核和若干个较轻的电子所组成的,而且,许多现象的细心研究已经证明,中性原子中的电子数正好等于标示所考虑的元素在周期系中所占的位置的那个序数. 由范登布若克首先叙述了的这一结果,特别明白地指示了原子结构问题所显露的形式简单性. 初看起来,在比较深入地研究原子中各粒子的运动时,我们遇到一个和考虑天体运动时所遇到的完全相似的问题;既然电子和原子核都远远小于它们在原子中的距离,各粒子之间的力就将只依赖于它们的电荷而不依赖于它们的内部结构,正如当计算太阳或另一行星对一个行星的作用力时我们只需考虑每一物体的总质量而不必考虑它的内部结构一样. 尽管有这种相似性,在我们在天文学中所遇到的问题和在原子研究中所遇到的问题之间,却还是有着极大的差异的;例如,我们必须假设,太阳系中的运动不但取决于太阳和各行星的质量,而且取决于当太阳系形成时存在着的那种条件. 但是,对于原子来说,情况却十分不同;既然一种元素永远具有相同的性质,例如永远发射由相同谱线构成的相同光谱,那么就很清楚,至少在可以叫做正常态的那个态中,即在原子当不受外界影响时所将回到的那个态中,原子中的运动是只依赖于由原子体系所含各粒子的电荷和质量来表征的体系本性的. 原子的这种力学上无法解释的性质,也许在一些实验中显示得最为突出;在那些实验中,我们观察到由外界影响引起的一个原子的运动的变化.

关于原子构造的若干考虑

演讲的引论和提纲

原子结构的研究目前是以一件事实为其特征的,那就是我们已经开始知道原子的组成部分.看来几乎不能怀疑,一个原子是由一个几乎包含原子全部质量的正核和一些轻得多的负电子组成的,中性原子中的电子数简单地等于确定元素在周期系中的位置的那个数字,即所谓原子序数.既然组成原子的各粒子的线度远小于它们的相互距离,即远小于原子的线度,我们在原子结构中遇到的问题初看起来就和我们在天文学中(例如在我们的太阳系中)遇到的问题很相似.但是,比较仔细的研究却表明,在适用于原子中各粒子的运动的定律和适用于我们在天文学中考虑的力学体系的定律之间,是有着本质的区别的.事实上,对于后一种体系来说,我们必须假设运动可以在很广阔的范围内变动,以致它们的确定要求关于某种初始条件的知识;例如,我们必须假设,我们的太阳系中各行星的运动不但取决于太阳和各行星的质量,而且在很大程度上依赖于太阳系形成时存在的那些条件,而这些条件的详情我们是不知道的.另一方面,为了说明各元素的确定的物理性质和化学性质,就必须假设每一个原子具有一个态,即所谓正常态;在这种态中,运动只取决于它所包含的那些粒子的质量和电荷.原子的这种奇特的稳定性,也许在一些实验中显示得最为明显;在这种实验中,我们利用一种外界影响例如辐射的吸收或自由电子的轰击来观察原子态的一种改变.因为,在这种实验中,我们将观察原子在这一改变之后怎样力求回到它的正常态,而同时我们也就学到有关这种重组过程的奇特本性的某些东西.事实上,经发现,原子在这一重组过程中会发射辐射,这种辐射至少形成所考虑元素的特征光谱的一部分,而这些谱线不依赖于引起原子中初始改变的那种影响的事实本身就表明,利用我们通常的力学观念和电动力学观念来详细地描述重组过程是不可能的.但是,诸位知道,通过运用量子论,我们已经得到那样一种结果,它们使得怀疑我们的处理方法的富有成果性成为不可能的了.量子论的这些应用建筑在这样的假设上:一个原子具有一系列的态,我们将把这些态叫做定态,这些态和其他力学上可设想的态的不同在于原子可以存在于这些态中而不发射辐射.

另一方面,辐射的每一次发射都是在两个这种定态之间的跃迁中发生的,而且我们假设所发射的辐射是单频的,而且具有一个按简单方式由这些态的能量差来确定的频率 ν,就是说由关系式 $h\nu = 1-2$ 来确定,式中 h 是普朗克恒量,而 1 和 2 是两个态中的能量值. 在这些定态中,能量最低的一个态将是原子的正常态,因为当存在于其他的一个定态中时,原子是有可能通过发射辐射而过渡到一个能量较低的态的. 但是,在能量最低的态中这种可能性是被排除了的,从而,按照我们的假设,原子不可能改变它的态,除非有能量从外界供入,而且其数量适足以把原子带入它的一个其他定态中. 于是我们看到,量子论使我们从一开始就能够理解原子的某些本质的性质. 但是,关于理论的更详细的制订,事实却是这样的:几乎所有决定性的具有定量本性的结果,都是通过考虑极其简单的体系而得到的,该体系由一个核和单独一个电子所组成,而且,尽管对于其他体系已经得到了令人信服的更加定性的结果,特别是在线系光谱和 X 射线谱的领域中,但是与此同时,解释元素的许多其他性质却是很困难的. 这一点和说明多电子原子稳定性的困难有联系;因为这种稳定性要求一种可以叫做原子中不同电子的耦合的效应,而在通过同时应用有核模型和量子论来发展原子结构理论的最初的简略尝试中所作出的那些简单假设,并没有为这种耦合提供充分的基础. 这些困难曾经被从不同的方面大力强调过,而且它们的讨论在最近几年中曾经导致了许多论文的出现. 通过这些,一种原子理论为了有任何可能解释各元素的化学性质而必须满足的条件,已经开始变得清楚些了. 但是,关于改变这些简单考虑的若干建议,却很难和已经证明的有核理论和量子论的基本原理相一致.

48 另一方面,在另外一些论文中却提议了一些改变,它们和这些原理并不冲突,而且它们无疑地包含了关于我们寻求改进时所能采取的方向的一些暗示;但是,既然所提议的改变是或多或少任意的,人们就难免得到一种印象,觉得困难只是被转移了而不是被消除了. 在下面,我将企图对所谈的困难的本性作出一个综述,然后试图证明可以怎样通过和处理线系光谱时发展起来的观点密切联系着的某些简单考虑,来绕过这些困难并为原子结构问题的某些方面带来新的光明.

由核和单独一个电子所组成的体系*

开普勒轨道. 定态中的能量和长轴值. 光谱. 给定情况下轨道的更精确的确定. 相对论修订的影响. 索末菲精细结构理论中的轨道描述. 除在正常态中以外轨道形式的低稳定性. 氢分子,简单模型,它的形成,只得到近似的符合. 楞茨模

---

* [本段和演讲正文原系手写稿.]

型,形成,稳定性. 克喇摩斯的计算. 稳定性问题的讨论. 氦光谱. 轨道的计算. 正常态. 简单模型. 符合性的欠缺. 锂. 铍. 周期系. 8 环. 内部稳定性的缺少. 考塞耳(Ne 模型). 刘易斯. 朗缪尔. 玻恩和朗德. 空间对称性,多量子轨道. X 射线谱. K辐射的产生. 摩斯莱的结果. 和氢的相似性. 相对于吸收而言的不同. 考塞尔的考虑. X 射线谱精细结构的索末菲理论. 关于多量子轨道的探索性的观点.

演 讲 正 文

我将不在这里详细讨论线系光谱理论所依据的那些假设,而将只请大家参考这些观点的一篇综合评述,那是我在今年 4 月间对"德国物理学会"发表的〈载于 Z. Phys. **2**(1920)423〉,而且我在以下将只提到和该论文所处理的问题有关的那些主要结果. 为了叙述方便,我们将从含较少电子的元素的理论结果开始,然后进而讨论较高原子序数的元素的性质所带来的问题.

49　　正如在以前的一些论文中曾经指明[*] 并且在上述演讲中所详细讨论了的,由于氢原子中运动的单周期性,已经能够发展一种简单的、而且在某些方面是完备的氢光谱的量子论. 事实上,氢是简单地由一个核和单独一个电子所组成的;如果略去相对论改正项并认为核的质量和电子的质量相比是无限大,这个电子就将沿着一个椭圆而运动,而核则位于椭圆的一个焦点上. 按照这里所谈的理论,原子具有一系列定态,它可以存在于这些定态中而并不发射辐射,而且,对于这些定态来说,把电子从核移到无限远处时所需的功 W 以及电子轨道的长轴 $2a$,是由下列公式给出的:

$$W_n = \left\langle \frac{1}{n^2} \; \frac{2\pi^2 N^2 e^4 m}{h^2} \right\rangle, \quad 2a_n = \left\langle n^2 \; \frac{h^2}{2\pi^2 N e^2 m} \right\rangle. \tag{1}$$

另一方面,关于定态中电子轨道偏心率的值,理论却没有作出任何特定的假设.在这种简单的基础上,还不能对那些依赖于电子运动对单周期轨道的偏差的现象,例如氢谱线的精细结构和斯塔克效应及塞曼效应,作出详细的解释. 但是,当把量子论的应用扩大到所谓条件周期体系时,就得到了解释这些现象的一个基础;这种体系的运动可以认为由若干分量构成,其中每一个分量可以像周期运动一样用类似的方法处理. 因此,对于这些体系,各定态并不是用单独一个整数而是用若干个整数来表征的,其整数的个数恰好等于运动中准周期分量的个数. 如

---

[*]　Phil. Mag. **26**〈(1913)1, 476, 857〉;**27**〈506〉.并参阅 N. Bohr, Abhandlungen über Atombau aus den Jahren 1913—1916, H. Stintzing 德译,〈Friedr. Vieweg & Sohn〉Braunschweig 1921. 下文将此书简写为 Abh. ü. Atombau.

所周知,在这一理论的基础上,索末菲及其追随者们就能够说明上面提到的那些现象的许多细节.但是,正如在上述演讲中所指出的,我们能够发展关于这些现象的一种简单方法,在这种方法中我们是在处理很接近周期性的体系运动,这是和氢光谱的简单理论直接联系着的一种方法.事实上,当运动对单周期运动有偏差时,根据和后一理论所依据的观点相似的观点,就能够通过直接检查这些偏差的性质来找出适用于定态的更多的条件.因为已经证实,这些条件必须看成是以一种简单方式而由所给影响造成的轨道的形状和位置在时间进程中的改变相联系着的,这种改变在天体力学中叫做轨道的久期扰动.这种方法不但能够处理有关的定态可以根据条件周期体系理论来确定的那些现象,而且能够处理这一理论不能应用的那些事例.这种方法不但能够处理原子的定态可以由条件周期体系理论来确定的那些现象,而且开辟了在这一理论不能适用的情况中确定这些态的可能性(关于克喇摩斯的注)*;由这一方法可以立即推知,定态中电子轨道的形状一般是很不确定的,或者至少是很不稳定的,因为它在弱外力影响下会经受很大的改变,如果这些力可以在周期运动中引起和相对论所要求的改变同数量级的改变的话.但是,对于 W 有最大值的那一定态来说,也就是当 W 由 $n=1$ 的公式(1)来给出时,情况却是不同的.对于这个态来说,轨道是完全确定的;它不但对未受扰原子是圆形的,而且当存在恒定外场时也只和圆形轨道有正比于外力强度的小量偏差.在这个态中,原子将相对于外场适当取向,以致电子轨道的久期扰动将不存在.我们在这儿处理的是原子的内在稳定性的特别突出的证据,这种内在稳定性虽然在力学上无法解释,但却是量子论所要求的和在定态的存在本身中显示出来的.

在关于氢原子正常态的进一步考察中,我们遇到众所周知的一件事实,即氢原子结合而形成分子,从而原子的正常态只有在特殊情况下才能进行实验的研究.因此,为了企图解释氢的物理性质和化学性质,氢分子的构造就是具有首要兴趣的.作者曾经提出一种很容易想到的简单组态来作为这种分子的可能模型;这种组态就是,两个核静止在一个固定距离上,而各电子则在垂直于核连线的圆形轨道上运动,其轨道圆心位于连线的中点上.在任何时刻,两个电子都位于这一圆周的直径的两端,而且在平衡组态中这一直径的长度是核间距离的 $\sqrt{3}$ 倍.另外,也说明了这样一个组态可以怎样通过两个原子的结合而简单地形成.事实上,如果我们设想相距颇远的两个氢原子,并且假设电子沿着相同的方向在平行轨道上转动,但是从核到电子的矢径却在两个原子中指向相反的方向,而且,如果我们设想两个核慢慢地互相靠拢,那么就可以证明,电子轨道将经受一种逐渐

---

* [中译者按:这句话和上句话意义重复,为尊重原文,照样译出,未予删节.]

51　　的变化,即它们将比核更快地互相靠拢,于是,当两个核靠拢到一个一定的距离
　　时,两个电子就将在对两个核为对称的同一轨道上运动了. 通过核的进一步互相
　　靠拢,上述的平衡组态即将最后达成. 经证实,两个体系在整个过程中都将互相
　　吸引,于是我们就有一种关于通过两个原子互相结合而自发形成分子的可能的
　　完美图景. 此外,根据这种考虑我们还得到一种确定分子模型中的电子运动的独
　　特方法;因为,电子绕核连线的角动量在过程中是不变的,从而该角动量在完成
　　的分子中和在原始态中必然相同,即每一个电子的角动量等于 $h/2\pi$. 在这方面,
　　指出所考虑的过程和一种浸渐过程之间的相似性可能是有兴趣的;这种浸渐过
　　程是由艾伦菲斯特根据别的观点引入到量子论中来的,特别说来就是根据他的
　　定态可变换性原理["Adiabatenhypothese"],这一原理对于原始量子论的制订
　　曾经起过很重要的作用. 这一氢分子简单模型的详细研究,已经使得近似地解释
　　氢的电离电势、解离热以及比热之类的性质成为可能;但是这些量的计算和测量
　　并不密切符合.(德拜企图证明这样一种氢分子可以给氢的色散提供精确的解
　　释;这种企图几乎不能认真看待,因为德拜计算中所作的假设和量子论对光谱问
　　题的应用所依据的假设相矛盾.(参阅 C. W. Oseen⟨Phys. Zeitschr. **16**(1915)
　　395⟩, O. Stern;并参阅 *Abh. ü. Atombau*, p. 138.)对于这一模型,也曾由于别
　　的原因提出过反驳;例如,楞茨曾指出解释多重谱线光谱的塞曼效应的困难,这
　　是由关于氢分子具有一个磁矩的假设所造成的. 虽然由于我们的电动力学知识
　　不够而很难说明磁现象,例如出现在反常塞曼效应中的磁现象,但是显然有很强
　　的理由来信任由楞茨提出的那种类型的分子模型;在这种模型中,两个电子在包
　　含两个核的平面上沿相反方向运动,每一个电子都围绕自己的核而转动,当它们
　　通过核连线时,两个电子之间永远隔着一个核. 由于有很大的困难,还没有作过
　　轨道和组态的详细计算;但是确实有很多理由认为这一模型是有希望的,因为可
　　以证明,当两个氢原子按照对应于楞茨模型的取向而放在相距很远的位置上时,
52　　它们之间的吸引力是各原子在以上考虑几何上较简单的模型的形成时的那种摆

　　列方式下的吸引力的 $1\frac{1}{2}$ 倍,这一事实表明楞茨模型可以是更加稳定的. 在这方

　　面,提到朗缪尔近来提出的那些氢分子模型可能是有兴趣的. 也像楞茨模型一
　　样,这些模型不具备任何磁矩;但是电子运动却被认为具有振动性,而在以前那
　　些模型中运动却可以说是具有转动性的. 然而,恰恰是这一区别就使人们很难看
　　出朗缪尔所建议的这种分子可以怎样通过氢原子的结合而形成了.
　　　　当转而考虑原子序数为 2 的元素即氦时,我们首先遇到的是只包含一个电
　　子的原子,这可以叫做单电荷正氦离子. 这是一个在力学上和氢原子完全相似的
　　体系,而且如所周知,利用一种和适用于氢的理论完全相似的理论,已经能够在

一切细节上说明所谓的氦火花光谱,这种光谱的线系公式和巴耳末公式的区别只在于黎德伯恒量被换成四倍的值. 在现在这种原子理论发展以前,这一光谱被认为属于氢,因为在这一光谱和氢光谱之间存在一种密切的数值联系,比从来所曾发现的任何两种元素的性质之间的联系都要密切. 但是,人们认识到,这种联系恰恰是根据卢瑟福的有核理论所应预期的那一种,而且这种联系的例子后来也通过摩斯莱关于 X 射线的基本研究而被发现了.

当我们转而考虑中性氦原子时,我们就遇到一个更加复杂得多的问题. 正如在上面提到的演讲中所讨论的,根据氦的两个普通黎德伯型的完全的线系光谱(正氦光谱和仲氦光谱)的存在,我们被引导着假设原子中有两个分离的运动类;在这两类运动中,都有一个电子在一个轨道上运动,轨道的线度远大于另一个电子到核的距离,而且,在这种运动中,这一较外电子的运动和氢原子受到力心位于核上的辐力场的扰动时该原子中的电子运动相似. 这一问题的研究一方面曾由朗德进行,另一方面正如在演讲中提到的曾由克喇摩斯博士和作者进行;这些研究将在下面讨论. 在这里,我们将只提到曾经作出的确定原子正常态中的运动并从而解释氦的通常的物理性质和化学性质的各种尝试. 和上面提到的氢原子模型密切联系着的一种简单的氦原子模型,是通过下述假设得到的:两个电子在单独一个圆形轨道上运动,轨道圆心在核上,每一个电子具有一个等于 $h/2\pi$ 的角动量,而且两个电子位于一个直径的两端. 正如作者已经证明的,由于把一个电子从这种组态中移到无限远处时所需的能量很高,这一模型似乎适于用来说明氦的化学惰性. 此外,它还给出一个和实验求得的同数量级的电离电势. 但是,按照近年以来由霍尔顿和戴维斯以及由弗兰克〈和克尼平〉所作的更精确的实验,得到了一个等于 25.5 伏特的值,这比根据上述简单模型算出的约为 29.3 伏特的值低许多. 于是这个模型必须放弃,这一事实也由通过逐个束缚两个电子来说明氦原子的形成的那种尝试指示了出来. 事实上已经发现,这一简单组态不属于上面提到的任何普遍的运动类. 以后我将提到似乎可以从这种考虑得出的关于原子正常态中的运动的结论,而且我也将讨论看来怎样可以给出弗兰克和克尼平〈应为莱希,见 Z. Phys. **1**(1920)154〉的重要发现的一种简单而自然的解释,他们发现氦原子可以通过电子撞击而被带入所谓的亚稳态中. 在结束氦原子构造问题的讨论以前,我只将提到看来不可能假设朗缪尔所建议的那种类型的组态,那是和他所建议的氢的组态相似的;因为,在朗缪尔所建议的运动中,两个电子面对面地进行振动,而这种运动看来是不能由两个电子被核逐个束缚的过程所造成的.

当过渡到其次一种元素即其中性原子含有三个电子的锂时,我们首先有双倍带电的正离子,那就是力学上和氢原子完全相似的一个体系,而且它必须被预

53

应该在黎德伯恒量的表示式中取 N 等于所考虑的原子序数并令 $n'=1$ 和 $n''=2$,而且他还发现,那些穿透性较差的射线即所谓 L 辐射中的最强谱线也在很好的近似下由 $n'=2$ 和 $n''=3$ 时的同一公式来表示. 但是,正如 X 射线谱和线系谱的很不相同的吸收特点所表明的,显然谈不到 X 射线谱和对应于氢的那种类型的线系光谱具有相似的起源的问题;这一点是在多次提到的那篇演讲中更详细地讨论了的. 正如在那里提到的和理论所要求的,并不是线系光谱中的所有谱线都被发现会受到选择吸收,而是只有单独一个线系才会受到选择吸收;这就是所谓主线系,它的吸收起源于从原子的正常态到较高定态的跃迁. 另一方面,在 X 射线的情况下却发现,存在着既和 K 辐射又和 L 辐射相联系着的选择吸收;但是,任何 K 谱线或 L 谱线都不是本身被吸收,而是吸收从所谓的 K 限和 L 限开始. 这就必须认为是肯定地表明,K 辐射和 L 辐射都是和原子正常态中一个电子的运动发生变化的那种过程相联系着的,而且,后一种辐射并不是像初看起来摩斯莱公式似乎表明的那样对应于两个定态之间的那样一种跃迁,在该跃迁中,电子在两个态中的运动都和在原子正常态中的运动相差很大. 于是,我们除了考塞耳所发展的解释以外就很难采用关于 X 射线的其他解释;按照考塞耳的解释,K 辐射被假设为起源于原子在被取走一个束缚得最紧的电子以后安定下来的那一过程,和这一假设相对应,L 辐射被设想为起源于原子在被取走那样一个电子以后的重组过程,该电子属于离核较远的组,从而束缚得也较松. 正如考塞耳所证明的,这一观点的发挥导致各条 K 谱线和 L 谱线的频率之间的某些关系式,经发现,这些关系式是相当精确地得到测量结果的证实的. 从这一观点出发,也可以详细地说明 X 射线的特征吸收(见 Phil. Mag. 〈**30**(1915)394〉,并见密立根). 关于发展一种更详细的 X 射线谱理论,特别是发展各条 K 谱线和 L 谱线之间的频率差的解释,也曾经由索末菲作过一些尝试,但是他在考虑中近似地接受了由摩斯莱公式所提示的这些射线谱的简单起源. 例如,索末菲想要通过相对论所要求的电子运动对普通力学所预期的运动的偏差来解释上述的频率差,其方式和他在解释氢谱线精细结构时的做法相似. 尽管索末菲用这种办法得到了极其有趣的结果,但是,由于以上所述的原因,却并不能把适用于氢光谱的条件直接搬用到 X 射线谱上去,从而索末菲近来尝试了改变他的假设,以便它们能够和 X 射线的吸收取得一致,尽管他同时保留了解释 X 射线精细结构的必要基础. 在以后,我将回头讨论挡住这种道路的那些困难,并讨论克服它们的可能方法. 我在这里只将提到,沿着这一方向进行的任何尝试似乎都要求,和 L 辐射的发射相联系的束缚得较松的电子必须有一种运动,这种运动在量子论上不是和氢的正常态中的电子运动相对应,而是和 $n=2$ 的定态中的运动相对应. 为了得到这种意外情况的形式解释,索末菲曾经试探性地提出了一个有趣的假说:在原子的正常态中,只有最里边的电子是像氢原子的正常态中的电子那样被束缚的,而其次一"层"("Schicht")束缚得较松的电子则将是像第二个氢定态中的电子那样被束缚的,而且第三层是像在氢的第三个态中那样被束缚的,余类推. 但是这一假设不可能是正确的;因为它肯定和我们由线系光谱得知的关于正常态中最外电子的运动的情况不能相容,就是说,这些运动从周期系中同一族中一种元素到次一种元素(例如碱金属元素)并无多大差别,而按照索末菲的假说它们却应该差别很大,因为它们应该对应于氢原子的不同的态. 然而,我们在以下却将谈到,看来怎样可能得到一个合理的基础来确定 L 层中的电子运动.

　　如果我们考虑原子序数较高的元素的其他物理性质和化学性质,我们就发现,如所周知,不同于 X 射线谱,这些性质中的大多数都随着原子序数而典型地且周期性地发生变化. 这显然需要一种另外的解释,不同于通过氢光谱理论中各结论的简单推广而得到的任何东西. 例如,看来不可能从一种简单假设出发来满意地解释各元素性质的这种周期变化,其假设就是:正常态中的各个电子在相同的或平行的平面上沿着圆形轨道而运动,就如最初试着把量子论应用于有核原子时为了简单而假设的那样. 事实上,按照这样一种假设,原子中不同的可能电子组态将不会具备看来是解释各元素的特定性质所必需的那种稳定性. 确实,看来能够论证电子倾向于分成每八个一组,正如根据各元素的化学性质似乎可以推出的那样;因为,根据两个环只有当含有相同数目的电子时才能连续地(浸渐地)结合在一起这一条件,可以推知只有包含 2 个、4 个、8 个……电子的环才是可以浸渐地形成的(参阅 Phil. Mag. ⟨26(1913)851⟩). 但是,不论这种论证的价值如何,它却会被一个事实所抵消,那就是,通过任何类似的考虑,我们都不能说明在一个电子被取走以后的原子重组过程中为什么应该再形成例如含有八个电子的环,例如在按照以上所说必将导致 X 射线的发射的那一过程中. 原子中的电子组态和各元素的化学性质之间的联系的一种彻底讨论,曾由考塞耳给出⟨Ann. d. Phys. 49(1916)229,Naturwis. 7(1919) 339, 360⟩;他曾经很有根据地强调,作者第一篇论文中所试探性地建议的组态,并不能使我们理解所谓电正性元素和电负性元素之间的特征区别. 既然考塞耳仍然保留了共面电子轨道的假设,他的研究就不能提供所讨论问题的详细量子论处理的任何直接出发点. 另一方面,一种尝试却曾经由刘易斯作出,并由朗缪尔加以发挥,以通过一个假设的引入来解释各元素的化学性质;其假设就是,原子中的电子是分布在空间中的,特别说来,八电子组的出现对应于具有立方对称性的电子组态的出现,在这一理论的原始形式下,人们假设各电子是静止的或在确定的平衡位置附近振动着的. 但是,这一假设显现为既和有核原子的基本公设不相容,也和量子论不相容;因此,具有重大意义的就是,正如玻恩和朗德所指出的,存在一些具有立方体对称性的可能的电子运动,它们是和量子论的假设相容的,而且显得是可以根据量子论原理来确定其定态的. 玻恩和朗德被引导来研究这样的可能运动,并不是从各元素的化学性质的考虑出发,而却是从他们的关于晶体结构、特别是关于晶体压缩率的考察出发的. 事实上发现,如果假设电子在共面环上运动,就不可能说明所观察到的压缩性;只有当轨道组具有高度空间对称性时才行. 但是,当试图确定对应于这种轨道的定态,特别是确定正常态时,我们却遇到一些困难,这些困难在考虑较简单的轨道形式时就已经很突出地显现出来了,就是说,测量到的原子和晶体的线度都比计算值小得多. 如果我们假设运动以一种广义的方式对应于氢原子正常态中的运动,则根据测量结果算出的原子和晶体的线度都将变得小得多. 在朗德近来发表的一篇论文中,他曾指出通过引用一个假设可以在很多情况下得到数量级上的符合;这一假设和索末菲用来解释 L 辐射的起源的那种假设相类似,就是说,在正常态中,较外电子的运动对应于用 $n=2$ 来表征的点状原子的定态. 在一篇关于金刚石结构的论文中,朗德曾经通过假设在正常态中这些电子轨道甚至不是近似圆形的而是很扁的椭圆形的,而得到了某些很有希望的结果. 在通过朗德于今年 10 月间在哥本哈根物理学会发表的演讲得悉这一工作以后,我曾经想到或许能够从一些简单观点对这一初看起来颇为特别的假设作出一种合理的解释. 事实上,我在下面即将试图证明,通过进一步推行这些观点,似乎能够给上面提到的更多的问题带来光明,并创立迄今不曾得出的理解各元素的奇特稳定性的基础,而各元素的特有性质就是这种稳定性的明显证明 *.

58

下面这些考虑的出发点是一个粒子(电子)的力学平衡的简单考察,该粒子是在辏力场中沿着一个圆而运动着的. 用 $f(r)$ 代表必然是吸引力的那个辏力,此处 r 是到力心的距离,并且用 m 代表粒子的质量而用 v 代表它的速度,作为沿圆形轨道的一个力学平衡条件,我们就有

$$mv^2/r = f(r).$$

关于绕中心的角动量 I,我们进一步有

$$I = mvr,$$

而且,消去 v,我们就得到 I 和 r 之间的一个关系式

$$I^2 = mr^3 f(r). \tag{2}$$

试考虑和距离平方成反比的辏力,例如考虑作用在氢原子中那个电子上的力,于

---

* [原稿中这一句话没有写完. 但是它的含意得到了正确的传述却是不会有什么疑问的. 这句话和下文之间似乎有一段空白.]

是我们有 $f(r) = eE/r^2$，从而就得到 $I^2 = mreE$，这个关系式简单地确定了对应于给定 I 值的 r 值. 现在，令 $I = nh/2\pi$，我们就直接得到一些 r 值，它们等于由氢原子定态中电子轨道的长轴公式(1)所给出的值. 在所考虑的情况中，不但对应于任一给定的 r 值有一个 I 值，而且对应于每一个给定的 I 值也有一个 r 值. 但是，情况并不是永远如此的. 一个极其简单的例子可以通过下述假设来得出：辏力除了有一个和距离的平方成反比的主要项以外，还包含一个和距离的较高次幂成反比的项. 在开始时，让我们为了简单写出

$$f(r) = eE/r^2 + A/r^3,$$

式中 A 是正数. 代入(2)中，就得到

$$I^2 = m(eEr + A), \tag{3}$$

于是 I 就有一个极小值

$$\sqrt{mA}.$$

这是和有心运动力学中的一条众所周知的定理联系着的，这条定理不但对于圆形轨道而且对于任意形状的轨道都成立；这条定理就是说，如果我们比较对应于力 $f(r)$ 的运动和存在一个反比于距离三次方的附加力时的运动，则对应于前种运动的每一轨道，将有后种运动的一个轨道，这个轨道是这样得出的：使矢径的值保持不变，而把矢径和一条固定直线所成的一切角都乘以一个恒量，该恒量等于后一运动和前一运动的角动量之比. 我们将用 I' 和 I 代表这些角动量，它们是由下列关系式来联系的：

$$I'^2 = I^2 + mA,$$

如果像上面那样把附加力写成 A/r^3 的话. 于是我们看到，在所考虑的情况中，存在一个角动量极小值，它在圆形轨道这一简单情况下和无限小的半径相对应. 但是，如果我们考虑和距离的更高次幂成反比的力，并且写出

$$f(r) = eE/r^2 + A'/r^3 + A''/r^4 + \cdots$$

我们就遇到甚至更不相同的形势了. 我们由(2)得到

$$I^2 = m(eEr + A' + A''/r + \cdots).$$

假设 A''、A'''、……也像 A' 那样是正量，我们就得到 I 的一个极小值，它不像从前那样和 $r = 0$ 相对应，而是和一个 $r_0 > 0$ 相对应. 于是，对于这样的一个力场来说，就不可能得到 $r < r_0$ 的圆形轨道. 对于其他类型的轨道来说，也对角动量的可能值有相似的限制，但是计算进行起来却困难得多.

现在我们将转而考虑这一情况怎样导致某些态的被排除,这些态事先看来将被认为是可能的,而且它们恰好属于我们在寻求正常态时所必须考虑的那一类.这一情况之所以似乎没有得到足够的考虑,是因为计算原子中的电子轨道时所要用到的库仑力场的改正项通常和各系数 A'、A''……的负值相对应.只要我们保留电子在同一平面上运动的假设,或者,无论如何,只要我们假设一切轨道都是圆形的,而忽略引起对圆形轨道的偏差的电子轨道之间的相互扰动,……*让我们假设某种空间对称的电子组态正在绕着核而运动,并且让我们探讨这个组态的存在怎样影响一个电子的运动,该电子是当这一组态形成之后正在被原子所俘获的.通过假设前一些电子的电荷分布在某一空间域中,例如分布在一个球中,可以得到关于前一些电子对最后一个电子的运动的影响的一种一般概念.如果个体电子的轨道是近似圆形的,则这一球上的电荷将大部分位于它的表面上;另一方面,如果轨道有一个相当大的偏心率,则有一大部分电荷将出现于球的内部.至于这种电荷分布对即将被俘获的最后一个电子的运动的影响问题,我们看到,只要这个电子永远不进入球面内部,则效应将基本上和较早束缚的电子的电荷集中在核上并简单地趋于中和掉一部分核电荷时相同.另一方面,如果我们设想电子在它的轨道运动的一部分时间内进入球内,则影响自然是不同的.在这种情况下,位于球外的那一部分轨道将仍然是开普勒椭圆,但是,当电子再出来时,它将不再在同一个椭圆上运动,但是它的轨道将是一段相同的椭圆而其长轴则已经转过了一个角度,这个角度将依赖于电子进入球内有多远,并依赖于球的电荷分布.如果整个轨道都位于球内,则结果将是很不相同的一种运动,而且,例如,如果我们考虑圆周轨道,我们就必须有准备地遇到在前面一个例子中考虑了的那种特点,它们可能排除某些可设想的定态.通过设想全部电荷都集中在球面上,我们就得到一个特别激进的例子.在这一情况中,当电子正在从球外运动着进入球内时,当它越过球面时吸引力就突然增大,因为球上的电荷在内部将没有任何效应,而在外部则作用一个颇大的推斥力.因此,如果我们在开始时考虑一个位于球外并具有一个确定角动量的圆形电子轨道,然后考虑半径逐渐减小的一系列圆形轨道,我们就发现,只要我们还在球外,角动量就是连续减小的,但是,我们刚一越过球面,电子的角动量和速度就必将大大增加,如果动力学平衡应该得到保持的话.然后,角动量又将〈随着半径的减小而〉连续地减小,而且终于将达到并变得小于和正好位于球面之外的轨道相对应的值.但是,这些〈里面的〉轨道将和位于外面的轨道没有任何简单的力学关系.例如,考虑一个假想的实验,我们在实验中从位于球外的一个圆形轨道开始并设想电子连续地损失其

---

* ［这句话没有写完,此处似有残缺.］

角动量,例如通过发射电磁辐射而损失其角动量;于是,轨道起初将缓慢收缩并变成一个螺线,这个螺线在每一瞬时都可以在实际上看成一个圆.但是,一触及球面,轨道就将取一种本质上不同的形状,即很近似地和从内面一点切于球面的一个有限偏心率的椭圆相重合.随着连续的发射和由此造成的电子角动量及电子能量的损失,这一椭圆的长轴将连续地减小,而且轨道将越来越接近于圆形,但是却不会达到圆形,直到它的线度已经变为无限小,即直到电子已经坠入核中并已经发射了无限多的能量为止.在这样的情况下,一切的定态都将依赖于球的半径.如果这个半径小于完全位于场外的一个轨道上的电子离核的最小距离,就是说小于通过在 $2p$ 的公式中令 $k=1$ 而得出的参量值〈即 $h^2/4\pi^2 e^2 m$,稿中不是 $\frac{1}{2}$ 而是 $\frac{1}{4}$,公式见 Z. Phys. **2**(1920)451〉的一半,我们就必须预期各定态将很接近地和假设所有早先被束缚的电子都集中在核上时相同.因此,在所考虑的那个电子被束缚的过程中,将发射一种其类型很近似地和氢光谱相同的光谱.假如球体比刚刚提到的值大,则 $k=1$ 的轨道将能够透入球内,而 $k=1$ 的定态中的能量也将和 n 值相同的氢的能量不同.这将表现为能量值的减小,这种减小在开始时将对于高 n 值更加显著,因为在这种轨道上电子将达到离核更近的地方.当我们针对逐渐增大的球半径的值来考察这一效应时,〈我们就发现〉,这个半径一经等于和 $n=1$ 相对应的圆形轨道的半径(就是说等于上述临界值〈稿上有"的两倍"字样〉),结果就将是,对应于轨道的态不可能在物理上存在;因此,原子的正常态就将对应 $n=2$、$k=1$ 的轨道,这个轨道将比仍然远远位于球外的(因为它的半径将等于球的半径的四倍)$n=2$、$k=2$ 的圆形轨道具有少得多的〈能量〉.在球的半径继续增大的过程中,仍然将对和 $k=1$ 相对应的定态有所影响;这些态的能量将和氢态的能量相差越来越大,直到半径达到临界值 ρ_0 的四倍为止,这时效应将开始出现在和 $k=2$ 相对应的轨道上.指出一点是有兴趣的,即当球的半径位于 $2\rho_0$ 和 $4\rho_0$ 之间的区间中时,观察到的碱金属光谱是和假想的理想模型所将发射的光谱很相似的.例如,对于 Li 光谱,我们发现对应于 $k=2$、3、……的一系列定态中的能量和氢态能量相差很小,在差别最大的 $n=2$、$k=2$ 的态中,差别也不超过 4% 左右.另外我们也发现,和 $k=1$ 相对应的一系列态的能量和氢态能量相差颇大.事实上,如所周知,对应于这些态的谱项是很精确地由下式给出的:

$$K/\left(\tau+\frac{1}{2}\right)^2,$$

此处 τ 是对不同谱项取 1、2、3、……各值的一个整数;这是和氢谱项不同的,在氢谱项中,各态是简单地由下式给出的

$$K/n^2.$$

既然这些谱项可以说和前一个及后一个氢谱项值差别相同,迄今就还不能只根据谱项来判明是应该把 τ 和 n 联系起来还是应该把它和 $n-1$ 联系起来;但是,既然没有理由假设正常态不和 $n=1$ 相对应,那么,从理论观点来看最自然的就是假设 τ 对应于 n. 但是,从一种力学的考虑看来,曾经很难理解为什么能量值比对应于氢态的能量值大这么多;因为这一差值将不得不被认为起源于比内部电子位于核上时大得多的来自那些电子的推斥力. 这一推斥力在力学上将是难以说明的,因为一个普遍法则就是相互扰动将导致力学体系之间的增大的吸引力而不是增大的推斥力;因为,扰动将使相斥的粒子倾向于彼此尽可能远离,而使相引的粒子倾向于彼此尽可能接近. 但是,根据我们通过考察上述理想模型而得到的见解,可以毫不困难地假设我们处理的是由吸引力的增大而得来的能量的减小;因为可以认为这种吸引力会使对应于 $n=1$ 的态变成在物理上被排除的态,所以我们可以在 Li 谱项的表示式中把 τ 和 $n-1$ 等同起来. 十分相似的情况对于 Na 光谱也成立;这种光谱在上述演讲中被当作了典型碱金属光谱的例子,而且它的谱项已经图示在 p. 434 上〈Z. Phys. **2**(1920)423〉. 但是,既然当时似乎还没有理由排除 $n=1$、$k=1$ 的态,在图示中就假设了锐线系的第一谱项是由 $n=1$、$k=1$ 来表征的,而按照现在这篇论文中所发展的考虑,几乎毫无疑问的是这个态必须用 $n=2$、$k=1$ 来表征. 但是,这只导致图上第一横排中的 n 值的变动,而并不会改变后面的关于谱线的吸收和能量的或关于组合原理的表观限制的一般考虑. 事实上,这些考虑所涉及的只是定态中的能量值(它们不依赖于态的标号)以及决定着角动量的 k 值. 只有 p. 460 下部〈Z. Phys. **2**(1920)423〉的简略考虑才是显然不能在细节上加以保留的,那是关于可能在从对应于 $n=3$、$k=2$ 的初态开始的自发跃迁中出现的不同谱线相对强度之比的一种考虑. 但是,在 Na 光谱的情况,其他谱项系列的改正量却比 Li 光谱的改正量大得多;如图所示,对于 $k=2$ 的谱项序列,这种改正项大约是 10%. 但是,比起对应于 $k=1$ 的序列的很大能值改变量来,这还是很小的,而且,这种对于根据理想模型可能预期的值的偏差,也很难说是出人意料的. 我将回来讨论可以认为存在于 Li 和 Na 的较内电子组态之间的巨大差别……*.

在刚刚提到的情况中,我们是假设了吸引力中的附加项起源于一个固定场,其意义是,附加项中的恒量不依赖于〈较外〉电子的运动,而且特别说来不依赖于它的角动量. 但是,当这些附加项在颇大程度上依赖于由来自较外电子的力所引

---

* ［这个短句子看不清楚.］

起的较内电子的运动的改变量时,就会遇到一种不同的形势了. 事实上,我们在
氦原子中处理的就是这样一种情况,而且在朗德的以及在克喇摩斯和作者的研
究中,主要问题就曾经是确定较内电子和较外电子之间的相互扰动的效应. 在朗
德的工作中,研究局限于一种情况,即较外电子的轨道是近似圆形的,但是,正如
在别的地方即将说明的,既然他应用了一种无法证实的近似方法,他的结果就甚
至对这一情况也是不能成立的. 在我们的研究中,在开始时并不引入有关较外电
子的轨道的任何假设的情况下完成了计算,而且我们已经被引导到关于两类运
动的认识,而在我们看来,这两类运动就提供了关于两种分离的氦光谱的理解.
正如在朗德的工作中那样,我们假设在正氦光谱中处理的是两个电子在同一平
面上运动并具有同一绕转方向的那些定态;我们已经证明,在这一情况下,存在
一个普遍的运动类,在这种运动中,较内电子的轨道形状在较外电子的影响下近
似地保持恒定,同时轨道却以那样一种方式在转动,以致从核到近核点的方向在
任何时候都和从核到较外电子的矢径相重合. 喏,计算证明,对于所讨论的解来
说,较内轨道的偏心率只依赖于较外轨道的参数而完全不依赖于它的偏心率,而
较内轨道的偏心率在一级近似下就决定着较外电子在里边运动的那个场. 例如,
关于较内轨道的偏心率,我们得到

$$\varepsilon = \sqrt{p/a_0}.$$

而这又造成一个力场,这个场在一级近似下可以表示成

$$f(r) = eE/r^2 + \frac{4}{3}\varepsilon a_0 e/r^3.$$

既然这个力依赖于和 p 成正比的较外电子的角动量,这里的研究就不能像在力
场由 $f(r)=eE/r^2+A/r^3$ 给出时那样简单地进行. 但是,如果我们只考虑圆形轨
道,那么问题就很简单,而且我们对应于关系式(3)就有

$$I^2 = \langle m \rangle eEr + f(I);$$

可以看到,这个表示式给出一个大于 $h/2\pi$ 的 I 的极小值. 尽管计算只是近似的,
但是却很清楚,这些考虑给弗兰克和克尼平所发现的奇特现象提供了一种自然
的解释;那现象就是,正氦光谱中所涉及的那些定态的最小能量值不对应于 $n=$
1、$k=1$,而却对应于 $n=2$、$k=1$. 在这里可以注意,朗德没有考虑此处提到的这
一情况,他曾经根据他的公式计算了可能的正氦态 $n=1$、$k=1$ 的能量,而且求
得了一个值,它甚至比从上面提到的简单氦模型求得的值还要小,这是一个甚至
在解释测得的氦的电离电势时都太小的值. 按照大体相同的方式,克喇摩斯和作
者曾经计算了这个态中的能量,而且发现了关于氦光谱起源的根本困难,这种困

难当引用这里所提出的观点时就将消失……*

正如弗兰克和莱希根据他们的实验结果所断定的,必须假设氦原子的正常态属于仲氦光谱的态;于是就可以说,我们在这种光谱中观察到了氦原子的形成,正如氢光谱揭示了氢原子的形成一样. 看来给出这一情况的简单力学解释是可能的. 在朗德的考察中,也像在我们的考察中一样,都假设了和仲氦相联系着的两个轨道并不位于同一平面上,但是根据的观点却有着本质的不同;这一点,将在综述性论文中详加阐述.

当我们考虑两个轨道的线度之差越来越小的那些定态时,对于空间轨道和共面轨道来说形势就是大不相同的了,因为,对于前一种类型,可以在两个态之间得到逐渐的过渡,在一个态中两个电子的轨道很不相同,而在另一态中两个电子的运动则属于同一种类,例如可以说两个电子是等价的那种态;因此,关于可以怎样通过两个电子的逐个被束缚来形成这样一种组态,就能够得到一个概念. 另一方面,在共面轨道的情况,原子的这样一种逐步的形成却是不可能的,因为电子在不同位置上而却在等价轨道上运动的两个态间的过渡是被排除了的. 例如,我们即将看到,完全不依赖于有关正常态中的运动的这些考虑,也是不可能达成从正氦态到上面多次提到的简单原子模型的逐渐过渡的;在那种模型中,两个电子是在同一个圆形轨道上运动的.

应用上述结果,我们现在企图对各元素的原子结构的要点作一概述. 我们在前面曾经相当详细地处理了氢原子和氦原子. 其次一个问题就涉及锂的电子组态. 首先,我们必须假设最内部的两个电子和氦原子正常态中的两个电子具有相同的组态,而正如我们已经看到的,在氦原子中我们必须假设,两个电子的运动是等价的那样一种组态已经通过电子的逐个被束缚而得以形成. 现在当问到第三个电子的束缚过程时,我们在光谱中就有关于此事的直接证据. 正如在以上所讨论了的,一切情况都表明这个电子在正常态中将在一个对应于 $n=2$、$k=1$ 的椭圆轨道上运动;于是,在轨道的一大部分上,它是在比两个较内电子离核更远的地方运动的,但是,当经过它的近核点时,它就将和较内电子达到离核同样近的地步;确实,前面关于两个电子的电荷均匀地分布在球上的那一理想情况的考虑,使我们有很强的理由相信,在经过近核点时,第三个电子甚至会达到比两个较内电子在运动中离核最远的距离还要近一些的距离. 这样一来,就能够理解氢原子的和锂原子的化学性质之间的巨大差别了. 在我的最初一些论文所给出的理论的早期版本中,这种差别是令人困惑的,因为那时不清楚较内电子怎么能对较外电子发生化学性质所要求的那种强烈影响,如果假设这一电子是沿着近似

66

---

* [稿中此句没有写完. 它可能接着写在了下一页上,但是那一页却丢失了. 因此,这里有一段空白.]

圆形的轨道而和其轨道也被认为近似圆形的较内电子在同一平面上运动的话.
另一方面,正是所假设的较外电子的这种高度偏心的轨道,就使得较内电子对较
外电子的强烈影响成为可能,这种影响就造成可以叫做三个电子的运动的直接
耦合的结果.

过渡到其次一种元素铍,我们将假设前三个电子具有又是通过逐个被束缚
而形成的一种组态,这是和中性锂原子中的组态相似的.现在的问题是可以怎样
假设第四个电子被束缚在原子中.注意到第三个电子的高度偏心的轨道,可以很
自然地假设第四个电子是以类似的方式被束缚的;因为各个轨道显然不会强烈
地互相干扰,如果我们假设它们经过适当取向,以致它们的长轴指向接近相反的
方向,并假设各电子在它们的轨道上是以那样一个周相差而绕转,以致当一个电
子位于近核点时另一个电子正好位于远核点.这样一来,看来就实际上能够理解
铍的特征性质.首先,可以看出较内电子和较外电子之间的耦合怎样使得解释铍
和氦的性质之间的巨大差别成为可能,这种差别可以用一个事实来显示,即前者
是一种活性的电正元素,而后者则肯定是一种化学惰性的元素.在理论的最初版
本中,根本不存在理解这一差别的任何可能性;在那种版本中,虽然也假设了铍
具有两个较内电子和两个较外电子,但是却根据共面轨道的考虑得出结论认为
铍原子中的较外电子几乎是像氦原子中的电子那样束缚得很牢固.另外,较外
电子的奇特的等价运动不但提供了解释正二价的可能性,而且提供了解释得到
这种二价元素的火花光谱的容易程度的可能性.确实,对于铍本身来说,并不知
道任何的这种数据;但是,对于这一族中的其次一种元素镁来说,火花光谱却已
经由否勒很精确地测定过了,而且,如上所述,它的线系公式恰恰具有所应预期
的那种形式,如果它是由那样一个原子所发射的,该原子中的一个电子已经完全
被取走,而另一个电子则在一个轨道上运动,其轨道线度大于较内电子离核的距
离.但是,在很长的时间内,都很难把获得所考虑元素族的火花光谱的意外容易
性和关于正常态中的电子组态的流行概念调和起来.(2 量子轨道比在氢中束缚
得更牢固,虽然不像氢中 $n=1$ 的轨道那样牢固.)*

过渡到其次一种元素硼,我们将假设四个最内的电子是像铍中的电子那样
被束缚的.事实上,核上的电荷越大,所描述的两个较内电子和两个较外电子之
间的那种耦合就越加可能;因为,当这一电荷增大时,电子之间的推斥力的相对
值就将减小,于是不同电子轨道的大小就变得更加接近相等.至于硼原子中的第
五个电子,我们很自然地想到可以假设它是和第三个及第四个电子很相像地那
样被束缚的;可以说,这种束缚对应于向核的坠落,而且可以合理地假设,最后的

67

---

* ［括号中的一句是玻尔的手迹.］

轨道可以归入对应于原子中电子的束缚过程的一系列态中. 于是,在正常态中,我们将假设三个较外电子是按照等价的方式被束缚的,从而它们按照相等的时间间隔出现在它们的轨道的近核点上. 不经过详细计算它们的相互扰动,就很难决定我们必须假设这些轨道是在同一平面上还是处于其他的等价组态中. 根据主要和元素的磁性质有关的某些考虑,看来很可能原子的总角动量在正常态中等于 0 或 $h/2\pi$. (当然,这些简略的说法也适用于铍,但是它们还应该详细地表述出来.)

　　过渡到碳,我们就被引导着假设前五个电子是像在硼中那样被束缚的,而第六个电子则将那样地被束缚,使得四个最外的电子形成一种组态,在这种组态中每一个电子的运动都是等价的,而且各个电子按相等的时间间隔进入最内两个电子的区域中. 关于轨道的详细描述,我们几乎不能假设它们全都位于同一平面上;因为,当各个长轴在每一时刻都具有和从正四面体的顶角到中心的连线相近似的相对位置时,就可以预期电子之间的平均距离,从而还有它们的势能,将比各长轴形成正方形的对角线时更小一些. 但是,详细的计算将是极其繁复的,因为每当较外电子经过离核很近的地方时,轨道受到的扰动就很大(近核点的转动),这就是组态的耦合及其稳定性本身所依赖的那种扰动. 当把这里所提出的考虑和我的早期论文中的那些考虑相比较时,几乎是用不着讨论这些情况所造成的巨大差别的,因为早先在讨论铍时所说的一切在这儿是更加正确的. 另一方面,更详尽地讨论两种组态之间的区别却可能是有兴趣的,一种是我们在这儿被引导着得出的碳的电子组态,另一种是玻恩和朗德所建议的特别是由朗德在他关于金刚石结构的工作中成功地应用了的具有立方体对称性的那种组态. 首先必须强调,这些作者完全没有考虑原子中不同电子层之间的耦合的影响,从而就把他们的关于可能组态的论证完全建筑在原子周围力场的对称性质上面了(就像玻恩关于晶体压缩率的考虑那样),或者不如说是建筑在平面组态和空间组态中的电子势能的微小差别上了. 但是,如果我们考虑各元素的普遍性质,我们就在最突出的方式下看到,这种耦合是对各元素的性质起着决定性的作用的. 例如,在最后考虑的一种情况即碳的情况中,我们显然不能到这一元素的较外电子的数目即四那里去寻找它的特有性质,例如它在有机化学中的众所周知的四价以及它形成具有立方体对称性的最硬和最紧致的晶体这一性质;因为,假如情况是这样的,那就会没有理由来说明为什么铍不应该在相等的或更高的程度上也具有这些性质,而如所周知,铍却是一种具有完全不同的性质的元素. 相反地,碳的特征性质必须假设为起源于这样一件事实:在中性原子中,有四个电子耦合在两个较内的电子上,以致这四个电子的运动基本上成为相互独立的了,其意义是说,和根据一种假设算出的正常态中的情况相比,其中每一个电子的束缚能量都更小,而且对其他电子的依赖性也小得多;那假设就是,四个电子在同一个圆形轨道上或在玻恩和朗德所建议和研究的具有立方形对称性分布的轨道上绕转. 他们假设,各电子不但是等价的,而且正如在由若干作者联系到所考虑的问题讨论过的并被索末菲称为"椭圆版本"("Ellipsenverein")的简单平面运动中那样,各电子在任何一个时刻都占据对应的位置,从而它们全都同时通过它们的近核点,并在一个较后的时刻又全都位于离核最远的距离处. 当像在朗德的和玻恩的论文中那样对较内电子的出现并未特别加以考虑时,就不可能提出任何理由来排除和氢的正常态相类似的一个态. 不过,如果假设较外电子是在对应于氢原子的第二个定态的椭圆轨道上运动的,正如朗德为了和例如根据晶体尺寸而观察到的原子大小取得一致所做的那样,那么看来这些轨道就会不可避免地引起困难;因为,如果四个电子同时进入两个较内电子的区域中,它们就必将对这些较内电子发生干扰效应,其大小将很难和所讨论的电子组态的继续存在相容,这种组态是以较内电子和较外电子之间的明确区分为其特征的. (这一点必须通过更确切地描述较外电子能够和核接近到何等程度来更仔细地表述出来.)

可以指出,这种说法中所包含的批评,带有根本性并涉及一些普遍观点,这些观点似乎必须形成原子性质的量子论解释的基础;另一方面,这些说法并不是要对那些有趣的特别是朗德得到的结果表示不甚赏识;不管理论的讨论如何,这些结果是依赖于针对某些电子引入一些轨道的,这些轨道并不是和氢的正常态中的圆形轨道相类似,而却和对应于氢原子第二定态的椭圆轨道相对应.

周期系的继续讨论.

X 射线谱.

也许提到磁性.

过渡到周期系中其次的形成系中第二横排的* 最后几种元素,氮、氧和氯,类似的考虑就引导我们假设应该束缚在原子中的前六个电子将采取和碳中的组态相似的组态,就是说两个较内电子将在等价的空间"1 量子"轨道上运动,而四个较外电子将在等价的"2 量子"轨道上运动,它们耦合在较内电子上,并且显示相对于核的完全的空间对称性. 如果我们现在要问以后将被束缚的那些电子的组态如何,我们就会遇到这样一种情况:像对于锂中、铍中、硼中和碳中那些较外电子一样,五个、六个或七个轨道并不能像在两个、三个或四个电子的情况中那样按一种对称方式来分布. 但是,很难确定应该赋予这一事实以多大重要性;因为,正如已经指出的,我们认为较内电子和较外电子之间的耦合的存在是具有头等重要性的,而较外电子的对称性则是起着第二位的作用的. 然而,随着电子数的增加,将有若干有关这种耦合的问题要考虑了.

_____

* ［稿中写的是"第一横排",但是"第二横排或第二周期"才是和玻尔的较晚用法相一致的.］

II. 原子结构

(Nature **107**(1921)104)[*]

---

* ［见《引言》第 2 节.］

原 子 结 构

    在去年 11 月 25 日致《自然》的一封信中,诺尔曼·坎普贝耳博士讨论了两种假设的可能一致性问题;一种是元素线系光谱的诠释所依据的关于原子中各电子的运动和排列的假设,那种诠释是建筑在量子论对原子结构的有核学说的应用上的;另一种是在各种晚近的尝试中引入的表观上很不相同的一些假设,其目的是要发展一种能够说明各元素的其他物理性质和化学性质的原子构造理论.坎普贝耳博士提出了一种有趣的建议,即所考虑的表观不一致性可能并不是实在的,而却是作为量子论原理的形式品格的后果而出现的;这种形式品格可能使得在不同现象的解释中所用的原子构造图景可以有完全不同的面貌,而它们所涉及却是相同的实在.在这方面,他把注意力特别指向了所谓"对应原理";通过这一原理的建立,已经能够利用建筑在辐射的经典理论上的其他推论来完成某些建筑在量子论上的推论——尽管普通的电磁辐射理论和量子论的概念之间是有着根本差别的.

    只要我们必须承认我们还不具备一种可以用来详细描述原子体系发射辐射和吸收辐射的那种机制的完备理论,我当然就同意对应原理也像一切其他的量子论概念一样具有一定的形式品格.但是,另一方面却有这样一件事实:已经能够在由一个原子体系发射的光谱(根据量子论和一条关于原子中各粒子的某些运动类型的假设而导出)和一种辐射的组成之间建立起密切的联系,那种辐射是按照普通电磁理论将由相同的运动类型引起的;在我看来,这一事实就提供了一种有利于光谱理论各条假设的实在性的论证,这是一种很难和坎普贝耳博士的建议相容的论证.相反地,如果我们承认光谱量子论的可靠性,对应原理就似乎将提供一种也许是最强的诱惑,使我们沿着和元素线系光谱的诠释相同的路线来寻求各元素的其他物理性质和化学性质的诠释;从而在这封信中我就愿意简略地说明,看来怎样能够通过这一原理的引申应用来克服某些基本的困难,这些困难是一直包括在依据量子论对有核原子的应用来发展一种原子构造的普遍理论的那些尝试中的.

    原子构造理论的共同特点就在于努力寻求各电子的一些组态和运动,以便这些组态和运动有可能利用原子序数来对如此清楚地显示在众所周知的周期律中的各元素化学性质的变化作出诠释. 这一周期律的考虑直接导致一种观点：
原子中的电子是按照明确区分的一些组而分布着的,每一组所含的电子数等于
按渐增原子序数排列的元素序列中的一个周期中的元素种数. 在得到这些组中
各电子的组态和运动的一种确切图景的早期尝试中,曾经假设每一组中的电子
在每一时刻都按照相等的角度间隔排在以核为中心的圆形轨道上,而在后来的
理论中这一简单假设却被换成了这样一种假设：各组中的电子组态并不是具有
这种简单的轴对称性,而是在空间中显示一种更高度的对称性,例如,曾经假设
电子组态在运动中的每一时刻都显示多面体对称性. 但是,所有这样的理论都包
括着一个根本困难,即完全没有说明这些组态为什么在通过电子被核所束缚的　　74
过程而形成原子时会实际地出现,以及为什么原子构造在下述意义上是实质稳
定的：如果它暂时地受到外界因素的干扰,就会重新组成原来的组态. 如果除了
起源于各粒子电荷的吸引力和推斥力以外我们不考虑各粒子间的别的力,则这
样一种诠释显然要求原子中不同电子组之间存在一种密切的相互作用或"耦
合",这种耦合是和假设不同组中的电子在完全互不穿插的轨道上运动时所将预
期的耦合大小相同的；在后一情况下,每一个电子组可以说形成原子的一个"壳
层",它对较外壳层中各电子的效应将主要起源于部分地补偿核对该电子电荷的
吸引力.

可以看出,这些考虑涉及的是有核原子的本质特点,而且一直还和量子论的
特点没有任何特殊关系；量子论在原子理论中的最初引用是希望得到有关原子
稳定性的一种合理诠释. 按照这一理论,一个原子体系具有若干个明确区分的
态,即所谓"定态"；在这种态中,运动可以用普通力学来描述,而且原子可以至少
在一段时间内存在于这种态中,而并不发射能量辐射. 来自原子的特征辐射,只
有在两个这种态之间的跃迁中才会被发射,而这种跃迁过程并不能用普通力学
来描述,正如所发辐射的特点并不能利用普通的电磁理论而根据运动来计算一
样；曾经和普通电磁理论大不相同地假设,跃迁永远伴之以单频辐射的发射,其
频率由两个态的能量差来简单地确定. 量子论对原子问题的应用是以氢的简单　　75
光谱的诠释为其出发点的；对于这种诠释来说,并不需要原子定态的任何先验确
定. 这种应用近年来通过对应于某些普遍类别的力学运动来确定其定态的系统
方法的发展而得到了大大的扩充. 尽管用这种办法已经得到光谱学结果的一种
很不相同的详细诠释,但是,只要考虑的是本质上依赖于原子中一个电子的运动
的那些现象,关于多电子原子的构造就是没有得到任何确切的澄清；这是由于
一种情况,即确定定态的方法并不能够排除选择原子的不同组或壳层中的电子
数时的任意性. 事实上,这些方法所导致的唯一直接推论就是,原子中每一个电
子的运动在一级近似下将和由一个在辏力场中运动着的粒子构成的体系的一个

定态相对应,这些定态在极限情况下是用出现在索末菲氢谱线精细结构理论中的那些不同的圆形或椭圆形的定态轨道来表示的.但是,排除上述这种任意性的道路却通过对应原理的引入而被打通了;这一原理表示了量子论中的一种趋势,即不但看到确定原子体系的定态和确定通过定态间的跃迁来发射的辐射频率的一组形式上的法则,而且企图得到辐射的电磁理论的一种合理推广,这种推广应该显示说明原子的本质稳定性所必要的不连续的特点.

76　　在这里不必讨论对应原理的详细表述,对于目前的目的来说指出一点可能就足够了,那就是,这一原理在定态中运动的特点和两个定态间的跃迁可能性之间建立了密切的联系,并从而为理论地研究在原子的形成和重组中可以预期为即将发生的那种过程提供了一个基础.例如,这一原理直接把我们引导到这样的结论:在实际的原子中,我们不能期望会有每一组中的电子都排列在环上的那种类型的组态或具有多面体对称性的组态,因为这种组态的形成将要求每一组中的电子在起初应该是同时被原子束缚住的.相反地,看来必须到可以通过一个一个电子的逐个束缚来形成的那种组态中去寻求原子中的电子组态;我们可以假设在这种过程的最后阶段中将出现元素线系谱的发射.现在,根据对应原理,我们实际上被引导到了一个这种过程的图景,这个图景不但提供了关于这些光谱的结构的一种详细洞察,而且也暗示了原子中各电子的那样一种确切的排列,其类型似乎适于用来对元素的高频谱和化学性质作出诠释.例如,根据关于和每一电子的各个束缚步骤相对应的定态间的可能跃迁的考虑,我们首先就被引导着假设只有头两个电子是在可以称为 1 量子轨道的轨道上运动的,这些轨道和一个有心体系的那一定态相类似,该定态对应于由一个电子绕着一个核而转动所组成的体系的正常态.在头两个电子之后被束缚的电子将不能通过二定态间的跃迁而在电子中达到和头两个电子的位置相等价的位置,而是将在可以称为多量子轨道的轨道上运动,这些轨道和有心体系的其他定态相对应.

77　　关于原子正常态中存在这种多量子轨道的假设,在各种近来的理论中已经引用了,例如在索末菲的关于高频射线谱的工作中以及在朗德的关于原子线度和晶体结构的工作中;但是,对应原理的应用似乎第一次给这些结论以及给有关在头两个电子以后被束缚的电子的轨道排列的讨论提供了合理的理论基础.例如,通过对束缚过程的进程的较深入分析,这一原理为作出下述结论提供了简单的论证;结论就是,这些电子的分组方式反映着在按渐增原子序数排列的序列中各元素化学性质所显示的那些周期.事实上,如果我们考虑许多电子被一个高正电荷的核所束缚的过程,这种论证就使我们想到,当头两个电子被束缚在 1 量子轨道上以后,其次的八个电子将被束缚在 2 量子轨道上,其次十八个电子将被束缚在 3 量子轨道上,其次三十二个电子将被束缚在 4 量子轨道上.

虽然这些组内各电子的轨道排列将显示一种很大程度的空间对称性,各组却不能在关于原子构造的一般用法的意义上被说成形成简单的壳层. 第一,论证涉及的是,每一组内的各电子并不是全都起着等价的作用,而是分成和具有相同总量子数的那些多量子轨道的不同类型相对应的一些亚组,这些多量子轨道表示着辏力场中运动粒子的各个定态. 例如,在这样的体系中,共有两种类型的 2 量子轨道,三种类型的 3 量子轨道,余类推,而和这一事实相对应,我们就被引导到这样的观点:上面提到的八电子组包括两个亚组,每一亚组有四个电子;十八电子组包括三个亚组,每一亚组有六个电子;三十二电子组包括四个亚组,每一亚组有八个电子.

上述构造的另一个重要特点,就在于不同组中各电子的轨道彼此之间的相对位形. 例如,对于每一组来说,某一亚组中的电子在它们的绕转过程中将透入那样的区域中,在那里,它们到核的距离将小于那些属于量子数较小的组的电子到核的平均距离. 和逐步束缚过程的本质特点密切地联系着的这一情况,恰恰给出不同组间作为原子组态稳定性的一个必要条件的那种"耦合"的表现. 事实上,这种耦合就是整个图景的主导特点,而且应该被当作诠释不同组及其各个亚组的形成过程的一切细节的指南. 此外,整个组态的稳定性具有这样一种品格:如果其中任何一个电子被外界作用物从原子中取走,则原有的组态不但可以通过各个电子在其原先被原子束缚的顺序中的逐个移动而重新组成,而且被取走电子所留下的空位可以通过和单频辐射的发射相伴随的二定态间的直接跃迁而由属于束缚得较松的组或亚组中的任何一个电子来占据. 这一情况——它提供了一种诠释各元素高频射线谱的特征结构的基础——是和下述事实密切地联系着的:虽然各个亚组中的电子可以说在原子内部运动的交响乐中扮演着等价的角色,但它们却并不是像在索末菲的或朗德的作品中那样在每一时刻都排列在具有简单的轴对称性或多面体对称性的组态中,而是相反地它们的运动适当地互相联系着,以致能够把组中的任何一个电子通过那样一种过程从原子中取走,在那一过程中其余各电子的轨道是以一种连续方式发生变化的.

这些普遍的说法适用于原子中一切电子组的组态和稳定性. 另一方面,上面指出的相继壳层内各组中和各亚组中电子数的简单变化却对原子中的那一区域才成立;在该区域中,和各个电子的推斥力相比,核的吸引力对每一个电子都具有主导性的影响. 当早先束缚的电子的电荷开始补偿核的正电荷的较大部分时,我们在被原子所束缚的电子的排列方面就遇到新的特点,而且关于束缚过程的考虑就迫使我们假设,新加入的电子被束缚在量子数等于或小于早先束缚的电子组的量子数的那种轨道上,尽管在它们的大部分绕转过程中这些电子将位于早先的束缚电子区域以外. 一般说来,表征和相继壳层中的电子运动相对应的各个轨道的量子数的这种停止增加乃至减小,一般是在大约半数的电子已受到束缚时开始的. 在束缚过程的进行中,各电子起初仍将排列在具有上述构造的各组中,因此,3 量子轨道组又将包括十八个电子,而 2 量子轨道组又将包括八个电子. 但是,在中性原子中,最后的从而也是束缚得最松的那些电子一般将不能按照这样一种规则的方式来排列. 事实上,在原子表面上,我们只有在属于惰性气体族的元素中才会遇到具有上述构造的那种组;从许多观点来看,这些元素也已经被承认为元素的自然系统中的一种界标. 对于这些元素的原子,我们必须预期得到用下列符号来标示的构造:

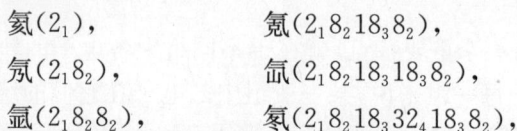

$$氦(2_1),\qquad\qquad 氪(2_18_218_38_2),$$
$$氖(2_18_2),\qquad\qquad 氙(2_18_218_318_38_2),$$
$$氩(2_18_28_2),\qquad\qquad 氡(2_18_218_332_418_38_2),$$

80　此处大号数字代表从最内部算起属于各组的电子数,而小号数字则代表表征每一组内电子轨道的总量子数.

这些组态的特点是它们的内在稳定性;其意义就是,从这种原子中取走一个电子而形成一个正离子是特别困难的,而且不存在一个电子附着在这种原子上而形成一个负离子的任何趋势. 第一种效应是由于最外一组中的电子很多,从而来自核的引力并没被补偿到其最外组中只包含较少电子的那种组态中的程度;例如在周期表上紧接在惰性气体族后面的那些元素族中,就有上述这种情况,而如所周知,这种元素是具有明显的电正特性的. 第二种效应是由于最外组的规则构造,这种构造阻止一个新电子作为更多的成员而进入组内. 另一方面,在属于周期表上惰性气体族前面各族的那些元素中,我们却在中性原子中遇到最外电子组的一种组态,它们显示着通过束缚更多的电子来完善自己而导致负离子的形成的巨大倾向.

这些考虑的一般思路是从各种晚近的原子构造理论中得来的,例如 A·考塞耳的和 G·刘易斯的那些理论,它们是建筑在化学资料的系统考虑上的. 在这些理论中,周期表中这些族的电正性和电负性是通过一个假设来诠释的,即假设惰性气体原子中的较外电子是排列在特别规则和特别稳定的组态中的,但是这些理论却完全没有试图给出这些组的构造和形成的详细图景. 在这方面,注意到两种图景之间的根本区别可能是有兴趣的:一种是本文所指出的原子构造图景,另一种是坎普贝耳博士的信中提到的由朗缪尔根据原子中稳定电子或振动电子的假设而发展起来的图景. 在朗缪尔的理论中,电子组态的稳定性乃是被看成一种假设的无法作出先验的详细诠释的原子性质;完全抛开这一事实不谈,上述的区别也可以很清楚地由一个事实揭示出来,那就是,在朗缪尔的理论中,假设了惰性气体原子的一种构造,在那种构造中,电子数永远在最外壳层中为最大. 例如,氡原子中各组中的电子数不是像上面给出的那样,而是被假设为 2、8、18、18、32,正如初看起来元素序列中各周期的出现似乎即将要求的那样.

原子内部会出现较大的组的这一假设,是现在这一理论所依据的那种论证的直接推论;这一假设似乎不但提供了诠释各元素的一般性质的一种更适当的基础,而且特别是提供了关于周期表中那样一些元素族的出现的直接诠释,在各该族中,相继元素的化学性质只有很小的差别. 事实上,这样一些族的存在显现为一些组的形成的直接后果;当沿着元素序列看过去时,这些组在原子内部含有较大数目的电子. 例如,在稀土元素族中,我们可以假设正在看到原子中那种地方的包括三十二个电子的一个较内电子组的逐步形成,在那里,对应的组中起先只有八个电子. 同样我们可以假设,铁族、钯族和铂族的出现是证实着包含十八个电子的一些组的形成阶段. 但是,和稀土族的出现相比,这里的条件更加复杂一些,因为我们遇到的是更靠近原子表面的一个组的形成,从而核电荷补偿的迅速增长就在束缚过程的进行中起着更大的作用. 事实上,在所讨论的这些情况中,我们遇到的不是像稀土族中那样的转变,那种转变从效应来说是限于同一组内的,从而组内电子数的增大就简单地反映在所考虑的族的元素种数方面;而我们现在所遇到的却是由若干较外电子组的合流来伴随着的一种转变.

82

在不久即将发表的更充分的论述中,这里讨论的这些问题将得到更详尽的处理. 在这封信中,我的意图只是把注意力指向由于量子论的光谱应用所依据的一些原理的发挥而开辟的诠释各元素的其他性质的那种可能性. 在这方面我也愿意指出,根据当存在磁场时元素光谱的改变的研究,看来能够发展一种有希望给一些困难带来光明的论证,那些困难是迄今包含在各元素的特征磁性质的解释中的,而且是在近来致《自然》的各种信件中讨论了的.

N·玻尔,2 月 14 日于哥本哈根.

Ⅲ. 我们现在的原子知识

UNSERE HEUTIGE KENNTNIS VOM ATOM

(Die Umschau **25**（1921）229）[*]

---

[*] ［见《引言》第 3 节,原书所收系德文原文的英译本.］

我们现在的原子知识

古代原子论者们的想法是,物质并不是无限可分的,而是当企图把一个物体分成越来越小的部分时,我们就终于会达到很小的、不能再分的粒子,它们应该被看成物质的基元组成单位,而且由于它们的不可分性,它们就被称为"原子".直到 19 世纪初,这种想法对于精密自然科学一直是没有多大意义的.但是,自从道耳顿以后,一切物质都由原子构成这一假设已经成了化学家们的一个不可缺少的工作假说.然而,化学原子和古代原子论者们的原子之间并无多大共同之处.它们的可分性或不可分性并没有受到多少怀疑;相反地,它们是一些作为不同元素的基元单位的微小粒子,其意义就是,每一种化学元素蕴涵着一定种类的原子的存在.但是,化学并不能使人们直接探索这些原子的一切性质,而且例如也不能确定个体原子的重量和大小;化学主要关心的是相同原子或不同原子结合起来而成为较大的结构即所谓分子的那种或多或少明显的趋势.虽然物理学家在企图解释固态、液态和气态之间的特征区别之类的最重要的物性时也越来越倾向于把原子论观念当作唯一的自然假说,但是,说实话,在 19 世纪的前半世纪中,原子理论对于物理研究来说并不是特别重要的;因为显然还不知道为个体原子的存在或性质提供直接证据的任何物理现象.只有法拉第发现的电流通过不同溶质的水溶液时的导电定律,指示了原子可以显现为电荷负载体这一重要事实,而且带电方式是一个带电原子永远带有完全确定的正电荷或负电荷,而不取决于完成实验的方式,也不取决于元素的种类.但是,在最近的四十年中,已经发现了一系列新的物理现象,它们是和原子论的物质构造密切有关的,而且它们的进一步研究不但成功地排除了关于道耳顿原子理论的实在性的任何怀疑,并精确测定了原子的重量和大小,而且甚至成功地建立了关于这些原子的"结构"的详细图景.事实上,这些新发现已经证明一个原子远远不是不可分割的和不可改变的;相反地,原子具有一种或多或少复杂的结构;它本身就是一个世界,一个"微观宇宙",一个"有秩序的微小物体的集合",这些字眼的贴切性是人们从来不曾梦见的.

气体导电的实验现在已经由于盖斯勒管中美丽的光学现象而为几乎所有的人所熟悉了;这些实验在上世纪的最后十年中证明了,一切物质的一种基本组成是一种极小、极轻的带有负电的粒子.这些粒子是完全相同的,就是说,全都具有相同的质量和负电荷；它们被称为"电子". 已经弄清楚，每一个原子含有一个或多个这种电子，于是就出现一个问题，即原子中的正电荷是怎样和在哪儿分布着的；因为必然有一些这样的正电荷来补偿电子的负电荷，以便整个的原子可以成为电中性的. 关于这一问题的信息曾经通过关于所谓"放射性"元素例如镭的实验得出，这种元素在近年来的被发现曾经在物理研究中起了极其重要的作用*. 这里不可能用三言两语来说明这些主要归功于伟大的英国科学家卢瑟福的探索，从而我只将简略地描述一下我们现在可以构成的关于原子结构的图景. 原子中的正电集中在一个"核"上，核的重量几乎和整个原子的重量相同，其周围有一些被电吸引力所束缚的电子. 于是，原子完全是由带电的粒子组成的，从而就很清楚，负电子的数目一经小于或大于补偿核的正电荷所必需的数目，也就是一经小于或大于中性原子中的电子数，原子就可以成为电的负载体. 电子的线度以及核的线度，是远小于各电子和核之间的距离的. 从核到最远电子的距离约为一千万分之一毫米，而个体粒子的线度则或许不超过十亿分之一毫米〈10^{-12} 毫米〉. 既然一种可能的核结构由于体积很小而不会对周围电子的排列和运动发生什么可觉察的影响，从而这些排列和运动就只依赖于核的总电荷，从而只依赖于中性原子中的电子数，那么元素的物理性质和化学性质也就只依赖于这个叫做原子序数的数了. 一般说来，原子的重量是随着原子序数的增大而增大的. 例如，最轻原子氢的原子序数等于 1，就是说，中性氢原子是由核和单独一个绕核转动的电子组成的；而另一方面，最重的原子即相当少见的金属铀的原子在中性状态下所包含的电子却有 92 个之多.

通过所有这些事实的牢固确立，就开辟了一个真正的奇妙境界，于是原子研究的任务就被分成了截然不同的两个问题. 前一个问题在于详细地求得电子绕核运动所遵循的那些规律，而后一个问题则在于揭示核本身的内部结构.

关于后一问题，即"核物理学"，已经作出了若干极有兴趣的发现，特别是放射性领域中的发现. 事实上，放射性元素所发出的一切特征辐射都是只来源于核的. 这种辐射是原子核自发爆炸的结果. 在这样一次爆炸中，就有一个电子或一个正电粒子——它和原子序数为 2 的元素即氦的原子核相等同——被放出，而原有核的其余部分则形成原子序数和原有原子不相同的一个原子核. 当然，这样一种现象必须认为起因于原子核本身的一种复杂的内部结构，这是我们还所知甚少的一种结构. 近期研究的另一种和核的性质有关的惊人结果就是所谓"同位素"的发现. 所谓同位素是指那样一些元素，它们具有相同的核电荷，从而它们的

---

* 《Die Umschau》的读者们可以在哈恩的文章中了解到最重要的有关事实（Radioactivity and the Study of the Elements, 1921, Nos. 1 and 2）.

大多数物理性质和化学性质都是精确相同的,但是它们的原子量和核的内部结构却是不同的,从而它们的比重和放射性质可以是不同的. 在最近几年中已经发现,同位素不但出现在放射性元素中,而且相当多的众所周知的元素例如氯和汞也是由几种同位素组成的. 这一发现是通过关于在放电管中发射的一种类型的射线的巧妙实验而得出的;这些射线由带正电的原子构成,而且这种实验可以直接比较个体原子的质量. 另外,指出一点也可能是有兴趣的,那就是,在最近几个月中,已经能够利用适当的蒸馏方法把普通的汞分成两个变种,其中一种的比重比普通汞的大一点,而另一种则小一点,而这一元素的所有其他特征性质则为二者所公有.

87

在结束我们的关于原子核本身的考虑以前,我们将提到卢瑟福的新实验;在这些实验中,通过用从镭发出的射线来轰击,他已经做到使一种元素(氮)的原子核发生分裂并从而通过外界的影响把一种元素变成另一种元素. 通过这一成就,正如通过证实放射性元素原子的自发蜕变已经做到的那样,关于化学原子在原理上不可改变的那种老观点已经被否证了;或者,为了强调这些结果的积极方面,也许倒不如说我们通过这些实验已经得到了比过去更清楚的关于化学元素的概念.

现在让我们转入上面提到的原子物理学的前一种任务,即分析核周围的电子的行为并从而得到各元素的物理性质和化学性质的一种解释. 初看起来,这一问题显得是和天文学中行星绕日的运动问题密切类似的;因为如上所述,在一定意义上原子是一种行星系,其中原子核代表太阳而电子则代表行星. 但是,细考察起来却存在一种根本的区别,因为有这样一件事实:在一个行星系中,各行星的轨道依赖于行星系起初形成时存在的条件,而我们却必须假设,在原子体系中,各电子在正常条件下所进行的运动是完全确定的而且是只能依赖于所论原子的核电荷的. 事实上,这一假设是一个经验事实所要求的,那就是各元素有其特有的确定的物理性质和化学性质. 不过,在最近几年中,已经能够揭示支配原子中电子的行为的若干规律了. 最重要的是,在 19 世纪后半世纪中发展起来的电动力学理论在这一努力中起了很大的指导原理的作用. 但是,已经变得很清楚的是,这一理论是不能直接应用于原子问题的. 特别说来,为了解释上面提到的各元素性质的确定性,已经有必要发展一种关于原子的电磁行为的观点,而这种观点从有关这些问题的旧的观点来看是革命性的和闻所未闻的. 包括在这种观点中的规律被统称之为"量子论",这些规律本质上是起源于二十年前由伟大的德国理论家马科斯·普朗克提出的关于所谓热辐射的大胆理论的.

我将满足于作出一些简单叙述*. 按照经典的电学理论,一切电磁现象都被

88

---

* 在瓦楞廷诺的一篇文章中,更详细地处理了量子论(Die Umschau, 1921, No. 4).

假设为具有明确的连续性；与此相反，我们却假设，可以在"电子层次"
（"Elektronenhülle"）上发生的那些过程具有一种奇特的不连续性．这种不连续
应该理解如下：当一个原子被任意种类的外界影响例如电子的轰击、X 射线的
照射等等所迫使而离开它的平衡态时，它并不能因此而被转移到任意可设想的
其他态，而是每一个原子都有一系列完全确定的电子运动，而原子则总是力图过
渡到这些特选态中的一个态，从而原子中的一切过程都可以看成两个这种特选
态之间的跃迁．中性原子通常存在于其中的那个态，即当我们谈到原子时总是暗
中假定了的那个态，是这些特选态中电子的排列和运动最为稳定的那一个态．
喏，关于解释各元素的特征性质，我们假设这些性质中的大多数不是和这一态中
的原子中的电子运动直接联系着的，而却是和在不同特征态之间的跃迁中发生
在原子中的那些过程联系着的．例如，我们必须假设，在这样一个跃迁过程中，光
可以被原子所发射或吸收，于是量子论就在两种事物之间建立了一种很确定的
纽带；一方面是这种光的性质，例如它的颜色和强度，另一方面是电子的运动以
及这种运动在所考虑的跃迁中的改变．这样，通过对一种元素的原子在适当实验
条件下所发射的光进行仔细的所谓光谱学的分析，就能够得到关于这种原子中
电子运动的某些性质的信息．同时，我们可以根据这种考察来形成一些有关不同
原子中的电子所描绘的轨道的观念，也已经能够提供关于原子的某些其他性质
的解释，这些性质不是和光线的发射有关而是和元素的化学行为有关的．

　　在目前，我们还远远不能理论地利用在时间过程中收集起来的关于元素化
学性质的大量事实或同样丰富的实验光谱学的结果．不过我们可以说，现在已经
能够定性地和定量地解释许多个别事实，而且，当从原子序数较低的元素过渡到
原子序数较高的元素时的化学性质的——部分规则的和部分不规则的——变
化，如此美丽地表示在经验的所谓元素周期系中的那些变化，已经不再像几年以
前那样是一种无从索解的秘密了．这种奥秘的解答现在已经是有一定的可能性
了．在这方面，最近似乎已经能够发展一种观点，它使我们能够考察从氢到铀的
整个元素序列的各原子中的电子排列，并使我们能够用一种简单方式来诠释上
述各规律性的主要特点．但是，本文的目的只是对我们的原子知识作一概述，要
在这篇短文中更加详尽地论述这样的问题是不可能的．

Ⅳ. 索尔威报告后半部分的摘要

(1921[*])

玻尔教授报告的第二部分的简单摘要

前半部分中的普遍考虑对实际原子的构造问题的应用.

氢的线光谱. 纯周期体系. 各定态由一个条件

$$\mathscr{I} = nh$$

来确定.

定态中的能量

$$E_n = -\frac{2\pi^2 N^2 e^4 m}{n^2 h^2},\tag{1}$$

半长轴

$$a_n = \frac{n^2 h^2}{4\pi^2 N e^2 m};\tag{2}$$

轨道的偏心率正如轨道平面在空间中的位置一样是任意的. Ne 为核电荷, $-e$ 为电子电荷等等.

光谱反映了电子被正核束缚的过程. 正常态——→$n=1$. 光谱和运动之间的对应关系很容易看到是满足的.

和单电子原子光谱的普遍类似性表现在

1) 线系光谱. 此处黎德伯恒量的出现直接通过下述假设来诠释: 一个电子在大部分轨道上在远离其他电子处运动. 在这些光谱中我们看到核对最后一个原子的束缚过程. 在火花光谱中(四倍黎德伯恒量), 除两个以外所有电子都已被束缚住了, 而倒数第二个则正在被束缚.

2) 伦琴谱. 正如摩斯莱, 还有索末菲所观察到的, 这些射线谱和单电子原子光谱的形式表示之间存在一种普遍的类似性. 在这些射线谱中, 我们看到原子正常态的重新组织. 关于吸收的性质证明和线系光谱的发射过程并无直接的物理类似性.

多周期体系普遍理论对有心体系的应用(索末菲): 定态由两个条件来确定. 如果辏力在很大距离处和力的平方反比定律渐近地重合, 则定态中的运动可

以说成是转动的开普勒椭圆运动,椭圆的长轴由(2)给出,而参数 $2p$(通过核而垂直于长轴的直径)由下式确定:

$$2p = \frac{k^2 h^2}{2\pi^2 N e^2 m},\tag{3}$$

式中 k 是整数($k \leqslant n$).(角动量等于 $kh/2\pi$.)

对精细结构的应用(索末菲,帕邢).也由索末菲试探地应用于伦琴谱,得到成功(L 双重线).这一结果的详细诠释即将得到,当我们有了伦琴谱的出现的图景时(以后讨论).

对各元素的线系光谱的应用.只是形式的类似性,因为较内电子并不是确切地像辏力场那样起作用.成功由于这一事实:较内电子的效应将引起较外电子轨道的近核点的旋进,每当该电子在运动中靠近了核时.线系光谱的一般图示(S、P、D、B 谱项)的理解;双重线、三重线等等尚无解释[*].由于对应关系,关于 k 在跃迁中只能增 1 或减 1 的理解(也就是关于组合谱线的出现的难测性的理解).

碱金属光谱中 S 谱项的困难.这一困难的解决,通过假设:线系电子在正常态中描绘2量子轨道($n=2$,$k=1$),而且在这一态中也像在别的 S 态中一样具有一种递增的近核点旋进,这起源于一个事实,即较外电子透入较内电子的集团中,从而在短时间内受到比在类似的氢原子态中大得多的吸引力.

1量子轨道并不存在,是力学上不可能的.这种某些态的缺少用辏力场的简单例子来十分简单地阐明.

94

---

[*] 如果像根据黎德伯公式那样,线系谱项可以近似地用

$$-\frac{1}{hc}E_{nk} = \frac{R}{(n-\alpha(k))^2}$$

来表示(R 是黎德伯恒量),则电子回到近核点的频率由

$$\frac{1}{h}\frac{\partial E}{\partial n}$$

来给出,而长轴的转动频率则是

$$\frac{1}{h}\frac{\partial E}{\partial k}.$$

二式相除,就得到单独一次绕转以后长轴转过的角度

$$\beta/2\pi = -\frac{\partial\alpha}{\partial k}(不依赖于 n),\alpha_k = \frac{1}{2\pi}\int_k^\infty \beta dk.$$

如所周知,在实际光谱中,黎德伯公式往往是在很高的近似程度下成立的;这就表明,一次绕转以后的长轴转角是接近独立于长轴长度的;而且这也是直接可以理解的,因为这一转角完全起源于较外电子离核最近时的较内电子的效应,从而是不依赖于长轴的长度,而只依赖于参数 $2p$ 的.

　　这些考虑得到氦光谱的详细考察的有力支持;为了阐明电子的束缚过程,并阐明关于在第一部分中表述了的对应原理的观点,总的来说氦光谱曾经是最重要的.

　　氦光谱(即由中性原子发射的光谱)包括两个完全的线系光谱,二者之间的任何组合都没有观察到. 即使我们加上电场,它们将在每一个光谱内引起许多新的组合谱线的出现,这样的相互组合也还是不会出现. 现在,玻尔和克喇摩斯发现了 He 原子中力学运动的两个特殊类;在这些类中,运动的特点特别简单,而且较外电子的运动恰好属于辏力场中的那种类型,而较内电子则描绘扰动了的1 量子轨道. 在一类中,两个电子在共面的轨道上运动,而且计算在大体上和正氦光谱(双重线)相符. 在另一类中,两个电子[的运动]是互相垂直的(至少当 k 并不很小时是如此),而且和仲氦光谱近似地相符. 喏,弗兰克和克尼平的实验证明,氦中的正常态对应于($n=1$, $k=1$, 1 量子轨道)仲氦,而正氦中最稳定的态则是一个 2 量子轨道($n=2$, $k=1$). 计算结果确实是,对于正氦态来说,$n=1$ 的态是在力学上被排除了的. 这个态是亚稳的,而且和碱金属原子中的正常态相类似.

95　　于是,氦的正常态并不是由两个 1 量子电子组成的一个环. 这样一个环不能通过束缚了第一个电子以后再束缚第二个电子来形成. 而且它和观察到的电离电势(25.2 伏特而不是 29 伏特)也不相符. 我们在仲氦光谱中看到的束缚过程将得出实际的正常态,在这种态中两个电子都在 1 量子轨道上运动,但是并不共面(在力学等价的轨道上).

　　和朗德观点的根本区别(见玻尔的信).

　　在正核把两个电子束缚在 1 量子轨道上以后,就像在氦光谱中所显示的那样,我们必须假设第三个电子可以被束缚,直到它在正常态中停留在 2 量子轨道($n=2$, $k=1$)上,就像在锂光谱中所显示的那样.

　　其次的三个电子将被束缚在等价的 2 量子轨道上(显示为 Be 的二价,B 的三价,C 的四价),于是六个电子中的头两个将被束缚在等价的 1 量子轨道上,其次的四个被束缚在等价的 2 量子轨道上;这四个电子的排列必须假设为具有一种高度的中心空间对称性,但不是玻恩和朗德意义下的立方对称性. 此后必须假设,由于这一对称性我们可以预期,把更多的电子束缚在和已束缚电子相等价的轨道上的"机会"*,而且可以说不存在更多的椭圆类型的 2 量子轨道的"空位"

　　　* [中译者按:此处原文似有遗漏,译文不妄改.]

了. 在正常态中,其次的电子将被束缚在圆形的 2 量子轨道($n=2$, $k=2$)上,而且当有四个这样的电子已被束缚了时,就会出现一个再次显示高度中心对称性的组态(这种对称性不但由包括四个 2 量子轨道的每一个亚组所显示,而且由它们"耦合"在一起的方式所显示). 以氖在周期系中的位置为例证.

在头十个电子以后被束缚的电子,在它们的大部分绕转过程中将在 10 个较内电子的外面运动,而且在大核电荷的情况下当头 10 个这样的电子正在 2 量子轨道上运动时显然就没有更多的 2 量子轨道的"空位"了. 相反地,这时将出现一些在 3 量子轨道上运动的电子,其中的第一个轨道将属于($n=3$, $k=1$)类型,这些电子在绕转中将透入较内的 10 个电子的区域中. 我们由周期系直接推知,当出现 18 个 3 量子轨道时,这些轨道就将已经形成一个紧致的整体,它们很可能是 6 个轨道对应于 $k=1$,6 个对应于 $k=2$,6 个对应于 $k=3$. 这个组的构造和形成过程的一种可能的显示,可以通过观察一种情况来得到,那就是,不能预期各有四个电子轨道的三个亚组按照和两个这样的亚组相同的对称方式结合起来(对应于这样一件事实:两个四面体可以排列得具有准四面体对称性,而三个四面体则不能),而三个各含六个电子的亚组却可以更加对称地结合起来(对应于下述事实:三个八面体可以排列得具有准八面体对称性). 因此,一种可能的解释就是,包含对应于 $n=3$、$k=3$ 的 3 量子轨道的第三个亚组的被束缚,将打乱前两个 $n=2$ 而 $k=1$ 的亚组的对称性,如果这些亚组每组只包含四个电子的话;其后果就是,新的电子将被纳入这些亚组中,直到每个亚组含有六个电子为止.

在 18 个 3 量子电子以后,将不再有其他 3 量子轨道的"空位",从而后来的电子现在将只能束缚在 4 量子轨道上. 由周期系我们又推测 32 个 4 量子轨道的存在;它们很可能分为各含八个电子的四个亚组,分别对应于 $k=1$、$k=2$、$k=3$ 及 $k=4$;关于这些亚组的形成,可以给出像在 18 电子组的情况中那样的论证.

以上所有这些考虑,只适用于大的核电荷. 如果电荷较小,较内电子对核引力的补偿将如此之大,以致表征即将被束缚的电子的轨道的量子数不是增大,而是不增大甚至减小(起因于这一事实:随着核电荷的减小,轨道的线度将增大,见(2)). 最简单的例子:在钠中,10 个较内电子已经几乎补偿了全部的核引力,从而价电子又将束缚在 2 量子轨道($n=2$, $k=1$)上,正如在锂中一样.

由惰性气体的考虑得到的关于电子排法的一般概况(见 Nature 〈**107**(1921) 104〉).

$$
\begin{array}{ll}
\text{He } 2_1 & \text{Kr } \; 2_1 8_2 18_3 8_2 \\
\text{Ne } 2_1 8_2 & \text{Xe } 2_1 8_2 18_3 18_3 8_2 \\
\text{Ar } 2_1 8_2 8_2 & \text{Ni } 2_1 8_2 18_3 32_4 18_3 8_2
\end{array}
$$

（首先是两个 8 电子组，其次是两个 18，其次是一个 32）.

周期系中各族的一般理解. 特别是 Fe、Ni、Co、族的出现（新的 18 个 3 量子电子的组的建立）和稀土族的出现（原子内部 32 个 4 量子电子的组的建立（见 Nature））.

不同电子组彼此之间的耦合. 不同组中的电子在绕转过程中透入较内部的组中.

伦琴射线. 理解出现不同特征高频谱线的一般方式. 考塞耳方案；索末菲理论成功的原因.

97   磁性. 顺磁性的出现的表观不规律性. 和这一情况相联系的可能有

a) 磁场对谱线的反常效应，这种效应显示了束缚电子行为对经典电子论的奇特背离，

b) 爱因斯坦-德·哈斯实验的反常结果（见玻尔的信）.

V. 原 子 构 造

(1921[*])

原 子 构 造

§1. 各元素线系光谱的诠释，原子
束缚电子的过程的普遍考虑

既经〈讨论了〉关于量子论普遍原理的考虑，现在我们将回到本报告开始时提到的实际原子中各粒子的排列和运动的问题，该原子包括被一个线度很小的正核束缚了的若干个电子.

在核只束缚了一个电子的那种最简单的情况，我们处理的是一个具有异常简单性的力学问题，因为如果作为在它们的电荷吸引力影响下的两个运动质点来利用普通的力学进行计算，各粒子的运动就会在很高的近似下是不依赖于初始条件的纯周期运动. 于是，暂时不考虑相对论所要求的对于力学定律的微小修订，两个粒子就将在椭圆轨道上运动，而以重心为其轨道的公共焦点. 在这样的情况下，定态将按照量子论原理通过单独一个条件式(9)*的应用来简单地确定，从而这些定态就将形成一个简单的序列，其中每一个定态都将由变数 n 的一个整数值来表征. 现在，简单的计算就导致下列各量的表示式：使两个粒子互相离开到无限远时所需的能量 W，绕转频率 ω 和粒子相对轨道的长轴 $2a$，三者都依赖于针对周期运动由(2)定义的量 $\mathscr{I}$：

$$W = + 2\pi^2 N^2 e^4 Mm / \mathscr{I}^2 (M+m), \qquad \langle(10)\rangle$$

$$\omega = 4\pi^2 N^2 e^4 Mm / \mathscr{I}^3 (M+m), \qquad \langle(11)\rangle$$

$$2a = \mathscr{I}^2 (M+m) / 2\pi^2 Ne^2 Mm, \qquad \langle(12)\rangle$$

式中 Ne 和 M 是核的电荷和质量，而 e 和 m 是电子的电荷和质量. 按照(9)式令 $\mathscr{I} = nh$，我们因此在定态中就得到

$$W_n = \frac{2\pi^2 N^2 e^4 Mm}{n^2 h^2 (M+m)}, \quad \omega_n = \frac{4\pi^2 N^2 e^4 Mm}{n^3 h^3 (M+m)},$$

---

* ［参阅索尔威报告的第一部分，见第三卷原第 357 页.］

$$2a_n = \frac{n^2 h^2 (M+m)}{2\pi^2 N e^2 Mm}. \tag{13}$$

这些公式给出束缚过程的各阶段的一个图景；在这种过程中，电子通过定态间的跃迁而变得束缚得越来越牢固；在这些跃迁中，绕转变得越来越快，而同时轨道的线度变得越来越小. 至于在从用 $n=n'$ 表征的态到用 $n=n''$ 表征的态的跃迁中可以被发射的辐射的频率，我们现在通过频率条件式(1)的应用就得到

$$\nu = \frac{E' - E''}{h} = \frac{W'' - W'}{h},$$

$$= \frac{2\pi^2 N^2 e^4 Mm}{h^3 (M+m)} \left(\frac{1}{n''^2} - \frac{1}{n'^2} \right). \tag{14}$$

可以看到，这一公式是和众所周知的适用于氢的简单线系光谱中各谱线的经验公式属于相同的类型的，而且，如果我们对应于中性氢原子只包含一个电子这一事实而令 $N=1$，就也可以发现，按照 e、m、M 和 h 的经验值算出的(14)式右端的第一个因子，在实验误差范围之内和出现在氢的线系光谱经验公式中的恒量相重合.

（13）和（14）的进一步对比，在我们这一特例中揭示了在本报告第一部分中讨论过的那种类型的原子的运动和光谱之间的对应关系. 事实上，很容易看到，对于初态和末态中的 n 值 n' 和 n'' 远大于二者之差 $n'-n''$ 的那种二定态间的跃迁来说，由(14)给出的被发射辐射的频率将渐近地和 $(n'-n'')\omega$ 相重合，也就是渐近地和由粒子绕转引起的原子电矩的改变量所能分解而成的一个椭圆谐振动的频率相重合. 根据这一对应关系，实际上已经能够在建立完备的多周期运动的定态理论以前就在理论上推得公式(14)右端的因子的表示式了.

在对应于 $n=1$ 的定态中，电子将束缚得尽可能地紧，从而在这个态中原子将没有能力完成由辐射的发射所伴随的任何自发跃迁. 因此，这个态可以看成原子的正常态；除非通过由外界因素的作用所引起的过程，原子是不能离开这个正常态的；通过外界因素的作用，原子可以被转移到对应于较高 n 值的其他定态，这时电子束缚得较松，或是转移到另外一个态，这时电子是"自由"的并可以在离核无限远处运动. 在氢的事例中，通过令 $N=1$ 和 $n=1$ 并引入 e、m 和 h 的经验值，我们就由(13)得到和正常态相对应的 W 和 $2a$ 的值，它们和根据电离电势的测量以及分子运动论对气体性质的诠释所应预期的原子能量及原子线度同数量级. 但是，和这种数据的直接定量对比，对于氢来说已经是谈不到的，因为氢原子在通常条件下要结合成分子. 和关于氢原子中电子的束缚的考虑完全类似的考虑，也适用于具有较高正电荷的核对单一电子的束缚过程. 例如，如果在(14)中

102

令 $N=2$,我们就得到一个公式,而且发现这个公式很近似地表示当氦气受到强烈放电作用时所发射的一种光谱;这和一种情况相对应:原子序数等于 2 的氦原子,当有一个电子被从中性原子中取走时,就形成一个以上考虑的那种类型的体系.对于更大的 N 值,我们就得到适用于那样一些线光谱的表示式:按照理论,当除了一个以外所有的电子都已被从原子中取走时,原子序数较高的元素就应该发射这种线光谱.迄今为止,这样的光谱还没有被观察到,这或许是由于很难在放电管中造成足够多的这样高度电离的原子.

但是,公式(14)在大的 N 值下也从伦琴射线的分析研究中得到了很大的兴趣;可以假设,伦琴射线是当一个较内电子被某种外界因素的效应取走时在原子103 的重新组织中放出的.事实上已经发现,如果我们在公式(13)中令 $n=1$ 并引入所讨论的元素的原子序数来作为 N,则激发穿透性最强的特征伦琴辐射即所谓K 辐射所需的能量是很近似地由公式(13)给出的.而且,摩斯莱根据他关于各元素高频射线谱的结构的著名研究使人们注意了这样的事实:如果我们令 $n''=2$ 和 $n'=1$,则 K 辐射的最强谱项可以近似地用公式(14)来表示,而且,如果我们令 $n'=2$ 和 $n''=3$,则穿透性略小的 L 辐射的频率可以由同一公式近似地给出.尽管有这种符合性,但还是应该记得,在各元素的伦琴谱的结构和一个与氢光谱同类型的线系光谱的结构之间,是存在着一种明显的不同的;这种不同不但表现为,伦琴谱的各谱线不是形成收敛于一个极限的无穷谱线系列,而是可以排成几组(K 组,L 组,M 组,等等),每组包含确定数目的谱线,而且这种不同还表现为,适用于原子对高频辐射的吸收的定律和适用于光谱域中的吸收的定律很不相同.事实上,至少对于单原子气体来说,后一种吸收不但从某一线系的一端开始扩展到一个连续区间,而且和这一线系中的各条谱线直接联系着,而高频辐射的吸收却和特征伦琴谱中的任何谱线都无直接关系,而却永远是扩展在一些连续区间上的,这些区间都是突然从一个具有确定频率的所谓吸收限开始的,对应于上述特征伦琴谱中的每一个谱线组,都有一个这样的吸收限(或相距很近的几个吸收限).

由于这些情况,伦琴谱的详细诠释在表观上是包括着困难的;尽管如此,上述的数字关系却很自然地给我们一种希望:通过和得到量子论对氢光谱应用的那种考虑相类似的考虑,来深入到原子正常态的构造问题中去.根据大多数中性原子中的较大电子数,我们在事先可能会准备预期特征高频射线谱的一种很复杂的结构.但是,这种射线谱包括几组相邻的谱线,组和组之间隔着一些大的频率区间;这一情况就提示着,原子中的电子以那样一种方式分成数目适中的一些明确区分的组,使得必须预期从每一组中取走不同的电子时所需的能量相同(或近似相同).原子正常态中各电子的这样一种分组排列,事实上不但是诠释高频

104

射线谱的结构所要求的,而且也是由原子的大多数物理性质和化学性质随原子序数的增加而变化的那种奇特方式所直接指示了的;这种方式在所谓的周期律中得到了适当的表示. 早在我们有了近年以来得到的关于原子的组成粒子的知识以前,这样的安排就已经作为得到原子较详细图景的一切尝试中的本质特点而出现了,例如在著名的 J·J·汤姆孙理论中. 关于伦琴谱和这些组的较密切联系,考塞耳的工作曾经给这一问题带来了相当的光明;他曾假设,一种元素的高频射线谱中属于同一谱线组的不同谱线是由一些原子过程发射的;通过这些过程,从原子中一个组中被取走的一个电子,被属于束缚得较松的不同的其他电子组中的一个电子所代替. 按照这一观点,他能够借助于普遍的频率条件而预言了属于高频射线谱的不同组的谱线频率之间的某些数字关系;这些关系无论如何在一种稍微修改了的形式下已被发现是由测量结果很近似地满足了的,关于这些关系我们将在以后再来讨论. 这些关系事实上形成在第一部分中提到的普遍的谱线组合原理在光谱区域以外的应用的最初实例. 关于伦琴谱起源的这一观点,也为上面提到的和线系光谱有关的吸收以及和伦琴谱有关的吸收之间的典型区别带来了光明. 例如,在第一种情况中,吸收不但可以和一个电子从原子中的完全被取走相联系,而且可以和另外一些过程相联系,通过这些过程,原子从正常态被转移到其他的定态;原子可以通过一个重建正常态的过程从那些其他定态直接返回,而这种过程就引起频率相同的谱线的发射. 另一方面,我们必须假设,伦琴射线的吸收永远和一个电子从原子中一个较内组中的完全被取走相联系,而且永远不能形成发射伦琴谱中一条谱线的逆过程,因为按照上述观点后一过程并不会造成正常态的完全重建.

至于得到正常态原子构造的详细图景的那些尝试,最简单的可能假设是由下述假说来给出的:不同组中每一组中的各个电子按相等的角度间隔而在圆形轨道上转动,就如在 J·J·汤姆孙模型中那样. 从这一假说出发,作者通过一个假设进行了描绘有核原子的电子构造的初步尝试;其假设就是:每一个转动电子绕核的角动量等于 $h/2\pi$,对应于氢原子定态中电子的角动量的值,如果假设该电子的轨道是圆形的话. 虽然按照这种办法在表观上能够说明原子中电子被核束缚的牢固性的数量级,但是却发现不能利用这一简单图景来在任何较精密的细节方面说明各元素的性质. 其他作者企图通过引用由支配着伦琴谱的经验定律所提示的假设来修改这一图景;其假设就是,在某些环中,每一电子的角动量等于 $h/2\pi$ 的较高倍数,对应于氢原子中电子的中间束缚阶段;这种尝试也不能说已经导致满意的结果. 甚至在伦琴射线的诠释方面也还有一个难题,那就是如何理解某些变化在伦琴谱中的几乎完全不存在,那就是按照周期律出现在各元素的多数其他性质中的那种随原子序数的变化. 但是,包括在环排列假设中的

105

根本困难却在于,这一图景没有给原子的本质稳定性提供任何充分的解释,因为它没有提供任何基础来先验地确定不同环上的电子分布. 为了避免环构造中所涉及的那些困难,曾经从各方面提出建议要假设一种更像壳层的原子构造,在这种构造中电子在各个组中的排列具有更高程度的空间对称性,不是像一个"环"那样显示平面正多边形的对称性,而是显示和正多面体的类型相同的对称性. 一方面,玻恩和朗德曾经根据晶体性质的分析导出有利于这一观点的论证,为的是说明晶体点阵的弹性所要求的原子间的力场的特点. 另一方面,刘易斯和朗缪尔也根据化学的考虑提出了类似的观点,他们指出了一种可能性: 根据各组中电子的具有立方对称性的排列来简单地诠释众所周知的 8 这个数字在周期律中所起的主导作用. 虽然这些论证肯定包含着重大进步的萌芽,但是,它们却不能说立刻就能使我们越过所讨论的困难. 例如,理解原子中电子组态的固有稳定性的根本困难仍然存在;这种稳定性表现为,只要有一个电子被从它的位置上取走,就会发生一个自发的重新组织过程,结果就使组内电子的正常分布得以重建. 这种稳定性的解释要求不同组中电子之间的密切耦合的存在,这种耦合初看起来在壳层排列中并不比在环排列中显示得更多. 但是,我们在下面即将看到,看来

106 能够在量子论普遍原理的基础上得到关于通过电子的逐步束缚而形成原子的过程的一个图景,这种图景把我们引导到一种原子构造观念,在这种观念中不同组之间的耦合恰好是作为必不可少的特点而出现的.

　　对于刚刚提到的这样的一种探索,简单的氢光谱理论并不能提供充分的指导,但是我们很幸运地在其他元素的线系光谱中具有一种更加仔细地研究束缚过程的手段. 众所周知,这些光谱的结构比氢光谱显示更高程度的多重性,尽管已经能够利用一个经验公式来表示这些光谱的谱线频率,而该公式和适用于氢光谱的公式显示一种引人注目的类似性. 例如,暂时不管各线系谱线的多重结构(双重线,三重线),许多元素的线系光谱的谱线频率就可以用一个下列形式的公式来表示

$$\nu = f_{k'}(n'') - f_{k'}(n') \tag{15}$$

式中 $f_{k'}$ 和 $f_{k''}$ 是该元素所特有的一组函数 f_1、f_2、f_3……中的两个函数,而 n' 和 n'' 是正整数. 不同的"线系"由(15)来表示,如果保持右端第一项不变,而令宗量 n 在一个给定的函数 f_k 中取一系列相继的整数值. 可以看到,公式(15)作为特例包括了氢的线系光谱,这种特例中只有一个函数 $f(n)$,而且该函数具有下列的简单形式

$$f = R/n^2 \tag{16}$$

当忽略相对于重心的核运动所引起的微小影响时,式中的 R 如上所证可以用理论表示式 $2\pi^2 e^4 m/h^3$ 来代表.

出现在其他元素线系光谱的经验公式中的函数 f_k 不像在氢的情况中那样简单,但是已经发现,对于在通常条件下激发起来的线系谱即所谓电弧光谱,这些函数可以写成下列形式:

$$f_k(n) = R/(n + \phi_k(n))^2 \tag{17}$$

式中 $\phi_k(n)$ 在许多事例中很近似于恒量,而在所有简单线系光谱中都随着 n 的增加而收敛于一个极限,而 R 则在很高的近似程度下是出现在氢光谱公式中的那同一个恒量. 后一情况通过一条假设而得到它的简单诠释,那就是:在这些光谱的发射所涉及的定态中,原子是中性的,而且,在和大的 n 值相对应的态中,一个电子是在那样的轨道上运动的,其大小使得电子无论如何在其大部分绕转过程中是在比其他电子离核远得多的地方运动的. 事实上,在这种情况下可以预期较内电子的运动和当较外电子不存在时它们在原子的正常态中的运动相差很小,而较外电子的轨道则在大部分运动过程中和中性氢原子中电子的一个可能的简单开普勒轨道相差很小. 这种关于普通类型线系光谱的出现的普遍看法,曾经得到在部分 A 中提到过的关于通过电子碰击来激发谱线和电离原子的实验的最直接的支持;这种看法对一件事实提供了直截了当的理解,那事实就是:经发现,许多元素当受到强烈放电的作用时,就发射一种线光谱,这种光谱可以同样地安排在由公式(17)来代表的方案中,但是它和普通条件下激发的线系谱的区别却在于,公式(16)中的恒量 R 被换成 4 倍的值. 事实上,这恰恰是应该预期的,如果这些光谱是由那样的原子所发射的;该原子中有一个电子已被完全取走,而另一个电子在大部分绕转过程中是在比其余 $N-2$ 个电子离核远得多的距离处运动的. 因此,这个电子将受到那样一些力的作用,它们和作用在只包含一个电子的氦离子中的电子上的力相差很小. 按照这种观点,氢的火花光谱和其他元素的火花光谱之间的关系,就与氢光谱和普通线系光谱之间的关系完全相同;这一观点还可以推行得更远一些,而导致这样一种预期:在具有给定原子序数的一种元素的电弧光谱的结构细节和周期表上其次一种元素的火花光谱的结构细节之间,通常将存在一种明显的相似性,因为在这些情况中内部体系含有总数相同的电子,从而可以预期它们一般会显示类似的结构. 这一点曾经由考塞耳和索末菲强调过,他们曾经使人们注意到有利于这一"光谱位移定律"的实验证据. 根据上面的普遍考虑,除了电弧光谱和火花光谱以外,我们还必须预期另一些线系光谱的可能性,对于这种线系谱来说,公式中的恒量 R 要被换成一个恒量 $k^2 R$,此处 k 是大于 2 的整数,而且这些光谱是由那样一些原子发射的,各该

原子中的 $k-1$ 个电子已被取走,而第 k 个电子则在其线度远大于其余 $N-k$ 个电子[离核]的距离的轨道上运动.迄今没有得到有利于可以叫做第 k 级线系光谱的这种光谱的直接实验证据;这一情况可能是由于激发足够强的这种光谱会导致一些实验上的困难.

108　　　　从纯理论的观点来看这种光谱的存在就已经是一个很有兴趣的问题了,因为必须认为这些光谱以一种方式提供了关于通过逐步束缚电子来形成原子的各个阶段的证据;就是说,普通的电弧光谱或称第一级线系光谱对应于这一过程的最后阶段,其最后结果是中性原子的正常态的建立,而火花光谱或称第二级线系光谱则对应于这一过程的倒数第二个阶段,依此类推.

　　　　上述的考虑在本质上是依据的一种明显的类似性,这种类似性存在于伴随着核对单独一个电子的束缚过程的光谱和已经束缚了一个或多个电子的原子在束缚另一个电子的过程中所发射的光谱之间;但是,对于后一情况下的束缚过程的进一步检查却直接把我们引到了上述这两种类型的光谱之间的特征差别问题.这一差别的起源,可以直接到其他元素原子中较外电子的运动中去找,这种运动比氢原子中电子的运动更加复杂.例如,正如我们已经看到的,氢光谱的简单结构恰恰是和后一运动的单周期性联系着的,而且在多周期体系的定态理论得到发展以前,一直不能对线系光谱结构的典型特点作出什么阐明.进一步诠释这些光谱的出发点,事实上是由索末菲关于确定一个体系的定态的理论提供了的,该体系包含辏力场中的一个运动带电粒子,它代表多周期运动的一个特别简单的例子.

　　　　如所周知,这样一种有心体系中的粒子所描绘的所谓有心轨道[运动],可以看成在上面叠加了轨道平面上一个绕中心的均匀转动的一种平面纯周期运动.当讨论这种运动的谐振动成分时,首先即将注意到,只考虑它本身,周期运动可以在它的平面上分解成一系列椭圆谐振动,各该振动的频率等于原周期运动的频率 ω 的整数倍.其次可以看到,如果我们设想每一个椭圆振动由两个频率相同而绕转方向相反的圆周转动组成,并且注意到这些转动的频率将按照绕转方向和所叠加转动的方向相同或相反而加上或减去所叠加转动的频率,而它们的振幅则保持不变,那么就可以很简单地求得所叠加的均匀转动的影响.因此,用 ω 代表周期运动的频率而用 σ 代表所叠加均匀转动的频率——这两个频率可以看成

109　　成粒子的多周期运动的基频——我们就得到,这一运动可以分解成频率为 $\tau\omega+\sigma$ 和 $\tau\omega-\sigma$ 的两组谐和圆周转动,此处 τ 是正整数.现在,按照在部分 A 中阐述了的多周期运动理论,各定态将由两个条件式来确定;在建筑在极坐标系中分离变量的可能性上的索末菲理论中,这两个条件式被写成了

$$\mathscr{I}_1 = \int p_1 \mathrm{d}q_1 = n_1 h, \quad \mathscr{I}_2 = \int p_2 \mathrm{d}q_2 = n_2 h, \tag{18}$$

式中 n_1 和 n_2 是正整数,而 q_1 和 q_2 分别是从中心到粒子的矢径长度和这一矢径到轨道平面上一个固定方向的角距离,而 p_1 和 p_2 则是共轭简谐动量. 第一个积分应该遍及径向运动的周期而第二个积分则遍及矢径的一次完整绕转. 既然 p_2 在运动中是恒定的,那么我们就看到 $\mathscr{I}_2$ 简单地等于粒子绕中心的角动量乘以 2π. 代替定态条件的公式(17),我们在以后将把这些条件表示成一种更加适用于阐述所考虑的问题的修正形式. 于是,我们将写出

$$\mathscr{I} = nh, \quad \mathscr{P} = kh \tag{19}$$

式中 $\mathscr{I} = \mathscr{I}_1 + \mathscr{I}_2$ 而 $\mathscr{P}$ 和 $\mathscr{I}_2$ 相等同,而且 n 和 k 还是正整数,它们显然满足条件式 $n \geq k$.

利用条件式的这种取法,定态的确定在现有的情况中就显现为纯周期运动情况中的定态确定的一种直接推广. 事实上,如果我们设想一个从我们的有心体系开始的浸渐变换,通过这一变换,有心特点得到了保持,但其结果却是,通过吸引力定律的改变,运动从多周期运动变成了单周期运动,那么,量 $\mathscr{I}$ 就将恰好和关系式(2)所定义的那个量相重合,而借助于条件式(5)来确定这个量,就成为周期体系的定态所应满足的唯一的条件了. 此外也可看到,量 $\mathscr{I}$ 及 $\mathscr{P}$ 是怎样和在以上的运动描述及其谐振动分解中所用的基频密切地联系着的. 例如,对于体系的 $\mathscr{I}$ 和 $\mathscr{P}$ 的差值分别为 $\delta \mathscr{I}$ 和 $\delta \mathscr{P}$ 的两个邻近态,我们就有能量差 δE 的表示式如下

$$\delta E = \omega \delta \mathscr{I} + \sigma \delta \mathscr{P} \tag{20}$$

一方面,这一方程直接阐明了(19)中的第二个条件式为什么当运动一成为纯周期的时就变成不起作用,因为在 σ 变为零的这种情况下,$\mathscr{P}$ 是并不会显式地出现在只将依赖于 $\mathscr{I}$ 的体系能量中的. 另一方面又将看到,一旦有心轨道不再是纯周期的,$\mathscr{P}$ 就将以那样的方式出现在能量表示式中,使得通过(19)中第二个条件式确定它就将引起这样一个效果:利用普遍频率关系式来算出的光谱,仍然以一种和对应原理相一致的方式反映体系的运动. 其次,关于定态间自发跃迁的可能性,由此可以得出,从由 $n = n'$ 和 $k = k'$ 来表征的态到由 $n = n''$ 和 $k = k''$ 来表征的态的跃迁的可能性,要到频率为 $(n' - n'')\omega + (k' - k'')\sigma$ 的谐振动分量在运动中的出现中去找. 因此,根据以上对运动的分析,我们可以得出结论:只有 k 改变一个单位的那种跃迁才能被看成可能的.

这一结论的一种有趣的支持,可以通过检查跃迁中所发辐射所具有的绕体

110

系轴线的动量矩来导出. 事实上, 一个很自然的假设就是, 这种辐射将和按照经典电子论要由一个带电粒子所发射的辐射具有相同的成分, 该粒子的运动和对应于跃迁的实际运动的谐振动成分类型相同. 在圆周谐转动的情况, 由此就得出所发射辐射的角动量和能量之比等于 2ν, 此处 ν 是辐射的频率. 正如即将看到的, 这恰好等于体系在 k 改变一个单位的一次跃迁中所遭受的角动量改变 $h/2\pi$ 和能量损失 $h\nu$ 之比*.

如果指向力心的吸引力和距离平方反比定律相差很小, 则轨道可以说由一个开普勒椭圆所构成, 该椭圆的长轴进行一种缓慢而均匀的旋进. 至于这一轨道的线度, 在定态中它的长轴长度将近似地由公式(13)来表示, 正如由(19)中的第一个条件式可以立即推出的那样. 另一方面很容易看出, 这些条件式中的第二式, 要求旋进着的椭圆的形状适当地确定, 使得短轴和长轴之比等于 k/n. 但是, 在应用中, 不考虑短轴而考虑所谓的参数往往是方便的; 所谓参数, 就是通过焦点而垂直于长轴的弦[的长]. 正如简单计算所证明的, 这一弦的长度(它在数量级上给出电子在绕转过程中接近核时所达到的最小距离的量度, 正如长轴给出电子离中心的最大距离的量度一样)是由和适用于长轴的表示式相似的表示式来给出的, 其唯一的不同就是 $\mathscr{I}$ 被换成 $\mathscr{P}$, 或者说——在定态中——n 被换成 k. 用 $2p$ 代表参数长度, 我们就有

$$2p = \frac{\mathscr{P}^2}{2\pi^2 Ne^2 m} = k^2 \frac{h^2}{2\pi^2 Ne^2 m} \qquad \langle (20a) \rangle$$

如果假设辏力和来自电荷为 Ne 的核的吸引力相差很小的话. 所谓氢谱线精细结构的详尽诠释提供了有心体系的定态的一种很有教益的应用; 这种诠释形成了索末菲关于光谱理论的工作的出发点, 如所周知, 这一现象的诠释建筑在一个事实上, 就是说, 如果照顾到相对论所要求的质量随速度的微小改变, 则电子绕核的轨道将不是严格周期性的, 但是, 正如在假设了吸引力定律和平方反比定律相差很小的上述情况中一样, 轨道可以描述为长轴作着缓慢旋进的一个开普勒椭圆. 正如较仔细的计算所证明的, 这一旋进的频率 σ 和沿开普勒轨道绕转的频率有一个比值, 它在一级近似下由下式给出:

$$\sigma/\omega = \frac{Ne^2}{2mc^2}\frac{1}{p} = \frac{1}{2}\left(\frac{2\pi Ne^2}{\mathscr{P}c}\right)^2 **$$

---

* 参阅 D. Kgl. Danske Vidensk. Selsk. Skr. Raekke IV,**1**, p. 34, 1918. 独立于对应原理, 汝宾诺维兹曾经指出角动量守恒的考虑作为得到关于定态间跃迁的可能性和所发射的辐射成分的信息的一种手段的重要性(Phys. ZS. **19**, p. 441, 465, 1918), 关于这种考虑和对应原理之间的关系的进一步讨论, 参阅 N. Bohr, (ZS. f. Phys. **2**, p. 423, 1920, 特别是 **6** p. 1, 1921).

** 参阅 Q. o. L. p. 65[即本书第三卷原第 131 页]eq. (69).

由于对纯周期运动的这一偏差,原子的能量将不像在简单的氢光谱理论中所假设的那样只依赖于 $\mathscr{I}$,而是也将稍稍依赖于 $\mathscr{P}$. 于是,在一级近似下,计算就给出

$$E = -\frac{2\pi^2 N^2 e^4 m}{\mathscr{I}^2}\left\{1+\left(\frac{2\pi Ne^2}{c}\right)^2\left(-\frac{3}{4\mathscr{I}^2}+\frac{1}{\mathscr{I}\mathscr{P}}\right)\right\}$$

这一公式提供了关系式(19)的应用的一个简单例证. 事实上,可以看到,在一级近似下空间偏微商 $\partial E/\partial\mathscr{P}$ 和 $\partial E/\partial\mathscr{I}$ 具有一个和 σ/ω 的上述表示式相重合的比值. 关于定态中能量的值,我们通过(19)的应用就得到

112

$$E_{n,\,k} = -\frac{2\pi^2 N^2 e^4 m}{n^2 h^2}\times\left\{1+\left(\frac{2\pi^2 e^2}{hc}\right)^2\left(-\frac{3}{4n^2}+\frac{1}{nk}\right)+\cdots\right\}$$

正如索末菲通过(1)的应用所证明的,此式导致原子所发射的辐射的一些频率值,它们和关于氢光谱精细结构的测量以及关于由帕邢考察了的类似的氦火花光谱的测量是惊人地符合的.

将氢谱线精细结构理论和本章开始处所阐论的简单氢光谱理论相比较,我们就遇到定态的确定方面的一种区别,其本质特点倒不是主要在于能量值稍微有些不同,而是必须认为在于这样一个事实:在所提到的第一种情况中,这些态中的轨道形状是完全确定的,而在第二种情况中却只有长轴是确定的,而偏心率则是完全不确定的. 但是却不能认为,后一情况中轨道形状的不够确定可以仅仅看成推导中所用简化假设的后果. 相反地,如果发光原子被置于外界因素的影响之下,而这种因素在轨道方面造成的扰动和对开普勒运动的那些微小偏差同数量级,那些偏差是由相对论所要求的对力学定律的微小修订引起的,那么,定态中的轨道就将和未受扰原子中的轨道完全不同,尽管各谱线所将受到的影响程度并不超过未受扰谱线本身的精细结构的数量级. 这一情况不但提供了精细结构现象当存在通常出现于放电管中的那种微扰场时的不稳定性的解释,而且也很清楚地表现在近年以来依据量子论所得到的关于电场对氢光谱各谱线的效应的理论诠释中.

在这一理论的基础上,索末菲现在已经通过一种假设得到了关于其他线系光谱的结构和氢光谱的结构之间的特征差别的解释,其假设就是:其他原子中的较内电子,除了它们对核电荷效应的部分补偿以外,将像一个具有中心对称性的力场那样对电子起作用,这一力场在大距离处将比来自一个点电荷的静电吸引力更迅速地收敛于零. 例如,像索末菲那样假设,在发射第 k 级线系光谱的原子情况,作用在较外电子上的附加辏力场可以用下列类型的项来表示:

$$F = Ne^2/r^2 + A/r^3 + B/r^4 + \cdots \tag{21}$$

113　　于是,利用条件式(18),就能够作为 n 和 k 的函数求出定态中的能量值 $E(k,$ $n)$,而且将这些值除以 h,就能够得出一组谱项,这组谱项和各组经验谱项显示了明显的相似性. 在特例, 当我们只考虑上述的力表示式中和距离的立方成反比的一项时,计算结界就可以用简单的公式表示出来

$$E_{n,\,k} = -\frac{2\pi^2 k^2 e^4 m}{h^2} \cdot \frac{1}{\left[n - \left(\sqrt{k^2 - \dfrac{Am}{h^2}} + k \right) \right]^2} \tag{22}$$

可以看到,这一表示式正好对应于 ϕ_k 不依赖于 n 的情况下的黎德伯公式(17). 如果我们在(21)中取更高次项,$E_{n,k}$ 的表示式就变得更加复杂,对应于 ϕ_k 的一项也将依赖于 n,其依赖方式和瑞兹所提出的对简单黎德伯公式的修订相似——正如索末菲所证明的那样. 观察到的线系光谱的谱项集合和按上述方式推出的那些谱项之间的类似性,不但表现在不同谱项序列的表示式方面,而且首先表现在这一谱项集合的一般结构方面. 例如,在公式(15)和(17)中,k 这个字母只是作为用以区别不同的简单谱项序列而引入的标号而出现的,但是,作为量子论的这一应用的推论却可以声称:在每一个这种序列的内部,k 可以按照那样的方式和一个确定的正整数等同起来,使得此序列中的 n 永远等于或大于 k,而且——由于作为确定较外电子接近核所达到的最短矩离的那一几何意义——和对应氢谱项的偏差是随着 k 的增大而减小的. 现在确实已经发现,能够按照和这一条件相一致的方式来辨识各式各样观察到的序列了. 事实上,这些序列对于电弧光谱以及迄今曾经不同地分析过的那些火花光谱都可以适当地用 1、2、3、……k 来标号,使得和对应氢谱项的偏差迅速减小,而且除了在第一序列中由于和氢谱项的偏差特别大而有一种不确定性以外,表征第一谱项的 n 恰好等于表征本序列的 k,而 ϕ_k 的值则随着 k 的增大而迅速地减小. 在光谱学文献中,这些序列常常被称为锐谱项序列或 S 序列($k=1$)、"主"谱项序列或 P 序列($k=2$)、"漫"谱项序列或 D 序列($k=3$)、基谱项序列(伯格曼序列)或 F 序列($k=4$). 其

114　他序列的更多谱项和简单氢谱项(或氦火花谱项)相差极小,而且正因如此,它们在这种线系谱项方案中的排列有些不够确定;按照现在这种理论,必须给这些谱项指定上大于 4 的 k 值.

　　在线系光谱的发射所涉及的那些定态中,关于较外电子轨道的中心对称性的一种很强的附加论证,可以根据建筑在对应原理上的考虑来得出. 例如,我们在前面已经看到,由于运动的特点,我们只能预期 k 相差一个单位的那样两个定态之间的自发跃迁的可能性. 这一预期经发现是在一种惊人的方式下被实验资料所满足的. 事实上,所有在普通条件下出现在火焰或放电管中的线系都和按上

述方式排列的属于两个相邻序列的两个谱项之间的组合相对应. 斯塔克和别人观察到,在原子受到强电场作用的那种激发条件下,会出现另外一些组合谱线系;这种有趣的观察结果也恰恰是根据对应原理所应预料的,因为当存在那样的场时运动就将受到扰动,结果就造成新的谐振动分量在较外电子的运动中的出现,各分量的频率由 $\tau\omega+\mu\sigma$ 给出,此外 μ 是异于 ±1 的整数.

　　尽管上面这些考虑可以说为其他元素的线系光谱的典型结构提供了一种令人信服的诠释,至少当我们忽略形成大多数元素光谱之典型特点的单独谱项的多重性时是如此,但是,却不能利用关于较内体系对较外电子的作用力的一个(21)型的简单表示式,来在任何较好的近似下说明给定元素的光谱中各谱项对 n 和 k 的同时依赖性. 此外也很清楚,这样一种辏力假设,只能提供关于较内电子对较外电子的运动的影响的一种很粗略的量度. 事实上,一种元素的光谱的精确诠释,很自然地将不但要求关于不存在较外电子时的原子构造的详细图景,而且要求关于较内电子的运动和较外电子的运动之间的力学相互作用的详细研究. 在以下,当讨论特定元素的性质时,我们将有机会回到这一问题上来. 在目前,我们将只考虑对于以下的讨论具有实质重要性的一些一般性的问题.

　　这些问题中的第一个,涉及的是上面提到的困难;这种困难对于许多光谱来说出现在 S 序列的各谱项的较详细诠释中,而且显然是例如通过在利用确定的 n 值来表征这些谱项时所涉及的不确定性而被显示出来的. 这种不确定性起源于观察到的这一序列的那些谱项值所显示的对于由(16)给出的氢谱项的巨大偏差;作为这种偏差的一个后果,序列中的一个谱项往往在它位于其间的两个相继的氢谱项中离哪一个也近不了许多;这是和 P、D 及 F 序列中的谱项不同的,对于那些谱项,通常在必须给它们指定什么 n 值方面不会有什么疑问. 在光谱学文献中,这种情况曾经导致一种命名法,在那种办法中,S 序列的谱项用 1.5、2.5、……等数来表征,而其他序列的谱项则用整数来表征;但是,从光谱理论现状的观点来看,这种办法可以认为是完全不合适的. 初看起来,可能认为量子论的原理就可以直接提供所考虑的各谱项的确切诠释. 事实上,根据关于碱金属蒸气中的选择吸收的实验已经知道,所观察到的按照通常符号用 1.5S 来表征的这些元素光谱中 S 序列的第一个谱项,是对应于原子的正常态的,因此,似乎必须假设这一谱项应该对应于 $n=1$,因为另一种假设显然会涉及对应于 $n=1$ 的态的一种无法解释的缺失[*]. 但是,当我们开始进一步考虑原子中不同电子之间的相互作用

115

---

　　[*]　例如,作者在对柏林物理学会的演讲(ZS. f. Phys. **2**, p. 423, 1920)中用来表示钠光谱起源的那个形式化图示,就显示了这样的观点. 另一方面,罗切斯文斯基(见"Naturwissenschaften")却曾经根据经验资料的分析认为能够找到有利于碱金属的正常态是用 $n=2$ 来表征的这一假设的证据,但是却没有尝试对 $n=1$ 态的不存在作出解释.

时,问题就会以另一种面貌出现了.尽管在对应于较高 k 值的那些态的序列中我们可以肯定较外电子的轨道完全位于较内电子的运动区域之外,对于对应于 $n=1$ 的态却不是这种情况.相反地,和对应氢谱项的巨大偏差形成了一个事实的直接证据,那就是,在这些态中,较外电子会到达离核较近的距离处,该距离和较内电子的轨道线度同数量级.但是,可以看到,这就引起对应于 $n=1$ 的可能态的特点和对应于较大值 $n=2$ 的态的特点之间的一种大的差别.在后一情况中,较外电子在较大部分的绕转过程中都在远大于较内体系线度的距离处运动,而只有在很短的时间间隔内它才能达到离核较近的地方,而在前一情况中,电子却将在全部时间内在离核较近的距离处运动,该距离和早先束缚的轨道的线度同数量级.因此,在束缚过程的末态对应于方程(18)中 $n=1$ 的可能性的考虑中,我们就遇到较内体系的构造和稳定性的问题.但是,这一问题只能按照其本性由检查通过逐步束缚而形成实际原子的过程来加以处理.例如,正如我们在下面即将看到的,我们对于碱金属原子必须假设较内电子的正常态的那样一些组态,它们排除了把一个附加电子束缚在对应于 $n=1$ 的态中的可能性,而且它们很自然地强迫我们假设,在原子的正常态中,最后束缚的电子是在 $n=2$、$k=1$ 的轨道上运动的.同时我们将看到,碱金属光谱的比较简单的结构是怎样和该族元素中较内电子组态的一种鲜明的球面对称性相联系着的,以及其他光谱的更复杂的结构是怎样和内部体系组态的较差对称性质相联系着的.这一情况不但反映在某些元素族的很复杂的光谱中,这些光谱的阐明在近年以来才第一次成功地得到处理,而且这一情况也反映在某些元素具有好几个同级的线系光谱这一事实中,这些线系光谱的谱项并不形成跨系的组合,而且它们可以看成是由束缚过程在较外电子和较内体系之间的相互作用方面的不同表现所引起的.我们在周期表中仅次于氢的氦中就已经会遇到一个这种情况的典型事例了.但是,甚至在碱金属的光谱中我们也遇到一个典型特点,而和有心体系的简单类比是不能给这种特点提供任何诠释的,那就是众所周知的线系谱项的双重化.正如索末菲和朗德所指出的,这一多重性的解释可以到较外电子的运动对简单的平面有心运动的微小偏差中去找;由于有这种偏差,定态集合就和辏力场中运动粒子的定态集合不完全类似.这样的效应可以预期在实际原子中出现,如果当较外电子不存在时原子正常态中的较内电子系具有一个绕某轴线的合角动量的话.事实上,可以预期出现这样的事:较内体系对较外电子的效应并不显示完全的中心对称性,而却可以和具有绕上述轴线的轴对称性的一个力场的效应相比拟.在以下各章中,我们将有机会来检查这样的考虑可以在多大程度上为碱金属光谱和碱土金属光谱的谱项多重性提供一种诠释.在这里,为了以后的讨论,我们只将简略地阐述一些原理,它们是在这样的情况下确定定态时所将依据的.这种确定可以通过考虑较外电子对有心轨道的偏差所引起的对运动的影响来直接联系有心体系的理论而得出. 事实上,在所考虑的这种情况中,较外电子的轨道可以描述成这样一个有心轨道: 它的轨道平面绕着整个原子的不变的冲量轴而发生一种缓慢而均匀的转动,而且作为由于这一转动而出现在运动中的附加基频的后果,定态的确定将涉及一个附加条件. 于是,这些定态将由三个条件式来确定,它们可以写成下列形式

$$\mathscr{I} = nh, \quad \mathscr{P} = kh, \quad \mathscr{Q} = lh \tag{23}$$

这里的头两个条件式和表征简单有心体系的定态的条件式相类似,而且可以通过一个假想的浸渐变换而从后一种条件式推得,通过这种变换可以使对中心对称性的偏差变为零;而第三个条件式则确定整个原子在定态中的总角动量,量$\mathscr{Q}$等于这一角动量的 2π 倍. 正如在简单有心体系的情况中一样,第二个条件式可以说确定转动着的变了形的开普勒轨道,该轨道的长轴由第一个条件式确定,而其形状在纯周期轨道的情况中是未予确定的;(23)中第三个条件式可以说确定较外轨道相对于较内体系的取向,这种取向在完全中心对称性的情况中是完全不确定的. 事实上,较外轨道的取向可以从最后两个角动量条件式推得,如果当不存在较外电子时的较内体系是已知的,现在,这一角动量乘以 2π 又必须假设为等于 h 的整数倍,于是我们可以写出 $2\pi A = jh$,式中 j 是正整数. 用 θ 代表这一转动着的较外轨道平面和体系的不变轴线之间的夹角,我们由此就得到,对于定态应有

$$\cos\theta = \frac{j^2 + l^2 - k^2}{2jl}$$

因为 k、j 和 l 这些数自然满足条件式 $n \geq k \geq |l-j|$. 我们看到,和对应于给定 n 值的每一个态相对应的,不只是有较外电子的 n 个不同的态,而是对应于这 n 个态中的每一个态,还按照 $k>j$ 或 $k<j$ 而分别有 $2j+1$ 或 $2k+1$ 个取向不同的态.

至于光谱和运动之间的对应关系问题,我们首先就有,对应于$\mathscr{I}$、$\mathscr{P}$、$\mathscr{Q}$之差分别为 $\delta\mathscr{I}$、$\delta\mathscr{P}$ 和 $\delta\mathscr{Q}$ 的两个相邻态之间的能量差 δE 是 118

$$\delta E = \omega\delta\mathscr{I} + \sigma\delta\mathscr{P} + \rho\delta\mathscr{Q} \tag{24}$$

式中和在有心体系的情况中的符号相类似,ω 确定较外电子的转动周期轨道的频率,σ 确定这一轨道的长轴相对于一条直线的旋进频率,该直线即轨道平面和原子中通过核而垂直于不变轴线的不变平面之间的交线,最后,ρ 就代表这一直线的转动频率. 其次,关于较外电子的运动按谐振动分量的分解,很容易看出,这

一运动可以看成一组平行于不变轴的频率为 $\tau\omega\pm\sigma$ 的线性谐振动和两组绕该轴的频率分别为 $\tau\omega\pm\sigma+\rho$ 和 $\tau\omega\pm\sigma-\rho$ 的方向相反的圆周谐转动的叠加. 由此我们得到结论：在所考虑的这种较复杂的情况，也只有 k 改变一个单位的那种跃迁才是可能的. 在简单有心体系的情况中，每一个这样的跃迁对应于一种频率确定的辐射，这种辐射可以预期具有绕垂直于轨道平面的轴线的圆偏振，但是，在现有情况下，我们却遇到 k 改变一个单位的两种类型的跃迁. 在第一种类型的跃迁中，l 将保持不变，而所发射的辐射将是平行于原子的不变轴线而线偏振的. 在第二种类型的跃迁中，l 改变了一个单位，而辐射将显示绕这一轴线的圆偏振. 正如在具有完全中心对称性的原子的情况中一样，这一偏振自然是不能直接观察的. 但是，由于和前一情况中所谈到的那种考虑相类似的关于角动量守恒的考虑，光谱和运动之间的对应关系却在现在这一较复杂的情况中得到了更大的重要性，因为由此我们可以直接得出结论：原子的角动量在跃迁中必须或是保持不变，或是改变 $h/2\pi$，这样就给由多周期体系理论得出的条件式(23)提供了支持，但这却是得出下述结论的一个独立论证：在这种理论的直接应用可能招致复杂性的实际原子中，总角动量必须永远等于 $h/2\pi$ 的整数倍.

　　正如前面提到的，我们将暂不讨论以上这些考虑在诠释线系光谱各谱线的多重结构方面的应用问题. 但是，在结束本章之前，我们仍将必须提到氢光谱理论的重要发展；利用这种理论，索末菲已经能够详细地解释用高分光率的仪器观察到的氢谱线精细结构，这种理论事实上形成了索末菲关于光谱问题的工作的出发点. 这一现象的诠释建筑在下述情况上：由于相对论所要求的电子质量随其速度的微小变化，电子绕核的轨道将不是——像在本章开头处提出的简单理论所假设的那样——严格周期性的，而却可以像在吸引力定律和平方反比定律稍有不同时的那种有心体系的轨道那样被描述成一种稍微变形的开普勒轨道，该轨道的长轴经历一种缓慢的旋进. 由于对纯周期运动的这一偏差，原子的定态将不仅仅由一个条件来确定，而是这些态中的运动将由(19)形式的两个条件式来确定. 现在，这些条件式的应用对于定态中的能量不是给出(10)和(13)那样的简单表示式，而是给出一个更复杂的表示式，此式在一级近似下可以写成

$$
\begin{aligned}
E &= -\frac{2\pi^2 N^2 e^4 m}{\mathscr{I}^2}\left\{1+\left(\frac{2\pi Ne^2}{c}\right)^2\left(-\frac{3}{4\,\mathscr{I}^2}+\frac{1}{\mathscr{I}\,\mathscr{P}}\right)\right\}\\
&= -\frac{2\pi^2 N^2 e^4 m}{n^2 h^2}\left\{1+\left(\frac{2\pi Ne^2}{hc}\right)^2\left(-\frac{3}{4n^2}+\frac{1}{nk}\right)\right\}
\end{aligned}
$$

既然因子 $(2\pi^2 e^2/hc)$ 的数值是很小的(约为 7.24×10^{-3})，这一表示式就对于每一 n 值导致一组值，它们全都和(13)所给的值很相近. 因此，通过应用频率关系

式(1),我们对于由(14)表示的每一谱线就得到彼此相距很近的若干成分谱线,经发现,这些成分谱线和氢光谱的以及类似的由帕邢研究了的氦火花光谱的谱线精细结构是引人注意地符合的.

将这一氢谱线精细结构理论和本章开头处所阐述的简单的氢光谱理论相比较,就可以注意到定态的确定方面的差别不但表现在稍微不同的能量值中,而是这一差别的一个本质特点还在于:在精细结构理论中,这些态中的轨道形状是完全确定的,而在简单理论中却只有长轴是确定的,而偏心率则是完全不确定的.初看起来可能认为,后一情况中轨道形状的这种不确定性只应该看成简化了的处理方式的一种形式上的后果.但是,进一步的考虑却表明,只要运动可以作为周期运动来处理,就可以认为轨道的形状实际上是不确定的.事实上,如果发光原子被置于外界因素的作用之下,这些作用引起轨道的扰动,其数量级和相对论要求的力学定律的微小修订所引起的对开普勒运动的微小偏差相同,那么定态中的轨道就将和未受扰原子中的轨道完全不同,尽管各谱线所受到的影响程度并不超过未受扰谱线本身的精细结构的数量级.这一情况不但给精细结构现象当存在通常出现在放电管中的那种微扰场时的明显不稳定性提供了解释,而且也鲜明地显示在关于电场对氢光谱各谱线的效应的在量子论基础上所得到的理论诠释中.在这方面,注意到相对论修订在氢光谱理论中和其他元素的线系谱理论所起的作用之间的根本差别是重要的.正如我们已经看到的,我们在后一情况中在原子中有一个较外电子在运动,其轨道由于较内体系的存在而对单周期运动有颇大的偏差,这种运动在一级近似下可以和有心运动相比拟,结果,一条氢谱线的每一条精细结构成分线就显得是和组成其他元素的光谱的一个线系中的某一条谱线相类似的.在上述这种光谱的处理中,对相对论修订的忽略将并不会造成轨道的一般特点及其按谐振动分量的分解的任何变化,而只引起这些分量的振幅和频率的微小变化,这些变化和谱线频率的微小变化相伴随,而这一光谱的特点则保持不变.

于是,电子质量随速度的可变性,对于各元素线系光谱的诠释就没有任何实质重要性,而对于伦琴谱的诠释来说,问题却是不相同的.例如,索末菲已经能够证明,上面提到的一种元素的伦琴谱中各主要谱线的频率和属于单电子原子的简单光谱中各谱线的频率之间的密切数值关系,还可以追溯得更远一些,因为所观察到的某些伦琴谱线的多重性以及相应吸收限的多重性,在各成分线的频率差方面显示了和所预期的后一光谱相对论精细结构的密切数字关系.同时,既然这一结果无疑地对原子中较内电子的运动和对应于正核对单一电子的束缚过程不同阶段的各定态中的运动之间的相似性提供了最为突出的证据,所考虑的这种扩充了的类似性就在另一方面使得一些佯谬显得更加尖锐了;这些佯谬是我们在伦琴谱的一种诠释中遇到的,该诠释和适用于周期律的解释的那种原子观念相一致.事实上,从上面阐述了的观点看来(按照这种观点,伦琴射线的发射和吸收是和从原子中取走一个电子以及随后的重建正常态的过程相联系着的),我们必须不仅仅从所讨论的类似性得出结论认为,在原子的正常态中存在那样一些电子,它们在那样一些轨道上运动着,各该轨道和简单氢光谱理论中所考虑的核对单一电子的束缚过程的不同阶段相对应,而且,我们甚至必须要求出现在氢谱线精细结构理论中的各式各样形状的电子轨道的同时存在.正如我们在以下各章中即将看到的,关于逐步束缚电子而形成原子的那样过程的考虑,把我们引导到了关于原子正常态的构造和稳定性的一种观点,这种观点在似乎提供了诠释各元素化学的周期律的适当基础的同时,实际上是满足了这一要求的.

122

§2. 氦

氦是氢以后的第一种元素,它的中性原子含有两个电子;这种元素在化学方面以其惰性特点而特别引人注目.事实上是惰性气体族中第一种元素的氦,由于具有一切元素中最低的临界温度和最高的电离电势而与众不同.氦的这些性质,证实了中性原子正常态中两个电子之间的密切相互作用.对于这一点,曾经试图用一个简单的假设来加以说明;其假设就是,在这个态中,两个电子在同一个圆形轨道上绕核运动,每一电子具有相同的角动量 $h/2\pi$. 这样一种氦原子模型在表观上提供了关于化学非活性和电离电势数量级的一种可能的解释,其电离电势约为和从中性氢分子中取走一个电子相对应的电离电势的两倍,后者等于13.6 伏特. 和观察结果的精确符合是不可能得到的,因为,除了别的情况以外,还发现对应于这一模型的电离电势是对应于氢原子的电离电势的 2.125 倍,这样就会得到大约 29 伏特,而近来的精确测量则只得出了 25 伏特. 初看起来,这种不一致性显得是量子论的简单应用的一个基本困难,因为似乎提不出任何论据来把上述这种简单组态从可能的定态中排除掉,因此就似乎很难假设一个电离电势低于 29 伏特的正常态. 但是,我们即将看到,看来按照对应原理的精神而根据氦光谱的研究来阐明这一点还是可能的. 正如在上一节中提到的,氦除了具有一种和氢*光谱完全类似的第二级的线系光谱以外,还具有两种互不形成组合的完全的第一级线系光谱. 其中一种光谱由单谱线构成,并且通常称为仲氦光谱;而其另外一种则由很窄的双重线构成,而且将被称为正氦光谱. 第二级光谱

123

---

* 〔原稿作"氦",但这显然是笔误.〕

是由于核对一个电子的束缚而引起的,而后两种光谱则由于原子对第二个电子的束缚而引起,并且证实了这种过程能够以两种本质上不同的方式来进行.这一问题的理论探讨显然要求仔细检查两个电子的绕核运动之间的相互作用,这种运动可以代表和束缚过程的不同阶段相对应的一些定态.

首先我们必须假设,在所有这些态中,第一个束缚电子都是在那样一个轨道上运动的,该轨道和当第二个电子不存在时该电子所描绘的定态圆形 1 量子轨道相差很小.另一方面,至少在束缚过程的较早阶段,较外电子将在一个轨道上运动,该轨道和绕着具有单位电荷的单独一个核的一个可能的定态轨道相差很小.但是,在束缚过程中,这一轨道的线度变得越小,各电子的相互干扰对定态中运动的影响也就越大,同时也就造成各谱项对氢光谱中对应谱项的偏差.

朗德曾经发表了一种很有趣的尝试,企图把第一级氦光谱的诠释建筑在较内电子轨道和较外电子轨道的相互干扰的研究上.朗德工作的出发点,形成在一种情况下对相互干扰的一种检查;其情况就是:较外电子的轨道远大于较内电子的轨道,两个电子的轨道位于同一平面上,而且在一级近似下是圆形的.作为这一计算的结果,朗德发现,如果两个电子是沿相同方向运动的,则干扰对较内轨道的平均效应可以描述为这一轨道的中心的一个位移的效应,其位移的方向和从核到较外电子的矢径的方向相反.由于这一事实,就发现较内体系对较外电子的平均效应在于引起对单位电荷的单一核的吸引力的小量偏差;比起按照一种假设算出的效应来,这种偏差将随距离的更低幂次而变化,该假设就是:较内电子对较外电子的平均效应和均匀分布在较内电子的未受扰圆形轨道上的一个电子电荷的效应相等价.

为了把这种计算应用在所考虑光谱的诠释上,朗德应用了多周期体系理论;他把较内电子在其近似圆形轨道上的效应比拟成了那样一个较内体系的效应,该体系引起一个具有简单轴对称性的力场,而且具有一个绕这一场轴的角动量.如上所述,在这种情况下,定态将由三个条件来确定;其中前两个条件确定较外电子的轨道的线度和形状,而第三个条件则适当地确定这一轨道的平面和较内体系的轴线的平面之间的夹角,使得原子的总角动量变为等于 $h/2\pi$ 的整数倍.朗德的计算形成了原第 126 页上所讨论的处理方法的第一个例子.

既然在所考虑的情况中较内体系的角动量等于 $h/2\pi$,我们对于 n 和 k 的每一组值就只得到 l 的三个可能值*,即 $k+1$、k 和 $k-1$.其中第一个值和最后一个值对应于那样的态,即两个电子在同一平面上分别沿相同的和相反的方向而

124

---

* [关于 l 的定义,见原第 117 页上的方程(23).]

运动,而第二个值则对应于那样的态,即两个轨道的平面互相成一角度,此角度对于大的 k 值迅速地收敛于 $90°$. 现在舍去 $l=k-1$ 的可能性,假设这些态由于某种未知的原因而是物理上不可能的,朗德就把正氦光谱的诠释归之于两个电子在"共面"轨道上沿相同方向绕转的那种定态,而把仲氦光谱的诠释归之于"相交"轨道,于是就针对这两种光谱在观察到的谱项和对应氢谱项之间的偏差方面得到了数量级上的符合.

但是,氦光谱的这一诠释,在所依据的论据和计算细节的实施方面都是有很严重的商榷余地的. 首先,朗德的假设似乎和对应于属于正氦光谱的谱项与仲氦光谱的谱项的相互组合的那些谱线的不存在不能相容. 事实上,所假设的较外电子的运动和将要出现在所描述的多周期体系中的运动之间的那种类似性,将要求这种组合谱线的出现,它们将对应于和原子轴线相平行的线性振动,这些振动形成原子运动的成分谐振动的一部分. 这些振动一般肯定会比绕轴线的圆周转动具有较小的振幅,但是这一情况却绝不能解释任何这种组合谱线的显著的不存在;这种不存在不但当氦光谱在通常条件下被激发时是成立的,而且对于当原子受到强电场作用时观察到的光谱也是成立的;如上所述,在后一情况下,将出现许多正氦的各对谱项之间的新组合谱线以及仲氦的各对谱项之间的新组合谱线. 后一情况似乎表明,作为朗德诠释正氦光谱和仲氦光谱的依据的原子运动和多周期体系运动之间的直接对比,涉及了一种很难说是合理的理想化. 人们倒是必须有准备地预期,两个电子的可变形轨道的相互干扰一般将引起一种能量交换和动量交换,其性质要比和具有简单轴对称性的较内体系的假设相对应的那种交换更加复杂得多. 注意到这样一种考虑,本演讲人在几年以前就已经和克喇摩斯博士合作,来致力于较深入地考察氦原子中两个电子轨道的相互干扰这一力学问题了. 我们的结果还没有发表,但是,既然它们似乎对所考虑的问题有所阐发,这里可以简略地对它们作一叙述. 计算处理的是关于两个电子的轨道的相互影响的普遍力学问题,唯一的限制是,较外电子的轨道线度,从而还有它的绕转周期,分别远大于较内轨道的线度和周期. 由于这一假设,较内轨道的运动可以在一级近似下描述为绕一个带二单位电荷的核的开普勒轨道,它由于较外电子的影响而在形状和位置方面进行缓慢的变动,而较外电子的轨道则可以在一级近似下描述为绕一个带一单位电荷的核的开普勒椭圆,它同样由于一件事实而在形状和位置方面进行缓慢的变动,其事实就是,较内电子的平均效应和位于核处的一个电子电荷的效应稍有不同,其差异的方式依赖于较内轨道的形状和取向. 现在,这些变动的考察表明,通常轨道的变动是如此地复杂,以致各电子的运动将不会具有可以直接应用多周期体系的定态理论的那种特点. 但是,在所有可能的运动中却有两种情况,那时轨道的变动显示某些简单的周期性质. 在其中第一种情况中,各电子在全部时间内都在同一平面上运动,而在第二种情况中则两个轨道平面在很高的近似程度下恒定地互成直角,而且较内轨道的长轴保持和较外轨道的平面相垂直.除了以上提到的条件以外,较内轨道的形状和取向在两种情况中都可以在一个给定时刻任意选定,而且一般可以在较外电子的绕转过程中经历颇大的变化,但是,正如计算所证明的,较外电子的轨道却由于这些条件的关系而将具有一种和受到简单辗力场扰动的开普勒轨道的变动相似的特点,就是说,在一级近似下,这一轨道的形状将保持不变,而其长轴则经历一种缓慢而均匀的旋进.因此,这些种类的轨道就显现为适于用来选择和所观察到的类型的线系光谱的发射相联系着的那些定态.在这些态的确定方面,多周期体系理论的直接应用仍然涉及一定程度的任意性.但是这种任意性却可以通过考虑这些态在较外电子的束缚过程中的建立来加以克服,因为看来能够在上述两种情况中的原子运动中选出一些运动族,它们由于满足这一建立过程似乎即将要求的某些条件而与众不同.

如果我们首先考虑这样一种共面轨道情况,这时一般说来较内轨道的形状以及相对于较外电子位置的取向都将由于扰动效应而经历周期性的变化,正如较外电子的运动那样,那么就可以证明,存在一种类型的特殊解,使得较内轨道的形状保持不变而只有它的长轴方向会发生变化,其变化方式使得它在任何时刻都指向或背向较外电子的瞬时位置;在这一情况中,扰动效应就在于较内轨道的长轴的旋进,这种旋进对于较外电子在其椭圆轨道上的任何位置来说都恰好等于这一电子相对于核的角速度.在一级近似下,对应于这一类型的解的那一较内轨道的偏心率 ε 的值,可以表示为

$$\varepsilon = \frac{3}{2}\sqrt{a_i/2p_0}$$

式中 $2a_i$ 是较内轨道的长轴,而 $2p_0$ 是较外轨道的参数[*].这种类型的力学解当不存在外界干扰时对于原子的运动是存在的,但是却可以证明,在这一运动将经历一些变动,包括由外界因素对较外电子的效应所引起的体系的能量和角动量

126

127

---

[*] 较内轨道的这一偏心率导致较外轨道长轴的一种旋进,这种旋进可以在一级近似下简单地算出,如果照顾到这一情况:在大距离处,沿开普勒轨道运行的一个电子的效应和位于一个点上的电荷的效应相同,那个点可以叫做电心,它位于离吸引力中心为 $\frac{3}{2}\varepsilon a$ 处,这里 ε 是偏心率而 $2a$ 是长轴.事实上,照顾到这一点,通过微扰理论的简单应用就得到,较外轨道的旋进频率 σ 和这一轨道的绕转频率 ω 之比是 $\sigma/\omega = \pm\frac{3}{2}\varepsilon a_i/p_0 = \pm(9/4\sqrt{2})(a_i/p_0)^{3/2}$,这个量的数量级低于电子电荷沿半径为 a_i 的圆而均匀分布时所将得出的比值的数量级;这种电荷分布事实上将引起较外轨道长轴的一种旋进,很容易看到旋进频率和 ω 之比与 $(a_i/p_0)^2$ 同数量级.

的缓慢变动的那种情况中,类似的解也存在;在这种解中,较内轨道将不断地自
行调整,使它的长轴永远沿着从核到较外电子的矢径,而且它的偏心率永远通过
上述表示式和较外轨道的参数相联系. 在这种调整中,也像在原子的未受扰运动
中一样,较内电子的动能及其相对于核的势能之和的平均值,将在很高的近似程
度下保持不变,而在未受扰运动中保持恒定的较内电子的角动量,在调整过程中
却将经历和较内轨道偏心率的缓慢变化相对应的逐渐变化.

　　根据共面问题的特殊解的这些性质可以看到,较外电子的运动在许多方面
和由固定辏力场中的单一运动粒子所构成的体系的行为显示明显的类似性. 在
原子的未受扰态中,以及在可能和由辐射的发射或吸收所伴随的那种定态间的
跃迁相对应的过程中,较内电子都可以说扮演了被动的角色;既然如此,它的调
整就只有一种效应,即保持较外电子所受到的平均力的辏力特点. 因此我们就直
接得到一种定态的确定,它似乎将形成多周期体系理论的合理应用. 例如,通过
首先利用动能和相对于核的势能之和的平均值等于不存在较外电子时原子正常
态中的能量这一条件,来确定较内电子的运动,我们就得到,在束缚过程中以及
在各定态中,还有在各定态间的跃迁中,较内体系都可以看成在较外电子的变化
着的影响下保持在它的正常态中,这种影响可以比拟为经受着浸渐变化的外场
的效应. 其次,定态中的较外电子的运动可以按照和有心体系理论的直接类比来
确定,只要适当注意在定态中以及在定态间的跃迁中两个电子之间的能量交换
和角动量交换的效应就行了. 对于这一确定,我们可以从考虑体系两个相邻态之
间的总能之差的下列表示式开始;这些态属于所考虑的运动族,而其"较内"能量
的平均值是相同的. 表示式就是

$$\delta E = \omega\delta\mathscr{I}^x + \sigma\delta\mathscr{P}^x$$

128　式中 ω 表示较外电子的径向频率而 σ 表示长轴的旋进频率,$\mathscr{P}^x$ 代表原子的总
角动量,而 $\mathscr{I}^x$ 代表这一角动量和 $\int p\mathrm{d}q$ 类型的在较外电子的径向运动周期中算
出的一个积分之和;这些全都和简单有心体系两种相邻运动之间的能量差表示
式(20)密切类似. 因此,仿照后一情况中的定态的确定,我们可以假设在现在的
情况中定态是由两个条件式来确定的,即

$$\mathscr{I}^x = nh, \quad \mathscr{P}^x = (k\pm 1)h, \quad n^x = n\pm 1$$

这里最后一式中的正号或负号分别对应于两个电子沿相同或相反方向绕核转动
的情况. 通过这一确定,我们保证了光谱和运动之间的对应关系,其种类和适用
于多周期体系的对应关系完全相同,正如根据所发射的辐射成分而预期的跃迁
中的角动量守恒一样,这种辐射成分是根据较外电子的按成分谐振动的分解的

特点所要求的. 而且我们还看到,对于递增的 n 值和 k 值,较外电子的运动越来越收敛于一个氢原子中电子的可能的定态,这个氢原子受到了某种因素的扰动,它造成了长轴的一种均匀旋进,正如相对论所要求的对于力学定律的修订那样*.

当我们其次考虑第二种情况时,即当较内电子轨道和较外电子轨道差不多互相垂直,而较内轨道的长轴沿着较内轨道平面的法线时,我们就在讨论定态的选择时遇到一个不同的问题. 在这一情况中,也存在一些特殊类型的力学解;对于这些解来说,较内轨道的形状保持不变,而且轨道相对于较外电子矢径的取向也保持恒定,即较内轨道平面的法线永远指向较外电子的瞬时位置. 利用和以上共面情况中的符号相同的符号,对于现在这种类型的解来说,偏心率将由下式给出

$$\sqrt{1-\varepsilon^2} = \frac{3}{2\sqrt{2}}\sqrt{\frac{a_i}{p_0}}$$

和偏心率随 p_0 的增加而收敛于零的共面情况相反,我们看到在这一情况中偏心率将随着 p_0 的增大而增大,并在较外轨道线度很大的情况下收敛于 1. 在这一极限下,由于相对论修订对较内轨道的影响大大超过较外电子的效应,这种解将变成没有意义的;完全抛开这一事实不谈,我们可以根据解的这一特点得出结论说,所讨论的这些轨道并不适于用来表示和较外电子的束缚过程的各个阶段相对应的那些定态. 相反地,我们必须假设,这些定态必须从那种类型的解中选出,对于那些解来说,较内轨道将随着较外轨道线度的增大而趋于圆形. 正如运动的研究所证明的,这一条件排除了在较内轨道的形状及其相对于较外电子的取向方面像以上所描述的那些解一样简单的解,但是一个性质颇为简单的特殊解还是存在的,这种解似乎适于用来表示定态. 在这个解中,较内轨道的形状的变动可以描述成它的中心沿较外轨道平面的法线的一种缓慢谐振动以及它的平面绕这一法线的一种缓慢转动. 计算得出,中心振动的振幅是 $a_i(3/2\sqrt{2})\sqrt{a_i/p_0}$,而较内轨道的平均转动频率和较外轨道的绕转频率之比是

$$\sigma/\omega = \frac{9}{16}a_i\big/p_0 \tag{25}$$

129

---

* 另一方面,较内轨道将采取越来越圆的对应于具有一个电子的未受扰原子的正常态的形状. 可以指出,我们在以上曾经忽视了相对论修订[有一个单词看不清楚],这种修订在较外轨道的大的绕转周期下将对轨道发生扰动,其数量级和由较外电子的存在所引起的扰动相同. 注意到一点是重要的,那就是,当较外轨道的线度变为无限大时,由于较内轨道在这一极限下将变成圆形轨道,这些扰动在这一极限下也将不复存在.

但是,和共面轨道的情况相比,较内体系对较外轨道长轴旋进的效应将由于一件事实而小得多;其事实就是,由于相互扰动而引起的较内轨道的电心位移将并不指向较外电子的矢径而是垂直于该矢径. 但是,这后一情况只有在较外轨道的线度比较内轨道的线度大得多的极限下才是精确成立的. 对于 p_0 变得较小的那些轨道,由于保持特殊类型的运动的那种变化了的条件,轨道平面之间的夹角将逐渐发生变化. 但是,为了更好地理解这一问题,现在对于相互扰动的这种研究并不能提供充分的指导. 不过,利用和对共面轨道谈到的方式相对应的方式来和有心体系进行类比,却似乎能够在定态的确定方面作出某些确定的叙述. 例如,根据光谱和运动之间的对应关系,并根据在较外轨道远远大于较内轨道的极限下所应满足的条件,我们可以得出这样的结论:形如(19)的两个条件式必须成立,而其中最后一个条件式中的 $\mathscr{P}$ 将代表原子的总角动量.

130　　　现在,当我们问到和对应于上述各种特殊解的可能定态相对应的能量时,我们就发现,作为第二个电子的束缚后果的对原子能量的贡献,在共面轨道的情况中和氢原子中的能量值相差一些项,它们在数量级上低于忽略较内轨道的扰动而把较内电子对较外电子的运动的效应估计为均匀分布在圆周上的一个电子的效应时所算得的效应,而在相交轨道的情况中则这些偏差只和根据这种假设所将得出的偏差同数量级. 略去和后一种偏差同级的小量,我们可以通过直接应用方程(20)和 σ 的表示式(00)* 来推求具有共面轨道的定态中的能量表示式. 事实上,在一级近似下,我们可以利用上节中的公式(13)和(20a)来表示 a_i 和 p_0,因此我们就可写出:

$$\sigma = \omega \frac{9}{16} \frac{h^3}{\mathscr{P}^3} \tag{26}$$

因此,我们由(20)就得到

$$\delta E = \omega\Big(\delta\mathscr{I} \pm \frac{9}{16}\frac{h^3}{\mathscr{P}^3}\delta\mathscr{P}\Big) = \omega\delta\mathscr{I}' \tag{27}$$

式中

$$\mathscr{I}' = \mathscr{I} \mp \frac{9}{32}\frac{h^3}{\mathscr{P}^2}$$

由(27)可得,E 以及 ω 只是 $\mathscr{I}'$ 的函数,而且可以简单地证明,在所考虑的近似下,E、ω 和 $\mathscr{I}'$ 之间的关系与适用于简单开普勒运动并由(10)给出的 E、ω 和 $\mathscr{I}$ 之

---

* ［参阅在哥廷根发表的第四篇演讲中的方程(73)和(74),本书原第 383 页和第 384 页.］

间的关系相同. 因此,关于能量,我们就有

$$E = -2\pi^2 e^4 m \Big/ \Big(\mathscr{I} \mp \frac{9}{32} \frac{h^3}{\mathscr{D}^2} \Big)^2 \tag{28}$$

由此即得定态中的能量

$$E_{n,\,k} = -(2\pi^2 e^4 m) \Big/ h^2 \Big(n \mp \frac{9}{32} \frac{1}{k^2} \Big)^2 \tag{29}$$

按照所用的近似手续,这个公式涉及对一些小项的忽略,这些小项相对于主项具   131
有 $1/nk^2$ 的数量级或更高的数量级.

　　将公式(29)和观察结果相比较,现在就发现能够得到和正氦光谱的近似符
合,如果在分母中取负号的话. 但是,对于仲氦光谱来说,各谱项对氢谱项的偏差
的数值却小得多,以致在试图说明这些偏差时我们要用到一个假设,即对应的定
态属于相交平面的轨道类. 于是,关于正氦光谱和仲氦光谱的起源,我们就被引
导到那样的一些结论,它们在定态运动的描述方面显示一些和朗德的诠释相对
应的特点*. 但是,根据讨论定态的选择所依据的那种完全不同的方式,看来可
以避免正氦光谱和仲氦光谱之间的相互组合的缺失给后一诠释带来的那种基本
的困难,该诠释是建筑在关于多周期体系定态理论的直接适用性这一形式假设
上的. 事实上,虽然在我们的考虑中定态中的运动肯定被认为是属于多周期类型
的,但是却没有假设这些运动属于此种运动的同一个连续连通类. 相反地,它们
显现为分属于这种运动的两个分离族,二族之间的裂隙并不能用多周期类型的
运动联接起来,从而对于二者之间的跃迁并没有提供应用多周期运动理论的任
何依据. 同时也将看到,我们的观点也对束缚过程中对应于反向绕转共面轨道的
那些定态的不出现提示了一种解释. 例如,必须设想,在第二个电子被氦原子所
束缚的过程中,将出现一种调整作用;这种调整是不能在普通力学定律的基础上
加以描述的,而且通过这种调整,两个电子的轨道——它们在过程以前的平面必
须假设为具有任意的相对取向——就被弄得满足出现明确定义的定态的那些必   132
要条件. 现在,这种调整的原因可以到较内轨道的不规则变动中去找,这种变动
可能引起一种辐射过程的出现,通过这种过程就带来较内电子的更加规则的运

----

　　* 关于谱项的数学表示式,由朗德针对正氦情况推导出来的公式是和(29)有着本质的不同的,因为
对氢谱项的偏差表示为 n 和 k 的完全不同的函数. 这一区别是由于在两个相近圆形的共面轨道这一简单
情况中计算扰动的方法不相同,这一简单情况形成了朗德计算的出发点. 例如,在朗德的做法中,较内轨
道被看成一个受扰的圆形轨道,尽管对应于他的结果的偏心率之值比干扰力在较内轨道的单次绕转中所
能引起的要大得多. 因此,为了作为一级近似得出正确的结果,一个近似的做法就必须把较内轨道看成一
个有着有限偏心率的受扰开普勒椭圆,正如在形成我们的研究基础的那种计算中所做的那样.

动;于是很容易地就想到这样的假设:这种调整只能造成较内电子相对于较外电子的能量的减小. 现在,反向绕转的共面轨道情况对于给定的较外轨道对应于这一相对能量的一个绝对极大值,从而可以看到,我们有了一种论据来假设建立这种类型的定态的几率是小得接近于零的. 在结束关于氦光谱的可能诠释的这些说法以前,可以再一次地强调,这些考虑——既然只是针对较外轨道和较内轨道的线度和周期的较大比值而建筑在关于两个电子之间的相互扰动的考察上——在这一形式下并不能给出定态中的能量的精确计算,从而也不能对理论的论证作出确定的数值检验. 为了进一步讨论所用的近似方法可能给出的精确限度,以及讨论不但通过照顾所考虑的这种轨道变动,而且通过追寻较内电子和较外电子本身的运动周期性质之间的较细致的谐和性来增进这一精确度的可能做法,读者可以参阅我们希望不久就能发表的关于这种研究的更详细的论述.

在关于第一级氦光谱的起源的这种讨论以后,我们现在将回到本章开头处提到的中性氦原子的正常态问题,这种正常态可以预期将出现在以这些光谱为其证据的那种束缚过程所造成的末态中. 首先很清楚的是,对应于并不显示相互组合的两种光谱的出现,我们必须有准备地发现两个态,这两个态都必须被假设为将显示作为正常态之特征的那种性质,即当没有外界因素时能够长期存在. 现在,最有趣的是,通过弗兰克和克尼平的关于原子对自由电子碰撞的反应的实验,确实已经能够把氦原子从它的通常的正常态转移到恰好具有这种性质的另一个态中. 这个态曾被弗兰克和莱希称为"亚稳态";他们事实上在弗兰克和克尼平通过氦原子和自由电子之间的碰撞实验而发现了这个态以前,就根据帕邢关于发光氦气体中的共振的惊人实验结果预见了这种态的存在;通过这种实验已经证明出现了普通氦气体的一个变种,它在没有杂质时是不会通过辐射的发射而发生自发再转换的. 所考虑的态对应于所观察到的正氦光谱中最大的谱项,这一谱项在本论文所采用的符号中用 $n=2$、$k=1$ 来表征,于是就得出这样的结论:中性氦原子的普通正常态对应于仲氦光谱序列中用 $n=1$、$k=1$ 来表征的一项,这一项的存在一直不曾可靠地用光学实验被检测到,但是它最近却被赖曼*和莱希的实验所证实了;他们利用真空摄谱仪发现了一条紫外谱线 $585Å$,它对应于仲氦谱项 $n=2$,$k=1$ 和 $n=1$,$k=1$ 之间的跃迁,所根据的假设是,从这一态中取走一个电子时所需的能量恰好对应于电离电势 25.2 伏特.

在这方面可以指出,既然 k 保持不变,所提到的跃迁就属于那种对于未受扰原子来说不具有任何有限几率的跃迁. 相反地,既然谱项 $n=2$、$k=1$ 在所有仲氦谱项中除了一个以外是最大的,那么初看起来就可能料想原子也能够长时间

___

* [参阅原第 16 页.]

地存在于这一态中. 但是,一方面是如上所述可以看成"稳定态"的正常态或"亚稳态",另一方面是上面提到的那种类型的态,这二者之间却是有一种巨大差别的;差别就在于,当存在一个无论多小的外电场时,后一种态将获得一定的、尽管很小的跃迁几率. 按照量子论的术语,这样的态从而就可以很恰当地叫做"欠稳定的"(a-stable),以别于本质上"不稳定的"普通的定态;"不稳定"的意义就是,它们在一切情况下都具有在一个给定的时间间隔内跃迁到其他定态中的有限几率. 对于所提到的其他态的性质问题,对应原理可以提供一种直捷了当的形式诠释;与此相反,氦原子亚稳态的存在,要求对应于正氦序列中 $n=1$, $k=1$ 谱项的态的不存在,这种亚稳态的存在初看起来是出人意料的,因为这将显得不论是朗德的理论还是我们的研究都不能提供一种言之成理的论证. 但是,一种更仔细的考察却得出不同的结果,而且我们在氦中似乎事实上遇到了一个由于运动在力学上和量子的形式条件不能相容而使得一个定态缺失的有教益的例子;这种现象我们在前一节中已经有机会联系到碱金属线系光谱的诠释而简略地谈到过了.

对于这一情况,我们根据上面提到的对应类型的轨道的近似处理就已经能够得出一个线索,尽管必须记得这些考虑只有当较外电子的轨道线度远大于较内电子的轨道线度时才能得到直接的应用,从而我们必须对遇到困难有所准备. 例如,如果我们——适应着定态中能量的计算所依据的、已经发现能够给正氦谱项提供近似诠释的那种近似——把较内电子对较外电子的运动的效应比拟为位于核处的一个电子电荷的效应,再加上其方向永远背向较外电子瞬时位置的一个电矩为 $\sim(3/2)a_{\iota}\varepsilon$ 的电偶极子的效应,那么,我们就得到定态中这一电子的旋进轨道的长轴和参数的下列表示式

$$2a = 2a_0\left(n - \frac{9}{32}\frac{1}{k^2}\right)^2,$$

$$2p = 2a_0\left(k - \frac{9}{32}\frac{1}{k^2}\right)^2 \tag{30}$$

式中和在上一节中一样 a_0 代表氢原子正常态中的圆形电子轨道的半径. 这种只有当较外轨道的线度远大于较内轨道的线度时才有效的近似,对于 $k=1$ 的以及如果相互扰动可以忽略则较外轨道的参数将只是较内轨道的本身只等于 a_0 的长轴的二倍的那种轨道,将只是一种很初步的近似;完全抛开这一事实不谈,我们在 $k=1$ 的情况下却在心目中很清楚地看到这一近似. 即使解在后一种情况下也要求"较外"电子在其绕转过程中会达到和较内轨道的线度同数量级的离核距离,该电子在轨道运动的较大部分中也将位于离核远得多的距离处,而且,由于

这种情况,对于一些定态的存在也就没有任何阻碍;对于这些态来说,在运动保持一族轨道(这就是我们在 n 和 k 很大时认为其运动和正氦谱项相对应的那一族轨道)所显示的本质特点的同时,在较内电子的和较外电子的运动的周期性质之间存在一种高度的谐和性. 事实上,一个自然而然的假设就是,这样的态可以得到,如果运动是这样调整了的:在较外电子的近心*时刻,较内电子位于核的对面而且离核最远. 另一方面,如果我们考虑较外轨道在一级近似下应为一个圆的 $n=1$、$k=1$ 的情况,我们却不能用同样的办法得到一种明确定义的规则运动,因为"较外"电子在全部时间内都停留在离核较近的距离处,该距离和较内电子的平均距离同数量级. 事实上,由(30)表示的粗略近似就能得出较外轨道的一个长轴值,它几乎是和较内轨道的长轴值相重合的.

135

建立对应于 $n=1$ 及 $k=1$ 的正氦型运动的困难,是和当较外轨道的线度和较内轨道的线度同数量级时在较外电子的单独一次绕转中出现的较外电子和较内电子之间的很大角动量交换密切地联系着的;根据对这些困难的进一步考虑,我们事实上被引导到这样的观点:两个电子在数量级相同的轨道上运动的唯一具有规则周期性质的共面运动,是由在本章开头处提到的那一简单情况来表示的,那就是两个电子以恒定角动量在同一个圆形轨道上而绕核运动的情况. 但是,两个电子起着等价作用的这样一种运动,却不能被预期为代表着对应于正氦序列中的谱项的一个定态. 事实上,在所有这些态中我们都可以预期,在较外电子的轨道和较内电子的轨道之间是有一种截然的区分的,尽管在较外电子的束缚过程的进行中两个轨道的线度差将越来越小. 例如,我们可以说,在所有这些态中,较内电子的轨道都不妨说对较外电子和核起一种截断作用,从而这种效应就使得较内轨道随着较外轨道参数的减小而变得越来越偏心化,而且显然在束缚过程中并没**造成两个电子起着等价作用的那种运动态的趋势. 当考虑从某一定态开始通过自发跃迁过程来建立这样一种"环"的可能性时,只要仅限于考虑共面轨道,我们就相反地从对应原理的观点引向一个结论,即这将要求两个电子在初态中也起着等价的作用,而且,更远地回溯束缚过程,就得到这样的结论:两个电子应该是同时被核所束缚的,而不是像为了形成实际原子而必须像假设的那样逐个束缚的. 在进一步考虑这一问题以前,我们将首先考虑对应于相交轨道的正常态的情况,这些轨道可以假设为对应于仲氦光谱的发射.

我们首先看到,在相交轨道的情况中,根本谈不到我们在共面轨道情况中所

136 遇到的那种较内电子对较外电子和核的截断作用,从而我们可以很自然地预期,

---

* [这显然应该是"近核".]
** [此处似乎漏掉一个单词.]

在 $n=1$、$k=1$ 的情况中,我们遇到的是两个电子在完全等价的轨道上运动的那种运动.

现在,这种等价的非共面轨道*的力学问题,最近以来已由克喇摩斯研究过了;他已经发现存在一种特殊类型的简单解,在这种解中,两个电子在可以看成变形圆周轨道的轨道上运动,这些轨道的平面和体系的冲量轴成相等的角,它们以相同的均匀频率而绕着这个轴慢慢转动. 而且各电子沿这些轨道的运动是这样调整的:它们的瞬时位置的连线垂直于轴,并被轴平分为相等的两部分. 此外,平行于轴的运动相对于通过核的不变平面来说是完全对称的. 通过核电荷的一种假想的连续变换可以证明运动将保持这些性质,从而可以连续地、与很高核电荷的运动力学对应地联系起来;在后一种运动中,各电子的运动的彼此相互作用远小于核的吸引,从而每一个电子的运动将趋于一个简单的未变形的圆形轨道. 因此,我们按照艾伦菲斯特原理就可以预期,对应于仲氦谱项 $n=1$, $k=1$ 的一个定态,可以通过这种变换的考虑从一个对应于高核电荷的态导出;在后一态中,每一个电子的运动都将是角动量为 $h/2\pi$ 的圆形轨道运动,而且这些圆的平面——对应于同样等于 $h/2\pi$ 的体系总角动量的值——各自和不变轴成 $60°$ 的角. 于是,利用一种逐步近似方法,克喇摩斯就导出了体系的一个能量值;对于核电荷 Ne,这个能量值由下列表示式给出:

$$E = -W_0[2N^2 - 1.52N + 0.42 + \cdots] \tag{31}$$

式中 W_0 和在上节中一样代表从正常态中的氢原子取走电子时所需要的能量. 对于和氦相对应的 $N=2$,(31)给出

$$E = -5.85W_0^{**};$$

此式给出的从原子取走一个电子时所需要的能量是 $5.85W_0 - 4W_0 = 1.85W_0$,它对应于 1.85×13.53 伏特=25.2 伏特的一个电离电势***. 既然此值和观测值 25.3 之差并不超过根据进行计算时一直采用的近似程度所将预期的差值,这一结果可以说对上面阐述的那些关于氦原子正常态结构的一般想法以及关于正氦光谱和仲氦光谱的诠释提供了最有趣的支持****. 关于运动的描述和计算的细节的进一步资料,读者可以参阅不久即将发表的克喇摩斯博士的一篇论文.

以上的考虑可以看成支配着原子正常态的一些定律的典型例证;按照这些

---

* 关于氦原子正常态的构造的这样一种想法,也在刚刚发表的开姆保的一篇论文中被提出了.

** [此式和(31) 不相符. 有些铅笔改正看不清楚.]

*** [25.2=1.85×13.6.]

**** [克喇摩斯计算的最后结果是 $E=-5.525W_0$,而经验值则是 $E=-5.907W_0$.]

定律,正常态不能作为和表观上满足定态所要求的形式条件的那些运动相对应的最小能量态来求得,而是可以根据通过核对电子的可能的束缚过程来建立该态的那种考虑来追寻. 因此,在结束本章之前,考察和氦原子的正常态稍微更密切地联系着的一个问题就可能是有兴趣的. 以上我们已经遇到两族力学解,在这些解中各电子起着等价的作用. 在第一族中,各电子是在共面轨道上运动的,而且永远位于通过核的直线上并和核距离相等,每一个电子都在椭圆轨道上运动,而以核为轨道的公共焦点. 在另一族中,各电子的轨道可以看成两个变了形的圆形轨道,其轨道平面交于一个角度,这些平面绕着体系的不变轴线而缓慢转动,该轴线和各平面成相等的角. 尽管实际的正常态如上所述可以认为是属于后一族的,简单的环模型却是作为每一族中的要素而出现的. 现在就出现一个问题:适用于每一族中的可能定态之间的跃迁的条件是什么,特别说来,关于两种运动之间的跃迁的观察结果所要求的不可能性能够找到什么论据,其中一种是适用于实际正常态的运动,而另一种则是以前针对这个态而提出的那种运动,即两个电子各以角动量 $h/2\pi$ 沿同一圆形轨道进行的那种运动. 为了简单,让我们首先考虑等价共面轨道族. 在这里直接可以看出,两个相邻态的能量差和电子的绕转频率之间的关系将由下式给出:

$$\delta E = 2\omega\delta\mathscr{I} = \omega\delta(2\mathscr{I}) \tag{32}$$

式中$\mathscr{I}$是由按一个电子的一次绕转计算的表示式(〈2〉)来定义的那个量. 至于和可能的跃迁相对应的振动,我们此处遇到这样一种情况:体系的电矩在运动中保持为零,从而按照径典电动力学定律将被发射的辐射和由单独一个电子所引起的辐射相比在一级近似下将小得接近于零这一情况引导我们设想,这样一种体系的定态之间的自发跃迁,即使当不存在外界因素时是可能的,也将比对称性较差的定态情况具有小得多的几率,无论如何可以看到,将不可能像初看起来根据(32)中的 δE 表示式可能预料的那样建立起运动和 $2\mathscr{I}$ 改变 h 的奇数倍的那种跃迁之间的对应关系,因为出现在原子的运动所引起的外电磁效应中的基频将不是 ω 而是 2ω. 如果我们考虑一些跃迁,这些跃迁的出现可以通过外电场的效应而引起,那么这一情况就会变得更加清晰,因为在这儿 2ω 也将是由这种场引起的电矩改变量中的频率. 因此,这种考虑似乎可以说为下述假设提供了一种论据:属于所考虑类型的体系定态是由每一个电子的等于 h 整数倍的$\mathscr{I}$值来表征的. 如果我们其次考虑具有相交平面的等价轨道的情况,我们就通过一种简单的考虑得到两个相邻态的能量差的表示式如下:

$$\delta E = 2\omega\delta\mathscr{I} + \sigma\delta\mathscr{P}$$

式中 ω 是电子和体系的不变轴线相平行的振动的频率,而 σ 则是它们的轨道平面绕此轴线转动的小频率. 此外,$\mathscr{P}$ 是总角动量,而 $\mathscr{I}$ 是那样一个量,它在对应于核电荷的改变的浸渐变换中是不变的,而且在对应于很高核电荷的极限下将和由《2》定义的简单开普勒运动的量 $\mathscr{I}$ 相重合. 至于运动的各个谐振动分量,可以看到每一个电子的运动都可以分解成一组平行于轴线的频率为 $\tau\omega$ 的线性振动和一组绕这一轴线的频率为 $\tau\omega\pm\sigma$ 的圆周转动. 但是,其中只有第一种频率将出现在体系电矩的改变量中. 首先,我们可以对一件事有所准备,那就是: 对于未受扰原子来说,只有 $\mathscr{P}$ 保持不变的那些跃迁将是可能的,而且,通过对应于因子 2 的一些跃迁的倍数,$\mathscr{I}$ 将改变 τh;这对应于出现在能量表示式中的一个过程,通过该过程可以说每个电子将发射一个量子 $h\nu$,正如根据这些电子在所考虑的运动中所起的等价作用也能预期的那样;这和在线系光谱的发射中所涉及的运动恰成对照. 如果原子的运动受到外电场的扰动,运动就将改变,从而我们就可以预期其他类型的跃迁的可能性,但是,恰好和适用于共面等价轨道情况的假设相对应,我们可以假设这些跃迁只能引起等于 $h/2\pi$ 的偶数倍的 $\mathscr{P}$ 的改变量,因为由于对称只有频率 σ 的二倍值将出现在原子电矩的改变量中. 因此,按照对应原理,我们无论如何也没有使从 $\mathscr{I}=1$、$\mathscr{P}=1$ 的态到对应于 $\mathscr{I}=1$、$\mathscr{P}=2$ 的"环态"的跃迁成为必要的那种论据,尽管这种跃迁将带来电子束缚的强化.

§3. 论周期系第二周期中的元素

　　和以上各章中关于通过核对电子的束缚来形成氢原子及氦原子的那些考虑相类似的考虑,也可被预期适用于任何原子的核对第一个和第二个电子的束缚. 于是,正如已经提到的,我们必须假设电荷为 Ne 的核对单独一个电子的束缚将由一种简单光谱的发射所伴随,该光谱在一级近似下由公式(14)来表示;结果就得到一个末态,这时电子以角动量 $h/2\pi$ 描绘一个绕核的圆形轨道,其直径在一级近似下由公式(13)给出. 其次我们可以假设,第二个电子的束缚将引起线系光谱,其类型和一级氦光谱的类型相同,而且束缚过程将造成一个正常态,这时可以预期各电子沿着可以看成变了形的圆形轨道的那种等价轨道而绕行,每一个电子的角动量是 $h/2\pi$,各轨道平面互成 $\frac{2}{3}\pi$ 的角,结果总角动量又恰好等于 $h/2\pi$. 第一个电子的束缚所涉及的能量在一级近似下由(10)给出,而随后第二个电子的束缚所涉及的能量却将由《29?》近似地给出.

　　当我们接着探索原子对第三个电子的束缚时,我们就遇到一个新问题;关于这个新问题,可以从锂的一级线系光谱的分析得出信息. 和氦光谱相比,锂光谱

141   显示更大的简单性,经验线系谱项的总集形成黎德伯型的序列方案的一个简单
例子,因此,不考虑各谱项是一些窄窄的双重线这一事实,光谱就和即将预期的
简单有心体系的光谱显示完全的类似性.锂光谱和氢光谱相比的这一简单性,可
以在一种情况中得到简单的诠释,那就是,锂原子中头两个束缚电子在它们的正
常态中的运动具有多周期特性,从而比起氢原子中第一个束缚电子的周期性轨
道来,显示出高得多的反抗外力影响的稳定性.当开始更仔细地检查锂光谱时,
我们首先指出,可以在很好的近似下写成 $R/(1.6)^2, R/(2.6)^2, R/(3.6)^2, \cdots\cdots$
的经验的 S 序列谱项和氢光谱的各谱项相差很大,而其他序列中的谱项则和对
应的氢谱项相差很小;在这儿,对于 P 序列中的第一个谱项($n=2$, $k=2$),(17)
中函数 $\phi_k(n)$ 的值已经是近似地由 $\phi=-0.04$ 给出的了.关于锂所特有的线系方
案的这一性质,当我们把各种序列中较外轨道的线度和较内体系的线度相比较
时,就得到一种直捷了当的解释.例如,较内电子的轨道线度约为氢原子正常态
中电子轨道线度的三分之一,而如果暂时把较内体系的效应看成一个单位点电
荷的效应,我们却得到较外电子的轨道参数在和给定 k 值相对应的定态中等于
$k^2 \times 2a_0$,此处按照以上所用的符号 $2a_0$ 代表氢原子正常态中的轨道直径.因此,
在对应于 P 序列($k=2$)的态中我们就已经得到,对应于 $n=2$ 的圆形轨道比较内
轨道约大 11 倍,而在对应于更大 n 值的态中,较外电子在沿着它的椭圆轨道运
行中所能达到的离核最近的距离就几乎是较内电子的轨道半径的 6 倍了.于是
我们就很容易理解,除了 S 序列的谱项以外,所有的锂谱项都只和氢谱项显示很
小的偏差.至于 S 序列,所出现的第一个问题就是关于应该和不同的谱项相对照
的 n 值的问题.在这里,也可以从轨道线度的粗略检查直接得出一些结论.事实
上,假如第一谱项竟然对应于 $n=1$,那么,为了说明 S 序列中 ϕ 的很大的正值,
我们就将不得不假设较内体系——除了由合电荷引起的吸引力以外——应该对
较外电子作用一个颇大的附加推斥力,其数量级和一个偶极子的推斥力的数量
142   级相同;该偶极子的轴指向这一电子,其电矩对应于两个异号电荷的电矩,这两
个电荷彼此之间的距离等于较内电子在它们的正常态中的轨道半径.但是,这样
一种推斥力的存在是完全不可能的,即使我们把由较外电子的存在所引起的较
内体系的可能扰动考虑在内.事实上,例如,如果我们计算按照所考虑的观点应
该和 S 序列中第一谱项相对应的那一圆形轨道的半径,那么,当把上述推斥力考
虑在内时我们就求得一个半径值,它约为 a_0 的二倍,或者说为较内轨道的半径
的六倍;在这样的距离上,较外电子对各较内电子轨道的效应将远远小于造成较
内体系的稳定性的那些较内电子轨道之间的相互扰动效应.相反地,我们根据一
种简单的考虑就可以预期,至少当它离核的距离远大于较内体系的线度时,较外
电子将在较内体系中感生一个电矩,该电矩的方向将使较内体系对较外电子的

吸引力增大,而电矩的大小则正比于由较外电子的电荷所引起的电场强度. 为了说明 P 序列和 D 序列各谱项中 ϕ 的负值,这样一种额外吸引力的存在也似乎是必要的. 一经把这样一种效应考虑在内,我们就被引到关于 S 序列的诠释的和上面讨论了的观点很不相同的观点. 首先,关于和 $n=1$ 相对应的一个末态的线度,我们不是应该预期线度大于氢原子正常态中电子的轨道线度的一个轨道,而是应该预期一个线度小得多的轨道. 事实上,当根据观察到的态 $n=2$, $k=2$ 中的 ϕ 值来估计感生偶极子的电矩时,我们就发现,对于 $n=1$, $k=1$ 的态来说,额外吸引力将大得足以把较外电子拉到和早先束缚了的电子的距离同数量级的离核距离处[*]. 但是,这样一个态的存在将意味着第三个电子会是被核束缚得很牢固的;而这却是和锂的一般物理性质及化学性质不可调和的;特别是和关于锂蒸气中的选择吸收的实验资料不可调和的,这种资料表明,S 序列中第一个观察到的谱项 $R/(1.6)^2$ 对应于锂原子的正常态. 另一方面,关于所考虑的这样一个态的不出现,也可以从一种考虑导出一种理论的论证;这种考虑和讨论氦原子正常态时所依据的考虑相似. 事实上,在选择一种运动时我们很自然地局限于三个电子起着等价作用的那些运动,如果在那种所要选的运动中,所有三个电子都在数量级相同的轨道上绕核转动,而且这种运动还要具有可能认为对定态的确定是必要的那些周期性质. 按照和氦原子情况的类比,所能设想的和量子论原理的形式应用能够相容的最简单的这种组态就是这样一个组态:三个电子按相等的角间隔在同一圆形轨道上运行,每一个电子具有角动量 $h/2\pi$. 此外也可以考虑非共面组态,在这种组态中,每一个电子的轨道都可以看成在它们的相互推斥力的影响下变了形的圆形轨道,而且这种组态将对应于略小一些的束缚强度. 但是,和在氦的情况中有所不同,我们在锂中不但必须舍弃第一种类型的共面组态,而且必须舍弃后一种类型的组态,根据的是关于通过伴有辐射的自发跃迁过程来形成原子的考虑. 事实上,任何那样的过程——和多周期体系的两个定态之间的可能跃迁稍许相似的过程——都是无法设想的,通过该过程,头两个束缚电子将允许从外边来的第三个电子作为等价伙伴进入绕核的运动中.

通过排除一个对应于 $n=1$, $k=1$ 的态,所观察到的 S 序列谱项的诠释就立刻很清楚地显现出来了. 事实上,如果我们在一级近似下把较内体系的效应比拟为一个单位点电荷的效应,我们就发现较外电子在这些态中将描绘一个椭圆轨道;对于这种轨道来说,矢径的平均值将远大于较内体系的线度,而一切态中矢

---

[*] 这一偶极子的量值和根据氦的介电恒量的考虑所将预期的相同;在氦中,正常态中的组态和锂中的较内组态相类似. (这是对克喇摩斯工作的可能提及;但是,也许在氦的标题下已经有介电恒量问题的讨论了.)

径的最小值则和 $\frac{1}{2}a_0$ 相差很小. 尽管在较外电子的大部分绕转过程中较内体系
将近似地像一个点电荷那样地起作用, 但是, 对于[较外]电子离核很近的那一部
分轨道来说, 我们都必须预期较内体系的一种很不相同的效应. 较外电子不但会
同较内电子接近到和较内体系中各粒子间的相互距离同数量级的距离, 而且它
在这一部分轨道上还会具有不小于较内电子速度的那种速度. 但是, 由于根据较
内体系作为点电荷而起作用的这一假设导出的较外电子的开普勒轨道上离核最
近的部分在对应于 $k=1$ 的一切态中都很相似, 我们就可以预期, 即使在这一部
144   分轨道上的运动由于和较内体系的相互作用而和开普勒轨道上的对应部分相差
颇大, 这一偏差对于所考虑的一切态来说也将是很相近的. 在这些情况下, 较外
电子的轨道就可以恰当地描述为由若干相等的圈线构成, 其中每一圈线近似地
是一个开普勒轨道, 它们适当地被连接起来, 使得相继圈线的长轴互相成一颇大
的角度, 这个角度对于和所考虑的序列内各谱项相对应的那些态来说将是相同
的. 现在, 可以简单地证明, 轨道的这一性质恰恰即将导致一系列定态中的能量
值, 它们将显示所观察的各谱项的特点. 事实上, 如果我们针对所讨论的一个态
来在相对于核的径向运动的一个周期中计算由(18)给出的 $\mathscr{I}_1$ 这个量, 我们就
得到包含两项的一个表示式, 其中一项和对应于具有相同能量值及相同 $\mathscr{I}_2$ 值
的开普勒运动的那个量相同, 而另一项则在很高的近似程度下对序列中所有的
态都相同. 于是, 用 αh 表示这最后一项, 能量就表示成[*]

$$E=-\frac{4\pi^2 e^4 m}{2(\mathscr{I}_1+\mathscr{I}_2-\alpha h)^2}=-\frac{2\pi^2 e^4 m}{(\mathscr{I}-\alpha h)^2}$$

$$=-\frac{R}{(n-\alpha)^2}$$

在上面这种考虑中, 正如在估计 P 序列和 D 序列各态中较内体系的效应时
一样, 我们曾经把较外电子的运动比拟为简单的有心轨道而没有注意到这一事
实: 由于它的合角动量, 较内体系属于在第二章中联系到关于观察到的许多光
谱的谱项多重性的可能起源的讨论而考虑了的那种类型. 根据所提到的这种考
虑, 我们事实上对于每一个对应于有关简单有心体系的公式(19)中 n 和 k 的给
定值的态, 可以预期得到较外电子相对于较内体系具有不同取向的三个态. 在其
中的两个态中, 较外轨道的平面垂直于较内体系的轴线, 较外轨道的角动量分别
具有和较内体系的合角动量相同的或相反的方向; 而在第三种情况中, 较外轨道

---

[*] [这个公式中的恒量 R 等于(16)和(17)中的 R 乘以 h.]

的平面却和较内体系的轴线成一适当的角度,使得原子的总角动量变成等于
$k(h/2\pi)$. 至于较外轨道平面和较内体系轴线的相对取向之差对谱项的效应,就
应该事先预期这种效应对于和 $k=1$ 相对应的态为最大,但是,恰恰对于这些态,
观察到的谱项是单项,因此我们将不得不寻求使一种取向优先于其他取向而出
现的那些原因. 喏,这个问题的较深入的检查表明,正是较外轨道平面相对于较
内体系组态的更加对称的取向,就带来了当较外轨道最靠近核时对该轨道的效
应中的较大不规则性,因为,由于两个较内电子在平行于体系轴线的方向上的运
动同步性,当较外电子经过时它们可能碰巧全都位于电子运动所在平面的同一
侧,从而就在平面的取向和长轴的旋进方面造成不规则的干扰. 由于这一事实,
第三种情况中的对称性较差的取向就可能带来较内体系对较外电子轨道的作用
中的大得多的规则性,结果就造成和各电子的简单多周期运动的更大相似性. 这
一情况事实上可以提供一种有利于下述假设的论据,即在对应于 S 序列的各态
中,特别是在正常态中,较内体系和较外轨道的相对取向将使原子具有一个等于
$h/2\pi$ 的合角动量. 至于其他态的序列,不同取向的效应可以预期要小得多,而且
有可能对观察到的 P 序列中第一项的多重性提供一种诠释;这种诠释类似于索
末菲和朗德所提出的关于碱金属族中其他元素所特有的 P 序列和 D 序列谱项
的双重性的诠释,关于这种诠释我们以后还将再行讨论.

我们曾经进行了这种关于锂光谱的讨论,为的是考察第三个电子的束缚过
程,而且可以强调,所发展的论证不但和锂原子的构造问题有着直接的关系,而
且也可以用来对关于原子序数更高的原子构造的更复杂问题有所阐明. 至于锂
原子的问题,这些考虑的主要目的自然在于找出一种依据来诠释一种性质,那就
是和各电子被保持在氢原子及氦原子中的那种紧密性相比,锂原子对最后一个
电子的束缚的那种明显的松弛性,而这种松弛性适足以造成锂所特有的那种电
正性质. 我们已经看出,这样一种依据确实可以在最后被束缚的电子和前两个电
子之间的耦合本性中被找到;这种耦合带来了一个态的被排除,在那个态中,这
第三个电子在一个和氦原子及氢原子的正常态中的电子轨道相类似的轨道上运
动;结果,在锂的正常态中,最后一个束缚电子的轨道将对应于这些原子中某一
原子中的一个电子的中间束缚阶段. 现在,最后这一结果可以预期同样适用于电
荷较高的核对第三个电子的束缚过程. 事实上,对于较高的核电荷,对应的力学
考虑也成立,唯一的修订是:由于和较内体系的线度相比第三个电子在束缚过
程的对应阶段中的轨道线度较小,我们可以预期这一体系和第三个电子之间的
一种相互作用,它将在更高的程度上显示在锂的情况中讨论了的那些特点. 例
如,对于较大的核电荷 Ne,把较内体系的效应比拟为点电荷 $(N-2)e$ 的效应的
那种一级近似就已经给出和较内体系的线度密切重合的末态 $n=1$, $k=1$ 中的轨

道线度,而电子在和 $k=1$ 及大于 1 的 n 值相对应的态中则将达到离核的那样一些距离,它们几乎只是当第三个电子不出现时前两个电子的轨道半径的二分之一.

　　至于第 4、5、6 个电子被原子的束缚过程,我们很不幸地没有直接的光谱证据,因为迄今还没有观察过和分析过铍、硼或碳的任何光谱.但是,根据以上讨论的关于第 3 个电子的束缚情况的考虑,似乎能够得到关于这些电子的束缚情况的一种看法,而这种看法可以用于上述各元素所特有的化学性质和物理性质的诠释.当考虑第 4 个电子的束缚时,我们可以首先假设这种束缚是按下述方式分步进行的:在较早的阶段中,当轨道的线度远大于以前束缚的各电子的轨道线度时,第 4 个电子的轨道将和对应于电荷为 $(N-3)e$ 的核对电子的束缚的那些定态中的轨道相差很小.另一方面,在较晚的阶段中,我们不但可以预期第 4 个电子和第 3 个电子之间有一种复杂的相互作用,而且可以预期该电子和最初束缚的两个电子之间有一种复杂的相互作用.事实上,当考虑和电荷为 $(N-3)e$ 的核对电子束缚的正常态 $(n=1)$ 相对应的轨道线度时,我们就发现这一线度将比第 3 个电子的轨道线度小若干倍,从而电子沿着对应于 $(n=1)$ 的一个可能轨道的运动将只受到第 3 个电子的很小的影响,而是主要依赖于最初束缚的两个电子的较内组态.因此,根据和关于第 3 个电子的束缚情况的考虑相类似的考虑,我们可以直接排除那样一个态的存在,在该态中,第 4 个电子是按照和简单核对电子的束缚过程的末态相对应的方式而被束缚的;而且我们可以在正常态中寻求第 4 个电子的一个轨道,该轨道也像第 3 个电子的轨道一样对应于上述过程的一个中间阶段.其次,关于这样一个轨道我们看到,第 3 个电子的轨道偏心性——由于这一偏心性,该电子只在它的绕转周期的一个小部分中停留在头两个电子的轨道附近——提供了一种类型的组态的可能性,在这种组态中第 4 个电子在一级近似下可以说是独立于第 3 个电子而和较内体系相耦合的,其意义是,较内体系和第 4 个电子之间的主要相互作用是当第 3 个电子位于它的轨道较远部分时发生的,在那种地方,第 3 个电子对这一相互作用的影响在一级近似下可以忽略不计.特别说来,我们被引导着假设这样一个正常态中的组态,在那种组态中,第 3 个和第 4 个电子是在等价轨道上运动的,其中每一轨道都可以描述为变了形的有心轨道,其类型和第 4 个电子不存在时第 3 个电子的轨道相同*.

§4. 对 应 原 理

　　既然不具备直接处理作为定态间跃迁之基础的那种机制问题的手段,我们

---

　　*〔稿本不全.第二周期中的其余各元素在大约 25 页的铅笔手写稿中进行了讨论,这一部分稿子现在大都不能辨认.那里用到了"耦合"和"透入性轨道"的概念.〕

现在来看看怎样通过进一步分析针对多周期体系发展起来的那些量子论的关系式,来揭示原子的运动和引起光谱的跃迁的发生之间的某种发人深思的联系. 试考虑一个多周期体系,其定态由(6)中的三个条件式来确定. 于是,刚刚谈到的那种联系就在于这样一种情况: 能够把 n_1、n_2、n_3 各数的值分别为 n_1'、n_2'、n_3' 和 n_1''、n_2''、n_3'' 的两个态之间的跃迁的发生,和一个谐振动在体系运动中的出现对照起来,该谐振动的频率可以通过表示式 $(n_1'-n_1'')\omega_1+(n_2'-n_2'')\omega_2+(n_3'-n_3'')\omega_3$ 来用各基频 ω_1、ω_2、ω_3 表示出来. 如果我们考虑那样一些跃迁,这种独特的联系就会最清楚地显现出来;对于那些跃迁来说,两个定态中的运动,从而还有它们的各个基频值,都彼此相差较小;这个条件一般可以满足,如果我们考虑这样两个定态之间的跃迁: 量子数 n_1、n_2、n_3 中每一数的值都远大于该数在两个态中的值的差. 在这种情况下,我们按照(7)式就近似地有

$$E(n_1'n_2'n_3') - E'(n_1''n_2''n_3'') \sim \omega_1(\mathscr{I}_1'-\mathscr{I}_1'')$$
$$+ \omega_2(\mathscr{I}_2'-\mathscr{I}_2'') + \omega_3(\mathscr{I}_3'-\mathscr{I}_3'')$$

利用普遍频率关系式(1)和态关系式(6),就由此式得到渐近关系式如下:

$$\nu \sim (n_1'-n_1'')\omega_1 + (n_2'-n_2'')\omega_2 + (n_3'-n_3'')\omega_3$$

这是大量子数区域中的两种频率之间的一个密切的定量关系;一种是在定态之间各种跃迁中被发射的谱线的频率,另一种是体系的运动可以分解成的那些成分谐振动的频率. 但是必须记得,尽管有这种密切关系,到此为止却根本谈不到按照量子论和按照经典辐射概念的辐射过程的特点之间在量子数增大时的逐渐接近. 事实上,这里的考虑完全建筑在一个公设上: 辐射永远是作为单独的简谐波列而被发射的,从而在频率上和各个谐振动分量相重合的不同波列并不是同时被原子体系所发射,而是通过若干个独立的过程被发射的;通过这些过程体系经历不同定态组之间的跃迁. 正是通过这一情况,我们就在上述结果中被引导着觉察到不同类型跃迁的出现和原子运动的不同振动成分之间的一种普遍联系;这种联系初看起来在那样的定态区域中是并不出现的,该区域中的量子数较小,而且谱线的频率值和出现在原子运动中的频率值之间的直接关系是已经被排除了的,因为后一种频率在跃迁发生于其间的两个定态中可以相差颇大.

现在,有鉴于经典电动力学的内在一致性及其成功应用的广阔范围,很容易就会得到这样一种想法: 在大量子数区域中针对多周期体系揭示出来的光谱和运动之间的直接联系,不但在谱线频率方面是成立的,而且在这一区域中光谱将以更加密切的方式显示运动的性质. 于是我们就被引导着作出这样的结论: 在大量子数的区域中,多周期体系各定态间各种可能自发跃迁的几率以及所发射

的辐射的成分是和对应谐振动的特性适当联系着的,就是说联系得使光谱将按照和经典理论中的方式完全相同的方式来反映原子中的运动;按照经典理论,对于电矩可以分解成谐振动分量的那种体系来说,它所发射的辐射的不同成分线的强度和偏振是和沿不同空间方向的这些振动的振幅简单地联系着的. 其次我们又被这些考虑引导着作出这样的结论:这种扩充了的对应关系也可以追索到小量子数的区域中去,尽管在这里自然也像在频率的情况中一样,在各种跃迁几率和运动之间得出确切的直接定量联系的可能性是被排除了的,因为对应谐振动的振幅也像它们的频率一样在跃迁所涉及的两个定态中通常将是相差很大的. 事实上,我们被引导着考虑多周期体系的任意两个定态之间出现以运动中对应谐振动的出现为条件的那种跃迁的可能性,而且例如只在一种情况下预期和可以想象的一切跃迁相对应的谱线出现在光谱中;该种情况就是,原子体系的运动含有和关系式(6)中各个 n 的一切值组相对应的谐振动成分. 此外,关于和不同的跃迁相对应的辐射的偏振状态,我们一般将按照一件事实而预期一种椭圆偏振;其事实就是,在普遍情况中,多周期运动的各成分谐振动具有椭圆的特性并且具有依赖于各个 $\mathscr{I}$ 值的偏心率. 另一方面,在许多出现在自然界中的具有多周期特性的运动的那种原子体系中,各个成分谐振动将由于原子的某种对称性而在体系的一切运动中都属于线性的或圆的类型,从而在这样的情况中我们就可以预期在各种类型的跃迁中被发射的辐射将是线偏振的或圆偏振的. 正如我们在下一章中即将看到的,迄今利用多周期体系理论进行了处理的那些原子问题的分析,已经给上述观点提供了不受限制的和令人信服的支持;这种观点可以称为对应原理. 这里可以特别强调的是,这一原理的确立,已经给应用谱线组合原理时所涉及的那种表观难测性提供了一种直捷了当的诠释;那种难测性就在于这样一种情况:在根据组合原理的无限制应用所能预料的谱线中,只有很少的一些谱线是在实验中实际观察到了的. 也可以提到,在只含一个电子的那些原子的情况中,对应原理已经能够说明当原子受到外电力和外磁力的影响时由各谱线分解而成的那些成分线的强度和偏振.

至于含多个电子的原子构造问题,对应原理将进一步被证实为不但在诠释各元素光谱方面提供一种指导,而且特别在关于在原子中可以出现的定态间的各种可能类型的跃迁问题方面提供指导;关于那些跃迁,这些光谱是显示着见证的. 例如,所谓线系光谱的发射,必须假设为和一个体系对一个后加电子的束缚相伴随,该体系由一个核和若干个早先束缚了的电子所组成;而所谓特征伦琴谱则是在那样一个过程中被发射的,该过程可以描述为当一个成分电子被某种外在作用物取走时原子体系的正常态的重新组织.

虽然,正如在§1中所提到的那样,多电子原子中各粒子的可想象的运动的总集,比多周期体系的可能运动的总集要复杂得多,但是却将看到,根据和对应原理对多周期体系的应用相类似的一些考虑,是能够得到检查所考虑的那种原子内部过程的一种指导的. 这些考虑引导我们对一些定态的选择加以限制,那些定态是可以作为实际的原子形成过程和原子重新组织过程的结果而出现的. 我们即将看到,这就又导致一种原子构造图景,它在给各元素光谱的形式诠释提供一个基础的同时,将提供适于用以适应着包含在周期表中的那些结果来诠释各种特定性质的若干方面.

Ⅴ. 1. 章

152

原　理

永远没有属于原子的不同组或不同亚组而却具有相同的两个量子数 k 和 n 的轨道. 也许应该在第Ⅰ章和第Ⅱ章中在一定程度上提到. 也许在第Ⅴ章稍晚一些的地方,即在周期系的第三组以后,再来较详细地讨论各原理[*]

$$V_2 \qquad\qquad 2a$$

10 个〈电子〉的组态的线度. 应该根据适用于较外"圈线"的 $\mathscr{S}$ 值来计算. 如果我们设想这些电子是在具有 $(N-7)e$ 的场中运动的,〈而且〉令 $\mathscr{S}=1.7$,我们就大约得到 $1.9a_H$.

氖中对应于〈 $\mathscr{S}=$ 〉1.7 的椭圆轨道具有等于 $\sqrt{\dfrac{1.7^2 \times 1^2}{1.7^2}} = 1/1.7$ 的短轴对长轴的比值[**]. 对应于三倍电荷和 $\mathscr{S}=1.7$ 的一个椭圆轨道具有等于 $(9/1.7^2)W_H = 3.1W_H$ 的 W 值. 大约和 40 伏特的电离电势相对应的这个值,对于解释约为 20 伏特的氖电离电势并不意味着任何严重困难,如果我们考虑当一个较外电子被取走时其余 9 个电子的组态中的能量改变量的话. 例如,如果我们假设较外电子在其绕转的 $1/x$ 部分中是位于球内的,我们就得到,对于四个圆形轨道中每一轨道的屏蔽将在一级近似下减小一个 e/x. 如果我们设想各电子在里边运动的那个场约和 $6e$ 相对应,这就表示四个电子的能量改变量是 $(4 \times 6^2/3x) \times \dfrac{1}{4}W = 12W/x$. 如果 x 为 10,这已经将近是 16 伏特了. 如果我们暂时试图估计由于两个

---

[*]　[以上原系丹麦文.]
[**]　[这一句是由玻尔亲笔写成的.]

最内电子的束缚变化而造成的能量影响, 当假设一个较外电子在其绕转的 $1/y$ 部分中是位于两个最内〈电子〉的内部时, 我们就得到效应约为 $(2 \times 10^2/5y)W_{\mathrm{H}} = (40/y)W_{\mathrm{H}}$. 如果 y 为 100, 这就变成约 5 伏特*.

§5. 论周期表的一般诠释**

本章内容将是原子构造理论的概论, 这种理论可以很自然地诠释包含在周期表中的各元素的物理性质和化学性质随原子序数的变化. 在正式讨论这些问题之前, 我们将简略地叙述前面的考虑所依据的那些原理, 它们的趋势和基础将可以看出是已经由以上各章中的考虑所指明了的. 当在本章的其余部分对原子序数较高的元素进行讨论时, 我们将只考虑能够看成这些原理的例证的那些细节.

正如在前一章中所提到的, 我们可以预期, 在含有十个电子的原子的正常态中, 我们遇到在下述意义上是完满的一种组态, 就是说, 不但 $n=1$ 的较内轨道组, 而且 $n=2$ 的较外轨道组也不能通过和束缚第十一个电子的各个阶段相对应的一种过程来容纳更多的电子了. 事实上我们可以假设, 较外轨道组中包含着分别用 $k=1$ 和 $k=2$ 来表征的那些轨道的每一个亚组都是完满的, 其意义就是, 更多电子的纳入将和多周期体系定态之间的跃迁过程不显示任何相似性. 因此, 关于第十一个电子的组态, 我们可以寻求新型的轨道.

现在, 关于这个电子的束缚情况, 我们很幸运地在钠光谱中具有详细的证据, 这种光谱像锂光谱那样显示一种引人注目的简单性. 但是, 和锂光谱相反, 不但 S 序列中的各个谱项, 而且 P 序列中的那些谱项也和氢谱项相差颇大. 例如, 后一些谱项不但比锂谱项显示更大得多的双重性, 而且还显示对氢谱项的一些偏差, 它们在相反的方向上比锂谱项的偏差大得多. 另一方面, D 序列和 F 序列中的谱项却恰恰像锂谱项一样和氢光谱中的谱项很密切地重合. 我们现在即将看到, 所有这一切可以怎样依据关于被原子束缚了的前 10 个电子的图景来简单地加以诠释.

首先, 看看 S 序列中的谱项, 我们可以预期它们对应于那样一些定态, 在那些定态中较外电子在其绕转期间将透入早先束缚了的电子的组态区域之内. 事实上, 这一组态的线度可以根据一件事实来估计, 那就是, 各椭圆的较外圈线具有必将略小于 2(约为 1.8)的 $\mathscr{I}$ 值, 而且是在那样一个场中运动的; 当认为在四个圆形轨道和其他三个椭圆轨道上运动着的那些电子的推斥效应近似地为 $4e$

---

　　* ［此页原系丹麦文写成.］
　　** ［正如在《引言》第 4 节原第 18 页上所提到的, §5 和前面的几小段是根据手写稿转录的.］

(即 $11-2-4-1=4$)时,该场就给出一个约为 $1.6a_H$ 的半径,从而是远大于在对应于 $k=1$ 的轨道上绕单位电荷运行的一个电子的轨道参数的. 因此,我们在 S 序列中必须预期最后电子的一个轨道,它在电子的运动中深深透入较内电子的轨道区域中:确实,简单的考虑表明,正如早先束缚的沿椭圆轨道运行的那些电子一样,这个电子将到达小于最初束缚的两个电子的轨道的离核距离. 现在,正如在第Ⅱ章§4中所提到的,根据有关钠蒸气中的选择吸收的实验,我们必须得出原子的正常态对应于通常用 1.5S 来代表的那一谱项的结论. 喏,根据和上一章中用到的关于锂原子和氮原子的组态的那些论证完全类似的论证,我们必须舍弃对应于 $k=1$ 而其 n 应等于 1 或 2 的那些轨道,因此我们必须假设正常态是和 $k=1$, $n=3$ 相对应的. 至于所观察到的各谱项数值的更仔细的诠释,对于锐线系,这些数值可以近似地由 $T_H/1.6^2$, $T_H/2.6^2$, …… 给出,它们和电子轨道的较外开普勒圈线的一些 $\mathscr{I}$ 值相对应,对于给定的 n,这些值等于 $n-1.4$,其数量级正是根据关于对积分 $\mathscr{I}_1$ 的贡献的粗略估计所应预期的,该贡献和位于较内电子区域中的那一部分轨道相对应[*].

155

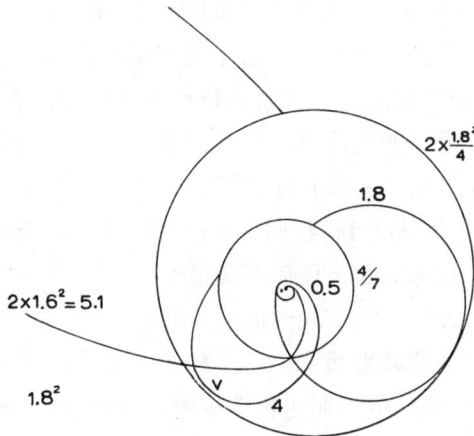

关于 P 序列各谱项的诠释,我们却遇到种类稍许不同的一个问题. 事实上,对于绕单位电荷运行的电子,对应于 $k=2$ 的轨道的参数是 $4a_H$;这一参数比以前束缚了的那 10 个轨道的区域大一倍以上. 因此可以预期,P 序列中的电子轨道将整个地位于较内电子的组态以外. 但是,这就会导致关于 P 谱项数值的诠释的一种严重困难;忽视了它们的双重性,这些数据是可以在很好的近似下由 $T_H/2.1^2$, $T_H/3.1^2$, …… 给出的,这就意味着,假如电子是留在外面的,它就会除了受到较内体系的总电荷的吸引以外还要受到一个颇大推斥力的作用,这个

---

[*]　[中译者按:这句话的英文原文在语法上有些不够完整,译文尽量保留其原状.]

推斥力和离核距离的立方成反比. 但是,正如在讨论锂光谱时的情况一样,我们必须假设这样的一个推斥力是根本不能考虑的,而我们倒是必须假设,由于较外电子的存在对较内轨道引起扰动,较内组态将对较外电子作用一个附加的吸引力. 事实上,这样一个吸引力似乎对于说明漫线系的各谱项也是必要的,这些谱项虽然和氢光谱的谱项很接近,但却肯定地大于氢谱项. 这就对应于较大的束缚强度. 例如,谱项 3D 约比 $T_H/3^2$ 大 1%. 另一方面,按照上述假设必须用来说明 D 谱项的那种推斥性的力场,却要求 D 谱项对氢谱项的反方向的偏差,这种偏差的量值对于谱项 3D 应该稍大于 6%. 虽然在现有的情况中也像我们在讨论锂光谱时所求出的类似估计那样,根据观察到的 D 序列谱项来对超额吸引力所作的估计,并不能提供充分的理由来得出下述结论:对应于 $k=2$, $n=2$ 的可能轨道,将被拉入以前束缚了的轨道区域之中,从而应该按照具有相同量子数的轨道组态的完满性而予以舍弃. 但是,由于较内组态比锂原子中两个较内电子的组态更加不对称得多,这种不对称性首先来源于描绘钠原子中各椭圆轨道时的周相差,而且由于描绘这些轨道的较外部分时的速度,以及由于和锂原子的情况形成明显的对照,各电子在轨道的较外部分上的速度将和一个电子在对应于 $n=2$ 的可能圆形轨道上的速度同数量级——由于这些情况,看来上述这种估计将很难说是结论性的,从而所考虑的这一种轨道仍然是应该予以舍弃的. (这一点对于钠光谱的诠释比对于原子的构造具有更大的重要性,因为后一方面的问题并不是关系到原子的正常态而只关系到通过第十一个电子的束缚而形成原子的较早阶段之一.) 确实,我们即将看到,我们在……中应用*,一般在正常态中并不会在各种电子轨道的特性方面留下任何不确定性.

如果现在我们假设——由于较内体系的电荷分布不够均匀而引起的较内轨道的扰动造成较内体系的超额吸引力——轨道 2、2 实际上是被排除了的,并假设对应于 $k=2$ 及 n 的整数值的那些轨道将透入较内电子的组态区域之中,那么我们就立即得到 P 序列谱项的一种可供参考的解释. 事实上,对于后一种轨道,较内的圈线将透入圆形轨道 $n=2$, $k=2$ 中而并不透入最内轨道 $n=1$, $k=1$ 的区域中……**,这种轨道的线度的估计就导致下述预期:圈线对积分 $\mathscr{I}_1$ 的贡献几乎等于 1,从而所讨论的轨道在较外圈线的 $\mathscr{I}$ 值方面将和用 $n-1$, 2 来表征的绕单位电荷的开普勒轨道相差很小,尽管它将像观察到的谱项所要求的那样具有较小的 W 值.

另一方面,谈到 D 序列和 F 序列的诠释,我们却必须正如由上述考虑可以

---

* [有两个单词看不清楚.]
** [稿中划掉了部分地难以辨认的五六个单词.]

看出的那样假设它们对应于 $k=3$ 或 $k=4$ 的轨道,这些轨道永远不会和核接近
到可以和较内体系的线度相比拟的那种距离.

到此为止,我们一直没有考虑观察到的众所周知的钠光谱中 P 序列谱项和
D 序列谱项的双重性. 这是和一个事实直接联系着的,那就是,我们在以上一直
没有考虑较外电子轨道相对于较内体系轴线的较详细的取向问题. 事实上,在第
2 章中已经提到,正如索末菲和朗德所指出的,我们必须预期这种双重化是和较
内电子的组态对纯球面对称性的背离相联系着的,这种背离在定态中导致较外
轨道相对于较内体系轴线的某些确定的取向,这些取向由这样一个条件来确定:
整个原子的角动量等于 $h/2\pi$ 的整数倍. 初看起来,按照这一观点,我们不但应该
预期 P 谱项和 D 谱项的多重性,而且应该预期 S 谱项的多重性,但是,根据我们
被引导到的关于较内电子的确切组态的考虑. 我们就看到在对应于不同的序列
的那些轨道之间存在一种本质的差异,使得只有 S 谱项的轨道一直透入于最内
轨道的组态区域之中,该区域就是原子的非对称的主要*处所. 因此,正如在锂
的情况中所提到的那样,我们在 S 轨道的情况中可以找到论据来排除轨道平面
垂直于体系轴线的那种轨道取向,从而我们就可以解释剩下来的只是原子的总
角动量等于 $h/2\pi$ 的取向这一事实. 关于对应于 P 序列和 D 序列的那些轨道,我
们可以假设取向效应应该到相对于第二组电子轨道的取向中去找,这一组中的
8 个电子是沿着对应于 $n=2$ 的轨道运动的,从而这种效应将只是间接地依赖于
第一电子组的不对称性,而这种不对称性就是通过这一组的轨道和第二组中的
椭圆轨道之间的密切相互作用而导致第二组的不对称性的终极原因.

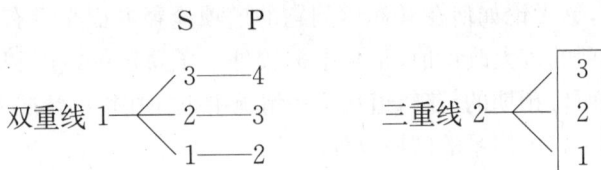

因此我们可以预期,我们在这儿没有任何理由来排除较外电子轨道相对于
较内组态的任何取向,如果该取向满足原子的总角动量等于 $h/2\pi$ 的整数倍这一
条件,而且它和较外一组 8 个电子的运动能够相容的话. 因此我们可以理解,P
序列和 D 序列的谱项是双重的**.

如果那样两个轨道中的能量是相同的,我们也将得到相同的结果;那两个轨道除
了绕转方向以外对于较内体系的轴线是同样取向的. 理解主线系中的双重线并没有

---

* [稿中"主要(primary)"误作"初步(preliminary)".]
** [稿中此处划掉了几行.]

任何困难. 只有关于漫线系中精细结构的诠释问题. 双重线随谱线编号的变化[*].

最内组的极点对称性. 第二组的轴对称性. 线系内各谱线双线间距的一般变化方式由一件事实来直接说明,即各轨道的较内圈线随着 n 的增大而成为轨道中越来越小的部分.(通过注意到双重线的成分线是分别用黎德伯公式来表示的,这一情况或许就能最简单地表示出来.)

根据以上关于钠光谱的讨论,看来就能够从原子对第十一个电子的束缚过程得到关于早先束缚了的十个电子的组态的进一步信息,并同时揭示出这一过程. 更多的关于 11 个电子的束缚过程的一种很直接的信息,可以从镁的火花光谱中得到. 因为这种光谱的主要面貌和钠光谱的主要面貌密切类似,这不但是通过 P 序列和 D 序列的谱项是双重的这一事实,而且首先是通过这样一个事实:当除以 4 时(对应于火花光谱中 4 倍黎德伯恒量的出现),各谱项显示和氢光谱各谱项的一种关系,其种类和钠谱项所显示的相同,而唯一的不同就在于偏差更大一些. 例如,S 线系的谱项很近似地由 $4T_H/1.8^2$,$4T_H/2.8^2$······给出,P 线系的谱项由 $4T_H/2.4^2$······给出,D 线系的谱项由 $4T_H/3.03^2$······给出. 这种情况可以通过考虑一个轨道的线度来简单地加以说明,该轨道是当核电荷为 $12e$ 时在头 10 个电子的组态外面转动的. 事实上,P 序列对氢谱项的较大偏差应该认为和由较内圈线的较大线度所引起的表观量子数对较外圈线的真实量子数 $n=3$ 的较小偏差有关. 对于和 P 序列相对应的态也有相似的情况;在这里,我们可以进一步注意到,位于较内组态外面的一个圆形轨道 $n=2$ 将十分显然地是不可能的,因为已经在一级近似下算出的这样一个轨道的半径将几乎不能超出第二组的区域以外,这无论如何在镁光谱问题的谱项诠释方面是没有留下什么疑问的. 最后,D 谱项的较大改正值,正是根据较外电子轨道的线度和较内体系线度相比的较小值所应预期的;该轨道在这一情况中正如在钠的情况中一样,必须被预期为整个位于较内体系的区域以外.

当我们进而考察第 12 个电子的束缚问题时,我们可以预期这将导致一个组态,在这种组态中第 11 个和第 12 个电子是在对应于 $n=3$, $k=1$ 的等价轨道上运动的;而且,正如硼原子中第 3 个和第 4 个电子的情况一样,我们可以预期中性镁原子中的各个轨道平面将和较内体系的轴线成相同的角度,而且它们相对于这一轴线的取向将使得原子的总角动量等于 $2h/2\pi$. 这也在一种很直接的方式下根据镁火花光谱的考虑得到了证实.

首先,S、P、D 序列的谱项是束缚得更加牢固得多的,这可以通过下述情况

------

[*] [这一简略段落是用丹麦文写成的.]

来说明：在 12 个电子的组态中，第 12 个电子是在由一些偏心率很大的圈线组成的有心轨道上而在其他电子的外面运动的，因此，对于不对应于大 k 值的轨道来说，较内体系的效应就将和单位电荷的效应相差颇大，即合吸引力要大得多. 其次，P 序列和 D 序列的谱项将不像在钠中那样是双重项而却是三重项. 这可以通过注意一个情况来加以解释，即和钠原子有所不同，镁原子中对应于这些序列的各轨道的较内圈线所在区域并不具有一种简单的非极性轴对称性，而是由于轨道平面和不变的原子轴线之间的夹角就将使体系显示一种鲜明的极性，因此我们可以预期，平面重合而绕转方向不同的轨道将在谱项中引起很大的差值.

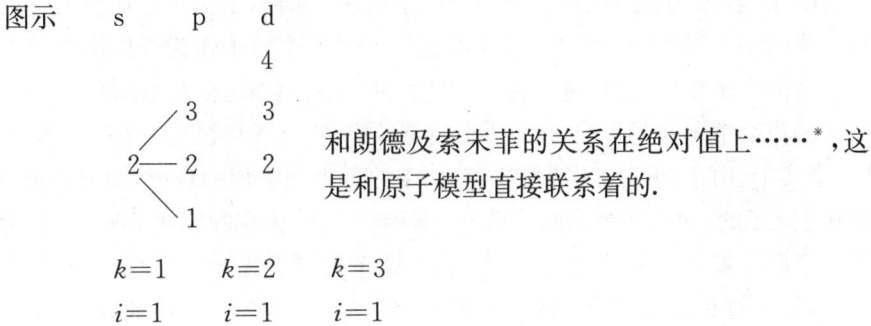

图示 s p d

和朗德及索末菲的关系在绝对值上⋯⋯*，这是和原子模型直接联系着的.

$$k=1 \qquad k=2 \qquad k=3$$
$$i=1 \qquad i=1 \qquad i=1$$

第 13 个电子的束缚情况

160

  关于第 13 个电子的束缚情况，我们必须假设这将造成一个组态，在该组态中原子含有一个较外电子组，由三个在对应于 $n=3, k=1$ 的轨道上转动着的等价电子组成. 这些轨道的取向可以按两种不同的方式进行，分别引起等于 $h/2\pi$ 或 $2h/2\pi$ 的原子总角动量. 这就可以对下述事实提供一种诠释，即铝光谱显示比钠光谱和镁光谱更加复杂的结构.

  （各双重线或许可以用一个假设来解释，即 P 态和 D 态中的较外轨道的某些取向是被排除了的，因为其平面垂直于体系轴线的那些组态可能相对于第 11 个和第 12 个电子的轨道采取过于特殊的位置. 这一论证的困难在于，在某种程度上，我们在钠中就已遇到相似的情况了. 但是，四面体对称性可能引起一种本质的不同.）

  （如果这种解释是可以允许的，则各个 P 谱项可能对应于 $h/2\pi$ 的 3，2，1 倍，从而人们可以认为双重系对应于 S 谱项，其角动量对应于 $h/2\pi$，从而我们应该预期另一种铝光谱，由和 $2h/2\pi$ 的 S 谱项相对应的三重线构成.）**

---

  * ［有一个单词看不清楚.］
  ** ［以上两个括号中原系丹麦文.］

第 14 个电子的束缚情况

关于第 14 个电子的束缚情况,我们必须进一步预期在对应于 $n=3^*$, $k=1$ 的轨道上运动的四个较外电子,将彼此之间并相对于较内体系的轴线具有一种和碳原子的四个较外电子的取向相对应的取向. 但是,我们必须预期束缚的某种较大的松弛性(试比较 Na 和 Li 的光谱),这种松弛性将能解释 Si 和 C 的电化学特点的不同(并请比较 Li、Be、B 和 Na、Mg、Al)**.

现在当进而考虑第 15 个电子的束缚问题时,我们可以预期这将造成一种新型轨道的出现,因为,正如在第 7 个电子的束缚中那样,由于早先那些电子的组态的鲜明的中心对称性,束缚过程并不能使再多一个电子作为等价伙伴而进入早先束缚的电子组中,这种进入将严重地扰乱这些组内的运动的和谐性. 和第七个电子的束缚情况有所不同,现在我们不能预期新电子将被束缚在一个圆形轨道上. 事实上,由于和适用于圆形轨道 $n=1$ 的理由相类似的理由,圆形轨道 $n=2$ 是被排除了的,而且一个椭圆轨道 $n=3$, $k=2$ 还将比在圆形轨道 $n=3$ 上运动着的一个电子被束缚得牢固得多. 事实上,四个椭圆轨道 $n=3$, $k=1^{***}$ 虽然稍大一些,但却将是和氮原子中四个轨道 $n=2$, $k=1^{****}$ 的组态同数量级的,尽管在后一情况中一个圆形轨道 $n=2$ 将落入各椭圆轨道的区域之内,磷的情况中的圆形轨道却将不是这样的. 事实上,简单估计表明,一个这样的轨道必将位于各椭圆轨道的区域之外,从而必将和一个定态相对应,在该定态中电子是在一个椭圆轨道 $n=3$, $k=2$ 上运动的;这一定态在一级近似下将对应于一个电子的束缚情况,该电子是在对应于 $n=2$ 的轨道上在和存在于头 10 个电子的组态外面的场相对应的场中运动着的. 因此,在原子的正常态中,我们可以预期第 15 个电子是在一个轨道 $n=3$, $k=2$ 上运动的;该轨道正如氮原子中的圆形轨道 $n=2$, $k=2$ 一样是整个地位于椭圆轨道组 $n=2$、$k=1$ 的区域之内的,而且,由于它透入对应于 $n=2$ 的各轨道上 8 个电子的区域之内,该轨道在其较外部分将具有远小于简单开普勒轨道 $n=3$, $k=2$ 的偏心率的一个偏心率.

———————

关于第 16、17、18 个电子的束缚,我们现在就遇到一些特点,和第 8、9、10 个电子的束缚特点密切类似,其不同之处在于,代替了正常态中的圆形轨道,我们必须假设这些电子应该是束缚在有心轨道 $n=3$, $k=2$ 上的. 于是,在 18 个电

———————

   * [稿中为 $n=1$,但显系偶误.]
  ** [最后一句和两个括号,原系丹麦文.]
 *** [稿中原作 $n=1$, $k=1$.]
**** [稿中原作 $n=1$, $k=1$.]

子的情况中,我们必须预期一个组态,其中的 8 个较外电子像氖原子中的 8 个较外电子那样具有一种显示高度的对称性及和谐性的组态;这一组态包括两个组,在其中每一组中,各电子的轨道是按一种显示四面体对称性的方式取向的,而且这些轨道是按一种对称的方向相对于原子的轴线而取向的,该轴线和最初两个电子的组态的轴线相重合.

(磷、硫和氯的电负特性. 和氮、氧、氟相比较,较弱的电负性对应于整个组的较弱束缚. 除了离子的磁性以外,关于原子的磁性毫无所知. 比较 Ne 和 A. 后者的原子体积较大.)*

162

第 19 个电子的束缚. 新型轨道. 从 K 光谱得到的信息表明,正常态必将对应于 $n=4$, $k=1$,而且 P 序列的第一谱项对应于 $n=4$, $k=2$,而第一个 D 谱项则或许对应于 $n=4$, $k=3$. 但是,从一种直接考虑来看,后一情况并不肯定,因为情况仍然不如在钠中那样有利.(但是,这是不对的. K、Rb 和 Cs 的 D 谱项的增大是和出现在 S 谱项及 P 谱项中的情况相反的. 这就表明,$n=3$, $k=3$ 的轨道仍然位于较内组态的外(?)面. 必须考察 D 谱项是否形成一个好的黎德伯线系,或者第一谱项是否不出现.)

因此我们必须假设,在正常态中,第 19 个电子是束缚在一个 $n=4$, $k=1$ 的轨道上的. 和钠原子的相比,钾原子的较小的 S 谱项值以及较大的电正特性,当考虑到下述情况时都是容易理解的,那就是,较内体系的线度和较外轨道的线度相比,在钾中要比在钠中更大一些,该较外轨道是作为绕单位电荷的核的开普勒椭圆并针对给定的表观量子数来计算的.

对于钙也有某些颇为相似的情况;对于钙来说,光谱和化学性质方面的情况都是类似的,只是电正性更大一些,而且谱项更小一些,不论在电弧光谱中还是在火花光谱中都是这样. 于是,在中性钙原子的正常态中,我们必须预期第 19 个和第 20 个电子是束缚在量子数为 $n=4$, $k=1$ 的等价轨道上的. 但是,如果我们在周期系中接着看下去,我们很快就会遇到改变了的情况;这表现为,各元素和对应于低八个单位的原子序数的那些元素越来越不相同,直到最后在铁族中我们得到的不是一种惰性气体而是若干种强电正性的元素. 但是,由于不管氖原子和氩原子多么相似,它们中的较外组的组态却很不相同,因此上述这种情况正是我们应该预料的. 氖的结构使我们预期它将在一切比氖的原子序数更高的原子中重复出现,而氩的情况却不是这样,因为这一原子并不是同样完满的. 事实上,随着核电荷的增加,我们就会达到一个地方,在那儿,$n=3$, $k=3$ 的轨道将能位于束缚在 3 量子轨道上的 8 电子组的内部,而且所考虑的这个电子将比在一个

---

* [这一段和以下九页手写稿,原系丹麦文.]

163　　$n=4$，$k=1$ 的有心轨道上运动的电子束缚得更紧，该轨道只部分地进入上述电子组中. 当我们已经达到这一点时，第 19 个电子就将不是束缚在一个 $n=4$，$k=1$ 的轨道上而是束缚在一个 $n=3$，$k=3$ 的轨道上；因为，和以前被束缚的电子的轨道在类别上有所不同的这样一个轨道，并不能利用我们从前用过的那种论证来予以排除；那种论证是用来解释在某些情况中一个附加电子再束缚在和以前各束缚电子轨道用相同量子数来表征的那些轨道上的那种不可能的. 如果出现了这一情况，而且原子序数够大，则当后来的电子被束缚时 3 量子轨道组将继续增大. 现在，不去彻底地计算各个可能的轨道，就很难详细预言这一转变过程的个体步骤；电子组将经历这种过程，直到它达到了那样高的对称性及谐和性，以致 3 量子轨道上的进一步束缚不再依赖于束缚强度，而是必须通过建筑在对应原理上的考虑而予以排除. 但是，看来能够通过简单的论证来得到关于转变过程的一般进程及其结果的相当确切的结论.

　　　　首先很清楚的是，头几个电子在 $n=3$ 的圆形轨道上的束缚，并不会增大而是会减小已经存在的 3 量子轨道组的对称性，因为它将引入极性. 但是，从一开始就指出这和以前考虑的趋势并无矛盾或许是有用的. 根据对应原理，每当所讨论的个体电子组的对称性受到重大的扰乱时，和以前束缚的电子具有相同量子数 n 及 k 的电子的进一步束缚就必须被排除，但是，对于原子把电子束缚在具有新量子数的轨道上的情况，任何这种论证却都不能应用，即使这些轨道可能对以前各组发生很大的扰乱；因为，我们必须假设只有一个电子是和在某一跃迁中发射的辐射有效地关联着的，从而我们根据对应关系的考虑就必须基本上限于考虑所讨论的电子在束缚过程中的固有运动. 现在，如果在圆形轨道的继续束缚中不出别的事，所讨论的亚组的对称性就将继续增大，直到第四个电子被束缚在圆形轨道上而我们可以很好地假设得到一个用四面体对称性来表征的组态时为止. 但是，完全不能肯定会是这种情况，也不能肯定这样一种四面体组态将在这一已经有了 8 电子组态的原子区域中发育起来，这种组态正如碳和硅中的四电子组态一样是不会直接为再多的电子留下空位的.

　　　　因此我们必须对下述情况有所准备：这样一个四面体组态完全没有发育起
164　来，而是当圆形轨道出现时早先的 3 量子轨道的组态就受到那么大程度的扰乱，以致它在量子数为 3，1 和 3，2[*] 的新电子的纳入问题上并不表现为完满组态，而却将通过电子在这种轨道上的进一步束缚而得到完满. 即使如上所述电子组转变的个体步骤在目前还是很难确定的，也还是能够给出很强的先验论证来理解这一事实：3 量子轨道的最终组态将不是包含分配在每组 4 个的三个四面体

────────────

　　[*] ［这就是 $n=3$，$k=1$ 和 $n=3$，$k=2$. 这样的符号在以后还要应用.］

亚组中的 12 个电子,而却是包含 18 个电子;我们即将看到,为了解释周期系中包含 18 种元素的一个周期,这一点是必要的;该周期位于以上我们所讨论的各含 8 种元素的前两个周期之后. 事实上,可以证明,尽管几乎不可能得到对组的完满来说充分和谐的包含 12 个电子的组态,包含 18 个电子的一种具有高度的对称性及和谐性的简单组态却是很容易想到的.

事实上,我们将得到这样一种组态,如果我们假设:该组含有六个 3,1 轨道,六个 3,2 轨道和六个 3,3 轨道,而且每一个亚组在轨道的对称性方面被建造得能使各轨道平面的法线成对地和较内体系的轴线位于同一平面内,而且在此平面内和轴线的一条法线有相等的夹角,此外,轨道的法线是分布在三个平面上的,这些平面彼此成相等的夹角,如所附简单极射赤面投影图所示,而且最后,三个亚组还要像下面第二个投影图所示的那样相对排列. 这一组态不但以颇大的对称性为其特征,而且它的性质还使我们能够假设它可以通过出现在氩原子中含八个 3 量子轨道的轨道组的逐步完满来形成;我们可以预期,在只束缚了 18 个电子的原子电荷较高的任何原子的形成中,这一轨道组都将作为一个阶段而出现. 事实上,正如当讨论碳原子的构造时曾经更详尽地提到过的,各个亚组和四面体组态的不同之处就在于,组中各轨道的法线成对地位于一些包含着轴线的等价平面上,而四面体组态中各轨道的法线则是那样分布在包含着轴线的一些平面上,使得它们交替地和轴线成锐角或钝角.

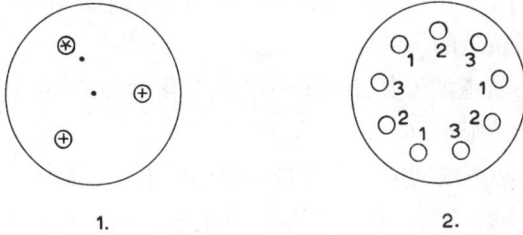

1.   2.

正如我们在讨论氖原子或氩原子中 8 个较外电子的组态时所看到的,我们现在必须假设,在其次 4 个电子的束缚中,这些电子必然或是在圆形轨道 2,2 上运动,或是在椭圆轨道 3,2 上运动,而且,为了避免平面的重合,我们必须假设,正如早先束缚的对应于 $k=1$ 的轨道一样,这些轨道将不再在纯四面体的组态中运动而是在可以看成变了形的四面体的一些组态中运动,其形变表现为,包含着和轴线成锐角的轨道法线的平面将相对于包含着和它成钝角的轨道法线的平面而转过去一些. 但是,只要这些组态各含有 4 个电子,这种转动就不能大得造成法线平面的成对重合,因为,正如可以立即看到的,这会导致轨道平面的重合. 但是,一旦有更多的电子被束缚到各亚组中而使得每一亚组包含 6 个电子,情况就会不同了,因为这时所讨论的法线平面的这种重合是可能的,而各平面平分彼此间的夹角的那样一种分布,却和前 4 个电子的四面体组态的情况相反……*. 而且我们看到,如果亚组含有 6 个电子并有适当的组态,我们就恰恰能够安排三个这样的亚组而不使它们互相干扰,而却不能安排两个或四个亚组而不引起轨道平面的重合. 当进而讨论必须预期即将出现在高原子序数的原子内部的更大的 4 量子轨道组时,我们将回头讨论上述情况的重要意义.

　　在这些考虑以后,我们将进而简略地说明 3 量子轨道上 18 个电子的这样一个组的形成看来怎样就能提供一个基础,来详细诠释周期系中第四组元素的特征性质.

A. 事 实 综 述

166　　钾和钙已经讨论过了. 钪、钒和钛有问题. 铬和锰在它们的电化学性质和离子磁性方面是与硫和磷肯定不同的. 铁族元素的全新的电化学性质和磁性质. 铜和锌向碱金属及碱土元素的逐渐趋近. 在此以后,和前一组 8 种元素中最后一种元素的密切关系.

B. 诠 　 释

　　1) 根据简单计算,恰恰是在原子序数为 21,22 或 23 的原子中,可以预期开始出现圆形 3 量子轨道的可能性.

　　2) 3 量子圆形轨道的开始出现……** 在电化学性质方面,因为这些轨道和轨道 4,1 的束缚相差很小.(也许不对.)

　　3) 在开始时,必须预期束缚在 3 量子组中的电子数随原子序数的增大而一个个地增大,因为必须预期一个电子在较内组中的纳入将显著减小后继电子的束缚强度.

　　[接着是由玻尔亲笔写的大约四分之三页的大部分难以辨认的笔记和粗略的草图. 以后的稿本基本上都是用英文写的.]

　　关于这样 18 个电子一组的形成,不但详细说明它的构造是困难的,而且,没有繁复的计算也很难事先推测我们可以在什么原子序数处预期它的构造将成为完满而使任何后来的电子都将束缚在 4 量子轨道上. 但是,根据简单的估计我们

---

　　*　[这一句没有写完.]
　　**　[一两个单词无法辨认.]

却可以预期,在原子序数 22 附近,第 19 个电子不论是在轨道 4,1 上还是在轨道 3,3 上运动都将是以接近相同的牢固程度被束缚的.事实上,在核电荷为 22 时,最初束缚的 18 个电子的组态区域将具有一个直径,它近似地和用 $2a_H$ 来表示的氢原子中的电子[轨道]的直径相同.再者,束缚在轨道 4,1 上的一个电子将是以将近 3 倍于 W_H 的能量而被束缚的,而这个能量又将被预期为和另一个电子的能量近似相同,该电子是在圆形轨道 3,3 上而在椭圆轨道 3,1 和 3,2 的组态的外围运动着的.其次我们可以预期,当我们初次达到一个核电荷使得在一个轨道 3,3 上运动着的电子正好可以被纳入 3 量子轨道的组态中时,对于再高一个单位的核电荷来说,所讨论的组态就不但将含有一个在轨道 3,3 上运动着的电子,而且至少有第二个电子将被包含在这个组态中.事实上,根据关于原子内部的力的简单估计,我们必须得出这样的结论:例如对于核电荷 N 来说,第 N 个电子在这一组态中的纳入将比第 $N-1$ 个电子在核电荷为 $N-1$ 的原子中的纳入更容易些,于是就出现一个事实:3 量子轨道组越接近完满,纳入新电子以形成特别对称的组态的趋势就越大.事实上,这一效应恰好可以被预期为和原子中第一个 8 电子组的完满趋势相类似,那种趋势引起周期表中具有电负价的元素的出现;唯一的区别在于,在后一情况中问题涉及具有总负电荷的体系的形成,而在前一情况中我们遇到的却是具有总正电荷的组态的形成,这一区别是由于圆形 3 量子轨道比在同一场中运动着的 2 量子轨道具有较大的线度而引起的.由于所考虑的在 3 量子轨道中纳入电子的渐增的相对趋势,我们可以预期这一组将在一个原子序数处达到完满,该原子序数和 18 电子组的转变开始处的那原子序数有一个差数,这个差数小于所纳入的电子数〈或者说〉等于〈3 量子组中〉所纳入的〈附加〉电子数.换句话说我们可以预期,和 8 电子到 18 电子组的转变得以完成的第一种元素的中性原子相比,8 电子组仍然原封不动地存在于其中的最后一种元素的中性原子将含有较多的在 4 量子轨道上绕着……* 组运动的电子.

现在,所有这一切都和周期表上第四周期中各元素的性质随原子序数而变化的那种方式密切地而又发人深思地互相对应.正如我们已经看到的,这一周期中的头几种元素(K,Ca)具有和以前各 8 元素周期中那些元素的性质密切类似的性质,从而可以预期它们的中性原子具有这样的组态:两个较内电子在 1 量子轨道上运动,8 个电子在 2 量子轨道上运动,8 个电子在 3 量子轨道上运动,它们形成一个组态,而少数的电子,即价电子,则在 4 量子轨道上绕着这个组态运动.现在,随着原子序数的增大,所考虑的周期内的各元素的性质就和以前各周

---

* [一个单词难以辨认.中译者按:这个单词或是 inner,即"较内的".]

168 期中对应元素的性质相差越来越大;这是由于,和决定以前各周期中那些元素原子的"较内"体系线度的 1 量子和 2 量子轨道的组态线度相比,3 量子轨道组态的线度相对增大了. 但是,当在这一组元素中继续看过去时,这种差别就变得如此巨大,以致必须认为它起源于和一个电子在沿圆周轨道 3,3 而运动的组中的纳入相对应的 3 量子轨道组态的一种内在转变. 我们遇到的不是像前一组后半部分的元素那样的具有确定的电负性的元素,而却是那样一系列元素,它们倒不如说是电正性的,而且它们的(?)性质按照化学价的术语诠释起来可以说显示很复杂的特点,而所谓铁族元素就可以当作这些元素中的典型标本. 按照上面给出的关于这些元素的出现的诠释,价性质的这种复杂性恰恰是可以预料的. 事实上,这种诠释是建筑在下述假设上的: 完成 3 量子轨道组的各个阶段,可以说是通过 3 量子轨道和 4 量子轨道在附加电子被原子束缚的牢固性方面的平衡的逐渐推移来进行的. 但是,通过这种平衡,按照以前各周期内各电正元素族中那样的简单意义来明确区分哪些电子可以称为价电子就不可能了;在以前那些元素中,例如在一价元素 Li 和 Na 中,取走最后束缚的电子所需的能量要比取走倒数第二个束缚电子所需的能量小若干倍. 其次,由于同一平衡,不但根据元素的性质来确定这一电子组开始完成和结束完成处的确切原子序数是困难的. 而且甚至求得这些点的严格定义也是困难的. 例如,如果我们考虑原子序数为 29 而且紧接在铁族元素后面的铜,那么很自然地就会假设,在中性原子中,所考虑的这个电子组是完满了的,从而原子的构造就可以表示为 $29(2_1 8_2 18_3 1_4)^*$. 事实上,这将为下述情况提供一种直截了当的诠释,即铜和前面的元素不同,它可以和电负元素化合而显示为一价的,而且在溶液中可以形成一价的离子. 另一方面,铜通常在化合中显示为一种二价电正元素这一情况却成为下述事实的见证: 即使这一〈18 电子〉组可以在中性原子和带单一电荷的正离子中成为完满的,它却并

169 不是以能够和 Na 原子及 K 原子的较内电子组中的力相比的力保持着它的电子的. 当继续向更高的原子序数前进时,我们在 $Zn(N=30)$ 那儿就已经遇到一种具有鲜明的二价性质的元素,这证明了前 28 个电子和最后两个电子相比的肯定较大的束缚强度. 继续进行下去,当我们把原子序数为 $28+a$ 的元素和原子序数为 $10+a$ 的元素进行比较时,各元素的性质就越来越和周期表上第三周期中那些元素的性质相似了. 事实上,我们遇到一些电正元素,随后是一些具有肯定的电负特性的元素;这些元素的最后一种是溴,它在很大程度上和氯相近;溴的后面是氪$(N=36)$,它和氩$(N=18)$一样属于惰性气体族. 在接近第四周期末尾处的这种第三周期元素和第四周期元素之间越来越大的相似性,不但是由于一个

---

* [这个括号表示: 两个 1 量子电子,八个 2 量子电子,十八个 3 量子电子和一个 4 量子电子.]

包含 18 个电子的完满附加组在原子中的出现,而且可以通过一种估计来更仔细地加以说明,那就是针对渐增的〈原子序数〉来估计这个组的区域线度以及各电子在较外的 4 量子轨道组中受到束缚的那种牢固性. 事实上,尽管对于原子序数 30(Zn)来说 18 电子组的线度可以被预期为……*

(锌中 18 电子组和 Mg 中 8 电子组的线度的比较. Zn 中和 Mg 中较外电子的束缚情况的比较,部分地是理论比较而部分地是根据光谱. 氪和氪的线度的比较.)

氪的构造 $36(2_1 8_2 18_3 8_4)$. 和 Ne 及 A 中的较外组相对比的较外 8 电子组的描述.

在我们进而讨论周期表中的其次一个周期以前,可以指出,关于对第四周期中各元素性质的一般化学特点,可以怎样从这些元素的磁性质得到一种有利于所作诠释的最为发人深思的证据. 前面提到,我们在周期表的第二周期中就已经遇到一些元素,它们在某些情况下可以显示顺磁性,而且关于它们的实验证据是很难诠释的;这是由于下述事实:所讨论的各元素的磁性质在不同的条件下是不同的,特别是在该元素作为中性原子或作为离子而出现的那些化合物中是很不相同的,正如由电子组态在这些情况中的特点的不同也可以很自然地预期的那样. 由于我们关于所谓的同极化合物所知甚少,不涉及离子特性的那种证据在目前状况下是很难诠释的.

至于以前各周期中的元素,它们不论是在电正的还是在电负的离子状态下都并不显示顺磁性质,而这也是根据刚刚出现在离子构造中的电子组的显著非极性对称性所应该预料的(但是,参阅关于 He 的讨论)**. 现在,第四周期中的一些元素在其磁性质方面是与众不同的,就是说它们在离子状态下显示肯定的顺磁性. 现在,如果这些元素正如我们曾经被引导着假设的那样包含一个具有非完满、非对称特点的较内组,则上述情况正是应该预期的,而事实上有关磁性的实验资料也恰恰在这一组的完成步骤方面提供了最能说明问题的证据. 正如考塞耳已经指出的,如果针对不同的元素来比较含有相同总电子数的离子的磁性,初看起来显得很复杂的实验资料——每一元素在不同价的化合物中具有不同的原子磁性——就会显示一种引人注目的简单性. 例如,如果把 Mn($N=25$)在二价化合物中的磁性和铁($N=26$)在三价化合物中的磁性以及 Cr($N=24$)在一价状态下的磁性互相比较……***如果用这种办法进行比较,那么就会发现,除了可能

170

---

  * ［此句未完,随后的一个括号以及其次一段中的两个(未完成的)句子原系丹麦文.］
  ** ［这个括号原系丹麦文.］
  *** ［这个未完成的句子是玻尔亲笔加入的. 它只是部分地可辨认的.］

由于实验误差而造成的单独一个特例以外,不同元素中总电子数相同的离子就具有相同的磁矩,而且这个磁矩是按照特别简单的方式随这一总电子数而变化的,即增加到一个极大值然后连续地减小到零.关于第一种结果,考塞耳指出可以通过一条假设来解释,那就是总电子数相同的原子体系具有类似的构造*.

现在,按照这里的考虑,我们发现这一诠释实际上可以推行到某一地步.首先,在离子磁性的考塞耳编排†中,所处理的是由原子序数介于 24 和 30 之间的元素得来的介于 21 和 28 之间的总电子数.现在,第一,这些元素位于一个区域中,而我们发现必须预期 3 量子轨道组的转变是在这个区域中开始的,因此我们必须预期在所考虑的那些离子中遇到和这一转变的各个阶段相对应的一些组态,它们对于包含相同总电子数的离子是类似的.其次,如图所示,磁性恰恰在含有 28 个电子的离子处消失,也就是在我们将预期所考虑的电子组成为完满并具有对称的非极性特点的那个地方消失.可惜的是,实验数据不允许我们把电子数追溯到磁性最初开始出现的那个离子处.但是,根据现有的图示却能够得到有力地支持详细追踪转变过程的一些迹象.事实上,磁性的极大值对应于一个电子数 23(对应于二价 Fe 离子),这个数目恰好位于 28 和 18 二数的中间,而 18 这个数应该对应于一种离子构造 $N(2_1 8_2 8_3)$,它应该像氩原子或 K 和 Ca 的离子那样不显示任何顺磁性.因此,可以看到极大值对应于过程中的一个状态,那时可以预期非对称性具有特别显著的特点.

周期表上的第五周期

关于这一周期中各元素的化学性质的诠释,以及这些元素的原子的组态,其典型特色基本上是和第四周期的那些特色相同的;或者不如说,所讨论的各个组态和讨论第四周期时所涉及的那些组态之间的关系,是和讨论第二周期及第三周期中的元素时所涉及的那些考虑之间的关系十分类似的.例如,对于所考虑的这一组中的第一种元素即铷(N=37),我们将预期一种由 $37(2_1 8_2 18_3 8_4 1_5)$ 给出的组态,而对于最后一种元素即氙,则是 $54(2_1 8_2 18_3 18_4 8_5)$;因此,这一周期的特色和前一周期的特色之间的唯一本质差别就在于,在 18 电子组的形成中,我们所要处理的不是 3 量子轨道而是 4 量子轨道(即 $n=4$),正如我们在第三周期中所要处理的是八个 3 量子轨道而不是第二周期中那种八个 2 量子轨道的组态的形成一样.但是,就所考虑的元素来说,这并不引起任何本质的差异.事实上,Xe

---

* 〔此处划掉了十三行.〕
† 〔此词原系丹麦文(Sammenstilling).〕

中第二个 18 电子组是通过椭圆轨道 4,3 的纳入而不是通过前一周期中圆形轨道 3,3 的纳入来形成的,正如氩中的第二个 8 电子组是通过椭圆轨道〈3,1 和〉3,2 的纳入而不是通过圆形轨道 2,2 的纳入来形成的那样. 正如在后一情况中一样,轨道 3,3 具有那么大的线度,以致在原子正常态的考虑中不会用到它们,因此,只要谈的是第三元素周期,这些轨道在关于该电子组的对称性和电子数的考虑中就不起任何作用. 关于第五周期中的元素我们得到,轨道 4,4 是不必加以考虑的. 同时,正如轨道 3,3 的出现可以说在第三周期中的元素方面是被推迟了,而且这种轨道的出现在第四周期元素性质的诠释中事实上起了主导作用一样,我们也应该对下述情况有所准备:通过增大原子序数,我们将达到那样一点,在那里,在第四周期和第五周期中达到相继的完成阶段的 4 量子轨道组将通过轨道 4,4 的纳入而经历最后的转变. 现在,几乎没有疑问的是,正是在这种转变中我们看到归入周期表第六周期中的稀土族的出现. 172

正如我们在第四周期中的 18 电子组的形成中所看到的,我们将预期第二个 18 电子组的转变将从那样一点开始,在那儿,在轨道 4,4 上运动着的电子的束缚将大于在对应于 $n=5$ 的轨道上运动着的电子的束缚. 喏,正如讨论关于第四周期中 18 电子组的形成的那个类似问题时一样,不经过繁复的计算是很难事先预言这将准确地出现在什么地方的. 但是,看来仍然能够根据估计来近似地说明本周期中的那样一点,在那一点上必须要求转变开始,以便说明各元素化学性质随递增原子序数的变化. 事实上,对于原子序数 58 来说,在组态 $58(2_1 8_2 18_3 18_4)$ 之后被束缚的最初几个 5 量子轨道,可以在很好的近似下描述成在"有效"核电荷约为 $12e$ 的场中运动着的"表观"3 量子轨道,而在上述组态的外围沿着圆形轨道运动的一个电子将受到一个约为 $16[12^2/9=16=16^2/16]$ 的核电荷的约束. (进一步的数值考察.)*

其次,关于 $n=4$ 的完满轨道组的构造,我们可以应用和在讨论完满 3 量子轨道组的形成及构造时所用的考虑相似的考虑. 例如,轨道 3,3 的纳入将造成对以前八个一组 3 量子轨道的和谐性的扰乱,并且不但导致整个组的完满而且导致后一组态中各个 4 电子亚组的完满,与此相同,我们也可以预期轨道 4,4 的纳入将导致 18 电子组的各个亚组的转变. 再者(?),关于最后的结果正如诠释周期表中第六周期的结构所要求的那样是一个 32 电子组的形成这一事实,也可以给出一些论证,其性质和讨论第四周期中的元素时关于 18 电子组的形成所给出的那些论证相似. 例如,正如我们在上述讨论中已经看到的,并不能得到由四个 6 电子亚组构成的那样一个组,使它在和谐性方面显示和由三个 6 电子亚组构成 173

---

* ［括号中原系丹麦文.］

的组相似的特色. 此外, 正是那里所用的论证就将引导我们预期, 4 量子轨道组的各亚组将包含一个除以 2 后为偶数的数, 而这就使得 32 个电子的组态自行显现出来. (每一个亚组可能在法线方向方面具有和氖中的 8 电子组相同的结构, 但是却扭转一个角度, 在扭转方式上和氖中的四面体亚组相似.)

————————————

看来可以作出某种阐明的其次一点, 就是第四周期中和第六周期中各元素的化学性质随原子序数的变化之间的显著不同, 可以认为它们的原子包含着 3 量子轨道组态和 4 量子轨道组态的最后完成阶段. 这种不同表现为, 后一周期中的对应元素之间的差别比前一周期中各元素的差别显著地较小. 但是, 这一情况可以在下述事实中得到自然的解释, 那就是, 由于 4 量子组中的电子数较大, 也由于当在电子被纳入该组的趋势和被束缚在较高量子数轨道上的趋势之间出现平衡时原子的合改变量较大, 因此当从一种元素过渡到其次一种元素时, 合电荷的改变比起……* 的效应来……各组内部构造的……* 通过这一纳入, 在 4 量子组的形成中比在 3 量子组的形成中将起较大的作用. 因此, 对于第一组来说我们可以预期, 在相继元素的原子的正常态中一般将看到包含着高一个单位的电子数的 4 量子轨道组态, 其后果就是, 这样一些元素将具有束缚强度近似相同的同数目的较外电子, 从而就将具有接近相同的化学性质. 但是, 正如更仔细的检查所证明的, 所考虑各元素的价的递减在这一周期中也确实是出现的, 这种递减对应于在其最后各阶段中结束其完成过程的那种趋势, 该趋势在第四周期中的各元素那儿是如此明显的**. (此点有待进一步检查.)

但是, 各种稀土元素之间唯一的重大区别应该被期望出现在它们的磁性质方面, 而实际上正是如此.

174　　　解释稀土元素如何根本不会减小周期系的简单性, 而只作为一个阶段出现在其构造和前一周期完全相同的一个周期中, 铯和氡的构造: 55 $(2_1 8_2 18_3 18_4 8_5 1_6)$, 86 $(2_1 8_2 18_3 32_4 18_5 8_6)$.

————————————

* [玻尔的改笔大部分无法辨认.]
** [此句的一部分、括号中的文字以及后面的两小段原系丹麦文.]

Ⅵ. 原 子 结 构

(Nature **108** (1921) 208)*

原 子 结 构

联系到我在致去年 3 月 24 日一期《自然》的信中所讨论的原子构造问题,我愿意增加几点关于表征原子中各电子轨道的方式的补充说明.

按照这一关于原子构造的观点,原子中的电子是按照下述方式分了组的:同一个组中每一个电子的轨道都用相同的总量子数来表征.但是,既然对于总量子数大于 1 的轨道来说存在几种类型的具有相同总量子数的轨道,每一组中的电子一般就并不是起着等价的作用,而是分成对应于可能轨道的不同类型的几个亚组.喏,作为这一图景的一个特色的就是,原子并不能说是由在截然分开的一些原子区域中运动着的若干个明确定义的球形电子壳层所组成.事实上,虽然给定组中的各电子主要是在原子的同一个壳层状的区域中运动的,但是,至少某些亚组中的电子却将在它们的绕转过程中透入较内电子组的轨道区域之内.这就引起不同组之间的一种耦合,这种耦合是原子稳定性的诠释的一个本质特色.结果,一个电子的轨道就可以从不同的观点来加以考虑,就看人们注意的是什么而定,即取决于所注意的是(1)位于较内电子组区域以外并和一个几乎闭合的开普勒椭圆接近重合的那一较大的轨道部分呢,还是(2)整个轨道的力学性质;该整个轨道被认为是由一些圈线组成一种有心轨道,而这些圈线只在它们较外部分才近似地具有开普勒特点.

喏,在我的上一封信所描述的分类中,各个轨道是用第一种而且是更加表面化的观点来加以看待的.表征不同组中电子的轨道的量子数和一些开普勒椭圆相对应,它们和所考虑的电子轨道的较外部分近似地重合.从那以后,通过详细分析位于较内电子组区域中的那些轨道圈线部分,已经能够从第二种而且是更加根本性的一种观点来对轨道进行分类了,这种分类导致了一种简单而不含糊的结果.事实上,我们被引导到这样一种分类法:当我们从核向外看去时,表征某一轨道组的量子数永远比表征前一组的大一个单位.对于原子中核吸引力起主要作用的那种较内区域中的组来说,这种新的严密分类法和我上一封信中的旧分类法相重合.但是,对于组内各电子轨道主要位于原子中核吸引力大部分被较内组中各电子的推斥力所补偿的那种较外区域中的组来说,这种分类法就和旧法不同了.对于这些组来说,在我上一封信中给出的各轨道的量子数等于甚至小于较内组的量子数.

尽管由轨道分类方面的这一修订得出了重大的进步,这一原子模型的主要面貌却并没改变. 例如,我关于原子内各组和各亚组中的电子数的以前说法,对于一切组都是毫无变动地成立的. 事实上,当利用对应原理来确定这些数时,我们发现这些数依赖于每一单个组内各电子的运动的和谐性. 因此,它们主要依赖于各近似开普勒性的圈线的相对线度,而仅仅次要地依赖于把这些圈线连接起来以形成完整的有心轨道的那种方式. 例如,以前那种惰性气体的原子模型对于较外的组也毫无变动地成立,如果把所说的确定着各组中轨道的量子数目的那些数看成确定着各对应组中的亚组数目的话. 而且,所谈的这些数提供了关于原子中不同组中各电子的轨道区域的空间广延的一种近似的估计. 例如,氢原子中最外"壳层"中的轨道就应该表征为 6 量子轨道,而不是表征为 2 量子轨道;但是,各轨道圈线的线度却绝不会和那样一个电子的轨道线度同数量级,该电子在一条用六个量子来表征的开普勒轨道上在五个较内组中各电子的轨道外面绕行;这些线度却是和用两个量子来表征的相似开普勒轨道的线度同数量级的.

由这些说法即将看到,我上次那种理论对诠释各元素的物理性质及化学性质的应用,基本上仍然可以毫无变动地适用. 而与此同时,这封信中所概述了的理论考虑的加工,却为许多细节的诠释带来了大量的光明. 例如,能够用那样的方式说明具有新的构造的组随着原子序数的增大而在原子中的出现,使得我们不但像以前一样对于铁族金属和稀土元素这样的元素族在周期表中的存在得到一种自然的诠释,而且对于这些组的出现对伦琴射线谱的任何效应的几乎完全不存在也得到一种自然的诠释. 这种不存在是用一件事实来解释的,即在这些族中我们并看不到某些组中电子轨道的总量子数随原子序数的增加而发生的任何突然变化. 相反地,我们却可以假设在其中每一族的出现中正看到一个电子组通过纳入更多电子而变为完满的过程,那些电子是在用相同的量子数来表征的轨道上运动着的. 电子组的这种增补是通过具有这一量子数的各种可能类型轨道之间相互作用的一种变化来达成的,而这种变化则是由各轨道圈线的线度的改变以及可以说表征着这些圈线的那一"表观"量子数的改变所引起的.

在这里,我曾经决定只谈这些一般性的问题. 关于理论及其应用的细节,我必须请读者参阅一篇正在由丹麦皇家科学院准备印行的论文.

　　　　　　　　　　　　　　　　　　N·玻尔,9 月 16 日于哥本哈根

Ⅶ. 各元素的原子结构及其
物理性质和化学性质

(1921—1922)*

---

* ［见《引言》第 7 节. 原书有丹麦文本及英译本，中译本据英译本，丹麦文本从略.］

The Theory of Spectra
and
Atomic Constitution

THREE ESSAYS

BY

NIELS BOHR

Professor of Theoretical Physics in the University of Copenhagen

SECOND EDITION

CAMBRIDGE
AT THE UNIVERSITY PRESS
1924

（论文集英文版的扉页）

Hr. Professor Dr. phil Niels Nielsen
med venlig hilsen
fra
Forfatteren

Atomernes Bygning

og

Stoffernes fysiske og kemiske Egenskaber

Af

N. Bohr

Foredrag holdt i Fysisk Forening den 18. Oktober 1921

København

Jul. Gjellerups Forlag

1922

（丹麦文单行本的扉页）

序　　言

　　此处以英文印行的三篇文章,都是处理的量子论对原子结构问题的应用,并涉及这一理论的不同发展阶段.

　　第一篇文章《论氢光谱》是 1913 年 12 月 20 日对哥本哈根物理学会发表的丹麦文演讲的英译本,该演讲刊载于 *Fysisk Tidsskrift* XII, p. 97,1914. 虽然这篇演讲是在量子论的形式发展刚刚开始的时候发表的,读者却将发现一般的思想趋势是和表达在形成后两篇文章的较晚期演讲中的那种思想趋势很相似的.正如在若干地方强调了的那样,理论并不企图得出通常意义下的"解释",而只是要建立在目前的科学阶段尚未解释的那些事实之间的联系,这就是说,通常的物理观念并不能为那些事实提供详尽描述的充分基础.

　　第二篇文章《论元素的线系光谱》是 1920 年 4 月 27 日对柏林物理学会发表的一篇演讲的英译本,该演讲刊载于 *Zeitschrift für Physik*,VI, p. 423,1920.这篇演讲分成两个主要部分.第一部分中的那些考虑是和第一篇文章的内容密切有关的;特别说来,那里没有用到通过量子论的较晚发展而建立起来的那些新的形式的观念.第二部分包含了关于这一发展所达到的那些结果的综述.在利用一条普遍原理来阐明问题方面进行了尝试,该原理假设在根本不同的经典电动力学观念和量子论观念之间存在一种形式上的对应性.这一对应原理的最初萌芽可以在第一篇文章中找到,即在推导用普朗克恒量和卢瑟福原子模型中描述氢原子所必需的那些量来表示的氢光谱恒量表示式的地方找到.

　　第三篇文章《各元素的原子结构及其物理性质和化学性质》是以一篇丹麦文的演讲为基础的,那篇演讲于 1921 年 10 月 18 日在哥本哈根的物理学会和化学会发表,其演讲辞刊载于 *Fysisk Tidsskrift*,XIX, p. 153,1921. 前两篇文章是相应演讲辞的忠实译本,而这篇文章却在某些小地方和丹麦原本有所不同.除了增加了几幅带有说明文字的新图以外,还略去了某些处理在第二篇文章中讨论了的问题的段落,而且加入了一些关于对此课题的晚近贡献的论述.至于在哪儿引入了这些插话,从正文中是可以清楚地看到的.这篇文章分成四部分.前两部分包含对有关原子问题的早先结果的综述和关于量子论的理论想法的简短说明.在后两部分中,指明了这些想法怎样导致一种有关原子构造的观点,这种观点看来可以对观察到的各元素的物理性质和化学性质提供一种解释,特别是把周期表的典型特色和各元素的光学光谱及高频射线谱的诠释密切地联系起来.

　　为了读者的方便,所有的三篇文章都分成了较小的节,每节都有标题.但是,和各篇文章的特性相一致,文中却根本谈不到什么这些标题的充分说明乃至修短合度的处理;这些标题的主要目的是在于用一种比通常在科学论著或教科书中所用的方式更随便的方式来强调某些一般的观点.因为同样的原因,文中没有给出详细的参考文献,虽然曾经试图提到了对课题发展的一些主要贡献.至于更进一步的资料,读者在第二篇文章的情况下可以参阅一篇更长的论著《论线光谱的量子论》,这篇论著的两个部分已经发表在《哥本哈根科学院院报》上(*D. Kgl. Danske Vidensk. Selsk. Skrifter*,8 Række,IV. 1,Ⅰand Ⅱ,1918),在那里可以找到完备的参考文献.在第二篇文章的若干地方提到的这一论著的拟议中的续篇,由于各种的原因而被推迟了,但是,在不久的将来,这篇作品将通过第三部分的发表而得以完成.我的意图是要用关于量子论对原子问题的应用的一篇更长的系统论述来更充分地处理在第三篇文章中讨论了的那些问题,这一论述正在准备中.

　　正如在第三篇文章的开头和结尾都提到了的,文章中所包含的那些考虑在品格上还显然是不完备的.这一点,不但适用于细节的制订,而且适用于理论想法的发展.再强调一下可能是有用处的,就是说,虽然"解释"一词比在第一篇文章中得到了更广泛的应用,我们所涉及的却并不是建筑在明确定义的物理图景上的一种对现象的描述.倒不如说,迄今为止,原子结构问题中的每一个进步都倾向于越来越多地强调量子论的那些众所周知的"神秘性".不过,我希望这些文章中的阐述已经充分清楚,足以使读者对原子物理学的研究恰恰因此而具有的那种独特的动人性得到一个印象.

　　我愿意对承担了把原文演讲辞译成英文的宾夕法尼亚大学的 A·D·乌登博士和阅读了底稿并就问题的阐述提出了许多宝贵的改进建议的剑桥大学三一学院的 C·D·艾利斯先生致以最大的谢意.

　　　　　　　　　　　　　　　　　N·玻尔,1922 年 5 月于哥本哈根

第二版序言

自从这些文章的第一版问世以来,已经发表了似乎使原子构造理论的主要想法得到了进一步支持的工作.同时,这一工作已经在不同的地方揭露了困难,结果就更加有力地强调了理论的不完备性.虽然这就可能使对文章的形式,特别是第三篇文章的形式作出某些改变成为必要的了,但是我却决定保持文章的原状,而只在书末的附录中对较晚近的发展作一简略的说明.

N·玻尔,1924 年 5 月于哥本哈根

目 录 *

文Ⅲ
各元素的原子结构及其物理性质和化学性质

---

* ［中译者按：这里的页码系原始文本页码，与外文版本卷页码不同.］

附　录

文Ⅲ[*]
各元素的原子结构及其
物理性质和化学性质

I. 引 言

在大约一年以前我向你们发表的一次演讲中,我描述了原子结构理论的要点,这种理论是我今晚即将试图展示的. 在此期间,这一理论已经采取了更确定的形式,而且我在致《自然》的两封近期信件[†]中曾对这一发展给出了某种进一步的概述. 我即将向诸位提出的结果绝不是最后性质的;但是我希望能够向诸位指明,这种观点怎样以一种方式得出了各元素的各式各样性质的相关性,这种方式使我们能够避免以前显得阻挡了简单而合理的解释的那些困难. 但是,在开始以前,我必须请求诸位耐心一些,如果我起初要讨论你们已经知道的事情的话;但是,为了使诸位熟悉这一课题,首先就有必要对近年以来在原子结构工作方面已经得到的最重要的结果作一简略的描述.

有核原子 即将形成以下一切叙述的基础的那种原子结构观念就是所谓的有核原子观念;按照这种观念,一个原子被假设为由一个核和周围一些电子构成,这些电子彼此之间的距离以及它们离核的距离和各粒子本身的线度相比是大得多的. 核几乎具有原子的全部质量,而且有一个正电荷,其电荷的量值适足以使中性原子中的电子数等于元素在周期系中的号数,即所谓原子序数. 主要归功于卢瑟福对于放射性物质的基础研究的这一原子概念,显示出一些极其简单的特点,但是,初看起来,恰恰是这种简单性就在解释各元素的性质方面引起了困难. 当我们在普通的力学理论和电动力学理论的基础上处理这一问题时,是不能找到一个出发点来解释各式各样元素所显示的那些引人注目的性质的,事实

264

---

* 1921 年 10 月 18 日在哥本哈根物理学会和化学会的联席会上发表的演讲.

† *Nature*,1921 年 3 月 24 日和 10 月 13 日.

上甚至无法解释各元素的持久性. 一方面,原子的各个粒子显然不能静止地处于稳定平衡状态;而另一方面,我们将必须预期可能出现的每一种运动都将引起电磁辐射的发射,这种发射将不会中断,直到体系的所有能量都被发射罄尽而所有的电子都已落入核中为止. 避免这些困难的一种方法现在已经在属于量子论的那些想法的应用中被找到,量子论的基础是由普朗克在他那关于温度辐射定律的有名工作中奠定的. 这就代表了对于以前那些观念的一种激烈背离,因为这是在普遍自然定律的表述中应用了一种不连续性假设的第一个例子.

量子论的公设　在曾经应用于原子结构问题的那种形式下,量子论是建筑在两条公设上的,这两条公设和上面提到的那些困难有着直接的关系. 按照第一条公设,有那么一些态,原子可以存在于这些态中而并不发出辐射,尽管各粒子被假设为彼此之间有一种加速运动. 此外,这些定态被假设为具有一种奇特的稳定性,以致除非通过涉及原子到这些定态中另一态的跃迁的一个过程,是不可能给原子增加能量或从原子取走能量的. 按照第二条公设,由这样一种跃迁所造成的辐射从原子的每一次发射,永远是一列纯简谐波. 这些波的频率并不直接依赖于原子的运动而是取决于一个频率关系式;按照这一关系式,频率乘以普朗克所引入的普适恒量就等于过程中发射的总能量. 因此,对于原子在发射辐射之前和之后的能量值分别为 E' 和 E'' 的这样两个定态之间的跃迁来说,我们就有

$$h\nu = E' - E'', \tag{1}$$

式中 h 是普朗克恒量而 ν 是所发射的辐射的频率. 时间不允许我对量子论作出系统的概述,这种理论的晚近发展曾经和它对原子结构的应用携手并进. 因此,我将立即着手考虑理论的那样一些应用,它们对于我们的课题是有着直接重要性的.

265

氢原子　我们将从考虑所能设想的最简单的原子开始,那就是由核和一个电子构成的原子. 如果核上的电荷和单独一个电子的电荷相对应从而体系是中性的,我们就有一个氢原子. 量子论的那些使它对原子结构的应用成为可能的发展,是从诠释氢所发射的众所周知的简单光谱开始的. 这种光谱包括一系列谱线,它们的频率由极其简单的巴耳末公式给出

$$\nu = K\left(\frac{1}{(n'')^2} - \frac{1}{(n')^2}\right), \tag{2}$$

式中 n'' 和 n' 是整数. 按照量子论,我们现在将假设原子具有由一系列整数来表征的一系列定态,而且可以看出由公式(2)给出的频率可以怎样由频率关系式导出,如果假设一条氢谱线是和在对应于数 n' 及数 n'' 的两个这种态之间的跃迁中

发射的辐射相联系着的,而且如果第 n 个态中的能量除了一个任意附加恒量以外被假设为由公式

$$E_n = -\frac{Kh}{n^2} \tag{3}$$

给出的话. 之所以采用负号是因为原子的能量可以通过把电子拿到离核无限处所需要的功来最为简单地加以量度,而且我们将假设公式右端表示式的数值恰恰等于这种功.

　　至于定态的较细致的描写,我们发现电子将很近似地描绘以核为焦点的椭圆. 这一椭圆的长轴是以一种简单的方式和原子的能量相联系着的,从而对应于由公式(3)给出的各个定态的能量值,就有一系列电子轨道长轴 $2a$ 的值,由公式

$$2a_n = \frac{n^2 e^2}{hK} \tag{4}$$

给出,式中 e 是电子电荷和核电荷的数值.

　　整个看来我们可以说,氢光谱向我们显示了氢原子的形成,因为各定态可以看成一个过程的不同阶段;通过这一过程,电子在辐射的发射中被束缚在和 n 值渐减的态相对应的越来越小的轨道上. 可以看到,假如电子被核所束缚的过程是按照普通的电动力学来进行的,则上述这种看法将和该过程具有一些共同的典型特色,但是,我们的看法恰恰是以那样一种方式和电动力学有所不同,这种方式使得说明观察到的氢的性质成为可能. 特别说来可以看到,束缚过程的最后结果导致原子的一个完全确定的定态,即 $n=1$ 的那个态. 这个和原子的最小能量相对应的态将被称为原子的正常态. 这里可以提到,当我们在公式(3)和(4)中令 $n=1$ 时所求得的原子能量的值及电子轨道长轴的值,是和曾经由有关气体电性质及力学性质的实验得出的电子束缚强度的值及原子线度的值同数量级的. 但是,公式(3)和(4)的一种更加精确的校验并不能通过这样的对比来得到,因为在这样的实验中氢并不是以简单原子的形式而是以分子的形式出现的.

　　量子论的形式基础不但包括频率关系式,而且包括可以用来确定原子体系的定态的一些条件. 后一些条件正如针对频率所假设的条件一样,也可以看成关于简单电动力学体系和周围电磁辐射场之间的相互作用的那一假设的自然推广,该假设形成了普朗克的温度辐射理论的基础. 我在这里将并不进一步讨论这些条件的本性,而仅仅提到通过这些条件,各定态就被用若干个整数即所谓量子数来表征了出来. 对于像在氢原子的情况中所假设的那样的纯周期运动,定态的确定只需要单独一个量子数. 这个数将确定原子的能量,也确定电子轨道的长轴,但并不确定轨道的偏心率. 如果忽略核运动的微小影响,不同定态中的能量

就由下列公式给出:

$$E_n = -\frac{2\pi^2 N^2 e^4 m}{n^2 h^2},\tag{5}$$

式中 e 和 m 分别是电子的电荷和质量,而且已经为了以后的应用而把核上的电荷写成 Ne.

对于氢原子, $N=1$,从而和方程(3)的对比就导致公式(2)中的 K 的理论表示式如下:

$$K = \frac{2\pi^2 e^4 m}{h^3}.\tag{6}$$

这一结果在不同各量可被测定的精确度范围之内和氢光谱恒量的经验值相符合.

氢光谱和 X 射线谱 如果我们在上面的公式中令 $N=2$,这就对应于由一个电子绕具有双倍电荷的核而形成的一个原子,那么我们就得到各定态的能量值,它们是对应的氢原子定态能量的四倍,从而我们就得到关于这样的原子所将发射的光谱的公式如下:

$$\nu = 4K\left(\frac{1}{(n'')^2} - \frac{1}{(n')^2}\right).\tag{7}$$

这一公式代表某些谱线,它们在若干时候以前就是已知的,而且它们曾经因为公式(2)和(7)之间的巨大相似性而被认为是属于氢的,因为从来没有预料到两种不同的物质竟能显示彼此之间如此密切相似的性质. 但是,我们根据理论却可以预期,由(7)给出的光谱的发射对应于氦原子形成的第一阶段,即对应于这一原子的双倍带电的核对第一个电子的束缚过程. 这一诠释已经发现和更加晚近的资料相符. 例如已经能够从纯氦得到这一光谱. 我详细论述了这一点,为的是指明两种元素的性质之间这种初看起来显得颇为惊人的密切联系怎样应该被看成有核原子的特征简单结构的直接表示. 在澄清了这一问题的不久以后,就得到了关于元素性质之间这种相似性的异常有趣的新证据. 我指的是摩斯莱关于各元素 X 射线谱的基础性的研究. 摩斯莱发现这些射线谱以一种极其简单的方式从周期系中的一种元素到其次一种元素而发生变化. 众所周知,X 射线的谱线可以分成和巴克拉发现的 X 射线的不同特征吸收域相对应的一些组. 关于包含着穿透性最强的 X 射线的 K 组,摩斯莱发现所考察过的一切元素的最强谱线可以用一个公式来表示,这一公式稍加简化就可以写成

268

$$\nu = N^2 K\left(\frac{1}{1^2} - \frac{1}{2^2}\right).\tag{8}$$

K 是氢光谱中那同一个恒量,而 N 是原子序数.这一发现的重大意义在于这一事实:它似乎牢固地确立了认为原子序数等于原子中的电子数的那一看法.这一假设已经作为关于原子结构工作的基础而被应用,并且是由范登布若克首先叙述了的.尽管摩斯莱发现的这一方面的重要意义马上就被所有的人们看清楚了,但在另一方面,理解氢光谱和 X 射线谱之间的很大的相似性却曾经是更加困难的.这种相似性不但由 K 组的谱线显示了出来,而且由穿透性较小的 X 射线的谱线组显示了出来.例如,摩斯莱发现,对于他所研究了的一切元素来说,L 组中最强谱线的频率可以用一个公式来表示,这个公式经过和公式(8)相似的简化可以写成

$$\nu = N^2 K\left(\frac{1}{2^2} - \frac{1}{3^2}\right). \tag{9}$$

在这里,我们又得到一个对应于光谱中一条谱线的频率表示式,这种光谱是将通过电荷为 Ne 的核对一个电子的束缚过程而被发射的.

氢谱线的精细结构　X 射线谱和氢光谱的结构之间的这种相似性,通过索末菲关于氢谱线精细结构的重要理论而以一种很有趣的方式得到了更进一步的扩充.在上面给出的氢体系定态能量的计算中,每一个态是由单独一个量子数来表征的;这种计算建筑在一条假设上,即原子中电子的轨道是单周期性的.但是,这种假设只是近似地正确.已经发现,如果将由于速度而引起的电子质量的变化考虑在内,电子的轨道就不再保持为一个简单的椭圆,而是它的运动可以描述为一种有心运动,通过把一种缓慢而均匀的转动叠加在很接近椭圆轨道运动的单周期运动上来得出.对于这样一种有心运动,定态是由两个量子数来表征的.在所考虑的情况中,其中一个量子数可以适当选择,使它很近似地确定原子的能量,其方式和以前所用的量子数确定简单椭圆轨道情况的能量的方式相同.因此,永远将用 n 来代表的这个量子数就被称为"主量子数".除了很近似地确定了转动着的并几乎是椭圆的轨道的长轴的这个条件以外,还要对有心轨道的定态加上第二个条件,那就是,电子绕中心的角动量应该等于普朗克恒量除以 2π 后的整数倍.作为因子出现在这一表示式中的那个整数可以看成第二个量子数,并且将用 k 来代表.后一条件确定转动轨道的偏心率,这一偏心率在单周期轨道的情况下是不确定的.必须提到,角动量在量子论中的可能重要性是在这一理论对氢光谱的应用以前就由尼科耳孙指出了的,而且,和索末菲的作法相似的一种氢原子定态确定法也由威耳孙几乎同时地提出过,尽管后者没有能够给出他的结果的一种物理应用.

关于氢原子中转动着的、几乎是椭圆形的电子轨道的形状,可以通过考虑一条弦来得到最简单的描述;这条弦通过焦点而垂直于长轴,这就是所谓"参数". 这一参数的长度 $2p$,由一个表示式来很近似地给出,该表示式和长轴的表示式完全相同,只是 k 取代了 n. 因此,应用和以前相同的符号,我们就有

$$2a = n^2 \frac{h^2}{2\pi^2 N e^2 m}, \; 2p = k^2 \frac{h^2}{2\pi^2 N e^2 m}. \tag{10}$$

因此,对于以前曾经用一个给定的 n 值来代表的每一个定态,我们就得到和从 1 到 n 的各个 k 值相对应的一组定态. 代替了简单公式(5),索末菲求得了一个既依赖于 n 也依赖于 k 的更加复杂的定态能量表示式. 将电子质量随速度的变化考虑在内并略去高次项,他得到了

$$E_{n,k} = -\frac{2\pi^2 N^2 e^4 m}{n^2 h^2}\left[1 + \frac{4\pi^2 N^2 e^4}{h^2 c^2}\left(-\frac{3}{4n^2} + \frac{1}{nk}\right)\right], \tag{11}$$

式中 c 是光速.

对应于由简单公式(5)给出的氢原子定态的每一个能量值,我们得到 n 个彼此相差很小的值,因为方括号中的第二项是很小的. 因此,借助于普遍频率关系式(1),我们就不是得到由简单公式(2)给出的一条氢谱线,而是得到频率接近重合的若干条成分线. 索末菲现在已经证明,这种计算实际上和精细结构的测量结果相符合. 这种符合性不但适用于由于各成分线极其靠近而很难测量的氢谱线的精细结构,而且也能够详细说明由公式(7)给出的那些氦谱线的精细结构,这种精细结构曾由帕邢很仔细地考察过. 索末菲联系到这一理论也曾指出,公式(11)可以应用于 X 射线谱. 例如,他已证明,在 K 组中和 L 组中出现着一对一对的谱线,它们的频率差可以用关于那样一些定态能量的表示式(11)来确定,各该定态对应于电荷为 Ne 的核对单独一个电子的束缚过程.

周期表 尽管这些结果指示了 X 射线谱和氢光谱之间的巨大的形式相似性,在引起这两种类型的光谱的过程之间却必须假设有一种深刻的差异. 氢光谱的发射正如其他元素的普通光谱的发射一样可以被假设为和原子对一个电子的束缚过程相联系,而关于 X 射线谱的出现及吸收的观察却清楚地表明这些射线谱是和一种过程联系着的,这种过程可以描述成由外界作用物的效应在原子内引起扰动以后的电子排列的重新组织. 因此我们应该预期,X 射线谱的出现不但依赖于单独一个电子和核之间的直接相互作用,而且依赖于各电子在完全形成了的原子中的排列方式.

表现在周期系中的元素性质随原子序数的奇特变化方式,对于考虑后一些

问题提供了很有价值的指南. 这一周期系的一种简单概况如图 1 所示. 每一元素前面的数字表明原子序数, 而不同竖行中的元素则形成周期系中的不同"周期". 连接相继竖行中的一对对元素的直线指示这些元素的同族性质. 比起周期系的通常表示法来, 二十多年前由朱里亚·汤姆森提出的这种表示元素性质的周期变化的方法对于和原子构造理论进行比较是更加适用的. 画在表中较后周期内某些元素序列周围的框线的意义, 将在以后再来解释. 它们涉及原子构造理论的某些典型的特色.

272

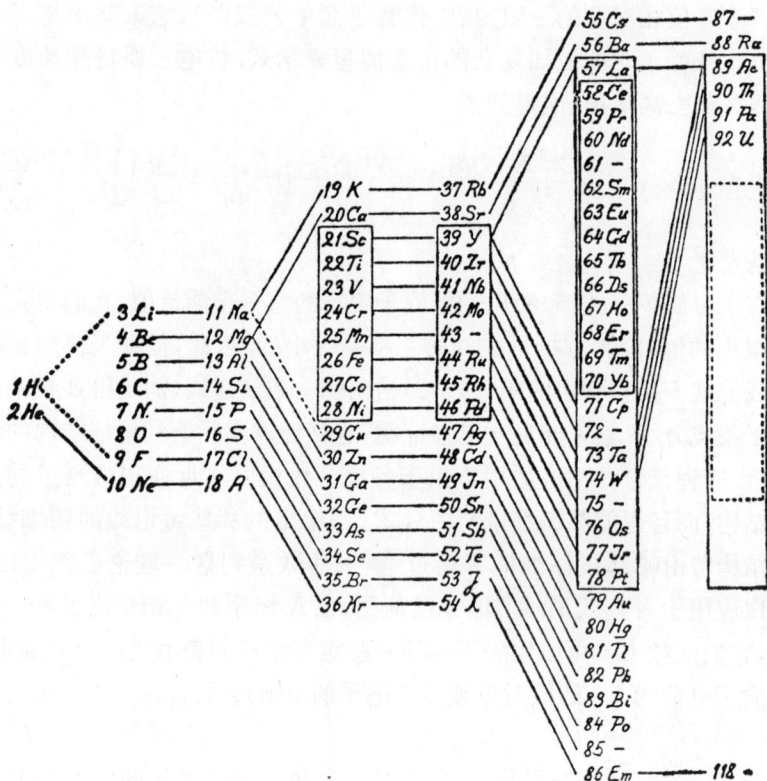

图 1

　　在周期系的一种解释中, 很自然地会假设原子中的电子以适当方式分成不同的组, 使得系中各元素的分组被认为起因于原子中各电子组随着原子序数的增长而逐渐形成的过程. 自从 J·J·汤姆孙在研究不同电子组态的稳定性的基础上来解释周期系的著名尝试以来, 原子中电子的这种分组就形成了一切关于原子结构的更详细看法的重要部分. 虽然汤姆孙关于原子中正电分布的假设是和更加晚近的实验证据不能相容的, 但是, 由于包含了许多创见, 他的工作曾经对原子理论的后来发展产生了巨大的影响.

273

借助于由氢光谱理论得来的关于核对电子的束缚过程的信息,我在提出该理论的同一篇论文中曾经试图概略地描述了有核原子的结构图景. 在这种图景中曾经假设,每一个电子在它的正常态中都是那样运动的,即其运动方式和核对单独一个电子的一些最后束缚阶段中的运动方式相类似. 正如在汤姆孙理论中一样,当时假设各电子是沿圆形轨道运动的,而且还假设了每一个别组中的电子在这种运动中都彼此相对地占据和平面正多边形的顶角相对应的一些位置. 这样一种安排常常被称为电子的分"环"排列. 利用这些假设,当时曾经能够说明原子线度的数量级,也能够说明原子束缚电子的牢固性,这种牢固性的一种量度可以通过有关不同类型光谱的激发的实验来得到. 但是,那时并不能用这种办法针对各元素的特征性质达成一种详细的解释,即使是在根据摩斯莱的结果和索末菲等人的工作而已经清楚地认识到下述事实之后: 这一简单图景应该予以扩充,使得在充分形成的原子中包含用较高量子数来表征的和氢原子形成中的前期阶段相对应的轨道. 这一点曾由韦伽德特别地加以强调*.

得到令人满意的原子图景的困难,是和说明元素性质所要求的那种显著"稳定性"的困难直接联系着的. 正如我在考虑氢原子的形成时所强调的那样,量子论的公设就是直接对准这一点的,但是,用这种办法针对单电子原子得出的结果,却不能使我们直接澄清多电子原子中各电子的按组分布之类的问题. 如果我们设想原子的各电子组中的电子在任何时刻都是像正多边形的顶点那样相对排列的,而且是沿着圆或椭圆而转动的,则这些公设并不能给出足够的信息来确定各组中具有不同数目的电子的那些电子组态的稳定性的差别.

274

元素性质所要求的原子结构稳定性的奇特品格,是由考塞耳以一种有趣的方式在两篇重要论文中揭示出来的. 他在第一篇论文中指明了,高频谱起源的一种更详细的解释,可以在原子的分组结构的基础上得出. 他假设 X 射线谱中的一条谱线起源于一个过程,该过程可以描述如下: 一个电子被某种外界作用从原子中取走,然后某一其他组中的一个电子占据了它的位子;发生这种位置交换的方式,可以像所存在的束缚得较松的电子组的数目一样多. 这种关于特征 X 射线的起源的看法,为观察到的奇特吸收现象提供了一种简单的解释. 它也导致了关于同一种元素的各 X 射线谱线频率之间的某些关系式的预见,并且也被证实为整个射线谱的分类的一种合适的依据. 但是,却不曾能够发展一种把索末菲关于 X 射线谱线精细结构的工作和考塞耳的普遍方案满意地调和起来的理论. 正如我们在下面即将看到的,一种在考虑原子的稳定性时的新观点的采用,就使得把不同的结果以一种自然的方式彼此联系起来成为可能了.

---

　　* [韦伽德(Lars Vegard,1880—1963),挪威物理学家,1918 年被任命为奥斯陆大学教授.]

在第二篇论文中,考塞耳考虑了在原子理论的基础上得到周期系的一种解释的可能性.他没有进一步追究使电子分成组的原因问题或是使各式各样电子组态具有不同的稳定性的原因问题,他只联系到在汤姆孙理论中已经占有一定地位的一些想法,指出了周期系怎样为特别稳定的一些电子组态的按周期的出现提供了证据.这些组态出现在占据着图 1 每一周期中最后位置的那些元素的中性原子中,而所讨论的稳定性则被假设为存在,为的是不但解释这些元素的不活泼的化学性质,而且解释正好在这些元素前面或后面的那些元素所特有的活泼性质.例如,如果我们考虑原子序数为 18 的氩这样一种惰性气体,我们就必须假设原子中的 18 个电子是安排在一种具有突出稳定性的特别规则的组态中的.于是,前面一种元素氯的明显的电负特性,就可以通过假设只含有 17 个电子的中性原子具有再多俘获一个电子的倾向来加以解释.这种俘获就造成一个负的氯离子,它具有含 18 个电子的组态,和出现在中性氩原子中的那种组态相似.另一方面,钾的明显的电正特性,可以通过假设中性原子的 19 个电子中的一个电子好像是多余的从而很容易失去来加以解释;原子的其余部分形成一个正的钾离子,具有和氩原子相似的构造.按照对应的方式,也能够说明硫和钙这样的元素的电负特性和电正特性,它们的原子序数是 16 和 20.和氯及钾有所不同,这些元素是二价的,而含有 18 个电子的稳定组态是通过给硫原子增加两个电子和使钙原子失去两个电子而形成的.发展着这些想法,考塞耳不但做到了对大量的化学事实给出有趣的解释,而且被引导着得出了有关属于周期系前几个周期的那些元素中的电子分组的某些普遍结论,这些结论在某些方面是和在以下各节中即将讨论的结果相一致的.考塞耳的工作后来由拉登堡以一种有趣的方式继续进行了,他特别讨论了属于周期系较后几个周期的那些元素的原子中的电子分组.以后即将看到,拉登堡的结论也和我们以后即将讨论的结果显示一些相似之处.

近来的原子模型 到现在为止,一直还不能在量子论对有核原子的自洽应用的基础上,对于某些电子排列的突出稳定性的终极原因得出令人满意的说明.不过,若干时间以来已经很明显,问题的解应该通过考察原子中电子轨道空间分布的可能性来寻求,而不是通过只考察那样一些组态来寻求;在那种组态中,属于某一特定组的一切电子都在相同的平面上运动,就像在我的有关原子结构的初期论文中为了简单而假设的那样.假设电子组态的空间分布的必要性,曾由不同的作者指出.玻恩和朗德曾经联系到他们关于晶体结构和晶体性质的研究而指出,空间组态的假设显得对于解释这些性质来说是必要的.朗德曾经更进一步追究了这一问题,而且正如以后即将提到的,他曾经提出了一些不同的"空间原子模型";在这些模型中,原子的每一个别组中的电子在每一时刻都形成具有正多面体对称性的组态. 这些模型在某些方面构成了明显的进步,尽管它们在有关原子结构稳定性的问题上并没有导致决定性的结果.

　　另外,空间电子组态的重要性也曾经由刘易斯和朗缪尔联系到他们的原子模型而指出. 例如,在若干方面独立于考塞耳而得到了相同结论的刘易斯提出,表征着周期系中前几个周期的 8 这个数字,可能指示着一些较外原子组的构造,在那儿,每一组中的电子都形成有如立方体各顶角的那种组态.他强调了这样一种组态怎样导致了化合物分子结构的一些有教益的模型.但是必须指出,如果我们假设原子内的力完全由各粒子的电荷所引起,这样的电子组态的"静态"模型就将是不可能的. 因此,曾经企图进一步发展刘易斯的观念并且企图不但说明前几个八元素周期的出现而且也说明周期系中较长周期的出现的朗缪尔,就假设原子的结构是由我们还不知道的力来支配着. 他设想原子有一种"胞状结构", 277即每一个电子都被预先在一个细胞中指定了一个位置,而且这些细胞适当地分成壳层,使得从原子核向外看去的不同壳层中包含着的位置数,恰好等于周期系中沿原子序数递增的方向看去的各个周期中的位置数. 朗缪尔的工作在化学家们中间引起了很大的注意,因为它在一定程度上给经验性的化学科学所关心的那些观念带来了光明. 按照他的理论,各种元素的性质的解释是建筑在为此目的而表述出来的一些有关原子结构的公设上的. 这样一种描述性的理论,是和企图利用适用于每一原子中各粒子之间的相互作用的普遍定律来说明各元素的特有性质的那种理论截然不同的. 这次演讲的主要任务将在于试图指明,沿着这种思路前进绝不是没有希望的,相反地,借助于量子论公设的一种合理应用,确实已经发现能够对原子的结构和稳定性得到一种洞察了.

Ⅱ. 线系光谱和原子对电子的俘获

　　我们通过提问来处理原子构造问题. 我们问:"怎样通过在核周围的力场中一个接一个地逐次俘获和束缚电子,来形成一个原子?"

　　在企图回答这个问题之前,首先有必要更详细地考虑考虑量子论在有关束缚过程的一般特点方面教给了我们些什么东西. 我们已经看到氢光谱怎样向我们提供了关于这种核对电子的束缚过程的进程的确切信息. 当考虑其他元素的原子的形成时,我们也可以从它们的光谱中找到阐明形成过程的资料,但是这样得到的直接信息却不像在氢原子的情况中那样完备. 对于原子序数为 N 的元素,形成过程可以看成包括 N 个阶段,它们和核场中的 N 个电子的逐个束缚相 278对应. 必须假设,对应于这些束缚过程的每一个过程,都有一种光谱;但是,只有

对于头两种元素即氢和氦,我们才具有关于这些光谱的详细知识. 对于原子序数
较高的其他元素,将有多种光谱和原子的形成相联系;对于这些元素,我们目前
只熟悉两种类型的光谱,它们按照激发的实验条件的不同而分别被称为"电弧光
谱"和"火花光谱". 虽然这些光谱显示着比由公式(2)给出的氢光谱和由公式(7)
给出的氦光谱复杂得多的结构,但是,在许多情况下,也已经能够找出一些关于
频率的简单规律,它们和公式(2)及(7)所表示的规律颇为相似.

电弧光谱和火花光谱   如果我们为了简单而忽视大多数光谱的谱线所显示
的复杂结构(双重线、三重线等等的出现),则许多电弧光谱的谱线频率可以在很
好的近似下用黎德伯公式来表示

$$\nu = \frac{K}{(n'' + \alpha_{k''})^2} - \frac{K}{(n' + \alpha_{k'})^2}, \tag{12}$$

式中 n' 和 n'' 是整数,K 是氢光谱中那同一个恒量,而 $\alpha_{k'}$ 和 $\alpha_{k''}$ 则是属于该元素所
特有的一个集合的两个恒量. 也像氢光谱一样,具有这样一种结构的光谱叫做线
系光谱,因为各谱线可以排列成线系,线系中的频率收敛于一个确定的极限值.
例如,这些线系可以用公式(12)来表示,如果采用两个确定的恒量 $\alpha_{k''}$ 和 $\alpha_{k'}$ 使 n''
保持不变,而使 n' 取一系列逐次加一的整数值.

公式(12)只是近似适用的,但是,永远可以发现,正如在公式(2)和(12)中那
样,各谱线的频率可以写成两项之差,各项是一些整数的函数. 例如,后一公式精
确地适用,如果各个 α_k 量不被看成恒量,而被看成元素所特有的一套数序 $\alpha_k(n)$
的一些代表;在每一数序之内,这些代表的值随着 n 的增大而很快地趋于一个恒
定的极限值. 光谱的频率永远表现为两项之差,这些项就是所谓的"谱项",整个
光谱就由这些谱项的组合来形成;这一事实已由瑞兹指出,他通过确立组合原理
而大大推进了光谱的研究. 量子论给这一原理提供了直截了当的诠释,因为,按
照频率关系式我们就被引导着认为各谱线是由原子的定态之间的跃迁所引起
的,正如在氢光谱的情况中一样,只不过在其他元素的光谱中我们遇到的不是单
独一个定态序列而是一组这样的序列而已. 于是,对于电弧光谱来说——如果我
们暂时忽视各条谱线本身的结构,我们就得到关于一个定态总集的信息;对于这
些定态来说,原子在第 k 个序列的第 n 个态中的能量由下式给出:

$$E_k(n) = -\frac{Kh}{(n + \alpha_k)^2}, \tag{13}$$

这是和关于氢原子定态能量的简单公式(3)很相像的.

至于其结构已经主要通过否勒的研究而被探明的火花光谱,在许多元素的

情况中也已经能够用和(12)类型完全相同的公式来近似地表示其频率, 所不同的只是, 正如在由公式(7)给出的氦光谱中一样, K 被换成一个四倍大小的恒量. 因此, 对于火花光谱, 原子在对应定态中的能量值将由和(13)类型相同的表示式给出, 不同的只是 K 被换成 $4K$.

这些类型的光谱和由(2)及(7)给出的简单光谱的结构上的明显相似性, 可以通过一种假设来简单地加以解释, 那就是, 电弧光谱要和中性原子的最后形成阶段联系起来, 这一阶段就是第 N 个电子的俘获和束缚. 另一方面, 火花光谱要和原子形成的倒数第二个阶段联系起来, 那就是第 $(N-1)$ 个电子的束缚. 在这些情况中, 电子在里边运动的那种力场将分别和氢原子核及氦原子核周围的力场很相近, 至少在束缚过程的早期阶段是如此, 在那些阶段中, 电子在它的大部分绕转过程中都在离核较远处运动, 即其离核的距离大于早先束缚了的那些轨道的线度. 因此, 按照和给出氢原子定态的公式(3)的类比, 我们将假设(13)右端表达式的数值等于把最后俘获的电子从原子中取走时所需要的功, 而该电子的束缚过程就引起元素的电弧光谱.

线系图解 尽管电弧光谱和火花光谱的起源在氢光谱的原始简单理论的基础上得到了这种程度的直接诠释, 而索末菲的氢谱线精细结构理论却第一次对于两种光谱之间的特征区别作出了清楚的洞察, 其中一方面是氢光谱和氦的火花光谱, 而另一方面是其他元素的电弧光谱和火花光谱. 当我们不是考虑原子中最初一些电子的束缚而是考虑后来的一些电子的束缚时, 所考虑的电子轨道——至少在束缚过程的较晚阶段(那时最后被束缚的电子将和以前被束缚的电子发生密切的相互作用)——将不再在很好的近似下是一个闭合的椭圆, 相反地, 它在一级近似下将是一种有心轨道, 其类型和我们把电子质量随速度的变化考虑在内时氢原子中的轨道类型相同. 我们已经看到, 这一运动可以分解成一种平面周期运动以及一种叠加上去的轨道平面的均匀转动; 只不过是, 在这一情况中, 叠加上去的转动将更加迅速, 从而周期性轨道对椭圆的偏差也比在氢原子的情况中要大得多. 对于这种类型的一个轨道, 正如在精细结构理论中一样, 各定态将由两个量子数来确定; 我们将用 n 和 k 来代表这两个量子数, 它们和轨道的运动学性质有一种简单的联系. 为了简单, 我只将提到, 尽管量子数 k 是按照前面指出的简单方式而和电子绕中心的恒定角动量值联系着的, 主量子数 n 的确定却要求考察全部的轨道进程, 而且对于一个任意的有心轨道将并不以一种简单的方式和转动的周期性轨道的线度相联系, 如果这种轨道和开普勒椭圆相差很大的话.

这些结果表示在图 2 中, 这是我在以前的场合下使用过的一张图的复制品

280

281

（参阅文Ⅱ第30页），它给出了钠光谱的起源的一个概貌. 黑点表示和各个不同
的谱项序列相对应的定态，这些序列在右侧用字母 S、P、D 和 B 标出. 这些字母
对应于光谱学文献中所用的通常符号，并且标明由相应谱项的组合所得出的线
系的本性（锐线系、主线系、漫线系等等）. 各点到图中右侧竖直线的距离正比于
由方程（13）给出的原子能量的数值. 最后，倾斜的黑箭头指示导致普通观察到的
钠光谱中各谱线的出现的那些定态间的跃迁. 附注在各态上的 n 值和 k 值表明
一些量子数；按照索末菲理论，这些量子数从一种初步的考虑来看可以认为表征
着较外电子的轨道. 为了方便，被认为和相同的 n 值相对应的态用点线相连，这
282 些点线的画法是使它们的竖直渐近线和属于主量子数的同一值的氢光谱中的那
一谱项相对应. 各曲线的进程表明了可以预期对氢谱项的偏差将怎样随着 k 值
的递增而减小；这些 k 值对应于一些态，态中电子在绕转中到核的最小距离是渐
次增大的.

281

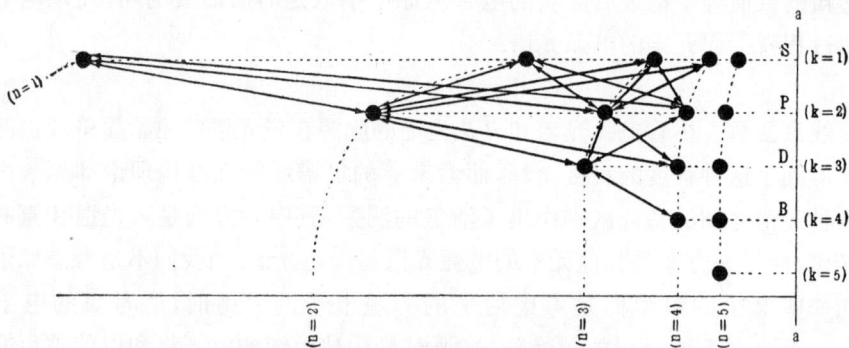

图 2

282   必须注意，尽管理论表示了线系光谱结构的主要特点，但是却还一直不能通
过进一步考察可能出现在具有中心对称性的简单力场中的那种电子轨道来对任
何元素的光谱作出详细的说明. 正如我已经提到过的，大多数光谱的谱线显示一
种多重结构. 例如在钠光谱中，主线系的谱线是一些双重线，表明对应于每一 P
谱项不是有一个定态而是有两个和稍微不同的能量值相对应的定态. 这一能量
差很小，以致在图 2 这样大小的图解上无法看出来. 这些双重态的出现无疑地起
源于一种偏差，那就是由较内体系引起的力场对中心对称性的微小偏差；由于这
种偏差，外电子运动的普遍类型将具有比简单的有心运动更加复杂的特点. 结
果，定态就必须用多于两个的量子数来表征，正如氢原子中电子轨道对单周期轨
道的偏差的出现就要求这一原子的定态要用多于一个的量子数来表征一样. 喏，
量子论的法则将通过一个条件来导致第三个量子数的引入，其条件就是，原子的
合角动量乘以 2π 应等于普朗克恒量的整数倍. 这就确定了较外电子轨道相对于

较内体系的轴线的取向.

这样,索末菲、朗德和别的人们就已经证明,不但能够用一种形式上的方式来说明线系光谱各谱线的多重结构,而且能够得到关于外磁场对这一结构的复杂效应的一种很有希望的诠释. 我们在此不拟详细论述这些问题,而只讨论确定两个量子数 n 和 k 的问题;这些量子数在一级近似下描述定态中较外电子的轨道,而且它们的确定在下面的关于原子形成的讨论中是一个头等重要的问题. 在这些数的确定中我们立即遇到一些具有深刻性质的困难,这些困难——我们即将看到——是和原子结构的显著稳定性问题密切地联系着的. 我在这里只将谈到,图中给出的量子数 n 的那些值,不论对于 S 序列还是对于 P 序列都无疑是不能保留的. 另一方面,就所应用的量子数 k 的值来看,却可以肯定地说它们所指示的关于轨道性质的诠释是正确的. 考察这一问题的一个出发点,曾经由一些和以前提到的那些考虑性质完全不同的考虑得出,这种考虑已经使得在原子中的运动和光谱线的出现之间建立密切的联系成为可能.

对应原理 就量子论的原理来看,迄今一直强调的一点就是这些原理对我们关于力学现象和电动力学现象的通常观念的激剧背离. 但是,正如我在近年以来企图证明的那样,却能够采用那样一种观点,它使我们想到量子论毕竟可以看成我们的普通观念的一种合理的推广. 正如根据量子论的公设特别是根据频率关系式可以看出的,经典动力学所要求的那种光谱和运动之间的直接联系是被排除了的,但是,与此同时,这些公设的形式却把我们引到了另一种性质很引人注意的关系. 让我们考虑一个电动力学体系并在普通观念的基础上探索由体系的运动所将引起的辐射的性质. 我们设想运动被分解为纯粹的谐振动,从而辐射就被假设为包括一系列电磁波的同时发射,这些电磁波和这些谐振动分量具有相同的频率,而它们的强度则依赖于这些分量的振幅. 现在,关于量子论的形式基础的考察告诉我们,能够把伴随着不同跃迁的辐射过程的起源问题,追溯到出现在原子运动中的不同谐振动分量的考察. 即将发生某一特定跃迁的可能性,可以看成起源于运动中可以确切指定的一个"对应"分量的存在. 这一对应原理同时也给以前多次提到的一个问题带来了光明,那就是必须用来描述原子定态的量子数的数目和电子轨道所属的类型之间的关系问题. 这些轨道的分类可以很简单地建筑在运动按谐振动分量的分解上. 时间不允许我再对这一问题进行任何更多的讨论,从而我将只叙述一些简单的结论;这是对应原理允许我们作出的一些关于各对定态之间跃迁的发生情况的结论. 这些结论在以下的论证中是有决定重要性的.

这种结论的最简单例子是通过考虑一个原子体系得到的,该体系由一个描绘纯周期轨道的粒子所构成,从而各定态是由单独一个量子数 n 来表征的. 在这一情况下,按照傅立叶定理,运动可以分解成谐振动的简单级数,各谐振动的频率可以写成 $\tau\omega$,此处 τ 是整数而 ω 是沿轨道的绕转频率. 现在可以证明,量子数的值分别等于 n' 和 n'' 的两个态之间的跃迁,将和一个 $\tau=n'-n''$ 的谐振动分量相对应. 这就一下子照亮了两种可能性之间的显著的不同:一方面是氢原子定态之间的跃迁可能性,另一方面是由一个能够在平衡位置附近进行谐振动的带电粒子所构成的简单体系的定态之间的跃迁可能性. 在常被称为普朗克振子的后一体系中,定态中的能量是由熟知的公式 $E=nh\omega$ 来确定的,从而我们借助于频率关系式就得到在两态之间的跃迁中将被发射的辐射的频率 $\nu=(n'-n'')\omega$. 喏,不但在普朗克温度辐射理论中,而且在说明红外辐射域中的分子吸收时也显得是不可缺少的一条重要假设就是,一个谐振子将只发射和只吸收其频率 ν 等于振子的振动频率 ω 的那种辐射. 因此我们就被迫假设,在振子的情况中,跃迁只能在那样的定态之间发生,各定态是由只差一个单位的量子数来表征的,而在由公式(2)来表示的氢光谱中,一切可能的跃迁却都可以在由公式(5)给出的那些定态之间发生. 但是,根据对应原理的观点可以看出,这种表观困难可以用和异于 1 的 τ 值相对应的那些谐振动分量在氢原子的运动中的出现(这是和振子运动的情况相反的)来解释;或者,利用声学中众所周知的术语来叙述,氢原子的运动中出现着泛音.

应用对应原理的另一个简单例子是由一种有心运动给出的,而线系光谱的解释在一级近似下就可以归结为这种运动的考察. 再次参照钠光谱的图示,我们看到和在通常激发条件下出现的谱线相对应的那些黑箭头只联接相邻横行中一对对的点. 现在已经发现,光谱项之间出现组合的这种引人注目的限制,可以通过考察有心运动所能分解而成的那些谐振动分量来十分自然地加以解释. 很容易证明,这样的运动可以分解成一些谐振动分量的两个级数,各分量的频率可以分别表示为 $\tau\omega+\sigma$ 和 $\tau\omega-\sigma$,此处 τ 是整数,ω 是在转动的周期性轨道上的绕转频率,而 σ 是叠加上去的那一转动的频率. 这些分量对应于主量子数 n 减少 τ 个单位而量子数 k 则分别减少或增加一个单位的那些跃迁,这是和图中黑箭头所指示的那些跃迁恰好对应的. 这可以看成一种很重要的结果,因为我们可以说,第一次给基本的谱线组合原理提供了一种简单诠释的量子论,同时也消除了由于很难推断所预见的组合谱线能否出现而一直依附在这一原理的应用上的那种神秘性. 可以特别注意的是量子论对某些新谱线的出现所作出的简单诠释;这些新谱线是由斯塔克及其合作者们观察到的,它们在普通的条件下并不出现,而当发光原子受到强外电场的作用时则受到激发. 事实上,按照对应原理,这是可以通过分析较外电子运动中的扰动来直截了当地加以解释的,这些扰动在这一运动中——除了已经出现在简单有心轨道中的那些谐振动分量以外——引起一些新类型的谐振动分量,它们的振幅正比于外力的强度.

指出一点可能是有兴趣的,那就是,和以前所曾假设的相反(参阅文Ⅱ第 62 页),建筑在辐射过程中角动量守恒的简单考虑上的关于定态间跃迁可能性的限制的那种考察,并不足以阐明如图所示的那种线系光谱的引人注意的简单结构. 如上所述,我们必须假设,我们在谱线精细结构中看到的那种对应于给定 n 值和给定 k 值的谱项的"多重性",可以归因于和这一角动量的不同值相对应的态,在这些态中,电子轨道的平面是以不同的方式相对于原子中那些早先束缚了的电子的组态而取向的. 因此,联系到线系光谱,角动量守恒的考虑只对理解组合可能性的限制有所贡献,这种限制是在适用于谱线多重结构中的成分线数目的奇特定律中观察到的. 只要涉及的是这一问题,这种考虑就可以为对应原理的推论提供直接的支持.

Ⅲ. 原子的形成和周期表

已经证明,在最后俘获的电子的运动和对应于束缚过程不同阶段的各定态间跃迁的发生之间,是存在一种对应关系的. 这一事实提供了在多种可能性中间进行选择的出发点,当考虑通过各电子的逐个俘获和束缚而形成原子时,这些可能性就会出现. 在可以设想的和按照量子论可能发生在原子中的那些过程中,我们将舍去那样一些过程,它们的发生是不能认为和具有所需性质的那种对应关系相容的.

第一周期. 氢—氦　过多地叙述氢原子的构造问题将是没有必要的. 根据前面的说法,我们可以假设任何原子中第一个电子的束缚过程的最后结果都是一个定态,该定态中的原子能量通过在(5)中令 $n=1$ 来给出,或者更精确地通过在(11)中令 $n=1$ 和 $k=1$ 来给出. 电子的轨道将是一个圆,其半径将由公式(10)给出,如果分别令 n 和 k 等于 1 的话. 这样的轨道将被称为 1 量子轨道,而且普遍地说来主量子数具有给定值 n 的轨道将被称为 n 量子轨道. 当有必要区别对应于量子数 k 的各个值的轨道时,由量子数 n 和 k 的给定值来表征的轨道将被称为 n_k 轨道.

在氦原子的构造问题中,我们遇到第二个电子的束缚这一复杂得多的问题. 但是,关于这一束缚过程的信息,可以从氦的电弧光谱中得到. 和大多数简单光谱相反,这一光谱包括两套完全的谱线,其频率由(12)类型的公式给出. 因此,氦在早先曾被假设为两种气体即"正氦"和"仲氦"的混合物,但是现在我们知道,两种光谱只不过意味着第二个电子的束缚可以按两种不同的方式进行而已. 氦光谱主要特点的一种理论解释,近来曾由朗德在一篇有趣的论文中进行过. 他假设正氦光谱的发射起源于那样一些定态之间的跃迁,在各该定态中,两个电子都在同一平面上沿同一方向运动. 另一方面,仲氦光谱却被认为起源于另一些定态,在那些定态中轨道平面互相夹一角度. 克喇摩斯博士和我曾对不同定态中两个轨道之间的相互作用进行了更细致的考察. 我们的考察是在朗德的工作问世的几年以前就开始了的,考察的结果尚未发表. 不必讨论细节,我可以说,尽管我们的结果和朗德的结果(参阅文 II 第 56 页)在若干方面有重大的差别,但是我们却同意他关于正氦光谱和仲氦光谱的起源的那些一般结论.

　　第二个电子的最后束缚结果是和两种氦光谱的起源密切地联系着的. 关于这一点的重要信息,最近曾由弗兰克和他的合作者们得出. 如所周知,通过观察用各种速度的电子来轰击原子时的效应,他曾经揭示了原子结构和光谱起源的许多特点,不久以前,这些实验证明了电子的撞击可以把氦纳入一个“亚稳态”中;原子并不能通过一次由辐射伴随着的简单跃迁而从该亚稳态回到它的正常态,而只能通过一种和涉及与其他元素原子的相互作用的化学反应相类似的过程回到正常态. 这一结果和一件事实密切有关,那就是,第二个电子的束缚可以按两种不同的方式进行,正如两种不同光谱的出现所表明的那样. 例如,由弗兰克的实验已经弄明白,原子的正常态是引起仲氦光谱的发射的那种束缚过程的最后阶段,通过这种过程,最后俘获的电子将像最初俘获的那个电子一样被束缚

289 在一个 1_1 轨道上. 相反地,亚稳态却是发出正氦光谱的过程的最后阶段. 在这一情况下,和第一个电子相反,第二个电子将在一个 2_1 轨道上运动. 这就对应于一种束缚强度,它将只是原子正常态中的电子束缚强度的六分之一.

　　如果我们现在比较仔细地考虑一下这种表观上出人意外的结果,那么就会发现,可以从对应关系的观点对它得到一种清楚的理解. 可以证明,正氦轨道所属的那一连贯的运动类并不包含 1_1 轨道. 如果总的说来我们要求两个电子在同一平面上在 1_1 轨道上运动的那样一个态的存在,而且要求运动应该具有定义定态所必需的那些周期性质,那么,除了假设两个电子在同一轨道上按照在任一时刻都位于一条直径两端的方式而绕核运动以外,看来就没别的可能性了. 可以预期这种极其简单的环组态对应于电子在原子中的尽可能牢固的束缚,而且正因为如此,在我关于原子结构的第一篇论文中就提出了这种环组态来作为氦原子的模型. 但是,如果我们探索一下从一个正氦态到这种类型的组态的跃迁可能性,我们就遇到一些条件,它们是和适用于正氦轨道之间的跃迁的那些条件很不相同的. 事实上,这些跃迁中每一跃迁的发生都是由于明确定义的对应谐振动分量在一些有心轨道中的存在,那些轨道就是较外电子在各定态所属的运动类中

所要描绘的. 另一方面, 我们必须考虑的跃迁却是这样一个跃迁: 通过这个跃迁, 最后俘获的电子被从它在另一电子 "外圈" 运动的态转移到它和另一电子在平等的条件下绕核运动的态. 喏, 不可能求出这两个电子的一系列中间运动形式, 使得最后俘获的电子的轨道在这些运动形式中显示和有心运动足够相似的性质, 以便对于这一跃迁来说能够存在属于必要种类的对应关系. 因此就很显然, 当两个电子在同一平面上运动时, 最后俘获的电子就不能比在 2_1 轨道上束缚得更牢固. 另一方面, 如果我们考虑和仲氦光谱的发射相伴随的而且定态中的电子是沿着轨道平面互成一角度的一些轨道在运动的那种束缚过程, 我们就会遇到本质上不同的条件了. 在这里, 为了使原子中的两个电子变成等价的, 并不要求最后俘获的电子和早先俘获的电子之间的相互作用发生相应的本质变化. 因此我们可以想象束缚过程的最后阶段的进行方式, 和对应于用较大 n 值及较大 k 值来表征的轨道间的跃迁的那些阶段的进行方式相类似.

在氦原子的正常态中, 必须假设两个电子是在等价的 1_1 轨道上运动的. 作为一级近似, 这些轨道可以描述为两个圆形轨道, 它们的平面互成 120° 的角, 这是和按照量子论一个原子的角动量必须满足的那些条件相一致的. 由于两个电子之间的相互作用, 这些轨道平面同时还绕着原子的固定动量轴而缓慢地转动. 近来开姆保从明显不同的观点出发提出了类似的氦原子模型. 同时, 他曾经注意了具有突出对称性的一种可能的运动类型; 在这种运动中, 电子在它们的全部绕转中都相对于一个固定轴线而取对称的位置. 但是, 开姆保并没有进一步研究这一运动. 在这一论文发表以前, 克喇摩斯就已经对完全相同类型的运动开始了更仔细的考察, 为的是弄清楚根据这样的计算能够在多大程度上说明各电子在氦原子中被束缚的牢固性, 也就是说明电离电势. 这一电势的早期测量曾经给出一些值, 它们和由已经提到的环组态所将得出的结果相对应. 这一结果是, 取走单独一个电子所需要的功, 等于从正常态氢原子中取走一个电子所需要的功的 17/8 倍. 因为后一个功——为了简单将用 W 来代表——的理论值对应于 13.53 伏特的电离电势, 氦的电离电势就将被预期为 28.8 伏特. 但是, 近来的更准确的测定给出了氦的低得多的约为 25 伏特的电离电势值. 因此, 这就完全独立于任何别的考虑而证明了环组态的不能适用. 空间原子组态的仔细考察要求繁复的计算, 从而克喇摩斯还没有得到最后的结果. 在迄今已经做到的近似程度下, 计算指示了和实验结果符合的可能性. 我们可以很有兴趣地等待最后的结果, 因为它将在所能想象的最简单情况下对一些原理提供检验, 那些原理是我们用来企图确定不止包含一个电子的原子的定态的.

正如在图 1 所示有关周期系的概貌中可以看到的, 氢和氦一起形成元素周期系中的第一个周期, 因为氦是第一种惰性气体. 氢和氦的化学性质方面的巨大差别,是和电子束缚性质的巨大差别密切联系着的.这是由光谱和电离电势直接指示了的.氦具有已知的一切元素中最高的电离电势,而氢原子中电子的束缚却松得足以说明氢在水溶液和化合物中形成正离子的那种趋势.但是,进一步考虑这一特殊问题就要求比较其他原子的电子组态的性质和牢固性,从而目前还无法加以讨论.

第二周期.锂—氖　当考虑中性原子中含有多于两个的电子的那些元素的原子结构时,我们首先必须假设,以前关于氢原子的形成所曾说过的那些话,在其要点方面也适用于头两个电子的俘获和束缚.因此,在原子的正常态中,这两个电子可以认为是在用量子符号 1_1 来表征的等价轨道上运动着的.我们可以从锂光谱中得到关于第三个电子的束缚的直接信息.这一光谱表明了若干定态序列的存在;在这些定态中,最后俘获的电子被束缚的牢固程度和氢原子定态中的情况很相近.这些态对应于一些轨道,它们的 k 等于或大于 2,而且最后俘获的电子在这些轨道上是完全在头两个电子的运动区域以外运动的.但是,除此以外,这一光谱还给我们提供了有关对应于 $k=1$ 的一系列态的信息;这种态中的能量和对应的氢原子定态中的能量相差很大.在这些态中,最后俘获的电子尽管在大部分绕转过程中都离核相当远,但是在绕转中的某些时刻却和核接近到和早先束缚的电子的轨道线度同数量级的距离.因此,各电子被束缚的牢固性将比电子在对应于相同 n 值的氢原子定态中被束缚的牢固性大很多.

　　喏,关于锂光谱也像关于其他碱金属光谱一样,我们很幸运地具有由选择吸收实验得来的关于原子正常态的确切的证据(参阅原第 32 页).事实上,这些实验告诉我们,S谱项序列中的第一个谱项就对应于正常态.这个谱项对应于仅仅稍大于氢原子束缚强度的三分之一的束缚强度.因此我们必须得出结论:锂原子正常态中的较外电子是在一个 2_1 轨道上运动的,正如氢原子的亚稳态中的较外电子那样.较外电子的束缚之所以不能进行到用总量子数的更小值来表征的轨道,其原因在这两种情况下也可以认为是相类似的.事实上,使锂原子中的第三个电子最终被束缚到一个 1_1 轨道上的那种跃迁,将导致原子中的一个态,而该电子在这个态中将和起先束缚的两个电子起着等价的作用.这样的过程将和那些和锂光谱发射有关的定态间的跃迁属于完全不同的类型,而且,和那些跃迁相反,将并不显示和原子运动中的谐振动分量的对应关系.

　　因此我们就得到锂原子的形成和结构的一种图景,它可以对锂的化学性质和氦及氢的化学性质之间的巨大差别提供一种自然的解释.这种差别是可以立即用下述事实来解释的:最后俘获的电子在锂原子中的 2_1 轨道上的束缚强度,只是氢原子中电子的束缚强度的三分之一,而且几乎只是氦原子中电子的束缚强度的五分之一.

　　这里所说的一切不但适用于锂原子的形成, 而且可以被假设为适用于每一原子中第三个电子的束缚, 因此, 不同于在 1_1 轨道上运动的头两个电子, 第三个电子可以假设为在 2_1 轨道上运动. 至于原子中第四个、第五个和第六个电子的束缚, 我们并没有类似的指南, 因为还不知道铍、硼和碳的任何简单的线系光谱. 尽管不能得到同样肯定程度的结论, 但是看来却能够通过和适用于第三个电子的束缚的那些考虑类型相同的考虑, 来得出一些和一般的物理资料及化学资料相容的结果. 事实上, 我们将假设第四个、第五个和第六个电子将被束缚在 2_1 轨道上. 这种类型的轨道上的第一个电子的束缚之所以不会阻止其他电子被俘获在 2 量子轨道上, 可以认为是由于 2_1 轨道并不是圆形的而是偏心率很大的轨道. 例如, 第三个电子并不能按照被束缚在锂原子中的头两个电子阻止第三个电子被束缚在 1 量子轨道上的那种方式, 来使其余的电子远离较内体系. 于是我们就将预期, 第 4 个、第 5 个和第 6 个电子将像第 3 个电子那样, 在它们绕转过程中的某些时刻进入头两个束缚电子的运动区域之中. 但是, 我们不应该设想这些到较内体系中的访问是同时发生的, 而是应该认为四个电子将分别按照相等的时间阶段去访问核. 在关于原子结构的较早工作中曾经假设, 原子中不同组中的电子是在原子内部相互分离的区域中运动的, 而且在每一时刻每一个别组中的各电子都分布在具有正多边形对称性或正多面体对称性的组态中的. 除了别的内容以外, 这种假设就意味着每一组中的电子被认为是同时出现在各轨道上离核最近的点上的. 这样一种结构, 可以描述为组内各电子的运动是按照大体上不依赖于不同组间的相互作用的一种方式而耦合起来的一个结构. 相反地, 我所建议的这一类结构的典型特色就在于用不同量子数来表征的不同组中的电子运动之间的密切耦合, 以及同一电子组中束缚方式方面的较大独立性, 那同一组中的电子轨道是用相同的量子数来表征的. 在强调后一特点时, 我想到的是两个问题. 第一就是早先束缚了的电子的存在对同组中后来各电子的束缚强度的影响较小. 第二就是, 各电子在组内的运动方式, 既反映了用来形成该组的那些过程的独立性, 也反映了经过外力扰动以后可以通过原子中不同电子交换位置而重新组织该电子组的那些过程的独立性. 最后一点当我们处理 X 射线谱的起源和本性时可以更仔细地加以考虑; 在目前, 我们将继续考虑我们通过考察和电子的逐个俘获有关的那些过程而被引导到的原子结构.

　　以上的考虑使我们能够理解一个事实: 紧跟在锂后面的两种元素即铍和硼, 在和其他物质化合时可以表现为电正性, 且分别具有 2 价和 3 价. 因为, 也像锂原子中的第三个电子那样, 这些元素中最后俘获的那些电子将比最初两个电子束缚得松得多. 同时我们也理解, 为什么这些元素的电正特性不如锂的那么明

294

295 显,因为,由于它们是在较强的场中运动的,2 量子轨道上的电子将被束缚得牢
固得多.但是,在其次一种元素碳中,新的情况就出现了,因为这种元素在它的典
型的化学化合物中不能被认为是作为离子而出现,而却必须被认为是作为中性
原子而出现的.必须假设,这不但是由于电子的束缚具有巨大的牢固性,而且是
对称电子组态的一种必然后果.

随着第 4 个、第 5 个和第 6 个电子在 2_1 轨道上的束缚,轨道的规则组态的
空间对称性必须认为是持续增加的,直到随着第 6 个电子的束缚而最后束缚的
四个电子的轨道可被预期形成一种特别对称的组态为止;在这种组态中,各轨道
平面的法线彼此所取的相对位置,和从正四面体的中心到各顶点的连线的位置
接近相同.碳原子中 2 量子轨道组的这样一种组态,似乎能够对解释有机化合物
的结构提供一个适当的基础.我将不再进一步讨论这一问题,因为这将要求彻底
地研究形成分子的各原子中的电子运动之间的相互作用.但是我可以提到,我们
被引导到的这种类型的分子模型,是和我的初期论文中所提出的分子模型很不
相同的.在那些模型中,化学"价键"是用"电子环"来代表的,它们的类型和被假
设为组成个体原子中各电子组的"电子环"相同.不过,根本不触及这些问题也能
够对各元素化学性质作出一般的解释.这主要是由于一件事实,即相同元素的原
子结合物的结构和许多有机化合物的结构,并不像个体原子作为带电离子而出
现于其中的分子结构那样对于我们的目的具有同等的重要性.大多数简单的无
机化合物就属于后一种化合物;这种化合物常常被称为"异极"化合物,它们具有
比称为"同极"化合物的第一类化合物典型得多的特性,而同极化合物的性质则
在十分不同的程度上显示出各元素的个体特点.因此,我的主要目的将是考虑不
同原子中的电子组态给离子的形成造成的方便.

在结束碳原子的讨论之前我应该提到,朗德已经提出了这种原子的一种模
296 型;在那种模型中,四个束缚得最松的电子的轨道具有一种明显的四面体对称
性.为了和原子体积的测量取得一致,他也假设了这些电子是在 2_1 轨道上运动
的.但是,朗德的看法和这里提出的看法之间却有这样一种区别:朗德仅仅通过
应用空间对称性来考察四个电子所能够完成的最简单运动而推出了碳原子的特
征性质,而我们的看法则起源于有关整个原子的稳定性的考虑.因为我们关于电
子轨道的假设是直接建筑在关于这些电子和头两个束缚电子之间的相互作用的
考察上的.结果就是,我们的碳原子模型具有一些和朗德模型的性质大不相同的
动力学性质.

为了说明第二周期后半部分中各元素的性质,首先就必须指明为什么出现
在中性氖原子中的十个电子的组态具有那么突出的稳定程度.早先曾经假设,这
一组态的性质起源于在核外一些等价轨道上运动着的八个电子和由像在氦原子

中那样的两个电子所构成的较内组之间的相互作用. 但是,可以看到,解答必须沿着完全不同的方向去寻求. 不能指望第 7 个电子将被束缚在和前四个电子的轨道相等价的 2_1 轨道上. 五个这样的轨道的出现将如此肯定地破坏这些电子的相互作用的对称性,以致无法想象把第五个电子纳入这一组中的一个过程会和对应原理相容. 相反地必须假设,四个电子在它们的特别对称的轨道组态中将排斥后来的电子,结果这些后来电子就将束缚在其他类型的轨道上.

很容易想到的适用于氮原子中第 7 个电子以及紧跟在后面的各元素原子中第 7 个、第 8 个、第 9 个和第 10 个电子的轨道,将是 2_2 型的圆形轨道. 这些轨道的直径要比头两个电子的 1_1 轨道的直径大得多;另一方面,偏心的 2_1 轨道的最外部分却将超出圆形的 2_2 轨道之外. 我在这里将不讨论这些电子的俘获和束缚. 这将要求进一步考察两种类型 2 量子轨道上的电子运动之间的相互作用. 我将简单地提到,在我们假设其中包含四个 2_2 轨道上的电子的氖原子中,必须认为这些轨道的平面不但彼此之间取一种用高度空间对称性来表征的位置,而且还要具有一种和四个椭圆 2_1 轨道相和谐的组态. 只有当两个亚组的组态都显示一种对四面体对称性的系统偏差时,这样一种轨道平面并不互相重合的相互作用才能达成. 这就将导致一个结果,即氖原子中具有 2 量子轨道的电子组将只具有单独一个对称轴,它必须被假设为和较内两个电子的电子组的对称轴相重合.

在结束第二周期中各元素的描述之前可以指出,上面这些考虑提供了一种依据,来诠释氧和氯的中性原子俘获更多电子的那种趋势,这种趋势就是这些元素的显著电负性的起因. 事实上,这种趋势可以认为起源于这一事实:最后俘获的那些电子的轨道将在早先俘获的电子在 2_1 轨道上运动的区域中找到它们的地位. 这就暗示了两种性质之间巨大差别的解释——一种是周期系第二周期的后一部分中各元素的性质,另一种是该周期前一部分中各元素的性质;在前一部分元素的原子中,只有一种类型的 2 量子轨道.

第三周期. 钠—氩 现在我们将考虑周期系第三周期中各元素的原子结构. 这就立即把我们带到了原子中第 11 个电子的束缚问题. 在这儿,我们遇到一些条件,它们是类似于和第 7 个电子的束缚相联系着的那些条件的. 和适用于碳原子的论证类型相同的论证表明,氖原子中组态的对称性,将由于在和最后俘获的那些电子被束缚于其上的同类型轨道上增加另一个电子而受到重大的破坏,如果不是完全的破坏的话. 因此,正如在第 3 个和第 7 个电子的情况中一样,我们可以预期在原子中遇到适用于第 11 个电子的一种新类型的轨道,而这一回自然就是 3_1 轨道. 这样一个轨道上的一个电子将在大部分时间内停留在头十个电子的轨道的外面. 但是,在绕转中的某些时刻,它不但会透入 2 量子轨道的区域中,

297

298

而且也像 2_1 轨道一样将到达离核的距离小于头两个电子束缚于其上的 1 量子轨道的半径的地方. 对原子的稳定性关系重大的这一事实,在第 11 个电子的束缚方面导致一个奇特的结果. 在钠原子中,这个电子将在一个场中运动;就轨道的外面部分而言,这个场将和氢原子核周围的场相差很小,但是轨道的这一部分的线度却和氢原子中 3_1 轨道相应部分的线度大不相同. 这起源于这样一件事实:即使电子只在绕转中的短暂时间内进入头十个电子的组态之内,这一部分轨道也将对主量子数的确定发生重大的影响. 这是和下述事实直接联系着的:电子在轨道的第一部分上的运动,和 2_1 轨道上早先束缚的电子在整个绕转中所完成的运动相差很小. 出现在对应于钠光谱之类光谱的定态量子数的确定中的那种不确定性,就是和这一事实有关的. 这一问题曾由一些物理学家讨论过. 罗切斯文斯基通过各种碱金属的谱项的对比曾经得出这样的结论:正常态并不像我们起初所倾向于预期的那样对应于一个 1_1 轨道,就如第 79 页［本卷原第 281 页］上的图 2 所示的那样,而是这个态对应于一个 2_1 轨道. 薛定谔在企图说明碱金属光谱中 S 谱项和 P 序列及 D 序列中的谱项之间的巨大差别时,也得到了相似的结果. 他假设,和 S 谱项相对应的态中的"较外"电子——不同于和 P 谱项及 D 谱项相对应的那些电子——将在它的绕转过程中部分地透入较内电子的轨道区域之内. 这些研究无疑地包含着重要的提示,但是在实际上,适用于不同碱金属光谱的条件必然是很不相同的. 例如,我们必须假设,对于钠光谱来说,不但 S 序列中的第一个谱项不是像在锂中那样对应于 2_1 轨道而是对应于 3_1 轨道,而且,正如一种更详细的考虑所证明的,P 序列中第一个谱项也不是像图 2 所示的那样对应于 2_2 轨道而是对应于 3_2 轨道. 假如该图上的数字是正确的,那就除了别的条件以外还会要求各个 P 谱项应该小于对应于相同主量子数的氢谱项. 这就将意味着,较内电子的平均效应可以描述成一个推斥力. 而这个推斥力大于把各电子的总电荷集中到核上时所将出现的推斥力. 但是,从我们的原子结构观点来看,这是不能被预期的. 相反地,最后俘获的电子至少在低 k 值的情况下将部分地透入早先束缚的电子轨道区域之内,这一事实就将使得这些电子的存在引起一个有效推斥力,而这个推斥力将比由它们的总电荷引起的推斥力小得多. 代替了图 2 中所画的联接对应于同值主量子数的定态代表点的从右向左的曲线,我们得到了图 3 中所示的从左向右的曲线. 各个定态是按照和我所描述的结构相对应的量子数来标号的. 按照图 2 所依据的那种看法,钠光谱可以简单地描述为畸变的氢光谱,而按照图 3 则不但存在畸变而且还有某些低量子数谱项的完全消失. 可以指出,这种看法不但显得能够对这些谱项的量值提供一种解释,而且 P 序列和 D 序列中各谱项的多重性也可以在最初束缚的十个电子的组态对纯中心对称性的偏差中找到自然的解释. 这种对称性的欠缺起源于两个最内电

299

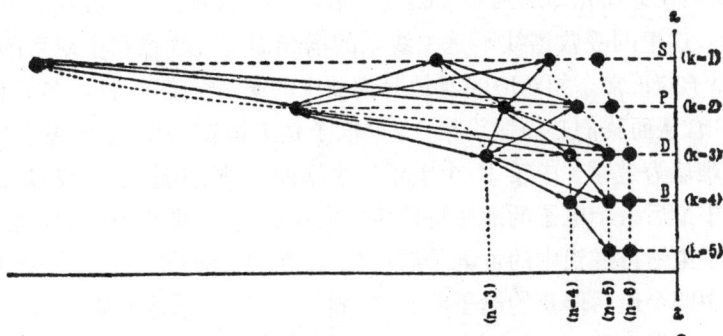

图 3

子的组态,而且"传递"到原子结构的较外部分,因为 2_1 轨道是部分地透入这两 300
个电子的区域之内的.

　　这种关于钠光谱的看法同时也对钠的显著电正特性提供了直截了当的解
释,因为钠原子中最后束缚的一个电子比锂原子中最后俘获的电子还要束缚得
松些. 与此有关可以提到,碱金属族中各原子体积的随原子序数的增大而增大,
也在价电子的越来越松的束缚中得到了简单的解释. 在他的关于 X 射线谱的工
作中,索末菲在较早的时期曾经认为原子体积的这种增大支持了一个假设,即当
我们在本族中从一种金属过渡到某次一种金属时,价电子轨道的主量子数将增
加一个单位. 但是,他关于线系光谱的较晚考察却肯定地使他放弃了这一假设.
初看起来,也可能显得会出现比实际上观察到的更大的原子体积的增大. 但是,
这一事实的简单解释可以通过一种认识来得到,那就是电子的轨道将部分地进
入较内轨道的区域之内,从而和较外部分几乎是椭圆形的圈线相对应的"有效"
量子数将比用来描述整个有心轨道的主量子数小得多. 可以提到,韦伽德在他关
于 X 射线谱的研究中,也提出了从核向外看去原子中不同组的电子轨道量子数
逐步增大的假设. 他曾经引入了关于原子各不同电子组中的电子数和周期系中 301
各周期长度之间的关系的假设,这种假设和这里给出的结果显示着某些形式上
的相似性. 但是韦伽德的想法并没有为进一步考虑各电子组的演化和稳定性提
供什么出发点,从而也没有为详细地诠释各元素的性质提供任何基础.

　　当我们考虑周期系第三周期中钠以后的各元素时,我们就在第12个、第13个
和第14个电子的束缚中遇到一些条件,它们和我们在第 4 个、第 5 个和第 6 个电
子的束缚中遇到的那些条件相类似. 但是,在第三周期的元素中,我们却具有详
细得多的关于线系光谱的知识. 关于铍光谱所知太少,不足以得出有关第四个电
子的束缚的结论,但是我们可以根据很好地已知的镁的电弧光谱来直接推断,在
这一元素的原子中,第 12 个电子是束缚在一个 3_1 轨道上的. 至于第 13 个电子

的束缚,我们在铝那儿却遇到一种吸收光谱,其结构和碱金属光谱的结构是不同的.事实上,这里的吸收谱线不是主线系的谱线而是锐线系和漫线系的谱线.因此,和铝原子的正常态相对应的就是 P 谱项中的第一个谱项,而不是 S 谱项中的第一个谱项,从而我们必须假设第 13 个电子是束缚在一个 3_2 轨道上的.但是,这似乎很难认为是原子中第 13 个电子的束缚的一种普遍性质,而却是由适用于某一原子中最后一个电子的那些特殊条件所引起的;在那个原子中,已经有两个另外的电子束缚得像铝中的价电子那样松了.在理论的目前状态下,看来最好假设硅原子中四个最后俘获的电子将在 3_1 轨道上运动,形成和碳中 2_1 轨道上四个电子的较外组态具有相似的对称性质的组态.正如我们针对后一组态所假设的那样,我们将预期初次出现于硅中的那种 3_1 轨道组态具有那样的完备性,以致给后面元素的原子再增加一个 3_1 轨道上的电子是不可能的,从而原子序数更高的各元素中的第 15 个电子将被束缚在一种新类型的轨道上.但是,在这种情况中,我们遇到的将不是在第 7 个电子的俘获中所遇到的那种圆形轨道,而是 3_2 类型的转动着的偏心轨道.这是和上面提到过的一个事实很密切地联系着的,那就是,非圆形轨道将比具有相同主量子数值的圆形轨道对应于更牢固的束缚,因为电子将在某些时刻更深得多地透入原子的内部.即使一个 3_2 轨道将不会透入最内部的 1_1 轨道组态之内,它却将达到比圆形 2_2 轨道的半径小得多的离核距离.在第 16 个、第 17 个和第 18 个电子的情况,条件是和适用于第 15 个电子的那些条件相似的.因此,对于氩,我们可以预期那样一种组态,在该组态中,最内部的十个电子是在和氖原子中的类型相同的轨道上运动的,而最后的八个电子则将形成包括四个 3_1 轨道和四个 3_2 轨道的一种组态,它的对称性质必须认为和氖原子中 2 量子轨道的组态密切对应.这一图景在对第二周期的和第三周期的后半部分中各元素的化学性质的相似性提示了定性解释的同时,也开辟了对于定量方面的巨大差别作出自然的解释的可能性.

第四周期. 钾—氪　在第四周期中,我们起初遇到一些元素,它们在化学上和前两个周期开头处的那些元素相似.这也正是我们所应预料的.于是我们必须假设,第 19 个电子是束缚在一个新类型的轨道上的,而较仔细的考察则证明这将是一个 4_1 轨道.联系到钠原子中最后一个电子的束缚所强调了的那些问题,在这里甚至将更加突出,因为用来表征较内电子的轨道的那些量子数比较大.事实上,在钾原子中,就其较内圈线来看,第 19 个电子的 4_1 轨道将和 3_1 轨道的形状密切地重合.因此,由于这一情况,轨道较外部分的线度不但将和氢原子中 4_1 轨道的线度相差很大,而且将和 2_1 类型的氢轨道密切地重合,后一轨道的线度约为 4_1 氢轨道的四分之一.这一结果允许我们直截了当地解释钾的化学性质和光谱的主要特点. 相应的结果也适用于钙, 在它的中性原子中共有两个价电子在等价的 4_1 轨道上运动.

但是, 在钙以后, 周期系第四周期中各元素的性质却和以前各周期中对应元素的性质相差越来越大, 直到我们在铁金属族中遇到一些性质十分不同的元素. 当进行到更高的原子序数时, 我们就又遇到不同的条件. 例如, 我们在第四周期的后半部分看到一些元素, 它们的化学性质和以前各周期后半部分各元素的性质越来越接近, 直到在原子序数 36 处我们又遇到一种惰性气体, 即氪. 这正好是我们所应预料的. 前三个周期中各元素的原子的形成和稳定性, 要求原子中最初 18 个电子中的每一个电子在每一种后继的元素中都束缚在一个轨道上, 该轨道的主量子数和那一特定电子初次出现时所具有的主量子数相同. 很容易看到对于第 19 个电子情况就不同了. 随着核电荷的增加和相与俱来的头 18 个电子轨道区域内外力场的差别的减小, 4_1 轨道位于外面的部分的线度将越来越趋近于根据原子中各电子之间的相互作用可以忽略不计的假设来计算的那种 4 量子轨道的线度. 因此, 随着原子序数的增加就将达到那样一点, 在那儿, 3_3 轨道所对应的第 19 个电子的束缚将比 4_1 轨道所对应的更强, 而且这早在第四周期的开头处就已经发生了. 这不但可以根据简单的计算来预测, 而且也以一种引人注意的方式根据对线系光谱的检查得到了证实. 尽管钾光谱表明, 4_1 轨道对应于一种束缚, 它比对应于 D 序列中第一个谱项的 3_3 轨道上的束缚牢固一倍以上, 但是一到钙那儿条件就完全不同了. 我们将不考虑在第 20 个电子的俘获中所发射的电弧光谱, 而只考虑对应于第 19 个电子的俘获和束缚的火花光谱. 尽管镁的火花光谱——除了出现在公式 (12) 中的恒量等于黎德伯恒量的四倍这一事实以外——在各个序列中的谱项值方面和钠光谱显示出巨大的相似性, 我们在钙的火花光谱中却遇到这样一种引人注意的条件: D 序列的第一谱项大于 P 序列的第一谱项, 而且仅仅稍小于 S 序列的第一谱项, 该谱项可以认为对应于钙原子正常态中第 19 个电子的束缚. 这些事实表示在图 4 中, 该图给出了对应于钠和钾的电弧光谱的那些定态的概况. 正如在钠光谱的图 2 和图 3 中一样, 我们曾经忽视了各谱项的多重性, 从而表征各定态的数字就只是量子数 n 和 k. 为了便于比较, 表示定态能量的比例尺对于火花光谱为对于电弧光谱的四分之一. 因此, 标有不同 n 值的那些竖直线对于电弧光谱就对应于氢谱项, 而对于火花光谱则对应于电公式 (7) 给出的氦光谱的谱项. 通过针对钾和钙比较第 19 个电子在 4_1 轨道上和在 3_3 轨道上的相对束缚强度, 我们就看到, 对于其次一种元素钪, 我们就必须准备发现 3_3 轨道将比 4_1 轨道对应于这一电子的更牢固的束缚了. 另一方面, 由前面的说法可以推知, 束缚将比头 18 个电子的松得多, 这是和一个事实相符合的, 即钪在化学反应中显示电正性并具有三价.

304

305

304

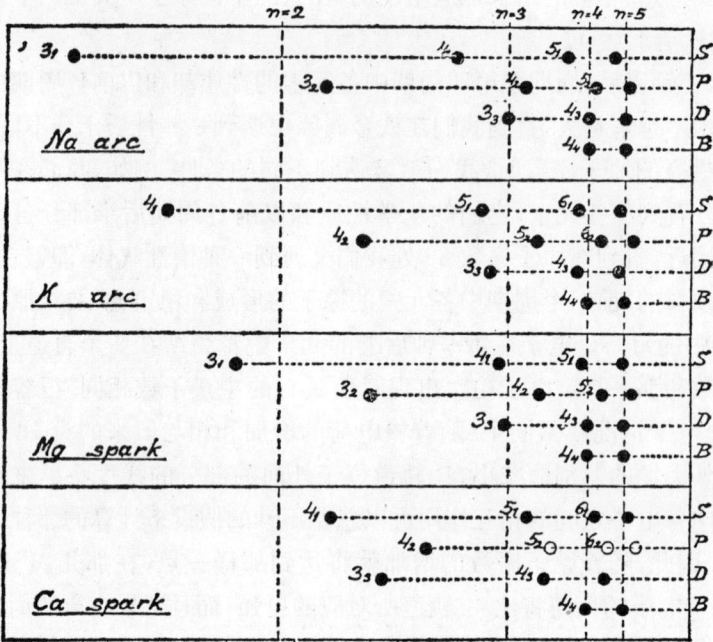

图 4

305　　　如果我们进而考虑后面那些元素,就会有为数更多的 3_3 轨道出现在这些原子的正常态中,因为这种电子轨道的数目依赖于它们的束缚强度和电子在 4_1 轨道上的束缚强度的对比,对于后一种类型的轨道,至少可以假设原子中最后俘获的电子是在那里运动的. 因此我们就遇到一些条件,它们是和我们联系到前几个周期所考虑的那些条件有着本质的不同的,于是我们在这里涉及的是原子中一个较内电子组的逐步发育,在此情况下是 3 量子轨道的电子组的逐步发育. 只有当这一电子组的发育已经完成时,我们才能预期再一次发现元素性质随原子序数增大的相应变化,就如我们在前几个周期中所看到的那样. 第四周期后半部分中各元素的性质直接表明,当完成时,这个组中将具有 18 个电子. 例如,在氪中,除了 1、2 和 3 量子轨道组以外,我们可以预期包括四个 4_1 轨道和四个 4_2 轨道的那八个 4 量子轨道上的电子有一种特别对称的组态.

　　　现在就出现一个问题:具有 3 量子轨道的电子组的逐渐形成将以什么方式进行? 按照和具有 2 量子轨道的电子组的结构的类比,初看起来我们可能倾向

306 于假设 3 量子轨道的完成组将包括三个亚组,分别由 3_1,3_2 和 3_3 类型的轨道上的四个电子构成,因此总的电子数将是 12 而不是 18. 但是进一步的考虑却表明这样一种预期是没有根据的. 出现在氖中的具有 2 量子轨道的八个电子的组态的稳定性,必须认为不仅仅起因于 2_1 轨道和 2_2 轨道这两个亚组中的电子轨道

的各自的对称组态,而且完全同样重要地起因于使这些亚组中的轨道互相协调的那种可能性.但是,对于具有 3 量子轨道的电子组,情况却是不同的.在这一情况下,不能预期各有四个轨道的三个亚组会以对应的简单方式来彼此发生相互作用.相反地,我们必须假设,3_3 轨道上的电子的存在将减小前两个 3 量子亚组中的轨道的和谐性,至少当达到那样一点时是如此:那时第 19 个电子不再像在钪的情况中一样比以前束缚在 3 量子轨道上的那些电子束缚得松得多,而是如此深入地被拉入原子内部,以致它基本上是在原子中这些电子的运动区域之内绕行的.现在我们将假设,这种和谐性的减小可以说将"打开"这些类型的轨道上的电子的早先已经"闭合"的组态.至于最后的结果,18 这个数字就表明,当此组终于形成以后将有各含六个电子的三个亚组.即使目前还不能在细节上追寻这一组的各个形成步骤,这一结果却以一种有趣的形式由下述事实所证实:能够以一种简单方式使各含六个电子的三个组态相对排列起来.各亚组的组态并不像碳中 2 量子轨道组那样显示四面体对称性,而是显示一种就其各轨道平面的相对取向来看可以说是三角式的对称性.

　　和以前各周期中的元素性质相比,这一周期中各元素的性质是差别很大的,尽管如此,3 量子轨道上 18 个电子这一组在第四周期中的完成,却可以说在一定程度上和 2 量子轨道组在第二周期中的完成具有同样的特征结果.正如我们已经看到的,这种完成不但确定了作为惰性气体的氪的性质,而且确定了以前各元素的电负性质和以后各元素的电正性质.不存在具有包含 18 个电子的较外组的惰性气体这一事实,很容易用 3_3 轨道比在同一力场中绕转的 2_2 轨道具有大得多的线度来说明.因为这种原因,一个完满的 3 量子组就不能作为最外的电子组出现于中性原子中而只能出现于带正电的离子中.我们在铜中遇到的由单价亚铜离子的出现所表明的价数的特征减小,就表明了完成一种对称的电子组态的同一趋势,这种趋势是我们在氯之类的元素的突出电负特性中发现了的.亚铜离子中存在一个完满的 3 量子轨道组的直接证据,是由铜的光谱给出的;这种光谱和由较内体系的非对称特性所造成的以前各元素的极其复杂的光谱不同,它具有一种很像钠光谱的简单结构.这无疑可以归因于出现在亚铜离子中的一种简单的对称结构,它和出现在钠离子中的那种结构相类似,尽管这些离子中较外电子组的结构上的巨大差别,是既由各谱项的颇大差值又由两种光谱的 P 谱项双重态裂距的颇大差值证明了的.但是,二价铜化合物的出现却表明,铜原子中 3 量子轨道组中的束缚强度,不像钠原子中 2 量子轨道组中各电子的束缚强度那样大.永远为二价的锌是第一种元素,它里边的各组电子束缚得是那样地牢固,以致它们不能通过普通的化学过程来取走.

　　我已经给出的关于第四周期中各元素的原子的形成和结构的图景,可以对

307

化学性质和光谱性质作出解释. 此外,它也得到和我们一直使用的证据性质不同
308 的证据的支持. 一个熟知的事实就是,第四周期中的元素,部分地在它们的磁性
质方面,部分地在它们化合物的特征色方面,和前几周期中的元素显著不同. 顺
磁性和色彩确实出现在属于前几周期的元素中,但却并不出现在所考虑的原子
作为离子而存在的那种简单的化合物中. 相反地,第四周期中的许多元素却甚至
在解离的水溶液中都显示顺磁性和特征色. 这一点的重要性,曾由拉登堡在企图
解释周期系的那些长周期中各元素的性质时加以强调(参阅第 73 页[本卷原第
275 页]). 朗缪尔为了说明第四周期和以前各周期之间的不同,简单地假设了原
子除具有各含 8 个电子的细胞层以外,还具有包含 18 个电子空位的较外细胞
层,该层在氪的情况下初次被填满. 另一方面,拉登堡却假设,由于这种或那种的
原因,一个中间层在那个在氪中已经出现于原子中的较内电子组态和较外的价
电子组之间发育了起来. 这个中间层从钪开始,而且恰恰在铁金属族的末尾处完
成. 为了支持这一假设,拉登堡不但提到第四周期中各元素的化学性质,而且提
到恰恰出现在中间层应该正在发育的那些元素中的顺磁性和色彩. 可以看到,拉
登堡的想法和我在以上给出的关于第四周期的出现的诠释显示着某些形式上的
相似性,而且可以很有趣地注意到,建筑在有关原子形成条件的直接考察上的我
们的看法,使我们能够理解拉登堡所强调的那种关系.

我们的普通电动力学观念或许不足以形成一种解释原子磁性的基础. 这是
不足为怪的,如果我们记得这些观念不曾被证实为适于用来说明辐射现象,而辐
射现象是和由电子的运动所引起的电力和磁力之间的密切相互作用联系着的.
309 不论这些困难可能用什么方法来解决,看来最简单的就是假设,我们在第四周期
各元素中遇到的那种磁性起源于原子的内部结构对称性的缺失,这种缺失阻止
来自电子运动的磁力形成完全位于原子内部的一组闭合力线. 尽管曾经假设,以
前各周期中的元素的离子,不论是带正电还是带负电,都包含一些具有突出的对
称特性的组态,但是,我们却必须准备在第四周期内的那样一些元素的离子中遇
到电子组态的对称性的一种明确缺失,各该离子包含一个 3 量子轨道上的电子
组,而且这个电子组正处于分别含 8 个和 18 个电子的对称组态之间的过渡阶
段. 正如考塞耳所指出的,实验结果显示出一种极端的简单性,离子的磁矩只依
赖于离子中的电子数. 例如,三价铁离子显示和二价锰离子相同的原子磁性,而
三价锰离子显示和二价铬离子相同的原子磁性. 和我们关于铜和锌的原子结构
所假设的符合得很好的是,磁性在包含 28 个电子的离子那儿就消失了,而正如
我说过的,这种离子必须被认为包含一个完满的 3 量子轨道组. 总的说来,关于
第四周期中各元素的磁性质的考虑,使我们对于一种情况得到一种生动的印象,
那就是当我们从一种元素过渡到另一种元素时,在其他方面为对称的较内结构

中起初怎样发展一个伤口而后又怎样治愈它. 可以希望,关于磁性质的进一步考察将给我们提供关于 3 量子轨道上的电子组一步一步发育起来的那种方式的一个线索.

离子色也直接支持了我们关于原子结构的看法. 按照量子论的公设,辐射的吸收也像辐射的发射一样被认为是在定态间的跃迁中发生的. 色彩的出现,也就是说可见光谱域中光的吸收,就是一些跃迁的证据,那些跃迁涉及的能量改变和引起各元素的普通光学光谱的能量改变同数量级. 和以前几个周期中各元素的一切电子都被认为束缚得很牢固的那些离子相反,这样一些过程在第四周期中 310 的出现正是我们所应该预期的. 因为,具有 3 量子轨道的那一电子组的发育和完成,可以说是在和电子在较高量子轨道上的束缚相竞争的情况下进行的,因为电子在 3 量子轨道上的束缚是当这种束缚比在 4_1 轨道上的束缚更牢固时才出现的. 因此,这一电子组的发育将进行到我们可以说出现了这两种轨道之间的平衡的地步为止. 可以假设,这一条件不但和离子色直接联系着,而且和元素形成不同价数的离子的那种趋势直接联系着. 这是和头几个周期中的那些元素相反的;在那几个周期中,水溶液中离子的电荷对于同一种元素来说永远是相同的.

第五周期. 铷—氙　　其余各周期中的原子的结构,可以按照和以上所述情况的完全类比来追寻. 例如我们将假设,第五周期的各元素中的第 37 个和第 38 个电子是束缚在 5_1 轨道上的. 这一点得到关于铷的电弧光谱和锶的火花光谱的测量结果的支持. 后一光谱同时表明 4_3 轨道将很快地出现,从而在这一和第四周期一样包含着 18 种元素的周期中,我们必须假设正在看到具有 4 量子轨道的电子组的进一步发育阶段. 这一电子组的第一个形成阶段可以说是随着八电子对称组态的出现而在氪中达成了的,该组态由束缚在 4_1 轨道和 4_2 轨道上的各有四个电子的两个亚组构成. 第二次初步完成必须认为是已经随着 18 个电子的对称组态的出现而在银的情况中达成的,该组态由三个亚组构成,分别含有 4_1,4_2 和 4_3 类型的轨道上的六个电子. 关于具有 3 量子轨道的电子组的逐步形成所说过的一切话,都可以不加改变地适用于 4 量子轨道组的这一演变阶段. 因为我们在任何情况下都没有用到量子数的绝对值,也没有用到有关轨道形式的假设,而只用到了可以加以考虑的可能的轨道类型的数目. 同时,提到一点可能是有兴趣 311 的,那就是,这些元素的性质和前一周期中各元素的性质相比仍然显示出一种差别,这是和根据轨道类型的差别所能预料的情况相对应的. 例如,对于第二和第三周期各元素所特有的那些价条件的背离,在第五周期中比在第四周期中的各元素间出现得较晚. 在第四周期中,像钛这样的元素已经显示以不同价数出现的明确趋势,而另一方面,像锆这样的元素却仍然像第二周期中的碳和第三周期中的硅一样是四价的. 事实上, 电子轨道的运动学性质的简单考察就表明, 第五周期的一种元素中一个偏心 4_3 轨道上的电子, 将比第四周期的对应元素中圆形 3_3 轨道上的电子束缚得更松得多, 而分别束缚在 5_1 类型和 4_1 类型的偏心轨道上的电子则将对应于牢固性大约相同的束缚.

在第五周期的末尾, 我们可以假设原子序数为 54 的氙具有这样一种结构: 除了已经提到的两个 1 量子、八个 2 量子、十八个 3 量子和十八个 4 量子轨道以外, 还包括 5 量子轨道上八个电子的一种对称组态, 由分别包含 5_1 轨道上和 5_2 轨道上的四个电子的两个亚组构成.

第六周期. 铯—氡   如果我们现在考虑原子序数更高的一些元素的原子, 我们首先就必须假设铯原子和钡原子中的第 55 个和第 56 个电子是束缚在 6_1 轨道上的. 这一点得到这些元素的光谱的证实. 但是也很清楚, 我们必须对于不久就会遇到全新的条件有所准备. 随着核电荷的增加, 我们不但必须预期 5_3 轨道上的电子将比 6_1 轨道上的电子束缚得更牢固, 而且必须预期将会遇到那样一个时刻, 那时在原子的形成中一个 4_1 轨道将比 5 量子轨道和 6 量子轨道代表更牢固的电子束缚, 正如在第四周期的各元素中当达到那样一点时 3 量子轨道组的发育就会开始一个新阶段一样——在那一点上, 第 19 个电子第一次被束缚在 3_3 轨道上而不是束缚在 4_1 轨道上. 于是我们就将预期在第六周期中会遇到 4 量子轨道组的新的发育阶段. 一旦这一点已经达到, 我们就必须准备发现, 随着原子序数的增大, 会有一种跟着一种的若干元素, 它们将像在铁金属族中那样具有很接近于相同的性质. 但是, 相似性会更加明显, 因为我们在这一情况下所涉及的是位于原子内部更深处的一个原子组态的逐步演变. 诸位大概已经猜到, 我所指的就是关于第六周期开头处稀土族的出现的一种简单解释. 正如 3 量子轨道组在第四周期中的演变和完成以及 4 量子轨道组在第五周期中的部分完成那样, 我们可以根据第六周期的长度立即推出最后包含在 4 量子轨道组中的电子数, 那就是 32. 和适用于 3 量子轨道组的情况相类似, 当此组完成时, 它或许将包含各有八个电子的四个亚组. 尽管还不能一步一步地追寻这一电子组的发育, 我们甚至在这儿也能给出有利于恰恰具有这么多个电子的对称组态的出现的一种理论证据. 我将简单地提到, 不允许轨道平面互相重合, 就不能在具有简单三角形对称性的组态中达成各含六个电子的四个亚组的相互作用, 那种对称性是和三个亚组所显示的同样简单的. 我们所遇到的这种困难使得下述事实颇有可能: 一种谐和的相互作用正好可以由各含八个电子的四个亚组来达成, 它们的轨道组态显示轴对称性.

正如在第四周期中铁金属族的情况下一样, 所提出的关于稀土族在第六周期中的出现的解释,也以一种有趣的方式得到了关于这些元素的磁性的考察的支持.尽管具有巨大的化学相似性,族中各元素却显示很不相同的磁性质,例如,其中有一些只显示很小的磁性,而另一些则显示比所考察过的任何其他元素都大的每原子的磁矩.也能够对这些元素的化合物所显示的特殊颜色给出简单诠释,其方式和在第四周期中铁金属族的情况下所用的方式很相近.稀土族的出现和原子中较内电子组的发育有关,这种想法本身并不是新的,而是例如曾经由韦伽德联系到他的关于 X 射线谱的工作而考虑过的.但是,现在这些考虑的新特点却在于重视了一种奇特的变化方式,那就是主量子数相同而形状不同的两个轨道的相对束缚强度随着核电荷和随着早先束缚了的电子数而变化的那种方式.由于这一事实,稀土族这样的一族元素在第六周期中的出现,就可以看成理论的一种直接推论,而且实际上可能根据量子论预见出来,如果按我所指出的方式把这种理论应用于以前各周期内各元素的性质的解释的话.

　　除了 4 量子轨道组的最后发育以外,我们在第六周期中还在铂金属族中观察到 5 量子轨道组的第二个发育阶段.在结束这一周期的放射性的惰性气体氡中,我们也观察到具有 6 量子轨道的电子组的第一个初期的发育步骤.在这种元素的原子中,除了分别具有两个 1 量子、八个 2 量子、十八个 3 量子、三十二个 4 量子和十八个 5 量子轨道的那些电子组以外,还有由 6 量子轨道上八个电子组成的一种较外的对称组态,我们将假设这种组态包括两个亚组,它们分别包含 6_1 轨道上和 6_2 轨道上的各四个电子.

　　第七周期　　在周期系的第七个即最后一个周期中,我们可以预期 7 量子轨道在原子正常态中的出现.例如,在镭的中性原子中,除了氡的电子结构以外,将在 7_1 轨道上有两个电子,这种电子在它们的绕转过程中不但会透入主量子数较低的那些电子轨道的区域之内,甚至会达到离核距离小于最内部的 1 量子轨道的半径的地方.第七周期中各元素的性质,和第五周期中各元素的性质很相像.例如,和第六周期中的情况不同,这里没有像稀土元素那样彼此性质相近的元素.和有关第四周期及第五周期中各元素性质之间的关系的那些说法完全类似,这一点也可以很简单地用一件事实来加以解释,那就是,一个偏心的 5_4 轨道将对应于第七周期一种元素的原子中一个电子的束缚,它比第六周期中对应元素的电子在圆形 4_4 轨道上的束缚要松得多,而这些电子分别在 7_1 类型和 6_1 类型的轨道上的束缚牢固性之差却小得多.

　　如所周知,第七周期是不完全的,因为还不曾发现原子序数大于 92 的任何原子.这或许和下述事实有关:周期系中最后一种元素是放射性的,而且总电荷大于 92 的原子将不够稳定,以致在通常可以观察到元素的那种条件下无法存

313

314

在. 描绘在具有更高电荷的核周围俘获和束缚电子来形成原子的一种图景,并从而对可以期望对应的假说性元素所将显示的性质得到某种概念,这是很吸引人的. 但是,我将不再进一步展开这一问题,因为根据我为了解释实际观察到的那些元素的性质而已经发展起来的那些看法,我们即将得到的一般结果在诸位看来应该是很明显的. 那些结果的一个概况在下表中给出;表中对结束周期系中前六个周期的那些惰性气体的原子结构给出了符号的表示. 为了强调逐步的变化,表中包括了将和惰性气体具有相仿性质的下一种原子中的可能电子排列.

315　　此表所依据的原子构造观点涉及以很大的速度作着相对运动的一些电子的组态,这种运动使得"较外"组中的电子会透入"较内"组中各电子的轨道区域之内;这种观点当然是和朗缪尔所提出的那种静态原子模型完全不同的. 但是,完全抛开这一点不谈,也可以看到我们通过追溯每一单个电子被束缚的方式而得出的原子中各电子组的安排,是和朗缪尔理论中各组的安排很不相同的. 例如,为了解释第六周期中各元素的性质,朗缪尔假设除了用来说明以前各周期中元素性质的分别含有 2,8,8,18 和 18 个电子的较内细胞层以外,原子还具有一个共有 32 个电子空位的细胞层,这一层在氡的情况下恰好填满.

Element	Atomic number	Number of Electrons in n_k-orbits																							
		1_1	2_1	2_2	3_1	3_2	3_3	4_1	4_2	4_3	4_4	5_1	5_2	5_3	5_4	5_5	6_1	6_2	6_3	6_4	6_5	6_6	7_1	7_2	7_3
Helium	2	2																							
Neon	10	2	4	4																					
Argon	18	2	4	4	4	4	—																		
Krypton	36	2	4	4	6	6	6	4	4	—	—														
Xenon	54	2	4	4	6	6	6	6	6	6	—	4	4	—	—	—									
Niton	86	2	4	4	6	6	6	8	8	8	8	6	6	6	—	—	4	4	—	—	—				
?	118	2	4	4	6	6	6	8	8	8	8	8	8	8	8	—	6	6	6	—	—	—	4	4	—

联系到这一点,提到布瑞最近发表的一篇论文可能是有兴趣的;这篇论文是我在发表了本次演讲以后才注意到的,文中包括对元素性质的一种有趣的概述,所依据的关于原子结构的观念和刘易斯及朗缪尔所用的那些观念相似. 布瑞根据纯化学的考虑得到了一些结论,它们在各组的安排和完成的要点方面和现在这一理论的结论相一致,这一理论的纲要是我在引言中所提到的致《自然》的信中给出的.

周期表综述　本次演讲中所给出的结果也通过图 1 所给出的周期系表示法表示了出来. 在这个图中,长方框线是要表示其中一个"较内"组正处于一个发育阶段中的那些元素. 例如,在第四和第五周期中可以看到单层的框线,分别表明

着具有 3 量子轨道的电子组的最后完成,以及具有 4 量子轨道的电子组的倒数
第二个发育阶段. 在第六周期中,曾有必要引入两层框线,其中内层的框线表明
具有 4 量子轨道的组的导致稀土元素出现的最后演化阶段. 这出现在周期系中
的那样一个地方,在那儿,具有 5 量子轨道的一个电子组的用外层框线表示的第
三个发育阶段已经开始了. 在这方面可以看到,内层框线包围的元素数目,比通
常划归稀土族中的元素要少. 在这一组元素的末尾,由于还不曾肯定地知道一种
原子序数为 72 的元素,所以还存在一种不确定性. 但是,正如在图中标明了的,
我们必须根据理论得出具有 4 量子轨道的组在镥(71)中已经最后完成的结论.
因此,这一元素应该是第六周期后半部分中具有相似的性质的一系列相邻元素
中的最后一种,而在第 72 位上则必须预期一种在化学性质和物理性质方面和锆
及钍为同族的元素. 在朱里亚·汤姆森的旧表中已经标明的这一点,也曾经由布
瑞指出. [在最近,道维列曾经在研究在含有稀土元素的装置中激发出来的 X 射
线谱时观察到某些微弱的谱线,他认为这些谱线是属于原子序数为 72 的元素
的. 这一元素被他鉴定为属于稀土族的一种元素,叫做 celtium,它的存在从前曾
由乌尔班推测过. 这一结果如果正确就会给原子理论带来困难;完全抛开这些困
难不谈,它还意味着,当从 72 号元素过渡到后面的 73 号元素即钽时,正原子价
会增加两个单位,因为按照化学观点稀土元素是正三价的. 这将意味着违反在其
他方面为普通的一个法则,那法则就是,当在周期表中从一种元素过渡到其次一
种元素时,原子价的增加永远不会超过一个单位.]在未完成的第七周期的情况,
实框线标明具有 6 量子轨道的电子组的第三个发育阶段,它必将从锕开始. 虚框
线表明具有 5 量子轨道的组的倒数第二个发育阶段;这个发育阶段迄今还没有
被观察到,但它应该在铀后面的不远处开始,如果它不是在铀中已经开始了
的话.

　　对于元素的同族性来说,包围在图 1 上各框线中的那些元素的特殊地位通
过注意到一种做法而进一步得到了强调;就是说,尽管许多元素显示很大的相似
性,在周期系中相对于框线占有不同位置的两种元素之间却不曾画任何连线. 事
实上,例如铝和钪之间那种很大的化学相似性,在周期表的通常表示法中是直接
或间接地强调了的;这两种元素都是三价的和明显电正性的. 尽管这种办法是得
到这些元素的三价离子的类似结构的支持的,但是,我们的更加详细的原子结构
概念却暗示了铝和钪的物理性质的显著差别,这种差别起源于中性原子中最后
三个电子的束缚方式的本质差别. 这一事实或许可以对存在于铝光谱和钪光谱
之间的显著差别作出直接的解释. 即使钪光谱现在还没有足够弄清楚,这种差别
看来也比例如钠和铜的电弧光谱之间的差别要根本得多;后两种光谱除了在各
谱项绝对值之间有很大的差值以外,是正如前面已经提到的那样具有完全类似

317

的结构的. 总的说来我们必须预期,和前三个周期中的各元素的光谱相比,后面各周期中位于框线之内的那些元素的光谱将显示新的特点. 这种预期似乎得到卡塔兰关于锰光谱的晚近工作的支持,这种工作是恰好在本文付印以前发表的.

318　　　在结束利用这一原子模型对化学性质所作的诠释之前,我愿意再次请大家回忆一下我们所用过的基本原理. 整个理论是从关于电子可能被原子所俘获的那种方式的考察中引申出来的. 原子的形成过程被认为就是电子的逐步束缚过程,这种束缚过程按照量子论而引起辐射. 按照理论的基本公设,这种束缚过程是通过由辐射的发射所伴随的定态间的跃迁而分阶段进行的. 对于原子稳定性的问题来说,重要的问题就在于这一过程将终止于什么阶段. 关于这一点,公设并没有给出任何信息,但是对应原理就是在这儿被引入的. 尽管在许多问题上已经能够研究得比时间允许我在这儿向诸位指出的更加深入得多,但是至今还不能在细节上追寻原子的形成过程的一切阶段. 例如,我们不能说上面这个关于惰性气体原子构造的表可以在每一细节上看成应用对应原理的毫不含糊的结果. 另一方面,看来我们的考虑却已经将经验数据放在那样一种位置上,它几乎不允许对元素的性质作出和依据量子论的公设所作的诠释有什么本质不同的诠释了. 这种说法不但适用于线系光谱以及这些光谱和元素化学性质之间的密切关系,而且也适用于 X 射线谱;X 射线谱的考虑曾把我们引导到关于性质完全不同的原子内部过程的研究. 正如我们已经提到的,有必要假设 X 射线谱的发射和那样一些过程有关,它们可以描述为完全形成了的原子在外力作用引起原子内部的扰动以后的重新组织.

Ⅳ. 原子的重新组织和 X 射线谱

　　　正如在线系光谱的情况下一样,已经能够把一种元素的 X 射线谱中每一条谱线的频率表示成一组谱项中的两个谱项之差. 因此我们将假设每一条 X 射线谱是由原子的两个定态之间的跃迁所引起的. 对应于这些定态的原子能量的值,常常被称为 X 射线谱的"能级". 但是,X 射线谱的起源和线系光谱的起源之间的巨大差别,却可以在适用于 X 射线谱域中和光谱域中辐射吸收的那些定律的

319　差别中看到. 非激发原子在后一情况下的吸收是和线系光谱中那样一些谱线相联系着的,它们对应于各种谱项和这些谱项中最大谱项的组合. 另一方面,正如已经证明的,特别是由瓦格纳和德布罗意的考察所证明的,X 射线谱域中的吸收却不是和 X 射线谱线相联系,而是和某些从所谓"吸收限"开始的谱域相联系的. 这些吸收限的频率和用来说明各 X 射线谱线的那些谱项符合得很好. 现在我们将看看,以上所发展的原子结构观念怎样为这些事实提供一种简单的诠释.

让我们考虑下面这个问题：通过辐射的吸收可以引起原子的态的什么变化以及这样的变化将引起哪些发射过程？

X 射线的吸收及发射和对应原理　利用辐射来在原子内部引起一个电子的运动的任何变化的可能性，必须首先认为是和各个组内的电子之间的相互作用的特点密切地联系着的. 和各电子的位置在每一时刻都显示多边形对称性或多面体对称性的那种运动形式相反，从通过电子的逐个束缚而达成的可能原子形成的考虑引申出来的这一相互作用观念具有这样一个特点，即电子运动中的谐振动分量通常是表示在原子的合电矩中的. 结果，就可以通过一个过程来把单独一个电子从它和同一组中其他电子的相互作用中解放出来，该过程和普通电动力学观点中的吸收过程具有对应原理所要求的必要类似性. 另一方面，我们在诠释原子形成中各电子组的发育和完成时所依据的那些观点却蕴涵着，正如一个后加的电子不能通过涉及发射辐射的一个过程来被纳入原子早先已经完成的电子组中一样，当原子的态通过辐射的吸收而变化了时，一个新电子也同样不能被加入这样一个组中. 这就表明，作为吸收过程的后果，属于原子中某一较内组的一个电子——除了它完全脱离原子的那一情况以外——只能或是转入一个未完成的组中，或是转移到那样一个轨道上去，在那个轨道上它在大部分绕转过程中都在比其他电子离核更远的地方运动. 由于支配着未完成组在原子内部的出现的那些奇特的稳定性条件，引起进入该组的跃迁时所必需的能量一般将和把该特定电子从原子中完全取走时所需要的能量相差很小. 因此我们必须假设，和吸收限相对应的那个能级，在一级近似下指示了把某一较内组中的电子从原子中完全取走时所需要的能量. 对应原理也提供了一种依据，可以理解关于 X 射线谱中的发射线由于和这些能级相对应的那些定态之间的跃迁而出现的那种实验证据. 这样，原子内各组中电子之间的相互作用的本性就意味着，原子中每一个电子都可以说独立于同组中的其他电子而作好了准备，以抓住提供给它的任何机会来通过进入其轨道对应于较小主量子数的一个电子组而变得束缚得更牢固一些. 但是，很显然，按照我们的原子结构观点，一旦有一个电子被从这些组中的一个组中取走，这样的机会就永远是会出现的.

我们的原子观点可以导致一种关于 X 射线的发射现象和吸收现象的自然解释，这种观点和考塞耳曾经企图用来对实验观察结果作出形式上的解释的那种观点密切符合；与此同时，我们的观点也对那些曾经由摩斯莱和索末菲发现了的适用于谱线频率的定量关系式提出一种简单的解释. 这些研究在一种给定元素的伦琴射线谱和当单独一个电子被核所束缚时将可预期的光谱之间揭露了一种引人注意的和意义深远的相似性. 如果我们回想起，在原子的正常态中，有一

320

321

些电子在一些轨道上运动,这些轨道在某些限制下和这种束缚过程的一切阶段相对应,而且,当一个电子被从它在原子中的原始位置上拿掉时,原子内部就会开始出现一些过程,它们和对应原理所允许的这些阶段之间的一些跃迁相对应,那么我们就能立即理解上述这种相似性了.这就使我们立即从一些困难中得到解脱;当人们企图用适于解释周期系的那种原子结构来说明 X 射线谱的起源时,这些困难就会明显地出现.这种困难曾被人们深切地感受到,以至于例如它曾引导索末菲在他近来的工作中假设同一种元素的不同原子中的电子组态甚至在通常的条件下也可以是不同的.既然他在不同于我们的概念的条件下假设了原子各主要组中的一切电子都是在等价轨道上运动的,他就不得不假设,和轨道形状的不同的可能类型相对应,这些组在不同的原子中是不同的.但是,这样一条假设似乎和关于各元素的物理性质及化学性质的确定性的诠释不能相容,而且是和作为此处所提原子结构观点的基础的关于原子稳定性的观点非常矛盾的.

X 射线谱和原子结构　与此有关,强调一点是有兴趣的,那就是,我们曾经把周期系的解释和 X 射线谱中各谱线的分类都建筑在电子在原子中的按组分布上,而这种分布是以完全不同的方式在这两种现象中显示出来的.化学性质随原子序数的典型变化,起源于束缚得最松的那些电子组的逐渐的发育和完成,而 X 射线谱中之所以几乎没有周期性变化的任何痕迹,则是由于两个原因.第一,对于渐增的原子序数来说,各完满组的电子组态是毫无改变地重复出现的;第二,未完成组的那种逐渐的发育方式就意味着,一种类型的轨道从它在中性原子的正常态中第一次出现的那一时刻起,就将永远出现于这一态中并将和一种持续增大的束缚强度相对应.支配着各元素的化学性质的原子中各电子组随原子序数的增加而进行的那种发育,在 X 射线谱中主要表现为新谱线的出现.斯外恩已经联系到考塞耳的理论,提到过周期系和 X 射线谱之间的这样一种联系.只有当涉及原子表面上的条件时,我们才能预期 X 射线现象和元素化学性质之间的一种更密切的联系.通过关于原子序数较低元素对 X 射线的吸收的研究,例如近年以来在伦德物理实验室中进行了的那种研究,揭露了一些事实;按照这些事实我们立即可以理解,各吸收限的位置和实际结构将在一定程度上依赖于被考察的元素所处的物理条件和化学条件,而这样的依赖关系却并不出现于特征发射谱线中.

如果我们企图得到实验观测结果的更细致的解释,我们就遇到原子中其他电子的存在对一个电子在给定轨道类型上的束缚牢固性的影响问题.正如我们可以立即看到的,这种影响将对原子的较内部分为最小;在那种部分中,每一电子所受到的核的吸引力将比其他电子的推斥力大得多. 也应该回想到, 尽管其他电子的存在对束缚牢固性的相对影响将随着核电荷的增加而减小, 而电子质量随速度的变化对束缚牢固性的影响却将强烈地增大. 这一点可以由索末菲公式 (11) 看出. 利用简单的公式 (11), 我们对于和一个最内电子从原子中被取走相对应的能级得到相当好的符合, 但是, 当适当计算和一个较外组中的电子从原子中被取走相对应的能级时就已经有必要将其他电子的影响考虑在内了. 但是, 正是这样一种情况, 就给我们提供了从 X 射线谱获得有关原子内部电子组态的信息的可能性. 索末菲和他的弟子们以及德拜、韦伽德等人都针对这一问题进行了许多的研究. 也可以指出, 德布罗意和道维列在最近的一篇论文中曾经认为能够从实验资料中找到对于有关原子各组中电子数的某些假设的支持; 道维列是通过关于周期系的考虑而得到这些假设的, 那种考虑和朗缪尔及拉登堡所建议的考虑相似. 在联系到这些考察所进行的计算中, 曾经假设不同组中的电子在原子中分离的同心区域中运动, 从而作为一级近似, 就可以预期较内组中各电子的存在对较外组中电子运动的影响就在于对核的简单屏蔽. 但是, 按照我们的看法, 情况却是大不相同的, 因为要计算电子的束缚强度, 就必须照顾到这样一种情况: 束缚得较松的组中的电子, 通常会在它们的绕转过程的某一部分时间中透入束缚得更紧的那些电子组的轨道区域之内. 这一事实的例子, 我们在许多线系光谱中都已看到; 由于这一事实, 我们就不能期望简单地通过一种 "屏蔽改正" 即从 (5) 和 (11) 之类的公式中的 N 中减掉一个恒量, 来对不同电子的束缚强度作出说明. 另外, 在计算对应于各能级的功时, 我们不但必须照顾到原子正常态中各电子之间的相互作用, 而且必须照顾到在取走电子的过程中不经过辐射的发射而自动建立起来的那种其余电子的组态和相互作用的变化. 尽管这种计算还没有作得很准确, 一种初步的考察却已经证明近似地说明实验结果是可能的了.

　　X 射线谱的分类　　曾经能够独立于特定的原子结构观点而通过考塞耳理论和索末菲理论的一种形式应用, 来清理有关 X 射线谱的大量实验资料. 这种资料主要是从席格班及其合作者们的精确测量中得来的. 除了索末菲和他的学生们以外, 特别是斯麦卡耳和考斯特尔也参加了这种实验观测结果的清理; 根据这种清理, 我们已经得到对应于 X 射线谱的那些能级的一种接近完全的分类. 这些能级和用两个量子数 n 及 k 来表征的各种类型的轨道对照了起来, 而且已经发现了关于不同能级之间的组合可能性的一些确定的法则. 就这样, 已经得到了对于进一步澄清 X 射线谱的起源大有好处的若干结果. 首先, 不但已经能够找出在一些界限内和 n 及 k 的一切可能组合相对应的那些能级, 而且已经发现, 一般说来, 对于每一对这样的数必须指定多于一个的能级. 这一初看起来可能显得

323

324

颇为出人意料的结果,仔细考虑下来就可以得到简单的诠释. 我们必须记得,各能级不但依赖于正常态中的原子构造,而且依赖于在一个较内电子被取走以后出现的那些组态,而它们和正常态不同,是没有那种唯一地完成了的特点的. 于是,如果我们考虑一个过程,在过程中某组(亚组)中的一个电子被取走,那么我们就必须准备发现,在过程以后,这一组中剩下来的那些电子的轨道可以按不止一种的方式来彼此相对取向而仍然满足量子论所要求于定态的那些条件. 正如进一步的考虑所证明的,关于能级"多重性"的这样一种看法,恰恰能够说明两个能级的能量差随着原子序数而变化的那种方式. 在没有企图发展更详细的原子结构图景的情况下,斯麦卡耳已经讨论过说明能级多重性的可能性. 斯麦卡耳除了提到各主要组中各个电子并不在等价轨道上运动的可能性以外,还建议引用三个量子数来描述不同的组,但他没有进一步说明应该认为这些量子数在多大程度上表征着正常态本身的各组结构方面的多重性,或是相反地表征着在一个电子被取走时出现的那些不完全组.

325

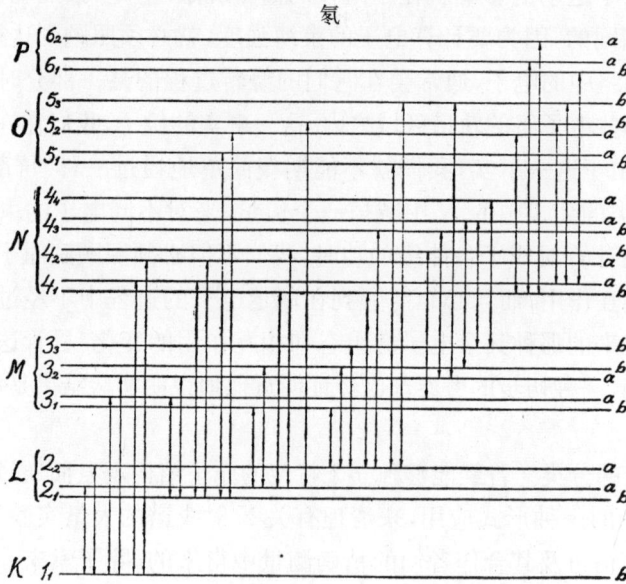

图 5

可以看到,X 射线能级多重性[的解释],和线系光谱各谱项多重性的解释显示出密切的类似性. 但是,X 射线谱的多重结构和线系光谱各谱线的多重结构之间却存在这样一种区别:在 X 射线谱中,不但出现 k 值改变一个单位的谱项之间的组合,而且出现对应于相同 k 值的谱项之间的组合. 这可以假设为起因于这样一个事实:不同于线系光谱,在 X 射线谱中我们遇到那样一些定态之间的跃迁，即所考虑的电子在跃迁之前和之后都和具有相同主量子数的轨道上的其他电子处于密切的相互作用中. 即使可以假设这种相互作用具有那样的本性，即当其他电子不存在时将会出现在电子运动中的那些谐振动分量一般也出现在原子的合电矩中，我们也还必须预期电子间的相互作用将引起新型谐振动分量在这一电矩中的出现.

在这里插入几句有关考斯特尔的一篇新论文的论述可能是有兴趣的；这篇论文是在本演讲发表以后问世的，他在文中做到了在 X 射线谱和本文所给出的原子结构概念之间得出一种广泛而详尽的联系. 上面提到的分类是建筑在一些最重元素的 X 射线谱的测量上的，而主要归功于考斯特耳和温采耳的独立工作的那些结果，在它们的完备形式下可以用图 5 中的图解来表示，这一图解涉及的是氡附近的元素. 竖直箭头表示观察到的由不同能级之间的组合所引起的谱线，各能级用水平直线来表示. 在每一组中，各能级是按照它们的能量值的次序排列的，但是它们的距离并不给出它们的实际能量差的定量图景，因为那将要求太大的图. 标在不同能级上的数字 n_k，表明对应轨道的类型. 字母 a 和 b 指的是我所提到的组合定则. 按照这些定则，组合的可能性受到下述限制：(1) k 值改变超过一个单位的组合应被排除；(2) 只有一个 a 能级和一个 b 能级之间的组合才能出现. 后一定则的这种形式是由考斯特尔给出的. 温采耳通过第三个量子数的形式化引入稍许不同地表述了这一定则. 考斯特尔在他的新论文中针对较轻的元素确立了相似的分类. 对于氖附近和氡附近的元素，他得到了如图 6 中的图解所示的结果. 正如在图 5 中一样，各能级恰好对应于按照理论将会出现于这些元素的原子中的那些类型的轨道，正如在第 113 页［本卷原第 315 页］上的表中所

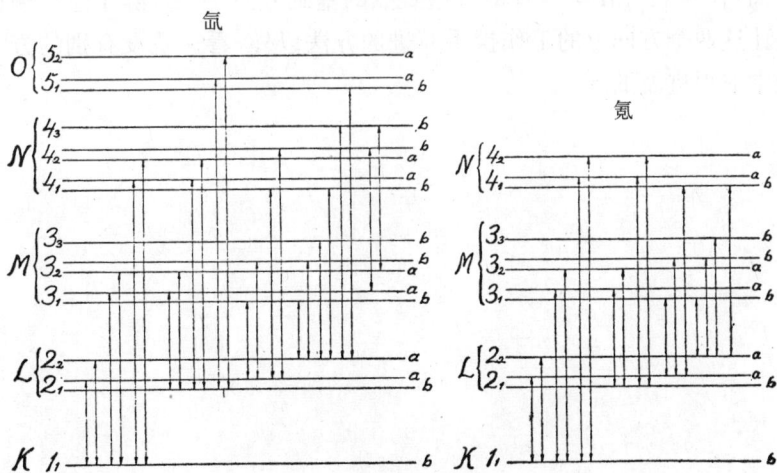

图6

327 能看到的那样. 在氙中,出现在氪中的若干能级消失了,而在氡中则有更多的能
级不见了. 考斯特尔也已经考察过,当从较高的向较低的原子序数看过去时,这
些特定的能级在哪些元素中最后一次出现. 他的有关这一问题的结果,在细节上
证实了理论的预见. 另外他还证明了,稀土族元素中各较外组中的电子束缚强度
的变化,表现出一种对原子序数的依赖关系,这种关系有力地支持了一条假设,
即在这些元素中进行着具有 4 量子轨道的一个较内组的完成过程. 详细情况请
读者参阅《哲学杂志》上考斯特尔的论文. 对于我们有关 X 射线谱的系统知识的
另一个重要贡献,包含在温采耳近来所写的一篇论文中. 他已证明,在迄今所考
虑的分类中找不到位置的各种谱线,可以很自然地认为起源于由从原子中取走
不止一个电子时所引起的重新组织过程;因此这些谱线在某种意义上是和光学
光谱中的增强谱线相类似的.

结　　论

　　在结束这次演讲以前,我愿意再次强调在解释周期系和 X 射线谱这样两种
如此不同的现象时所涉及的量子论对原子稳定性的应用的完全类似性. 这一点
328 对于判断理论的实在性是具有最大的重要性的,因为应用关于通过电子的逐个
俘获来形成原子的考虑来作为考虑原子结构的指导原则的依据,可能显得是可
怀疑的,如果这些考虑不能和关于原子在正常电子组态受到扰动以后的重新组
织的看法达成自然的一致性的话. 但是,即使这种原子结构观点中的某种内在一
致性将得到承认,我也几乎用不着强调理论的未完成特点,这不但表现在细节的
制订方面,而且表现在所涉及的普遍观点的基础方面. 但是,除了迄今遵循了的
也就是让这两个方向上的工作携手并进的方法以外,看来是没有别的方法在原
子问题中取得进展的.

附　　录

电子轨道的分类　自从本书第三篇文章写成以来,在理论的发展方面已经做了颇多的工作,而且特别是已经能够在某些方面利用实验数据得到对理论结论的仔细检验.这些结论主要关系到适于用来描述有心运动的定态的那种利用量子符号 n_k 来对原子中的电子轨道进行的分类.这种分类的概况表示在下一页上的表中.

可以看到,这个表大体上只包含了在周期系的各周期开头处能够看到的那些元素.这是由于,主要只在新类型轨道的最初出现方面,理论才能和实验相比较.关于已经存在的那些类型的电子轨道组的逐步建造的确切方式问题,是一个仍然会引起没有解决的困难的问题.事实上,对于和各电子在已完成或已部分完成的一个电子组的不同亚组中的分布有关的结论,以及对于通过和实验相比较来检验这些结论的问题,量子论的目前状况几乎还不能提供一种无歧义的基础.在表中,这一事态是这样标明的:当这样一个组第一次出现在表中时,就把组中的电子数用方括号括起来.另外,在某些情况下画在较高量子数的电子组的一个亚组中的电子数外面的圆括号,表明能够得到的实验资料还不足以肯定地确定这些数目.

线系光谱　作为利用由考察线系光谱得来的实验资料的那种方式的例证,下面给出一些图解,它们在表示法方面是和正文第 102 页[本卷原第 304 页]上的图解完全类似的.图 7 给出碱金属电弧光谱的谱项.在这一图解中,以及在以后的图解中,括号中的数字表示的是元素的原子序数,而罗马数字[Ⅰ,Ⅱ]则表明原子残骸的电离度数.当考虑这种图解时,必须记得对应于 s 谱项及 p 谱项的轨道和对应于 d 谱项及 f 谱项的轨道的性质方面的差异.前者至少从 Na 开始会透入原子残骸的较内区域中,而后者则完全位于原子的较外区域中.作为这一差异的后果,在这一系列元素中,s 序列和 p 序列开头处的那些谱项就不会几乎像具有相同的主量子数的氢谱项那样快地增大.两种类型的轨道的行为的差别,由这些谱项从一种元素到另一种元素的不断减小而清楚地显示了出来;这是和 d 谱项及 f 谱项的情况有所不同的,它们保持恒定或缓慢地增大.

330

N ╲ n_k	1_1	$2_1 2_2$	$3_1 3_2 3_3$	$4_1 4_2 4_3 4_4$	$5_1 5_2 5_3 5_4 5_5$	$6_1 6_2 6_3 6_4 6_5 6_6$	$7_1 7_2$
1 H	1						
2 He	2						
3 Li	2	1					
4 Be	2	2					
5 B	2	2 1					
— —	-	- -					
10 Ne	2	[4 4]					
11 Na	2	4 4	1				
12 Mg	2	4 4	2				
13 Al	2	4 4	2 1				
— —	-	- -	- -				
18 A	2	4 4	[4 4]				
19 K	2	4 4	4 4	1			
20 Ca	2	4 4	4 4	2			
21 Sc	2	4 4	4 4 1	(2)			
22 Ti	2	4 4	4 4 2	(2)			
— —	-	- -	- - -	-			
29 Cu	2	4 4	[6 6 6]	1			
30 Zn	2	4 4	6 6 6	2			
31 Ga	2	4 4	6 6 6	2 1			
— —	-	- -	- -	- -			
36 Kr	2	4 4	6 6 6	[4 4]			
37 Rb	2	4 4	6 6 6	4 4	1		
38 Sr	2	4 4	6 6 6	4 4	2		
39 Y	2	4 4	6 6 6	4 4 1	(2)		
40 Zr	2	4 4	6 6 6	4 4 2	(2)		
— —	-	- -	- - -	- - -	-		
47 Ag	2	4 4	6 6 6	[6 6 6]	1		
48 Cd	2	4 4	6 6 6	6 6 6	2		
49 In	2	4 4	6 6 6	6 6 6	2 1		
— —	-	- -	- - -	- - -	- -		
54 X	2	4 4	6 6 6	6 6 6	[4 4]		
55 Cs	2	4 4	6 6 6	6 6 6	4 4	1	
56 Ba	2	4 4	6 6 6	6 6 6	4 4	2	
57 La	2	4 4	6 6 6	6 6 6	4 4 1	(2)	
58 Ce	2	4 4	6 6 6	6 6 6 1	4 4 1	(2)	
59 Pr	2	4 4	6 6 6	6 6 6 2	4 4 1	(2)	
— —	-	- -	- - -	- - - -	-		
71 Cp	2	4 4	6 6 6	[8 8 8 8]	4 4 1	(2)	
72 Hf	2	4 4	6 6 6	8 8 8 8	4 4 2	(2)	
— —	-	- -	- - -	- - - -	- - -	-	
79 Au	2	4 4 ·	6 6 6	8 8 8 8	[6 6 6]	1	
80 Hg	2	4 4	6 6 6	8 8 8 8	6 6 6	2	
81 Tl	2	4 4	6 6 6	8 8 8 8	6 6 6	2 1	
— —	-	- -	- - -	- - - -	- - -	- -	
86 Em	2	4 4	6 6 6	8 8 8 8	6 6 6	[4 4]	
87 —	2	4 4	6 6 6	8 8 8 8	6 6 6	4 4	1
88 Ra	2	4 4	6 6 6	8 8 8 8	6 6 6	4 4	2
89 Ac	2	4 4	6 6 6	8 8 8 8	6 6 6	4 4 1	(2)
90 Th	2	4 4	6 6 6	8 8 8 8	6 6 6	4 4 2	(2)
— —		- -	- - -	- - - -	- - -	- -	
118 ?	2	4 4	6 6 6	8 8 8 8	[8 8 8 8]	[6 6 6]	[4 4]

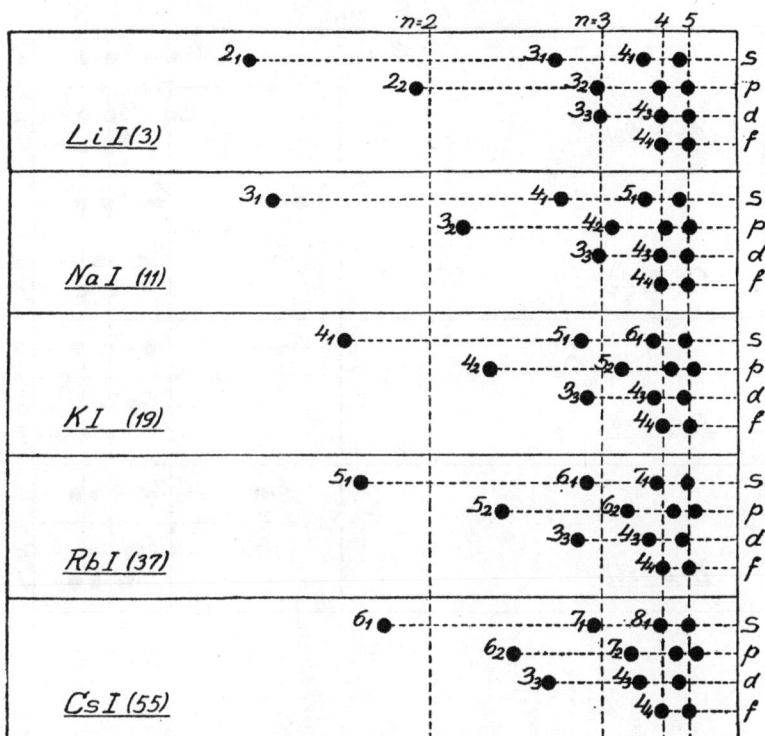

图 7

　　图 8 涉及的是碱土金属的火花光谱. 可以记起, 这种类型的火花光谱和电弧   332
光谱的不同, 就在于黎德伯恒量 K 被换成一个恒量 $4K$, 因为原子残骸带有二倍
的电荷. 因此, 正如在第 102 页[本卷原第 304 页]上的图解中一样, 表示这些光
谱的各谱项的比例尺, 就取成了图 7 中所用比例尺的四分之一. 只要涉及的是 s,
p 和 f 谱项, 情况就和碱金属电弧光谱中的情况相似. 但是, 各个 d 谱项却显示
出一种不同的行为; 正如在文章中所讨论的那样, 这种行为是和在一些元素中开
始的一个较内电子组的新的建造阶段密切地联系着的, 那些元素位于周期系较
后各周期中的碱土金属的后面.

　　图 9 是特别有趣的, 因为它包含了帕邢和否勒的晚近工作的结果; 在他们的   333
工作中, 发现了一些新型的线系光谱, 它们不是包含着黎德伯恒量, 而是分别包
含着 $9K$ 和 $16K$. 按照理论, 这些光谱被认为属于那样的原子, 即原子中有一个
电子绕着具有三个单位或四个单位的电荷的原子残骸在转动. 图解给出了由于
第十一个电子在 Na、Mg、Al 和 Si 原子中被束缚而发射的光谱的各谱项. 按
照其他图解的表示法, 后两种情况中的比例尺分别为电弧光谱中所用比例尺的
$1/9$ 和 $1/16$. 如所预期, 我们看到 3_1 轨道和 3_2 轨道的束缚强度怎样随着原子残

332

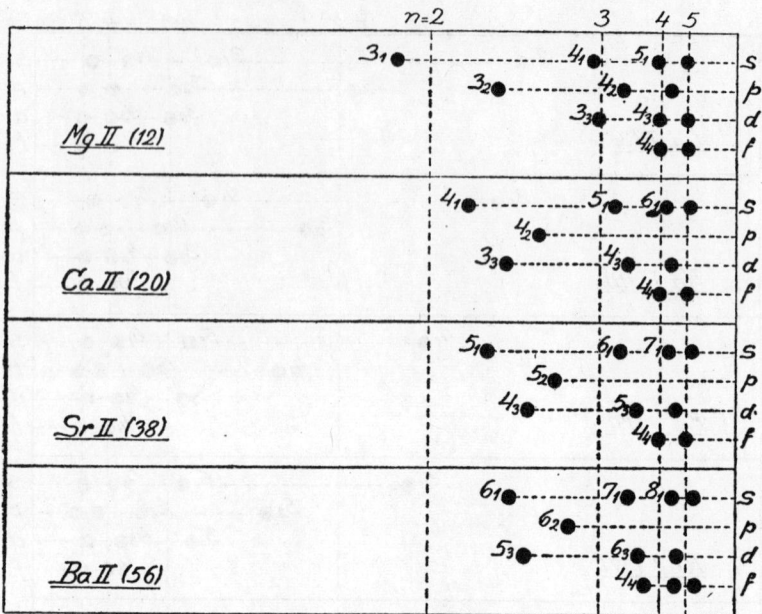

图 8

333

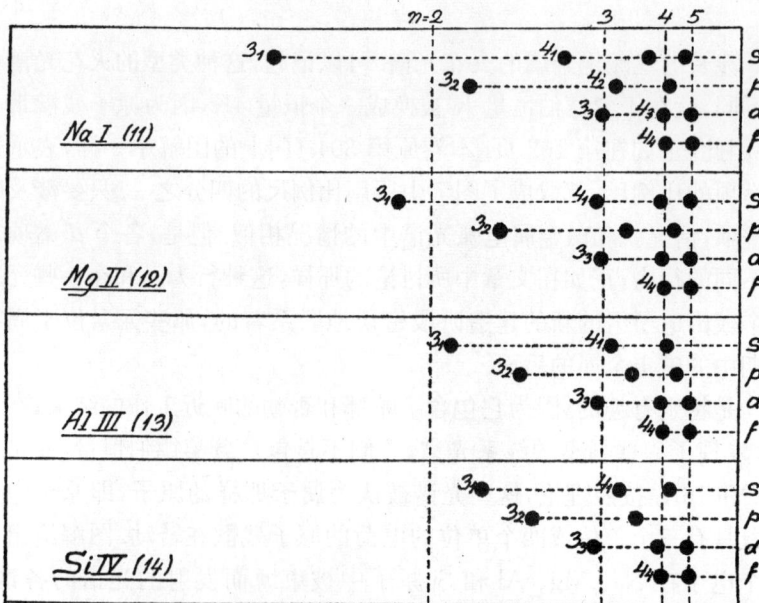

图 9

骸的电荷的增大而越来越趋近于一个 3 量子轨道上的电子束缚强度,该轨道对应于一个等于原子残骸电荷的核电荷. d 谱项和 f 谱项的行为也确切地和理论预见相对应.

图 10 涉及某些元素的电弧光谱;在这些元素中,按照前面的表,在正常态中 334 初次出现了量子数 k 等于 2 的新类型的轨道,和以前所讨论的那些光谱成为鲜明对照的是,这里的前面一些 p 谱项比前面一些 s 谱大了不少,而且指定给它们的主量子数比最大的 s 谱项的主量子数大了一个单位.

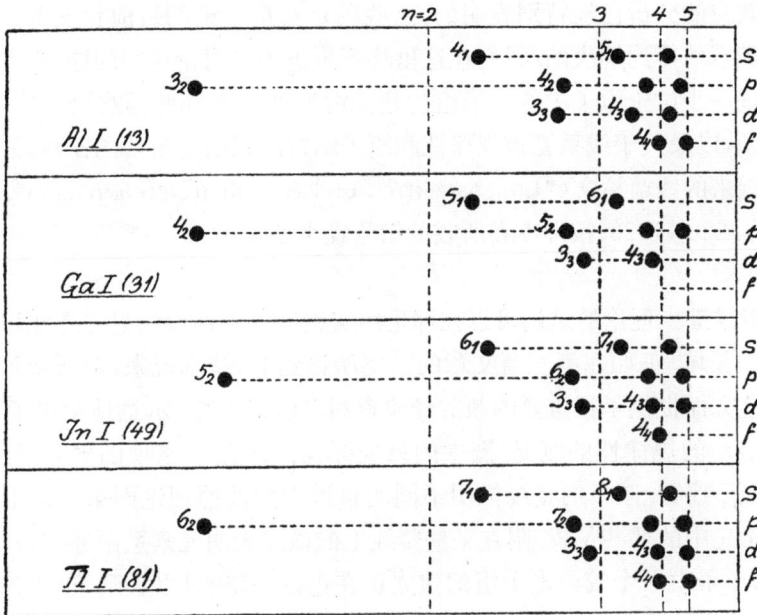

图 10

最后,在图 11 中给出了否勒刚刚发表的关于碳的火花光谱的研究结果,这 种光谱对应于 C 原子中第 5 个电子的束缚过程. 这一光谱的诠释涉及一个论点, 335 在这里,在第三篇文章中给出的表示必须修改. 事实上,对于原子中的第 5 个电子来说,我们必须假设束缚过程的结果是一个 2_2 类型的电子轨道,而不是像文中所假设的那样的一个 2_1 轨道. 正如理论工作的进展已经表明的,这样一种行为也是应该根据周期系中同族元素的光谱所显示的一般规律性就能预料到的.

正如在正文中的图解中一样,在此处所给图解中复制了的这许多光谱项,是为了表示方法的明晰而通过略去线系谱项的多重性来进行了简化的,图中采用了各个成分谱项的平均值. 正如在文Ⅲ中所提到的,这种多重性的根源必须到电子轨道对有心轨道的偏差中去找. 这一问题的进一步追索把我们带到了原子中

334

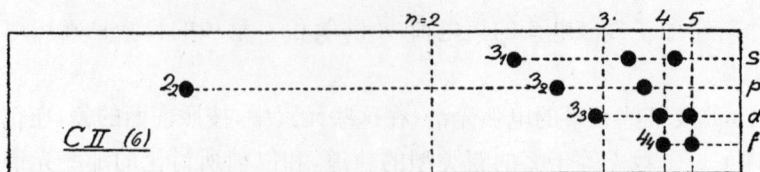

图 11

335　不同电子的轨道的较细致耦合问题,而且已经揭露了一些带有根本性的困难;正如塞曼效应的分析已经特别表明的,这些困难在量子论的目前状况下是几乎不能令人满意地得到解决的. 我们在这里将不再进一步讨论这些问题,它们和上面提到的进一步讨论原子中各电子组的建立时所遇到的那些困难密切有关. 关于这些问题,以及关于线系光谱规律性和原子结构图景的更密切的比较,请读者参阅作者近来的一篇论文("Linienspektren und Atombau", *Annalen der Physik*, LXXI, p. 228, 1923;按即本卷所收的第XII篇文章).

X 射线谱　理论的结论可以在那里用实验证据来检验的另一个领域就是 X 射线谱的领域. 正如在第三篇文章的末尾所提到的,特别说来,考斯特尔的工作已经在这方面提供了很重要的新的经验资料. 在图 12 中,示意地给出了 X 射线谱项所显示的规律性的概况.图中的纵坐标表示 X 射线谱项的平方根,而横坐标表示原子序数.图下的竖线标明不同的轨道类型按照理论而第一次出现于原

337　子的正常态中的那些位置.附在某些竖线上的横线表明元素系中那样一些位置,在那儿,原子中一个较内电子组的建立正在进行. 首先可以看到,正如各曲线所指示的,已经能够把每一个谱项和给定类型 n_k 的电子轨道在原子正常态中的出现对照起来.虽然手头的数据还没有完备得足以在所希望的精确度下确定各曲线的变化进程,特别是在各谱项很小从而只能间接测定的那些区域中,但是,图中给出的概况却可以看成对于和原子的逐步建成有关的那些理论结论的一种普遍证实. 例如,正如图解以一种示意的方式所表明的,看来在任何地方都能够通过一个较内电子组对 X 射线谱项随原子序数的变化率的影响来追踪该电子组的发育过程. 特别说来,N 曲线和 O 曲线在进程上的显著不规则性,可以看成具有 4 量子轨道的电子组的一个发育阶段的直接证据,该阶段引起了元素系中稀土元素的出现. 总的来看,新的实验数据的分析表明,摩斯莱的 X 射线谱和原子序数之间的简单关系形成一种第一级的近似,而我们现在却能够追踪这些 X 射线谱和周期系中各元素的普遍关系之间的一种密切联系.同时必须记住,关于谱项总集的多重性的一种令人满意的解释,目前还面临着一些巨大的困难;这种多

336

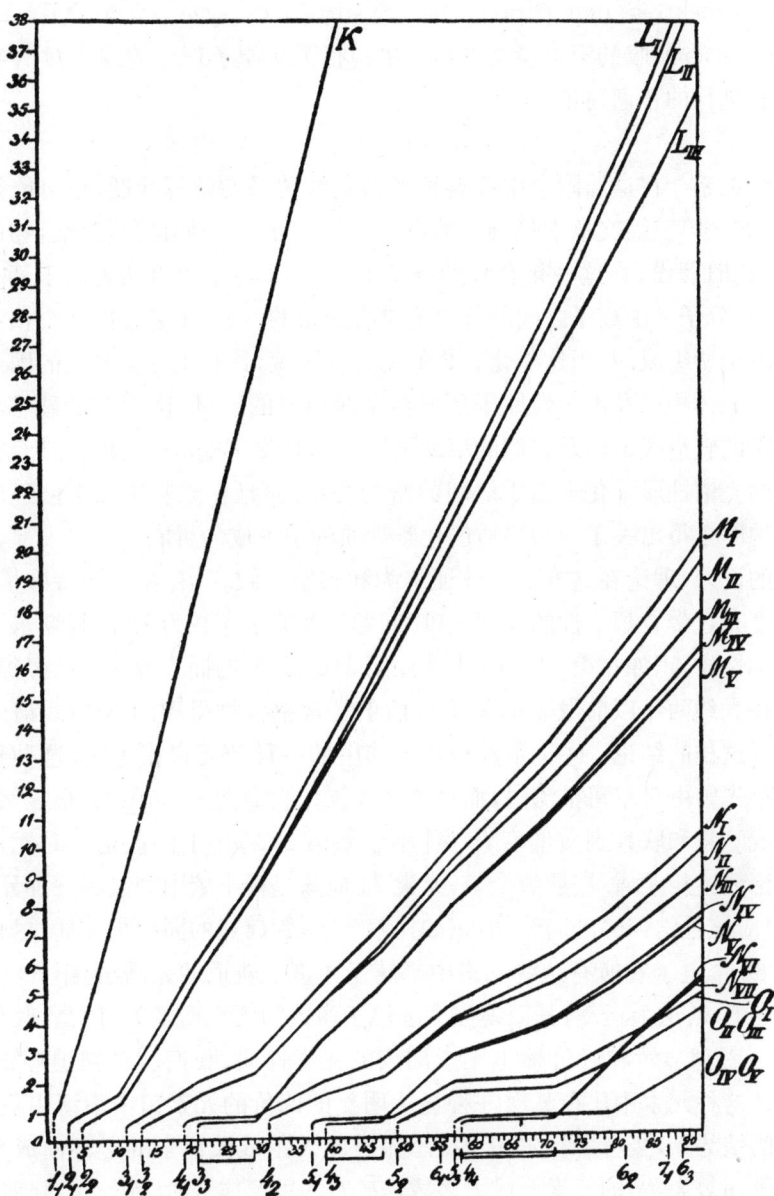

图 12

重性表现为,每一个类型的轨道 n_k 一般都对应于不止一条曲线. 很显然,这种多　337
重性的根源,必须到属于具有给定主量子数的一个电子组的不同亚组之间的耦
合中去找. 但是,正如前面提到的,目前形式下的量子论还不允许我们得出有关
这种耦合的确切结论. 关于这一问题,可以参阅考斯特尔和作者合写的一篇论文

("Röntgenspektren und periodisches System", *Zs. für Phys*. XII, p. 342, 1923;按即本卷所收的第Ⅺ篇文章),文中包括了从原子理论的观点对 X 射线谱经验资料进行的普遍讨论.

338   **化学关系**   在这篇附录中简略地谈谈化学关系的解释问题,也可能是有兴趣的. 正如在第三篇文章中强调了的,理论只能得出关于所谓异极化合物的出现的结论. 这时假设,在这些化合物的分子中,每一个电子可以认为属于某一特定的原子核,分子是由离子之间的静电力结合起来的,每一个离子由一个核和属于该核的电子所组成. 对于这些化合物的稳定性来说,具有主导重要性的因素就是这种离子的体积以及由中性原子形成离子时所需的能量,这两个量显然和原子中各电子的轨道线度以及它们的束缚强度直接有关. 在这方面,理论已经揭示了各元素的光谱性质和化学性质之间的密切关系,而且在某些情况下已经使得从原子结构图景得出关于一种物质的化学性质的结论成为可能.

总的说来,理论在这方面已被证实为和实验一致. 只有在一个特殊情况下,曾经一度有过带有根本性的表观困难. 问题涉及原子序数为 72 的长期未知的元素的化学性质. 正如在第 114 页[本卷原第 316 页]上的插入段落中已经提到的,道维列在大约两年以前发表的关于从稀土元素制备物得到的 X 射线谱的研究中得出了这样的结论:这一元素和稀土族中的一种新元素相等同,这种新元素的存在早先曾由乌尔班推测过,而且曾经建议把它命名为 celtium. 很显然,这一结论的成立将和联系到文Ⅲ第 70 页[本卷原第 272 页]上的理论而对元素系所作的理论概述相矛盾. 按照那个表,元素 71 应该是稀土族中的最后一种元素,而元素 72 应该是锆(40)的同族物,正如元素 73 是铌(41)的同族物一样. 尽管按照理论第 68 个电子在所有这些元素中都属于 4 量子轨道的完满组,第 69 个电子却应该在 5_3 轨道上运动,其束缚强度随原子序数的增大而增大. 但是,假如元素
339   72 实际上竟然显示和三价稀土元素同族的化学性质,我们就会被迫假设第 69 个电子在这种元素中比在其次一种显示明显的四价的元素钽中束缚得更牢固. 在这样的情势下,当考斯特尔和希维思在通过 X 射线波谱学的考察而成功地证明了原子序数为 72 的元素形成大多数锆矿石的重要成分时,那就是对理论的一种证实了. 已建议命名为铪的这种元素,已被证实在其化学性质方面和稀土元素显著不同,而却在一切方面都和锆相似. 事实上,正是由于把新元素和锆分离开来相当困难,才有可能理解它在这么长的时间内逃脱了化学家的探测,尽管它是以相当的数量存在于矿物中的. 已经证实,新元素的光学光谱和早先由乌尔班指定给假说性 celtium 的那种光谱完全不同;后一光谱的那些谱线现在已被证实为属于元素 71. 对于原子序数在 72 附近的那些元素的 X 射线谱的进一步考察,已

经导致了对理论来说具有特殊兴趣的进一步的结果. 例如, 看来用 N_{VI} 和 N_{VII} 来代表的那些谱项的量值直到并包括原子序数为 71 的元素为止都近似地保持恒定, 而从这一元素起, 这些谱项的迅速增加就开始了. 换句话说, 代表这些谱项的曲线实际上在原子序数 71 处显示一个尖锐的转折, 这就表明 4 量子电子组的分步式发育在这一元素那儿已经达到了终点.

至于所谓同极化合物的构造, 理论在目前还只能作出很少的确切论述; 在这种化合物的分子中, 有些电子被认为是由若干原子核所共有的. 主要由有机化学揭示出来的那些美好的规律性, 对于很大一类这样的化合物的分子结构中的某些显著的对称性质提供了毫无疑问的证据. 但是, 由此就得出关于孤立原子中各电子轨道组态的对称性质的结论, 却是没有什么根据的. 必须特别强调, 在中性碳原子中, 是几乎不能谈论 2 量子电子组的轨道组态的四面体对称性的. 正如前面提到的, 否勒关于碳的火花光谱的新研究已经证明, 单电荷碳离子在其正常态中除了 2_1 轨道上的两个电子以外还具有一个在 2_2 轨道上运动着的电子. 因此, 不同于文Ⅲ中所给出的表示法, 中性碳原子中既包含 2_1 轨道也包含 2_2 轨道的结论就几乎是不可避免的了.

发展这种化合物的确切分子结构图景时所遇到的困难, 主要取决于这样一件事实: 我们在这里必须准备遇到对有心运动的那么大的偏差, 以致不再能够保持利用简单的量子符号 n_k 来对电子轨道进行的适当分类. 正是由于这种原因, 看来目前几乎不可能借助于量子论的概念, 来多么远地超过化学家曾经如此成功地用来解释了有机化学规律性的那些更加定性的考虑.

340

Ⅷ. 关于原子结构理论的七篇演讲

哥廷根,1922[*]

---

[*] ［见《引言》第 7 节. 原书所收系德文原本的英译本.］

第一讲　1922 年 6 月 12 日

物理学的目前状态是以这样一件事实为其特征的：我们不但确信了原子的实在性，而且相信自己具有一种关于它们的建造成分的详尽知识. 我在这儿将不讨论我们关于这些建造成分的观念的发展，也不讨论开始了物理学中一个新的时代的卢瑟福对于原子核的发现.

我们在这里将要讨论的原子的图景就是卢瑟福的发现已经导致的有核原子. 我们假设原子包括一个带正电的核，围绕着核有一些电子在绕行. 一个引人注目的事实就是，原子中电子的数目，即核上基元电荷的数目［"Kernladungszahl"］，等于原子在元素周期系中的序数. 当我谈到关于建造成分的详尽知识时，我指的是一种相对详尽的知识，正如物理学中知识程度永远是相对的那样. 事实上，我们对于电子的内部结构是毫无所知的，而且也不知道是什么力使它们团结成为电子的. 关于核，我们知道它们显示一种复杂的结构. 这是从放射性核的存在推知的. 此外，卢瑟福已经在分裂〈某些〉核方面取得了成功，从而就第一次完成了化学元素的一种人为嬗变. 使我们感到莫大兴趣的是，和原子的线度相比，各建造成分的空间广延是很小的；因为这一原因，我们相信，对于原子的许多性质来说，各个建造成分可以看成点电荷和质点.

表征着今天的原子物理学的另一个特点就是，我们确信在这一图景的基础上是不可能利用经典电动力学来取得任何进展的. 我们不能领会我们为了理解各元素的性质而被迫假设的那种原子的奇特稳定性. 当我们企图利用它来解释辐射现象时，经典理论是特别失败的. 我们必须预期，任何可能不得不考虑的运动都将引起电磁辐射的发射，这种发射不会停止，直到体系的总能量都被辐射出去而所有的电子都已落入核中为止. 所有的物理学家都知道，这些困难可以借助于量子论来加以克服. 我将不再详细地展开量子论，而只叙述以下的全部论述所依赖的那些主要结果.

普朗克关于辐射的研究是建筑在应用谐振子来作为一种简单的原子模型上的. 振子的准弹性束缚电荷的运动由下式给出：

$$\rho = C\cos 2\pi(\omega_0 t + \delta),\tag{1}$$

这里我用 ω_0 来代表频率,因为它被假设为不依赖于体系的能量而只取决于体系的本性. 普朗克研究了许多这样的原子和一个辐射场之间的辐射平衡. 在这一问题的统计处理中,发现不是要考虑振子的一切能量值,而是只须考虑等于由 $h\omega_0$ 给出的一个能量子的整数倍的那些能量值:

$$E_n = nh\omega_0 \quad (n = 0, 1, 2, \cdots). \tag{2}$$

这一结果揭示了本质上不同于以前存在的物理学观念的一些特点,因为在这里第一次发现整数在物理定律的表述中占有优先地位. 这一结果引导我们对于其他体系也企图选出一些具有奇特种类的稳定性的运动. 在他的关于辐射现象的处理中,普朗克把他的工作建筑到了一条迄今一直被坚持的假设上,那就是,所发射或吸收的辐射的频率 ν 是和运动电荷的频率 ω_0 等同的:

$$\nu \equiv \omega_0.$$

但是,爱因斯坦曾经最先指出,普朗克的结果不但在关于原子的运动方面教给了我们某种东西,而且直接表示了关于辐射过程的某种东西. 他指出,普朗克的结果可以用下述说法来描述:能量只是以数量为 $h\nu$ 的量子为单位而被发射或吸收的,从而所发射或吸收的辐射就由方程

$$\Delta E = h\nu \tag{3}$$

来确定. 这种想法把爱因斯坦引导到了他的光电效应理论. 所发射的电子的速率只依赖于入射光的频率 ν 而不依赖于它的强度,这种光是以数量为 $h\nu$ 的量子为单位而被吸收的. 被发射电子的动能由下式给出

$$\frac{1}{2}mv^2 = h\nu - P,$$

式中 P 是从金属中取出电子时所需的功. 爱因斯坦的这个结果是特别重要的,因为普朗克的想法在这里第一次被应用到了一个并非统计性的问题上. 这种假设所带来的困难是,所发射的辐射有一种原子论式的结构;辐射不是作为球面波而是沿着单独一个方向而被发射的. 不过,只有根据这一假设,光电效应才能得到理解. 另一方面,这样一种关于光的本性的假设是和干涉现象的解释不可调和的. 我们是根据经典理论的图景通过分析所发射的光谱来得到频率的. 光量子理论只给出了出现在方程(3)中的那个频率 ν 的定义,但是却没有对我们应该把波长理解为什么作出解释.

　　这样一种理论的得到接受,表明了在辐射理论中保持一种内在一致性的不可能. 在这儿,我们只简单地说出不存在一种自洽的辐射过程的图景,我们在以

后也许还会回到这一问题上来.

在下面,我们将牢牢地依靠事实.困难是借助于两条基本假设而被克服了的.第一条假设说:在有核原子中的可能的力学运动中,有一些确定的运动被区别了出来,在这种运动中,原子具有一种奇特的稳定性而并不发射辐射.我们将把这种特选的态叫做"定态".能量的改变只以这样一种方式出现:原子从一个定态变到另一个定态.按照第二条假设,在这一跃迁中,有一列简谐波被发射,其频率由关系式

$$E' - E'' = h\nu \tag{4}$$

给出.我在以后将试图更加确切地表达这些公设,并讨论它们的范围和界限.今天我只将提到最简单的一些应用.首先,我们将用这些原理来诠释具有特别简单的结构的氢光谱.氢的线系光谱是用下面公式来表示的:

346

$$\nu = K\left(\frac{1}{(n'')^2} - \frac{1}{(n')^2}\right), \tag{5}$$

这一公式是由瑞兹第一次在这种普遍形式下表示出来的.因子 K 是一个恒量.如果我们令 $n''=2$ 而令 n' 遍历 3,4,5,……各值,我们就得到巴耳末线系.帕邢在红外区发现的线系用 $n''=3$, $n'=4$,5,6,…来代表;几年以前发现的紫外区的赖曼线系用 $n''=1$, $n'=2$,3,4,…来代表;而且近来休伊斯已经在远红外区发现了一个线系,它的 $n''=4$ 而 $n'=5$,6,7,……我们的问题就在于把这一光谱和氢原子的图景联系起来;按照卢瑟福的观点,氢原子是由一个带单一正电荷的核和一个电子构成的.为了确定运动,我们应用普通的力学;根据这种力学,我们可以把运动计算到很高的近似程度.这样我们就得到一种纯周期运动,即众所周知的开普勒运动;我们可以把这种运动的分量利用傅立叶级数表示成下列形式:

$$\rho = \sum_{\tau=1}^{\infty} C_\tau \cos 2\pi(\tau\omega t + \delta_\tau). \tag{6}$$

按照众所周知的开普勒定律,长轴 $2a$ 和绕转频率 ω,是通过下列公式来和能量 W 联系着的:

$$2a = -Ne^2/W, \tag{7}$$

$$\omega = \sqrt{2W^3(m+M)/\pi^2 N^2 e^4 mM}. \tag{8}$$

此处 N 是原子序数["Kernladungszahl"],我们引入它是为了保证普遍性;m 和 M 分别是电子和核的质量.如果我们现在假设

$$W_n = - hK/n^2 \tag{9}$$

并将此式代入频率关系式(4)中,我们就得到瑞兹公式(5). 此外我们还有

$$2a_n = n^2 \frac{Ne^2}{hK} = n^2 \times 1.1 \times 10^{-8}\,\mathrm{cm},$$

$$\omega_n = \frac{1}{n^3}\sqrt{\frac{2K^3 h^3 (m+M)}{\pi^2 N^2 e^4 mM}} = \frac{1}{n^3} \times 6.2 \times 10^{15}\,\mathrm{sec}^{-1}.$$

347 我们能够用来和经验相联系的只是从一个定态到另一个定态的跃迁. 首先,我们将考虑各个定态中的原子的数量级. 这些数量级大大地依赖于 n. 但是,一个特殊的态就是具有尽可能低的能量的态,那就是对应于 $n=1$ 的最稳定的态. 对于这个态,我们得到半长轴的值为 $0.55 \times 10^{-8}\,\mathrm{cm}$. 这是在其他方面假设了的原子半径的数量级. 而且, ω 也具有出现在色散理论中的特征频率的数量级. 但是这里谈不到直接对比的问题.

现在我们将考虑从量子论过渡到经典理论的问题. 当我们让 n 变得越来越大时,相邻定态的绕转频率之比就趋于一:

$$\omega_n/\omega_{n-1} \to 1 \quad \text{当 } n \to \infty \text{ 时.}$$

跃迁中发射的频率

$$\nu_{n' \to n''} = K\left(\frac{1}{(n'')^2} - \frac{1}{(n')^2}\right) \tag{10}$$

趋于一个值

$$(n' - n'')\frac{2K}{n^3}.$$

另一方面,按照经典理论,发射的频率是

$$\omega = (n' - n'')\omega_0,$$

此处 $n' - n'' = 1$. 现在如果我们为了求得一致而试着令

$$2K/n^3 = \omega_0,$$

我们就得到一个公式

$$K = \frac{2\pi^2 N^2 e^4 m}{h^3 (1 + m/M)}. \tag{11}$$

对于氢, $K_\mathrm{H} = 3.26 \times 10^{15}\,\mathrm{sec}^{-1}$,从而我们得到

$$\frac{2\pi^2 e^4 m}{h^3} = 3.29 \times 10^{15} \sec^{-1}.$$

于是,在这种大量子数的极限下,我们就得到所发辐射和运动之间的一种联系. 这一结果表明,在我们的原子结构观念和观察到的光谱之间存在一种密切的联系,但是这绝不意味着经典理论和量子论的汇合. 现在我们将更进一步地考虑这种联系,它是有着一种引人注意的本性的. 高量子数改变一个单位的一次跃迁,给出一个等于力学运动之基频的被发射辐射的频率. 按照经典理论,一切不同的泛频振动都是同时发射的;但是,我们在这儿却是通过完全不同的过程来得到不同的泛频振动的. 我们没有得到[两种]观念之间的任何联系,只得到了一种数值的符合. 如果这不被看成仅仅是偶合,那么,除了频率的趋近以外,也还必将出现辐射振幅的趋近,于是我们就将声称振幅是和频率同样本质的. 在经典理论中,频率 $\tau\omega$ 的强度依赖于振幅 C_τ;在量子论中,它依赖于跃迁的发生率. 这种发生率依赖于什么,这是一个完全没有解决的问题,我们没有任何依据来回答它. 当借助于这里所用的公设来发展热辐射理论时,爱因斯坦强调了这些困难,并且引用了跃迁几率来克服它们. 这就提出了我们是否必须满足于关于个体过程的几率的叙述这一严重的问题. 就目前的情况来说,我们还远远不能给出这些过程的实在描述,从而我们很可以假设爱因斯坦的描述方式实际上可能是最适当的方式. 但是,在这种情况下,不同过程的跃迁几率就必须和对应的泛频振动的振幅联系起来. 到此为止,我们只针对大的量子数追寻了这一联系. 但是,既然联系具有纯定性的性质,很自然地就可以假设对于小的量子数也存在跃迁几率和泛频振动〈在运动中〉的存在之间的联系. 从这种观点看来,我们可以把 H_β 看成 H_α 的倍频振动,因为 H_β 对应于等于 2 的量子跃变,而 H_α 则对应于等于 1 的量子跃变. H_β 的频率固然不等于 H_α 的频率的两倍,但是它却和倍频振动相对应. 我们把这种关系称为"对应原理". 对于每一个跃迁,有一个力学运动中的谐振动分量和它相对应. 我们将试图把这一原理应用到普朗克振子上. 频率关系式的应用给出

$$\nu = (n' - n'')\omega_0. \tag{12}$$

为了得到 $\nu \equiv \omega_0$,我们必须有 $n'-n''=1$. 因此,只有到达直接相邻的态的跃迁才是可能的. 这是和氢光谱的情况大不相同的;在氢光谱中,一切可能的跃变都出现. 在起初,这曾引起严重的怀疑. 这种区别的原因在于,振子和氢原子相反,它没有任何泛频振动. 一个双原子分子,例如 HCl,就是在自然界中可以找到的一个振子. 在这儿,各原子可以在它们的稳定平衡位置附近彼此相对地发生振动. 这种运动只有对于很小的振幅才能看成谐振动. 既然各原子的质量远远大于电

348

349

子的质量,那么至少头几个量子态将对应于很小的振动.在一级近似下,实际上只出现一条吸收谱线(为了简单,我们在这儿略去转动).开姆保曾经发现,情况并不是严格地如此,而是倍频谱线也会出现;固然这种谱线是微弱得多的.原因就在于振动并不是纯谐振动.这就导致也存在高量子跃变的微小几率;当然,从经典理论也可以推得这一点;但是,量子论的优越性立刻就会显现出来.倍频谱线并不位于计算出来的位置上而是稍微移开一点,从而这里的情况也和氢光谱中的情况很相像,尽管那里的对应于量子跳变 2 的频率对倍频的偏差很大,而这里的偏差则很小.在下一讲中,我们将讨论支配着定态的那些条件.那时我们也将针对更复杂的体系来表述这些条件.在今天剩下来的时间里,我们将简略地谈谈以上这种考虑的某些简单应用.

我们问自己一个问题,即公式

$$\nu = K\left(\frac{1}{(n'')^2} - \frac{1}{(n')^2}\right)$$

是否真正表示了氢线系中的一切谱线.这并不曾是永远得到承认的.在星体光谱中发现了一些谱线,它们被认为是氢谱线,但却用公式

$$\nu = K'\left[\frac{1}{2^2} - \frac{1}{\left(n+\frac{1}{2}\right)^2}\right]$$

来表示而不是用巴耳末公式来表示.这些谱线被假设为氢谱线,因为不同元素显示和这些光谱公式所表示的那些性质如此相像的性质的任何其他情况都不曾发生过.后一公式也可以写成

$$\nu = K'\left[\frac{1}{\left(\frac{1}{2}n''\right)^2} - \frac{1}{\left(\frac{1}{2}n'\right)^2}\right]$$

$$\text{或 } \nu = 4K'\left(\frac{1}{(n'')^2} - \frac{1}{(n')^2}\right), \tag{13}$$

式中特别说来 $n''=4$.喏,观察结果表明,除了一点小小的偏差以外,K' 是等于 K 的.这就有力地表明这些谱线不应该指定给 H 而应该指定给 He^+.这一结论得到 K 和 K' 之间微小差值的更细致考虑的支持.我们发现,

$$K'/K_H = 1.000408.$$

这种和 1 的微小差值大于实验误差.它和由公式(11)得出的由 H 和 He 的核质

第二讲 1922 年 6 月 13 日

可以看成普朗克原始理论的一种合理推广的量子论,代表着对经典电动力学观念的一种断然的决裂.这就把我们放在了一种奇特的处境中.迄今为止,在描写自然现象时可供我们利用的只有在经典理论中发展起来的那些概念,例如关于电子的和关于电力及磁力的那些在经典理论中发展起来的概念;但是我们同时却假设经典理论的图景是不成立的.现在就出现一个问题,即到底有没有任何可能把经典概念和量子论无矛盾地结合起来.我们还没有资格来解决这个问题;但是,物理学家们希望这两种理论的想法都具有一定的实在性.当企图表述量子论的原理时我们就碰到这些困难,它们确实是可怕的.在这种形势下,最慎重的做法就是永远牢牢地把握住原理的应用.正如我们已经看到的,量子论的应用建筑在两条基本公设上:

(1) 在一切力学上可能的运动中,有一系列特殊的态以其稳定性而与众不同.能量的改变只能通过从一个定态到另一个定态的跃迁而发生.

(2) 当这样的一个跃迁是由辐射所伴随时,这种辐射将是一列简谐波,其频率由下列条件式给出:

$$E' - E'' = h\nu. \tag{16}$$

当企图更进一步考虑这些公设并形成一种关于定态的图景时,我们不但遇到经典理论中没有任何特别稳定的运动被区别出来的困难,而且遇到一切运动都和辐射的出现相联系的困难,因此经典理论是不能一成不变地加以应用的.现在的问题是应该改变到多大程度.在量子论曾对它们应用过的一切过程中,按照经典理论在一个周期(电子的一次绕转)中发射出去的辐射都是很少的.因此,一个很自然的假设就是,在计算定态时,我们可以忽略辐射对运动的影响,就是说我们可以把体系当作保守的体系来处理.但是我们强调指出,这样一种做法只代表一种近似;在以后,我们将更进一步地考虑这一近似的意义.我们把一个体系看成保守的,就意味着我们可以利用普通的运动方程来描述它的运动;在正则形式下,这种运动方程就是

$$\frac{\mathrm{d}p_l}{\mathrm{d}t} = -\frac{\partial E}{\partial q_l}, \ \frac{\mathrm{d}q_l}{\mathrm{d}t} = \frac{\partial E}{\partial p_l} \ (l = 1, 2, \cdots, s). \tag{17}$$

这里的 s 是体系的自由度数，q_l 是体系的广义坐标，p_l 是正则共轭动量（广义动量），而能量 E 应该看成 q_l 和 p_l 的函数. 既然体系是保守的，它的能量在运动中就是保持恒定的，我们在这里将只处理相对于那样一个坐标系的运动，即原子的质心在该坐标系中是静止的. 于是，在一级近似下，能量就由各个建造成分的相对位置和动能来确定. 但是，我们不能确切地断定体系是不是可以看成保守的，或者说应该在多大程度上把辐射考虑在内. 运动方程的通解一般是如此地繁复，以致无法选出各个定态. 经发现，为了保证各定态所具有的奇特稳定性并使得对应原理对这些态的应用成为可能，运动的某些周期性质是必要的. 运动的必要周期性质就在于原子的粒子要具有单周期或多周期的特点，就是说它应该可以表示成基频为 $\omega_1, \cdots, \omega_u$ 的一些周期运动的叠加. 这些基频的个数 u 必须小于或等于体系的自由度数 s；我们将把这个 u 叫做运动的周期度. 于是，体系的一个坐标 ζ，就可以用下列形式的 u 重傅立叶级数来表示：

$$\zeta = \sum_{-\infty}^{+\infty} C_{\tau_1\cdots\tau_u} \cos 2\pi[(\tau_1\omega_1 + \cdots + \tau_u\omega_u)t + \gamma_{\tau_1\cdots\tau_u}], \tag{18}$$

式中的 $\tau_1\cdots\tau_u$ 取一切正整数值和负整数值，也包括零. 为了保证利用基频的这种表示式可以是唯一的，不应存在下列形式的任何关系式：

$$m_1\omega_1 + \cdots + m_u\omega_u = 0 \quad (m_1\cdots m_u \text{为整数}). \tag{19}$$

于是，我们就永远可以通过下列各条件式来确定定态：

$$\mathscr{I}_{\omega_1} = n_1 h, \cdots, \mathscr{I}_{\omega_u} = n_u h. \tag{20}$$

我们以后将考虑其定义的 $\mathscr{I}_\omega$，是和运动的周期性质密切地联系着的，正如各个下标 ω 所指示的那样.

353

现在我们提出一个问题：当原子受到外力的作用时，运动的周期性质将发生什么变化？我们将首先考虑原子位于恒定外力场中的这一简单情况. 此外，我们将假设运动在这一力场中也具有多周期的性质. 于是，关于稳定性的一个条件就是，各个 $\mathscr{I}$ 具有那样一种本性，使得它们当力场缓慢增加时并无显著的变化. 另一方面，当原子曝露在一个迅速变化的场中时，例如是一个辐射场的话，我们就必须假设运动不再能用普通力学来描述了. 在原子间的碰撞中也有这种情况. 过程本身不能借助于普通力学来描述，因为定态是取决于运动的周期性质的. 但是，我们却假设原子在碰撞以前和以后都是处于定态中的；这一假设的推论已经为弗兰克和赫兹以及他们的追随者们的那些实验的诠释所证实. 我们只指出了普通力学没有能力描述碰撞中发生的情况. 这一事实的原因很容易觉察. 在力学中，体系的态只能直接确定在时间上和它无限邻近的态；但是，在这儿，末态是预先确定了的,而且是只能通过考虑整个运动来定义的.

很难具体想象这一结果. 在一个简单的情况下,我们可以或多或少地想象一个原子当突然进入一个场中时是不能适应变化了的条件的. 当场在缓慢地变化时,情况就有所不同. 这时原子是对使它的运动适应新的条件作好了准备的. 这就叫做运动的"浸渐变换". 按照艾伦菲斯特原理,它是可以借助于普通力学来加以描述的;当然,利用力学所能达到的近似程度和在其他情况下相同.

在这一些考虑之后,我们将转而考虑适用于定态的条件的详细性质,而且我们将首先处理具有一个自由度的体系. 在这一情况下,条件变得特别简单,因为354 我们所要处理的只是单独一个变量的变化. 我们从考虑中排除各粒子运动到相距无限远处的那些运动,因为在这种情况下运动是没有任何周期性质的. 这样,我们就只考虑周期运动. 于是,$\mathscr{I}$就必须由下列方程来定义:

$$\mathscr{I} = \oint p \, dq.$$

这里的积分遍及运动的一个周期. 我们将称之为作用量积分的这一积分,具有许多简单的性质. 它不依赖于所选的坐标系,而且它是浸渐不变的,就是说,当由缓变场引起的运动的改变是利用普通力学来描述时,积分的值不变. 如果我们考虑两个不同的相邻运动态,能量的改变就是

$$\delta E = \omega \delta \mathscr{I}, \tag{21}$$

式中 ω 是运动的基频. 对于一个普朗克谐振子来说,运动表示为

$$\zeta = C\cos 2\pi(\omega t + \delta), \tag{22}$$

式中 $\omega = \omega_0$ 是恒量. 能量是

$$E = nh\omega_0. \tag{23}$$

因此,为使方程(21)得到满足,就可推出

$$\mathscr{I}_n = E/\omega_0 = nh. \tag{24}$$

按照艾伦菲斯特原理,这一方程必须对于可以通过一次浸渐变换而由普朗克振子得到的一切体系都成立. 方程 $\mathscr{I} = nh$ 显现为普朗克基本公设的一种合理的推广,不但从浸渐假说的观点看来是如此,而且从对应原理的观点看来也是如此. 事实上,

$$\nu = \frac{1}{h}(E_{n'} - E_{n''}) = \frac{1}{h}\int \delta E = \frac{1}{h}\int \omega \delta \mathscr{I},$$

而且,对于 ω 可以近似地看成恒量的那种相邻定态来说,我们借助于 $\mathscr{I}=nh$ 就得到

$$\nu = \frac{1}{h}\int\omega\delta\mathscr{I} \sim (n'-n'')\omega, \tag{25}$$

正像对应原理所要求的那样.

现在我们进而考虑具有多个自由度的体系. 在这里,情况一般是很繁复的;但是,当运动可以由相互独立的分量合成时,情况就变得简单了. 作为例子,我们可以考虑具有两个自由度的各向异性振子,它的运动是由两个可以相互独立地加以处理的垂直分量构成的. 于是,以上各方程就对于每一自由度分别成立. 对于对应关系,情况也相同. 但是,一个增加进来的特点却是,运动中有两个周期. 如果运动是简谐的,则只有这些运动中的一种运动的量子数在一个辐射过程中可以改变,而事实上是只改变一个单位;两种运动的量子数绝不能同时改变,因为组合式 $\tau_1\omega_1 + \tau_2\omega_2$ 并不出现在运动的表示式中,而只有频率 ω_1 和 ω_2 才分别地出现. 正如线性谐振子是像昨天所讨论的那样由双原子分子来近似地体现那样,现在近似地对应于两个自由度的各向异性谐振子的就是三原子分子. 事实上,海特勒针对水蒸气的光谱发现,基本上只有单独一个量子数改变一个单位的那种过程才会发生. 但是,既然运动并不是纯粹的谐振动,各基频的整数组合式就也会以很小的振幅出现于运动中,因此就存在两个量子数同时改变一个单位的那种跃迁的一个小几率. 在这儿,在经典理论和量子论之间也存在一种典型的差别. 当束缚力不是简谐性的时,"泛频",主要是和频和差频就也会出现在经典理论中,而且,事实上,它们当分子在它的平衡位置附近振动时也是出现的,就如在吸收过程中那样. 但是,在实际上,在吸收中观察到的只有和频而没有差频,即只有两个量子数同时改变 $+1$ 的情况. 这种情况的原因在于,在吸收之前,分子是处于以最低的量子数而与众不同的态中的. 在发射中,量子数之差也会出现. 这一点,我感谢爱因斯坦在一次个人通信中向我指出. 正如在双原子分子的情况中一样,较高的泛频并不是精确地位于经典理论所要求的位置上的.

现在我们遇到多自由度体系具有特别简单的性质的一些情况,那就是当分离变量为可能时的情况. 在这种情况下,并不要求运动可以按上面提到的那种方式表示成一些独立谐振动的叠加,但是却能够选择特殊的坐标,以便我们可以谈到运动的一种独立部分. 在这些情况中,每一个 p_l 只依赖于共轭坐标 q_l,从而我们就可以构成下列各量:

$$\mathscr{I}_l = \oint p_l \mathrm{d}q_l.$$

356　　这种情况的一个特别简单的事例出现在有心运动中. 如果力场不是一个库仑场,
人们并不能得到周期运动,而是得到由一个均匀转动叠加在单周期运动上而形成
的运动. 这样的运动可以在球坐标系中分离变量. 定态由下列量子条件式来确定:

$$\mathscr{I}_r = \oint p_r \mathrm{d}r = n_r h, \quad \mathscr{I}_\varphi = \oint p_\varphi \mathrm{d}\varphi = 2\pi P = n_\varphi h. \tag{26}$$

一个较小的数学困难就在于,和 r 不同,坐标 φ 没有转折点而是在运动中不断地
增大;于是,很自然地可以取 2π 作为 φ 的周期并在这一区间中计算 $\mathscr{I}_\varphi$. 此外,第
二个积分的求值是特别简单的,因为动量 p_φ 不依赖于 φ 而是等于 P. 这些方程
就是索末菲的著名条件式,他利用这些条件式得到了精细结构理论. 我们以后将
稍为详细地讨论这一理论,而现在却将在一种普遍的方式下接着讨论一下分离
变量法. 在所考虑的情况下,艾伦菲斯特原理的应用是怎样的呢? 既然 p_φ 保持
恒定,我们在形式上处理的就是一个单自由度的体系,从而 $\mathscr{I}_r$ 是浸渐不变的. 我
们在以后将讨论一个问题,即这种运动可以怎样浸渐地变成一种可以表示成两
个谐振动的叠加的运动.

　　当周期度 u 小于自由度数 s 时,人们一般就会遇到分离变量方面的困难. 这
时体系将可以在若干不同的坐标系中分离变量,而且,既然各方程 $\mathscr{I}_l = \oint p_l \mathrm{d}q_l$
依赖于选为基底的坐标系,它们就并不能表明体系所特有的任何性质. 周期度越
小,这种选择分离变量用的坐标系的任意性就越大. 原因就在于,在 $u < s$ 的情况
下,当应用了分离变量法时,运动的周期性质并不会表现出来. 但是,当我们转向
对应原理时,我们却遇到体系的周期性质,这些性质并不包含关于分离坐标的选
择的任何指示. 这里所提到的运动($u < s$),在普遍多周期体系类中形成一个族.
存在着适用于这些运动的一种美好的数学理论,我不在这里详细展开它了;我只
提请大家注意一些要点. 代替 q_l、p_l,能够引入若干"分析"变量,其中的一组
$w_1, \cdots, w_u$ 通常叫做"角变量",因为在天体力学的特例中它们具有角度的性
质. 在我看来,似乎把它们叫做"匀化变量"更合理一些. 它们的主要性质在于,各
357　个 q_l 是 $w_1, \cdots, w_u$ 的多周期函数:

$$q_l = \sum_{-\infty}^{+\infty} C_{\tau_1 \cdots \tau_u} \cos 2\pi (\tau_1 w_1 + \cdots + \tau_u w_u + \gamma_{\tau_1 \cdots \tau_u}). \tag{27}$$

能量只依赖于和 w_l 相共轭的 $\mathscr{I}_{w_1} \cdots \mathscr{I}_{w_u}$ 这些量.

　　除了 w_l 和 $\mathscr{I}_{w_l}$ 以外,还有两组各自包含($s-u$)个变量的共轭量 $\beta_1 \cdots \beta_{s-u}$ 和
$\alpha_1 \cdots \alpha_{s-u}$,于是整个新坐标组就是

$$w_1, \cdots, w_u, \beta_1, \cdots, \beta_{s-u},$$

而新的动量则是

$$\mathscr{I}_{\omega_1}, \cdots, \mathscr{I}_{\omega_u}, \alpha_1, \cdots, \alpha_{s-u}.$$

现在我们发现，$\mathscr{I}_{\omega_l}$、β_l 和 α_l 在运动中全都保持恒定；β_l、α_l 是运动的"轨道参数". 现在，既然 E 只依赖于 $\mathscr{I}_{\omega_l}$，那么就可以推知

$$\omega_l = \delta E / \delta \mathscr{I}_{\omega_l} \quad (l = 1, 2, \cdots, u) \tag{28}$$

也都保持恒定，从而就有

$$w_l = \omega_l t + \delta_l \quad (l = 1, 2, \cdots, u). \tag{29}$$

于是，各个匀化变量是时间的线性函数. 将（29）代入（27）中，我们就得到各个坐标 q_l，从而也就作为时间的函数得到各粒子的下列形式的位移变量 ζ：

$$\zeta = \sum_{-\infty}^{+\infty} C'_{\tau_1 \cdots \tau_u} \cos 2\pi [(\tau_1 \omega_1 + \cdots + \tau_u \omega_u)t + \delta_1 + \cdots + \delta_u]. \tag{30}$$

相邻运动的能量差由下式给出：

$$\delta E = \omega_1 \delta \mathscr{I}_{\omega_1} + \cdots + \omega_u \delta \mathscr{I}_{\omega_u}. \tag{31}$$

我们还必须确定各个 $\mathscr{I}_{\omega_l}$ 的零点值. 它们可以通过要求 $\mathscr{I}_{\omega}$ 为浸渐不变来确定. 正如布尔杰斯所证明的，关于各恒量的条件可以通过构成下式来求得：

$$\int_{t_0}^{t_1} \sum \mathscr{I}_{\omega_l} dw_l = (t_1 - t_0) \sum \mathscr{I}_{\omega_l} \omega_l.$$

此式变为

$$(t - t_0) \sum \mathscr{I}_{\omega_l} \omega_l = \int_{t_0}^{t_1} \sum p_l dq_l + \text{Per.}(w_1, \cdots, w_u), \tag{32}$$

式中 Per. 是所标明的各变量的一个周期函数. 对于每一 t_1 值都必须得到满足的 358
这一方程，可以用来确定 $\mathscr{I}_{\omega_1}, \cdots, \mathscr{I}_{\omega_u}$ 的零点值. 处理多周期体系的这种方式创始于施瓦尔兹席耳德，并且曾由艾普斯坦、布尔杰斯和克喇摩斯加以发展. 关于条件式

$$\mathscr{I}_{\omega_l} = n_{\omega_l} h \tag{33}$$

的浸渐性质就是这样.

　　现在，这些条件式和对应原理之间的联系是什么呢？如果我们用频率关系式把所发射的频率表示出来，并且引入作为角变量的函数的能量改变量，我们就得到

$$\nu = \frac{1}{h}\int_{(')}^{('')}\sum \omega_l \delta\, \mathscr{I}_{\omega_l}. \tag{34}$$

过渡到大的量子数的极限,我们可以把积分中的 ω_l 看成恒量,并可以写出

$$\nu \sim \frac{1}{h}\sum \omega_l(\mathscr{I}'_{\omega_l} - \mathscr{I}''_{\omega_l}) = \sum (n' - n'')\omega_l. \tag{35}$$

于是,形势就和单自由度情况中的形势是十分类似的.正如在那种情况中一样,我们要求只有那样的量子数的改变是可能的,即它们按照

$$\tau_l = n'_l - n''_l \tag{36}$$

的方式而和运动的一个谐振动分量相对应.

我们仍将不去详细地讨论这种对应关系,而只是提醒一下:我们假设首先是在高量子数的极限下可以根据这种对应关系来计算跃迁几率;对于低量子数,对应原理只是提供一个线索而已.现在就出现一个问题:是否能够找到一种普遍的跃迁几率表示式?这个问题并不像初看起来那样没有希望.引入一个参量 λ,使得可以把 $\mathscr{I}_{\omega_l}$ 写成下列形式

$$\mathscr{I}_{\omega_l}(\lambda) = h(n''_l + \lambda(n'_l - n''_l)),$$

我们就有

$$\nu = \frac{1}{h}\int_{(')}^{('')}\sum \omega_l \delta\, \mathscr{I}_{\omega_l} = \frac{1}{h}\int_0^1 \sum \omega_l \frac{\mathrm{d}\mathscr{I}_{\omega_l}}{\mathrm{d}\lambda}\mathrm{d}\lambda = \int_0^1 \sum (n'_l - n''_l)\omega_l \mathrm{d}\lambda.$$

我们看到,正如克喇摩斯所指出的,ν 是通过按一切中间态来对 ω_l 求平均值而求得的.归根结蒂,各个 ω_l 本身并没有直接的物理意义.克喇摩斯曾经力图求得各振幅平均值的一个类示的普遍表示式,并在跃迁几率的计算中使用它.当然,我们不能声称这一目标可以达到,但是它确实似乎并不是不可能的.

此处概述了的多周期运动的普遍理论,使我们能够完全地掌握这些运动.作为例子,我们将提到布尔杰斯所提出的从有心运动到另一种运动的浸渐变换,后一运动由两个独立的谐振动组成,这就是一个各向异性谐振子的运动.如果这样一个振子被放入磁场中,它的运动就不能利用分离变量法来处理.但是,可以证明它是多周期运动的一种特别简单的情况.普遍的运动可以通过沿相反方向进行的两个椭圆振动的叠加来得到.如果我们现在让磁场增加到那样的程度,以致它所作用的力远远大于各向异性的程度,则两个椭圆振动将越来越趋近于圆周振动而并不出现任何简并.但是,如所周知,两个沿相反方向的并具有不同周期的圆周振动,和一个具有近核点旋进的椭圆运动相等价,也就是和一个有心运动

相等价. 就这样, 就能够把一个各向异性的[原稿误作"非简谐的"]振子的运动浸渐地变成一个有心运动, 反之亦然.

正如在这一特例中一样, 按谐振动分量的分解一般是不可缺少的. 例如, 一个有心运动可以看成一个周期运动和一个缓慢均匀转动的叠加. 周期运动中的每一个谐振动分量可以用沿相反方向进行的圆周运动来表示. 这些圆周运动被叠加在均匀转动上. 于是, 一个分量就用下列公式来表示:

$$\zeta = \sum C_{\tau, \pm 1} \cos 2\pi\{(\tau\omega \pm \sigma)t + \delta_{\tau, \pm 1}\}. \tag{37}$$

在这里, ω 是周期运动的频率[原稿误作"周期"], σ 是所叠加的转动的频率. 当我们借助于上面所发展的理论来处理这一运动时, 我们就得到作为能量和 ω、σ 之间的关系式的下列公式:

$$\delta E = \omega\delta\mathscr{I}_\omega + \sigma\delta\mathscr{I}_\sigma. \tag{38}$$

定态由下列条件式来确定:

$$\mathscr{I}_\omega = n_\omega h, \quad \mathscr{I}_\sigma = n_\sigma h. \tag{39}$$

$\mathscr{I}_\omega$ 和 $\mathscr{I}_\sigma$ 通过当采用极坐标时得到的动量[按似应作"作用量"——中译者]$\mathscr{I}_r$ 和 $\mathscr{I}_\varphi$ 表示如下:

$$\mathscr{I}_\omega = \mathscr{I}_r + \mathscr{I}_\varphi, \quad \mathscr{I}_\sigma = \mathscr{I}_\varphi. \tag{40}$$

如果 $\mathscr{I}_\omega$ 和 $\mathscr{I}_\sigma$ 被用来确定定态, 它们就是以一种简单的方式和体系的周期性质联系着的, 在这方面它们和 $\mathscr{I}_r$ 及 $\mathscr{I}_\varphi$ 有所不同.

现在我们将简略地讨论一下索末菲的精细结构理论, 然后提供一些关于描述定态中的运动所能达到的近似程度的一般考虑.

索末菲的精细结构理论建筑在这样一件事实上: 当把相对论改正项考虑在内时, 运动并不是严格的周期运动而是一种有心运动, 这种运动可以表示成一个很慢的转动叠加在一个纯周期性的开普勒运动上.

对于纯周期性的开普勒运动来说,

$$\mathscr{I} = \oint p\,dq$$

这个量不依赖于所选的坐标系而是和周期密切联系着的. 这就表明, 在公式〈32〉中, 那个周期函数是不存在的. 于是, 能量 E 就用 $\mathscr{I}$ 表示如下:

$$E = -2\pi^2 N^2 e^4 m / \mathscr{I}^2 \tag{41}$$

从而

360

$$\nu = \frac{2\pi^2 N^2 e^4 m}{h} \left(\frac{1}{(\mathscr{I}_\omega'')^2} - \frac{1}{(\mathscr{I}_\omega')^2} \right). \tag{42}$$

但是,严格说来,即当把相对论考虑在内时,E 的表示式不但依赖于 $\mathscr{I}_\omega$ 而且稍稍依赖于 $\mathscr{I}_\sigma$;事实上,

$$E = -\frac{2\pi^2 N^2 e^4 m}{\mathscr{I}_\omega^2} \left\{ 1 + \left(\frac{2\pi N e^2}{c} \right)^2 \times \left(-\frac{3}{4\mathscr{I}_\omega^2} + \frac{1}{\mathscr{I}_\omega \mathscr{I}_\sigma} \right) + \cdots \right\}. \tag{43}$$

因此,频率变为

$$\nu = \frac{1}{h} \left\langle \left[2\pi^2 N^2 e^4 m \left\{ \left(\frac{1}{(\mathscr{I}_\omega'')^2} - \frac{1}{(\mathscr{I}_\omega')^2} \right) + \left(\frac{2\pi N e^2}{c} \right)^2 \right. \right. \right.$$

$$\times \left(\frac{1}{(\mathscr{I}_\omega'')^2} \left(\frac{-3}{4(\mathscr{I}_\omega'')^2} + \frac{1}{\mathscr{I}_\omega'' \mathscr{I}_\sigma''} \right) \right.$$

$$\left. \left. \left. - \frac{1}{(\mathscr{I}_\omega')^2} \left(\frac{-3}{4(\mathscr{I}_\omega')^2} - \frac{1}{\mathscr{I}_\omega' \mathscr{I}_\sigma'} \right) \right) \right\} \right] \right\rangle.$$

当不考虑相对论时,只有椭圆的长轴是确定的,而且是仅仅通过 $\mathscr{I}_\omega$ 来确定的,现在,椭圆的形状也是通过量 $\mathscr{I}_\omega$ 和量 $\mathscr{I}_\sigma$ 来确定的了. 我们把 n_ω 叫做"主量子数". 存在一些运动,它们具有相同的 n_ω 值,而 n_σ 则可以取 $\leqslant n_\omega$ 的任一值. 例如,如果 $n_\omega = 3$,则 n_σ 只可以有 1、2 或 3 中的任何一个值. 按照对应原理,某些跃迁是被排除了的,因为,既然 σ 只带着系数 $+1$ 或 -1 而出现在运动的展式中,那么就只有 $n_\sigma' - n_\sigma'' = \pm 1$ 的那种跃迁才是可能的了. 如果存在外力,而且它们的影响可以和相对论所要求的按经典力学算出的运动中的改变相比,精细结构就会消失. 这时得到的只是一个周期. 精细结构处理中的主要之点就在于考虑多周期性. 如果精细结构消失了,用单独一个关系式来确定定态就是合适的. 这对于理论的形式一致性来说是一个很重要的问题;在以后,当讨论电力和磁力对运动的效应时,我们就将考虑这个问题.

我们现在将转入打算讨论的第二个问题,那就是确定定态时所达到的近似程度. 事实上,定态的整个描述都只是近似的,因为我们没有考虑定态中的任何辐射. 于是,注意到 E' 和 E'' 由于我们忽略了辐射而并不是严格确定的,关于方程 $E' - E'' = h\nu$ 的精确度问题就出现了. 如果我们问问自己怎样理解 ν,我们就必须假设事实上并不存在严格单频的辐射,而是 ν 必然依赖于所发射的振动次数,也就是依赖于发射过程的持续时间;而关于这一持续时间我们却并无任何确切的知识. 我们只能根据关于极隧射线粒子的发光衰变时间的实验得出它的一个上

361

限. 按照对应关系的理由,我们相信这一时间是和用经典理论算得的发射时间同数量级的. 实际上曾经发现,发光持续时间和经典地算得的时间在数量级上是相符的. 这就表明,能量和频率是确定到恰好相同的近似程度的. 这种一致性到底意味着什么,这却很难讲. 这可能是一个也许适于给量子论的各式各样问题带来光明的地方. 无论如何,这一结果对于把上述这些量子论的应用弄得通顺起来总是很有贡献的.

我愿意再指出两点. 第一点涉及艾伦菲斯特和布来特写的一篇论文[Z. Phys,**9**(1922) 207]. 它处理的是一个初看起来令人很困惑的特例. 艾伦菲斯特考虑了一个体系,里边有一个粒子在不受任何力的情况下沿着一个圆形轨道在转动. 但是,通过一个适当的运动学装置,我们设想粒子每经过确定的很大次数的绕转以后就突然被弹性地反射回来(为了简单,我们可以认为绕转次数是整数). 于是,这里就涉及两个周期:绕转的"微观周期"和"宏观周期",后者就是两次相继反向之间的时间. 这时,宏观周期当然必须是量子化的. 但是,只是这样确定的那些定态并不足以表征体系的性质,因为粒子在中间很长的时间之内是表现为自由粒子的. 如果运动被分解成傅立叶级数,对应于微观周期的泛频振动就将强烈地出现,而且当宏观周期很长时甚至比基频振动还要强烈. 这就表明,τ级的高量子跃变大大地占优势. 此处 τ 是宏观周期和微观周期的(整数)比值;于是,体系在光学上的表现就好像微观周期是量子化的而粒子是自由转动的. 但是,当考虑到热性质时,就得到一个佯谬. 这些性质只依赖于能量元的大小,亦即只依赖于宏观周期. 如果将宏观周期增大,从而使它的 ν 越来越小,则能量子的倍数将越来越互相趋近,从而体系就表现得好象能量可以连续地取一切值一样(就像在经典统计法中那样). 于是,随着宏观周期的增大,微观周期就在光学性质中显示得越来越明显,而在热性质中却完全不能明显地被发现. 当我们考虑到,当宏观周期很大时,振动不可能是非阻尼的,从而人们在原理上就不能忽略辐射的发射时,这一结果的佯谬性就被清除了. 事实上,体系在下一次撞击的很久以前就将已经在一个宏观周期中失去了它的全部能量. 我不相信量子论的法则可以应用于这样一种情况. 只有当经典地算出的发射在许多个周期中都是不可觉察地小时,这些法则才能成立. 至少,只有当量子条件被看成严格的时,艾伦菲斯特所指出的困难才会被遇到.

这一点是很本质的,因为曾经作过许多的尝试来把无论什么的一切运动加以量子化. 原子代表了量子论的一种特别明确的情况;但是,当我们不是考虑的闭合体系时,我们却并不具备形式的量子条件.

我要指出的第二点涉及无线电报问题. 我们在这里是在处理特殊的情况,因为我们相信自己能够在一切细节上描述这里出现的辐射过程. 量子论对这些过

362

程的应用情况如何呢？假如我们必须对所讨论的体系实行量子化，我们就将得到很庞大的量子数. 但是，我不认为这是什么本质之点. 我倒是相信量子论在这里完全不适用，而且这或许是由于所涉及的辐射力的量值很大. 发射的能量如此之大，以致它必然起源于许许多多的个体过程. 既然甚至在波长的一个很微小的分数中都会包含很大数量的能量，远远大于在其他情况下确定定态的那些力的辐射力的值，那么这就使得定态概念本身没有意义了.

第三讲　1922 年 6 月 14 日

在昨天的演讲中,我企图解释了针对单周期运动或多周期运动来确定定态的理论的要点.今天我将讲到这一理论的某些应用.

我昨天的主要努力就是要提到对于理论说来具有特殊重要性的一些物理观点,那就是浸渐原理和对应原理.我们看到了,借助于普通力学,在某种近似程度上,我们不但能够描述定态中的运动,而且能够描述体系的一种浸渐变换.浸渐原理特别适于用来描述外场对原子体系的影响.如果我们有一个处于定态中的体系并且让外场缓慢地增加,那么我们就问,体系的运动将变成怎样.分析力学给出这一问题的答案如下:即使对于小的外力,运动也不能利用未受扰运动的匀化变量[角坐标]来描述.能量将不再在运动中保持恒定.另一方面却可以证明,当外力在一个远大于运动周期的时间间隔中被看成恒定,而且在合运动发展的时间间隔中对能量求平均值时,这一平均值就将在一级近似下(即准确到场强的二次项)不依赖于场强.但是,场的强度在实际上不是恒定的.喏,分析力学证明,可以令由这一事实引起的体系能量的改变量,等于外力势能按未受扰运动来求的平均值,能量的总值通过将这一平均值和上面提到的在一级近似下看成恒量的能量相加来求得.于是,我们就不必详细研究扰动,而只需要研究能量的平均值.

但是,这一方法的应用在某些情况下却导致困难,那就是在周期度当外力存在时比没有外力时要大的情况下.因此,作为特例,当未受扰体系的周期度等于自由度数时,这一困难是不可能发生的.如果周期度小于自由度数,则各轨道参量 α、β 在干扰力作用下一般将不会保持恒定.如果 α、β 在一级近似下不依赖于干扰力,运动的周期度就保持不变,而上述方法就可以应用,另一方面,如果 α、β 是随干扰力而变的,则运动中将出现新的周期性.这些就是所谓久期扰动的周期.在这样的情况中,浸渐假说从一开始就不能应用,因为受扰体系的定态要比未受扰体系的定态用更多的条件来确定.于是,定态运动必须通过考察久期扰动来从可以浸渐地达到的一切运动中被选出.正如可以证明的,α、β 是满足正则方程的.这些方程必须用新的匀化变量[角变量]来加以处理,以得出新的量子条件式.这些新条件式的个数等于受扰体系和未受扰体系的周期度之差.

　　我并不指望这些说明已被全体听众所听懂;不过,我愿意作出这些说明,为的是至少对有关这些问题的某些想法作一传达. 主要之点在于,我们用不着完全重新考察受扰体系,而只需除确定未受扰体系的定态的那些条件之外再增加一些新条件.

　　现在,为了阐明以上的论述,我们将处理一些例子. 首先,考虑一种纯周期运动,即只有单独一个周期度的运动,它的分量可以表示成下列形式:

$$\zeta = \sum C_\tau \cos 2\pi(\tau\omega t + \gamma_\tau)$$

定态由下列条件式来确定:

$$\mathscr{I} = \oint \sum p dq = nh.$$

365　　相邻运动之间的能量差是

$$\delta E = \omega \delta \mathscr{I}.$$

借助于频率关系式,对于高量子数就由此得到

$$\nu \sim (n' - n'')\omega.$$

在开普勒运动的情况,能量用$\mathscr{I}$表示如下:

$$E = - 2\pi^2 N^2 e^4 m / \mathscr{I}^2.$$

这样一个原子在一个电场或一个磁场中的行为将是怎样的呢? 正如我们昨天所看到的,由于相对论,氢原子的运动并不是纯周期的. 因此,为了照顾到相对论,就需要增加一个条件来确定定态. 相对论在按经典力学计算的运动中引起的修正,可以看成一种扰动. 当完成了微扰计算时,就得到昨天给出的公式.

　　在存在于实验中的那些条件下,电场或磁场引起的扰动是远大于相对论改正量的. 因此,在开始时忽略后一改正量是有道理的.

　　我们首先考虑最简单的情况,即均匀磁场中的氢原子. 按照拉摩尔的著名定理,磁场的唯一效应就是在没有场时的运动上叠加一个绕场的方向进行的均匀转动,其频率ζ_H由下式给出:

$$\zeta_H = eH/4\pi mc, \tag{44}$$

式中H是磁场强度的绝对值. 在这里可以指出,拉摩尔定理不是特别地适用于氢原子而是适用于任何有核原子的.

　　现在很容易看到在运动中引起的改变将是什么. 事实上,每一个椭圆简谐运动可以分解成一个平行于场的方向的线性谐振动和两个垂直于场的沿相反方向

进行的圆周运动. 因此就看到, 沿场方向的运动分量由下式来表示

$$\xi_{//} = \sum C_{\tau,0} \cos 2\pi(\tau\omega t + \gamma_{\tau,0}), \tag{45}$$

而垂直于场方向的运动分量则由下式表示:

$$\eta_{\perp} = \sum C_{\tau,\pm1} \cos 2\pi\{(\tau\omega \pm \zeta_H)t + \gamma_{\tau,\pm1}\}. \tag{46}$$

于是, 运动中出现两个基频, 即原有运动的频率 ω 和叠加上去的运动(旋进)的频 366
率 ζ_H. 因此, 定态是由两个条件式来确定的:

$$\mathscr{I}_\omega = n_\omega h, \ \mathscr{I}_\zeta = n_\zeta h.$$

作为 $\mathscr{I}_\omega$ 和 $\mathscr{I}_\zeta$ 的函数来确定能量, 被证实为很简单, 因为频率 ζ 正如在普朗克振
子的情况下一样不依赖于能量; 对于那种振子我们有

$$\xi = C\cos 2\pi(\omega_0 t + \gamma), \ E = \omega_0 \mathscr{I} = nh\omega_0.$$

在这里, 我们有

$$\delta E = \omega\delta \mathscr{I}_\omega + \zeta_H\delta \mathscr{I}_\zeta.$$

因此, 能量就是

$$E = -(2\pi^2 N^2 e^4 m/ \mathscr{I}_\omega^2) + \zeta_H \mathscr{I}_\zeta. \tag{47}$$

这一问题最初是由索末菲和德拜借助于分离变量法来处理了的. 我们看到, 问题
完全用不着从头处理, 只要在未受扰问题上增加上第二个量子条件就行了.

这里得出的能量表示式还不足以完全地解释塞曼效应; 为了做到这一点, 我
们必须引入对应原理. 对于大的量子数, 我们有

$$\nu \sim (n'_\omega - n''_\omega)\omega + (n'_\zeta - n''_\zeta)\zeta_H.$$

一个确定跃迁的出现依赖于对应谐振动分量在运动中的出现. 差数 $n'_\omega - n''_\omega$ 可以
取一切整数值, 因为 ω 的一切泛频都出现在 ξ 和 η 的展式中. 另一方面, $n'_\zeta - n''_\zeta$
却只能是 ±1 或 0, 因为 ζ_H 的别的倍数并不出现在展式中. 但是, 只有这些事实
还不能完全解释塞曼效应; 还缺少关于所发射辐射的偏振的一些说法. 我们意识
到, 这些也是由对应关系确定了的, 因为我们假设偏振应该和按经典理论由对应
于量子跃变的振动所将推得的相似; 按照经典理论, 各成分线分成两种, 一种是
线性偏振的, 另一种是圆偏振的. 量子跃变 $n'_\zeta - n''_\zeta = 0$ 对应于沿场方向而线性偏
振的振动, 而 $n'_\zeta - n''_\zeta = \pm1$ 中的每一个则对应于垂直于场的圆偏振的振动. 前一
情况给出位于原始位置上的中央成分线, 其他情况则给出正常塞曼效应中的两
侧成分线. 处理塞曼效应的这种方法和建筑在经典电动力学上的洛伦兹处理方

367 法相仿. 注意到经典理论和量子论之间的不同, 上述两种方法之间的差别是像所
能期望的那样小的. 但是, 两种理论之间的差异却直接表现在这样一个事实中:
按照经典理论, 不能预期任何细锐的谱线. 当我们考虑总偏振时, 我们就发现又
一个差异. 按照经典理论, 原子相对于场方向的一切取向都会出现. 因此, 通过所
有个体过程的叠加而求得的总偏振将是零. 另一方面, 按照量子论, 只有一些确
定的分立取向才会出现. 如果 P 是电子的角动量, 我们就有

$$\mathscr{I}_\zeta = n_\zeta h = 2\pi P. \tag{48}$$

由此就可以推知, 角动量只能取分立值. 另一方面, 既然角动量是沿着轨道法线
的方向而量子化的, 那么从两个量子条件式就可以推知, 场方向和轨道平面之间
的夹角也只能取分立值.

这一结果已经得到斯特恩和盖拉赫的实验的证实; 他们考察了顺磁性原子
在非均匀磁场中的运动, 并且证明了只有一些相对于场的确定取向才会出现. 因
此, 我们必须对发现总偏振并不等于零有所准备; 佛格特的观测结果似乎实际上
已经证明, 在某些情况中, 一条谱线的总偏振在磁场中是会改变的. 在从前, 人们
总是想方设法地把这种现象解释为并不存在, 因为按照经典理论是不能对它作
出任何解释的. 另一方面, 我们现在却可以把它看成对量子论的一种支持.

我现在将讨论, 从另一个观点看来, 即通过应用角动量守恒定律, 可以对出
现在塞曼效应中的频率说些什么. 当我们考虑按照经典理论由一个以确定频率
作着谐振动的电子所引起的具有同一频率的辐射时, 我们发现必须认为辐射具
有角动量. 从一个沿椭圆简谐轨道运动着的电子发出的辐射的角动量, 当轨道退
化成一条直线时为零, 而当轨道变成圆时为最大. 当原子的角动量在量子跃变中
发生了变化时, 我们必须要求改变量再次出现在辐射的角动量中. 算一算角动量
和能量之间的关系, 我们就发现

$$\frac{\Delta P}{\Delta E} \leqslant \frac{1}{2\pi\nu}.$$

368 而且, 既然 $\Delta E = h\nu$, 我们就得到

$$\Delta P \leqslant h/2\pi. \tag{49}$$

由此可得, n_ζ 只能改变 0 或 ± 1. 也能够按照这种方式推导正确的偏振值. 这种考
虑是由汝宾诺维兹提出的.

现在我们接下去讨论电场的影响. 艾普斯坦和施瓦尔兹席耳德已经对这里
出现的现象作出了理论解释. 他们通过分离变量解决了问题. 事实上, 可以证明,
原子在恒定电场中的运动方程当引用抛物面坐标时是可以分离变量的. 在许多

方面,这一理论是很美的,但是也有不能令人满意之处. 作出整个理论的可能性依赖于这些坐标的选择,从而我们很可以问:电子怎么能够知道我们借助于抛物面坐标来求解它的微分方程呢? 然而,通过对未受扰原子应用量子论并考察必须增加什么新条件,也就能够很容易地处理这个问题. 为了计算能量,必须确定相对于外力场的势能的平均值. 这一平均值可以看成等于电子位于它的轨道的所谓"电重心"上时的势能. 既然这一能量必为恒量,电心就只能垂直于场的方向而运动. 可以证明,这个点是在垂直于场方向的平面上作着简谐运动的. 这一重心的运动频率是

$$\rho_F = F \frac{3\mathscr{I}}{8\pi^2 Nem}, \tag{50}$$

式中 F 是电场强度的绝对值. 量 $\mathscr{I}$ 确定未受扰体系的定态;于是,对于从未受扰体系的单独一个态得出的受扰体系的所有态来说 ρ_F 都是相同的. 我们现在必须增加一个新条件式

$$\mathscr{I}_\rho = n_\rho h,$$

因此,正如在塞曼效应的情况下一样,我们只有两个条件式

$$\mathscr{I}_\omega = n_\omega h, \ \mathscr{I}_\rho = n_\rho h.$$

于是,能量就是

$$E = -\frac{2\pi^2 N^2 e^4 m}{\mathscr{I}_\omega^2} + F\frac{3\mathscr{I}_\omega \mathscr{I}_\rho}{8\pi^2 Nem}. \tag{51}$$

这就是由艾普斯坦和施瓦尔兹席耳德求得的同一表示式;但是,一个本质的不同就在于,我们只有两个量子条件式而艾普斯坦却用了三个. 369

现在我们将考虑可以从对应原理得出的结论. 平行于场的运动分量是

$$\xi_{/\!/} = \sum C_{\tau_1, \tau_2} \cos 2\pi\{(\tau_1\omega + \tau_2\rho)t + \gamma_{\tau_1, \tau_2}\}, \tag{52}$$

式中 $\tau_1 + \tau_2$ 是偶数;垂直于场的运动分量是

$$\eta_\perp = \sum C_{\tau_1, \tau_2} \cos 2\pi\{(\tau_1\omega + \tau_2\rho)t + \gamma_{\tau_1, \tau_2}\}, \tag{53}$$

式中 $\tau_1 + \tau_2$ 是奇数. 另外也有

$$\delta E = \omega\delta\mathscr{I}_\omega + \rho\delta\mathscr{I}_\rho;$$

因此,对于大的量子数就有

$$\nu \sim (n'_\omega - n''_\omega)\omega + (n'_\rho - n''_\rho)\rho.$$

于是,其对应谐振动分量存在的那些跃迁就将出现. 关于偏振,我们必须预期 $(n'_\omega - n''_\omega) + (n'_\rho - n''_\rho)$ 为偶数的那些跃迁将给出平行于场而偏振的谱线,而 $(n'_\omega - n''_\omega) + (n'_\rho - n''_\rho)$ 为奇数的那些跃迁将给出垂直于场而偏振的谱线. 这一结果已经得到实验上的证实. 按照对应原理,一条给定谱线的强度所依赖的跃迁几率,取决于运动中对应泛频振动的振幅. 克喇摩斯曾经计算了展式中的各个系数 C,并且也已经发现计算的强度和经验相符. 斯塔克效应提供了大量的实验资料,量子论对这些资料的细节都能够说明. 想提出经典理论在那里取得同样成就的另一个领域将是很困难的.

现在我们也将考虑外场对相对论式氢原子的影响. 到此为止,我们一直忽视了相对论改正项,因为我们知道这将不会在现象的较粗糙特点方面引起重大的变化. 如果我们把无场空间中相对论式电离氦原子理论的结果和实验结果(帕邢)相比较,我们就会发现成分线强度方面的小的偏差,这起源于一个事实,即在实验中小的外场永远是存在的. 因此就看到,有必要也照顾到相对论来作出关于外场中原子的理论.

如果外场是磁场,情况就很简单,因为拉摩尔理论对于相对论式的开普勒运动仍然适用. 于是,就有一个简单地叠加上去的旋进,频率为

$$\zeta = eH/4\pi mc.$$

平行于场和垂直于场的运动分量 (ξ 和 η),由下式表示:

$$\xi_{/\!/} = \sum C_{\tau, \pm1, 0} \cos 2\pi\{(\tau\omega + \sigma)t + \gamma_\tau\}, \tag{54}$$
$$\eta_\perp = \sum C_{\tau, \pm1, \pm1} \cos 2\pi\{(\tau\omega \pm \sigma \pm \zeta)t + \gamma_\tau\}.$$

定态由下列条件式来确定:

$$\mathscr{I}_\omega = n_\omega h, \quad \mathscr{I}_\sigma = n_\sigma h, \quad \mathscr{I}_\zeta = n_\zeta h.$$

能量可以写成

$$E = E(\mathscr{I}_\omega, \mathscr{I}_\sigma) + \zeta\mathscr{I}_\zeta;$$

此外还有

$$\delta E = \omega\delta\mathscr{I}_\omega + \sigma\delta\mathscr{I}_\sigma + \zeta\delta\mathscr{I}_\zeta.$$

于是,对于大的量子数,我们就得到

$$\nu \sim (n'_\omega - n''_\omega)\omega + (n'_\sigma - n''_\sigma)\sigma + (n'_\zeta - n''_\zeta)\zeta.$$

对应原理给出的结果是,对于$(n'_\omega-n''_\omega)$的值没有任何限制.另一方面,$(n'_\sigma-n''_\sigma)$永远是±1,从而对于这个量子数来说磁场并不引起任何改变.差数$(n'_\zeta-n''_\zeta)$可以是0或±1.n_ζ的改变为0时给出平行于场方向的线偏振;n_ζ的改变为±1时给出垂直于场方向的圆偏振.于是,结果就是,精细结构的每一成分线都劈裂为正常洛伦兹三重线.这一结果最初是由索末菲利用分离变量法求得的.在开始时,曾经怀疑这种结果是否和经验相一致,因为我们处理的是磁场对具有多重结构的谱线的效应,而在这样的情况下我们是习惯于发现反常塞曼效应的.这一效应的实验考察是很困难的,因为精细结构很容易受到外场的干扰,而外场则是很难避免的;尽管如此,单条精细结构成分线的正常劈裂却似乎得到了汉森的实验的证实.

　　相对论式塞曼效应问题是简单的,因为拉摩尔旋进的周期是简单地叠加在原有运动上的,而相对论式斯塔克效应的问题却复杂得多.电场强度所引起的轨道的改变并不是简单地加在[原文为"wirkt... nicht zusammen mit"]相对论改正量所引起的运动的改变上.当电场的影响远大于相对论改正量时,这一改正量就被压制掉,而我们就得到在经典力学的基础上所给出的那种斯塔克效应.当电场的影响远小于相对论改正量时,电场对引起的运动的改变就将很小.但是,一些当不存在电场时不会出现的量子跃变却将发生,因为,由于有场,就将出现含$\tau_2\sigma$的分量,而当没有场时则只出现含±σ的分量.如果电场的影响和相对论改正量具有相同的数量级,则问题将不再能够用分离变量法来处理;不过,久期扰动的考察却可以达到目的,它导致一个自由度数较小的问题的求解.这些计算已由克喇摩斯作出.它们导致下述的结果.平行于场和垂直于场的运动分量(ξ和η)可以表示成下列形式:

$$\xi_{/\!/}=\sum C_{\tau_1\tau_2}\cos 2\pi\{(\tau_1\omega+\tau_2\varepsilon)t+\gamma_{\tau_1\tau_2}\},\tag{55}$$
$$\eta_\perp=\sum C_{\tau_1\tau_2\pm1}\cos 2\pi\{(\tau_1\omega+\tau_2\varepsilon\pm\zeta)t+\gamma_{\tau_1\tau_2\pm1}\}.$$

此时也有
$$\delta E=\omega\delta\mathscr{I}_\omega+\varepsilon\delta\mathscr{I}_\varepsilon+\zeta\delta\mathscr{I}_\zeta.$$

量子条件式是
$$\mathscr{I}_\omega=n_\omega h,\ \mathscr{I}_\varepsilon=n_\varepsilon h,\ \mathscr{I}_\zeta=n_\zeta h.$$

此外,能量就是
$$E=-(2\pi^2N^2e^4m/\mathscr{I}_\omega^2+\Psi(\mathscr{I}_\omega,\mathscr{I}_\varepsilon,\mathscr{I}_\zeta).\tag{56}$$

对于大量子数,我们近似地有

$$\nu \sim (n'_\omega - n''_\omega)\omega + (n'_\varepsilon - n''_\varepsilon)\varepsilon + (n'_\zeta - n''_\zeta)\zeta.$$

对应原理的应用给出的结果是,$n'_\omega - n''_\omega$ 和 $n'_\varepsilon - n''_\varepsilon$ 不受任何限制. 另一方面,n_ζ 的改变却只能是 0 或 ± 1;改变为 0 时对应于和场相平行的线偏振,改变为 ± 1 时对应于和场相垂直的圆偏振.

关于精细结构通过电场的逐渐增加而过渡到通常的斯塔克效应的情形,还不曾作过任何实验. 量子论给出了现象的很多可以预期的细节. 尽管我们实在不应该对发现量子论的失败没有准备,但是,假如由量子论得来的这样一种详细图景竟然不对,那却将是使我们大感意外的;因为我们对于量子条件的形式实在性的信念是如此强烈,所以假如实验竟会给出和理论所要求的答案并不相同的答案,我们就会十分惊讶了.

第四讲   1922 年 6 月 19 日

这里所考虑的多周期体系理论的一切应用都曾经处理的是最简单的情况，即具有单独一个电子的原子. 在其他情况，运动方程的解并不具备如此简单的特点. 现在我们所要进行的主要问题就是要处理具有多于一个电子的原子. 我们对于只有一个电子的原子的考虑，可以看成处理这一问题的第一步. 当然，这里并不只是氢原子的问题，而是一般的具有任意原子序数的原子核对第一个电子的束缚问题. 正如我们已经看到的，在这种情况中，运动在一级近似下可以看成纯周期性的，从而它的分量可以表示为

$$\zeta = \sum C_\tau \cos 2\pi(\tau\omega t + \delta_\tau).$$

定态由下列条件式确定：

$$\mathscr{I} = \oint p\,\mathrm{d}q = nh.$$

相邻运动之间的〈能量〉差是

$$\delta E = \omega\delta\mathscr{I},$$

而且在大量子数的极限下就有

$$\nu \sim (n' - n'')\omega.$$

关于能量和椭圆轨道的长轴，我们求得

$$E = -\left(2\pi^2 N^2 e^4 m / \mathscr{I}_\delta^2\right), \ 2a = \mathscr{I}^2 / 2\pi^2 N e^2 m. \tag{57}$$

利用这些公式，就能得到氢光谱中那些观察到的谱项.

由于有相对论改正量，氢原子中电子的运动实际上并不是纯周期运动而是一种有心运动，这种运动可以表示成一个缓慢转动在开普勒运动上的叠加. 于是，运动的一个分量就可以表示成下列形式：

$$\zeta = \sum C_{\tau, \pm 1} \cos 2\pi\{(\tau\omega \pm \sigma)t + \gamma_{\tau, \pm 1}\},$$

式中 σ 是旋进频率. 我们有

$$\delta E = \omega \delta \, \boldsymbol{\mathscr{I}}_{\omega} + \sigma \delta \, \boldsymbol{\mathscr{I}}_{\sigma}.$$

当采用极坐标时,$\boldsymbol{\mathscr{I}}_{\omega}$ 和 $\boldsymbol{\mathscr{I}}_{\sigma}$ 就由相积分表示如下:

$$\boldsymbol{\mathscr{I}}_{\omega} = \oint p_r \mathrm{d} r + \oint p_{\varphi} \mathrm{d} \varphi,$$

$$\boldsymbol{\mathscr{I}}_{\sigma} = \oint p_{\varphi} \mathrm{d} \varphi \; \langle \, = 2\pi P \rangle,$$

式中 P 是总的角动量. 量子条件式是

$$\boldsymbol{\mathscr{I}}_{\omega} = n_{\omega} h = nh, \quad \boldsymbol{\mathscr{I}}_{\sigma} = n_{\sigma} h = kh, \tag{58}$$

式中把 n_{ω} 写成了 n 而把 n_{σ} 写成了 k. 对于大的量子数,我们近似地有

$$\nu \sim (n' - n'')\omega + (k' - k'')\sigma.$$

定态中的能量在本质上依赖于频率 ω 和 σ. 但是,既然 $\sigma \ll \omega$,能量和频率 ν 就主要依赖于 $\boldsymbol{\mathscr{I}}_{\omega}$,也就是主要依赖于量子数 n,因此我们将把这个量子数叫做"主量子数". 实际上,

$$E = -\frac{2\pi^2 N^2 e^4 m}{\boldsymbol{\mathscr{I}}_{\omega}^2} \left\{ 1 + \left(\frac{\pi^2 e^2 N}{c} \right)^2 \times \left(-\frac{3}{\boldsymbol{\mathscr{I}}_{\omega}^2} + \frac{4}{\boldsymbol{\mathscr{I}}_{\omega} \boldsymbol{\mathscr{I}}_{\sigma}} \right) + \cdots \right\}.$$

于是,对于同一个主量子数 n,就存在一系列对应于不同的 k 值并具有接近相同的能量的定态. k 的值确定缓慢旋进着的椭圆的形状. 只有这一旋进的周期确定椭圆的形状. 当这种旋进受到扰动时,椭圆就失去其稳定性,而剩下来的只有纯周期运动的单独一个条件式. 这对于下列的讨论来说是重要的;当我们进而考虑具有两个电子的原子而首先是考虑氦原子时,情况就已经是这样的了. 氦的电弧光谱给这一问题带来了光明,而其火花光谱则给出了关于第一个电子的束缚情况的信息. 氦的电弧光谱是很简单的,它是帕邢和荣芝所揭示的最初几种光谱之一种. 但是,它的结构显示某种有着最重要意义的多重性. 然而,在开始讨论细节之前,我们将谈谈其他元素光谱的某些主要特点.

374

我假设诸位中的多数人是熟悉这些问题的,但是我仍将强调一些要点. 正如我们已经看到的,氢光谱可以用下列公式来表示:

$$\nu = K \left(\frac{1}{(n'')^2} - \frac{1}{(n')^2} \right).$$

与此相似,其他元素的光谱可以用下列这种公式来表示:

$$\nu = f_{k''}(n'') - f_{k'}(n'); \tag{59}$$

在这儿,不是出现 K/n^2,而是出现了两个整数 k 和 n 的一些函数 $f_k(n)$. 按照量子论,我们通过一个假设来诠释这一公式;我们假设,我们遇到的是能量由

$$E_{n,k} = -hf_k(n)$$

来给出的一些定态之间的量子跃迁. 各谱项 $f_k(n)$ 和氢光谱的谱项相似,但其结构更复杂一些. 可以把它们写成黎德伯形式

$$f_k(n) = +\frac{K}{[n+\varphi_k(n)]^2}, \tag{60}$$

式中 K 是出现在氢光谱公式中的同一个黎德伯恒量. $\varphi_k(n)$ 是一些只稍稍依赖于 n 的函数,而且它们随着 n 的增大而渐近地趋于恒定值:

$$\varphi_k(n) \underset{n\to\infty}{\to} \alpha_k.$$

很容易看到,如果假设有一个电子在离其他电子很远处运动,以致各较内电子的影响可以近似地用一个点电荷(的影响)来代表,而且对于点电荷场的偏差可以用一个具有中心对称性的场来代表,那么就会得到形如 $-hf_k(n)$ 的能量表示式. 索末菲就是在这种观念的基础上第一次导出了谱项的黎德伯形式的;这一观念本身就给这样的光谱结构带来了很多光明. 索末菲理论只提供了两个量子数;它们和关于电子的相对论运动的两个量子数相对应. 正如在那种理论中一样,一个量子数对应于开普勒运动的周期,而第二个量子数则对应于所叠加的旋进的周期. 但是,我们必须立即指出,虽然这种观念引导索末菲得到了谱项的黎德伯形式,但是他却不能求得和谱项实验值的任何定量符合,而那种符合也是很难根据这样简化的假设来预期的. 原因就在于,多数轨道实际上并不是在全部进程中都远远位于其他电子的外圈,因此对于开普勒运动的偏差就不能看成简单地由一个具有中心对称性的场所引起. 以后我们还将讨论这一问题;现在,我愿意讨论原子的一些性质,它们出现在辐射的吸收和发射中,而且可以在此处所提看法的基础上简单地加以理解. 例如,钠蒸气有选择地吸收某些谱线,但这只是那样一些谱线,它们的初谱项是所存在的谱项中最大的一个,从而是和最低的能量相对应的. 重要的一点就在于,这是可以通过量子论来加以解释的. 它告诉我们,属于这些谱线的初谱项是原子的正常态. 这是由用弗兰克和赫兹方法所作的电子撞击实验证实了的;这种实验表明,任何能量都不能传送给原子,除非那能量足够大,可以把原子从正常态带到相邻的量子态中. 这种方法也能够测定电离能. 这就是把电子从原子中完全取走时所需的功. 已经发现,所要求的能量和谱项所给出的值是符合的. 现在,我们在光谱的结构中发现这样一种奇特性:并不是各谱项间一切可设想的组合都会出现,而是只有对应于相邻 k 值的那些组合才会

375

出现,这正是按照对应原理所应预期的. 因为,即使索末菲把它当作基础的那种
电子运动图景不十分正确,事实却仍然是,电子的运动具有两个频率 ω 和 σ,其
中 σ 只带着系数 ± 1 出现在各运动分量的展式中;因此 σ 可以看成不同于开普勒
运动的一种周期运动的旋进频率. 我们由此必须得出结论,对应量子数 k 的改变
只能是 ± 1. 这是很重要的结果,它使我们能够理解对各个可设想的组合的奇特
限制. 当原子没有受到外力的干扰时,那就不仅仅是并非一切可能的组合都被观
察到了. 表面上很难捉摸的是,被关于 k 的限制所排除了的某些组合实际上却确
实出现. 但是,这是由于外来干扰使运动更加复杂了,从而频率 σ 也会带着不同
于 ± 1 的系数出现在运动的傅立叶展式中.

376

如果我们现在照顾到精细结构而把氢光谱和 Li 光谱及 Na 光谱相比较,我
们就会发现一种很深远的结构相似性. 在碱金属光谱中,我们也发现和大于 ± 1
的 k 值改变相对应的组合谱线. 这些谱线出现的容易性必然依赖于运动的稳定
性,也就是依赖于近核点的转动频率. 如果 $\sigma \ll \omega$,则任何存在的外力对轨道的影
响都将很强,因为可以说力来得及影响运动. 如果 σ 较大,则运动将只受到外力
的很小的影响. 喏,我们可以根据能量对量子数的依赖关系来估计 σ 的量值,因
为我们有

$$\delta E = \omega \delta \, \mathscr{I}_\omega + \sigma \delta \, \mathscr{I}_\sigma.$$

于是,谱项和对应氢谱项的偏差就能提供近核点转动大小的一种量度. 因此,按
照以上所述,我们必须预期各条组合谱线当谱项对氢谱项的偏差很小时就容易
出现. 事实上,我们当考虑锂光谱时就会觉察到这一点. 在许多实验中,斯塔克和
他的合作者们也考察了其他元素光谱中各条组合谱线的出现,而且针对这些光
谱发现了对应原理可以完全说明的行为. 此外,当把碱金属光谱和氢光谱相比较
时,我们曾经忽略了一个事实,即碱金属光谱更复杂一些,因为它们的谱线是一
些双重线. 这种多重性想必是由一个情况引起的,即运动比迄今所假设的具有更
高的周期度. 我们在上面已经指出,原子心["Atomrest"]的场只有在一级近似下
才能看成中心对称的场.

我们倒是必须假设原子心具有轴对称性. 这就扰乱了有心运动. 如果这种扰
动很小,它的效应就将是使最后要被束缚的电子的运动将不在一个固定平面上
进行;相反地,它的轨道平面将那样改变位置,以致运动可以描述为在有心运动
上叠加了一个绕原子总角动量固定轴线的均匀缓慢转动. 于是,运动是像在塞曼
效应中一样受到影响的. 因此,有心运动的每一个谐振动分量都分解成三个分
量,一个平行于固定方向而和未受扰运动具有相同频率的线性分量(ξ)和两个垂
377 直于场方向而沿相反方向进行的圆周分量(η),其频率分别增加或减小一个旋进

频率. 因此我们有

$$\xi_{/\!/} = \sum C_{\tau, \pm 1} \cos 2\pi\{(\tau\omega \pm \sigma)t + \gamma_{\tau, \pm 1}\},$$

$$\eta_\perp = \sum C_{\tau, \pm 1, \pm 1} \cos 2\pi\{(\tau\omega \pm \sigma \pm \zeta)t + \gamma_{\tau, \mp 1, \pm 1}\}.$$

于是,共有三个基频 ω、σ 和 ζ 出现在运动中,从而

$$\delta E = \omega\delta \mathscr{I}_\omega + \sigma\delta \mathscr{I}_\sigma + \zeta\delta \mathscr{I}_\zeta.$$

如果我们设想扰动被浸渐地加以解除,例如通过沿总角动量方向的一个强度适当的磁场来解除,那么旋进就将消失,而

$$\mathscr{I}_\omega \to \mathscr{I}, \quad \mathscr{I}_\sigma \to 2\pi P.$$

$\mathscr{I}_\zeta$ 确定轨道平面相对于早先束缚了的那些电子的取向,使得 $\mathscr{I}_\zeta = 2\pi Q$;正如建筑在分析理论上的简单计算所证明的,此处的 Q 就是原子的总角动量. 于是我们看到,原子心的角动量根本不是在空间中固定了的,固定的只是原子的总角动量. 相反地,根据作用等于反作用的原理,电子在原子心的影响下发生转动,而原子心也在电子的影响下发生转动,其转动方式是恰足以使电子和原子心的总角动量在量值和方向上都保持恒定.

量子条件式是

$$\mathscr{I}_\omega = n_\omega h = nh, \quad \mathscr{I}_\sigma = n_\sigma h = kh,$$
$$\mathscr{I}_\zeta = n_\zeta h = jh. \tag{61}$$

按照对应原理,k 的改变只能是 ± 1,即 $k' - k'' = \pm 1$,而 j 的改变只能是 0 或 ± 1,即

$$j' - j'' = \begin{cases} 0, & /\!/ \\ \pm 1, & \perp. \end{cases}$$

在这儿,$j' - j'' = 0$ 对应于沿空间固定方向的线性偏振,而 $j' - j'' = \pm 1$ 则对应于垂直于固定方向的两种反向圆偏振. 这些结果得到了建筑在角动量守恒定律上的那些考虑的支持,因为由这一定律可以推得

$$|\Delta Q| \leqslant h/2\pi,$$

而这一关于角动量改变量的要求是和 $j' - j'' = 0, \pm 1$ 的要求一致的. 和也是由我提出的旧看法相反,角动量没有告诉我们任何有关 k 的改变量即有关组合原理的限制的知识;我们已经看到,这里就是一个轨道稳定性的问题,只有对应原理才能阐明它.

378

现在让我们进而讨论更复杂的光谱,并且考虑例如汞光谱. 以后我们将讨论细节. 现在我们只提到,在这种光谱中出现着对应于相同 k 值的若干个谱项序列. 所出现的一切组合都满足 $k'-k''=\pm1$ 的条件;但是却还有另外一些限制,它们可以用 $j'-j''=\pm1$ 或 0 这一条件来加以解释. 在我们更仔细地讨论这一问题以前,让我们考虑考虑外场对组合可能性的影响. 为了得到有关这些可能性的信息,汉森和沃尔诺曾经在哥本哈根考察了电场对汞光谱的影响. 曾经发现,不同的谱线受到程度很不相同的影响,而且,正如我们所应预期的,只有那些对应于很小的 σ 值的非稳谱项才会受到影响. 和氢光谱相比,主要的不同在于不出现任何劈裂而只出现新的组合可能性. 事实上,在外力的影响下,新的谐振动分量就出现在运动中,而按照对应原理,这些新的分量就对应于新的跃迁. 对于其他的光谱,情况也相仿;之所以选用汞,是因为这样可以把工作做得特别明确.

现在,关于 j 的改变情况如何呢? 在汞光谱中,存在一些不受电场影响的很窄的双重线. 这也是根据理论所应预期的. 这种精细结构和氢谱线的精细结构有着本质的不同,因为它依赖于绕空间固定轴线的旋进而不是依赖于近核点的缓慢转动. 由于这一原子中的近核点的迅速转动,有心运动的平面在一级近似下不能由一个均匀电场而引起转动,因为电心是以一个频率在这一平面上绕转的,该频率比旋进频率 ζ 大得多,以致电矩的平均值等于零. 我们由此看到,如果我们想要找出关于量子数 j 的改变的某些情况,我们就必须考察定态的确定和周期性质之间那种很密切的关系. 用磁场来直接影响旋进是可能的,它引起轨道平面的一种转动. 在我们得到单谱项的一切情况下,我们必须假设所处理的是一种纯有心运动,从而我们就会发现正常的塞曼效应. 在我们发现多重谱项的地方,也就会出现反常塞曼效应,也就是说,我们有一些轨道,它们的平面即使当不存在磁场时也在作着旋进. 于是,不妨说就出现一个冲突;这两种转动并不是简单地互相叠加的. 这时 $j'-j''=0$ 或 ±1 的条件就不再成立,而当没有磁场时不会出现的跃迁就可能发生. 事实上,帕邢和贝克已经观察到这种精细结构的新谱线在磁场中的出现. 近年以来,曾经对反常塞曼效应的理论作出了许多很有意义的贡献;这主要是由索末菲和朗德作出的,他们把 j 叫做"内量子数",按照我们的观念来看这是不十分合适的. 我们将暂不仔细讨论反常塞曼效应,等到我们已经得到关于较外电子和原子心之间的相互作用的某些更详细的观念时再说吧.

现在我们转入氦光谱的讨论. 我们在这儿处理的是一种很简单的光谱,关于这种光谱我们有很精确的资料. 这一光谱的谱线不是单线就是很窄的双重线. 我们有两套谱线,其中每一套都和简单光谱的式样很密切地吻合. 这两套谱线之间不发生任何组合,从而不妨说我们共有两个分离的光谱. 因此,早先曾经相信氦是由两种元素即正氦和仲氦构成的,现在我们知道这只是氦的两个不同的态. 于

379

是我们看到,氦中的两个电子可以有不同的束缚方式. 我们怎样才能说明这一点呢? 氦的电弧光谱提供了关于氦离子对第二个电子的束缚的信息,于是我们就必须考虑具有一个较内电子和一个较外电子的原子. 进行计算的尽可能简单的办法就是认为较内电子的电荷均匀分布在一个圆形轨道上. 索末菲尝试了这种办法,但得出了和经验并不符合的结果;因为,按照这种办法所得到的各谱项对氢谱项的偏差太小了. 实际上,此处忽略了的两个电子的相互扰动,将给出大得多的偏差. 朗德用一种不同的方式处理了问题. 他考察了两个轨道在一级近似下都为圆形的那种情况. 这时得到了一些具有所要求的数量级的扰动. 仲氦谱项和对应的氢谱项只有很小的偏差,正氦谱项的偏差更大一些. 按照朗德的看法,这是可以理解的. 朗德从简单的圆形轨道图景外推到了椭圆轨道. 这诚然是一种处理问题的合理方式,但是这样并不能理解为什么会出现两种互不组合的不同光谱. 因此我们必须追寻更大差别的原因,因为看来形式的外推是不适用的. 我们倒是必须详细地考察那些相互扰动. 这一问题已经由克喇摩斯和本演讲人处理过,所得的结果还一直没有发表;在这儿,我愿意简单地对处理方式和所得结果作一概述.

对于扰动的量值来说,周期性质是关系重大的. 只有第一个电子的运动才几乎是纯周期的. 在具有两个电子的原子中,电子之间的力的影响比相对论效应大得多,因此,在扰动的考察中,第一个电子的运动就可以看成纯周期的,从而久期扰动就将是很大的. 较内轨道的偏心率就由这些扰动来确定,而且沿这一轨道的绕转频率就比旋进频率具有更高的数量级. 朗德的方法不能用,因为在开始时较内轨道是简并的. 这就可以解释为什么在我们的计算中能量依赖于和在朗德计算中完全不同的量子数的幂次.

我们现在必须考察各轨道以什么方式互相扰动. 为了考察这一点,我们作为一级近似来假设其中一个轨道比另一个轨道大得多. 于是,较内电子的绕转将比较外电子的绕转快得多. 较内电子是在一个双倍电荷的核的场中运动的,而较外电子在很初步的近似下是在一个带单一电荷的核的场中运动的. 当考虑较内电子时,我们可以在一级近似下认为较外电子是静止的,而对于较外电子来说,我们可以同时在一级近似下认为较内电子的电荷是分布在它的轨道上的. 既然我们已经看到较内电子的轨道是一个椭圆轨道,而且在一级近似下可以认为较外电子是静止的,那么我们就必须首先考虑这样一个开普勒椭圆将在恒定外力场中如何变动. 为了做到这一点,引入下列的变量是合适的. 我们用 β 来代表场的方向和长轴之间的夹角,并且引入由下列方程定义的角 α:

$$\varepsilon = \sin \alpha, \tag{62}$$

式中 ε 是椭圆的数字偏心率. 于是就有

$$P = \frac{1}{2\pi} \mathscr{I} \cos \alpha, \tag{63}$$

式中 P 是较内电子的角动量而 $\mathscr{I}$ 是对应于它的运动周期的相积分. 我们是在处理一种平面运动,并探索长轴和周期在外力的影响下怎样变化. 最简单的办法就是把力分解成分量,因为这些分量的影响是简单地互相叠加的. 首先,考虑沿长轴方向的分量的影响. 这个分量引起一种久期旋进而并不改变轨道的偏心率或角动量,因为长轴已由第一个量子条件式确定,而且当长轴固定时一个沿长轴方向的力不能改变偏心率.

381　　　　旋进角速度变为

$$\frac{\mathrm{d}\beta}{\mathrm{d}t} = F \cdot \frac{3}{2} \frac{\mathscr{I}}{2\pi Nem} \cot \alpha \cos \beta, \tag{64}$$

式中 $F \cos \beta$ 是绝对值为 F 的场强沿长轴方向的分量. 现在我们考虑垂直于长轴的分量的影响. 这个分量不引起任何旋进,但却改变轨道的偏心率,从而也改变轨道的角动量. 这是容易看到的,因为电心是位于距核为 $\frac{3}{2} a\varepsilon$ 的距离处的. 因此,角动量的变化〈率〉将是

$$\frac{\mathrm{d}P}{\mathrm{d}t} = F \sin \beta \cdot e \cdot \frac{3}{2} a\varepsilon \tag{65}$$

于是我们得到

$$\frac{\mathrm{d}\alpha}{\mathrm{d}t} = F \cdot \frac{3}{2} \frac{\mathscr{I}}{2\pi Nem} \sin \beta \tag{66}$$

现在剩下来的就是考察垂直于轨道平面的分力的影响了. 这个分力将只改变轨道平面,即改变角动量的方向. 当 γ 是轨道法线和起初垂直于轨道平面的分力方向之间的夹角时,我们有

$$\langle P \rangle \frac{\mathrm{d}\gamma}{\mathrm{d}t} = Fe \frac{3}{2} a\varepsilon$$

或者写成

$$\langle P \rangle \frac{\mathrm{d}\gamma}{\mathrm{d}t} = F \frac{3}{2} \frac{\mathscr{I}}{2\pi Nem} \tan \alpha. \tag{67}$$

在实际计算中,轨道的位置必须利用确定的角度即所谓轨道参量来表示. 精确的

计算导致了上述的结果. 实际上, 较外电子并不是静止的; 因此, 外场 F 不是恒定的, 而刚刚求得的轨道改变量本身也是时间的函数. 一般说来, 这就得出很复杂的运动, 而我相信这种运动不再具有多周期性, 从而不能看成可能的量子轨道了. 当我们像一直所做的那样假设较外电子的轨道远大于较内电子的轨道时, 只存在运动具有多周期性的两种特例, 即当两个轨道或是位于同一平面内或是互相垂直时的情况.

让我们首先考虑共面轨道的情况; 正如我们以后即将看到的, 这种情况对应于正氦光谱. 在这里, 较内轨道的长轴将永远指向较外电子, 从而较内轨道的近核点转动频率将和较外电子的绕转频率相一致. 于是, 二电子的绕转方向就有两种可能; 它们可能沿着相同的方向或相反的方向走过它们的轨道. 经发现, 需要考虑的只有同向绕转的情况. 如果我们用 P' 代表较外电子的角动量而用 r 和 φ 代表该电子的极坐标, 我们就有

$$P' = mr^2 \frac{\mathrm{d}\varphi}{\mathrm{d}t}, \qquad (68)$$

以及

$$F = \frac{e}{r^2} = \frac{em}{P'} \frac{\mathrm{d}\varphi}{\mathrm{d}t}, \qquad (69)$$

因为我们可以近似地令二电子间的距离等于较外电子离核的距离. 现在, 既然较外电子的角速度必须等于较内电子轨道的近核点转动的角速度, 我们就在每一时刻都有

$$\frac{\mathrm{d}\beta}{\mathrm{d}t} = \frac{\mathrm{d}\varphi}{\mathrm{d}t}.$$

利用方程(64)和(69), 由此即得有关偏心率的方程

$$\tan \alpha = \frac{3\pi}{N} \frac{\mathscr{I}}{P'}, \qquad (70)^*$$

因为 $\cos \beta$ 在这一情况下等于 1. 于是, 随着 P' 的增大, 较内轨道就趋近于圆形. 因此, 较内轨道的偏心率就由一个条件来确定, 即较外电子的角速度等于较内电子近核点的转动角速度. 现在我们也理解为什么不能从较内电子的圆形轨道外推到椭圆轨道了, 因为较内轨道的近核点的转动原来具有本质重要性, 而这种转动对于圆来说是不确定的.

---

* [此处和方程(71)中的数字因子显然应是 $3/4\pi$ 而不是 3π. 这并不影响文中所得的结论.]

在轨道平面互相垂直的情况,较内电子轨道的法线必须指向较外电子.因此,在每一时刻都有

$$\frac{\mathrm{d}\gamma}{\mathrm{d}t} = \frac{\mathrm{d}\varphi}{\mathrm{d}t}$$

而且,和以上一样,这就通过下列关系式确定了偏心率:

$$\cot \alpha = \frac{3\pi}{N} \frac{\mathscr{I}}{P'}. \tag{71}$$

383 和第一种情况相反,当 P' 增大时,较内轨道的偏心率越来越趋近于1,从而轨道最后退化成直线.因此之故,互相垂直的轨道的情况应予排除,我们以后将讨论另一个解;当我们放弃一个电子的轨道远大于另一电子的轨道这一假设时,我们就得到那个解.

现在我们回到共面情况.如果使较外电子的距离保持恒定,则较内电子〈轨道〉的偏心率越小,它的近核点的转动也越快.偏心率的不同值对应于较外电子角动量 P' 的不同值;对应的轨道可以浸渐地相互变换.既然 $\mathscr{I}$ 是浸渐不变的,每当 P' 改变时 P 就将改变,于是一种自动的角动量交换就发生在较内电子和较外电子之间.在它的周期性质方面,较内电子的运动将表现得正如在有心运动中一样.

在进行定态的确定以前,我们还要考虑较内电子对较外电子的轨道所发生的影响.作用在较外电子上的力由下式给出:

$$\frac{(N-1)e^2}{r^2} + \frac{3e^2 a\varepsilon}{r^3},$$

式中的第二项代表一个偶极子的作用,它的正电荷位于核上而负电荷位于较内轨道的电心上.如果 P' 很大,我们就可以令

$$\varepsilon = \sin \alpha = \tan \alpha,$$

于是就有

$$\frac{(N-1)e^2}{r^2} + \frac{3e^2 a\varepsilon}{r^3} = \frac{(N-1)e^2}{r^2} + \frac{9}{16\pi^3 N^2 m} \frac{\mathscr{I}^3}{P'r^3}. \tag{72}$$

于是,较外电子的轨道就是一个具有转动着的近核点的开普勒椭圆.近核点的转动频率 σ' 是

$$\sigma' = \omega' \frac{9}{32\pi^3 N^2} \frac{\mathscr{I}^3}{P'^3}, \tag{73}$$

式中 ω' 是较外电子在它的开普勒椭圆上的绕转频率.

相邻态之间的能量差由下列方程给出:

$$\delta E = \omega' \delta \mathscr{I}_\omega' + \sigma' \delta \mathscr{I}_\sigma'.$$

由轨道之间的动力学关系可以推知, $\mathscr{I}_\sigma'$ 就是原子的总角动量. 在此处所用的近似下, P' 可以用 $\mathscr{I}_\sigma'/2\pi$ 来代替. 因此我们就得到 ₃₈₄

$$\delta E = \omega' \delta \left(\mathscr{I}_\omega' - \frac{9}{8N^2} \frac{\mathscr{I}^3}{\mathscr{I}_\sigma'^2} \right). \tag{74}$$

于是,我们就得到了和适用于纯周期运动的对应公式的形式类似. 对于不太小的轨道,频率依赖于总能,正如在开普勒运动的情况下一样. 因此,

$$E = -2\pi^2 (N-1)^2 e^4 m \Big/ \left(\mathscr{I}_\omega' - \frac{9}{8N^2} \frac{\mathscr{I}^3}{\mathscr{I}_\sigma'^2} \right)^2. \tag{75}$$

量子条件式是

$$\mathscr{I} = h, \quad \mathscr{I}_\omega' = nh, \quad \mathscr{I}_\sigma' = kh.$$

作为量子数的函数的定态能量是

$$E_{n,k} = (N-1)^2 Kh \Big/ \left(n - \frac{9}{8N^2} \frac{1}{k^2} \right)^2. \tag{76}$$

如果把这一表示式所给出的谱项和观察到的谱项相比较,其符合程度是比所能预期的要差的. 对于 $N=2$,我们由方程(76)求得分母平方根对整数的偏差值.

$$\alpha_k = \frac{9}{8N^2} \frac{1}{k^2},$$

于是,

对于 $k=1$(s 谱项)$\alpha_1 = 0.280$,
对于 $k=2$(p 谱项)$\alpha_2 = 0.070$,
对于 $k=3$(d 谱项)$\alpha_3 = 0.031$,

而观测的结果则是

$$\alpha_1 = 0.31,$$
$$\alpha_2 = 0.065,$$
$$\alpha_3 = 0.003.$$

对于 s 谱项的颇好符合是出人意料的,因为较外电子的轨道远大于较内电子的

385 轨道这一假设是不再成立的. 对于 p 谱项, 符合是或多或少令人满意的. d 谱项
情况中的很大分歧或许可以用一种情况来解释, 那就是, 对于很大的较外电子轨
道, 较内电子的相对论改正量变得可以和较外电子所作用的扰动相比了. 有可能
对于 $k=3$ 这一情况就是可觉察的了. 在正氦光谱中, 观察到了窄窄的双重线. 能
够想象使这种谱项多重性成为可理解的一些原因. 关于仲氦光谱, 可以论述的比
对于正氦光谱要少得多. 在这里, 运动更加复杂得多, 而且不能用微扰方法来加
以处理. 我们以后还将回到这一问题上来.

现在我们来求氦的正常态. 既然氦的选择吸收必然位于远紫外区, 而且现在
还没有观察到, 这一个态也就还没有得到光学实验的确定. 但是, 氦的正常态问
题已经由弗兰克和他的合作者们利用电子撞击方法加以解决了; 事实上, 电离电
势恰好等于即将在正常态中被束缚的最后一个电子的能量. 看来肯定的是, 原子
的正常态对应于导致仲氦光谱的发射的那一束缚过程的结果, 在这种过程中, 所
俘获的最后一个电子也像第一个电子那样是束缚在 1_1 轨道上的. 此外, 实验还
导致了这样的结果: 氦原子可以通过电子撞击而被带入那样一个态中, 弗兰克
把这个态叫做亚稳态, 而且原子不能通过辐射的发射而从这个态自动回到正常
态. 亚稳态属于正氦的最大谱项. 亚稳态的发现是近年以来最大的发展之一. 它
可以和导致原子结构要点的确立的那些发现相提并论. 现在就发生一个这一奇
特结果应该怎样诠释的问题. 上面指出的计算可以有助于理解这一现象. 在正氦
中, 较外电子的轨道和中心对称力场中的一个电子的轨道具有相同的特点. 于
是, 正氦光谱就具有来自辏力场中的电子运动的那种光谱的性质. 但是, 这只有
当我们只考虑主量子数至少等于 2 的那些轨道时才是对的. 另一方面, 当 $n=k=1$ 时, 轨道的线度就变得小于氢原子的线度, 从而就不再可能区分较内电子
和较外电子了. 这时也就谈不到久期扰动的问题, 从而人们必须从头处理这一问
题了. 如果我们要求两个电子都在同一平面上沿 1_1 轨道运动的那样一个态, 那
么看来就只有一种简单的运动可以代表这个态, 那就是两个电子在同一个圆上
绕核运动, 而且它们在每一时刻都位于一条直径的两端. 本演讲人在他的第一篇
关于原子结构的论文中提出了这样的模型. 但是, 我们现在不但根据电离电势的
386 测定 (对于这一模型来说, 电离电势大约高了 4 伏特), 而且根据对应原理知道这
样的运动是不可能的. 事实上, 这一运动并不是简单地和正氦轨道族相联系的;
尽管后者是浸渐地连通的, 从而较外电子可以通过能量的缓慢变化而从一个正
氦轨道被送上另一个正氦轨道, 但是却不能把原子浸渐地从一个正氦态带到两
个电子沿同一圆周而绕核作着等价运动的那样一个态. 可以说, 人们必须要求较
外电子有一种和较内电子达成谅解的主动性. 但是, 这样一个过程是不能根据正
氦轨道的周期性质来加以预料的. 例如, 我们不能设想两个电子的一系列简单的

中间轨道,因此,按照对应原理,任何跃迁都是不可能的. 整个这一理解是否和量子论的想法真正相容呢? 我相信,量子论的原理往往是用一种太尖锐的形式表达出来的. 而我却愿意应用一种简单的物理图景. 对应于各个量子轨道和电子,让我们设想一些碗,并设想把一些小球往碗中扔过去.假若我们应该依靠经典力学,把一个球扔进一个碗中就会是并不容易的. 按照量子论,看来球必然会落入碗中,而这是很奇怪的. 但是,当我们考虑到各个量子态,即那些碗所在的位置,也像引起跃迁的那些过程一样是由周期性质来确定的时,我们就用不着再那么大惊小怪了. 因此,不能从一个正氦轨道进入由两个电子占据的圆形轨道,这也就是十分自然的了,因为这样的跃迁将是越出量子论原理之外的,而且看来所发生的一切过程都是和多周期运动的性质密切联系着的. 我们必须假设,在正常态中,两个电子是在接近于圆形的轨道上运动的,其轨道平面互成 $120°$ 的角,而且事实上是那样运动的,即它们在任何时刻都位于相对于一个轴线为对称的位置上,该轴线垂直于两个轨道平面的交线,并平分二平面的法线之间的夹角. 两个轨道平面绕着这一轴线进行旋进. 既然久期扰动方法在这儿是不敷应用的,这种运动也就是很难处理的. 开姆保提出了这种氦原子的模型,而且克喇摩斯甚至在开姆保的论文问世以前就已经开始了恰恰是这一运动的精确计算. 他得到了正常态能量的下列表示式:

$$W = W_0\left(2N^2 - 1.373N + 0.0271 + \frac{a}{N} + \cdots\right), \tag{78}$$

式中 W_0 是 1 量子态中的氦原子能量. 迄今为止,这一结果是不很令人满意的,能量显得太小了. 这也许并不是那么奇怪的,因为这样一种能量按核电荷幂次的展开式对于大的 N 值很可能是收敛的,而对于 $N=2$ 却不见得.

387

到此为止,我们一直进行得是很慢的,不过我们已经处理了周期系的整个的第一周期,尽管这只考虑了两种元素,但是我们的收获还是很大的,因为正如即将看到的,我们在周期系中越往后进行,我们的前进就将越容易. 现在,我们不但有了前进每一步的明确道路,而且我们也将得到越来越好的结果了.

第五讲　1922 年 6 月 20 日

昨天我们考虑了氦原子的形成和结构问题,而且为此问题伤了许多脑筋. 但是,在这样做时我们毕竟前进了一大步,而且解决了元素周期系的第一周期. 图 1 代表朱里亚·汤姆森给出的周期系表示法*,它是特别适合我们的目的的. 各种元素之间的直线连接了同族的元素;在通常的表示法中,这种元素是位于同一竖行中的. 在这儿,我不再详述曾对周期系问题进行过的许多研究,而只将提请大家记起 J·J·汤姆孙所作出的诠释周期系的努力. 他假设系中的各个周期是和原子中电子组态稳定性的周期性涨落有关的. 他的工作包含许多有成果的想法,但是他的出发点不曾被证实为能够成立. 我们现在是完全不同地看待原子结构的. 首先,我们现在特别是根据 X 射线的研究知道原子中电子的确切数目,而且我们知道这个数目等于原子在周期系中的编号. 关于周期系的问题,考塞耳曾经最成功地做了许多工作,包括比较近期的工作;他推动了理论观念的前进,同时把它们和新想法协调了起来. 他已经证明,通过关于电子壳层的形成的简单假设,能够解释元素的许多化学性质,并且至少在大体上和 X 射线谱建立一种联系. 现在我们将从量子论的立场来对这些问题作些阐明;这些问题在上面提到

的研究中仍然是以颇为形式的方式来处理的. 在阐明这些问题时,根本谈不到从发展得很完备的原理来导出实验资料的问题,我们倒是必须根据实验资料来发展量子论的原理. 这一问题的解决并不显得是毫无希望的;我愿意向大家说明,理论可以得到贯彻,而不必对普遍原理加上任何限制.

在氦以后,就出现作为第二周期第一种元素的锂;关于它的原子结构,我们根据实验知道得很多. 头两个电子的束缚是和在氦中颇为相似地进行的;有着特别简单的结构(见图 3)的锂光谱,向我们提供了关于第三个电子的束缚情况的信息. 根据吸收实验已经知道,最大的 s 谱项对应于锂原子的正常态. p、d、b 谱项和氢谱项很相近,氢谱项的位置在图中用[竖直的]虚线表示了出来;只有 s 谱项显示较大的偏差. 这可以用原子的一个大致图景来解释. 最初束缚的两个电子的轨道线度,大约是正常态中氢原子的轨道直径的三分之一. 较外轨道越大,核

---

* ［见原第 412 页.］

及两个较内电子即原子心的影响就可以越好地用一个简单点电荷[的影响]来代替. 由此可以得出结论, p、d 和 b 谱项是和大的轨道相对应的. 关于偏差很大的 s 谱项, 情况是怎样的呢? 应该给它们指定一些什么量子数呢? 特别说来, 我们要问最大的 s 谱项是否对应于 1_1 轨道. 可以看到, 量子数为 2_2 的最大 p 谱项, 已经比量子数为 3_3 的最大 d 谱项和对应的氢谱项偏差更大了. 我们可以把这种偏差和原子心的极化率联系起来. 原子心在较外电子的电场中被极化, 而且这一极化在一级近似下可以看成和场强成正比. 如果 A 是由单位场强引起的电矩, 而 r 是到原子心的距离, 则较外电子在原子心处引起一个电矩为 Ae/r^2 的偶极子. 因此, 这一偶极子对电子作用的吸引力就将是

$$A \frac{e}{r^2} \cdot \frac{2e}{r^3} = A \frac{2e^2}{r^5}.$$

如果这一图景或多或少是正确的, A 的值就可以根据 2_2 谱项和对应氢谱项之间的偏差计算出来. 这样, 就得到一个值 $A = 0.4 \times 10^{-24} \, \text{cm}^3$. 并不能通过另一种更直接的方法来核对这个值, 但是, 根据氦的介电恒量却能够确定和锂原子心结构相似的氦原子的极化率. 利用这种办法, 我们针对氦求得了一个值 $A = 0.2 \times 10^{-24} \, \text{cm}^3$, 就是说求得了一个和锂原子心的极化率同数量级的值. 既然锂原子心中的两个电子是由带三倍电荷的核更强烈地束缚着的, 我们就确实应该预期氦原子的极化率将大于锂原子心的极化率. 锂原子心的大的 A 值或许可以根据一个假设来理解, 那就是, 锂心的有限广延引起对库仑场的一种偏差, 这种偏差和偶极子引起的偏差相比是不可忽略的.

现在如果我们企图计算第三个电子的一个 1_1 轨道, 我们就发现这样一个轨道是不可能在外边的, 因为吸引力将强得把电子完全拉入原子心的内部. 于是, 位于原子心外面并且离它最近的那个轨道应该是 2_1 轨道. 在正常态中, 第三个电子就在这个轨道上运动, 而这个轨道就对应于最大的 s 谱项. 这个轨道离原子心很近, 而这就解释了和对应氢谱项之间的很大的偏差, 这种偏差意味着较紧的束缚. 可以提出这样一个问题: 对于正常态来说, 为什么不必考虑位于相同距离处的三个 1_1 轨道? 也就是说, 为什么不假设和仲氦中的两个轨道相似的三个这样的轨道? 这是因为, 这种假设将给出太强的束缚, 事实上会达到所观察到的十倍那么强. 我们必须假设, 和亚稳氦中的情况颇为相似, 到达这样一个态的跃迁是被对应原理所排除了的.

锂光谱并不完全像我们一直表示的那样简单. 多重态是出现的, 2_2 态就是一个二重态. 我们怎样解释这一点呢? 昨天我们看到了, 当一个原子心的场像我们在锂的情况下必须假设的那样具有轴对称性时, 较外电子的运动可以看成其

轨道平面绕着轴线进行缓慢旋进的一种有心运动. 在这种情况下,就有三个量子条件,对应于三个周期. 这时,只有轨道平面的某些特选的取向才是可能的. 喏,锂中的形势是怎样的呢? 首先我们必须解释为什么 s 谱项是单谱项. 原子心的角动量是 1,s 轨道上较外电子的角动量也是 1,因此总的角动量可以是 0、1 或 2. 我们愿意相信,零总角动量的情况是被排除了的. 1 这个值似乎也应该排除. 原子心的角动量 1,是两个较内电子轨道的互成 120° 角的两个角动量的合角动量. 假如我们放上角动量为 1 的另一个轨道,使得总角动量也将是 1,那么,既然轨道是旋进的,较外电子轨道的法线就会在某些时刻和某一较内轨道的法线相重合. 于是,就只有总角动量的单独一个值 2 是可能的了. 对于 p 谱项,较外轨道的角动量是 2,因此总角动量就可以是 3、2 或 1. 当较外轨道的角动量和原子心的角动量反向时,1 这个值就出现. 我们愿意相信这一情况也是被排除的,虽然提不出和在氢的情况下一样强有力的理由. 于是,剩下来的就是 3 和 2 这两种可能性,这可能就是 p 谱项的双重性的起源. 但是我必须强调,这种论证是相当不肯定的.

　　我也愿意谈谈反常塞曼效应的问题,这种效应是和谱项的多重性很密切地联系着的. 反常塞曼效应指向很复杂的情况,这些情况曾经从不同的侧面加以论述. 根据实验资料,朗德在推导反常塞曼效应的谱项即推导在磁场中出现的能量值方面得到了成功. 在这些谱项中,不但出现正常裂距的整数倍,而且出现其分数倍. 怎样解释这一点,是一个很困难的问题. 我们根据反常塞曼效应的出现必须得出经典理论不能适用的结论. 海森伯依据关于所出现的轨道类型的一种奇特的假设,曾经在一篇很有趣的文章中企图得到朗德的结果. 他假设各个轨道平面是排列得平行于或垂直于较内体系的轴线的. 此外他还假设,在量子条件式中,不但必须像习见的那样代入整数,而且 k 的值也可以是 $\frac{1}{2}$, $\frac{3}{2}$…. s 谱项的总角动量 1 是平均分配给较外电子和原子心的;在 p、d…轨道中,原子心的角动量永远是 $\frac{1}{2}$. 证实海森伯的假设是困难的. 角动量的变化,也就是轨道取向的变化,意味着很大的能量变化,而这一点在理论中并没考虑到;这种变化也许相当于谱项之差的一千倍或一万倍. 不过,海森伯的论文是很有希望的,而且已经对实验资料的形式诠释作出了很大的贡献. 在下面,我们将并不太多地论述轨道的取向问题,我认为这还是一个完全悬而未决的问题. 我们在这里主要关心的是指出,可以毫不含糊地给各个谱项指定上量子数 n 和 k.

　　在周期系中再往后看,我们就遇到铍. 对于这一种以及以后几种元素,我们碰到一个困难,那就是不知道任何简单的光谱. 我们假设,第四个电子是被束缚在一个和锂中第三个电子的轨道相似的轨道上的. 由于核电荷较高, 两个较内电子的轨道将比在锂中离核更近得多. 另一个 1_1 轨道会比在锂中更厉害得多地被拉向内部. 因此, 我们必须假设第四个电子是束缚在 2_1 轨道上的. 我们可以想象, 第一个 2_1 轨道对较内体系屏蔽得很差, 因为第三个电子绕转得很慢, 这就使得第四个电子也束缚在一个 2_1 轨道上成为可以理解的了. 结果, 第三个和第四个电子之间的相互作用就不是多么对称的. 电子并不是在一个"椭圆束缚" ("Ellipsenverband")中运动的〈见 A. Sommerfeld, Atombau, 1919, p. 366〉, 而是我们必须假设, 在一个电子离核很远的同时, 另一个电子则离核很近. 根据力的大小的考虑可以推知, 较外电子在某些时刻比较内电子离核更近. 392

　　在周期系中再往后看, 我们就来到硼和碳. 我们必须假设, 当把第三个较外电子加在硼上时我们会遇到困难. 我们以后将回到这一问题. 由于原子的对称性质, 我相信我们必须假设, 在碳中, 四个较外电子束缚在 2_1 轨道上, 这些轨道的取向方式是使它们的法线指向中心位于核上的一个四面体的四个顶点. 这一模型是或多或少和朗德早先所提出的模型相似的. 玻恩和朗德已经强调过, 根据从晶体理论得来的理由, 我们必须假设这些轨道是高度对称地安排着的. 朗德也已经证明, 为了正确地表示碳原子的大小, 我们必须假设 2_1 轨道. 在其他方面, 朗德的考虑是和此处所提出的考虑根本不同的. 按照朗德的看法, 空间轨道上四个较外电子之间的相互作用是在一个假设下出现的, 那就是较内体系可以用位于核上的一个点电荷来代替; 在这里, 我们假设这一相互作用的出现本质地依赖于较内体系的存在. 在以前, 人们曾经企图把原子的对称性弄得尽可能地好, 从而不但假设了空间上的对称性, 而且假设了时间上的对称性, 即四个电子同时出现在核的附近. 另一方面, 我们却假设四个电子轮流并按相等的时间间隔去接近核; 我们这样假设的理由是从关于整个原子的稳定性质的考虑得来的. 我愿意用一个简单的例子来阐明这两种观念的不同. 试考虑简单的旧式原子模型, 那里有一些等价电子沿着同一个圆周在运动. 我们将假设一个带有四倍电荷的核, 并将比较当我们把 1 个、2 个······电子放在圆上时这样一个模型在其最低能量态中的能量和线度. 如果只存在一个电子, 能量就是氢原子能量的十六倍, 而圆的半径就是氢原子半径的四分之一. 如果有 p 个电子被放在圆上, 使得它们在每一时刻都位于一个正多边形的各个顶点上, 则 $p-1$ 个电子作用在第 p 个电子上的合力将永远通过核, 因此这些电子的推斥力就可以看成核电荷的简单减小. 如果用 N_{eff} 来代表有效的核电荷, 则能量将是氢原子能量的 $p(N_{eff})^2$ 倍. 圆的半径 a 393将变为 $a = a_1/N_{eff}$, 式中 a_1 是氢原子的半径. 对于不同的 p 值, 有效核电荷、能量和半径变为:

p	N_{eff}	$p(N_{eff})^2$	a/a_1
1	4	16	0.25
2	3.75	28	0.267
3	3.433	35.4	0.292
4	3.043	37.0	0.329
5	2.623	34.4	0.382

于是就看到,环上的电子越多,最后一个电子就束缚得越不牢固,而且,从第五个电子开始,把电子放在圆上就已经必须消耗能量了.不同于束缚能量,半径随电子数的变化却很小,这是和我们所必须要求的相反的.束缚能量是平均分配在所有的电子上的.但是,在我们现在的模型中,永远有一个电子处于离去的边沿.就这样,我们就得到一种密切得多的能量和原子大小之间的联系.然而,完成精确的计算却是一个很困难的任务.在以下各讲中,我们将提出一些理由来支持我们的看法.

我们不知道氮的任何简单光谱,而关于氧的情况也是很复杂的.现在我们接近了一个关键点,即第二周期的末尾.在氖中,必然达到了一个特别稳定的态.按照考塞耳的看法,氟的电负性质必须用一个事实来解释,就是说,为了形成氖的稳定电子组态,还缺少一个电子,而位于氖后面的钠的电正性质则表明这里的电子可以说是过剩的.怎样把这种看待事物的方式和我们的量子论的考虑调和起来呢?通常人们假设,氖中的八个电子的轨道是等价的.但是,我相信绝对有必要假设既存在 2_1 轨道也存在 2_2 轨道.这不仅仅可以从 X 射线谱推知,正如我在下面即将指明的那样,而且也可以根据关于第五个较外电子的束缚的考虑提出支持这一假设的理由.随着这些较外电子中第四个电子的束缚,我们已经达到了对称性逐渐增加的极限.因此,按相同的方式来束缚再多的电子就是可能性很小的了.理解一个电子被很牢固地束缚在 2_2 轨道上这件事也是可能的,因为,在有些时候,2_1 轨道上的电子会比 2_2 轨道上的电子运动得离核更远.我相信,第二周期后半部分中各元素的电负性质,就有赖于这一情况.于是,按照这些观念,我们在氖中就有四个 2_1 轨道上的电子和四个 2_2 轨道上的电子.我们几乎没有理由设想这八个较外电子的轨道是安排在两个具有四面体对称性的组态中的,因为那样就会在某些时刻有两个轨道平面互相重合.正如在锂的情况中已经提到的,我们必须假设这种运动的发生是不可能的.我倒是相信,我们有两个畸变的四面体组态,使得氖原子中具有 2 量子轨道的那些电子组只具有一个简单的对称轴;必须假设,这个对称轴和 1 量子轨道上那两个电子形成的最内组的对称轴相重合.

　　并不遇到新的困难,我们现在来到第三周期. 首先,对于钠,我们具有很详细的关于光谱项的知识. 根据吸收实验,我们知道最大的 s 谱项对应于正常态. 正如在锂的情况中一样,对氢光谱的偏差在 s 谱项那儿是很大的,而当我们过渡到 p、d 和 b 谱项时则越变越小. 现在就出现给各谱项指定什么量子数的问题. 根据各种碱金属光谱的谱项和氢光谱的谱项之间的形式上的对比,罗切斯文斯基相信他能够得出量子数 2_1 必然属于正常态的结论. 薛定谔曾经企图利用一切 s 轨道都能达到最内电子组区域中的假设,来解释 s 谱项对氢谱项的很大偏差. 他也得到了正常态是用量子数 2_1 来表征的结论. 但是,正如第三个和第七个电子的束缚那样,我们却必须假设,由于已经出现了具有奇特稳定性的电子组态,第十一个电子将被束缚在一种新类型的轨道即 3_1 轨道上. 关于最后这一电子的束缚牢固性的考虑也把我们引导到相同的结论. 确实,在它的轨道的较外部分上,最外电子是在一个和简单点电荷的场相差很小的场中运动的. 但是,它的能量却本质上取决于位于较内电子的区域中的那些轨道部分. 在那儿,该轨道将和 2_1 轨道相差很小. 但是,在较外部分,轨道必然大于较内部分,因此它必须至少是 3_1 轨道. 通过像在锂的情况中那样考虑原子心的极化率,我们可以针对确定的主量子数来估计极化率的值,并把它和根据介电恒量算出的氖的极化率进行比较. 当给最大的 p 谱项指定一个主量子数 3 时,就得到这些极化率之间的最好的符合. 以前提出的必须赋予最大 p 谱项以主量子数 2 的那种看法,将导致最大 p 谱项小于对应的氢谱项的结果. 那样人们就将不得不假设较内体系的平均影响可以描述成一种推斥力,而这是和我们关于原子心极化率的看法不相容的. 正如在锂的情况中一样,p 谱项和 d 谱项的双重性,必须假设是由轨道相对于原子心的不同取向造成的.

　　碱金属光谱的谱项,可以很好地表示成黎德伯形式

$$K/(m + \alpha_k)^2,$$

因为,根据列举了谱项分母的平方根的图 4 可以看到,这些值和整数值之间的偏差几乎是恒定的. 在这一表示式中,我们用了 m 来代表整数,因为以后即将看到它并不是主量子数 n. 现在我们将说明怎样理解 α_k 几乎不依赖于 n. 例如,在一个钠原子中,一个 3_1 轨道的形式很像图(　)* 所示的那样. 将位于较内电子区域之外的那一部分轨道叫做 a,并将和 2_1 轨道相似的较内部分叫做 s,我们用一个假想的部分 g 来补足较外部分,以便近似地得到一个椭圆. 于是我们就可以通过计算代替的椭圆的能量来确定真实轨道的能量. 事实上,不论是在真实轨道上运

395

---

　　* ［这个图现在已不存在.］

动还是在代替的椭圆上运动,电子都是以相同的速率进入或离开的,从而进入处和离开处的势能在两种情况下是相同的. 如果 $\mathscr{I}_r + \mathscr{I}_\varphi = \mathscr{I}$ 是在代替的椭圆上求出的相积分之和,则轨道的能量将是

$$E = -Kh^2 / \mathscr{I}^2.$$

我们可以求出积分

$$\mathscr{I} = {}^{(a+g)}\!\!\int p_r \mathrm{d}r + {}^{(a+g)}\!\!\int p_\varphi \mathrm{d}\varphi$$

的值如下. 我们写出

$$\mathscr{I} = {}^{(a+s)}\!\!\int p_r \mathrm{d}r + {}^{(a+g)}\!\!\int p_\varphi \mathrm{d}\varphi - {}^{(s)}\!\!\int p_r \mathrm{d}r + {}^{(g)}\!\!\int p_r \mathrm{d}r.$$

由于角动量的恒定性,就有

$$ {}^{(a+g)}\!\!\int p_\varphi \mathrm{d}\varphi = {}^{(a+s)}\!\!\int p_\varphi \mathrm{d}\varphi = \mathscr{I}_\sigma.$$

此外也有

$$ {}^{(a+s)}\!\!\int p_r \mathrm{d}r = \mathscr{I}_r,$$

396   以及

$$\mathscr{I}_r + \mathscr{I}_\sigma = nh.$$

于是就有

$$\mathscr{I} = nh - {}^{(s)}\mathscr{I} + {}^{(g)}\mathscr{I},$$

式中 ${}^{(s)}\mathscr{I}$ 和 ${}^{(g)}\mathscr{I}$ 是在所标明的路径上求得的径向相积分. 现在, ${}^{(s)}\mathscr{I}$ 和 ${}^{(g)}\mathscr{I}$ 都几乎不依赖于 n. 这一点首先对于 ${}^{(g)}\mathscr{I}$ 是对的,因为对于恒定的 k 来说椭圆在焦点附近是近似地不依赖于 n 的;其次这对于 ${}^{(s)}\mathscr{I}$ 也是对的,因为该圈线对于轨道较外部分的依赖性很小. 于是, $-{}^{(s)}\mathscr{I} + {}^{(g)}\mathscr{I}$ 就近似地是恒量,从而就看到 $\mathscr{I}/h$ 即分母的平方根当 n 增加 1 时也永远增加 1. 没有较外轨道透入原子心中的假设,就将不能理解谱项分母的这一性能,因为那时 n 值不同的轨道将取很不相同的形状,而按照这一假设,轨道的很重要的部分却接近重合. 钠的 p 轨道就已经是透入较内体系中的了. 正如图 4 所表示的,差值 $p_1 - p_2$ 几乎保持恒定. 这一点可以通过假设 p_1 轨道和 p_2 轨道的内圈部分相差很小来简单地解释. 在这里,我们将不仔细讨论理解双重线结构的基本困难.

第六讲   1922 年 6 月 21 日

昨天我们结束了第二周期各元素的考虑,并考虑了第三周期中的第一种元素.在接着进行以前,我愿意再谈谈第二周期的结束.我们曾经在最初那些电子的奇特的排列对称性中寻求这种结束的原因;这种对称性阻止新来的电子在其他电子的相互作用中取得一个地位,这样就使得新类型的轨道的形成成为必要了.在目前的理论状态下,这样的考虑显得是很不肯定的,因此问问对于这些结论应该重视到什么程度就可能是有理由的了.大量的实验资料曾经对我们的观点的形成有所贡献;至于是把主要着重点放在普遍的考虑上还是放在赤裸裸的实验事实上,我相信这是人们的口味问题.为了更加清楚地显示普遍考虑的威力,我将简单地重述一下我们关于第十一个电子即被束缚在钠中的最后一个电子的束缚情况的看法.我们根据吸收实验知道,最大的 s 谱项属于正常态.我们已经看到可以怎样形成一种关于一切态的出现的粗略图景.依据这些观念,正常态必须是一个 3_1 轨道.在它的较外部分上,这样一个轨道和一个开普勒椭圆很相近;在原子心的内部,电子在一个圈线上运动,该圈线对于不同的主量子数具有很接近相同的形状.通过假设 s 谱项和 p 谱项的轨道具有这样的形状,我们可以针对每一个谱项序列解释黎德伯公式 $K/(m+\alpha_k)^2$ 中的 α_k 的恒定性,如果我们考虑钠光谱的一种图示,我们就不但会看到氢光谱的一种简单畸变,而且会看到,和早先的看法相反,具有主量子数 $n=1$ 和 $n=2$ 的态不见了.按照我们现在的看法,除了仲氦光谱这一唯一的例外,一切光谱都对应于比在类似的氢谱项的情况下更牢固的束缚.尽管早先关于对氢谱项的偏差是正是负还不清楚,现在一切的偏差却都是正的了;负偏差只出现在仲氦光谱中,但那是一种例外情况.

Mg 的火花光谱给出关于镁中第十一个电子的束缚情况的信息.这种光谱和钠的电弧光谱很相像,在双重线结构方面也相像;主要的区别在于,必须把黎德伯谱项公式中的 K 换成 $4K$.因此,为了比较起来更加方便,图 6 中火花光谱的比例尺已经缩减为 $\frac{1}{4}$,而对应的氢谱项则是按原先的比例尺画的.Mg 的火花光谱和 Na 的电弧光谱之间的相似性,是由两种情况下的较内体系相同这一事实引起的,只不过核电荷大了一个单位,这就引起了 $4K$ 代替 K 的出现.这就给索末菲和考塞耳的光谱学位移定理提供了简单的解释. 至于相对于对应氢态中的束缚来说束缚强度比在钠的电弧光谱中增加得较少，那却是起源于这样一个事实：头十个电子的体系内外的力场之间的相对差值，当核电荷越大时将变得越小.

镁的电弧光谱给出关于第十二个电子的束缚情况的信息. 这种光谱比火花光谱复杂得多. 除了单谱项以外还出现三重谱项；这种多重性的出现，想必是因为已经存在的十一个电子的体系比钠中的原子心更复杂. 我将只是简略地谈到这一仍然悬而未决的问题. 我相信，单谱项和多重谱项的出现是由于第十一个电子的绕转方向可以不同，从而头十一个电子的体系角动量可以是零或 $2 \cdot h/2\pi$. 肯定地，对于整个原子来说，零角动量也许是不可能的，但我相信这对于原子心来说也许是可能的. 今天我们将不讨论这一问题和反常塞曼效应之间的联系. 正常态是第一个 S 态，它对应于很牢固的束缚. 我们假设属于它的轨道是 3_1 轨道. 两组谱项（s，p，d 和 S，P，D）的出现使我们想起氦光谱，并且指向每当一个新电子被束缚在和前一电子的类型相同的轨道上时总会出现的那些困难. 各个 s 谱项可以很好地用黎德伯公式来表示；在 p 谱项中，α_k 显著地依赖于 n.

399　　　　进而考虑铝中第十三个电子的束缚，我们就又遇到刚刚提到的那种困难. 在这里，和最牢固束缚相对应的谱项并不是任何 s 谱项，而却正如马克楞南根据吸收光谱所确定的那样是一个 p 谱项，我们必须给这个谱项指定一个 3_2 轨道. 接受另一个电子进入 3_1 轨道看来在这儿是不可能的. 当进而考虑硅时，我们必须对自己提出一个问题，即这里是否像在碳中那样会出现 3_1 轨道上的四个电子的相互作用. 现在还不能回答这个问题，但是形成这样一种组态并不是不可能的. 当核电荷增大时，轨道线度就变小，从而相互扰动就变大，于是一度闭合的组就可能重新被打开，这样就提供了允许新电子进入早先闭合的组中的可能性. 关于其次一些元素，磷、硫和氯，现在还不能说出任何确切的东西. 无论如何，在周期的结尾即在氩中，我们必须预期和氖中的组态相似的组态，就是说我们必须在 3_1 轨道上和 3_2 轨道上各有四个电子. 于是，和氖组态的不同之处就在于这里不存在任何圆形轨道这一事实. 我们没有假设 3_3 轨道这件事并不是随随便便的；事实上，这样一个轨道将离核太远，从而将束缚得太松. 此外，3_3 轨道的假设将给出一个原子直径，这个直径和根据气体分子运动论确定出来的直径相比将是太大的.

第四周期可以比前面的周期对我们的假设作出更敏锐的检验. 这一周期比前面的周期更长一些；在它的中部，存在着铁金属族，族中各相邻元素的化学性质比在通常情况下相差更小. 钾的光谱和钠的光谱很相像. 我们根据吸收实验知道，最大的 s 谱项又对应于钾的正常态. 我们假设第 19 个电子是束缚在一个 4_1

轨道上的. 它将不是一个 3_1 轨道, 因为这种轨道在原子心外部是不可能的. 4_1 轨道的样子和钠中的 3_1 轨道很相像. 计算它的较内部分将是极其繁复的; 但是我们可以应用下面的考虑. 在钠的情况中, 我们看到 3_1 轨道和 2_1 轨道〈原稿作 "4_1 轨道", 但这显然是笔误〉的较内部分是很相似的. 现在我们又来采用这些考虑. 较内圈线和一个椭圆很相近. 因此, 对于能量的计算来说, 我们是让电子在椭圆上运动还是在该圈线上运动都将是没什么差别的, 只要角动量在两种情况下相同就行了. 因此, 在钠中, 3_1、4_1 和 5_1 各轨道的较内圈线就近似地和 2_1 轨道相重合; 在钾中, 4_1、5_1 和 6_1 各轨道的圈线就近似地和 3_1 轨道相重合. 于是, 例如为了计算钾的较外轨道, 我们就可以用一个 3_1 轨道来代替 4_1 轨道的较内圈线; 一般说来, 我们可以用一个 m_1 圈线来代替属于正常态的 n_1 轨道的较内圈线, 此处 $m=n-1$. 我们昨天看到了谱项分母的平方根由下式给出:

400

$$\mathscr{I} = \oint \sum p \, dq,$$

式中的积分是沿着代替的轨道计算的, 这种轨道通过用一个假想轨道段 (g) 在内部把类似椭圆的较外轨道 (a) 连接起来而得出. 我们求得了

$$\mathscr{I} = nh + {}^{(g)}\mathscr{I} - {}^{(s)}\mathscr{I},$$

式中 ${}^{(g)}\mathscr{I}$ 和 ${}^{(s)}\mathscr{I}$ 是沿所示路径求出的径向相积分. 如果用 m_1 椭圆来代替 n_1 轨道的圈线, 我们就近似地得到

$$^{(s)}\mathscr{I} = (m-1)h,$$

从而就有

$$\mathscr{I} = nh - (m-1)h + {}^{(g)}\mathscr{I},$$

或者, 既然 $m=n-1$, 我们就有

$$\mathscr{I} = 2h + {}^{(g)}\mathscr{I}.$$

于是, 正常态中的有效量子数在一级近似下等于 2. n 越大, 我们在用椭圆来代替圈线时所引入的误差就越小. 因此, 当我们从钾经过铷而进行到铯时, 谱项计算就变得越来越精确; 对于铯来说, 谱项可以用这种方法估计到相差很小的百分数.

　　正如火花光谱所表明的, 钙中的第 19 个电子也是束缚在一个 4_1 轨道上的. 提供关于第 20 个电子的束缚信息的 Ca 电弧光谱, 在其主要特点上是和 Mg 的光谱相似的. 我们假设, 属于正常态的最大 S 谱项对应于 4_1 轨道. 但是, 我们在 D 谱项中看到一种很大的变化, 这些谱项是向较牢固束缚的方向移动了的. 这起

源于一个事实,即随着核电荷的增大各轨道就受到越来越强的吸引力.这个特点很明白地显示在第 19 个电子的俘获中.在 Ca 的火花光谱中,3_3 轨道对应于一种比在钾中牢固得多的束缚.3_3 轨道向内部移动得更多了.这是一个具有颇大特殊意义的情况.由于前 18 个电子的区域内外的力场之间的相对差值随着核电荷的增大而减小,4_1 轨道位于这一区域之外的那些部分的线度将越来越趋近于在忽略电子间的相互作用时所算出的 4_1 轨道的线度.因此,随着原子序数的增大,3_3 轨道的能量将越来越趋近于 4_1 轨道的能量,直到最后对应于一种比 4_1 轨道更牢固的束缚.从这时起,3_3 轨道就是第 19 个电子的正常态了.这种反转在钪中就已经发生了.可惜的是还不知道 Sc^{++} 的任何线系光谱,从而直接的检验还没有得到解决.

401

　　一种与此有关的奇特性就是由哥慈观察到的新谱线的出现,这种谱线不能纳入一般的线系方案中;事实上,我们处理的是正常 p 谱项及 d 谱项和新的 p′ 谱项及 d′ 谱项之间的组合的出现.我们在这里得到选择原理的一个仅有的例外.我们可以根据 3_3 谱项的演进来理解这一奇特性.按照选择原理,只有 k 的改变等于 ± 1 的那种跃迁才是可能的.于是,当外界干扰不存在时,从 3_3 轨道到 4_1 轨道的跃迁就是不可能的;但是这就意味着 3_3 轨道可能是亚稳的.在这儿,我愿意稍微谈谈"稳定"和"不稳定"的概念.正常态可以叫做稳态,因为它将持续存在,只要没有跃迁所要求的全部能量被加进来.除了亚稳态以外,其他的量子态在某种意义上也是稳定的,但是它们具有一种自发地跃迁到较低能量的态的几率,从而它们事实上是十分不稳定的.在氦中发现的亚稳态不像正常态那样稳定,但是,只要干扰足够小,它们本身还是稳定的;当外界影响较强时,到达正常态的跃迁就是可能的.因此,一个亚稳态事实上是很不稳定的.经发现,哥慈谱线恰恰可以用这样一种亚稳态来解释.作为当第 20 个电子被俘获时所出现的那种干扰的后果,起先处于亚稳的 3_3 态中的第 19 个电子可以转移到一个 4_1 轨道上去.第 19 个电子处于 4_1 轨道或 3_3 轨道时所引起的能量差,在百分之几的范围之内和解释哥慈谱线所要求的能量差同数量级.

　　出现在第 19 个电子的俘获中的这些奇特性,使我们能够理解第四周期的较大的长度.在紧接在钪的后面的那些元素中,仍然空着的那些 3 量子轨道逐渐被占据.很难确定是不是只有最后一个或两个电子被束缚在 4_1 轨道上.在钛中,我们必须假设至少有两个电子是出现在 3_3 轨道上的.现在我们理解为什么第四周期和以前几个周期十分不同了.在给出的周期系的表示法中(图 1)*,3 量子轨道组正在完成中的那些元素用框线框了起来.在铝和钪之间没画任何连接线,因

————————————

* 〔见原第 412 页.〕

为[它们的]光谱是本质地不同的. 喏,3 量子组的发育导致什么样的末态呢? 在第四周期的末尾我们有氪,它的较外结构必然和氖及氩的较外结构相似. 例如,在这里,必然各有四个电子束缚在 4_1 轨道和 4_2 轨道上. 根据存在的电子的数目,我们推测在充分发育了的 3 量子组中应有 18 个电子. 解释这一点乃是一个困难的问题. 我们将满足于指出这种解释所要求的这样一个组的一种奇特性. 我们必须假设,3_3 轨道的发育对已经存在的四个 3_1 轨道和四个 3_2 轨道中的相互作用造成一种扰动. 我们曾经用来解释氖的化学惰性的这些轨道的对称性,就这样受到了扰乱,从而新的电子就可以被容纳在 3_1 轨道和 3_2 轨道上,直到最后在 3_1、3_2 和 3_3 轨道上各有六个电子为止. 在某种意义上,我们处理的是对已经存在的那些 3 量子轨道的对称性的一种很有敌意的内部攻击. 关于为什么恰恰出现各含六个电子的三个组,也能够形成一种概念,尽管是相当不肯定的. 通过一种极射投影很容易看到,只有在这样一种安排中才能避免轨道的重合. X 射线谱的考虑将提供检验我们的假设的可能性.

正如已经提出的,我们还不能在细节上追寻 3 量子组的发育过程. 卡塔兰已经考察过的锰的光谱,是和碱金属的及碱土金属的光谱大不相同的. 其原因就在于较内体系的角动量在这儿要大得多. 电弧光谱和火花光谱的对比表明,锰的火花光谱是和电弧光谱很相像的. 这正是根据我们的假设所应预期的;我们的假设是,一个较内的组正在第四周期中完成着. 我们不再遇到简单的条件,直到我们来到铜这儿;铜的光谱显示和钠光谱的很大相似性. 因此我们必须假设,在铜离子中,我们遇到的是完成了的 3 量子轨道组. 前面的元素镍不像惰性气体那样具有 3 量子轨道上的 18 个电子的较外组,这是可以简单地用一种情况来解释的,那就是,3_3 轨道太大,以致这样的组不能作为最外电子组而出现在中性原子中. 锌的光谱和钙的光谱完全对应,只是哥慈谱线像所预期的那样并不出现.

第四周期和以前各周期相比的奇特性,曾经被用其他的观点讨论过. 考塞耳所发展的简单壳层观念是不适用的. 几年以前,拉登堡表示了一种看法,认为在 Sc 和 Ni 之间的元素中我们遇到的是一个中间壳层的形成. 这是和我们的考虑完全对应的. 但是,我们并不假设一个确定的中间壳层就是位于最外轨道和较内轨道之间的东西;相反地,我们却发现了第四周期的奇特性的真正原因. 当我们应用量子论来解释周期系时,我们必须事先就对这里将出现某种新情况有所准备,因为,根据氢原子理论是不能排除 3_3 轨道的出现的.

正如拉登堡联系到这一点所指出的,第四周期中从钪到镍之间的元素,不但以其化合物所显示的颜色而且以其磁性质而与众不同. 确实,顺磁性和颜色在别的地方也出现过,但这并不是存在于所考虑的原子作为离子而出现的那些化合物中. 例如,氧在某些化合物中是有很强的顺磁性的,但并不是在任何它作为离

402

403

子而被束缚的化合物中. 这种区别可以用此处给出的考虑来简单地加以解释；例如，也像我们在头三个周期中所遇到的一切其他离子一样，钠离子是一个闭合的结构. 对于氯离子之类电负性的离子，情况也相同. 化合物有颜色就意味着它在光谱的可见部分有吸收，就是说发生那样的过程，过程中涉及按照频率条件和可见光谱相对应的能量差. 在闭合结构中，只有涉及大能量差的过程才是可能的. 另一方面，我们在这里却涉及的是非闭合体系，体系中的电子组态是还在发育中的. 于是，涉及小能量差的过程就能够出现. 也就是颜色能够出现. 在这儿，束缚强度的增大只是十分缓慢地进行的，因此具有不同价数的离子就可以形成.

在顺磁性方面，我们遇到一个完全悬而未决的问题. 例如，氦和氖是抗磁性的；尽管它们的对称电子组具有角动量，它们却不显示任何顺磁性. 完全不可能按照经典理论来理解这一点. 当我们意识到经典理论同样不能解释辐射现象，而辐射现象恰恰依赖于由电子运动而来的那些力效应之间的密切相互作用时，我们就不会对这件事感到惊讶了. 在第四周期中，我们遇到的是非对称的较内体系. 因此我们可以认为顺磁性在这儿出现是自然的和很好的. 正如考塞耳曾经强调的，实验结果显示一种巨大的简单性，即不同元素的电子数相同的离子具有相同的磁矩. 例如，包含 23 个电子的三价铁离子（Fe^{+++}）和同样包含 23 个电子的二价锰离子（Mn^{++}）具有相同的原子磁矩，而包含 22 个电子的三价锰离子（Mn^{+++}）则和也包含 22 个电子的二价铬离子（Cr^{++}）具有相同的原子磁矩. 和我们关于第四周期各元素的结构的假设符合得极好的是，已经发现，磁性恰好是在我们假设它有一个完成了的 3 量子轨道组的一价铜离子（Cu^+）那儿消失的，而二价铜离子（Cu^{++}）则仍然是有磁性的. 第四周期各元素的磁性揭示了出现于在其他方面很对称的原子较内结构中的一个创伤；当我们沿着这一系列元素看过去时，我们就亲眼看到这个创伤的开始和愈合.

404　　在第五周期中，情况和在第四周期中颇为相似；这是根据我们的理论很容易理解的. 铷中的第 37 个电子是束缚在一个 5_1 轨道上的. 锶的火花光谱表明，第 37 个电子在这里也是束缚在 5_1 轨道上的；但是我们看到，4_3 轨道在这儿出现了，正如 3_3 轨道在钙的光谱中出现一样. 锶的电弧光谱表明，第 38 个电子也是束缚在 5_1 轨道上的. 哥慈观察到的新谱线出现在 Sr 中，正如它们出现在 Ca 中一样. 我们必须假设，在第五周期中，我们看到的是一个 4 量子轨道组的进一步发育，这种发育在银中达到暂时的完成. 和以前针对 3 量子组提出的那些理由相同的理由表明，4 量子组是由 4_1、4_2 和 4_3 轨道上的各自六个电子所构成的. 唯一的区别在于，3_3 轨道是圆形的，而 4_3 轨道则是椭圆形的. 第四周期和第五周期之间的某些差别可以追溯到这一事实；这些差别主要在于，对于作为第二周期和第三周期之特征的价性质的偏差，在第五周期中比在第四周期中出现得要晚一些.

在第五周期的末尾,我们遇到氙;在这种元素中,我们必须假设一个较外组,由 5_1 轨道和 5_2 轨道上各自四个电子构成.

在第六周期中,我们遇到更多的其他现象.这里出现了稀土元素,它们全都具有很相似的化学性质,从而它们的分离曾经给化学家们造成巨大的困难.在周期开始时,一切情况都和前一周期中的情况很相似.铯和钡的光谱表明,在这些金属中,第 55 个和第 56 个电子是束缚在 6_1 轨道上的,而且钡的火花光谱表明, 5_3 轨道在这里移向了较牢固束缚方面,正如 Ca 和 Sr 中的 3_3 轨道和 4_3 轨道一样.但是,我们看到某些十分新颖的东西. 4_4 轨道出现了.我们通过计算可以肯定,随着核电荷的增大,不但电子在 5_3 轨道上比在 6_1 轨道上束缚得更牢固的时刻即将到来,而且从某一个核电荷开始,一个 4_4 轨道将比 5_1 轨道对应于更牢固的束缚.从此以后我们必须预期,随着原子序数的增大将遇到一系列相继的元素,它们甚至在比铁金属族更高的程度上全都具有很接近相同的性质;因为,我们在这里遇到的是一个电子组态的跨步式的形成,该组态位于原子更内部的地方.我们在这里就有关于稀土元素在第六周期中的出现的一种简单解释.根据周期的长度我们得出结论:在充分发育了的 4 量子轨道组中,各自有 8 个电子束缚在 4_1、4_2、4_3 和 4_4 轨道上.但是,说明这样一种安排的理由,比在 3 量子组的情况中和在前面的 4 量子组在银中的闭合中都更加弱一些.在铂族金属中,我们除了看到 4 量子组的最后发育以外,还看到 5 量子组的第二个发育阶段;这一阶段必须假设是在金中完成的,这时得到束缚在 5_1、5_2 和 5_3 轨道上的各自 6 个电子.在周期的末尾,我们遇到放射性的惰性气体氡;在这种元素中,我们必须假设一个较外电子组,由 6_1 和 6_2 轨道上的各自 4 个电子构成.

为了解释稀土元素的出现,韦伽德和刘易斯曾经发展了和拉登堡的那些想法相似的想法.量子论自动地指向了这样一族元素.

一方面根据元素的数目,另一方面根据有待填充的可用的轨道,我们必须得出这样的结论:和习见的假设相反,从镨开始的稀土元素族是在镥那儿结束的.如果我们的想法是正确的,至今还未发现的原子序数为 72 的元素就必须具有和锆的性质相似而不是和稀土元素的性质相似的性质.不无兴趣的是,J. 汤姆森在他的周期系表示法中就已经把锆和第 72 号元素联系起来了.

第七个也就是最后一个周期是不完全的.其原因就在于表现在各元素放射性质中的核的不稳定性.由沃尔诺根据福意斯的论文编制而成的镭的光谱表明,第 87 个和第 88 个电子是束缚在 7_1 轨道上的.和第六周期的一个区别就是,在第七周期的已知部分,并未出现和稀土元素相似的元素族.这种区别起源于这样一个情况:和第 47 个电子在第六周期对应元素中一个圆形 4_4 轨道上的束缚相比,第 79 个电子在第七周期的一种元素中的偏心 5_4 轨道上的束缚要弱得多,而

这些电子分别在 6_1 和 7_1 型的轨道上的束缚强度的差别却小得多. 每当出现这种从圆形轨道到椭圆轨道的变动时,我们就会遇到奇特的情形. 例如,这一点也表现在离子半径方面. 当像哥利姆那样画出离子半径随原子序数而变的曲线时,在按照我们的想法出现从圆形轨道到椭圆轨道的变动的地方,曲线就有一个转折. 当圆形轨道取代了椭圆轨道时,这种奇特情形也很清楚地显示在光谱中.

假若存在具有那种原子序数的原子核,第七周期就将终止在一种包含 118 个电子的稀有气体原子上;这时,在 5_1、5_2、5_3、5_4 轨道上将各有 8 个电子;在 6_1、6_2、6_3 轨道上各有 6 个电子,而在 7_1 和 7_2 轨道上各有 4 个电子*.

如果我们考虑一下稀有气体组态的安排(见表 VIII),我们就看到,当我们过渡到[原子序数]越来越高的元素时,就会出现越来越多的未完成的组. 我们也可以比在表中前进得更远并建造几百几千种元素,但是,这不是物理学的任务,物理学是只和可以进行实验检验的东西打交道的.

我希望我已做到论证一点,即当我们在周期系中越走越远时,情况就变得越来越简单了. 我起初相信,原子中的电子越多,困难将变得越大. 但是,如果我们并不要求太多,实际上我们却似乎会遇到更简单的问题,以及更少的新问题. 我几乎用不着强调一切问题还是何等地不完全和不肯定的.

(左侧页边数字)406

---

  * [原稿作"6_1、6_2、6_3 轨道上各有 3 个电子"和"7_1 和 7_2 轨道上各有两个电子". 改正了的数目和原第 419 页上表 VIII 中的数目相符.]

第七讲　1922 年 6 月 22 日

到此为止,在我们的探索中,我们曾经企图通过考虑电子的逐个俘获来深入到原子结构问题中去.事实上,这是一种合理的处理方式,但其本身是并不充分的,因为原子的稳定性在自然界中要受到很不相同的考验.作为例子,我们只需回想 X 射线和 β 射线对原子的影响也就够了.原子的稳定性在这样吓人的干扰中也必须得到保持.因此,我们将转而考虑 X 射线谱.我们即将看到,我们的假设也足以针对 X 射线谱解释稳定性条件,而在我看来这或许就是对于我们的看法的正确性的最强有力的支持.

X 射线谱对理论来说是有巨大重要性的.我们把它们的考虑推迟了这么久,只不过是为了得到更带综合性的看法.我在第一讲中已经提到,摩斯莱发现了 X 射线谱和氢光谱之间的一种巨大相似性.他证明了,K 线系中最强的谱线可以用

$$\nu = K(N-\alpha)^2\left(1-\frac{1}{2^2}\right)$$

来表示,而 L 线系中最强的谱线可以用

$$\nu = K(N-\beta)^2\left(\frac{1}{2^2}-\frac{1}{3^2}\right)$$

来表示.这一结果指向了 X 射线谱和氢光谱的起源之间的巨大相似性.但是,尽 管氢光谱是当第一个电子受到核的束缚时出现的,而我们在 X 射线谱中所涉及的却是已完成的原子的扰乱和重新组织.观察到的相似性表明,X 射线中所涉及的能量是和一个电子受到一个 N 倍带电的核的束缚时所涉及的能量同数量级的,而且支配着原子的较内部分和较外部分的那些条件是属于相同的种类的.激发特征 X 射线谱所要求的能量大致地随原子量的平方(就是说,正如我们所知道的,随原子序数的平方)而增长,这件事早就是已知的了.在我企图应用量子论来解释氢光谱的一年以前,这一结果引导我确信了原子的稳定性必须和量子论联系起来.

按照我们的看法,原子中的电子是分成各式各样的组的,因此,取走不同的电子就要求不同数量的能量.根据这样的看法,考塞耳就能够对 X 射线谱的某

些主要特点给出一种简单的概述. 按照考塞耳的看法,在 X 辐射的激发中,有一个电子从原子内部的一个壳层中被取走了,而这样产生的空位却又被位于较外部分的一个壳层中的电子所占据. 例如,如果有一个电子被从 K 能级上取走,其空位就可以由 M 能级上的一个电子来填充. 但是,它也可以由 L 能级上的一个电子来填充;当发生这种事情时,出现在 L 能级上的空位就又轮到 M 上的一个电子来填充. 考塞耳根据这一看法就得到结论:在 X 射线谱的某些频率之间必然存在简单的加法关系. 事实上,M 能级和 K 能级之间的能量差,必然是由一方面是 L 能级和 K 能级之间的能量差而另一方面是 M 能级和 L 能级之间的能量差而按照加法来组成的. 整个说来,考塞耳的这一法则已被发现是成立的. 但是,按照这种看法,却很难一眼就看出一个较外电子怎么能够知道在较远的内部缺少一个电子.

氢光谱和 X 射线谱之间的类似性通过索末菲的考察而得到了进一步的明朗化. 正如已经多次提到的,当照顾到相对论时,索末菲得到了氢原子能量的下列公式:

$$E = -\frac{N^2 Kh}{n^2}\left\{1 + \left(\frac{\pi Ne^2}{hc}\right)^2\left(-\frac{3}{n^2} + \frac{4}{nK}\right)\right\}.$$

在一定程度上,X 射线谱的精细结构也用这个公式来表示. 但是,由于有一个因子 N^4,随原子而不同的相对论改正量却比适用于氢原子的大了将近 10^8 倍.

很难把 X 射线和伴随着单一电子的束缚的光谱之间的类似性,同一种壳层结构的观念调和起来. 索末菲和韦伽德曾经企图得到对于这种类似性的理解;近来,索末菲曾经认为困难是如此地大,以致他曾假设同一元素的不同原子中的电子组态即使在非激发态中也是不同的. 这是一种很成问题的想法,它似乎和对于各元素的物理性质及化学性质的确定性的理解不能相容. 但是,他们的论文却达成了利用量子数来对能级进行的一种完备的形式分类. 经发现,各个能级是多重的. 通过斯麦卡耳、考斯特尔和温采耳的工作,多重性的本性已经详细地知道了. 取自考斯特尔的最近一篇论文的图 2*,对依据前后两种元素的光谱而预期的氢的能级给出了一个概况. 可以看到,能够以一种简单方式给各能级指定量子数. 首先,只有 $k' - k'' = 0$ 或 ± 1 的那些跃迁才能发生. 但是,跃迁还受到更多的限制. 因此,温采耳曾经引入了第三个量子数,而考斯特尔则把各能级分成了 a 能级和 b 能级. 可以看到,在我们的模型中,对于每一能级,存在一组具有相同量子数的轨道.

409

---

* [见原第 524 页;并见原第 417 页的图解.]

所有这些能级都是和吸收限相联系着的吸收能级. 事实上, 在 X 射线谱中没有发现任何普通的吸收谱线. 我们应该怎样描绘吸收过程呢? 我相信, 仅仅通过我们的假设, 我们就可以对现象得到理解; 按照我们的假设, 在原子中, 我们并没有那种在每一时刻都是对称的电子组. 按照经典理论, 吸收和发射是依赖于原子的合电矩的. 按照对应原理, 只有当一个电子的谐振动分量出现在合电矩中时, 我们才能预期该电子在吸收中被从它的轨道上取走. 当假设了其中的电子组态在每一时刻都具有多边形对称性或多面体对称性的那种运动形式时, 个体电子的运动的谐振动分量将互相抵消. 另一方面, 在我们的模型中, 我们假设所有的运动都具有不同的周相, 从而每一个电子的运动都对电矩有贡献: 这样, 辐射就能够影响每一个体电子的运动. 我们的看法导致进一步的结论, 即一个电子不能通过和辐射的吸收或发射有关的任何过程而被纳入一个已经完成的组中. 于是, 如果一个电子要通过吸收而从一个组中被取走, 那就只有当它被从体系中完全取走或被转送到一个未被占据的轨道上时才是可能的. 如果不完全的轨道组是存在的, 则电子也可以被接纳到这样的轨道上去. 现在, 既然把一个电子转送到较外轨道上或未完成组中一个轨道上去所需的能量, 在一级近似下等于把电子完全取走时所需的能量, 那么, 存在的吸收谱线就将和吸收限如此靠近, 以致它们是难以观察到的了.

410

现在, 当一个电子被从原子中取走, 譬如被从最内的组中取走时, 将出现什么情况呢? 这时, 可以说, 每一个电子都将独立于其他电子而争取被束缚得更牢固一些. 例如, 如果一个电子被从氡的 K 能级上取走了, 那么 K 能级上就只剩了一个电子, 而所有其余的 84 个电子就全都将扮演氡中第二个电子的角色. 在这种竞赛中, 哪一个电子将首先到达 K 能级就将取决于跃迁几率.

按照这种看法我们必须预期, 当我们在周期系中一步步前进时, 每当出现新的电子组时就将出现新的谱线. 联系到考塞耳理论, 斯外恩已经指出过周期系和 X 射线谱之间的这样一种联系.

我现在只将再稍微谈谈最近的工作. 首先由斯麦卡耳强调了的引入第三个量子数来表征能级的必要性, 是容易理解的. 甚至在光学光谱中, 我们也已经必须用三个量子数来确定一个轨道的空间取向了. 在这里, 当一个电子被取走时, 就存在其他电子的轨道的不同取向的可能性. 这不是借助于三个量子数来描述电子运动的问题, 因为运动只包含两个周期. 第三个量子数只和轨道的相互取向有关. 考斯特尔曾经测量了许多元素的 X 射线谱. 经发现, K 能级永远是单能级. 这是容易理解的, 因为电子的轨道相对于本身只能有一种取向方式. 另外, 经发现, 只有其他组的最上一个能级才永远是单能级. 例如, 对于氡来说(见图解Ⅱ), 属于量子数 2_2、3_3、4_3 和 5_2 的能级全都是单能级. 看来这是完全可以理解的,因为,当一个电子被从最上的能级取走时,这就是该组最后一个电子被束缚的过程的一个简单的逆过程,因此,当这样做了时,就得到一种唯一的确定结果. 我们可以描绘这一情况如下:如果有两个盒子放在两堵墙壁之间,一个放在另一个之上,我们就只有一种方式把上面一个盒子取走,但是,对于下面一个盒子却有两种可能性,即把它从上面一个盒子的底下向左或向右抽出.

就在最近,考斯特耳曾经对稀土元素的 X 射线谱进行了研究——尚未发表. 他发现,在这里实际上必须第一次假设 4_4 轨道. 另外,各能级在这里也不像在其他元素中那样随原子序数而有较大的变化. 其原因简单地就在于,4_4 轨道上的束缚比最外轨道上的束缚强不了多少,从而当 4 量子组正在发育时,4_4 轨道上的束缚就并不会显著地增强.

再者,考斯特尔曾经处理了被温采耳诠释为 X 射线火花谱线的那些谱线. 温采耳设想,当这些谱线出现时,就是有两个电子被先后取走了. 我不认为这是可能的,因为在第二个电子被取走以前第一个电子想必就已经被替换完毕了. 多个电子的被取走只有当它们同时被取走时才是可以想象的. 例如,当氦受到 α 粒子的轰击,就如密立根已经做过的那样时,双重电离的可能性是不依赖于束缚强度的. 相反地,电子越相互靠近,两个电子同时被取走的几率也越大. 罗西兰[*]曾经更进一步考察了这些问题,并且根据密立根的结果计算了电子半径的大小,他发现这种大小是和根据量子论求出的相符合的. 很清楚,两个电子的同时取走是绝不能通过吸收来进行的;这只能通过撞击来完成. 在 X 射谱中,当然一切事物都是和在氦中一样的. 因此,考斯特尔已经对温采耳谱线作出了新的诠释. 按照他的观点,当电子从一个完满组跳入一个未完满组时,这些谱线就会出现. 在这些谱线的事例中,可能出现一条 X 射线发射谱线和一条 X 射线吸收谱线相重合的情况. 但是,考斯特尔的诠释并不能认为是完全肯定的.

411

---

[*] [罗西兰(Svein Rosseland,1884—   ),挪威物理学家,1926 年就任奥斯陆大学天文物理学教授.]

412

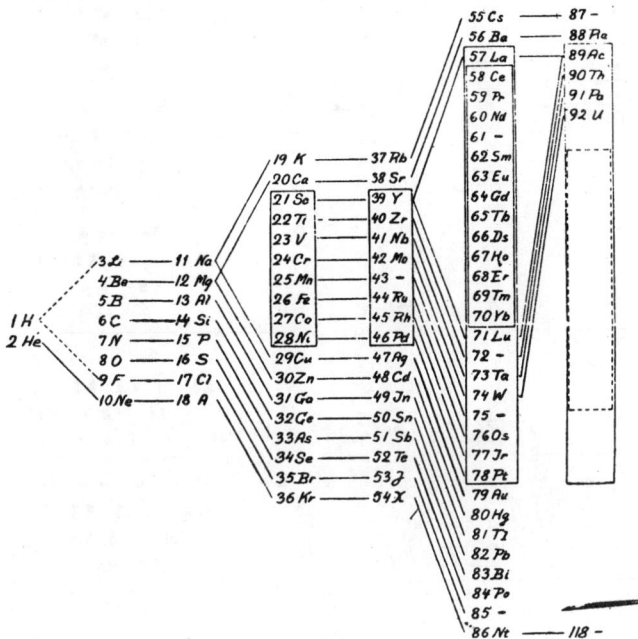

图 1

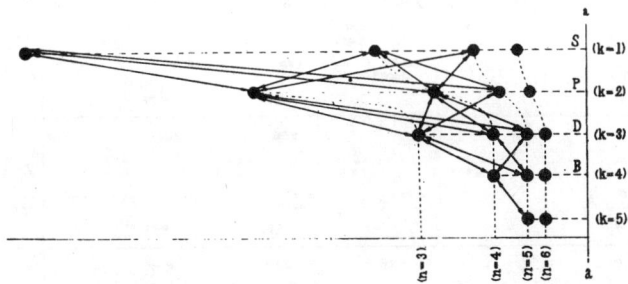

图 2

413

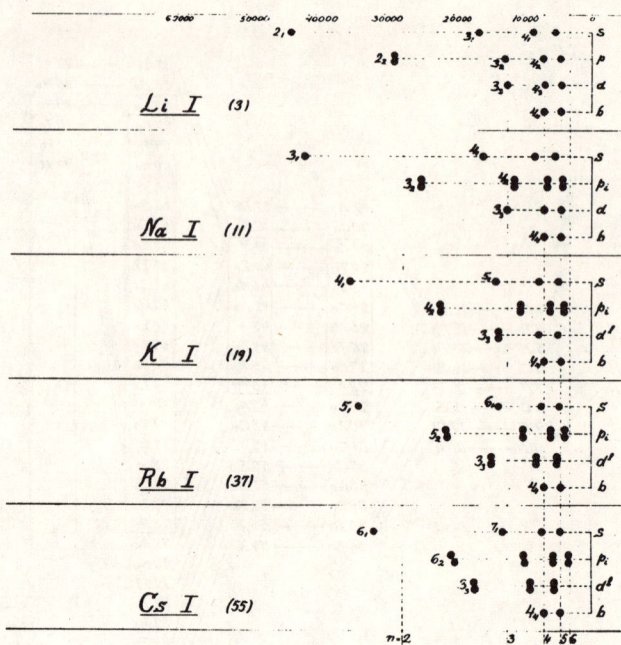

图 3

图 4

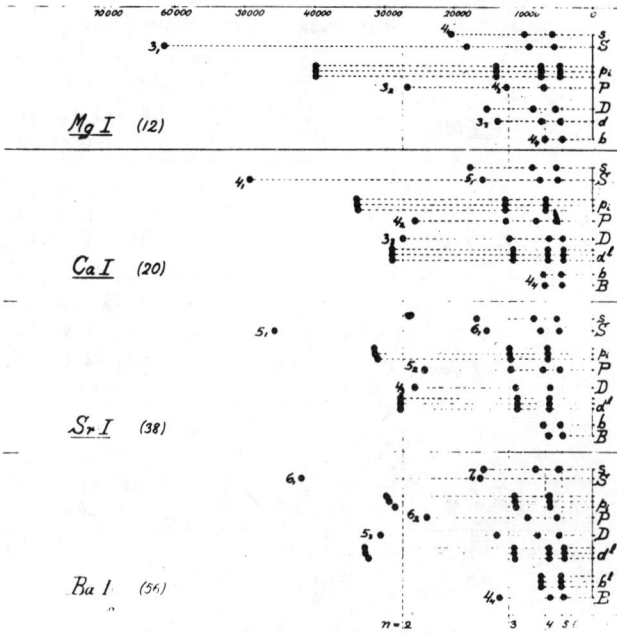

414

图 5

图 6

415

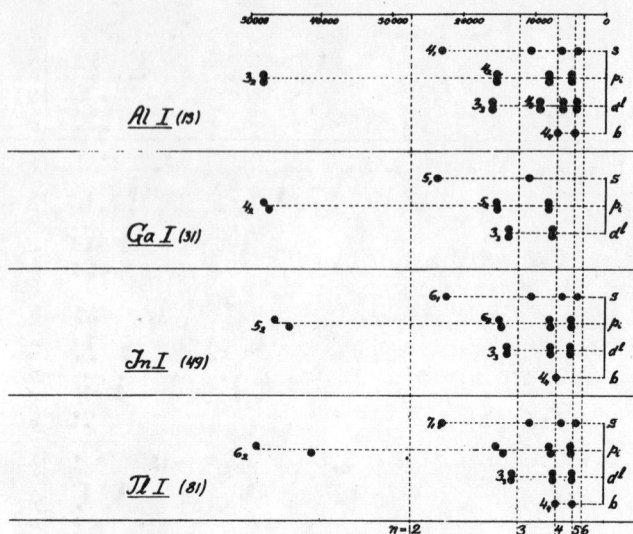

图 7

s		2.19		3.22		4.23		5.23		Al I
p, p₁-p₂	1,51 0.0017		2.67 0.0012		3.70 0.0014		4.71 0.0013		5.72 0.0006	
d' d-d'			2.63 0.0011		3.72 0.0008		4.27 0.0004		5.16 0.0004	(13)
b					3.97		4.96			

s		2.16		3.19						Ga I
p, p₁-p₂	1,51 0.013		2.67		3.70 0.010		4.71 0.010			
d' d-d'			2.64 0.0006		3.80 0.002					(31)

s		2.22		3.25		4.26		5.27		In I
p, p₁-p₂	1,53 0.057		2.72 0.027		3.75 0.027		4.76 0.03		5.77 0.03	
d' d-d'			2.82 0.0025		3.79 0.012		4.76 0.012		5.74 0.012	(49)
b					3.97					

s		2.19		3.23		4.24		5.26		Tl I
p₂ p₁-p₂	1.49 0.13		2.69 0.10		3.73 0.08		4.74 0.09		5.74 0.09	
d' d-d'			2.89 0.009		3.89 0.010		4.89 0.010		5.8 0.01	(81)
b					3.97		4.97		5.9	

图 8

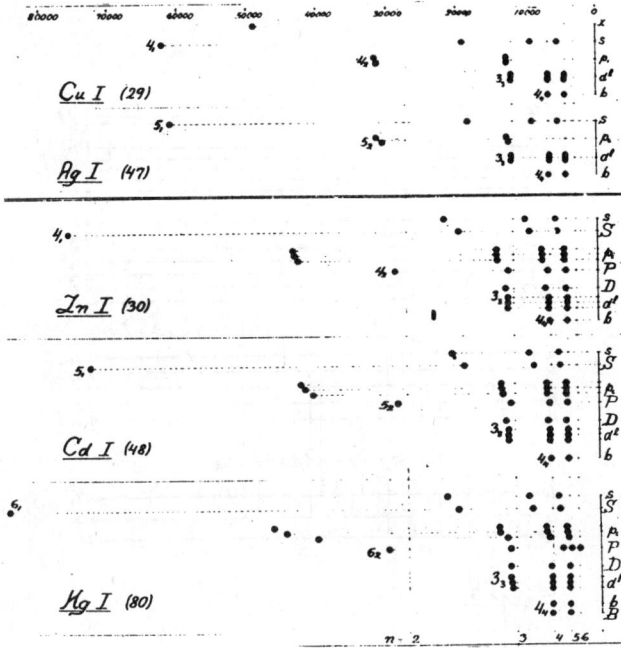

416

图 9

图 10

417

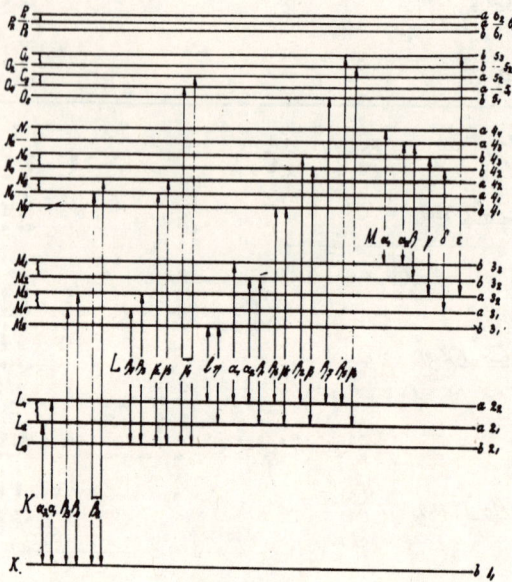

图解Ⅰ　氪

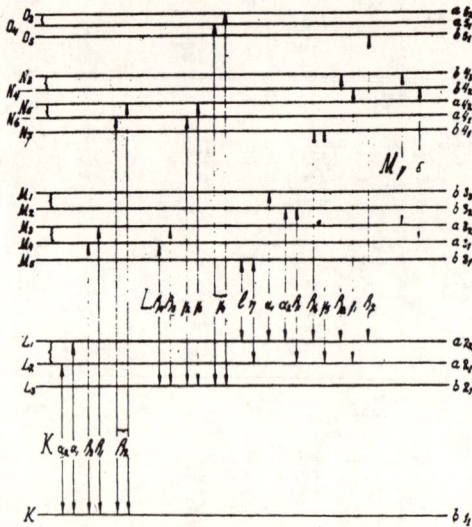

图解Ⅱ　氙

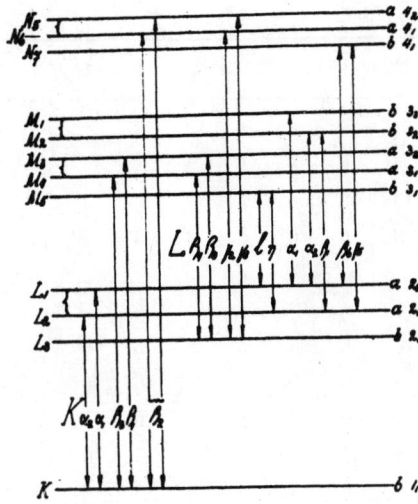

图解Ⅲ　氖

表 I		表 Ⅱ				表 Ⅲ						
	1_1		1	2_1	2_2		1_1	2_1	2_2	3_1	3_2	3_3
1 H	1	3 Li	2	1		11 Na	2	4	4	1		
2 He	2	4 Be	2	2		12 Mg	2	4	4	2		
		5 B	2	(3)		13 Al	2	4	4	2	1	
		6 C	2	4		14 Si	2	4	4	(4)		
		7 N	2	4	1	15 P	2	4	4	4	1	
		8 O	2	4	2	16 S	2	4	4	4	2	
		9 F	2	4	3	17 Cl	2	4	4	4	3	
		10 Ne	2	4	4	18 A	2	4	4	4	4	

表Ⅳ

	1_1	2_1	2_2	3_1	3_2	3_3	4_1	4_1	4_3	4_4
19 K	2	4	4	4	4		1			
20 Ca	2	4	4	4	4		2			
21 Sc	2	4	4	4	4	1	(2)			
22 Ti	2	4	4	4	4	2	(2)			
...										
...										
29 Cu	2	4	4	6	6	6	1			
30 Zn	2	4	4	6	6	6	2			
31 Ga	2	4	4	6	6	6	2	1		
32 Ge	2	4	4	6	6	6	(4)			
33 As	2	4	4	6	6	6	4	1		
34 Se	2	4	4	6	6	6	4	2		
35 Br	2	4	4	6	6	6	4	3		
36 Kr	2	4	4	6	6	6	4	4		

表Ⅴ

	1_1	2_1	2_2	3_1	3_2	3_3	4_1	4_2	4_3	4_4	5_1	5_2	5_1	5_2	5_3
37 Rb	2	4	4	6	6	6	4	4			1				
38 Sr	2	4	4	6	6	6	4	4			2				
39 Y	2	4	4	6	6	6	4	4	1		(2)				
40 Zr	2	4	4	6	6	6	4	4	2		(2)				
…															
…															
47 Ag	2	4	4	6	6	6	6	6	6		1				
48 Cd	2	4	4	6	6	6	6	6	6		2				
49 Zn	2	4	4	6	6	6	6	6	6		2	1			
50 Sn	2	4	4	6	6	6	6	6	6		(4)				
51 Sb	2	4	4	6	6	6	6	6	6		4	1			
52 Te	2	4	4	6	6	6	6	6	6		4	2			
53 J	2	4	4	6	6	6	6	6	6		4	3			
54 X	2	4	4	6	6	6	6	6	6		4	4			

419　表Ⅵ

	1_1	2_1	2_2	3_1	3_2	3_3	4_1	4_2	4_3	4_4	5_1	5_2	5_3	5_4	5_5	6_1	6_2	6_3	6_4	6_5	6_6
55 Cs	2	4	4	6	6	6	6	6	6		4	4				1					
56 Ba	2	4	4	6	6	6	6	6	6		4	4				2					
57 La	2	4	4	6	6	6	6	6	6		4	4	1			(2)					
58 Ce	2	4	4	6	6	6	6	6	6	2	4	4	(2)			1					
…																					
…																					
…																					
71 Lu	2	4	4	6	6	6	8	8	8	8	4	4	(2)			1					
72 —	2	4	4	6	6	6	8	8	8	8	4	4	2			(2)					
…																					
…																					
79 Au	2	4	4	6	6	6	8	8	8	8	6	6	6			1					
80 Hg	2	4	4	6	6	6	8	8	8	8	6	6	6			2					
81 Tl	2	4	4	6	6	6	8	8	8	8	6	6	6			2	1				
82 Pb	2	4	4	6	6	6	8	8	8	8	6	6	6			(4)					
83 Bi	2	4	4	6	6	6	8	8	8	8	6	6	6			4	1				
84 Po	2	4	4	6	6	6	8	8	8	8	6	6	6			4	2				
85 —	2	4	4	6	6	6	8	8	8	8	6	6	6			4	3				
86 Nt	2	4	4	6	6	6	8	8	8	8	6	6	6			4	4				

表Ⅶ

	1_1	2_1	2_2	3_1	3_2	3_3	4_1	4_2	4_3	4_4	5_1	5_2	5_3	5_4	5_5	6_1	6_2	6_3	6_4	6_5	6_6	7_1	7_2	7_3
87 —	2	4	4	6	6	6	8	8	8	8	6	6	6			4	4					1		
88 Ra	2	4	4	6	6	6	8	8	8	8	6	6	6			4	4					2		
89 Ac	2	4	4	6	6	6	8	8	8	8	6	6	6			4	4	1				(2)		
90 Th	2	4	4	6	6	6	8	8	8	8	6	6	6			4	4	2				(2)		
···																								
···																								
118 —	2	4	4	6	6	6	8	8	8	8	8	8	8	8		6	6	6				4	4	

表Ⅷ

元素		n_k 轨道上的电子数																							
		1_1	2_1	2_2	3_1	3_2	3_3	4_1	4_2	4_3	4_4	5_1	5_2	5_3	5_4	5_5	6_1	6_2	6_3	6_4	6_5	6_6	7_1	7_2	7_3
氦	2	2	2																						
氖	10	2	4	4																					
氩	18	2	4	4	4	4	−																		
氪	36	2	4	4	6	6	6	4	4	−	−														
氙	54	2	4	4	6	6	6	6	6	−		4	4	−	−	−									
氡	86	2	4	4	6	6	6	8	8	8	6	6	6	−	−		4	4	−	−	−	−			
?	118	2	4	4	6	6	6	8	8	8	8	8	8	8	8	−	6	6	6	−	−	−	4	4	−

IX. 论周期系的解释

在瑞典乌普萨拉召开的第二届北海地区物理学
会议(1922年8月24—26日)上的演讲摘要*
(Edv. Berlings Boktryckeri A.‑B, 1922;
又见 Fysisk Tidsskrift **20**(1922) 112)

---

* ［见《引言》第 8 节.］

论周期系的解释

　　各元素的性质的奇特变化当把元素按照原子量递增的顺序排列起来时就会显现出来,这种变化已由门捷列夫和劳塔耳·梅耶揭示出来;这种变化指示着原子结构和不同元素之间的一种密切关系的存在. 在发现了作为一切原子的公共建造部分的电子以后不久,J. J. 汤姆孙就考察了解释周期系的可能性,他在电子组态稳定性随渐增原子序数的周期变化中寻求了元素性质的周期变化的原因. 尽管他的著作中包含了许多新的和有成果的想法,汤姆孙理论却没有导致决定性的结果;至少是,当时并不存在关于正电在原子中的分布的任何足够的知识.

　　在卢瑟福发现了原子核以后,我们就可以假设我们有了在某些方面已经完备的关于原子的各个建造部分的知识,而且,在认识到中性原子中的电子数恰好等于标明该原子在周期系中的位置的序数以后,解释周期系的问题就变得特别迫切了. 如所周知,关于上述相等关系的这一首先由范登布若克提出的假设,曾经很有说服力地得到了在放射性过程中发射 α 射线和 β 射线以后的元素性质的那种变化的支持,也得到了摩斯莱发现的当从元素周期系中的一种元素过渡到其次一种元素时各元素 X 射线谱的那种简单而规律的变化方式的支持. 如所周知,后一些考察曾经做到了唯一地确定一切元素的原子序数,并从而使我们能够准确地认出周期系中的空白位置,即当发现了新元素时可以填入的那些位置.

　　但是,当企图在我们的原子结构图景的基础上更仔细地说明各元素的性质时,我们却遇到一些种类很奇特的困难. 事实上,已经清楚,不可能通过应用我们普通的力学观念和电动力学观念来解释各元素的特征性质所要求的那种奇特的稳定性. 曾经进行了通过动用从所谓量子论借来的概念来克服这些困难的尝试;量子论的基础是通过普朗克对热辐射定律的研究和爱因斯坦对比热随温度的变化以及对光电效应的研究而被奠定的.

　　量子论对原子结构问题的应用建筑在两条公设上,它们可以表述如下:

　　I. 在可以设想的运动学上可能的原子中各粒子的相对运动中,存在某些态,即所谓的"定态";它们以其奇特的稳定性而与众不同,这种稳定性表现在一种情况中,即体系运动的每一变化必将导致体系从原有态到另一个这种定态的完全跃迁.

Ⅱ. 和这样一个跃迁相联系着的辐射的每一次发射,都是一列简谐的电磁波,其频率由条件式 $h\nu=E_1-E_2$ 给出,式中 E_1 和 E_2 是原子在两个定态中的能量. 此外,原子在电磁辐射的影响下从一个定态被送入另一定态的每一个吸收过程,都将要求其频率由这同一条件式给出的一些波的照射.

直接联系到这些公设,已经能够不但在轮廓上而且在许多细节上说明适用于元素光谱的那些规律,特别是在通过许多研究者(其中可以特别提到索末菲和艾伦哈夫特*)的贡献,已经能够表述允许我们从原子中各粒子的可能运动中把各个定态确定出来的那些条件以后. 虽然已经能够借助于上述公设来对化学过程的一般特点有所揭示,但是,定态的确定方法的表述却迄今不曾在解释周期系中那些个体元素的化学性质方面导致什么决定性的结果. 由于认识到这一情形,最近几年关于这些问题的工作基本上限制在一个方面,即依据有关原子结构稳定性的形式化假设来试图说明各元素性质,而关于这一稳定性的原因的问题则只能待诸异日了. 这些尝试中最著名的是考塞耳和朗缪尔的工作.

424

这次演讲的目的将是试图指明,在量子论对各元素化学性质问题的应用中所遇到的那些困难,只是表观上的困难,并且进一步指明,通过理论对光谱的应用所依据的那些想法的一种合理的引申,看来就能够表述一些关于原子结构的观念,它们将对周期系作出详细的诠释. 这就部分地涉及了关于可设想的各原子定态的一种更仔细的检查,通过这种检查,已经能够为了上述目的制订出关于确定原子中电子轨道的一些很有成果的想法,这些想法是已经由索末菲、韦伽德、朗德和别的人们或多或少清楚地提出过的. 这也涉及了关于可设想的各原子定态之间的可能跃迁的奇特限制的阐明. 我们力求通过量子论的主要想法和经典理论的主要想法之间的一种联系来达到这一目的;这种联系在强调两种理论的本质区别的同时使我们能够在量子论公设的后面窥见一座巨厦,它可以被看成各经典观念的一种合理推广,而且它给那些观念指定了一个范围有限的领域.

---

* 〔中译者按:艾伦哈夫特(Ehrenhaft),有这么个人,但此处或是艾伦菲斯特之误.〕

X. 原子的结构

(1922)*

---

* ［见《引言》第 9 节.］

LES PRIX NOBEL
EN 1921—1922

OM ATOMERNES BYGNING

Nobelforedrag afholdet i Stockholm

den 11 December 1922

af

NIELS BOHR

STOCKHOLM 1923
IMPRIMERIE ROYALE. P. A. NORSTEDT & FILS
221969

原子的结构[①]

原子的一般图景

原子理论的当前状况是以一个事实为其特征的,那就是,我们不但相信原子的存在已经不容置疑地得到证明,而且我们甚至相信自己具有关于个体原子的组成部分的详细知识. 我不能在这一场合对导致这一结果的科学发展作一综述;我将只提到上世纪末期的电子的发现,这一发现提供了关于电的原子性这一观念的直接的证实并导致了它的结论性的表述,而电的原子性这一观念,自从法拉第发现基本性的电解定律以及伯齐留斯的电化学理论以来就已经开始出现,而且在阿瑞尼乌斯的电离解理论中得到了巨大的胜利. 电子的发现及其性质的探明,是许许多多研究者的工作的结果,其中可以特别提到雷纳德和 J. J. 汤姆孙. 特别是,后者曾经通过他的在电子论的基础上发展有关原子构造的概念的那些巧妙的尝试,对我们的课题作出了很重要的贡献. 但是,我们关于原子结构要素的知识的目前状况,是通过原子核的发现而达到的;这种发现归功于卢瑟福,他的关于在上世纪末发现的放射性物质的工作,曾经大大丰富了物理科学和化学科学.

按照我们现在的观念,一种元素的原子是由一个核和若干个电子构成的;核具有正电荷,而且是绝大部分原子质量的所在之处;电子全都具有相同的负电荷和质量,它们是在远大于核线度和电子本身线度的离核距离处运动着的. 我们在这一图景中立即看到和行星系的例如和我们的太阳系的一种突出的相似性. 正如支配太阳系运动的定律的简单性是和运动物体的线度远小于它们的轨道这一情况密切联系着一样,原子结构中的相应关系也给我们提供了关于依赖于元素性质的那些自然现象的一种带有本质性的解释. 它立即表明,这些性质可以分成截然不同的两类.

属于第一类的有物质的大多数普通的物理性质和化学性质,例如它们的聚

---

① 1922 年 12 月 11 日在领取 1922 年度诺贝尔物理奖时在斯德哥尔摩发表的演讲. 英译者为弗兰克·C·霍伊特博士.

集态、颜色和化学活性. 这些性质依赖于电子系的运动以及这些运动在不同外界作用的影响下的变化方式. 由于核质量远大于电子质量而核本身远小于电子轨道, 电子运动只将在很小的程度上依赖于核质量, 从而将在很好的近似下仅仅取决于核的总电荷. 特别说来, 核的内部结构以及电荷和质量在其各个粒子上的分布方式, 只将对核周围电子系的运动发生微乎其微的影响. 另一方面, 核的结构却是表现在物质放射性中的第二类性质的起因. 在放射性过程中, 我们遇到核的一种爆炸, 通过这种爆炸, 所谓 α 粒子和 β 粒子这样的正电粒子和负电粒子就以很大的速度被放了出来.

因此, 我们的原子结构观念就给我们提供了关于两类性质之间相互关系的完全缺失的一种直截了当的解释, 这种相互关系的缺失最为突出地显示在一些物质的存在中, 这些物质在异常高的近似下具有相同的普通的物理性质和化学性质, 尽管原子量并不相同, 而且放射性质完全不同. 存在这些物质的最初证据, 是在索迪和其他研究者们关于放射性元素的化学性质的工作中找到的; 参照了按普通的物理性质和化学性质的元素分类, 这样的物质被称为同位素, 我用不着在这里叙述近年以来已经怎样证明同位素不但可以在放射性元素中找到, 而且可以在普通的稳定元素中找到; 事实上, 有许多早先被看成简单物质的普通元素, 已经被阿斯登的著名研究证明为原子量不同的一些同位素的混合物.

核的内部结构问题还了解得很少, 尽管一种研究方法已由卢瑟福的用 α 粒子轰击来引起原子核蜕变的实验提供了出来. 确实, 这些实验可以说开辟了自然哲学中的一个新时代, 因为它们第一次完成了从一种元素到另一种元素的人为转化. 但是, 在下面, 我们将只考虑各元素的普通的物理性质和化学性质, 以及曾经在刚刚概述过的图景的基础上作出过的解释各该性质的尝试.

如所周知, 各元素可以按照它们普通的物理性质和化学性质排列成一个自然系统, 它可以最为发人深省地表现不同元素之间的奇特关系. 门捷列夫和罗塔耳·梅耶最初认识到, 当元素的排列顺序基本上是它们的原子量顺序时, 它们的物理性质和化学性质就显示明确的周期性. 这种所谓周期表的一种图解表示法如图 1 所示; 但是图中各元素并不是按照普通方式排列的, 而是按照朱里亚·汤姆森所首先提出的一个表的稍加修改了的形式排列的; 汤姆森在这一领域中也对科学作出了重要的贡献. 在图中, 各元素用它们的通常化学符号来代表, 而不同的竖行就表示各个所谓的周期. 相邻竖行中具有同族的化学性质和物理性质的元素用直线连接. 在较后面的周期中画在某些元素序列外面的框线的意义, 将在以后再来论述; 那些元素显示了对以前各周期中的简单周期性的典型偏差.

在原子结构理论的发展中, 自然系统的典型特征已经得到了惊人简单的诠释. 例如, 我们被引导着假设, 元素在周期表中的号数, 即所谓原子序数, 恰好等于中性原子中绕核运动的电子数. 这一定律是由范登布若克首先在一种不完善的形式下提出的,但它已经在 J. J. 汤姆孙关于原子中电子数的考察以及卢瑟福关于原子核的电荷的测量中得到了先兆. 正如我们即将看到的,从那以后,已经通过不同的方式得出了对这一定律的令人信服的支持,特别是通过摩斯莱关于各元素 X 射线谱的著名研究. 我们或许也可以指出,原子序数和核电荷之间的简单联系,怎样对支配着各元素在放出 α 粒子或 β 粒子以后化学性质的变化的那些规律提供了一种解释,那些规律在所谓放射性位移定律中得到了简单的表述.

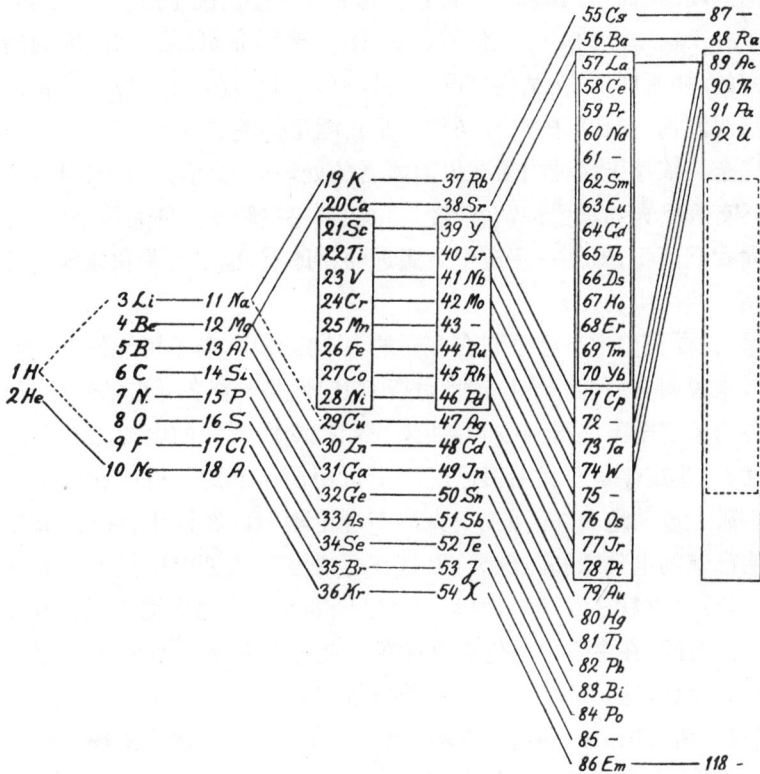

图 1

原子稳定性和电动力学理论

一旦我们试图追寻各元素性质和原子结构之间的更密切的联系,我们就会遇到深刻的困难,因为在这儿出现了原子和行星系之间的本质区别,尽管有前面提到的那种类似性.

尽管它们服从普遍的万有引力定律,一个行星系中各物体的运动却不能仅仅由这一定律来完全地确定,而是将大大依赖于体系的以前历史. 例如,一年的

长度并不是仅仅由太阳和地球的质量来确定,而是也依赖于我们对之所知甚少
的存在于太阳系的形成时期中的那些条件. 假若某一天有一个足够大的外来物
469 体穿越我们的太阳系,那么,除了其他现象以外,我们可以预料从那一天起,一年
的长度将和现在的长度有所不同.

在原子的情况下,事情就完全不同了. 各元素的定而不移的性质,要求一个
原子的状态不能由于外界作用而经历永久性的变化. 原子一经不再处于外界作
用之下,它的成分粒子就必将按照完全取决于各粒子的电荷和质量的方式来安
排它们的运动. 我们在光谱中,也就是在物质在某些情况下所发射的辐射的性质
中得到了关于这一点的最令人信服的证据,而光谱是可以在如此大的精确度下
加以研究的. 如所周知,在某些情况下可以测量到百万分之一以上的精确度的各
物质的谱线波长,在相同的外界条件下是在测量误差的范围内永远确切相同的,
而且是完全不依赖于该种物质在以前所受的处理的. 恰恰是由于这种情况,光谱
分析才具有其巨大的重要性,它曾经是化学家寻找新元素的无法估价的助手,而
且已经向我们证明,即使在宇宙中最遥远的物体上,也出现着和地球上的元素具
有确切相同的性质的元素.

于是,只要我们把自己限制在普通的力学定律中,就不可能依据我们的原子
构造图景来说明典型的原子稳定性,这种稳定性是解释各元素的性质所必需的.

这种形势完全不能得到改善,如果我们把众所周知的电动力学定律也考虑
在内的话;这些定律是麦克斯韦已经在上世纪前半期的法拉第和奥斯特的伟大
发现的基础上成功地表述了的. 麦克斯韦理论不但已经证明自己能够在一切细
节上说明已知的电现象和磁现象,而且在电磁波的预见中庆祝了它的最伟大的
胜利;电磁波是由赫兹发现的,而且现在已经如此广泛地应用于无线电报中.

有一段时间,在主要由洛伦兹和拉摩尔把它发展成一种和电的原子论观念
相容的形式以后,这一理论似乎也将能够提供解释元素性质的各个细节的一种
基础. 我只要请大家回想到,在塞曼发现了当发光物质被放入磁场中时的谱线的
特征变化以后,而洛伦兹不久就能够对现象的主要特点作出自然而简单的解释
时所唤起的那种巨大的兴趣. 洛伦兹当时假设,我们在谱线中观察到的辐射,是
由一个在平衡位置附近作着简谐振动的电子所发射的,其方式和天线中的电振
动发送无线电报中的电磁波的那种方式完全相同. 他也指出了,塞曼所观察到的
光谱线的变动,怎样和振动电子的运动的改变确切地互相对应,那种运动的改变
是人们将预期由磁场所引起的.

但是,在这样的基础上,却不能比较透彻地解释各元素的光谱,或者说甚至
不能解释很精确地适用于这些光谱中各谱线波长的那些定律的普遍类型,这些
定律已经由巴耳末、黎德伯和瑞兹确立起来了. 当我们得到了有关原子构造的细

节以后，这种困难就变得更加明显了；事实上，只要我们把自己限制在经典电动力学理论中，我们就甚至不能理解为什么我们竟会得到由细锐谱线构成的光谱．这种理论甚至可以说和存在着具有我们所描述的结构的那种原子这一假设不能相容，因为电子的运动将要求原子不断地辐射能量，这种辐射过程只有当电子已经落入核中时才会停止．

量子论的根源

但是，通过引用从所谓量子论借来的概念，却已经能够避免电动力学理论的各式各样的困难；而量子论标志了对迄今用来解释自然现象的那些想法的一种完全的背离．这种量子论是由普朗克在 1900 年在他关于热辐射定律的考察中创立了的；热辐射由于不依赖于物质的个体性质，所以对于检验经典物理学定律对原子过程的适用性是特别方便的．

普朗克在一些体系之间考虑了辐射的平衡，这些体系和洛伦兹的塞曼效应理论所依据的那些体系具有相同的性质，但是普朗克现在却不但能够证明经典物理学不能说明热辐射现象，而且能够得到和实验定律的完全符合，如果——在和经典理论明显矛盾的情况下——假设振动电子的能量不能连续地变化，而只能那样地变化，使得体系的能量永远保持等于所谓能量子的整数倍．经发现，这一量子的大小正比于粒子的振动频率，而按照经典概念这一频率也就被假设为所发射的辐射的频率．比例因子必须看成一个和光速及电子的电荷及质量相类似的新的普适恒量，这一恒量从那时起就被称为普朗克恒量．

470

普朗克的出人意料的结果起初在自然科学中处于完全孤立的地位，但是，随着几年以后爱因斯坦对这一课题的重要贡献，就发现了很多不同的应用．首先，爱因斯坦指出，限制粒子振动能量的条件可以通过考察晶态物体的比热来加以检验，因为在这些物体的情况中我们涉及的不是单独一个电子的类似振动，而是一些整个的原子在晶体点阵中各平衡位置附近的振动．爱因斯坦能够证明，实验证实了普朗克的理论，而且，通过后来的研究者们的工作，发现这一符合是完全的．再者，爱因斯坦强调了普朗克理论的另一个推论，就是说辐射能量只能以所谓"辐射量子"为单位而被振动粒子所发射或所吸收，每一个辐射量子的大小等于普朗克恒量乘以频率．

在对这一点作出诠释的尝试中，爱因斯坦被引导到了所谓"光量子假说"的表述；按照这一假说，和麦克斯韦的光的电磁理论相反，辐射能量将不是作为电磁波而却是作为光的原子而传播的，每一个光原子等于辐射量子的能量．这一概念把爱因斯坦引导到了他的著名的光电效应理论．这样，曾经是按照经典理论完全不可解释的这一现象，就显示了完全不同的面貌，而且爱因斯坦理论的预言在近年以来得到了如此准确的实验证实,以致普朗克恒量的也许是最准确的测定就是由光电效应的测量给出的了.但是,尽管很有启发价值,和所谓干涉现象完全不可调和的光量子假说却不能揭示辐射的本性.我只要请诸位想到下述情况就行了:这些干涉现象,就构成我们考察辐射的性质并赋予在爱因斯坦理论中确定光量子量值的频率以任何较细致意义的唯一手段.

在随后的一些年月中,曾经作出了许多努力来把量子论的概念应用于原子结构问题,而着重点则时而放在这一个时而放在那一个由爱因斯坦从普朗克结果得出的推论上.作为沿这一方向所作出的最著名的尝试,我可以提到斯塔克、索末菲、哈森诺尔、哈斯和尼科耳孙的工作,但是从这些尝试并没有得到任何决定性的结果.

在这一时期中,还有杰尔汝姆关于红外吸收谱带的考察,这虽然和原子结构并无直接关系,但却证实为对量子论的发展具有重大意义.他把注意力引向了下述事实:气体中各分子的转动,可以利用某些吸收谱线随温度的变化来加以研究.同时他还强调了一个事实,即效应不应该像根据对分子转动不加任何限制的经典理论所可能预期的那样表现为谱线的连续展宽,而且他按照量子论预言了各谱线应该对应于一系列分离的转动可能性而劈裂为若干条成分线.这一预言在不多几年以后得到了伊瓦·封·巴尔的证实,而且这一现象仍然可以看成量子论的实在性的最突出证据之一,尽管从我们现在的观点看来原来的解释已经在本质性的细节方面经受了修订.

原子构造的量子论

在此期间,量子论的进一步发展的问题通过卢瑟福关于原子核的发现(1911年)而刷新了面貌.正如我们已经看到的,这一发现十分清楚地表明,仅仅利用经典观念是完全不能理解原子的最本质的性质的.因此,人们就被引导着寻求量子论原理的那样一种表述,它能够直截了当地说明原子结构的稳定性和原子所发辐射的性质,而观察到的物质的性质则为这些性质提供着证据.这样的表述是由本演讲人在两条公设的形式下提出的(1913年),这两条公设可以叙述如下:

1. 在原子中所能设想的可能运动态中间,存在若干所谓的定态;尽管各粒子在这些定态中的运动在颇大程度上服从经典力学定律,但是这些定态却具有一种奇特的力学上无法解释的稳定性,使得体系运动的每一种长久性的变化都必须是一次从一个定态到另一个定态的完全的跃迁.

471　　2. 和经典电磁理论相矛盾,原子在定态本身中并不发射辐射,但是两个定态之间的跃迁过程却可以和电磁辐射的发射相伴随,这种辐射将和按照经典理论由一个以恒定频率作着谐振动的带电粒子所发出的辐射具有相同的性质. 但是, 这一频率 ν 却和原子中粒子的运动并无简单的关系, 而却由关系式

$$h\nu = E' - E''$$

给出, 式中 h 是普朗克恒量, 而 E' 和 E'' 是原子在形成辐射过程的初态和末态的那两个定态中的能量值. 反过来, 用具有这一频率的电磁波照射原子, 就可以导致一个吸收过程, 通过这个过程, 原子就从后一定态被送回前一定态.

第一条公设照顾到原子的普遍稳定性, 而第二条公设则主要照顾到具有细锐谱线的光谱的存在. 再者, 出现在后一公设中的量子论的条件, 提供了诠释线系光谱规律的一个出发点. 这些规律中最普遍的就是瑞兹所提出的组合原理; 该原理表明, 一种元素的光谱中每一条谱线的频率, 可以用公式

$$\nu = T'' - T'$$

来表示, 式中 T'' 和 T' 是两个所谓的"谱项", 它们属于作为所考虑物质之特征的一个谱项总集.

按照我们的公设, 这一规律在一条假设中得到了直截了当的诠释; 那假设就是, 光谱是通过若干定态之间的跃迁而被发射的, 在这些定态中, 原子能量的数值等于谱项值乘以普朗克恒量. 可以看到, 组合原理的这一解释是和通常的电动力学的想法根本不同的, 我们只要考虑到原子运动和所发辐射之间没有任何简单关系就可以了. 但是, 当我们认识到一个情况时, 我们的想法对普通的自然哲学概念的背离就变得格外明显了; 那情况就是, 对应于同一谱项和另外两个不同谱项的组合的两条谱线的出现, 意味着从原子发出的辐射的本性不但取决于辐射过程开始时的原子运动, 而且取决于原子在过程中被送入的那个态.

因此, 初看起来人们可能会认为, 几乎不能把我们对于组合原理的形式化解释和我们关于原子构造的看法直接联系起来, 那些看法事实上是建筑在按经典力学和经典电动力学来诠释的实验资料上的. 但是, 更仔细的考察竟然表明, 在这些公设的基础上, 可以在各元素的光谱和各原子的结构之间得出一种确定的关系.

氢 光 谱

我们所知道的最简单的光谱是氢的光谱. 它的各条谱线的频率可以用巴耳末公式来很精确地表示:

$$\nu = \mathrm{K}\left(\frac{1}{n''^2} - \frac{1}{n'^2}\right),$$

式中 K 是一个恒量而 n' 和 n'' 是两个整数. 于是,在光谱中,我们就遇到形如 K/n^2 的单一谱项序列,这些谱项随着谱项序数 n 的增大而规则地减小. 因此,适应着各公设,我们将假设每一条氢谱线都是通过两个定态之间的跃迁来发射的,这些定态属于氢原子的谱项序列,原子在各定态中的能量的数值等于 hK/n^2.

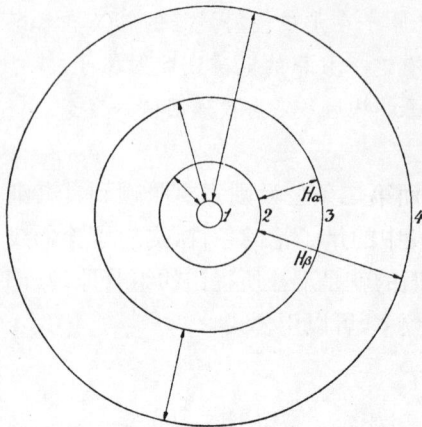

按照我们的原子结构图景,氢原子由一个带正电的核和一个电子所构成,该电子——只要普通的力学观念是适用的——将在很好的近似下描绘一个周期性的以核为一个焦点的椭圆轨道. 轨道的长轴反比于把电子从核附近完全取走时所需要的功,而且,按照以上所述,这种功在定态中恰好等于 hK/n^2. 于是我们得到许多定态,对于它们来说,电子轨道的长轴将取一系列正比于整数平方的分立值. 附图 2 示意地表示了这些关系,为了简单,各定态中的电子轨道用一些圆来代

图 2

表,虽然事实上理论对轨道的偏心率并无任何限制,而只确定长轴的长度. 箭头表示和红色及青色的氢谱线 H_α 及 H_β 相对应的跃迁过程;当我们令 $n''=2$ 并分别令 $n'=3$ 和 4 时,这些谱线的频率就由巴耳末公式给出. 和赖曼在 1914 年发现的紫外谱线系中的头三条谱线相对应的跃迁过程也表示了出来,各谱线的频率由令 n'' 等于 1 时的公式给出,同样也表示了和一些年以前由帕邢发现的红外谱线系中第一条谱线相对应的跃迁过程,谱线频率由 n'' 等于 3 时的公式给出.

关于氢光谱起源的这种解释,十分自然地引导我们把这一光谱诠释为一个过程的表现;通过该过程,电子被核所束缚. 谱项序数为 1 的最大的谱项对应于束缚过程的最后阶段,而谱项序数较大的那些较小的谱项则对应于代表束缚过程的一些初态的定态;在这些定态中,电子的轨道还具有较大的线度,而且把电子从核取走时所需的功还较小. 束缚过程的最后阶段可以叫做原子的正常态,它和其他定态的区别在于这样一个性质: 按照各公设,原子的态只能通过能量的加入而予以改变,这时就会把电子送入一个和束缚过程的较早阶段相对应的线度较大的轨道.

在上述光谱诠释的基础上计算出来的正常态中原子的大小,和根据气体性质按物质的分子运动论计算出来的各元素的原子线度大致相符. 但是,既然作为公设所要求的定态稳定性的直接推论,我们必须假设在碰撞中两个原子间的相互作用是不能借助于经典力学来完备地描述的,那么,这样一种对比就是不能在以上谈到的那些考虑的基础上进行得更远的.

但是,光谱和原子模型之间一种更密切的联系,却通过考察那样一些定态中的运动而被揭露了出来;在那些定态中,谱项序数很大,而且当从一个定态过渡到其次一个定态时,电子轨道的线度和绕转频率都变化得相对地小. 能够证明,当谱项序数之差比起各序数本身来是很小的时,在二定态间的跃迁中发出的辐射的频率就趋于和电子运动所能分解成的一个谐振动分量的频率相重合,从而也和按照普通电动力学定律所将发射的辐射中的一个波列的频率相重合.

经证明,这样一种重合即将出现在各定态彼此相差较小的区域中的条件是:巴耳末公式中的恒量,可以利用关系式

$$K = \frac{2\pi^2 e^4 m}{h^3}$$

来表示,式中 e 和 m 分别是电子的电荷和质量,而 h 是普朗克恒量. 已经证实,这一关系式在颇大的精确度上是成立的;特别说来,这就是通过密立根的美好研究来测定了 e、m 和 h 的那种精确度.

这一结果表明,在氢光谱和氢原子的模型之间存在一种联系;考虑到各公设对经典的力学定律和电动力学定律的背离,这种联系总的来说是像我们所能希望的那样密切的. 同时,不管这种背离有多么根本,关于我们可以怎样在量子论中看到经典电动力学的基本概念的一种合理的推广,上述联系也提供了某种指示. 关于这个最重要的问题,我们以后还要讨论;但是在这儿我们将首先讨论,建筑在各公设上的氢光谱的诠释,怎样已被证实为在若干方面适于用来阐明不同元素的性质之间的关系.

各元素之间的关系

上面的讨论可以直接应用于具有任意给定电荷的核对一个电子的束缚过程. 计算表明,在和数 n 的给定值相对应的定态中,轨道的大小将反比于核电荷,而取走电子所需的功则正比于核电荷的平方. 因此,在核电荷为氢核电荷的 N 倍的一个核对电子的束缚过程中,所发射的光谱就可以用下列公式来表示:

$$\nu = N^2 K \left(\frac{1}{n''^2} - \frac{1}{n'^2} \right).$$

如果在这一公式中令 $N=2$,我们就得到一种光谱,它包含可见域中的一组谱线,这些谱线是多年以前就在某些星体的光谱中被观察到了的. 黎德伯认为这些谱线是属于氢的,因为它们和用巴耳末公式来表示的那些线系很类似. 从来没能在纯氢中得到这些谱线,但是,正好在氢光谱理论还未提出之前,否勒就成功地通过在氢和氦的混合物中强烈放电而观察到了所讨论的线系. 这位研究者也

473

假设这些谱线是氢谱线,因为不存在任何实验证据可以据以推测两种不同物质竟能显示像这一光谱和氢光谱那样密切相似的性质.但是,在提出理论以后,问题就很清楚了:观察到的谱线必然属于氦光谱,但是它们并不像普通的氦光谱那样是由中性原子发射的.它们来自一种电离了的氦原子,这种原子含有单独一个电子,它绕着带双倍电荷的核在运动.这样一来,就揭示了各元素之间的关系的一种新面貌,它是和我们现在的原子结构概念确切对应的;按照这种概念,一种元素的物理性质和化学性质首先依赖于原子核的电荷.

在解决了这一问题的不久以后,各元素性质之间一种类似的普遍关系的存在,就通过摩斯莱关于各元素的特征 X 射线谱的著名研究而被揭示了出来;这种研究是通过劳厄关于晶体中 X 射线的干涉现象的发现以及 W·H·布喇格和 W·L·布喇格关于这一问题的研究而成为可能的.事实上出现的情况是,不同元素的 X 射线谱比它们的光学光谱具有更简单得多的结构和更大得多的相互类似性.具体说来出现的情况是,X 射线谱从一种元素到另一种元素的变化方式,和上面给出的公式密切对应,该公式适用于在核对一个电子的束缚过程中发射的光谱,如果令 N 等于所考虑的元素的原子序数的话.这一公式甚至可以在不可能没有重要意义的近似下表示那些最强 X 射线谱线的频率,如果把 n' 和 n'' 代成小的整数的话.

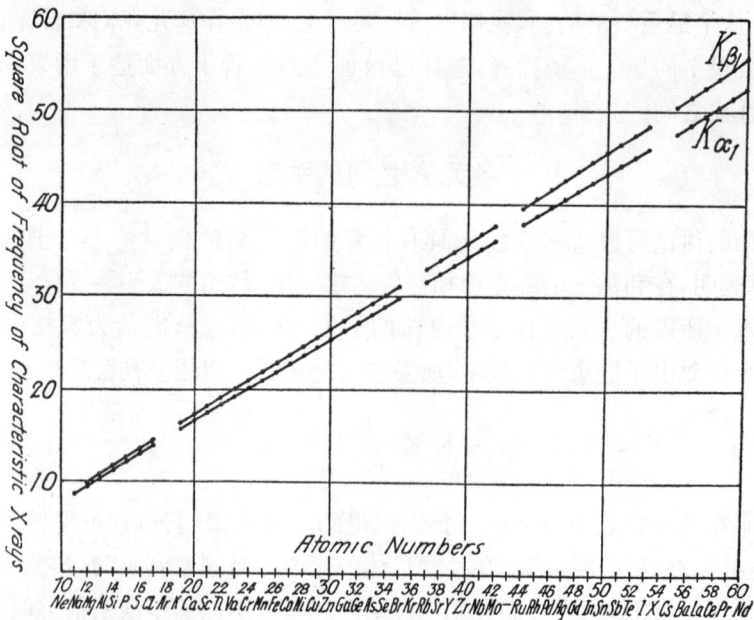

图 3

　　这一发现是在若干方面具有巨大重要性的. 首先, 不同元素的 X 射线谱之间的关系被证实为如此简单, 以致已经能够毫不含糊地确定一切已知物质的原子序数, 并从而很肯定地预言所有那些一直未知的元素的原子序数, 对于那些元素来说在自然系统中是有它们的空位的. 图 3 表示两条特征 X 射线谱线频率的平方根如何依赖于原子序数. 这些谱线属于所谓的 K 谱线组, 它们是穿透性最大的特征射线. 在很好的近似下, 各个点位于[两条]直线上, 而且这一事实不是以我们照顾到已知元素为其条件, 而是以我们正如在元素自然系统的门捷列夫原始方案中那样在钼(42)和钌(44)之间留了一段空白为其条件.

　　此外, X 射线谱的定律在原子构造方面和作为诠释光谱的基础的那些想法方面都对普遍的理论观念提供了证实. 例如, X 射线谱和核对单独一个电子的束缚过程中所发射的光谱之间的相似性, 可以简单地根据下述事实来诠释: 我们在 X 射线谱中所涉及的定态之间的跃迁, 是由原子较内部分中的电子运动的变化所伴随的, 在那种部分, 核的吸引力和其他电子的推斥力相比是影响很大的. 474

　　各元素的其他性质之间的关系具有更加复杂得多的特点; 这种特点起源于这一事实: 我们遇到的是和原子较外部分中的电子运动有关的过程, 在那里, 电子彼此之间的作用力和指向核的吸引力具有相同的数量级, 从而电子相互作用的细节就在那里起了重要的作用. 这种情况的一个典型例子可由各元素原子的空间广延来提供. 罗塔尔·梅耶本人就把注意力指向了自然系统中各元素的原子量和密度的比值即所谓原子体积所显示的那种典型的周期变化. 这些事实的一个概念由图 4 给出, 图中把原子体积表示成了原子序数的函数. 比此图和上图之间的区别更大的区别是很难想象的. X 射线谱随原子序数而均匀地变化, 而原子体积却显示一种典型的周期变化, 后一种变化和各元素化学性质的变化确切地对应.

　　普通的光学光谱也有类似的表现. 尽管这些光谱很不相同, 黎德伯却成功地在氢光谱和其他光谱之间追寻到了某种普遍的关系. 虽然原子序数较高的元素的谱线显现为更加复杂的不能用一系列整数来标定的谱项总集内的组合, 这些谱项却仍然可以排成一些序列, 其中每一序列都和氢光谱中的谱项序列显示很强的相似性. 相似性出现在这样一个事实中: 正如黎德伯所指出的, 每一个序列中的谱项都可以很精确地用公式 $K/(n+\alpha)^2$ 来表示, 式中 K 是出现在氢光谱中的常常被称为黎德伯恒量的那同一个恒量, n 是谱项序数, 而 α 是对不同序列有不同值的一个恒量.

　　和氢光谱的这种关系, 立即引导我们把这些光谱看成通过各电子一个个地被核所俘获和束缚而建成原子的那种过程的最后阶段. 事实上很清楚, 只要它还处于轨道远大于早先被束缚的电子的轨道的那种束缚阶段, 最后俘获的电子就

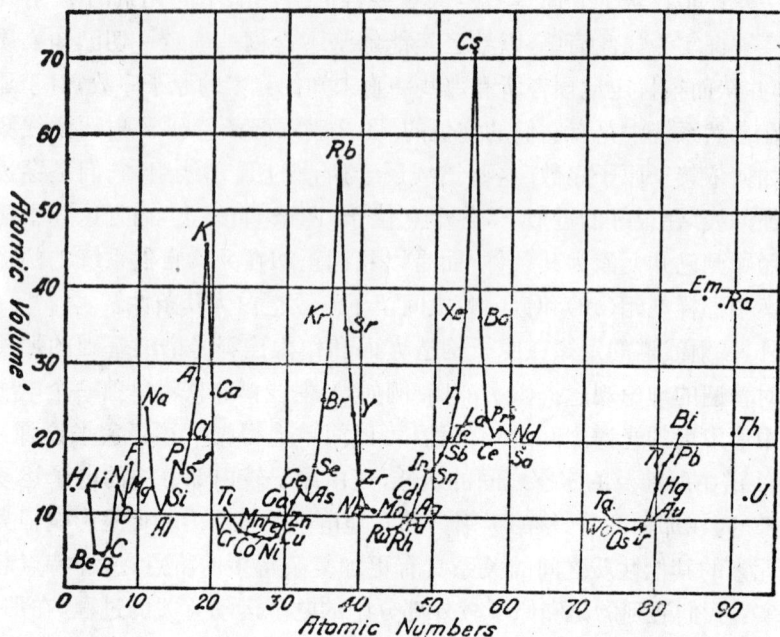

图 4

将受到来自核和这些电子的一个力,这个力和氢原子中的电子在对应大小的轨道上运动时所受到的指向核的吸引力相差很小.

到此为止所考虑的可以适用黎德伯定律的光谱,都是通过普通条件下的放电来激发的,它们常常被称为电弧光谱. 当受到特别强的放电的影响时,各元素还发射另一类型的光谱,即所谓火花光谱. 至今还不能像清理电弧光谱那样清理火花光谱. 但是,在提出上述这种关于电弧光谱起源的看法的不久以后,否勒就发现(1914 年)了可以建立一个适用于火花光谱线的经验表示式,它和黎德伯定律确切地对应,唯一的区别就在于恒量 K 要用四倍大的一个恒量来代替. 既然正如我们已经看到的,出现在氦核对电子束缚过程中所发射的光谱中的那个恒量恰好等于 4K,那么就很显然,火花光谱起源于电离了的原子,从而它们的发射和通过电子的逐个俘获和束缚来形成中性原子的倒数第二个阶段相对应.

475

谱线的吸收和激发

关于光谱起源的诠释也能够解释支配着吸收光谱的那些特征定律. 正如基尔霍夫和本生已经证明的,物质对辐射的选择吸收和它们的发射光谱之间是存在着密切的联系的,而且光谱分析对天体的应用在本质上就是建筑在这种联系上的. 不过,在经典电磁理论的基础上,却不能理解为什么蒸气形式下的各种物质对它们的发射光谱中的某些谱线显示吸收作用而对其他谱线则不显示吸收作用.

但是,在以上给出的那些公设的基础上,我们却被引到了这样的假设:和在从原子的一个定态到较低能量的态的跃迁中所发射的谱线相对应的那种辐射的吸收,是通过原子从上述的后一态回到前一态来达成的.于是我们立即理解了这一情况:在普通的条件下,一种气体或蒸气只能对那样一些谱线显示选择吸收,各该谱线是通过从一个对应于较早束缚阶段的态到正常态的跃迁而被发射的.只有在较高的温度下或是在放电的影响下,当有相当多的原子不断地被从正常态赶开时,我们才能预期发射光谱中其他谱线的吸收,而这是和实验相符合的.

关于建筑在这些公设上的对光谱的一般诠释,一种最直接的验证曾经通过关于用给定速度的电子的撞击来引起谱线激发和原子电离的研究而得到.这方面的一次决定性的进展,是以弗兰克和赫兹的著名考察(1914年)为其标志的.从他们的结果可以看出,通过电子的撞击并不能传给原子以任意多少的能量,而只能传给它以和从正常态到另一定态的转移相对应的能量,关于那些定态的存在是光谱已经使我们确信了的,而且那些定态的能量是可以根据谱项的量值推断出来的.

另外,关于按照各公设必须赋予引起一种元素不同谱线的发射的各过程的那种独立性,也提供了突出的证据.例如,可以直接证明,通过这种方式被送入较大能量的定态中的原子,能够通过发射和单一谱线相对应的辐射而回到正常态.

许多物理学家曾经参加了的关于电子撞击的继续研究,也已经对有关线系光谱的激发的理论作出了详细的证实.特别是,已经能够证明,为了通过电子撞击来得到原子的电离,就需要一个能量,这个能量恰好等于按照理论从原子中取走最后俘获的一个电子时所需的功.这种功可以作为普朗克恒量和对应于正常态的谱项的乘积而直接定出;如上所述,这一谱项等于和选择吸收有关的那一线系的频率极限值.

多周期体系的量子论

这样,利用量子论的基本公设就能够直接说明各元素的性质的某些一般特点,但是,为了更细致地说明这些性质,却必须进一步发展量子论的想法.在最近几年的过程中,通过一些形式方法的发展已经得到了一种更加普遍的理论基础,这些方法可以确定电子运动的定态,而这些运动的类型比我们在以上所考虑的更加普遍.对于我们在纯谐振子中遇到的,而且至少在一级近似下在电子绕正核的运动中遇到的那一类单周期运动,定态总集可以简单地用一系列整数来标定.但是,对于在以上提到的更加普遍的那一类运动,即所谓多周期运动,各定态却构成一个更加复杂的总集；在这一总集中，按照这些形式方法，每一个态是由若干个整数即所谓"量子数"来表征的.

在理论的发展中，许多物理学家都曾参与其事，而且多个量子数的引入可以追溯到普朗克本人的工作. 但是，对进一步的工作起了推动作用的决定性的一步，是由索末菲在他的关于氢谱线精细结构的解释（1915 年）中迈出的；当用高分光本领的分光仪来观察时，氢谱线就显示这种精细结构. 这种精细结构的出现，必须认为起源于这样一种情况：即使在氢中，我们也必须处理一种并不是严格单周期性的运动. 事实上，作为相对论所要求的电子质量随速度而变化的一种后果，电子轨道将在轨道平面上进行很缓慢的旋进. 因此，运动将是双周期性的，从而除了表征巴耳末公式中各谱项的那个数以外，定态的确定还要求另一个量子数；我们把前一个量子数叫做主量子数，因为它主要地确定了原子的能量，而后一个量子数则称为辅量子数.

图中（图 5）给出了用这种办法确定出来的定态运动的概况，此图表示了各电子轨道的相对大小和形状. 每一个轨道用一个符号 n_k 来代表，此处 n 是主量子数而 k 是辅量子数. 主量子数相同的轨道在一级近似下具有相同的长轴，而 k 值相同的轨道则具有相同的参数，即相同的过焦点的最短弦的值. 既然 n 值相同而 k 值不同的各个定态的能量值互相有一点差别，那么，针对和巴耳末公式中确定的 n' 值及 n'' 值相对应的每一条氢谱线，我们就得到若干不同的跃迁过程；对于这些跃迁过程来说，通过第二公设算出的所发射辐射的频率并不是确切相同的. 正如索末菲已能证明的，这样针对每一条氢谱线给出的成分线在实验误差的范围之内和氢谱线的精细结构相符合. 图中的箭头表示引起氢光谱中红色和青色谱线的各条成分线的那些过程，这两条谱线的频率是通过在巴耳末公式中令 $n''=2$ 并分别令 $n'=3$ 或 4 来得到的.

在考虑这个图时，一定不要忘记关于轨道的描述在图中是不完备的，因为在所用的比例尺下缓慢旋进是根本显示不出来的. 事实上，这种旋进是如此之慢，以致甚至对于转动得最快的轨道来说，电子也要完成大约 40,000 次绕转，近核点才能转动一周. 但是，仅仅是这一旋进，就引起了用辅量子数来表征的那种定态多重性. 例如，如果氢原子受到一个小的干扰力的作用，而这个干扰力打乱了规则性的旋进，那么定态中的电子轨道就将具有和图中所示的形状完全不同的形状. 这就意味着，精细结构的特点将完全改变，但是氢光谱将仍然由一些很近似的通过巴耳末公式来给出的谱线所构成，因为运动的近似周期性将仍然得到保持. 只有当干扰力变得如此之大，以致甚至在电子的单独一次绕转中轨道都会受到显著的扰动时，光谱才会经受重大的变化. 因此，常常提出来的一种说法，即两个量子数的引入应该是解释巴耳末公式的必要条件，就必须认为是对理论的

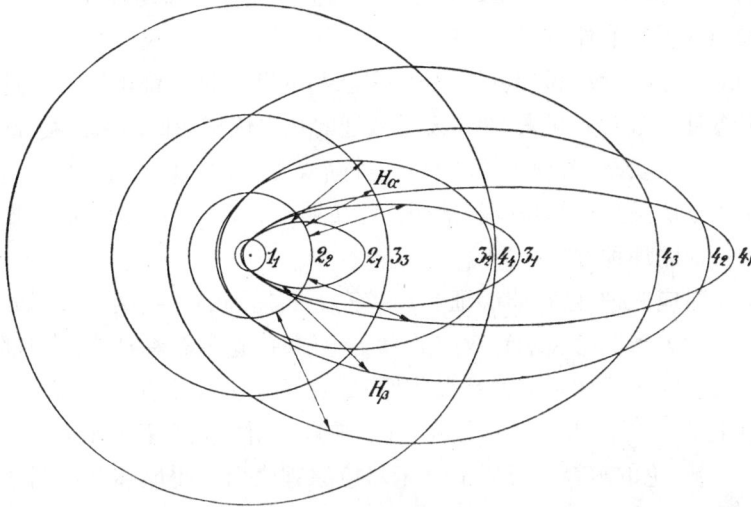

图 5

一种误解了.

　　索末菲的理论已经证明自己不但能够说明氢谱线的精细结构,而且能够说明氦火花光谱中各谱线的精细结构. 由于电子的速度更大,这里的一条谱线劈裂而成的那些成分线之间的裂距也大得多,从而可以在更大得多的精确度下进行测量. 理论也能够说明 X 射线谱的精细结构的某些特点,在这儿,我们遇到一些频率差,它们达到等于氢谱线各成分线的频率差的一百万倍的值.

　　在得到这一结果的不久以后,施瓦尔兹席耳德和艾普斯坦(1916 年)通过类似的考虑同时成功地说明了氢谱线在电场中所经历的那种特征性的变化,这种变化是斯塔克在 1914 年发现的. 其次,索末菲和德拜也同时(1917 年)得出了关于氢谱线塞曼效应的基本特点的解释. 在这一事例中,各公设的应用导致了一个推论,即只有原子相对于磁场的某些取向才是允许的,而且量子论的这一特有的推论最近已经在斯特恩和盖拉赫关于高速运动银原子在非均匀磁场中的偏转的美好研究中得到了最直接的证实.

对 应 原 理

　　尽管光谱理论的这一发展是建筑在确定定态的形式方法的建立上的,本演讲人却在不久以后就通过进一步推行在氢光谱中已经追寻出来的量子论和经典电动力学之间的特征联系,而在从一个新观点来阐明理论方面得到了成功. 联系到艾伦菲斯特和爱因斯坦的重要工作,这些努力导致了所谓对应原理的表述;按照这一原理,由辐射的发射所伴随的定态间跃迁的发生,被追溯到原子的运动所能分解而成的那些谐振动分量,而按照经典理论,这些谐振动分量就确定着粒子运动所发出的辐射的性质.

按照对应原理,我们假设每一个二定态间的跃迁过程都可以适当地和一个对应的谐振动分量对照起来,使得发生跃迁的几率依赖于振动的振幅.跃迁中发射的辐射的偏振状态,依赖于振动的其他特征,其方式类似于因为存在这一振动分量而由原子所发波组的强度和偏振态将按照经典理论而分别取决于振动的振幅和其他特征的那种方式.

借助于对应原理,已经能够证实和扩充上面提到的那些结果.例如,能够发展一种完备的关于氢谱线塞曼效应的量子论解释,这种解释从头到尾都和建筑在经典理论上的洛伦兹原始解释很相像,尽管作为这两种理论的基础的那些假设在特点上是根本不同的.另一方面,在经典理论对它完全束手无策的斯塔克效应的情况,量子论的解释也可以借助于对应原理来引申得能够既说明各谱线劈裂而成的那些成分线的偏振,也说明各成分线所显示的那种特征性的强度分布.这一问题曾由克喇摩斯更仔细地考察过,而此处的附图将对可以多么完备地说明所考虑的现象给出某种印象.

图6复制了斯塔克的一张著名的关于氢谱线劈裂的照片.图中很好地显示了现象的变化了的本性,而且显示了强度从一条成分线到另一条成分线的变化方式是何等地奇特.下面的成分线是垂直于场而偏振的,而上面的成分线则是平行于场而偏振的.

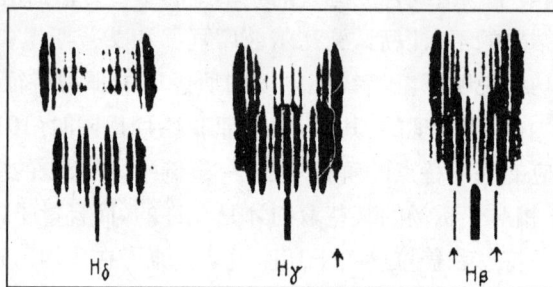

图6

图7针对谱线 H_γ 给出了实验结果和理论结果的图解表示,该谱线的频率由 $n''=2$ 和 $n'=5$ 时的巴耳末公式给出.竖直线表示谱线劈裂而成的那些成分线;右图给出其中平行于场而偏振的那些,而左图给出垂直于场而偏振的那些.实验结果表示在图的上半部,离开虚线的距离代表测量到的各成分线的位移,而线的长度则正比于斯塔克根据底片感光度而估计出来的相对强度.在图的下半部,表示了由克喇摩斯论文中的一张图求得的理论结果,以供比较.

标在各直线下方的符号$(n'_s - n''_s)$给出原子在电场中发射该成分线的那种定态间的跃迁. 除了主量子数 n 以外, 各定态还由一个辅量子数 s 来表征, 它可以是正的也可以是负的, 而且它的意义和出现在氢谱线精细结构的相对论理论中的确定未受扰原子中的电子轨道形状的那个量子数 k 完全不同. 在电场的影响下, 轨道的形状和位置都将发生颇大的变化, 但是轨道的某些性质却将保持不变, 而辅量子数 s 就是和这些性质相联系的. 在图 7 中, 各成分线的位置对应于针对不同跃迁算出的频率, 而线的长度则正比于在对应原理的基础上算出的几率, 而辐射的偏振也是通过对应原理来确定的. 可以看到, 理论完备地再现了实验结果的主要面貌, 而且, 在对应原理的意义上我们可以说, 斯塔克效应巨细无遗地反映了电场对氢原子中电子轨道的作用, 尽管这一情况中的反映是畸变得如此厉害, 以致和在塞曼效应的情况中相反, 几乎不可能在关于电磁辐射起源的经典想法的基础上直接认识运动了.

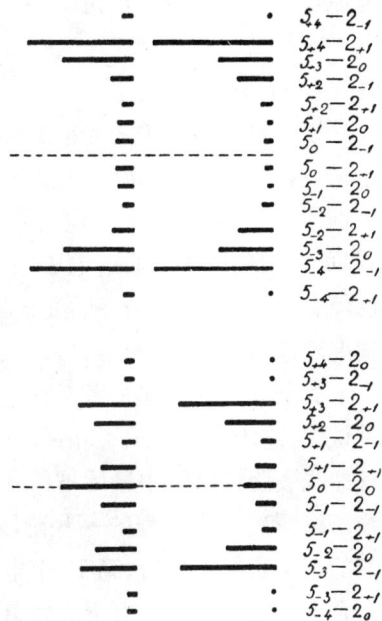

图 7

针对原子序数较高的元素的光谱, 也得到了有兴趣的结果, 同时, 这些结果的解释也通过索末菲的工作而取得了重要的进步; 为了描述电子轨道, 索末菲引入了好几个量子数. 的确, 借助于对应原理, 就能够完全说明支配着似乎变化莫测的组合谱线的出现与否的那些特征法则, 并且可以并不夸大地说, 量子论不但提供了组合原理的简单诠释, 而且还对澄清长期以来附着在组合原理的应用上的神秘性作出了重大的贡献.

同样这些观点, 也证实为在所谓带光谱的研究中很有成果. 这些光谱并不像线系光谱那样起源于个体原子, 而是起源于分子; 而且这些光谱包含如此之多的谱线这一事实, 是由于原子核彼此之间的相对振动以及整个分子的转动造成了运动的复杂性. 把各公设首次应用于这个问题的是施瓦尔兹席耳德, 但是霍尔灵格的重要工作却特别鲜明地揭示了带光谱的起源和结构. 此处所用的考虑, 可以直接追溯到本演讲开头处联系到杰尔汝姆关于分子转动对气体红外吸收谱线的影响的理论而讨论了的那些考虑. 的确, 我们不再认为转动是按照经典电动力学所要求的方式反映在光谱中的, 而却认为各个成分线是起源于在转动运动方面有所不同的那些定态之间的跃迁. 但是, 现象仍然保持其基本面貌一事, 却是对

478

应原理的一个典型的推论.

元素的自然系统

以上概述了的关于光谱起源的想法,给各元素的原子结构理论提供了一种依据,这种理论已经证明为适于用来一般地诠释各元素反映在自然系统中的那些性质的主要特点. 这一理论主要建筑在关于一种方式的考虑上,通过这种方式,可以设想原子是通过电子一个个地被核所俘获和所束缚来建造的. 正如我们已经看到的,各元素的光学光谱给我们提供了关于建造过程中最后几步的进展情况的证据.

关于光谱的较仔细考察在这方面所提供的信息的性质,可以由图 8 得到一种认识;它示意地表示了和钾的电弧光谱的发射相对应的各定态中的轨道运动. 各曲线表明钾原子中最后被俘获的那个电子所描绘的轨道的形状,从而这些曲线可以看成一个过程的一些阶段;通过这一过程,在头 18 个电子已被束缚在它们的正常轨道上以后,第 19 个电子又受到束缚,为了不把图弄得太复杂,根本没有企图画出这些较内电子的轨道,但是却用一个虚线圆画出了它们的运动区域. 在一个多电子原子中,各个轨道一般将具有很复杂的特点. 但是,由于核周围的力场的对称本性,每一单个电子的运动都可以近似地描述成在上面叠加得有一个轨道平面上的均匀转动的那种平面周期运动. 因此,每一个电子的轨道都将在一级近似下是双周期性的,从而将由两个量子数来确定,正如当照顾到相对论旋进时氢原子中的定态那样.

在图 8 中,也像在图 5 中一样,各电子轨道都用符号 n_k 来标明,此处 n 是主量子数而 k 是辅量子数. 对于束缚过程的较早的态来说,量子数很大,最后被俘获的那个电子的轨道完全位于早先被束缚了的那些电子的轨道以外,但是,对于后来的阶段来说,情况却不是这样的. 例如,如图所示,在钾原子中,辅量子数为 2 及 1 的电子轨道将部分地透入较内区域之中. 由于这一情况,轨道将大大偏离简单的开普勒运动,因为它们将包括一系列相继的较外圈线,它们具有相同的大小和形状,但是每一圈线都将相对于前一圈线转过一个可观的角度. 图中只画出了这些圈线中的一个. 其中每一圈线都很接近地和开普勒椭圆上的一段相重合,而且如图所示,它们是由一系列有着复杂特点的较内圈线连接起来的;在这些较内圈线上,电子达到离核很近的地方. 这一点对于辅量子数为 1 的轨道尤其适用;正如更仔细的考察所证明的,这一轨道将达到比以前所束缚的电子都离核更近的地方.

由于这种对较内区域的透入,这样一个轨道上的电子所受到的束缚强度——尽管它大部分时间内是在和氢核周围的力场具有相同特点的力场中运动

478

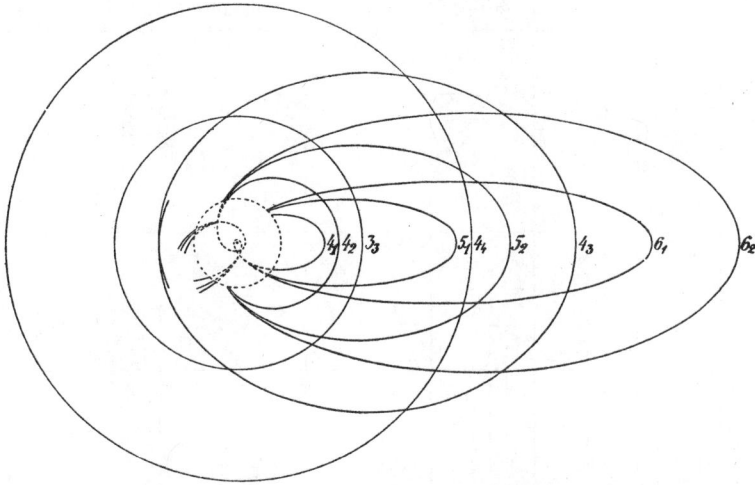

图 8

479

的——就将大大超过氢原子中的电子在具有相同主量子数的轨道上所受到的束缚强度, 同时, 电子到核的最大距离也将比在这样一个氢轨道上要小得多. 正如我们即将看到的, 为了理解显示在自然系统中的各元素的许多性质随原子序数而变化的那种典型的周期方式, 多电子原子中束缚过程的这一特点是具有本质重要性的.

在所附的表(图 9)中, 给出了关于各元素的原子结构的一些结果的总结; 作者是通过考虑原子核对电子的逐个俘获和束缚而被引导到这些结果的. 写在不同元素前面的数字是原子序数, 它给出中性原子中的电子总数. 不同直行中的数字给出和上方标明的主量子数值和辅量子数值相对应的那些轨道上的电子数. 为了简单, 我们将按照普通的用法把主量子数为 n 的轨道叫做 n 量子轨道. 束缚在每一原子中的第一个电子在一个轨道上运动, 该轨道和量子符号为 1_1 的氢原子正常态相对应. 在氢原子中, 当然只有一个电子; 但是我们必须假设, 在其他元素的原子中, 其次一个电子也将束缚在这样一个 1_1 类型的 1 量子轨道上. 如表所示, 随后的电子是束缚在 2 量子轨道上的. 在起初, 束缚的结果将是一个 2_1 轨道, 但是更后来的电子将被束缚在 2_2 轨道上, 直到在原子中束缚了头 10 个电子以后, 我们就达到 2 量子轨道的一种闭合组态, 我们假设在这一组态中每一类型各有四个轨道. 这种组态是最初在中性氖原子中遇到的, 这种原子形成元素系中第二周期的结束. 当我们在这一元素系中接着看下去时, 后来的电子是束缚在 3 量子轨道上的, 直到系中第三周期结束以后, 我们在第四周期的元素中初次遇到 4 量子轨道上的电子, 如此等等.

	1_1	$2_1 2_2$	$3_1 3_2 3_3$	$4_1 4_2 4_3 4_4$	$5_1 5_2 5_3 5_4 5_5$	$6_1 6_2 6_3 6_4 6_5 6_6$	$7_1 7_2$
1 H	1						
2 He	2						
3 Li	2	1					
4 Be	2	2					
5 B	2	2(1)					
— —		— —					
10 Ne	2	4 4					
11 Na	2	4 4	1				
12 Mg	2	4 4	2				
13 Al	2	4 4	2 1				
— —		— —	— —				
18 A	2	4 4	4 4				
19 K	2	4 4	4 4	1			
20 Ca	2	4 4	4 4	2			
21 Sc	2	4 4	4 4 1	(2)			
22 Ti	2	4 4	4 4 2	(2)			
— —	—	— —	— — —	—			
29 Cu	2	4 4	6 6 6	1			
30 Zn	2	4 4	6 6 6	2			
31 Ga	2	4 4	6 6 6	2 1			
— —	—	— —	— — —	— —			
36 Kr	2	4 4	6 6 6	4 4			
37 Rb	2	4 4	6 6 6	4 4	1		
38 Sr	2	4 4	6 6 6	4 4	2		
39 Y	2	4 4	6 6 6	4 4 1	(2)		
40 Zr	2	4 4	6 6 6	4 4 2	(2)		
— —	—	— —	— — —	— — —	— —		
47 Ag	2	4 4	6 6 6	6 6 6	1		
48 Cd	2	4 4	6 6 6	6 6 6	2		
49 In	2	4 4	6 6 6	6 6 6	2 1		
— —	—	— —	— — —	— — —	— —		
54 X	2	4 4	6 6 6	6 6 6	4 4		
55 Cs	2	4 4	6 6 6	6 6 6	4 4	1	
56 Ba	2	4 4	6 6 6	6 6 6	4 4	2	
57 La	2	4 4	6 6 6	6 6 6	4 4 1	(2)	
58 Ce	2	4 4	6 6 6	6 6 6 1	4 4 1	(2)	
59 Pr	2	4 4	6 6 6	6 6 6 2	4 4 1	(2)	
— —	—	— —	— — —	— — — —	— — —	—	
71 Cp	2	4 4	6 6 6	8 8 8	4 4 1	(2)	
72 —	2	4 4	6 6 6	8 8 8	4 4 2	(2)	
79 Au	2	4 4	6 6 6	8 8 8	6 6 6	1	
80 Hg	2	4 4	6 6 6	8 8 8	6 6 6	2	
81 Tl	2	4 4	6 6 6	8 8 8	6 6 6	2 1	
— —	—	— —	— — —	— — — —	— — —	— —	
86 Em	2	4 4	6 6 6	8 8 8	6 6 6	4 4	
87 —	2	4 4	6 6 6	8 8 8	6 6 6	4 4	1
88 Ra	2	4 4	6 6 6	8 8 8	6 6 6	4 4	2
89 Ac	2	4 4	6 6 6	8 8 8	6 6 6	4 4 1	(2)
90 Th	2	4 4	6 6 6	8 8 8	6 6 6	4 4 2	(2)
— —	—	— —	— — —	— — — —	— — —	— —	—
118 ?	2	4 4	6 6 6	8 8 8	8 8 8 8	6 6 6	4 4

图 9

　　这种原子结构图景包含了由较早研究者们的工作揭示出来的许多特点. 例如,通过电子分组的假设来诠释自然系统中各元素之间的关系的那种企图,可以追溯到 1904 年 J·J·汤姆孙的工作. 后来,这一观点主要是由考塞耳(1916 年)发展了的,此外他还把这样的分组和 X 射线谱的研究所揭示出来的定律联系了起来.

　　G·R·刘易斯和 I·朗缪尔也曾企图依据原子内部的分组来说明各元素的性质之间的关系. 但是这些研究者们假设电子并不是在核附近运动的而是占据着平衡位置的. 不过,这种办法并不能得到元素性质和关于原子成分的实验结果之间的较密切的联系. 电子的静态平衡位置事实上是不可能的,如果电子之间以及电子和核之间的力哪怕是近似地服从适用于电荷之间的吸引力和推斥力的那些定律.

　　在后面这些定律的基础上诠释各元素的性质的那种可能性,对于通过量子论而发展起来的原子结构图景是十分具有特征性的. 对于这一图景,关于把分组方法和电子轨道按渐增量子数的分类联系起来的想法,是通过摩斯莱关于 X 射线谱的定律的发现和索末菲关于这些射线谱的精细结构的工作而得到启示的. 这种想法主要曾由韦伽德加以强调;他在一些年前联系到 X 射线谱的考察提出了各元素原子中的一种电子分组法,这种分组法在许多方面显示了和在上表中给出的分组法的相似性.

480

　　但是,进一步发展这种原子结构图景的一种令人满意的基础,只有到了最近才通过研究原子中各电子的束缚过程而被奠定了下来;关于这种过程,我们在光学光谱中有其实验证据,而这种过程的典型特色则是已经主要通过对应原理得到阐明的. 这里的一个重要情况是,加在束缚过程上的限制表现为原子正常态中具有较高量子数的电子轨道的存在,而这种限制可以很自然地和表述在对应原理中的关于定态间跃迁的普遍条件联系起来.

　　理论的另一个特点,就是因为较后的束缚电子透入较先的束缚电子区域中而对束缚强度和轨道线度发生的影响;关于这种透入,我们在讨论钾光谱的起源时已经看到过一个例子了. 事实上,这种情形可以看成各元素性质方面的鲜明周期性的本质原因,因为这就意味着,不同周期中同族元素的(例如碱金属的)原子线度和化学性质将显示一种相似性,而这种相似性将比通过把最后一个束缚电子的轨道和氢原子中量子数相同的轨道直接对比而即将预期的相似性要大得多.

　　当我们沿着元素序列前进时遇到的那种主量子数的增大,也对自然系统所显示的对简单周期性的典型偏差提供了直截了当的解释;这种偏差通过较后周期中某些元素序列的被框住而表示在图 1 中. 这样的偏差是在第四周期中最初遇到的,而其原因可以用钾原子中最后一个束缚电子的轨道图形来简单地阐明,而钾就是这一周期中的第一种元素. 的确,在钾中,我们第一次遇到元素序列中的这样一种情况：在原子的正常态中,最后一个束缚电子的轨道主量子数比在束缚过程的某一较早阶段中要大. 在这儿,正常态对应于一个 4_1 轨道,而这个轨道由于透入较内区域中而比氢原子中的 4 量子轨道对应于更强的电子束缚. 事实上,所讨论的束缚甚至比氢原子中 2 量子轨道的束缚还要强,从而其强度约为圆形 3_3 轨道上的束缚强度的两倍以上；这一圆形轨道完全位于较内区域之外,它的束缚强度和氢原子中 3 量子轨道的束缚强度相差很小.

但是,当我们考虑原子序数更高的物质中第 19 个电子的束缚时,这情况就不再继续成立了,因为这时力场在头 18 个束缚电子的区域内外之差要小得多. 正如关于钙的火花光谱的考察所表明的那样,在这里,第 19 个电子在 4_1 轨道上的束缚只比 3_3 轨道上稍微强一点点,而且,我们一经来到钪,就必须假设 3_3 轨道将代表正常态中第 19 个电子的轨道了,因为这一类型的轨道将比 4_1 轨道对应于更强的束缚了. 因此,尽管 2 量子轨道上的电子组在第二周期的末尾是整个完满了的,3 量子轨道组在第三周期的过程中所经历的发育却只能说是初步完成了的,而且,如表所示,这一电子组将在第四周期中那一被框起的元素序列中经历一种进一步的发育,在这种发育中组中将增入一些 3 量子轨道上的电子.

这种发育带来一些新的特点,因为可以说,具有 4 量子轨道的电子组的发育将陷于停顿,直到 3 量子组已经达到它的最后的闭合形式时为止. 虽然我们还不能在一切细节上说明 3 量子电子组的逐渐发育中的各个步骤,不过我们还是可以说,借助于量子论,我们立即能够看出为什么在元素系的第四周期中第一次出现像铁金属族那样具有如此相似的性质的相继元素；事实上,我们甚至能够理解为什么这些元素显示它们那些众所周知的顺磁性质. 在一个早些的场合下,没有更多地涉及量子论,拉登堡已经提出了把这些元素的化学性质及磁性质和原子中较内电子组的发育联系起来的想法.

我将不讨论更多的细节,而只提到我们在第五周期中遇到的奇特性是通过和在第四周期中所用的颇为相同的方式来解释的. 例如,出现在表中第五周期的线框中的那些元素的性质,依赖于 4 量子电子组的一个发育阶段,这个阶段是以在正常态中电子的进入 4_3 轨道为其开端的. 但是,在第六周期中,我们却遇到新的特点. 在这一周期中,我们不但遇到具有 5 量子和 6 量子轨道的那些电子组的发育阶段,而且遇到 4 量子电子组的发育的最后完成,这是以电子在原子正常态中第一次进入 4_4 类型的轨道为其开端的. 这种发育在特殊元素族即所谓稀土族的在第六周期的出现中得到了典型的表现. 我们知道,这些元素在化学性质方面比铁族元素显示更大的相互类似性. 这一点必须认为起源于一个事实,即我们在这儿遇到的是位于原子更深处的一个电子组的发育. 注意到一点是有兴趣的,那就是,理论也能很自然地说明下述事实: 这些在那么多的方面彼此相像的元素,在它们的磁性质方面却显示巨大的差别.

稀土元素的出现依赖于一个较内电子组的发育,这种想法曾从不同的方面被提出. 例如,它可以在韦伽德的作品中找到,而且在和我自己的工作的同时也由布瑞联系到一种考虑提出过,那就是从拉登堡静态原子模型的观点出发来考虑化学性质和原子内部的电子分组之间的系统化的关系.

481

尽管直到现在,还无论如何不能为这种较内电子组的发育提供任何理论依据,但是我们却看到,我们对量子论的引申却给我们提供了一种并不牵强的解释. 事实上,可以几乎并不夸张地说,假若稀土元素的存在并不曾通过直接的化学考察而被确立,一族带有这种特点的元素在元素自然系统的第六周期中的出现也可能是已经在理论上被预见到了的.

当我们进而考虑自然系统的第七周期时,我们就第一次遇到 7 量子轨道,而且我们将预期在这一周期中会发现一些和第六周期中的特点基本上相似的特点,因为除了 7 量子轨道的最初发育阶段以外,我们还必须预期遇到具有 6 量子轨道和 5 量子轨道的电子组的进一步的发育阶段. 但是,却不曾能够直接证实这一预期,因为只有第七周期开头处的少数几种元素是已知的. 这一情况可以认为是和大电荷原子核的不稳定性密切地联系着的,这种不稳定性表现在通常出现于高原子序数的元素中的放射性中.

X 射线谱和原子构造

在关于原子结构观念的讨论中,我们一直把重点放在了通过电子的逐个俘获而形成原子的过程方面. 但是,不谈谈 X 射线谱的研究给理论提供的证实,我们的图景就将是不完全的. 自从摩斯莱的不幸早逝打断了他的基础性研究以后,这些 X 射线谱的研究已经由伦德的席格班教授用一种最可赞赏的方式继续了下来. 在他和他的合作者们所举出的大量实验证据的基础上,近来已经能够给出一种 X 射线谱的分类,这种分类可以按照量子论来直截了当地加以解释. 首先,正如在光学光谱的情况中一样,已经能够把每一条 X 射线谱线的频率表示成两个谱项之差,这两个谱项属于作为所考虑元素之特征的谱项总集. 其次,和原子理论的联系已经通过一条假设而求得,即假设每一个这样的谱项乘以普朗克恒量等于为了取走一个较内电子而必须对原子做的功. 事实上,按照以上关于通过电子的俘获来形成原子的那些考虑,从已完成的原子取走一个较内电子就可以引起一些跃迁过程,通过这种过程,取走电子所留下来的空位可以由属于原子中束缚得较松的某一电子组中的一个电子来占据,结果在跃迁以后该电子组中就可以缺少一个电子.

于是,X 射线谱线就可以看成给出了关于一个过程的各阶段的证据;通过这个过程,原子在内部受到扰乱以后经历一种重新组织. 按照我们关于电子组态的稳定性的看法,这样一种扰乱必须是电子从原子中的完全被取走,或者至少是电子从正常轨道到另一些轨道的转移,这些轨道的量子数比属于完满组的量子数更高;这种情况很清楚地表现在 X 射线谱域中的选择吸收和光学谱域中的选择吸收之间的典型区别中.

对于达成 X 射线谱的分类,上面提到的索末菲和考塞耳的工作曾经有过重大贡献;这种分类近来已经使一件事情成为可能,那就是通过更仔细地分析出现在 X 射线谱中的那些谱项随原子序数的变化方式,来对有关原子结构的一些理论结论进行很直接的检验. 在图 10 中,横坐标是原子序数而纵坐标正比于各谱项的平方根,而不同谱项的符号 K, L, M, N, O 则指示元素对 X 射线的选择吸

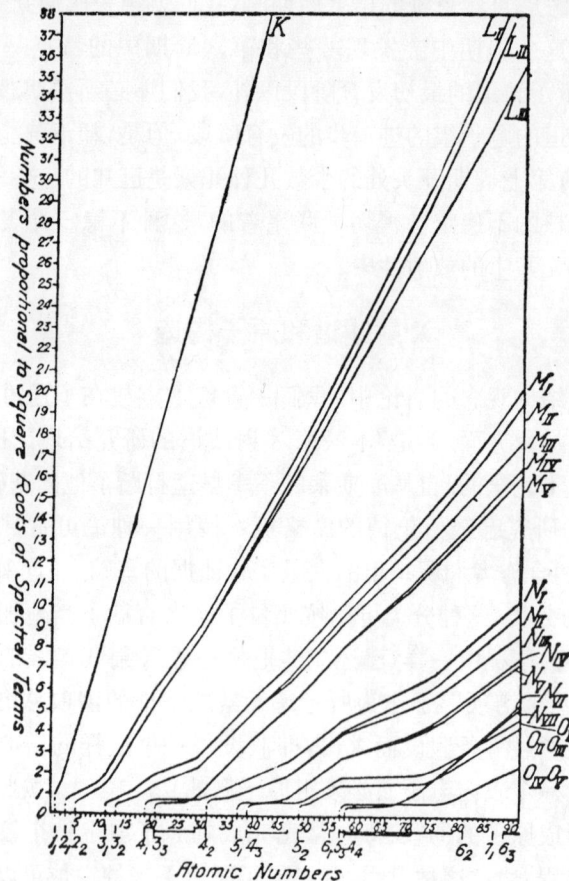

图 10

482

收中的特征不连续性；这些不连续性起初是在晶体中的 X 射线干涉的发现提供了一种更仔细地考察 X 射线谱的手段以前，由巴克拉发现的. 尽管这些曲线一般是很平滑的，它们却也显示一些对平滑性的偏差；这些偏差曾经通过考斯特尔近来的考察而特别地得到了揭示，考斯特尔曾经在席格班的实验室中工作过一些年头.

这些偏差的存在，直到以上所讨论的原子结构理论发表以后才被发现；这些偏差确切地和人们根据这一理论所将预期的情况相对应. 图的下面的竖直线，指示按照理论我们应该初次预期所标类型的 n_k 轨道在原子正常态中出现的那些地方. 我们看到已经可以怎样把每一谱项和在确定类型的轨道上运动着的电子的存在联系起来，该谱项被假设为对应于该电子的被取走. 通常和每一类型的轨道 n_k 相对应的不止是一条曲线，这起源于光谱的一种复杂性；在这里详细论述这种复杂性将使我们离题太远，这种复杂性可以认为起源于由同组中不同电子的相互作用所引起的对以上描述的那种简单类型电子运动的偏差.

在图中，画在标有量子符号的竖直线之间的水平直线，表示元素系统中的一些区间；在各该区间中，某一较内电子组由于某一类型的电子轨道进入原子正常态中而得到了进一步的发育. 显而易见，较内电子组的这种发育是到处都在曲线上反映了出来的. 特别说来，N 曲线和 O 曲线的进程，可以看成对于具有 4 量子轨道的电子组的那一发育阶段的直接指示，而稀土元素的出现就是那一发育阶段的证据. 摩斯莱的发现的一个典型而重要的特点，就在于各元素大多数其他性质之间的复杂关系在表面上完全没有反映在 X 射线谱中，但是，通过最近几年的进展，我们却可以在 X 射线谱和自然系统中各元素的普遍关系之间认识到一种密切的联系了.

在结束这次演讲以前，我还愿意提到 X 射线谱的研究曾对理论的检验起过重要作用的另外一点. 这关系到迄今未知的原子序数为 72 的那一元素的性质. 关于这一问题，在可以从周期表中的关系得出的结论方面，大家的意见是不一致的，而且在周期表的许多表示法中都在稀土族中给这种元素保留了空位. 但是，在自然系统的朱里亚·汤姆森表示法中，这种假说性的元素却有一个和钛及锆同族的位置，这和在我们的图 1 中的表示法中是颇为相同的. 这样一种关系必须看成以上所发展的原子结构理论的一个必然推论，而且通过一个事实表示在图9 的表中，那事实就是：钛和锆的电子组态同锆和原子序数为 72 的元素的电子组态，显示了种类相同的相似之点和不同之点. 依据上面提到的关于原子中的电子分组和元素的性质之间的联系的系统考虑，布瑞也提出了相应的看法.

但是近来道维列发表了一篇报道，宣称在一种包含稀土元素的制备物的 X射线谱中观察到了一些微弱的谱线. 这些谱线被认为是属于原子序数为 72 的元素的,该元素被假设为和稀土族中的一种元素相等同,这种元素在所用制备物中的存在是在多年以前由乌尔班预先假定了的. 但是,假如这一结论可以成立,它就会给理论造成如果不是不可克服的也是异常巨大的困难,因为这将要求电子的束缚强度随着原子序数而变,而这种变化看来是和量子论的条件不相容的. 在这样的情势下,目前正在哥本哈根工作的考斯特尔博士和希维思教授,不久以前承担了用 X 射线波谱分析来检验一种含锆矿石制备物的任务. 这些研究者已经能够确证,有相当数量的原子序数为 72 的元素存在于所考察的矿石中,该元素的化学性质和锆的化学性质十分相似而和稀土元素的化学性质大不相同①.

我希望我已经做到对近年以来在原子理论的领域中已经得到的某些最重要结果作了一个总结,而且,在结束时,我愿意再一般地谈谈可以据以判断这些结果的观点问题,特别是利用这些结果可以在多大程度上谈到普通意义下的解释. 所谓自然现象的理论解释,我们一般是把它理解为借助于有关其他观察领域中的类比来对某一领域中的观察结果进行的分类,而在那一其他领域中,人们假设所处理的是更简单一些的现象. 人们所能要求于理论的,顶多就是这种分类可以推进到那样的地步,使得它可以通过新现象的预见来对该观察领域的发展有所贡献.

但是,当我们考虑原子理论时,我们却是处于这样一种奇特的地位上的:这里不可能有上述意义下的解释,因为我们在这儿遇到的是那样的现象,它们从本性上看来是比任何其他观察领域中的现象都更简单的,而其他观察领域中的现象则永远是以许多个原子的组合作用为其条件的. 因此,我们在要求上就必须谦虚一些,并且满足于在某种意义上是形式化的一些概念;其意义就是,它们并不能提供人们在习惯上对自然哲学处理的一些解释所要求的那种视觉图景. 时刻记着这一点,我力图给大家造成这样一种印象:尽管如此,这些结果至少在某种程度上不辜负我们对任一理想所能抱有的那些期望;事实上,我曾经企图指明,原子理论的发展曾经怎样对广阔的观察领域的分类作出了贡献,以及怎样通过它的预见指出了完成这种分类的途径. 但是,几乎用不着强调,理论还处于很初步的阶段,而且许多根本性的问题还有待解决.

---

① 关于考斯特尔和希维思用他们建议命名为铪的新元素继续工作的结果,读者可以参阅他们发表在 1 月 20 日、2 月 10 日和 24 日以及 4 月 7 日的《自然》上的信.

XI. X 射线谱和元素周期系

（和 D·考斯特尔合撰）

德文本见 Z. Phys. **12**(1923)342[*]

---

[*] ［见《引言》第 11 节.］

ZEITSCHRIFT FÜR
PHYSIK

HERAUSGEGEBEN VON DER
DEUTSCHEN PHYSIKALISCHEN GESELLSCHAFT
ALS ERGÄNZUNG ZU IHREN „VERHANDLUNGEN"
UNTER DER REDAKTION VON

KARL SCHEEL

Sonderabdruck Band 12, Heft 6.

———

N. Bohr und D. Coster
Röntgenspektren und periodisches System der Elemente

FRIEDR. VIEWEG & SOHN   UND   JULIUS SPRINGER
AKT.-GES. BRAUNSCHWEIG   BERLIN

1923

X 射线谱和元素周期系

在本刊的一篇论文*中,作者之一曾经发展了一种原子结构理论的要点;在这种理论的基础上,看来能够最密切地联系到元素周期系的诠释来既诠释光学光谱又诠释 X 射线谱. 在那篇论文问世以后,适于用来检验理论观念的实验 X 射线谱学的资料已经通过我们中间另一个人的研究而大大扩充了,而且这种资料和理论的关系也在近来的出版物**中讨论过了,这些出版物揭示了一些有趣的结果. 在现在这篇合撰的论文中,将比在上述各论文中更充分地讨论实验数据和理论的比较,并特别注意到 X 射线谱和周期系的诠释的关系.

§1. 原子结构的理论观念

所提到的理论依赖于通过和作着有心运动的电子的定态相对比来对原子中的电子轨道进行分类. 在这种手续中,各轨道用一个符号 n_k 来表征. 这里的 n 代表"主量子数";在有心运动趋于单周期开普勒运动的极限下,只有这个量子数是在能量的确定中起作用的,正如氢光谱的巴耳末公式所表明的那样. "辅量子数"["Nebenquantenzahl"]k 对能量的影响依赖于运动对单周期运动的偏差,它按照众所周知的方式确定电子绕轨道中心的角动量. 如所周知,索末菲的氢谱线精细结构理论依赖于这一量子数的引入;这种精细结构是由下述情况引起的:由于力学定律的相对论修订,甚至单一电子绕正核的轨道也不是严格周期性的,而是可以描述成在其平面上作着缓慢转动的开普勒椭圆. 表 1 给出正常原子中按照理论属于不同类型 n_k 轨道的电子数的概况;它表示了关于原子结构的观念;这些观念除了一些特征性的新特点以外,在许多方面都和索末菲及韦伽德那些关于 X 射线谱的论文所依据的观念相仿.

可以看到,电子轨道安排成对应于主量子数 n 的给定值的一些组. 当人们过渡到较高原子序数的元素时,这些组的发育是和出现在周期系中的那些规律性

---

* N. Bohr, Z. Phys. **9**(1922)1. 同时,增加了几张说明性的图以后,这篇论文和另外两篇以前的普遍性的文章,已由"Sammlung Vieweg"印成单行本《Drei Aufsätze über Spektren und Atombau》. 作者打算在本刊的一系列文章中更充分地讨论这篇论文的结果,包括一般原理和细节的论述.

** D. Coster, Phil. Mag. **43**(1922)1070;**44**(1922)546. 并参阅博士论文,Leiden, 1922.

521

表 1. 各元素中电子轨道的类型

N	1_1	$2_1 2_2$	$3_1 3_2 3_3$	$4_1 4_2 4_3 4_4$	$5_1 5_2 5_3 5_4 5_5$	$6_1 6_2 6_3 6_4 6_5 6_6$	$7_1 7_2$
1 H	1						
2 He	2						
3 Li	2	1					
4 Be	2	2					
5 B	2	2(1)					
— —	—	— —					
10 Ne	2	4 4					
11 Na	2	4 4	1				
12 Mg	2	4 4	2				
13 Al	2	4 4	2 1				
— —	—	— —	— —				
18 A	2	4 4	4 4				
19 K	2	4 4	4 4	1			
20 Ca	2	4 4	4 4	2			
21 Sc	2	4 4	4 4 1	(2)			
22 Ti	2	4 4	4 4 2	(2)			
— —	—	— —	— —	—			
29 Cu	2	4 4	6 6 6	1			
30 Zn	2	4 4	6 6 6	2			
31 Ga	2	4 4	6 6 6	2 1			
— —	—	— —	— — —	— —			
36 Kr	2	4 4	6 6 6	4 4			
37 Rb	2	4 4	6 6 6	4 4	1		
38 Sr	2	4 4	6 6 6	4 4	2		
39 Y	2	4 4	6 6 6	4 4 1	(2)		
40 Zr	2	4 4	6 6 6	4 4 2	(2)		
— —	—	— —	— — —	— — —	—		
47 Ag	2	4 4	6 6 6	6 6 6	1		
48 Cd	2	4 4	6 6 6	6 6 6	2		
49 In	2	4 4	6 6 6	6 6 6	2 1		
— —	—	— —	— — —	— — —	— —		
54 X	2	4 4	6 6 6	6 6 6	4 4		
55 Cs	2	4 4	6 6 6	6 6 6	4 4	1	
56 Ba	2	4 4	6 6 6	6 6 6	4 4	2	
57 La	2	4 4	6 6 6	6 6 6	4 4 1	(2)	
58 Ce	2	4 4	6 6 6	6 6 6 1	4 4 1	(2)	
59 Pr	2	4 4	6 6 6	6 6 6 2	4 4 1	(2)	
— —	—	— —	— — —	— — —	— — —	—	
71 Lu	2	4 4	6 6 6	8 8 8 8	4 4 1	(2)	
72 —	2	4 4	6 6 6	8 8 8 8	4 4 2	(2)	
— —	—	— —	— — —	— — — —	— — —	—	
79 Au	2	4 4	6 6 6	8 8 8 8	6 6 6	1	
80 Hg	2	4 4	6 6 6	8 8 8 8	6 6 6	2	
81 Tl	2	4 4	6 6 6	8 8 8 8	6 6 6	2 1	
— —	—	— —	— — —	— — — —	— — —	— —	
86 Nt	2	4 4	6 6 6	8 8 8 8	6 6 6	4 4	
87 —	2	4 4	6 6 6	8 8 8 8	6 6 6	4 4	1
88 Ra	2	4 4	6 6 6	8 8 8 8	6 6 6	4 4	2
89 Ac	2	4 4	6 6 6	8 8 8 8	6 6 6	4 4 1	(2)
90 Th	2	4 4	6 6 6	8 8 8 8	6 6 6	4 4 2	(2)
— —	—	— —	— — —	— — — —	— — —	— — —	—
— —	—	— —	— — —	— — — —	— — —	— — —	— —
118 ?	2	4 4	6 6 6	8 8 8 8	8 8 8 8	6 6 6	4 4

相联系着的. 这种过程的一个本质特点就是,这些组又分成对应于辅量子数 k 的 520
不同值的一些亚组. 和已经出现在前面元素中的电子轨道组有着同一主量子数
的新型电子轨道的逐渐加入,以及由此而来的这些组的跨步式形成过程的进展,
就进一步被假设为引起对元素系的简单周期性的典型背离(铁元素族,同样还有 522
稀土元素族). 特别表示了这些特点的一种周期系的概观在图 1* 中给出;属于周
期系中同一周期的元素,在图中排成竖行. 相继各行中在它们的化学性质和光学性 523
质方面可以看成同族的那些元素,用直线连接起来. 有些相继的元素竖行用线框包
围了起来;它们是些例外的元素,因为在这些元素中有些较内电子组正在发育中.

522

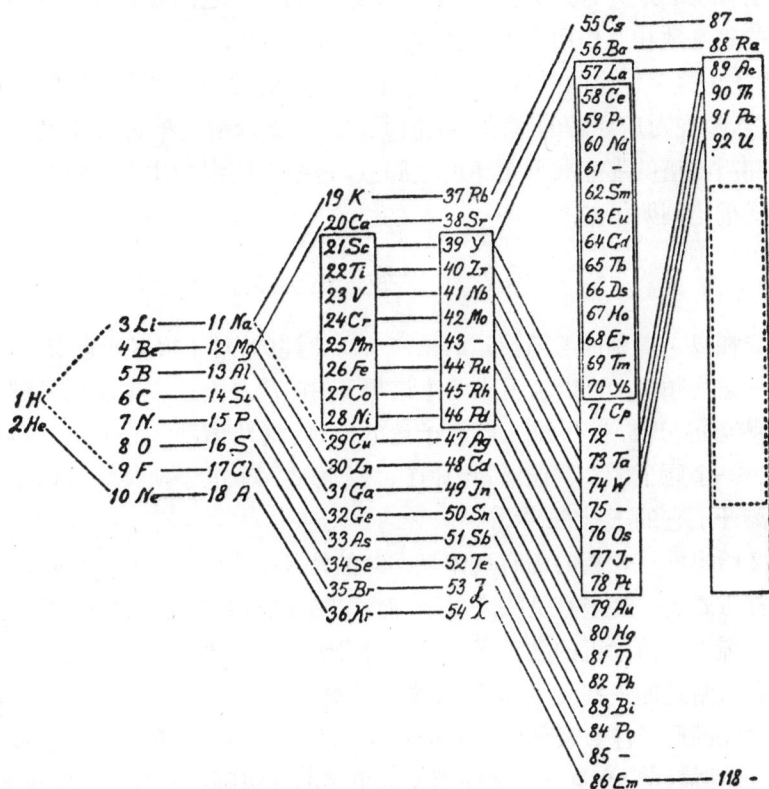

图 1

---

* 参阅 N. Bohr, Drei Aufsätze über Spektren und Atombau, p. 132, fig. 5;在那里,对这个图作了更
详细的说明. 表中和图中都没有照顾在这些文章的附录中提到的道维列的短文,C. R. 1922 年 5 月号,因
为他的观察很难被认为是可靠的;那篇短文处理了一种稀土元素混合物的 X 射线谱中原子序数为 72 的
元素的某些微弱谱线的观察. 最高价数为 3 的 Lu (71) 和最高价数为 5 的 Ta (73) 之间一种在化学性质上
和 Lu 相似的元素的存在,将代表对一条在其他方面具有普遍性的法则的背离;那法则就是,当从一种元素
过渡到下一种元素时,最高价数的增加永远不超过一;这一法则可以用已经普遍承认的原子结构观念来直截
了当地加以解释(在这方面,并请参阅 C. R. Bury, Journ. Am. Chem. Soc. **43**(1921)1902).

523   只要考虑的是主要特点,表 1 的列成就依赖于上述论文中提出的那些普遍性的考虑. 在细节的制订中,线系光谱的彻底研究起了不可缺少的作用. 虽然较内电子组的逐渐形成也是明明白白地反映在这些光谱中的,但是,可以从线系光谱得到的直接信息毕竟还是主要涉及那样一些新型电子轨道的逐渐加入,而[原子的]形成过程就是从这些轨道开始的. 因此,总的看来,表 1 只举出了属于形成过程的开端的那些元素;而且,每当光谱数据不能唯一地确定最外组中的电子数时,就在对应于最高量子数的轨道上的电子数外面加一个括号. 电子组的进一步发育只通过最后的结果来表明;即使在最后完成了的那些组的描述中,现在也还有许多不肯定的地方,特别是在一个主要组中的电子之间和它的各亚组中的电子之间的较细致相互作用方面. 我们在这里不再详细讨论这一问题,我们只将指出,在上述论文中作出的并且比较详细地讨论了的关于这种相互作用本性的那些普遍假设,在对应原理的基础上提供了在理论上理解支配着 X 射线谱域中的发射谱和吸收谱的那些典型定律的立脚点,这些射线谱的主要特点是通过考塞耳的形式理论阐明了的.

§2. X 射线谱的分类

正如在以上提到的考斯特尔的论文中所论述的,对于很多元素来说,已经能够在每一谱线频率 ν 可以表示成两个谱项 T' 和 T'' 之差这一事实的基础上达成对 X 射线谱的分类. 按照线光谱量子论的原理,这些谱项——乘以 h 以后——被诠释为一个原子的一些能级,该原子已经通过一个电子从某一较内组中的被取走而离开了它的正常态.

图 2 给出即将预期的稀有气体氡(86)的特征 X 射线谱的一个概观. 各谱线
524   按照通常方式用一些竖直箭头来表示,而水平直线则代表能级. 图中画出的只是针对这一稀有气体附近的几种元素而实际测量到的谱线. 这个图也给出了稀有
525   气体氙和氪附近的一些元素的 X 射线谱的概况. 例如,当人们过渡到氡(86)和氙(54)之间的原子序数较低的元素时即将消失的能级,在图中用一条竖直短线来标明,而在氙(54)和氪(36)之间消失的更多的能级则用两条竖直短线来标明.

现在,在用来标明图中所示各能级的符号方面,已经对以前各论文中所用的符号进行了改动. 首先,属于同一个主能级组的亚能级,是按照它们随原子序数的增加而逐渐出现在各元素的 X 射线谱中的先后次序而用罗马数字来标明的. 其次,还给每一个能级指定了形如 $n(k_1, k_2)$ 的数字符号. 我们等一下将讨论这些符号和原子结构理论的关系. 在这儿我们只将指出,在图 2 中用来代表三种稀有气体之每一种的 X 射线的那些能级,全都是用同样那些 n 和 k 的值来表征的,那些值是作为存在于这些元素原子中的电子轨道的量子数 n 和 k 而出现在表 1

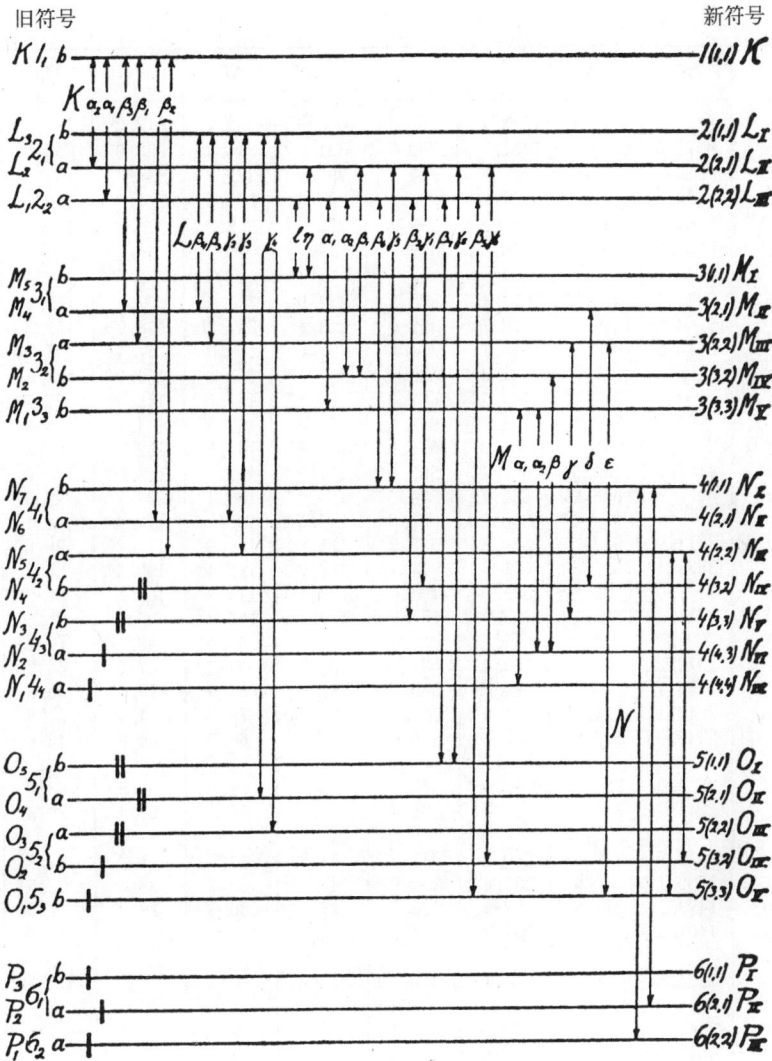

图 2

中的. 我们进一步指出, 和各能级之间的组合相对应的那些谱线的出现, 服从这 525
样的定则: 在一个跃迁过程中, 数 k_1 永远改变一个单位, 而 k_2 则或是改变一个
单位或是保持不变. 这些定则和在考斯特尔的较早论文中用旧符号表示出来的
那些定则相等价, 而且在形式上十分准确地对应于温采耳[*] 在同一时期叙述了
的那些定则. 所引用的 k_1 和 k_2 的数值, 等于后一作者用来对能级进行分类的数
n 和数 m 的值. 但是, 我们将用多少有些不同的方式来设想它们的理论意义.

---

[*] G. Wentzel, Z. Phys. **6**(1921)84.

表 2. 能级

	K	L_I	L_{II}	L_{III}	M_I	M_{II}	M_{III}	M_{IV}	M_V
92 U	8477.0	1603.5	1543.1	1264.3	408.9	382.1	317.2	274.0	261.0
90 Th	8073.5	1509.7	1451.5	1200.6	381.6	354.4	298.0	256.6	244.9
83 Bi	6646.7	1207.9	1159.4	990.0	295.9	273.6	234.0	199.4	191.4
82 Pb	6463.0	1169.3	1121.9	960.5	283.8	262.3	226.0	190.5	183.0
81 Tl	6289.0	1132.4	1084.2	933.2	273.9	253.8	219.2	184.8	176.8
80 Hg	6115.9	1094.6	1048.6	906.1	—	—	—	—	—
79 Au	5940.4	1060.2	1014.4	878.5	252.9	235.1	202.8	169.3	163.0
78 Pt	5764.0	1026.8	978.7	852.0	243.4	227.3	198.0	162.3	156.4
74 W	5113.8	890.6	850.1	751.6	207.6	188.9	167.4	137.8	133.2
73 Ta	—	860.3*	821.0	728.6	200.1	181.0*	160.7*	132.8	128.4
71 Lu	—	801.1*	763.1*	682.0*	184.5*	167.0*	149.4*	121.7*	117.9*
70 Yb	—	773.4*	735.7*	659.6*	177.5*	161.1*	144.7*	116.8*	113.2*
68 Er	—	718.1*	682.8*	616.0*	163.8*	147.3*	132.2*	107.3*	104.2*
67 Ho	4115.9	692.9*	657.4*	595.0*	157.3*	142.4*	129.0*	103.0*	100.0*
66 Dy	3972.5	666.9*	632.3*	574.0*	150.9*	136.1*	123.7*	98.3*	95.6*
65 Tb	—	642.4*	608.2*	553.8*	145.0*	130.9*	119.4*	94.1*	91.6*
64 Gd	3711.9	617.4*	584.3*	533.7*	138.6*	124.6*	114.2*	89.8*	87.4*
63 Eu	3583.4	593.6*	561.3	514.1	132.9	119.5*	109.6*	85.8	83.5
62 Sm	3457.0	570.7*	539.0	495.0	127.1	114.3*	105.3*	81.9	79.9
60 Nd	3214.2	525.8*	495.9	457.9	116.6	104.4*	96.4*	74.3	72.7
59 Pr	3093.3	504.2*	474.7	439.4	111.4	99.0*	92.1*	70.1	68.6
58 Ce	2972.2	483.0*	454.4	421.9	105.9	94.2*	87.8*	66.7	65.4
56 Ba	2756.4	442.3	414.7	386.7	95.4	84.9	79.4	58.8	57.7
55 Cs	2649.1	421.8	395.0	369.5	89.6	79.3	74.4	54.8	53.8
53 J	2448.3	382.6	357.6	336.0	—	69.0	64.8	46.8	46.0
52 Te	2345.0	364.1	339.6	320.1	74.5	64.4	60.5	43.2	42.5
51 Sb	2241.7	346.1	321.9	304.3	69.3	59.9	56.4	39.5	38.8
47 Ag	1878.9	279.5	260.0	247.3	53.3	43.5	41.2	27.9	27.5
45 Rh	1709.1	253.4	231.4	220.9	45.8	39.7	38.5	22.5	22.2
42 Mo	1473.1	211.9	193.9	186.2	37.6	30.5	29.7	17.4	17.2
41 Nb	1401.3	—	181.4	174.4	35.1	—	—	15.0	14.9
40 Zr	1325.8	—	169.6	163.5	31.4	—	—	13.0	
29 Cu	661.1	—	71.3	69.8	—	5.2		0	
28 Ni	612.0	—	62.6	61.3	—	3.3		—	
27 Co	568.9	—	59.7	58.5	—	5.3		—	
26 Fe	523.8	—	53.2	52.2	—	4.0		—	
25 Mn	482.4	—	48.7	47.9	—	4.2		—	
24 Cr	441.1	—	43.0	42.3	—	3.5		—	
23 Va	402.3	—	38.2	37.6	—	2.6		—	
22 Ti	365.4	—	32.6	32.2	—	2.2		—	
21 Sc	331.2	—	30.3	30.0	—	2.7		—	
20 Ca	297.5	—	25.9	25.6	—	2.0		—	
19 K	265.3	—	21.4	21.2	—	0.9		—	
17 Cl	207.8	—	14.8	14.7	—	0.4		—	
16 S	181.8	—	11.8		—	0.3		—	
15 P	158.3	—	9.9		—	0.8		—	
13 Al	114.7	—	5.2		—	0		—	
12 Mg	95.8	—	3.5		—	—			

* 内插值或由内插值求得的值

(T/R)的值

527

N_I	N_{II}	N_{III}	N_{IV}	N_V	N_{VI}	N_{VII}	O_I	$O_{II,III}$	$O_{IV,V}$	
106.6	95.7	77.1	56.3	53.6	28.4	27.6	26.2	15.4	5.8	92 U
97.8	—	—	51.2	48.7	24.8	24.1	—	—	5.7	90 Th
71.0	58.7	50.3	35.7	33.7	13.6	13.0	—	11.0	2.0	83 Bi
66.0	55.4	49.3	32.2	30.5	10.8	10.3	10.3	6.4	0.8	82 Pb
63.7	53.6	44.9	30.6	29.0	10.0	9.6	10.6	7.4	1.7	81 Tl
—	—	—	—	—	—	—	—	—	—	80 Hg
58.0	49.1	42.8	26.4	25.0	6.4		7.8	8.3	0.8	79 Au
52.5	48.7	42.3	24.5	23.2	5.2		7.1	8.6	0.4	78 Pt
43.6	35.6	30.6	18.7	17.8	2.5		5.2	2.9	(0)	74 W
41.7	33.0*	30.0*	18.0	17.2	2.5		5.3	2.6*	—	73 Ta
37.7*	30.9*	27.2*	16.2*	15.5*	1.3*		4.9*	2.5*	—	71 Lu
36.6*	29.9*	26.4*	15.2*	14.6*	1.0*		—	2.5*	—	70 Yb
33.2*	26.9*	23.4*	13.4*	12.8*	0.3*		4.1*	2.4*	—	68 Er
32.1*	26.6*	23.5*	12.7*	12.2*	0.1*		—	2.4*	—	67 Ho
30.8*	25.3*	22.4*	11.9*	11.4*	(—0.2)*		2.9*	2.5*	—	66 Dy
29.3*	24.1*	21.8*	11.5*	11.1*	—		3.5*	2.4*	—	65 Tb
28.3*	22.2*	20.2*	11.0*	10.6*	—		3.5*	2.4*	—	64 Gd
26.9	21.9*	19.7*	10.4	10.1	—		2.9	—	—	63 Eu
25.8	20.2*	18.8*	10.1	9.8	—		3.0	2.3*	—	62 Sm
23.8	18.6*	17.2*	9.6	9.3	—		3.2	2.5*	—	60 Nd
22.5	18.0*	16.7*	8.8	8.5	—		2.6	2.2*	—	59 Pr
21.7	17.0*	15.8*	8.7	8.5	—		3.1	2.2*	—	58 Ce
18.8	15.3	14.4	7.1	6.9	—		2.1	2.4	—	56 Ba
17.3	13.6	12.6	6.1	5.9	—		2.1	1.7	—	55 Cs
—	—	—	4.4	4.2	—		—	—	—	53 J
12.7	8.8		3.4	3.3	—		—	0.4	—	52 Te
11.1	7.2		2.3	2.2	—		(0)	0.1	—	51 Sb
7.5	3.3		0.6		—		—	—	—	47 Ag
5.3	5.0		(—0.3)		—		—	—	—	45 Rh
4.7	3.0		0.5		—		—	—	—	42 Mo
4.0	—		—		—		—	—	—	41 Nb
3.5	—		—		—		—	—	—	40 Zr
—	—	—	—	—	—	—	—	—	—	29 Cu
—	—	—	—	—	—	—	—	—	—	28 Ni
—	—	—	—	—	—	—	—	—	—	27 Co
—	—	—	—	—	—	—	—	—	—	26 Fe
—	—	—	—	—	—	—	—	—	—	25 Mn
—	—	—	—	—	—	—	—	—	—	24 Cr
—	—	—	—	—	—	—	—	—	—	23 Va
—	—	—	—	—	—	—	—	—	—	22 Ti
—	—	—	—	—	—	—	—	—	—	21 Sc
—	—	—	—	—	—	—	—	—	—	20 Ca
—	—	—	—	—	—	—	—	—	—	19 K
—	—	—	—	—	—	—	—	—	—	17 Cl
—	—	—	—	—	—	—	—	—	—	16 S
—	—	—	—	—	—	—	—	—	—	15 P
—	—	—	—	—	—	—	—	—	—	13 Al
—	—	—	—	—	—	—	—	—	—	12 Mg

表 3. 能级平

528

	K	L_{I}	L_{II}	L_{III}	M_{I}	M_{II}	M_{III}	M_{IV}	M_{V}
92 U	92.07	40.04	39.28	35.56	20.22	19.55	17.81	16.55	16.16
90 Th	89.85	38.85	38.10	34.65	19.53	18.83	17.26	16.02	15.65
83 Bi	81.53	34.75	34.05	31.46	17.20	16.54	15.32	14.12	13.83
82 Pb	80.39	34.19	33.50	30.99	16.85	16.20	15.08	13.80	13.53
81 Tl	79.31	33.65	32.92	30.55	16.55	15.93	14.81	13.60	13.30
80 Hg	78.20	33.08	32.38	30.10	—	—	—	—	—
79 Au	77.07	32.54	31.85	29.64	15.90	15.33	14.25	13.01	12.77
78 Pt	75.92	32.01	31.28	29.19	15.60	15.08	13.99	12.74	12.51
74 W	71.51	29.84	29.16	27.41	14.41	13.74	12.93	11.74	11.54
73 Ta	—	29.33*	28.65	26.99	14.15	13.45*	12.67*	11.52	11.30
71 Lu	—	28.30*	27.62*	26.12*	13.58*	12.92*	12.22*	11.03*	10.86*
70 Yb	—	27.81*	27.12*	25.68*	13.32*	12.69*	12.03*	10.83*	10.64*
68 Er	—	26.80*	26.15*	24.82*	12.80*	12.14*	11.50*	10.36*	10.21*
67 Ho	64.16	26.32*	25.64*	24.39*	12.54*	11.93*	11.36*	10.15*	9.99*
66 Dy	63.03	25.82*	25.15*	23.96*	12.28*	11.67*	11.12*	9.91*	9.78*
65 Tb	—	25.35*	24.66*	23.57*	12.04*	11.44*	10.93*	9.70*	9.57*
64 Gd	60.93	24.85*	24.17*	23.10*	11.77*	11.16*	10.69*	9.48*	9.35*
63 Eu	59.86	24.36*	23.69	22.67	11.53	10.93*	10.47*	9.26	9.14
62 Sm	58.80	23.89*	23.22	22.25	11.27	10.68*	10.25*	9.05	8.93
60 Nd	56.69	22.93*	22.27	21.40	10.79	10.21*	9.81*	8.62	8.53
59 Pr	55.62	22.45*	21.79	20.96	10.55	9.95*	9.60*	8.37	8.28
58 Ce	54.52	21.98*	21.32	20.54	10.29	9.71*	9.37*	8.17	8.09
56 Ba	52.50	21.03	20.36	19.66	9.77	9.21	8.91	7.67	7.60
55 Cs	51.47	20.54	19.87	19.22	9.47	8.91	8.63	7.40	7.34
53 J	49.48	19.56	18.91	18.33	—	8.31	8.05	6.84	6.78
52 Te	48.43	19.08	18.43	17.89	8.63	8.02	7.78	6.57	6.52
51 Sb	47.35	18.60	17.94	17.44	8.32	7.74	7.51	6.29	6.23
47 Ag	43.35	16.72	16.12	15.73	7.30	6.60	6.42	5.28	5.24
45 Rh	41.34	15.90	15.20	14.86	6.76	6.30	6.16	4.74	4.71
42 Mo	38.38	14.54	13.92	13.64	6.13	5.52	5.40	4.17	4.15
41 Nb	37.43	—	13.47	13.21	5.92	—	—	3.87	3.86
40 Zr	36.41	—	13.02	12.79	5.60	—	—	3.61	
29 Cu	25.71	—	8.44	8.36	—	2.28		0	
28 Ni	24.74	—	7.91	7.83	—	1.82		—	
27 Co	23.85	—	7.73	7.65	—	2.30		—	
26 Fe	22.89	—	7.29	7.23	—	2.00		—	
25 Mn	21.96	—	6.98	6.92	—	2.05		—	
24 Cr	21.00	—	6.56	6.50	—	1.87		—	
23 Va	20.06	—	6.18	6.13	—	1.61		—	
22 Ti	19.11	—	5.71	5.66	—	1.48		—	
21 Sc	18.20	—	5.51	5.48	—	1.64		—	
20 Ca	17.25	—	5.09	5.06	—	1.42		—	
19 K	16.29	—	4.63	4.61	—	0.95		—	
17 Cl	14.42	—	3.85	3.84	—	0.63		—	
16 S	13.48	—	3.44		—	0.55		—	
15 P	12.58	—	3.15		—	0.89		—	
13 Al	10.71	—	2.28		—	0		—	
12 Mg	9.79	—	1.87		—	—		—	

* 内插值或由内插值求得的值

方根($\sqrt{T/R}$)

529

N_I	N_{II}	N_{III}	N_{IV}	N_V	N_{VI}	N_{VII}	O_I	$O_{II,III}$	$O_{IV,V}$	
10.32	9.78	8.78	7.50	7.32	5.33	5.25	5.12	3.92	2.41	92 U
9.89	—	—	7.16	6.98	4.98	4.91	—	—	2.39	90 Th
8.43	7.66	7.09	5.98	5.81	3.69	3.61	—	3.39	1.42	83 Bi
8.13	7.44	7.02	5.68	5.52	3.29	3.21	3.21	2.79	0.89	82 Pb
7.98	7.32	6.70	5.54	5.39	3.16	3.10	3.26	2.72	1.30	81 Tl
—	—	—	—	—	2.53		—	—	—	80 Hg
7.62	7.01	6.54	5.14	5.00	2.53		2.79	2.88	0.89	79 Au
7.25	6.98	6.50	4.95	4.82	2.28		2.67	2.93	0.63	78 Pt
6.60	5.97	5.53	4.32	4.22	1.58		2.28	1.70	0	74 W
6.46	5.75*	5.48*	4.24	4.15	1.58		2.30	1.61*	—	73 Ta
6.14*	5.56*	5.22*	4.03*	3.94*	1.14*		2.21*	1.58*	—	71 Lu
6.05*	5.47*	5.14*	3.90*	3.82*	1.0*		—	1.58*	—	70 Yb
5.76*	5.18*	4.84*	3.66*	3.58*	0.5*		2.03*	1.55*	—	68 Er
5.67*	5.16*	4.84*	3.56*	3.49*	—		—	1.55*	—	67 Ho
5.55*	5.03*	4.73*	3.45*	3.38*	—		1.70*	1.58*	—	66 Dy
5.41*	4.91*	4.67*	3.39*	3.33*	—		1.87*	1.55*	—	65 Tb
5.32*	4.71*	4.49*	3.32*	3.25*	—		1.87*	1.55*	—	64 Gd
5.19	4.68*	4.44*	3.23	3.18	—		1.70	—	—	63 Eu
5.08	4.49*	4.34*	3.18	3.13	—		1.73	1.52*	—	62 Sm
4.88	4.31*	4.15*	3.10	3.05	—		1.79	1.58*	—	60 Nd
4.74	4.24*	4.09*	2.97	2.92	—		1.61	1.48*	—	59 Pr
4.66	4.12*	3.98*	2.95	2.92	—		1.76	1.48*	—	58 Ce
4.34	3.91	3.80	2.67	2.63	—		1.45	1.55	—	56 Ba
4.16	3.69	3.55	2.47	2.43	—		1.45	1.30	—	55 Cs
—	—	—	2.10	2.05	—		—	—	—	53 J
3.56	2.97		1.84	1.82	—		—	0.63	—	52 Te
3.33	2.68		1.52	1.48	—		0	0.32	—	51 Sb
2.74	1.82		0.77		—		—	—	—	47 Ag
2.30	2.24	—	—	—	—		—	—	—	45 Rh
2.17	1.58	—	—	—	—		—	—	—	42 Mo
2.00	—	—	—	—	—		—	—	—	41 Nb
1.83	—	—	—	—	—		—	—	—	40 Zr
—	—	—	—	—	—		—	—	—	29 Cu
—	—	—	—	—	—		—	—	—	28 Ni
—	—	—	—	—	—		—	—	—	27 Co
—	—	—	—	—	—		—	—	—	28 Fe
—	—	—	—	—	—		—	—	—	25 Mn
—	—	—	—	—	—		—	—	—	24 Cr
—	—	—	—	—	—		—	—	—	23 Va
—	—	—	—	—	—		—	—	—	22 Ti
—	—	—	—	—	—		—	—	—	21 Sc
—	—	—	—	—	—		—	—	—	20 Ca
—	—	—	—	—	—		—	—	—	19 K
—	—	—	—	—	—		—	—	—	17 Cl
—	—	—	—	—	—		—	—	—	16 S
—	—	—	—	—	—		—	—	—	15 P
—	—	—	—	—	—		—	—	—	13 Al
—	—	—	—	—	—		—	—	—	12 Mg

525

§3. 根据实验数据来确定能级

目前可供引用的 X 射线谱的测量结果,使我们能够在相当的精确度下计算很多元素的能级. 在下面,我们对用于这一目的的实验研究作一综述*,并把用黎德伯恒量除过的各个谱项列在表 2 中,而把它们的平方根列在表 3 中.

530

所用论文的总结(Summary of papers used.)

K-(吸收[1]) Mg(12)-Cr(24)　　Fricke, Phys. Rev. **16**(1920)202.

K-(吸收[2]) Mn(25)-U(92)　　Duane and Shimizu, Phys. Rev. **14** (1919)522.

　　　　　　　　　　　　　　Duane, and Kang-Fuh-Hu, Phys. Rev. **14** (1919) 516.

　　　　　　　　　　　　　　Duane, Fricke, Stenström, Proc. Nat. Ac. Sc. **6** (1920) 607.

K-(吸收[1]) Cd(48)-U(92)　　Siegbahn and Jönsson, Phys. Zeitschr. **20** (1919) 251.

L-(吸收[2,3]) W(74)-Pb(82)　　Duane and Patterson, Proc. Nat. Ac. Sc. **6**(1920)509.

L-(吸收[1]) Cs(55)-Eu(63)　　Coster, Phil. Mag. **43** (1922) 1070; **44** (1922)546.

L-(吸收[1]) Sb(51)-Ba(56)　　Lindsay, C. R. **175** (1922) 150.

L-(吸收[1]) Ag(47)　　Coster, Phil. Mag. **43** (1922) 1070.

M-(吸收[1]) Th(90), U(92)　　Stenström, Dissertation, Lund, 1919.

M-(吸收[1]) Bi(83), Th(90), U(92) Coster, Phys. Rev. **19** (1922) 20.

K-(谱线[1]) Na(11)-Zn(30)　　Hjalmar, Z. Phys. **1** (1920) 439; **7** (1921)341.

K-(谱线[1]) P(15)-Zn(30)　　Siegbahn and Dolejsek, Z. Phys. **10** (1922)159.

K-(谱线[2]) Mo(42), Rh (45) Duane, Phys. Rev. **14** (1919) 373.

L-(谱线[1]) Cu(30)-Ta(73)　　Hjalmar, Z. Phys. **3**(1920) 262; **7** (1921) 341.

L-(谱线[1]) W(74)　　Siegbahn, Phys. Zeitschr. **20** (1919) 533.

L-(谱线[1]) Rb(37)-Ba(56)　　Coster, Phil. Mag. **43** (1922) 1070.

L-(谱线[1]) La(57)-Lu(71)　　Coster, Phil. Mag. **44** (1922) 546.

L-(谱线[1]) Ta(73)-U(92)　　Coster, Z. Phys. **6** (1921) 186.

M-(谱线[1]) Dy(66)-U(92)　　Stenström, Dissertation, Lund, 1919.

531

除了标有星号的能级以外,表 2 中的值都是利用可以从表 2 中直接看出的

---

　　* 一个 X 射线谱项表也可以在索末菲的 Atombau und Spektrallinien(第三版,630 页)上找到. 但是,那个表已经在许多方面由于有了一些新的实验结果而变得过时了,在刚刚问世的一篇道维列的论文(Journal de Physique et le Radium,1922 年 7 月号)中,也给出了实验资料的综述,并给出了各元素的能级对它们的原子序数的依赖关系的曲线表示. 但是,由于道维列所用的实验数据的不完备性,以下即将讨论的我们对之特别感兴趣的那些奇特之点,在他的表示中都没有显示出来.

　　1) 在 Siegbahn 的实验室中测得.

　　2) 在 Duane 的实验室中测得.

　　3) 改正了一个 X 单位.

附加关系式而根据上面提到的实验数据算出的. 在考斯特尔早先写的一篇论文 * 中曾经指出,杜安和帕特尔孙的 L 吸收限的值和在伦德研究所中测得的值符合得更好,如果从他们所给的所有吸收限的值中都减去一个单位的话. 为了得到更可对比的值,我们已经对杜安和帕特尔孙的所有 L 限波长作了这种改正.

对于 W(74)限 L_{III} ** 仍然和谱线 L_{β_5},接近重合. 同样,限 L_{II} 也和谱线 L_{γ_6} 相重合. 因此,对于前一种元素 Ta(73),可以肯定地用谱线 L_{β_5} 和 L_{γ_6} 来代替吸收限 L_{III} 和 L_{II}. 对于元素 Zr(40)和 Nb(41),也用了谱线 L_{β_2} 和 L_{γ_1} 的值来作为同样这些吸收限.

对于 Ba(56)和 W(74)之间的元素,只有一部分 L 限是测量过的,曾经试着对未知的值进行了合理的内插. 例如,Eu(63)和 Ta (73)之间各元素的 M_V 能级值是通过图解内插法确定的. Ba(56)和 W(74)之间各元素的 M_{III} 能级值也是用类似的办法确定的. 上述各元素的其他能级,是根据 M_{III} 和 M_V 的内插值而借助于实验上得到的数据来算出的. 每当在能级的计算中应用了内插值时,该能级在表中就用一个星号来标明. 虽然通过内插当然永远可能丢掉某些随原子序数的特殊变化,我们却认为进一步的实验测量会对本篇论文所得出的结论造成威胁的可能性是很小的.

在这方面可以指出,在表 2 中,根据杜安和帕特尔孙的测量结果经过上述改正以后所得到的 W 的 L_I 值是相当精确的,虽然在这一吸收限的直接测定中由于它很微弱和漫散而可能造成相当大的实验误差. 事实上,能够用三种方法根据细锐得多和更加精确已知的吸收限 L_{III} 来计算 L_I 的值,那就是借助于下列加法关系式中的一个关系式:

$$L_{\beta_2} + (L_I - L_{III}) = L_{\beta_3} + M_{\gamma},$$
$$L_I - L_{III} = L_{\beta_9}^* - L_{\alpha_1},$$
$$L_I - L_{III} = L_{\beta_{10}}^*.$$

在所有的三种情况下针对钨得到的 T/R 值都和直接测量值符合到 ± 0.6 的精确度. 由此可以得出结论,W 的 L_I 限的 T/R 值中的误差肯定小于一个单位. 从 W 和 Ba 之间的 M_{III} 曲线的内插来看,这是很有兴趣的.

532

另外可以指出,在能级的计算中用到颇短波长的地方,精确度就比用到颇长波长的地方要低. 例如,L_I 限的波长中两个 X 单位的误差,对 Ba 来说对应于

---

　* 参阅 D. Coster, Z. Phys. **6**(1921) 185.
　** 和对应的能级一致,从前叫做 L_I;现在各吸收限的符号也还不一致.

T/R 值中的小于 $\frac{1}{2}$ 的误差,而对 W 和 Bi 来说则分别对应于 2 和 3 的误差.这就
意味着,例如,相当大的误差可以出现在较重元素的较低能级的值中[*],而另一
方面,在 Ba 附近,各最低能级的 T/R 值还是比较精确地已知的.

　　在这方面,可以提到仍然包含在由 X 射线谱学导出的数据中的某种含糊
性,即使对最精确的测量也是这样.一般说来,X 射线吸收谱是利用处于固态中
的元素求得的,而且事实上常常是利用处于化合物状态下的材料求得的.但是,
伯根格伦[**]曾经证明,状态条件是具有本质重要性的;事实上,当应用了磷的不
同变体时,已经观察到 K 限的可觉察的差值.此外,林德[***]当在不同的化合物中
观察给定元素的吸收谱时已经发现了可测出的差值.例如,关于氯和硫的 K 限,
按照氯和硫是作为正价元素还是作为负价元素出现在化合物中,他曾经发现从
0.5 到 0.8 单位的 T/R 值之差.

　　X 射线数据的一种更严重的不确定性起源于所谓吸收限的精细结构,这种
精细结构表现为第二个较弱的不连续值的出现,这通常是出现在主要不连续性
的较硬的一侧.关于这些不连续值的 T/R 值之差,弗瑞克[†]针对较轻元素的 K 限
给出的是一到二个单位.如所周知,考塞耳[††]曾经提出了吸收限的这种结构的解
释;按照这种解释,这种结构对应于从一个较内组中取走电子时所需的功的微小
差值,即功取决于是把电子从原子完全取走呢还是把它转送到对应于线系光谱
的一个定态的位于电子层["Elektronenhülle"]之外的一个量子轨道上.在 X 射
线数据中造成不确定性的这各式各样情况和取为本文基础的原子结构观念之间
的关系,将在 §6 的末尾略加论述.在这儿我们只将指出,在这些情况下,我们所
遇到的恰恰就是我们在上述内插过程中从一开始就必须忽略的那些能量值的个
体奇特性.

533

§4. 能级的理论估计

　　关于理论在 X 射线谱能级的详细诠释方面的应用,问题首先就是计算从原
子中的一个较内组中取走电子时所需的功.为此目的,我们当然首先必须考虑各
电子在原子定态中的运动.在这方面必须意识到,作为本理论的一个本质特点的

---

　　[*] 加在校样上的注:近来雅耳玛通过 M 系中的新的测量(C. R. **175** (1922)878)已经做到在更大
的精确度下确定各种最重元素的 O 能级和 M 能级,他的结果没能包括在这篇论文中,但是它们是和我们
的结论符合得很好的.

　　[**] J. Bergengren, Z. Phys. **3**(1920)247.

　[***] A. E. Lindh, Z. Phys. **6**(1922)303;C. R. **175**(1922)25.

　　[†] H. Fricke, Phys. Rev. **16**(1920)202.

　[††] W. Kossel, Verh. d. D. Phys. Ges. **18**(1916)339.

是,不同组中的电子并不是在空间上分隔开来的原子区域中运动,而是主量子数较高的组(较外组)中的电子,而无论如何是某些亚组中的电子,在它们的运动过程中将透入主量子数较低的(较内组的)电子轨道区域中去. 这一情况使得作用在不同轨道部分上的电子上的那一指向原子中心的吸引力,可以相对于来自核本身的吸引力发生很大的变化. 但是,为了估计这些条件,一个重要的情况就是,可以叫做较外圈线的轨道的主要部分一般地能够很近似地和一个开普勒椭圆相比拟. 但是,这些椭圆圈线的线度及能量一般和那样一个开普勒椭圆的线度及能量相差很大,此处表征该椭圆的主量子数和表征电子在一个库仑场中所描绘的实际轨道的主量子数相同,而该库仑场的强度和所讨论的圈线所在的场的强度相同. 如所周知,一个量子化的开普勒椭圆的能量和线度,是由下列简单公式给出的:

$$W = RhN^2/n^2, \quad 2a = e^2n^2/RhN, \tag{1}$$

式中 W 是取走电子时所需的功,a 是椭圆的长半轴,R 是黎德伯恒量,Ne 是核电荷,而 n 是主量子数. 对于所讨论的轨道圈线来说,我们不但必须考虑一个"有效核电荷数"N^*,而且必须考虑一个"有效量子数"n^*,它们由下列表示式来定义:

$$W = RhN^{*2}/n^{*2}, \quad 2a = e^2n^{*2}/RhN^*. \tag{2}$$

　　这一情况对于估计较外组中电子的束缚强度尤其具有决定意义,因为那儿的椭圆圈线的有效量子数可以比主量子数小得多,而且对于属于相同的 n 值和不同的 k 值的轨道可以很不相同. 例如,化学性质和光学光谱的典型周期性就依赖于这样一种情况:对于最外面的那些电子轨道来说,当我们从一种元素过渡到元素系的其次一个周期中的同族元素时,和主量数相反,有效量子数只将发生很小的变化. 另一方面,Ⅹ射线谱基本面貌的周期性的明显缺失,却依赖于这样一个情况:我们在这儿主要涉及的是原子中那些最内电子的条件,它们在一些已经完全形成了的组中运动着,这些组在后来那些元素中是毫无改变地重复出现的. 在这种情况下,轨道圈线的有效量子数和轨道的主量子数相差很小,而且,正如简单的计算所证明的,这个小偏差对于给定类型的轨道来说在一级近似下和原子序数 N 成反比. 因此,在束缚强度对核电荷的依赖关系方面,当所考虑的电子正在通过它的较外圈线时,电子轨道对较内各组区域的穿透,就有一种和较内电子对一部分核电荷的直接屏蔽相似的效应. 几乎用不着区分这两种效应,因为对于取走电子时所需的功还存在另外一种影响,这种影响是很难计算的,但却是按相同方式而随核电荷变化的. 我们在这儿指的是取走电子时所需的功的一

534

种减小,它和由该电子被取走而引起的同组中其余各电子的束缚的增大有关. 因此,我们可以用一个简单公式来表示这些效应的影响:

$$W = Rh(N - \alpha_{n,k})^2/n^2, \tag{3}$$

式中 $\alpha_{n,k}$ 对于每一轨道类型 n_k 是一个常数;按照通常的术语,我们将称它为"屏蔽常数".

但是,在确定从一个较内组中取走一个电子所需的功时,必须也考虑到较外电子组的存在. 在取走电子的过程中,这些较外电子组会发生一种屏蔽效应;照顾这种屏蔽效应的最简单的办法就是从由(3)给出的表示式中减掉由所述电子被取走而引起的一切较外电子的束缚强度的增量. 较外电子的总束缚能量可以写成下列形式:

$$B = Rh \sum_{p>n} A_p N_p^{*2}/p^{*2}, \tag{4}$$

535 式中 A_p 是主量子数为 p 的组中的电子数,而 N_p^* 和 p^* 则可以分别叫做该组的平均有效核电荷和平均有效量子数. 如果为了简单,我们只考虑那些并不包含处于逐渐发育过程中的电子组的元素,我们就可以在近似地估计 B 这个量时简单地令 A_p/p^{*2} 等于 2. 事实上,在完全形成了的组中,A_p 恰好等于 $2p^2$,而且与此同时,p^* 也和 p 相差不大. 对于较外的、只是暂时闭合的组来说,它们由于 N_p^* 的值较低而有较小的影响,从而它们的 p^* 比 p 小得多,但是,正如简单的估计所表明的,二者的差别恰好达到那样一种程度,使我们在粗略估计中也永远可以令 $p^{*2} = \frac{1}{2} A_p$. 因此,关于由于一个主量子数为 n 的电子被取走而引起的 B 的改变,我们现在就可以相当近似地写出

$$\triangle B = Rh \sum_{p>n} 2\triangle N_p^{*2} = Rh\, 4 \sum_{p>n} N_p^*. \tag{5}$$

为了更好地估计这一表示式,我们必须考虑 N_p^* 随着 p 的增大而减小的那种方式. 在一级近似下,我们令

$$N_p^* = N - \sum_{q<p} A_q, \tag{6}$$

通过这一等式我们也看到,(5)中的求和很容易完成. 按照表1,对于所考虑的这些元素来说,各组中的电子数随着主量子数的增大而起初增大然后又减小;我们根据这种变化的典型对称方式就看到,这一和式事实上永远近似地等于一个乘积的一半,该乘积等于由 $p=n$ 时的(6)式定义的 N_n^* 乘以和式中的项数,即乘以较外电子组的组数. 假若表示式(6)是精确成立的,那就很容易看到,这一论断就

将在稀有气体两位以后各元素的 K 能级($n=1$)的情况下严格成立;对于那些元素来说,最外组含有两个电子.对于 L 能级($n=2$),这一论断将对稀有气体本身严格成立;而在 M 能级($n=3$)的情况,它将在位于稀有气体 8 位以前的元素中严格成立,在那种元素中有一个 18 电子的组刚刚完成.于是我们近似地得到

$$\triangle B = Rh\,2N_n^*\beta_{N,\,n},$$

式中 $\beta_{N,\,n}$ 是一个随原子序数的增大而连续增大的量,而且当人们从一种元素过渡到下一周期中的同族元素时它将近似地增加一个单位,其增加方式使得 $\beta_{N,\,n}$ 永远和较外组中的电子数相差不大.现在我们可以通过写出

$$W = Rh\,(N - \alpha_{n,\,k} - n^2\beta_{N,\,n})^2/n^2$$

以代替(3)式,来近似地说明较外电子对从较内组中取走电子时所需的功的影响了.

536

我们可以称之为"内屏蔽常数"的 $\alpha_{n,\,k}$ 这个量并不依赖于原子序数,而"外屏蔽常数"$n^2\beta_{N,\,n}$ 这个量却按照一种特征方式而随原子序数变化.这后一屏蔽恒量不但像从以上所述可以推知的那样在元素系的一个周期之内增加 n^2 个单位,而且我们必须预期,在上述计算中忽略了的各较外组的逐渐出现和形成的细节,也将反映在外屏蔽常数随原子序数的增大而变化的那种确切方式中.电子组越是位于较深的原子内部,它的形成当然就必将反映得越明白,从而我们必须预期,在周期系中那些有一个深内组正处于逐渐形成的过程中的那些地方,外屏蔽常数将增加得特别快.

我们在这儿将不再更仔细地讨论 $\alpha_{n,\,k}$ 和 $\beta_{N,\,n,\,k}$ 这些量的计算,因为在这一场合下我们更关心的是把实验资料和理论的要点进行比较;这些量的计算即使在理论的目前状况下也是可以大大精确化的.但是,在这种比较中,还必须注意到另外一种重要情况,这种情况是我们为了简单而一直忽视了的.我们所想到的是相对论改正量;如所周知,这种改正量在较内电子运动的描述中是根本不能忽视的.这种改正量可以被照顾到,即不用简单公式(1)而用索末菲公式

$$W = Rh\,\frac{N^2}{n^2} + Rh\left(\frac{2\pi e^2}{hc}\right)^2\frac{N^4}{n^4}\left(\frac{n}{k} - \frac{3}{4}\right) + \cdots \tag{7}$$

来作为基础;此式和(1)的不同在于加入了所谓的相对论项,其中我们只写出了第一项,而对许多应用来说只考虑这一项也就够了.

以上提到的所有改正,可以通过把从 n_k 类型的轨道上取走电子时所需的功写成下列形式来予以照顾:

$$W = Rh\,\frac{(N-\gamma)^2}{n^2} + Rh\,\frac{(N-\delta)^4}{n^4}\times\left(\frac{2\pi e^2}{hc}\right)^2\left(\frac{n}{k} - \frac{3}{4}\right) + \cdots \tag{8}$$

　　我们把出现在主项中的 γ 这个量叫做"总屏蔽常数";对于所考虑的最内电子组,这个量由公式

$$\gamma = \alpha_{n,k} + n^2 \beta_{N,n} \tag{9}$$

537　近似地给出. 出现在第二项中的 $N-\delta$ 这个量,简单地代表可以认为适于用来针对所讨论的轨道类型近似地计算相对论改正项的一个有效的核电荷数. 当估计 δ 时必须考虑到,不论是较内电子组的还是较外电子组的屏蔽效应,都是以大不相同的方式反映在公式(8)的两项中的. 于是必须预期,δ 通常将比出现在主项中的屏蔽常数要小得多.

　　如果我们不像以上一直做的那样把自己的注意力局限于原子中的最内电子组,而是转而考虑位于更远处的组,则条件将变得复杂得多,而且在计算取走电子所需的功时,正如在光学光谱中那样,分别考虑轨道对开普勒椭圆的偏差和由此而来的有效量子数的降低就是具有本质重要性的. 特别是当处理从处于逐渐形成过程中的组中取走电子所需的功时,我们就遇到和迄今所讨论的条件不相同的一些条件. 虽然这种情况下的能级的定量计算在理论的目前状况下必然还是很不完备的,但是却能够叙述理论的一些有关能级值随原子序数的变化的直接推论;但是,我们将把这些结论的讨论推迟到我们以后把实验资料和理论进行比较的时候.

§5. 经验 X 射线能级分类和原子结构理论的一般比较

　　为了提供一个综合概况并便于和原子结构的理论观念进行比较,图 3 中画出了一些曲线,它们代表在表 2 中算出的作为 N 的函数的 $\sqrt{T/R}$ 值. 在能级值中包含特别大的不确定性的那些地方,能级的实线曲线被简单地改成了虚线. 每一条曲线用一个符号 $n(k_1, k_2)$ 来标明,正如图 2 中的那些能级一样.

　　现在,必须首先指出,已经能够利用在表 1 中对存在于原子中的一切电子轨道进行分类的数 n 和数 k 的同样一些值,来对属于每一种元素的全体能级进行分类. 这不但对于像在 §2 中特别考虑了的稀有气体那样的原子中有着完成了的电子组的元素是对的;而且,对于相当多的能级来说,实验资料也使我们能够追溯这些能级在 X 射线谱中初次出现的那些元素,而且也已经发现,就其根据

539　实验数据所能确定的来看*,属于 n 和 k 的确定值的一个能级,恰好是最初出现在那样一个地方,在那儿,按照理论,对应于相同的 n 值和 k 值的轨道将出现于正常原子中. 这些地方在图 3 的下面用竖直短线标明.

---

　　* D. Coster, Phil. Mag. **43**(1922)1070.

538

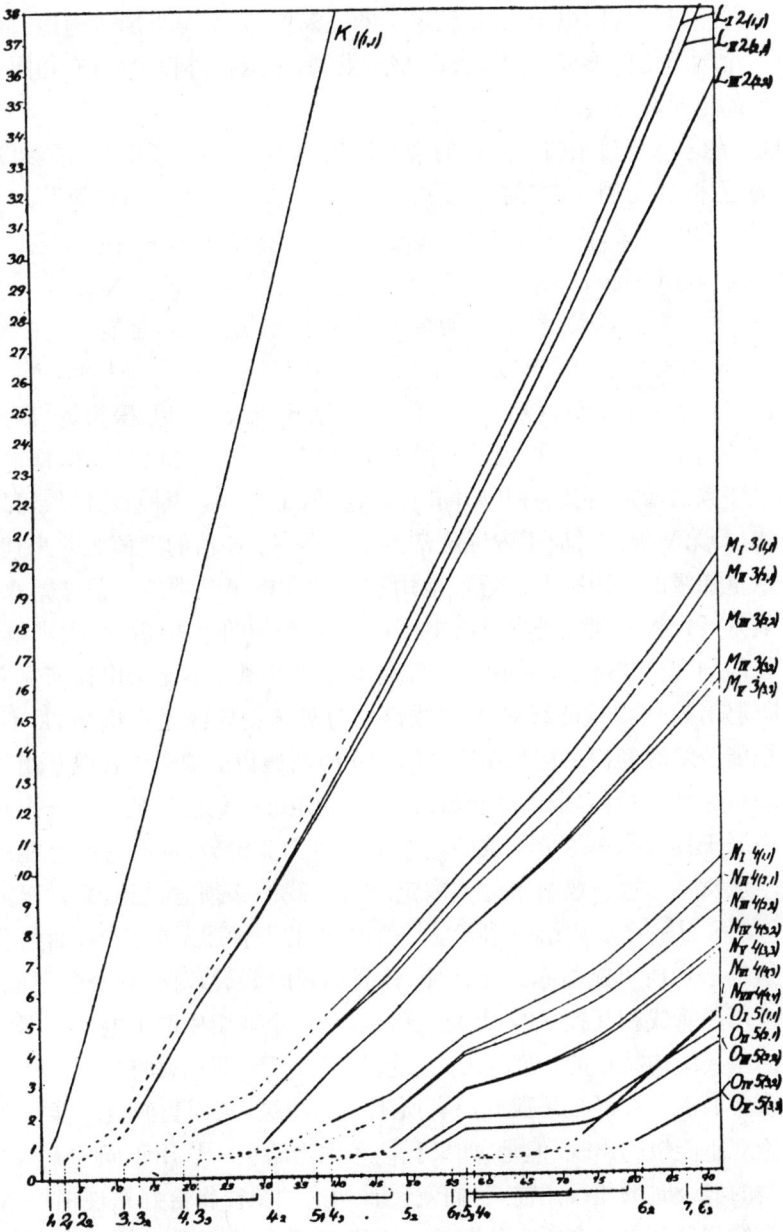

图 3

　　看一下图就会进一步发现一个重要的情况,那就是,在这些在其他地方很正 539
规的曲线上,有些地方出现了奇特性,而且和图 1 的比较表明,这恰好出现在周
期系中那些有一个较内组正处于逐渐被形成的过程中的地方. 这些地方在图 3
的底部用从上述竖直线画起的水平直线来标明. 但是,在这方面必须提到,这样

一条直线并不仅仅表明电子在 n_k 轨道上的逐渐增加,而是更加普遍地对应于原子中第 n 个电子组的形成中第 k 步的整个发展,在这种过程中,具有相同 n 值和较小 k 值的电子数也会增加.

但是,在进一步讨论曲线进程的细节以前,我们必须对所谓双重能级进行一点一般的论述. 如所周知,有两种双重能级,分别称为"屏蔽双重能级"和"相对论双重能级". 在图 3 中,前者可以通过属于某几对能级的曲线的平行进程来认出,例如 $(L_I L_{II})$,$(M_I M_{II})$,$(M_{III} M_{IV})$,$(N_I N_{II})$,$(N_{III} N_{IV})$,$(N_V N_{VI})$,$(O_I O_{II})$ 和 $(O_{III} O_{IV})$. 另一方面,第二种双重能级可以通过对应于某几对能级的曲线之间距离的不断增大来认出,例如 $(L_{II} L_{III})$,$(M_{II} M_{III})$,$(M_{IV} M_V)$,$(N_{II} N_{III})$,$(N_{IV} N_V)$,$(N_{VI} V_{VII})$,$(O_{II} O_{III})$ 和 $(O_{IV} O_V)$,这些曲线起初靠得很近,以致不能通过谱线的测量来区分开来. 但是,根据组合定则,我们可以得出这样的结论:随着原子序数的增加,它们将开始同时出现在原子中. 前一种双重能级可以形式地用公式(7)第一项的对应于内屏蔽常数 $\alpha_{n,k}$ 的一个差值的二值之差来代表,而后一种双重能级的间距则可以近似地用这一公式中第二项的二值之差来代表,后两个值是通过将 k 代成谱项分类中用 k_2 来代表的两个不同的值而求得的.

在目前的理论状况下,关于这些双重能级的出现并不能给出任何完备的解释;如所周知,这些双重能级对 X 射线谱的分类来说曾经是很重要的. 不过,看来能够把能级组的经验结构和在诠释周期系时所假设的原子中各电子组的结构密切地联系起来. 初看起来也许会预料,属于确定 n 值的能级数将等于出现在正常原子中属于具有同一主量子数的电子组的那一亚组数,从而每一个能级将对应于电子从每一个这种亚组中的被取走. 但是,我们必须意识到,X 射线能级本质上是取决于从一个较内组中取走了一个电子的那种原子的套的,而且我们必须记住这一取走所可能引起的复杂性. 让我们暂时假设,对于一个受激原子,不同亚组也可以看成相互独立的,其意义就是,从一个亚组中取走电子并不引起其他亚组的主要结构特点的任何改变. 在这样的情况下,我们就将预期一些不但在相对论项方面而且在屏蔽常数方面有所不同的能级,从而我们就不能说明典型的相对论双重能级的出现. 但是,如果我们考虑当略去一切用不同的 k_1 和 k_2 的值来分类的能级时的能级图样,我们就会看到这种图样将恰好重现根据 X 射线能级起源的这种简单观念所应预期的一切特点. 我们不但看到,当我们针对恒定的 n 来改变辅量子数 k 时,剩下来的所有各对能级的间距可以表示成和公式(8)相对应的一个屏蔽项和一个相对论改正项之和,而且我们将看到,对应于所考虑的各能级的组合的那些观察到的 X 射线谱线的发生定则,恰好是对应原理对有心运动的简单应用所给出的那些定则,因为现在 k 是永远改变一个单位的. 因此,我们将把那种 k_1 和 k_2 已被取作相等的能级叫做"正常能级".

关于 k_1 和 k_2 的值并不相同的那些其他能级的存在,首先可以说到的就是,用来分类这些"反常能级"的 k_1 和 k_2 的值,简单地就在于表示每一个这种能级是纯形式地、定量地和两个正常能级密切有关的. 例如,这些能级中的每一个能级都和一个具有相同的 k_1 值的正常能级一起出现在原子中,而且二者的屏蔽常数也相同. 另一方面,它也和一个具有相同 k_2 值的正常能级相联系着,因为二者具有相同的相对论项,如果不考虑出现在这些项中的有效核电荷的差别的话. 这种事态就引导人们到受激原子两个相邻亚组中各电子运动之间的密切相互作用那里去寻找这些反常能级的根源;当一个电子从其中一个亚组中被取走时,这种相互作用就在两个亚组内部各电子运动的谐和相互作用方面引起一种重大的变化. 这种观念是由理论暗示了的,因为曾经假设,一个电子组的形成过程,恰恰本质地依赖于不同亚组内部各电子运动的相互作用[*]. 另一方面,关于怎样通过这一观点的加工来对屏蔽双重能级和相对论双重能级的分别出现作出详细的解释,却还是十分不清楚的. 同样,只要涉及的是反常能级,就还没有经验的组合定则的一种解释,虽然这定则暗示着第二个辅量子数的出现;这个辅量子数很像出现在光学线系光谱中的那个辅量子数,在那种光谱中,能级的多重性正如组合定则一样,看来是可以在对应原理的基础上得到简单的解释的. 这种考虑只是旨在表明,虽然在理论的目前状况下还不能给出能级多重结构的完备解释,但是看来却能够用一种自然的方式把实验的发现和理论的典型特点调和起来.

§6. 能级对原子序数的详细依赖关系的理论诠释

当把理论和由实验数据定出的能级值进行更仔细的比较时,我们首先将简略地考虑考虑和原子中完全形成了的组相联系着的那些能级;对于这些能级来说,我们可以假设关于从一个较内组中取走电子时所需之功的公式(8)具有颇大的精确性. 当应用这一公式来计算出现在主项中的屏蔽常数 γ 时,至少在较高的核电荷下,我们对出现在相对论项中的屏蔽常数 δ 指定什么值的问题就是重要的. 对于 K 能级,简单的估计表明 δ 永远不超过少数几个单位,从而这并不会导致特殊的困难. 再者,对于很高原子序数的元素,指定给屏蔽常数 δ 的值是有重大意义的,但是这时估计这个值时的不确定性和实验结果方面的不确定性相比却是不重要的. 对于其他能级,为了简单,我们可以采用那样一种办法,即——参照上一节中的考虑——我们利用由相对论双重能级直接算出的 δ 值. 这是很有道理的,因为这些值近似地等于可以根据相对论修订对 n_k 类型轨道上电子运动的影响而在理论上预期得到的那些值. 这样引入的不确定性对于和圆形轨道相

---

[*] 参阅 N. Bohr, Z. Phys. **9**(1922)1.

对应的那些能级来说是特别小的,因为对于这些轨道来说相对论改正项的绝对值是最小的. 按照这种方式,我们曾经根据表 2 计算了出现在公式(8)的主项中的总屏蔽常数的值;这些值列在下面的表中.

542

元 素	K	L_{III}	M_V			N_{VII}	
	γ	γ	$\frac{1}{4}\gamma$	γ	$\frac{1}{9}\gamma$	γ	$\frac{1}{16}\gamma$
A (18)	2.7	(9.5)	(2.4)	—	—	—	—
Kr (36)	3.7	13.5	3.4	(28.2)	(3.1)	—	—
X (54)	4.7	16.8	4.2	33.5	3.7	—	—
Nt (86)	5.5—6.0	21.7	5.4	43.0	4.8	(65)	(4.1)

为了能够把总屏蔽常数 γ 的这些值和理论公式(9)相比较,我们也针对各个 L, M 和 N 能级列出了除以 n^2 后的屏蔽常数. 我们看到,这样一来就针对所考虑的一切能级得到了一些值;当从元素周期系中的一个周期过渡到下一周期时,这种值就增加一个单位. 这种符合情况对于 K 能级特别好;对于这种能级,按照估计方法的本性来看,理论公式也必须认为是最精确的. 这种符合是具有本质重要性的,因为,完全和仍然悬而未决的相对论双重能级的诠释无关,它给在原子中各电子轨道的分类中所用量子数的正确性提供了一种直接的支持. 例如,如果像近来一些论文所提议的那样应该给辅量子数 k 指定半整数值而不是指定整数值,情况就会显得十分不同. 由于按照公式对应于 $k = \frac{1}{2}$ 这一假设的 K 能级的相对论项要大得多,这种假设就将意味着,屏蔽常数不是像理论所要求的那样当从一种变到另一种稀有气体时会增加一个单位,而是当从氪变到氙时将显示大约 5 个单位的增量,甚至当从氙变到氡时会显示超过 20 个单位的增量.

再者,当在公式(9)中令 $\beta_{N,n}$ 等于较外组的数目时,我们由表就能求出内屏蔽常数 $\alpha_{N,k}$ 的值,那就是 $\alpha_{11} = 0.7$, $\alpha_{22} \sim 5.5$, $\alpha_{33} \sim 16$, $(\alpha_{44} \sim 33)$, 它们具有按照理论所预期的数量级. 但是,正如在 §5 中已经提到的,我们在这篇论文中并不打算更详尽地讨论屏蔽常数的精确计算. 借助于附图,我们只将指出曲线在属于完全闭合组的那些能级上显示的不规则性,这些不规则性必须诠释为外屏蔽常数的变化方面的奇特性. 如图所示,这些不规则性在 M 能级处表现得最为强烈,首先是出现在钯族区域中,其次更明显地出现在稀土族区域中;在这一区域中,和理论预期相一致,能级曲线的斜率比在直接毗邻的区域中要小得多. 对于 L

543 能级,也可以肯定地在这些区域中发现能级值随原子序数的变化方面的类似不规则性. 但是,由于所用比例尺的关系,这些不规则性小得无法在图 3 的曲线上明显地看出. 然而,在铁族附近,L 曲线的斜率变化却是可以明显看出的. 在铁族附近,似乎 K 曲线的进程也有一点小小的不规则性.

现在让我们转而考虑有关对应于本身正处于形成过程中的那些电子组的能级曲线的情况. 在这儿,实验资料揭示了若干可以和理论彻底对比的新特点. 在周期系中首先遇到这种情况的地方位于铁族和钯族附近,我们在那里分别看到 M 曲线和 N 曲线上的特征不规则性. 但是,由于有关实验资料的比较大的不确定性,我们将不再继续讨论这些现象,特别是因为我们在稀土族那儿会遇到各曲线的更加明显的奇特性. 为了更加清楚地显示各曲线在这一区域中的进程,在图 4 中用更大的比例尺画出了在此处有兴趣的那些能级曲线;在这一区域中,实验结果也似乎是最可靠的.

按照理论,稀土族的出现起因于 4_4 轨道上电子的加入,以及随之而来的 4 量子电子组的发育;在这种发育过程中,这一组中的电子数逐步地从 18 增加到 32. 4_4 轨道的出现,表现为 X 射线谱中 M_α 谱线和 M_β 谱线的出现. 直到现在,Dy (66) 以下的 M 谱还不曾被研究过. 对于这一元素,所提到的谱线已由斯顿斯特略姆发现,而且我们可以根据实验数据得出结论:对于 Dy(66) 以及紧跟在后面的那些元素来说,4_4 轨道的束缚和 6 量子价电子的束缚大小相近,而比 5_1 和 5_2 轨道的束缚要小得多;这一事反映在 O_I 能级上,也反映在 O_{II} 和 O_{III} 这一对能级上. 这恰恰是根据理论所应预期的;因为,只要 4 量子组还处于形成过程中,4_4 轨道上电子的加入就可以说是在和 6 量子轨道上的价电子相竞争的情况下出现的. 但是,从 4 量子组已经完满的那一时刻开始,就会出现完全不同的情况,而且我们必须预期,4_4 轨道的束缚能量将随着原子序数的增加而迅速地和规则地增加. 这一预期是和实验结果对应得相当好的;在实验上发现,在稀土族完成以后,N_{VI} 和 N_{VII} 这一对能级的曲线就很陡地上升,而且由图 4 可见,它们在 W 和 Bi 之间越过 O_I、O_{II}、O_{III} 各能级的曲线.

虽然正如上面所提到的,现有的实验资料还不能通过 N_{VI} 和 N_{VII} 这一对能级的初次出现来直接验证 4_4 轨道的开始出现,但是这种类型的电子轨道的加入却很明白地表现在其他 4 量子能级的曲线进程中,也表现在主量子数为 5 的那些能级的曲线进程中. 这些曲线全都在 Ce(58) 附近显示一个明显的突然转折,在那儿,按照原第 521 页的表 1 所给出的理论,一个 4_4 轨道最初出现在原子中. 这些转折必须诠释为起源于内屏蔽常数的增加的突然开始,该常数出现在从这些能级取走电子时所需能量的表示式中. 这种增加依赖于这一情况:正如在理论上所将预期的那样,各个 4_4 轨道甚至当最初出现在原子正常态中时就是位于已经存在的具有 4 量子轨道的电子组区域之内的,从而是位于 5 量子轨道上各电子在其大部分绕转过程中所在的那一区域之内的. 在这方面必须记得,对于上述

544

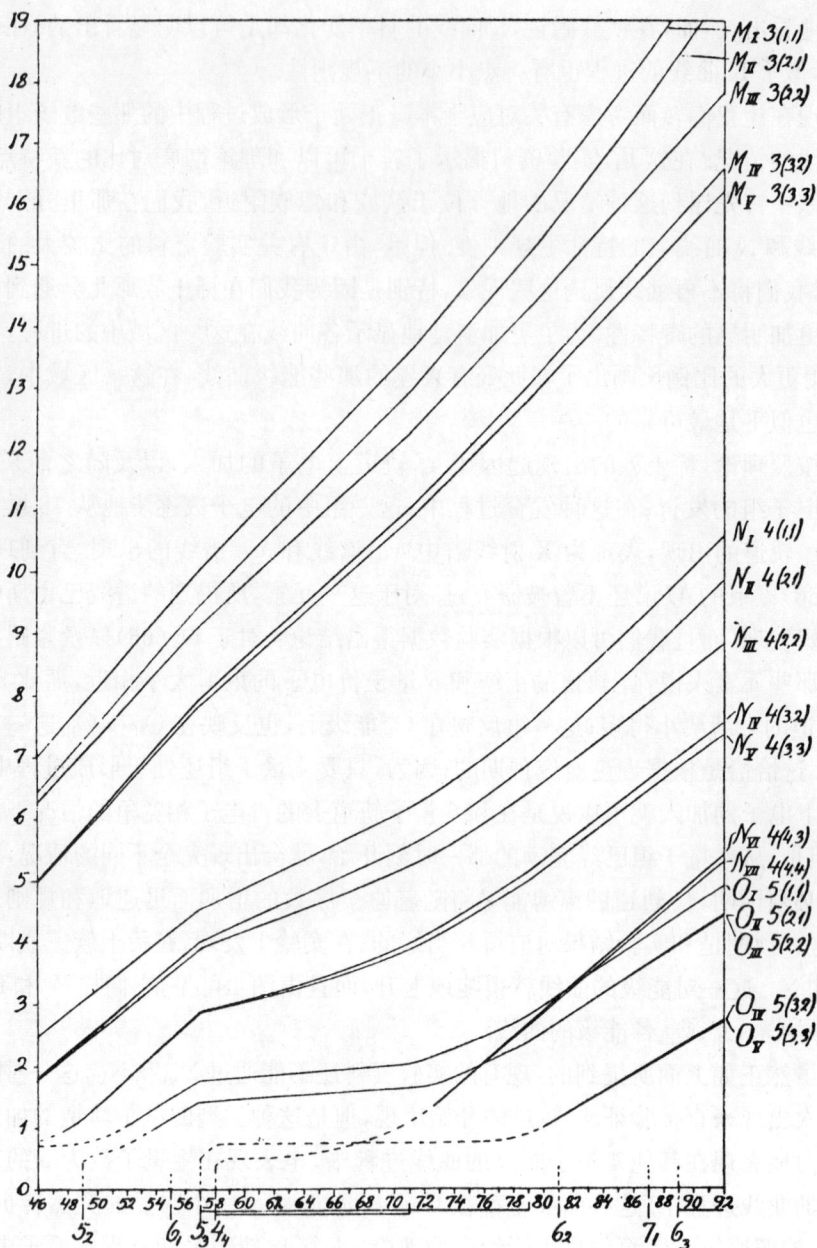

图 4

545　　的 4_4 电子和价电子的束缚强度之间那种平衡的更仔细估计来说具有决定意义
　　的,一方面是 4_4 电子的束缚强度因为 5 量子电子组的外屏蔽效应而大大减弱,
　　另一方面是,由于主量子数和有效量子数之间的很大差值,价电子的束缚要比对
　　应于一个完全位于较内电子组外面的 6 量子开普勒椭圆的束缚强许多倍.

由于对位于 72 附近并形成稀土族末尾的那些元素的测量不够完备,在这儿,关于 N_I、N_{II}、N_{III}、N_{IV} 和 N_V 能级的曲线进程是有某种不确定性的. 但是,现有的实验资料似乎清楚地表明,如图所示,这些曲线在这儿比在 Ce(58) 附近显示了更加连续的斜率变化. 这一点可能是和发生在这一区域中的 5 量子电子组的发育过程相联系着的;这种发育过程导致铂金属族的出现,而且通过对外屏蔽常数的影响而表现在 4 量子能级中.

最后,在 O 能级方面,我们遇到一些具有很大理论兴趣的新特点,因为我们在这儿涉及的是那样一个较内电子组,它们的轨道部分地位于一个处于逐步形成过程中的电子组之外. 虽然这里的实验数据方面仍有相当大的不确定性,不过,看来肯定的是,正如图中各曲线的进程所表明的那样,这些能级的 T/R 值在稀土族内是变化非常小的. 这恰恰是根据理论所应预期的,因为 5 量子轨道的较外圈线位于 4 量子电子轨道的区域之外,从而对于从 O 能级取走电子所需之功有决定意义的有效核电荷,以及有效量子数,必将在稀土族内近似地保持恒定.

546

在尽可能大的精确度下试图确定 X 射线能级在氙和氡之间的进程将是具有很大兴趣的,因为我们可以希望通过这种办法来了解到有关 4 量子电子组和 5 量子电子组的详细发育过程的许多情况.

§7. 结 束 语

如所周知,一种元素的 X 射线谱及其原子序数之间的简单联系的发现,是摩斯莱的基本研究的典型标志. 特别惹人注目的是,这些 X 射线谱和表现在周期系中的各元素其他性质的规律之间似乎不存在任何密切关系. 但是,通过主要归功于席格班的研究工作的更精确的测量,并通过测量范围的扩大,在这一段时间内已经发现了一些现象,而正如我们已经看到的,这些现象可以在主要特点上和在诠释周期系时也动用了的那一理论密切地联系起来.

但是,在这里必须强调,在到此为止所讨论过的 X 射线谱的那些规律性中间,完全没有提到各元素的光学性质和化学性质所显示的那种周期性. 然而,按照更仔细的考虑,我们在 X 射线谱的情况下也必须预期有一些特色,它们恰恰是和引起上述各性质的周期性的那些原子结构特点相联系着的. 事实上,表现在周期系的通常规律性中的,就是在原子的最外电子组中连续进行着的闭合过程;随着原子序数的增加,这种过程使一些电子不断地在原子正常态中束缚在新型量子轨道上. 关于这些情况可以在 X 射线谱中显现出来的方式问题,我们遇到理论的一种迄今没有特别提到的特点. 对于 X 射线的发射和吸收的普遍定律的诠释来说,完全必要的就是较内组一般地具有闭合性. 事实上,这就使得从外边

547 来的一个电子不能通过辐射的发射而被束缚在和已经闭合的组中各电子轨道同类型的一个轨道上,而较内组中的一个电子也不能通过辐射的吸收而被转送到这些类型的一个轨道上.

　　这种考虑本身,就对适用于两种吸收现象的定律之间的典型差别提供了直截了当的解释,其中一种是 X 射线谱域中的吸收,而另一种是光学谱域中的吸收;同时,它也使我们想到,对于 X 射线谱的吸收来说,我们在有一个组正处于逐渐形成过程中的那些元素的事例中必须预期遇到特殊的情形*. 事实上,我们必须预期,通过辐射的吸收,电子可以直接被转送到这样一个未完成组中. 这一点将显示为一些 X 射线谱线在发射和在吸收中的出现,这些谱线不能包括在和图 2 中的图解相对应的 X 射线谱的分类中,那种分类严格说来是只适用于具有完满组的元素的**. 事实上,这样的谱线似乎出现在铁族元素中,在发射谱中作为图中谱线的长波伴线而出现,在吸收谱中作为吸收线精细结构的长波成分线而出现***. 此外,在稀土区域中也观察到一些谱线,它们位于图中各谱线的长波一面,从而似乎具有类似的起源. 这些谱线的进一步考察,特别是关于它们在吸收方面的表现的考察,已经开始了,而且,这种考察应该在有关 4 量子电子组在稀土区域中渐趋完成的那种进行方式方面给出重要的信息.

　　最后这些考虑立即引导我们预期,在 X 射线波谱学数据和各元素的光学性质及化学性质的周期性之间会有一种普遍的密切联系. 的确,正如上面提到的,这些性质随原子序数而发生的典型变化,简单地就是原子中束缚得最松的那一电子组的通常非闭合性的一种反映. 因此我们可以假设,较内组中的一个电子不

548 但可以通过吸收过程而被从原子中完全取走或转送到和原子中已有的轨道类型不同的量子轨道上,而且一般说来它也可以直接落入最外面的电子组中. 为了估计和这样一种电子运动相对应的束缚能量,我们必须记得,在通过从较内组中取走电子而激发了的原子的较外区域中,电子运动进行时所处的条件将和正常地支配着前一种元素中最外电子的运动的那些条件很近似地重合.

　　在以上各节中,讨论了能级值随原子序数而变的一般规律性及其和周期系

---

*　参阅 N. Bohr, Z. Phys. **6**(1922)1.

**　再者,这种分类只适用于通过从原子中一个较内组中取走单独一个电子而被激发的谱. 正如近来由温采耳所指出的(Ann. d. Phys. **66**(1921)437),某些谱线可以认为是起源于那样一些原子,从这些原子有多于一个的电子从它们的较内组中的正常轨道上被取走了;这些谱线在图 2 的图解中没有位置,但是它们作为图中谱线的短波伴线而出现. 和可以叫做第一种谱的通常的 X 射线谱相反,把通过从一个较内组中取走 p 个电子而激发的谱叫做第 p 种谱可能是有用的. 但是,联系到正文中的考虑却必须强调,在 X 射线吸收现象中,较高种别的谱几乎不能起任何可觉察的作用,因为,在实验条件下,通过取走较内电子而被激发的原子数和较内结构处于正常态中的原子数相比或许永远是可以忽略不计的. (参阅 D. Coster, Phil. Mag. **44**(1922)546;并参阅 S. Rosseland 即将发表的文章.)

***　参阅 D. Coster, Phil. Mag. **44**(1922)546.

的联系;除了这样的规律性以外,我们一般必须预期,继续进行的研究将揭露 X 射线波谱学数据的大量的个体细节.这种现象的许多迹象已经出现在实验资料中;但是我们在这一场合下将不再进一步讨论这些问题,特别是因为,正如在 §3 中已经强调的,在推导表 2 和表 3 中的能级值时,我们曾经忽略了这些能级对元素所处的物理状态和化学状态的依赖性;这种依赖性对上述这些细节来说将是某种有决定意义的东西.

1922 年 10 月,于哥本哈根,
大学理论物理学研究所

XII. 线光谱和原子结构

(Ann. d. Phys. **71**(1923)228[*])

线光谱和原子结构

§1. 普遍观点

自从发现了作为各元素之特征的线光谱以来,物理学家们已经普遍确信我们在这些光谱中有着一种很有价值的探索原子结构的手段.可以沿着这一途径前进的希望,首先是得到了一些奇特定律的发现的支持;许多光谱的各谱线的频率服从这些定律,而事实上是以在物理学的其他方面没有达到过的精确度而服从这些定律.这一情况诱导人们作出了测量光谱并清理光谱定律的那些努力.这种努力的最强烈印象,也许是由卡伊塞尔的伟大著作*给出的;他本人在完成这两个任务方面都作出了杰出的贡献,他用这一巨著丰富了物理文献,这一著作曾经一直是实验光谱学研究以及理论光谱学研究都离不开的参考资料.

在逐渐认识到光谱定律的有意义的诠释不能在经典力学和经典电动力学的基础上进行以后**,针对原子结构问题来在理论上利用经验光谱学资料的努力就变得特别诱人了.在气体放电和放射现象的考察带来了我们关于原子结构知识的巨大进步以后,这一困难甚至变得更加突出了.这些考察的结果就是,原子是由带电粒子即负电子和正核构成的,各粒子的大小和由各元素的原子体积所给出的整个原子的大小相比是非常小的.于是,在卢瑟福关于有核原子的观念的基础上,我们假设一种元素的原子包括一个中央正核和绕核转动的若干电子,核是原子的绝大部分质量的所在,而电子数在中性原子中等于确定着元素在周期系中的位置的所谓原子序数.但是,只要我们还依靠普通的力学原理和电动力学原理,这种观念就是和原子具有一种稳定性的要求不相容的;这种稳定性显示在各元素的特定性质中,而且同样由线光谱提供了如此鲜明的证据.

但是,在此期间,物理学家们已经在所谓热辐射定律中找到了经典定律对于原子对辐射的发射和吸收的适用性的一个试金石,这种情况是不依赖于有关原

---

* H. Kayser, *Handbuch der Spektroskopie*, Vols. I—VI (Leipzig 1900—1912).

** 在包含了经验光谱学综述的 H. Konen, *Das Leuchten der Gase und Dämpfe*(Braunschweig, 1913)一书的末尾,有一个关于在经典力学和经典电动力学的观念的基础上诠释光谱定律的那些尝试的有趣的汇编.

子结构的任何特殊假设的. 热辐射定律的理论探讨, 不但肯定地揭示了经典电动力学的失败, 而且甚至关于必须沿什么方向改变经典定律也作出了提示. 这样, 通过辐射定律的普朗克的著名推导, 就对所谓量子论的发展提供了推动力.

　　喏, 把在原子结构领域中得到的结果和光谱学的数据联系起来的那种企图, 导致了量子论的一些原理的表述, 这些原理的直接目的就在于说明原子的稳定性, 而且也说明线光谱规律性的特点*. 这种表述依赖于下列公设的提出:

　　I. 在一个原子体系的可设想的运动态中, 存在一些所谓的定态; 在这些定态中, 各粒子的运动在很大程度上服从经典力学定律, 但是这些定态以一种奇特的稳定性而与众不同, 这种稳定性不能在力学上加以解释, 而且它带来了一个结果, 即体系运动的每一长期性的改变都必须是从一个定态到另一个定态的完全的跃迁.

　　II. 和经典电动力学相反, 在定态本身中是不发射任何辐射的, 但是二定态之间的跃迁却可能由电磁辐射的发射所伴随, 这种辐射和按照经典理论由一个以恒定频率作着谐振动的带电粒子所发射的辐射性质相同. 但是, 这一频率 ν 却不是以一种简单的方式和原子中各粒子的运动相联系着的, 而却是由所谓频率关系式来给出的:

$$\nu = \frac{E' - E''}{h},\tag{1}$$

式中 h 是普朗克恒量, 而 E' 和 E'' 是原子在发射过程的初态和末态中的能量. 反过来, 用具有这一频率的一列波来照射原子, 就可能引起一个吸收过程, 在此过程中原子将被从后一定态送回前一定态.

　　第一公设注意的是原子的稳定性, 而第二公设则照顾到由细锐谱线构成的光谱的存在. 现在, 条件式(1)和爱因斯坦光电效应理论中所用的假设之间的关系是显而易见的, 这一条件式提供了诠释经验光谱定律的基础. 按照这些定律中最普遍的定律, 即由瑞兹表述出来的组合原理, 光谱中任一谱线的频率ν, 可以用下列公式来表示:

$$\nu = T' - T'',\tag{2}$$

式中 T' 和 T'' 是两个谱项, 属于被考虑的光谱所特有的谱项集合. 在上述公设的基础上, 和支配着力学体系频率的定律全不相干的这一原理就得到了一种简单的诠释, 因为, 按照条件式(1), 我们可以直接地令各谱项值 T 等于发射这一光谱的原子的不同定态的能量值 E 除以 h.

---

　　* 参阅 N. Bohr, Phil. Mag. (6)**26**(1913) pp. 1, 476, 857. 德译本见 *Abhandlungen über Atombau* (Braunschweig 1921) pp. 1, 26, 52. (以下简写为"*Abh. über Atombau*".)

理论和经典电动力学概念的完全决裂,在组合原理的这一诠释中显示得特别突出. 事实上,这种诠释涉及这样一个假设:所发射的辐射的性质,即使对于辐射过程开始时相同的原子运动态来说也可以是十分不同的,这完全取决于过程结束时的原子运动态. 不过,我们即将看到,在某种意义上,能够把理论看成经典辐射理论的一种合理的推广. 例如,我们可以把伴随着发射的不同跃迁中的每一个跃迁,和出现在原子运动中的某一个谐振动分量对照起来,这个分量将按照经典理论确定出现在所发射的光谱中的波列. 我们把光谱和原子运动之间的联系叫做对应原理. 特别说来,在光谱定律的诠释方面,这一原理已经使一种表观难测性的解释成为可能,那就是关于组合原理所预言的谱线在实际上是否出现的那种难测性.

614

§2. 周期性体系的量子论

对应原理的表述建筑在一些原子体系的量子论分析上;在这些体系中,各粒子的运动可以分解成一组有着分立频率的谐振动分量,这就是说,在这些体系中,每一粒子沿给定方向的位移,作为时间的函数,可以用下列形式的表示式来表示:

$$\xi = \sum C_{\tau_1 \cdots \tau_r} \cos[2\pi(\tau_1\omega_1 + \cdots + \tau_r\omega_r)t + \gamma_{\tau_1 \cdots \tau_r}], \tag{3}$$

式中 $\tau_1 \cdots \tau_r$ 是正整数或负整数,而 $\omega_1 \cdots \omega_r$ 是基频. 基频的个数可以叫做运动的周期度,这一周期度由一个条件来唯一地确定,那就是在这些基频之间不存在形如

$$m_1\omega_1 + \cdots + m_r\omega_r = 0$$

的任何关系式,此处 $m_1 \cdots m_r$ 是正整数或负整数. 一般情况,(3)中的求和应该遍及 $\tau_1 \cdots \tau_r$ 的一切正值和负值.

现在,这样的 r 重周期体系的定态是由 r 个态条件式给出的,它们的形式是

$$J_k = n_k h \ (k = 1, \cdots, r), \tag{4}$$

式中 h 是普朗克恒量, $n_1 \cdots n_r$ 是正整数即所谓量子数,而 $J_1 \cdots J_r$ 是表征运动的力学性质的一些量,它们服从条件式

$$\delta E = \sum_k \omega_k \delta J_k, \tag{5}$$

式中 E 是体系的总能,而微分符号 δ 是表示一个量在两个相邻运动态中的值的差. 各量 J 通过这一条件式只被确定到可以相差一个附加恒量的程度. 但是,这些量可由进一步的条件式

$$\sum_k \omega_k J_k = \sum_i \overline{p_i \dot{q}_i} \tag{6}$$

615　来完全确定,式中 $q_1 \cdots q_s$ 是任意选定的描述我们这个具有 s 个自由度的体系的广义空间坐标,而 $p_1 \cdots p_s$ 是对应的动量;右端表示式上的横线表明在一段时间内求平均值,该段时间比运动的各个基本周期长得多.

　　按照条件式(1)和(4),我们现在就得到由分别用量子数 $n'_1 \cdots n'_r$ 和 $n''_1 \cdots n''_r$ 来表征的两个定态之间的跃迁所发射的辐射的频率 ν.

$$\nu = \frac{1}{h}(E' - E'') = \frac{1}{h}\int_{''}^{'} \sum \omega_k \mathrm{d}J_k = \sum \overline{(n'_k - n''_k)\omega_k}, \tag{7}$$

此处方程右端的平均值是针对那样一些运动态来求的,这些态在 r 维 J 空间中用和二定态相对应的两个点 $(J'_1 \cdots J'_r)$、$(J''_1 \cdots J''_r)$ 之间的直线连线来表示.

　　在各量子数的值远远大于差数 $n'_k - n''_k$ 的极限下,我们在求平均值时可以把各个 ω 看成恒量,于是我们就得到渐近方程

$$\nu \sim \sum_k \omega_k(n'_k - n''_k). \tag{8}$$

于是,在这一极限下,辐射的频率就渐近地趋于运动中一个谐振动分量的频率,对于该分量来说有一些方程是成立的,即

$$\tau_k = n'_k - n''_k. \tag{9}$$

为了在大量子数的极限下得到量子论的统计结果和经典理论之间的联系,我们于是就被引导着认为二定态间的跃迁的发生依赖于由(9)定义的一个谐振动分量在体系的运动中的存在,或者不如说是在体系的电矩中的存在. 我们处理的只是统计结果,而不是譬如说量子论和经典理论的根本区别在大量子数区域中的逐渐消失;这种考虑进一步引导我们把在这一极限区域中证明了的联系看成对各量子数的任意值都能成立的一条普遍的量子论的定律,那就是各个辐射跃迁的发生和原子运动中各个谐振动分量的存在之间的联系,各该分量是按照(9)式来和各个跃迁相互关联的. 这一定律就表示着上面提到的对应原理的内容,而且我们将把有关的运动分量叫做对应于跃迁的谐振动分量.

616　　　除了定态的确定以外,我们在统计性的问题中还需要有关必须指定给各个定态的那些权重的知识,以便能够计算能量在许许多多个原子中间的分布几率. 处理这一问题的一个依据包含在由艾伦菲斯特根据热力学第二定律导出的一个普遍条件中,这个条件表明:在体系的连续变换中,只要周期度保持不变,个体定态的统计权重就不会改变. 对于周期度等于自由度数 s 的那些体系,这一条件就使我们必须给一切定态指定相同的权重 h^s. 另一方面,对于所谓的"简并体

系",即其周期度小于自由度数的体系,由(5)式定义的各个态的权重一般是不同的. 但是,权重却可以通过和一个非简并体系的对比来简单地确定,该体系是通过原有体系的一个小的变换得到的,因为原有定态的权重等于变换后体系的那样一些定态的权重之和,各该定态在简并极限下将合而为一[*].

　　喏,应用这些量子论原理的最简单实例恰好就是在普朗克的热辐射理论中所考虑的那个体系,那就是以特征固有频率在平衡位置附近作着简谐振动的带电粒子. 在这一情况,体系的电矩简单地由下列公式给出:

$$\xi = C\cos(2\pi\omega_0 t + \nu), \tag{10}$$

式中 ω_0 是恒定的固有频率. 现在由方程(5)和(6)可以推知,条件式(4)在这一情况中和普朗克的著名公式

$$E_n = nh\omega_0 \tag{11}$$

相等价,此处用 E_n 代表了第 n 个态中的能量. 如果我们现在按照(1)式来计算在量子数 n' 和 n'' 的两个态之间的跃迁中被发射的辐射的频率,我们就得到

$$\nu = (n' - n'')\omega_0. \tag{12}$$

关于(10),对应原理现在就按照(9)式要求只有 $n' - n'' = 1$ 的那种跃迁才能伴随着辐射的发射而发生. 于是,正如在普朗克的原始理论中假设了的那样,我们就得到这样简单的结果: 在这一情况中,被发射的辐射的性质和在经典理论中所将预期的相同.

　　此外,按照以上所述,线性振子的不同定态的统计权重是相等的,正如在普朗克的原始理论中也假设了的那样. 在具有两个或三个自由度的各向同性振子的情况,统计权重分别正比于 $(n+1)$ 和 $(n+1)(n+2)/2$.

§3. 氢 光 谱

　　现在,我们发现一个几乎和普朗克振子同样简单的体系在自然界中是在氢原子那里实现了的,而且这就给了我们一个解释光谱定律的简单的出发点. 按照卢瑟福的有核原子观念,这种原子包括一个带正电的核和单独一个绕核运动的电子. 将力学定律应用于这样一个体系,我们就发现各粒子在非常高的近似程度下完成着一种纯周期运动,就是说,它们在椭圆轨道上运动,二轨道以体系的质

---

　　[*] 作者在一篇综述性的论文 "*On the quantum theory of line spectra*", Memoirs of the Copenhagen Academy, 1918 中[本书第三卷原第 65—184 页],曾经给出了理论的详细阐述. 该文的德译本,近来已经问世(*Über die Quantentheorie der Linienspektren*, Braunschweig 1922). 在该文中,也给出了较早的参考文献. 并参阅 N, Bohr, Z. Phys. **13**(1923)117,那里对理论的目前状况作出了简略的概述.

心为其公共焦点. 因此,在这一情况中,原子的电矩就可以用下列公式来表示:

$$\xi = \sum_{\tau} C_{\tau} \cos(2\pi\tau\omega t + \gamma_{\tau}),\qquad(13)$$

式中 ω 是各粒子的绕转频率. 这一频率 ω,以及电子的轨道长轴 $2a$,都由表示著名的开普勒定律的下列简单公式来确定:

$$\omega = \sqrt{\frac{2W^3(M+m)}{\pi^2 e^4 N^2 mM}},\ 2a = \frac{Ne^2 M}{W(M+m)},\qquad(14)$$

式中 Ne 和 e 是核和电子的电荷,而且 M 和 m 是二者的质量,而 W 则是使粒子彼此离开到无限远时所需的功. 现在由(14)就可以通过按照(5)和(6)进行的简单计算推得,

$$W = 2\pi^2 N^2 e^4 mM/J^2(M+m),\qquad(15)$$

式中 $J = \sum_{i}\overline{p_i \dot{q}_i}/\omega$ 是那样一个量,按照态条件式(4),它在原子的定态中由下列条件式来确定:

$$J = nh,\qquad(16)$$

618 式中 n 是整数. 于是,关于定态中的能量和轨道线度,我们得到

$$E_n = -W_n = -\frac{1}{n^2}\frac{2\pi^2 e^4 N^2 mM}{h^2(M+m)},$$

$$2a_n = n^2 \frac{h^2}{2\pi^2 e^2 Nm},\qquad(17)$$

而关于体系在跃迁中所发射的辐射频率,就有

$$\nu = K \frac{N^2}{1+\frac{m}{M}}\left(\frac{1}{n''^2} - \frac{1}{n'^2}\right)\qquad(18)$$

式中

$$K = 2\pi^2 e^4 m/h_i^3.\qquad(19)$$

喏,表示式(18)恰好和适用于氢光谱的巴耳末公式具有相同的形式;如所周知,该公式就是经验光谱定律中最简单的和最初被认识了的一条定律.

在更进一步讨论这种符合情况以前,我们将简略地指出,按照对应原理,对应于 n' 和 n'' 二数之值的任意组合的谱线的出现可能性,依赖于这样一个情况:在原子的电矩中,存在按照(13)而和数 τ 的任意值相对应的泛频振动. 于是,我们就对

出现在巴耳末公式中的各谱项的那种奇特的、不受限制的组合可能性得到了简单的解释；如所周知，这种可能性就是导致瑞兹表述普遍组合原理的推动力.

再者，在各谱线频率的经验值的定量表现方面，已经发现，在测量精确度的范围之内，由(19)给出的恒量 K 和巴耳末公式中的经验恒量相符合. 这是和理论观念完全一致的，因为对于氢有 $N=1$，而且比值 m/M 小得在这种比较中觉察不到. 此外，关于轨道线度，由(17)就得到电子轨道长轴的一些值，它们是随 n 的增大而迅速增大的. 对于能量为最小值并可以叫做原子正常态的 $n=1$ 的态，我们得到轨道的一个长轴值，它和由各元素的原子体积给出的原子线度的值具有相同的数量级（约 10^{-8} cm）.

对于氢光谱的这一诠释*，当认识到一个情况时就得到又一个支持；那情况就是，以前由于表示它们的公式和巴耳末公式之间的关系而被认为属于氢的某些谱线，实际上是属于单价电离了的氦原子的光谱的. 事实上，按照理论，这种原子包括一个电荷为 $2e$ 的核，绕着这个核有单独一个电子在运动. 现在发现，所提到的这些谱线当令 N 等于 2 时可以用公式(18)来表示. 通过和氢谱线相对比，甚至能够验证由质量比 m/M 所引起的微小改正量的存在.

到现在为止，还不曾得到关于那种电离原子的光谱的证据，该原子由一个带更大电荷的核和单独一个电子所构成. 但是，关于公式(18)的正确性，已经从摩斯莱所发现的适用于 X 射线谱的定律那里得到了支持. 固然，我们在这里遇到的不是只有一个电子的原子，而却是某一较内电子的运动经历一个变化的那种过程，但是，对于核电荷 N 的大值来说，却能够在一级近似下忽略其他电子的存在. 这一情况具有极大的重要性，因为它使我们能够根据 X 射线谱来唯一地确定原子序数.

尽管我们到此为止可以依靠关于单周期体系的考虑，但是，关于外电场和外磁场对氢光谱的影响的解释，就已经会给我们提供一个考虑周期度更高的体系的机会了**. 例如，氢谱线在外场存在时的裂距，依赖于这些场扰动了未受扰原子的简单开普勒运动这一事实. 结果，正比于外场强度的新的基频就出现在运动中. 通过应用态条件式(4)，我们得到一组定态，它们除了由可以叫做"主量子数"的那一纯周期未受扰运动的量子数表征以外，还由另加的一个"辅量子数"["Nebenquantenzahlen"]来表征. 于是，针对主量子数的每一个值，我们不再得

619

---

* *Abh. über Atombau*, pp. 8, 70.
** 作者在一篇在柏林对德国物理学会发表的并刊印在 Z. Phys. **2**(1920)423 上的演讲中，按照对应原理的精神，对于外电场对氢光谱的影响的理论作出了简略的阐述. 关于不同的研究者们对这一理论的发展所作的贡献，请读者参阅这一演讲以及不久即将发表在《伦敦物理学会会报》上的本作者的另一篇演讲. 那篇演讲给出了更详细的处理，并附有广泛的参考文献.

到单一能量值,而是得到对应于辅量子数的不同值的多个能量值,这些能量值之差正比于外场的强度.因此,按照频率条件式(1),当存在场时,光谱中的每一条谱线就分解为几条成分线,它们的裂距也正比于场强.就这样,实际上已经能够解释在斯塔克效应和塞曼效应中观察到的氢谱线的裂矩.这些效应也同样提供了一种特别有教益的应用对应原理的可能性,因为这一原理对为数更多的谱项的组合可能性的限制提供了直接的解释,也对成分谱线的偏振提供了直接的解释;它甚至使观察到的劈裂式样中的强度分布得到了理解.这样得到的对各效应的诠释,一方面揭示了和在经典理论的基础上对问题的处理的根本区别,另一方面也揭示了和这种处理的相似性.例如,塞曼效应的处理显示了和洛伦兹的原始理论的广泛类似性,而如所周知,这种理论的根本重要性就在于它以一种令人信服的方式把光谱的起源追溯到了电子的运动.

再者,关于外场中氢原子定态的考虑,也使我们能够确定由(16)给出的未受扰原子各定态的统计权重.但是,在这种确定中必须照顾到,可以通过适当选择的外场的影响来得到的非简并体系的某些态将显示力学奇异性,这种奇异性将导致电子落入核中,因此这些态必须予以排除.研究表明,第 n 个态中的统计权重等于 $n(n+1)h^3$.

到此为止,我们一直没有考虑一个事实,即当在高分光本领下进行观察时,氢光谱显示一种精细结构.这起源于这样一个事实:严格说来,甚至未受扰氢原子的运动也不是纯周期运动.事实上,由于电子质量随速度而发生很小的变化,电子的轨道并不是一个闭合的椭圆而是它的近核点在缓慢地转动,这就引起一个量值很小的新的基频,并从而按照态条件式在定态集合中引入一个新的量子数.精细结构理论的一个典型特点就是,椭圆轨道的偏心率变成由所加量子数来确定了.但是,认为椭圆轨道的这样一种确定对于诠释巴耳末公式已经是必要的,这却是一种误解.事实上,在其强度和斯塔克效应及塞曼效应的实验中所用场强相比还很小的外场影响下,观察到的精细结构是很不稳定的,而这种巨大的不稳定性就最清楚地表明,甚至在这样的小场的影响下,由精细结构理论中近核点的转动而引起的附加量子条件就成为不能应用的了.另一方面却必须预期,只有当外场的强度足以强烈地改变原子的近似开普勒运动时,巴耳末公式的成立才会受到显著的影响.精细结构理论不但适用于氢谱线,而且对于电离化氦原子的类似光谱,以及对于 X 射线谱都得到了光辉的证实;如所周知,这种理论是由索末菲[*]提出的,而且这种理论对他通过考虑到周期度较高的体系来扩充光谱定律的量子论诠释起了推动作用.

---

[*]　A. Sommerfeld, Münch, Ber. (1915).

§4. 原子序数较高的元素的普遍光谱定律

在原子序数较高的元素的光谱中,我们遇到比氢光谱更复杂的情况. 不过,如所周知,对于许多光谱已经能够确立一些经验的光谱定律,它们和氢光谱的形式表示法显示出奇特的类似性. 例如,如果我们暂时忽视各条谱线的多重结构(双重线,三重线等等),则这些光谱中各谱线的频率可以在很高的近似程度下用下列公式来表示:

$$\nu = \frac{K}{(n'' + \alpha''_k)^2} - \frac{K}{(n' + \alpha'_k)^2}, \tag{20}$$

式中 n' 和 n'' 是整数,而 α'_k 和 α''_k 是属于作为所考虑光谱之特征的一个常数序列的两个数. K 是所谓的黎德伯恒量,它对一切在通常放电条件下产生的光谱即所谓电弧光谱都是相同的,而且等于巴耳末公式中的那个恒量. 正如氢光谱那样,具有这样一种结构的光谱叫做线系光谱,因为各谱线可以排成行,即排成所谓谱系,谱系中的频率收敛于一个确定的极限. 这样一个谱系由公式(20)来表示,如果针对 α'_k 和 α''_k 的两个确定值令 n'' 保持不变而令 n' 取一系列渐增的值的话.

这些光谱的比氢光谱更加复杂的结构,简单地起源于一个事实,即我们在这里遇到的是不止含有一个电子的原子,从而我们必须预期更加复杂的运动形式. 但是,参照氢光谱的诠释,如果作出一个假设,我们就能立即对黎德伯恒量的普遍出现得到一种理解;那假设就是,在电弧光谱的发射中,我们处理的是一些态间的跃迁,在那些态中,有一个电子至少在它的大部分轨道上是在离核较远处运动的,即从它到核的距离远大于从其他电子到核的距离. 于是,这一电子所受到的原子其余部分的力,就和氢原子中核对相同距离处的电子所作用的吸引力接近相同.

关于电弧光谱的起源的这一诠释[*],很快就通过否勒[**]的发现得到了令人信服的支持;否勒发现,各元素在特别强烈的放电下发射的所谓火花光谱,可以用一个公式来表示,而这一公式和公式(20)的区别只在于恒量 K 要用 $4K$ 来代替. 当假设火花光谱不是由中性原子而是由单价电离的原子所发射时,这种情况就和理论预期完全相符. 事实上,在这种情况下,在比其他电子离核更远处运动着的一个电子,将和电离化氦原子中的电子受到接近相同的力. 不久以前,这种观念以一种很有趣的方式通过帕邢[***]的发现而得到了补充;他发现,在铝的火花光谱中,除了否勒类型的线系光谱以外还有另一种线系光谱,它可以用把恒量 K

622

---

[*]   *Abh. über Atombau*, pp. 11, 115.

[**] A. Fowler, Trans. Roy. Soc. (A) **214**(1914)225.

[***] F. Paschen, 参阅〈Ann. d. Phys. **71**(1923)〉p. 142. 我感谢帕邢先生使我得悉这一著作.

换成 $9K$ 的公式来表示,从而它必须被看成来自双价电离了的铝原子. 一般说来,我们将把起源于那样一种原子的线系光谱叫做第 p 种线系光谱,该原子已经失去 $p-1$ 个电子,而第 p 个电子则是在比其余电子离核更远的地方运动着的.

以上的考虑直接依赖于简单氢光谱的诠释,而另一方面,出现在其他元素的光谱中的更多的谱项却表明,在这些元素中,我们遇到比氢原子中更复杂的较外电子的运动. 我们在这儿所遇到的问题,首先是很困难的,因为,当在普通力学的基础上加以处理时,多电子原子中的运动问题就导致异常复杂的解. 必须特别强调的是,按照经典力学定律,原子中各较内电子的轨道组态在较外电子的干扰影响下将被证明为是不稳定的. 但是,通过引入有关较外电子的运动特点的简单假设,已经能够至少在形式上得到线系光谱规律性的详细诠释. 例如,不考虑多重结构,已经能够在一条假设的基础上对谱项进行分类并诠释组合定则;该假设就是,这一运动对开普勒轨道的偏差,在一级近似下将是长轴在轨道平面上的一种旋进. 实际上,正如索末菲首次证明了的[*],这一假设导致若干组定态,其种类和出现在光谱中的谱项总集相同,而按照这一假设,电子的运动是和有心运动很相似的. 同时,当把对应原理考虑在内时,它就能给关于这些谱项之间的可能组合的奇特限制提供一种简单的解释,而这种限制是线系光谱所特有的[**].

一种有心运动永远可以看成上面叠加了轨道平面上的一个均匀转动的纯周期平面运动. 通过这一叠加上去的转动,出现在周期运动中的每一个椭圆谐振动分量都分解为两个圆周简谐转动,它们的频率等于原有频率加上或减去所叠加的转动的频率. 于是,如果用 ω 代表周期轨道上的绕转频率而用 σ 代表所叠加的转动的频率,那么,只要它依赖于较外电子,原子的电矩就可以用下列公式来表示:

$$\xi = \sum_{\tau} C_{\tau, \pm 1} \cos[2\pi(\tau\omega \pm \sigma)t + \gamma_{\tau, \pm 1}]. \tag{21}$$

按照(4)式,对应的定态由两个条件式来表征,它们可以写成

$$J = nh, \ P = kh, \tag{22}$$

式中 n 和 k 是整数. 这些条件式中的第一个,在有心运动变成开普勒运动的极限下和确定简单氢原子的定态的那个条件式(16)相重合,而第二个条件式则可以看成由轨道的转动所引起的后加的量子条件式. 出现在这一条件式中的 P 这个量,简单地等于电子在轨道上的角动量乘以 2π. 另一方面,对于任意的有心轨道

---

[*] A. Sommerfeld, Münch. Ber. 1916.

[**] 在前面提到的作者的演讲中[Z. Phys. **2**(1920)423],在对应原理的基础上对线系光谱理论作出了简略的阐述. 更加详细的论述和更加完备的参考文献,可以在前面提到的"*On the Quantum Theory of Line Spectra*"[本书第三卷原第 65—184 页]的第三部分中找到.

来说,量 J 的运动学诠释却由下列方程来确定:

$$R = J - P = \int p_r \mathrm{d}r = \int m \left(\frac{\mathrm{d}r}{\mathrm{d}t} \right)^2 \mathrm{d}t, \tag{23}$$

式中 r 是电子的矢径而 $p_r = m\mathrm{d}r/\mathrm{d}t$ 是径向动量;积分是在径向运动的一个完整 ₆₂₄周期中计算的. (23)式右端的表示式和出现在著名的威耳孙-索末菲有心运动定态条件中的表示式相同. 这里所用的条件式(22)的形式,是注意到基频 ω 和 σ 的选择而提出的,因为,按照(5),两个相邻态之间的能量差由下列方程来给出:

$$\delta E = \omega \delta J + \sigma \delta P. \tag{24}$$

由这一方程可以清楚地看出,如果 σ 远小于 ω,则能量将主要依赖于 J. 因此,正如在氢的情况中一样,我们将永远把 n 叫做主量子数而把 k 叫做辅量子数. 而且,在上面提到的当对开普勒运动的偏差为很小时的极限下,轨道线度是近似地由下列方程来确定的:

$$2a = \frac{n^2 h^2}{2\pi^2 Ne^2 m}, \ 2p = \frac{k^2 h^2}{2\pi^2 Ne^2 m}, \tag{25}$$

式中 $2a$ 代表转动着的近似椭圆形的轨道的长轴,而 $2p$ 代表它的参数(通过焦点的最短的弦).

由(23)可以普遍地推知,P 永远不能大于 J. 因此,针对主量子数的每一个值 n,我们将预期得到对应于 $k=1, 2, \cdots, n$ 各值的一些谱项. 而且,由对应原理可知,从态 n'、k' 到态 n''、k'' 的跃迁,依赖于频率为

$$(n' - n'')\omega + (k' - k'')\sigma$$

的谐振动分量在运动中的存在. 但是,按照(21),这一对应关系就意味着只有

$$k' - k'' = 1 \tag{26}$$

的跃迁才能发生.

这一结果不但解释了在线系光谱中观察到的那种对谱项的可能组合的奇特限制,而且也令人信服地支持了索末菲所提出的关于经验谱项序列的可能 k 值的指定方法. 例如,我们必须给 s 谱项指定 $k=1$,给 p 谱项指定 $k=2$,给 d 谱项指定 $k=3$,给 f 谱项指定 $k=4$,而给特别出现在火花光谱中并和氢的谱项序列密切重合的那些谱项序列指定更高的 k 值. 尽管这些谱项序列的主量子数 n 的指定显然并不带来困难,确定和氢序列相差颇大的那些谱项序列的这一量子数的问题却揭示了一些新的情况,关于这些新的情况我们将在最后两节中再来讨论.

625   作为方程(26)所蕴涵的对可能组合的这一限制的后果(该方程和适用于简单氢光谱的方程不同),就不应该预期任何真正的组合谱线会出现在其他元素的光谱中. 这就意味着,不应该出现任何那样的谱线,它的频率可以表示为光谱中另外两条谱线的频率和或频率差. 但是,如所周知,实际上却观察到许多这样的谱线,而且这在以前曾被认为是对组合原理的最有力的支持;但是,正如它们的出现对激发条件的奇特依赖性所表明的,这些谱线的出现必须认为是起源于放电过程中外来干扰电场的存在. 事实上,通过这种力的影响,线系电子的简单有心运动受到那样的扰动,以致除了由(21)所给出的那些谐振动分量以外,还出现一些频率为 $\tau\omega$ 和 $\tau\omega \pm 2\sigma$ 的分量,它们的振幅正比于外力. 这就造成一种后果,即在受扰原子中除了 k 改变一个单位的那些跃迁以外,我们还必须预期得到 k 保持不变或 k 改变两个单位的那种跃迁,也就是得到形式上和声学中的和频及差频相类似的频率.

      特别说来,这种"新"谱线的出现就是关于线系光谱斯塔克效应的那些实验的重要结果,在这种实验中我们处理的是强度已知的均匀外电场的影响. 和理论完全一致,已经发现,对于相等的外场强度来说,所考虑的组合谱项对和同一主量子数相对应的氢谱项偏差越小,这些谱线的强度就越大. 事实上,按照(24),这一偏差直接给出转动频率 σ 的大小的一种量度,从而也给出轨道对纯周期轨道的偏差的一种量度,而且一般就造成氢光谱和其他光谱的斯塔克效应之间的根本区别. 特别说来,在后一些光谱中,运动中并不出现其大小正比于外力强度的新基频,从而我们只得到各谱线的那样一些劈裂,即各成分线之间的劈距正比于场强的高于一的乘幂.

      与此相反,只要我们可以不考虑多重结构,均匀磁场对线系光谱的影响却和对氢光谱的影响十分类似. 如所周知,按照拉摩尔定理,必须根据经典电动力学预期,有核原子的电子运动在外磁场中的变化,将简单地是一个均匀转动的叠加,其频率由下列方程给出.

626

$$\zeta_H = eH/4\pi mc, \tag{27}$$

式中 H 是磁场强度,e 和 m 仍和以前一样是电子的电荷和质量,而 c 是光的速度. 通过考虑这一转动对电子运动按谐振动分量的分解所造成的影响,就可以简单地根据对应原理得出每一谱线将劈裂为正常洛伦兹三重线的结论. 如所周知,只要我们处理的是它的线系谱线并不显示多重结构的那种光谱,这一预期就是得到证实的.

§5. 线系谱线的多重结构

      在此以前,我们一直没有考虑许多线系光谱的谱线所显示的更精细的结构. 索末菲* 首次企图通过引入叫做内量子数的第三个量子数来对这些"多重结构"进行一种形式的量子论分析. 为了对多重结构现象尤其是对适用于它的经验组合定则得到进一步的理解, 我们必须首先依靠着对应原理来问问电子运动的性质如何. 正如在上节中说明了的, 光谱的特征结构表明, 线系电子的运动在一级近似下是一种有心运动. 但是, 多重结构表明, 严格说来是运动中出现着多于两个的基频, 结果就需要用多于两个的量子数来对定态集合进行分类. 喏, 在企图描述电子运动时, 一种自然的做法就是至少保留轴对称性; 这就导致一条假设: 运动对有心轨道的偏差就在于叠加了轨道平面的均匀旋进. 通过这种旋进, 电子运动按谐振动分量的分解将被改变, 使得代替以前的每一分量现在将出现三个分量, 其中一个分量是平行于旋进轴的具有原来频率的线性振动, 而另外两个分量是垂直于该轴的平面上的圆周转动, 它们的频率等于原有频率加上或减去旋进频率. 如果用 ρ 来代表这一频率, 我们就得到平行于和垂直于旋进轴的电矩分量表示式如下:

$$\xi = \sum_\tau C_{\tau,\,\pm1}\cos[2\pi(\tau\omega\pm\sigma)t + \gamma_{\tau,\,\pm1}], \qquad (28a)$$

$$\eta = \sum_\tau C_{\tau,\,\pm1,\,\pm1}\cos[2\pi(\tau\omega\pm\sigma\pm\rho)t + \gamma_{\tau,\,\pm1,\,\pm1}]. \qquad (28b)$$

627

现在我们可以写出三个态条件式, 它们按照(4)式来确定这种运动的定态:

$$J = nh, \; P = kh, \; Q = jh, \qquad (29)$$

式中 n、k 和 j 是整数. 尽管 J 和 P 是在纯有心运动的极限情况下和出现在(22)中的那些量相重合的一些量, 而我们却必须把出现在另加量子条件中的 Q 这个量看成原子的总角动量乘以 2π. 实际上, 这些量满足一个类似于(5)和(24)的关于两种相邻体系运动的能量差的方程, 即

$$\delta E = \omega\delta J + \sigma\delta P + \rho\delta Q; \qquad (30)$$

该体系包括一个电子和一个刚体, 而刚体具有角动量, 并产生一个相对于角动量轴线为对称的力场.

　　在上一节中, 我们可以和周期体系的量子论进行密切的对比, 因为至少在形式上我们可以只注意较外电子的运动, 而在现在的事例中形势却有点更加复杂了; 这种形势在后加的量子条件式的诠释方面引起了基本的不确定性, 因为我们甚至不能用严密的力学来证明原子心的角动量在较外电子的运动过程中将保持恒定. 但是, 在开始时我们将假设, 只要涉及的是较外电子, 原子的运动就可以严格地和上述的多周期体系[的运动]相比拟, 从而我们把原子心的角动量写成

---

*　A. Sommerfeld, Ann. d. Phys. **63**(1920)221.

$ih/2\pi$,此处 i 也和 j 一样假设为整数. 后一量子数确定较外轨道相对于原子心的取向,它显然必须满足一个条件

$$|i-k| \leqslant j \leqslant i+k. \tag{31}$$

　　由(30)可见,由态条件式(29)和频率条件式(1)得出的多重结构式样,是和较外电子轨道的旋进运动密切地联系着的. 而且,按照对应原理以及(29)和(30),从态 $n'k'j'$ 到态 $n''k''j''$ 的跃迁的出现,依赖于频率为 $(n'-n'')\omega+(k'-k'')\sigma+(j'-j'')\rho$ 的谐振动分量的存在. 按照(28a)和(28b),这就表明可能的跃迁除了受到条件式(26)的限制以外,还受到下列条件式的限制:

$$j'-j'' = 0 \text{ 或 } j'-j'' = \pm 1. \tag{32}$$

　　这一结果就提供了一个出发点,来理解出现在观察到的结构式样中的那些谱项之间的可能组合的特征限制,这是黎德伯就已强调过的一种限制. 与此同时,和条件式(31)结合起来,这一结果也在一定程度上提供了确定量子数 j 和 i 的值的一种手段. 但是,和适用于量子数 k 的情况相反,一旦我们企图诠释观察到的多重结构式样,我们在这儿就会遇到深刻的困难. 而且,这些结构式样往往显示比由这里提到的理论所将预期的程度更高的多重性. 在光谱的经验分类中,这种更大的复杂性表现为我们在许多情况下必须区分不同种类的谱项;例如,在碱土元素的光谱中,这些谱项叫做单谱项和三重谱项. 按照上面提到的组合定则,我们就被引导着在这种情况中给几个不同的谱项指定相同的量子数 n、k 和 j 的值. 于是,如果我们保留关于较外电子的运动性质的简单假设,我们就会被引导到这样一种观念:在不同种类的谱项中,我们涉及的是原子心中各电子轨道的和原子心总角动量 $ih/2\pi$ 的不同值相对应的不同组态. 这一假设也受到一个事实的支持,那就是,涉及不同种类谱项的组合的跃迁,通常比对应于相同种类谱项的组合的跃迁具有小得多的几率. 因为我们必须记得,原子心中各电子轨道的组态发生变化的那种跃迁,并不对应于由(28a)和(28b)给出的基本振动的一个谐振动分量,而却对应于振幅更小的依赖于较外电子和原子心中各电子之间的微妙相互作用的谐振动分量. 除了这种相互作用的本性以外,对于不同种类的谱项之间的跃迁,我们也必须保留限制可能跃迁中 j 的变化的那一组合定则. 按照对应原理,这是根据所应预期的有核原子中电子运动的普遍轴对称性就已经可以推知的. 具有巨大的基本重要性的是,这个定则也可以根据辐射过程中角动量守恒的考虑推导出来[*].

---

　　[*] 在作者的一篇论文中(Z. Phys. **6**(1921)1),更详细地讨论了这样一种考虑和——由汝宾诺维兹和作者独立提出的——量子论之间的关系,该文也给出了参考文献.

在外场对线系谱线的多重结构的效应方面,我们遇到一些很有趣的问题,这些问题现在还没有确切的解. 如所周知,在磁场对具有复杂结构的线系谱线的影响中,我们遇到反常塞曼效应这种诱人的现象. 按照对应原理,必须认为这起源于上述拉摩尔定理的不复成立. 特别说来,根据帕邢和贝克*所发现的现象,即单独一条线系谱线的各多重结构成分线的劈裂式样随着场强的增大而逐渐转化为正常洛伦兹三重线的现象,我们可以得到这样的结论:磁场除了影响整个原子的运动以外,还影响多重结构所依赖的那种较内电子和较外电子的相互作用**. 这一结论也由一个事实清楚地指示了出来,那就是,磁场会引起多重结构的新成分线的出现,这些成分线在没有场时的式样中是不存在的. 事实上,这些新成分线和前面提到的在电场中出现的新线系是十分类似的. 但是,在磁场效应的情况中,我们并不能利用经典电动力学来计算外力对电子运动的详细影响. 而拉摩尔定理的失效却告诉我们,我们在这里面临着十分新颖的现象;对于这些现象来说,我们必须希望经验的光谱学数据可能会给我们指出必须用什么定律来取代经典理论.

实际上,塞曼效应的量子论分析已经揭示了一些可以有形式诠释的规律性. 例如朗德***已经能够证明,当假设每一个谱项在场的影响下劈裂为一系列等差谱项值时,弱场中的劈裂式样可以利用频率条件式来表示. 在对应原理的基础上,这一结果可以用一个假设来诠释,那就是,整个原子的运动的改变就在于叠加上一个旋进,它所绕的轴线通过核而平行于场,而其旋进频率不依赖于原子相对于场的取向. 这一诠释得到了下述事实的支持:索末菲和海森伯****通过考察按照这种看法应该出现在场中原子的运动中的那些谐振动分量已经证明,可以在对应原理的基础上对在塞曼效应中观察到的各成分线的相对强度得到一种普遍的理解. 但是,和根据经典理论所应预期的相反,由朗德算出的所叠加旋进的转动频率的值并不由(27)给出,而却是未受扰原子的不同定态的特征. 这就表明,原子的磁矩和角动量之间的联系比经典理论所要求的更加复杂. 再者,由朗德的分析可以推知,原子角动量平行于场的分量除以 2π,可以并不像在氢谱线塞曼效应的诠释中所假设的那样永远等于整数. 这种假设被认为只适用于具有某几种多重结构的光谱,而对于其他类型的光谱,朗德实际上得到了和整数相差 $\frac{1}{2}$ 的这个量的值. 这种发现使得通过和多周期体系量子论的直接类比来确定多

---

*　F. Paschen and E. Back,Ann. d. Phys. **39**(1921)897 以及 Physica **1**(1921)261.

**　参阅 N. Bohr,Z. Phys. **9**(1922)27.

***　A. Landé,Z. Phys. **5**(1921)231.

****　A. Sommerfeld and W. Heisenberg,Z. Phys **11**(1922)131.

电子原子的定态运动的那种依据发生了问题. 在最后一节中, 我们将回头讨论上述这种多重结构的简单诠释在更仔细的考察下所将经历的变化.

　　电场对线系谱线多重结构的效应具有和磁场的效应本质不同的性质. 事实上, 根据线系电子轨道的近似有心性就可以推知, 正如上面已经提到的那样, 均匀外电场中的运动将不会包含用正比于场强的新基频来表征的任何谐振动分量; 特别说来, 不会出现轨道平面的具有正比于场强的频率的任何转动. 于是, 电场就不可能影响造成多重结构的那种机制. 这就对观察到的一个事实提供了简单的解释; 那事实就是, 即使很窄的双重线和三重线也不受电场的影响, 即使电场强得足以引起氢谱线的劈裂, 其裂距比所考虑的结构中各成分线之间的距离大得多. 所有这一切都和多重结构在外磁场中的表现截然不同. 一般地可以说, 磁场只影响多重结构而不影响线系光谱的一般结构, 而电场则只有当能够扰乱运动的普遍有心特点时才能影响多重结构. 于是, 只有当谱线所依赖的谱项之一和氢光谱的对应谱项相差很小时, 我们才能预期电场对谱项结构有所影响.

631

§6. 线系光谱和原子结构之间的更密切的联系

　　当在普遍经验光谱定律的上述量子论诠释的基础上企图形成关于所观察到的各元素光谱的起源的更确切观念时[*], 我们就遇到一个问题, 它的解仍然处在许多基本困难的包围之中. 如上所述, 和原子只包含单独一个电子时的情况相反, 力学定律对多电子原子中的运动的应用一般会导致一些类型的运动, 它们并不显示在利用量子数来进行定态分类时看来是必要的那种周期性质. 在这些情况下, 看来没有任何别的出路, 而只能假设经典力学定律不但不能解释原子的稳定性, 而且对于多电子原子来说甚至不能在较精致的细节上描述原子中的运动. 但是, 经验的光谱定律却给我们提供了一个克服困难的出发点; 这些定律在对应原理的精神下, 联系到已经普遍确立的原子结构特点, 向我们提供了关于引起光谱的那些定态中的运动的一般性质的信息. 例如, 这些定律以及有核原子的中心对称性首先就使我们想到, 在一级近似下, 原子中每一个电子的轨道都可以看成一个有心轨道, 这种轨道是按照上面描述的方式而用两个量子数 n 和 k 来加以表征的. 在下面, 为了简单, 这样一个轨道将被称为一个 n_k 轨道. 但是, 任何光谱

---

　　[*] 在卡伊塞尔的手册中, 可以找到一般的经验光谱学数据的汇编, 这一汇编在许多方面仍然是最完备的, 而且, 综合的阐述近来也已经由否勒 (*Report on Series in Line Spectra*, Physical Society of London 1922) 以及由帕邪和哥慈 (*Seriengesetze der Linienspektren*, Berlin 1922) 发表了. 在这些阐述中, 曾经特别注意了线系光谱中的规律性, 而且这些阐述对于理论讨论是很有价值的, 因为它们给出了谱项本身. 以下所用的数据就是取自这些书的. 为了便于读者阅读, 在这篇论文的末尾给出了在理论讨论中涉及了的若干光谱的图解表示.

的更仔细的考察都是和关于所考虑原子的结构的详细观念的发展不可分割地联系着的,特别是在针对原子正常态中每一电子的轨道来确定量子数 n 和 k 的值方面,以及在确定附加的确定着这些轨道的取向的那些量子数的值方面.严格说来,在经典力学的基础上,并不能根据周期体系的理论来精确地确定这些量子数的意义.而原子结构的普遍稳定性却把我们引导到这样的看法:在每一个多电子原子中,存在着每一个电子的运动的一些性质,以及各电子之间的相互作用的一些性质,它们具有一种不变性,这是在力学上无法解释,而只在量子数中得到了有意义的表现的.这种看法可以叫做一条形式上的关于量子数的不变性和持久性的公设*.

632

当我们企图通过遵循经由电子的逐个俘获来建成原子的过程以形成一种关于原子结构的图景时,这种看待事物的方式就是得到特别的强调的.事实上,正是线系光谱提供了这一过程的各步进程的信息.例如,我们可以把氢光谱看成一个过程的证据,在这一过程中通过原子核在辐射的发射下对电子的束缚而形成原子;而且一般说来我们根据由(18)给出的一个光谱来了解一个核电荷为 N 的原子的第一个建造步骤,这就是第一个电子的俘获.按照关于线系光谱的起源的这些考虑,我们在类似的方式下根据一种元素的电弧光谱来了解一个束缚过程的进程,通过这个过程,中性原子通过最后一个电子的俘获而得以完全形成.一般地说,在一种元素的第 p 种线系光谱中,我们看到它的形成过程中倒数第 p 步的进程.为了达到此目的而利用光谱中的规律性,我们按照上述公设来假设,在俘获过程中,表征着早先被束缚在各建成阶段的正常态中的各电子的量子数,在正在被俘获着的那个电子的干扰影响下将保持不变.通过后加电子的俘获,最多只有那些量子数能够改变,它们和一些电子的轨道的相对取向有关,而这些电子在 n 和 k 的值方面和正在被俘获的电子相等价.

我们现有的关于大多数元素的较高次线系光谱的知识都太不完备,不足以使我们能够追寻建造过程的一切步骤.但是,我们却可以通过一些考虑来在很大程度上填补这一空隙,那就是一方面考虑核电荷不同而电子数相同的原子中的电子运动问题的力学相似性,另一方面考虑由核电荷的增大所引起的不同量子轨道的相对大小的逐渐变化.后一情况特别和由主量子数 n 来表征的轨道性质有关.在这里,我们在原子的不同区域中遇到本质上不同的条件.在最内部的区域中,不同电子之间的相互作用远小于核的吸引力,从而各电子轨道将密切地对应于开普勒轨道,而且轨道线度和从原子取走电子时所需的能量都将近似地等于一个原子的具有相同主量子数的定态中的线度和能量,该原子具有相同的核

633

---

* 参阅 N. Bohr, Z. Phys. **13**(1923)135.

电荷,但只包含一个电子.另一方面,在原子的较外部分,核的吸引力将大部分被来自较内电子的推斥力所抵消. 这一点,对于属于中性原子形成过程的最后各步的那些定态的轨道尤其是对的. 在这里,按照较外电子是在它的整个运动过程中都位于比较内电子离核更远的地方,还是在绕转的一部分时间内会透入早先束缚的电子的区域中去,我们遇到两种本质上不同的情况.

在前一种情况下,如果我们处理的是束缚过程中的倒数第 p 步,运动将和点电荷 pe 的场中的开普勒运动相差很小,而束缚能量也将近似地等于具有相同主量子数的这种开普勒运动的定态中的能量. 在这种情况下,我们将谈到第一种轨道.

在后一种情况下,我们将谈到第二种轨道;这时电子所描绘的有心轨道可以描述为由相继的较内圈线和较外圈线所组成,其中较外圈线近似地和点电荷 pe 周围的一部分开普勒运动相重合,而较内圈线则一般和开普勒运动相差很大. 但是,较外圈线的线度一般和在电荷为 pe 的核周围具有相同主量子数的开普勒运动的线度相差很大. 这是很容易看出的,如果考虑到较外电子在其轨道较内圈线上的给定离核距离处所受的指向原子中心的合吸引力几乎和其中一个较内电子所受的力相同. 由于这一情形,电子的径向动量的值,在其较内圈线的每一点上必将大于一个电子在相同离核距离处的径向动量值,该电子是以相同的角动量在完全位于较内区域中的轨道上运动的. 因此,按照(23),$R = J - P$ 这个量,从而按照(22)还有量子数 n 和 k 之差,对于第二种轨道就将永远大于在具有相同 k 值的任一较内轨道上的值. 只对应于较内圈线的对积分(23)的值的贡献,甚至永远大于 $m - k$,此处 m 是在 k 值相同的各较内轨道上找到的 n 的最大值. 因此,较外轨道的对上述积分的贡献永远小于 $n - m$.

这一结果首先表明,对于第二种轨道来说,主量子数 n 将永远大于 m. 而且,这种考虑提供了在许多情况中得到关于较外轨道圈线的线度以及从原子取走电子时所需能量的一种简单估计的可能性. 事实上,这一能量简单地取决于量 J 的值 J^*,这个值属于较外圈线形成其一个部分的那个纯开普勒运动. 按照(23),这个值等于 P 加上沿整个椭圆轨道求出的积分 R. 现在,在许多情况中,这个积分将和只对应于较外圈线的那一部分贡献相差很小,而该贡献本身则和上面提到的 $n - m$ 值相差很小. 因此,在这样的情况中,所求的 J^* 值就将近似地由 $(n - m + k)h$ 给出. 一般说来,我们把为了求得所考虑电子的电离能和轨道线度而必须代入公式(17)(式中的 N 被认为等于 p)中的数 n^*,定义为和原子形成过程中倒数第 p 个束缚步骤相对应的第二种 n 量子轨道的有效量子数. 现在,这个有效量子数显然可以直接由经验谱项中求出,而这是大大有助于研究的进行的.

n_k \\ N	1_1	$2_1 2_2$	$3_1 3_2 3_3$	$4_1 4_2 4_3 4_4$	$5_1 5_2 5_3 5_4 5_5$	$6_1 6_2 6_3 6_4 6_5 6_6$	$7_1 7_2$
1 H	1						
2 He	2						
3 Li	2	1					
4 Be	2	2					
5 B	2	2 (1)					
— —	—	— —					
10 Ne	2	4 4					
11 Na	2	4 4	1				
12 Mg	2	4 4	2				
13 Al	2	4 4	2 1				
— —	—	— —	— —				
18 A	2	4 4	4 4				
19 K	2	4 4	4 4	1			
20 Ca	2	4 4	4 4	2			
21 Sc	2	4 4	4 4 1	(2)			
22 Ti	2	4 4	4 4 2	(2)			
— —	—	— —	— — —	—			
29 Cu	2	4 4	6 6 6	1			
30 Zn	2	4 4	6 6 6	2			
31 Ga	2	4 4	6 6 6	2 1			
— —	—	— —	— — —	— —			
36 Kr	2	4 4	6 6 6	4 4			
37 Rb	2	4 4	6 6 6	4 4	1		
38 Sr	2	4 4	6 6 6	4 4	2		
39 Y	2	4 4	6 6 6	4 4 1	(2)		
40 Zr	2	4 4	6 6 6	4 4 2	(2)		
— —	—	— —	— — —	— — —	—		
47 Ag	2	4 4	6 6 6	6 6 6	1		
48 Cd	2	4 4	6 6 6	6 6 6	2		
49 In	2	4 4	6 6 6	6 6 6	2 1		
— —	—	— —	— — —	— — —	— —		
54 X	2	4 4	6 6 6	6 6 6	4 4		
55 Cs	2	4 4	6 6 6	6 6 6	4 4	1	
56 Ba	2	4 4	6 6 6	6 6 6	4 4	2	
57 La	2	4 4	6 6 6	6 6 6	4 4 1	(2)	
58 Ce	2	4 4	6 6 6	6 6 6 1	4 4 1	(2)	
59 Pr	2	4 4	6 6 6	6 6 6 2	4 4 1	(2)	
— —	—	— —	— — —	— — — —	— — —	—	
71 Cp	2	4 4	6 6 6	8 8 8 8	4 4 1	(2)	
72 Hf	2	4 4	6 6 6	8 8 8 8	4 4 2	(2)	
— —	—	— —	— — —	— — — —	— — —	—	
79 Au	2	4 4	6 6 6	8 8 8 8	6 6 6	1	
80 Hg	2	4 4	6 6 6	8 8 8 8	6 6 6	2	
81 Tl	2	4 4	6 6 6	8 8 8 8	6 6 6	2 1	
— —	—	— —	— — —	— — — —	— — —	— —	
86 Em	2	4 4	6 6 6	8 8 8 8	6 6 6	4 4	
87 —	2	4 4	6 6 6	8 8 8 8	6 6 6	4 4	1
88 Ra	2	4 4	6 6 6	8 8 8 8	6 6 6	4 4	2
89 Ac	2	4 4	6 6 6	8 8 8 8	6 6 6	4 4 1	(2)
90 Th	2	4 4	6 6 6	8 8 8 8	6 6 6	4 4 2	(2)
— —	—	— —	— — —	— — — —	— — —	— — —	—
118 ?	2	4 4	6 6 6	8 8 8 8	8 8 8 8	6 6 6	4 4

634　　　　逐步建造的观点已经导致一种普遍的原子构造图景;借助于经验光谱定律的诠释,这种图景对表现在元素周期系中的元素性质那种随原子序数的奇特变化提供了自然的解释*.这一图景的主要特点表示在附表中,该表给出了若干元素的原子正常态中各电子轨道的分类.所给的数字表示原子正常态中在由上方的 n_k 所表征的轨道上运动着的电子数.各元素的性质方面的周期性依赖于一个事实,即随着原子序数的增大,将出现不同电子组的连续形成和闭合.这种形成一般发生在具有最大的主量子数值的最外电子组中,而且最清楚地反映在光学光谱中.但是,如表所示,有时也出现某一较内组的进一步发育.这就对元素性质随原子序数的变化中对于简单周期性的背离提供了理解.这些情形表示在图1中的周期系的排法中;图中各竖行表示各个周期,而具有同族性质的元素则用直线互相连接.用线框包围起来的元素竖行是那样一些元素,在各该元素中某些较内组正在建立起来.这样一种发展显示在所考虑各元素的许多性质方面的密切

636　关系中,这种关系起源于一个事实,即在较内组的建立过程中,较外组的发育暂时不再进一步进行.不过,这种发育同时却清楚地表现在线框内外各元素的线系光谱之间的典型差别方面;线框中的这些元素在其他方面具有很相似的化学性质,从而在周期系的通常表示法中占有同族的地位.虽然近来在这些问题方面已经取得了很有希望的进展,但是建造过程的各个步骤却还没有阐明到我们能够在表中把它们详细表示出来的程度.

　　　　关于所讨论的原子结构图景和光谱规律性之间的密切联系的一个特别有教

637　益的例子,是在碱金属的电弧光谱中找到的;如所周知,这种光谱有一种特别简单的结构.这和一个事实有关,那就是,对于位于系中各周期开头处的这些元素来说,当最后一个电子被俘获时,原子心中的各个电子轨道形成一个完成了的组态,该组态在性质上和在前面一种稀有气体的中性原子中所找到的那种组态相同.现在,我们在开始时所遇到的问题,就是在以上提到的两种轨道中哪一种轨道和这些光谱中的各种谱项相对应.对于这一问题起决定作用的,首先就是至少在其较外圈线上逼近真实轨道的那一开普勒轨道的参数.事实上,当这一按照(25)对于两种轨道都只依赖于辅量子数 k 的值的参数比原子心的轨道线度大得多时,我们就遇到一个完全位于原子心外面的第一种轨道.在一切碱金属的光谱中,对于 $k \geq 3$ 的轨道就有这种情况.事实上,这些光谱的 d 谱项和 f 谱项,就已经和氢谱项相差很小,而且是偏向吸引力比在氢原子中更强的一方了;这正是

---

　　* 理论的主要特点已由作者在一篇演讲中发展起来,该演讲重印于 Z. Phys. **9**(1922)1.在那里,也可以找到关于其他作者对同一课题所作的较早工作的详细讨论.在现在这篇论文中,更详细地考虑了光学光谱和原子结构之间的联系.另外,在 D.考斯特尔和作者近来的一篇论文中(Z. Phys. **12**(1923)342),详细讨论了观察到的 X 射线数据和这一原子结构理论的关系.

636

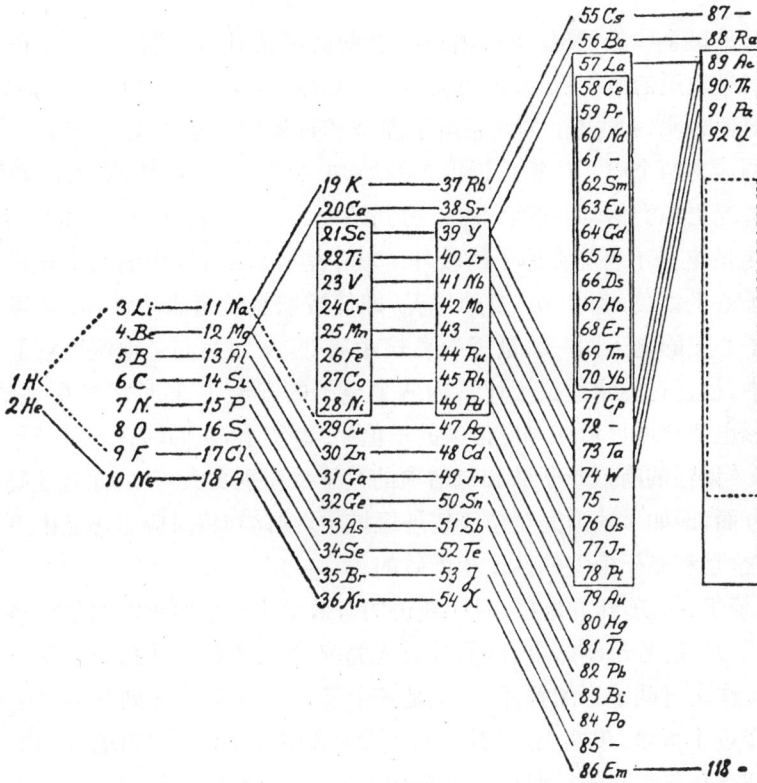

图 1

可以预料的,因为较外电子会在原子心中引起一种电极化,这是和介电现象完　637
全类似的一种效应. 另一方面,我们一般却会发现 s 谱项和 p 谱项的不同
表现.

　　在锂中,$k=2$ 的轨道仍然位于离原子心中各轨道很远的地方,正如锂光谱
的 p 谱项对氢谱项的很小偏差所显示的那样. 对于锂中的 $k=1$ 的轨道,我们遇
到一些特殊情形,因为这种轨道不能肯定地认为属于这一类或那一类. 确实,按
照适用于开普勒运动的公式算出的参数仍然是比较内体系的线度大得多的,但
是,按照 p 谱项对氢谱项的偏差估计出来的由原子心的感生极化所引起的力却
很大,以致一个圆形 1_1 轨道将被拉入较内的 1_1 轨道区域中去. 但是,按照我们
的观念,原子心轨道组态的完满性恰恰依赖于这样一个条件:在和前两个轨道
相等价的轨道上增加第三个电子,不能作为由辐射伴随的束缚过程的最后结
果而出现. 至于 $n>1$ 的 n_1 轨道,即使它们并不透入 1_1 轨道的区域之内,它们
在绕转过程中也会来到离这些轨道很近的地方,从而立即可以清楚地看出,由
于密切的相互作用,它们将比具有相同主量子数的氢轨道对应于强得多的电

子束缚.

638　　　在其他碱金属的情况,正如轨道线度的简单估计所表明的,$k=1$ 的定态提供了第二种轨道的鲜明例子. 而且,较内圈线上的运动和早先束缚的电子的轨道之间的对比表明,s 轨道上的线系电子在绕转过程中甚至会来到比在 1_1 轨道上运动着的最内两个电子离核更近得多的地方. 对于 $k=2$ 的轨道,情况和锂中 n_1 轨道的情况更加类似. 因此我们可以得到结论: 由于起源于原子心的极化的力, 2_2 轨道上的电子不可能在原子的较外区域中运动,尽管氢中的对应轨道将具有大于原子心的线度. 对于 $n>2$ 的情况,即使按照氢轨道来估计,n_2 轨道也会来到和原子心中的电子同一数量级的离核距离处,从而我们必须假设它们透入较内区域中,尽管它们永远位于比最内两个电子的圆形 1_1 轨道离核更远的地方. 这些情形也清楚地显示在对应谱项的量值中. 事实上,它们的有效量子数不但比 d 谱项及 f 谱项的有效量子数和氢谱项的量子数差别更大得多,而且还是偏向那样一个方面,即如果轨道完全位于较外区域中,则谱项将对应于比氢中更弱的吸引力,而这是和原子模型的性质相矛盾的.

　　　喏,至于 s 谱项和 p 谱项,对应轨道的有效量子数按照我们的定义将和黎德伯公式(20)中的分母刚好重合,而且首先特别令人满意的是我们的观念可以对一个事实作出直截了当的解释,那就是各个量 α_k 对 s 谱项序列和 p 谱项序列是如此地接近于恒量. 事实上,在其中每一个序列内,各对应轨道的较内圈线上的电子运动将在非常高的近似程度下是相同的,从而主量子数和有效量子数之差就将在每一序列内近似地是常数. 如果用主量子数来作为黎德伯公式中的 n 这个数,则常数 α 对于一切光谱都将是负的. 按照原第 634 页上的考虑我们可以预期,对于第二种轨道来说,α 的数值将永远不会和 $m-k$ 这个数相差太大. 这一预期对于碱金属光谱来说确实是得到满足的,因为,正如由表 II 中的图解可以看到的,对应于 s 序列和 p 序列中的第一个谱项的有效量子数,当我们过渡到下一种元素时只会缓慢地增大,而且分别不超过 2 和 3 这两个值. 如表所示,对于碱金属来说,s 序列中的第一个谱项和原子的正常态相对应,而且,尽管主量子数不断增加,这些谱项的数值却相差很小,而这一情况就提供了元素性质随原子序639　数的周期变化的解释的一个典型例子,这种解释是建筑在我们关于原子中较高量子数的电子组的发育和闭合的图景上的[*].

---

　　　[*] 在此处所述的原子结构观点的一般特点正在由作者加以发展的同时(参阅 Nature, 1921, 3, 24),薛定谔(Z. Phys. 4(1921) 347)独立地强调了这样一点: 在碱金属的 s 谱项中,我们遇到一些定态;在这些定态中,线系电子在其绕转过程中会透入较内区域中. 借助于一个简单假设,即各较内电子的效应可以和均匀带电球壳的效应相比拟,他曾企图得到钠光谱中各 s 谱项的估计值,这时假设了第一个 s 谱项对应于 2_1 轨道. 虽然这种看法提供了 s 谱项对氢谱项的大偏差的简单解释,但是任何定量的计算却都不(转下页)

640

　　我们在碱土金属的火花光谱中遇到和碱金属光谱的结果相仿的结果;这种火花光谱起源于这些元素的单价电离的原子. 事实上,在这里,原子心中的轨道也形成一种稀有气体组态,只不过总电荷为碱金属中的两倍而已. 正如在碱金属元素的电弧光谱中一样,对应于 s 谱项和 p 谱项的那些轨道上的较外电子也会透入原子心中. 这些谱项的值显示一种和对应碱金属谱项值的关系,这正是根据由较大核电荷引起的轨道线度的变化所应预期的. 至于 d 谱项,这种变化就导致一种新的特点,那就是,在所考虑的元素族中的较高同族物中,$k=3$ 的轨道不再完全位于较外区域中,只有在镁的火花光谱中我们才会遇到和在碱金属光谱中类似的条件,即这儿的 d 谱项和氢火花光谱中的谱项相差很小. 但是,正如表 IV 中的示意表示法所表明的,对于钙和更高的同族物,d 谱项和这些谱项就差别非常大了;这就表明,各轨道至少部分地位于较内区域中. 的确,根据 d 序列中的第一个谱项的量值,甚至可以推知对应的轨道完全位于较内区域中,这一点,也可以根据轨道线度的估计来弄清楚. 在 Ca、Sr 和 Ba 中,这一谱项分别对应于一个 3_3、4_3 和 5_3 轨道. 另一方面,和 b 谱项相对应的轨道却完全位于原子心的外面.

　　第三种线系光谱迄今只有对铝是已知的. 正如帕邪所强调的,这里的情况和 Na 的电弧光谱及 Mg 的火花光谱的情况是十分类似的,因为对应谱项的值恰恰显示了根据轨道线度相对大小的逐渐变化所应预期的那种情况. 对于原子序数比稀有气体的原子序数大三个单位的其他元素(Sc、Y、La 和 Ac),考察它们的第

――――――――――――――――

（接上页）　能用这种办法来得出,因为,为了得到确定所讨论各谱项的主量子数的一个依据,这样的计算首先就要求更仔细地对原子心中的轨道进行分类. 薛定谔的计算近来曾由 Th. 范·乌尔克加以引申(Z. Phys. **13**(1923)268);他相信自己能够仅仅根据有关计算 s 谱项值所需球壳的线度的考虑,来得出钠光谱中第一个 s 谱项对应于 3_1 轨道的结论. 另一方面,E. 福意斯(Z. Phys. **11**(1922)364;**12**(1922)1;**13**(1923)211)却曾经企图在以上给出的各量子数的值的基础上来确定一个中心对称的力场,该力场将允许我们对观察到的钠光谱的谱项直接进行量子论的计算. 虽然用这种办法得到了若干有趣的结果,特别是在和后继元素的类似的火花光谱的关系方面,但是,人们却不能希望利用这样一种忽略了原子结构的动力学特点的假设来解释光谱的细节. 除了上面提到的较外电子对较内体系的极化效应以外,这种动力学特点在许多情况中也起着实质性的作用;而且也因为,电子的电离电势往往在很大程度上依赖于由它的从原子中被取走而引起的对其他电子的运动的影响. 这种情况特别出现在和所考虑的电子具有相同主量子数的轨道或具有更大主量子数的轨道业已存在的那些事例中.

　　我们在 X 射线谱中遇到这一类情况的特别有教益的例子. 关于这一点,请参阅在原第 634 页上的小注中提到过的考斯特尔和本作者合撰的论文. 与此有关可以提到,在那里(原第 542 页)给出的建筑在相对论改正量对原子内部各电子轨道的很大影响上的关于各量子数的整数值的论证,可以弄得更有说服力,而且,类似的情况对于线系光谱也有本质的意义. 事实上,能够通过简单的计算来证明,假如 $N/k = hc/2\pi e^2 = 137$,有核原子中 n_k 轨道上的每一个电子就都会落入核中. 于是就看到,对于较重的元素来说,线系电子对原子内部的透入,就将导致 $k=\frac{1}{2}$ 的轨道不能存在的结果. 甚至对于 $k=1$ 来说,这些元素中的电子也会来到很小的离核距离处,该距离和由放射性数据得出的核线度的值具有相同的数量级. 正如罗西兰所指出的(Nature,1923,3,17),仅仅这一情况就对理解现存各元素的原子序数的限制作出了提示. 另外,这一情况也可能对观察到的铅同位素光谱中某些谱线的波长差作出解释;这些波长差虽然很小,但是却比按照(18)将由两种同位素的核质量之差所引起的波长差大许多倍(参阅 Nature,1922,6,10).

三种线系光谱无疑地将揭示一些有趣的情况. 确实,我们在这里不但必须像在碱土元素的火花光谱中那样预期 d 谱项将和氢谱项相差很大,而且必须预期,对应于这一序列中第一谱项的电离电势甚至将超过对应于最大 s 谱项的电离电势,该 s 谱项在迄今讨论了的一切光谱中都属于原子的正常态. 正如在原第 635 页上的总结表中所表明的,这一情况涉及一个电子组的新发育步骤的开始,该电子组在前面的稀有气体中曾经达到了一种暂时的完成. 在这里应该提到,表中写在所考虑元素的具有最高主量子数的那一组中的电子数外面的括号,表明各该元素的光谱还不是充分已知的,即还不足以使我们能够肯定地确定束缚在正常态中的那最后一个电子的量子数.

641　　　　只要这一发育还在进行,我们就随着原子序数的增大而遇到一些元素,它们的光谱显示新颖的特点;但是,发育一结束,我们就又在原子心中遇到一种具有闭合特点的轨道组态,即使这一组态并不出现在前一种元素的正常原子中. 于是,我们就理解铜、银二元素的电弧光谱和碱金属光谱具有相似的结构(参阅表 III);这两种元素在周期系中是[分别]排在铁金属族和钯金属族的后面的. 在所考虑的光谱中,正如在碱金属光谱中一样,在对应于一个 s 谱项的轨道上运动着的较外电子将透入原子的内部,而且,正如在原第 635 页上的总结表中所表明的那样,正常态又将对应于一个轨道,它的主量子数等于系中周期的周期号数. 另一方面,各个 p 谱项的值表明,在铜原子和银原子中,$k=2$ 的轨道将完全位于原子心外面的区域中,结果第一个 p 谱项就对应于一个 2_2 轨道. 这也是显而易见的,因为按照理论,单价的 Cu^+ 离子和 Ag^+ 离子将比碱金属正离子占有小得多的体积;附带提到,这一情况也显示在 Cu 和 Ag 的 s 谱项比碱金属对应谱项更大的值. 当然,对于铜和银也像对于碱金属一样,对应于 d 谱项和 f 谱项($k=3$ 或 4)的轨道是完全位于较外区域中的*.

642　　　　锌元素和镉元素的火花光谱是了解得很差的,这些元素[分别]排在 Cu 和 Ag 的紧后面. 不过,也许能够根据已经弄清楚的谱线组合来得出结论:在 p 谱项中,较外电子透入原子心中,这也是根据轨道的理论估计所能预期的. 正如在

---

* 按照 H. M. 阮达耳(Ann. d. Phys. **33**(1910)741)的意见,位于通常谱项序列之外的一个谱项出现在铜光谱中;按照组合定则和塞曼效应,这个谱项和 d 谱项相一致,正如在表中所表明的那样. 指出一点可能是有兴趣的,那就是,这个谱项可以诠释为和位于原子心之外的一个 3_3 轨道相对应. 事实上,原子心的轨道线度的简单估计指示了 3_3 轨道位于由六个 3_3 轨道组成的对称亚组以外,而同时却位于一个区域范围以内的动力学可能性;在那个区域中,主要 3 量子组的另外两个亚组在运动着,各亚组分别包括 3_1 轨道上和 3_2 轨道上的六个电子. 这一诠释也由铜光谱中由沃尔诺先生发现的另一些谱线的出现所支持,这些谱线可以表示为各已知谱项和第二个 d 谱项的组合;该谱项在可能的组合和塞曼效应方面和上述谱项按通常的方式形成双重谱项. 但是,正如在表 III 中可以看到的,这儿的 d_1 谱项大于 d_2 谱项,这是和双重线光谱的通常情况相反的. 但是,这一点可以和下述情形联系起来,即对于假设的轨道位置来说,谱项量值将在特别高的程度上依赖于其他 3 量子轨道的束缚强度由于电子被取走而经历的变化.

碱金属光谱和碱土元素的火花光谱的情况中一样,这时主量子数对于最大的 s 谱项和 p 谱项应该相同,而且事实上应该等于元素系中的周期号数.

§7. 线系光谱的多重结构的进一步讨论

在以上各节中,我们已经简略地解释了光谱定律的诠释引导我们得到的原子结构图景.但是,我们对特殊光谱所作的考虑,只处理了每一电子的轨道的近似描述及其建筑在该轨道的近似有心性上的借助于量子数 n 和 k 来进行的分类;我们一直忽视了不同的电子轨道平面的更确切取向问题.这一取向首先确定不同电子的运动之间的相互作用的性质,而这种性质又必须认为是某些电子组的闭合性随着原子序数的增大而重复出现的原因,这种闭合性表现在这些组对于增加任何具有量子数 n 和 k 的相同值的轨道电子的反抗.正如我们看到了的,这些闭合性是元素性质周期变化的解释的本质特点;我们在氦中遇到一个有教益的例子,而氦就是位于系中第一周期的末尾的元素.

氦的电弧光谱显示一种和以上各节所考虑的光谱本质不同的结构.和位于系中各周期开头处的各元素的光谱相反,氦光谱包括两种黎德伯型的组合光谱,即"正氦光谱"和"仲氦光谱",它们在一种意义上是截然区分的,就是说两组谱项之间的任何相互组合谱线都不存在.按照对应原理,这种情形必须诠释为意味着我们在这两种光谱中遇到的是一些并不属于一个连通类的电子运动,在该连通类中线系电子的运动可以分解成一些那样的谐振动分量,即它们对应于一种轨道平面作着均匀旋进的有心运动.于是,在两种氦光谱中涉及的那些定态的合理分类,并不能在一直应用了的基础上借助于三个量子数 n、k 和 j 来进行 *.在这

643

加在校样上的附注:在此期间,尼森先生和沃尔诺先生对铜光谱的进一步考察已经表明,看来还有更多的谱项位于通常的谱项序列以外.因此我们必须考虑到一种可能性,即我们在铜光谱中可能遇到的是比所假设的现象更复杂的现象.

* 氦光谱理论诠释的最初尝试是由朗德作出的(Phys. Zeitschr. **20**(1919)2 8 及 **21**(1920)114).以周期体系理论作为直接模型,他用三个量子数来描述了不同的定态,并且假设对于正氦有 $j=k+1$(共面轨道)而对于仲氦有 $j=k$(相交轨道).虽然人们不能希望通过这样一种处理来得到光谱的令人满意的解释,但是朗德的理论却具有很大的重要性,这如果没有其他理由,起码是由于它代表了光谱多重结构的运动学诠释的初次尝试;在这种诠释中,加在(22)中的第三个量子数显现为原子合角动量的确定.

依赖于两个轨道的相互扰动的氦原子力学性质的更加详细的考察,已由克喇摩斯和作者进行了;这种考察导致了某些特别简单的运动类型的认识,而以下在正氦光谱的讨论中提到的那种运动就属于这些类型.由于不够完全,这一考察的结果还没有发表,作者在 1922 年 6 月间曾借在哥廷根发表系列演讲的机会报道过这些结果.

承蒙玻恩先生盛意见告,他近来曾和海森伯先生一起,对氦原子中电子相互扰动的力学问题进行了广泛的研究.结果发现,以周期体系的量子论为模型的一种合理处理,确实可以形式地完成;但是,利用这种办法,不但不能得到不出现正氦谱项和仲氦谱项之间的组合的解释,而且甚至不能得到这些谱项的近似值.因此,这种研究可能特别适于用来提供一种证据,即证明力学定律在描述多电子体系的运动的较精致细节方面的根本失效.

些情况下我们必须限于提出关于所考虑光谱的起源的某些一般性的猜想,唯一的目的是作为和下述考虑的一种联系.

在正氦光谱中,除了窄窄的双重结构以外,我们还遇到一种光谱,其特点和在有心轨道上运动着的一个电子的光谱相同,而其奇特之处则是缺少和主量子数 1 相对应的态;这是根据由弗兰克及其合作者们通过电子撞击实验发现的亚稳正氦态的存在而推知的.事实上,这样一种光谱恰恰是应该预期的,如果较外电子和较内电子的运动是在同一平面上进行的,因为,当假设了这一点时,就存在一种力学上可能的运动形式,在这种运动形式中相互扰动具有特别简单的特点,那就在于,较内轨道的偏心率,以及它的长轴相对于较外电子矢径的位置,都近似地保持恒定.在这种情况中,各定态就可以通过适当修改了的简单有心运动理论来确定,而较外电子的轨道就可以用一个主量子数 n 和一个辅量子数 k' 来描述,这个辅量子数在两个电子沿相同方向绕转的假设下比原子的总角动量除以 $h/2\pi$ 小一个单位.通过对应原理的直接应用,正氦光谱的发射和这种运动类型有关的假设就使得正氦谱项间组合的普遍可能性的理解成为可能,而且也对不存在主量子数为 1 的正氦态作出一种解释.事实上,从较高量子数的正氦态到那样一个态的跃迁,将和原子电矩中的任何谐振动分量都不对应;在那个态中,两个电子是在等价的 1_1 轨道上运动的,从而该态属于不同的运动类型.另一方面,正氦光谱的诠释仍然面临着巨大的困难,因为已经证明,不可能根据上述关于运动类型的假设,利用建筑在经典力学定律上的计算来更确切地说明所观察到的正氦谱项的量值.

正如由赖曼的研究可以推知的,原子的正常态属于仲氦光谱的定态之列;这一情形使我们想到我们在这里遇到一些运动形式,而两个电子都在等价轨道上运动着的那种组态自然将属于这种运动形式.这或许就将意味着,在仲氦的定态中,电子轨道并不位于同一平面上,而且它们的形状和位置都在运动中不断地变化.如果我们现在要问出现在仲氦光谱的分类中的辅量子数的意义如何,我们就几乎没有和有心运动理论的足够联系来把它和出现在该理论中的量子数 k 等同起来,而倒是很容易想到这样一个假设:需要量子化的是原子的总角动量,或者说——如果普通力学表述下的动量守恒定律不再成立——是可能从有核原子的普遍对称性得出的一个形式地类似于角动量的不变量.特别说来,关于正常态可以指出,从周期体系理论的观点看来,最简单的假设将是令这一态中的原子的总角动量等于 $h/2\pi^{*}$.我们将在下面的线系光谱多重结构的形式考虑中引入这一

------

* 近来克喇摩斯已经证明,根据这一假设和力学运动的最简单的可能类型,并不能和对应于氦的正常态的谱项值取得一致(Z. Phys. **13**(1923)312).(并参阅 J. van Vleck, Phil. Mag. **44**(1922)842.)在克喇摩斯的论文中,也彻底地讨论了问题的力学处理由于电子运动的不稳定性而遇到的那些根本性的困难.

假设,因为,由于有氦谱线的正常塞曼效应,我们几乎没有任何理由向任何确定的方面偏离上述理论的形式定律.

较重的稀有气体的光谱具有很复杂的结构,要求它们的定态总集具有很大的错杂性.但是,我们可以假设,在稀有气体原子的正常态中,我们遇到的是具有显著对称性的电子组态.实际上,我们正是在这种对称性中看到这些电子组的闭合特点的解释的,因为将会破坏这种对称性的更多电子的纳入事实上不会显示和经典辐射过程的一种类似性,那种类似性是可以针对单周期或多周期体系的定态间的跃迁而确立下来的.特别说来,似乎必须假设主量子数大于1的那些电子组的对称性是这样的:这些组对原子的总角动量并无贡献,从而必须认为一切稀有气体的这一角动量值都相等.如所周知,稀有气体并不显示任何顺磁性,由此常常得到它们的总角动量在正常态中为零的结论.但是,按照量子论,这一结论并不是非作出不可的,因为,对于总角动量以及合磁矩都为有限值的那种原子,这一理论要求当存在磁场时角动量轴线只能相对于场有一些确定的取向,这一要求近来已经通过盖拉赫和斯特恩*关于银原子在非均匀磁场中的偏转的美妙实验而得到了如此辉煌的证实.于是,独立于必须指定给个体原子的磁矩值,稀有气体的不呈顺磁性可以通过一个假设来解释,那就是,这些元素的原子在磁场中只能如此取向,使角动量轴线和场成直角.我们即将看到,这一假设得到了稀有气体后面的元素族的反常塞曼效应的定量分析的支持.

在碱金属光谱的多重结构中我们遇到一个事例;在这一事例中,一开始就将预期§5中那些考虑的一种简单应用,因为我们可以假设,在这儿,和氦的情况相反,原子心的轨道组态在线系电子的影响下至少在一级近似下只能受到较小的改变.这种预期现在确实在某种意义上得到了证实,就是说,已经能够通过下述假设来说明各谱项的组合定则,并近似地说明各成分谱线的一般强度;其假设就是:对于$k>2$,双重谱项的j值等于$k+d$和$k+d-1$,而 s 单谱项($k=1$)的j值则等于$1+d$,此处d是一个不依赖于k的量,但它在一开始时是待定的.另一方面,只要我们像在§5中一样严格地限制在周期体系量子论的基础上,就不可能说明j值的这样一种多样性.事实上,如果我们假设量i和量j是整数,条件式(29)就永远给出成分谱项的奇重数.于是,为了得到双重谱项,我们就必须排除某些j值,而这是不能从§5中那一类考虑中找到什么简单理由的.

在这些情况下,现在有一个事实是令人满意的,那就是,经验光谱所要求的

645

646

---

* W. Gerlach and O. Stern, Z. Phys. **9**(1922)349.

多电子原子的稳定性导致一些普遍性的推论,它们是不能和有关周期体系量子论的统计应用的那些基本公设相互调和的. 例如,这种理论的一个基本要求就是,由两个耦合的子体系构成的体系的定态权重,由子体系的一些态的权重乘积来给出,那些态是当使耦合力为零时连续地得出的. 但是,只要我们保留 §5 中的量子化定则,这一要求就不能与线系电子和原子心的耦合情况中的经验相调和.

在确定有核原子各定态的统计权重时,我们首先必须记得原子形成一个简并体系,这简单地是由于角动量在空间中的方向是任意的;当存在磁场时,这种任意性就被去掉了,而且我们在塞曼效应的量子论分析中实际上有一种直接的手段,来确定未受扰原子的每一个定态当存在磁场时劈裂而成的态的数目. 例如,朗德的研究得出,对于磁场中的碱金属光谱来说,由线系电子描绘 n_k 轨道的那些态得来的谱项值共有 $4k-2$ 个. 一方面,正如上面提到的,我们在现有的情况中必须假设原子心在磁场中只能取一个位置. 另一方面,纯有心体系中的一个 n_k 轨道在场中却可以取 $2k$ 个位置,如果我们排除下述一个位置的话:在该位置上,角动量垂直于场,而且在有心轨道变成开普勒轨道的那一极限下,这个位置必须看成奇异的. 喏,对于大 k 值,这两个数的乘积只大约是观察到的磁场中的碱金属原子态数的一半. 因此我们必须得出结论:原子心和线系电子之间的耦合,不能按照 §5 中所假设的那种简单方式看成简单地和两个纯周期体系之间的耦合相类似. 相反地,我们却被引导到了这样一种看法:由于在力学上无法描述的原子稳定性,线系电子和原子心的耦合受到一个约束["Zwang"]的作用,这个约束并不和外场的效应相类似,但是它却迫使原子心在原子中采取两个不同的位置,而不是采取在恒定外场中为可能的单独一个取向,而与此同时,作为同一种约束的后果,较外电子在原子体系中将只有 $2k-1$ 种取向,而不是像在外场中那样可能有 $2k$ 种取向.

647　　在这些情况下,我们必须对下述可能性有所准备:线系电子和原子心之间的耦合不能仿照周期体系的量子化定则来直接地加以描述. 现在,关于我们必须从哪一方面来寻求突破这些定则的问题,一个重要的提示恰恰又已经由朗德对反常塞曼效应的分析所给出. 正如上面提到的,在尽可能简单的假设的基础上,这种分析导致了沿场方向的角动量分量的一些值,它们可以表示为 $\mu h/2\pi$,此处 μ 并不永远是整数,而却在某些情况中可以是"半整数",例如对碱金属光谱来说就是这样.

这种发现使我们很自然地推测,线系电子的轨道相对于原子心的取向,也不能用 j 的整数值来描述;特别说来,由于对称性的原因,$d=\dfrac{1}{2}$ 这一形式上的假设就可能显现出来*. 而且,如果我们把按照这一假设确定下来的 j 值和由朗德根据塞曼效应形式地定出的平行于外磁场的角动量分量的可能值比较一下,我们就发现这些值和一切可能的半整数 μ 值相对应,只除了总角动量平行于场的那些原子取向. 这一情况例如表现在一个事实中,那就是在碱金属光谱中各 s 谱项是单谱项,而且对应的 j 值是 $1\frac{1}{2}$. 事实上,按照我们的形式上的排除定则,$j=\frac{1}{2}$ 的态将在磁场中没有可能的取向,从而将没有任何统计权重. 而且,在这方面可以指出,这种结果和稀有气体组态在磁场中的表现十分类似. 事实上,如果我们像以上那样假设这些组态的 $j=1$,则平行取向的排除刚好导致下述推论:原子只能那样取向,使得它的角动量轴线和场的方向成直角. 此外必须强调,我们必须准备发现,当稀有气体组态出现在原子心中时,由于约束的关系,它们的动力学性质和磁性质将和它们形成自由原子时根本不同.

648

　　和适用于碱金属光谱的考虑完全类似的考虑也适用于 Cu 和 Ag 的光谱以及碱土元素的火花光谱,它们显示相同类型的多重结构. 从问题的本性来看,多重结构只依赖于量子数 i、k 和 j 的值,而决定着主量子数之确定的那些条件则与此无关. 我们在这儿遇到的是所谓光谱学位移定律的一个事例;这条定律是由索末菲和考塞耳**首先表述了的,它在许多元素的火花光谱的清理方面起了很有价值的作用***.

　　过渡到碱土元素的电弧光谱,我们就遇到可以很自然地纳入上述构架中的一些情况. 如所周知,在所考虑的光谱的谱项总集中,出现一组三重谱项;按照(27),为了和经验组合定则形式地取得一致,我们可以假设 j 的值由 $k+t$、$k+t-1$ 和 $k+t-2$ 给出,而对于对应的 s 单谱项则有 j 等于 $1+t$. 现在可以给出假设 $t=1$ 的理由,这种假设和上面针对碱金属光谱作出的 $d=\frac{1}{2}$ 的假设相类似. 朗

---

　　* 海森伯(Z. Phys. **8**(1921)273)在通过巧妙选择的假设来解释在朗德的和索末菲的论文中揭示出来的反常塞曼效应的那些细节的大胆尝试中,第一次假设了原子的定态不能用带有整数量子数的(29)这种形式的条件式来直接地加以描述. 事实上,在海森伯的研究中,也像在朗德较晚的论文中一样,曾经假设连量子数 k 都必须看成半整数. 但是,注意到线系光谱的一般结构可以借助于周期体系量子论来解释的那种方式,这一假设必须看成对该理论的一种几乎没有根据的背离;这一假设在某些方面的推论也似乎和我们有关光谱的经验相矛盾(参阅原第 639 页上的注). 正如我们在以上企图指明的,在量子数 j 的确定方面,形势是不同的. 事实上,在这一情况中,纯周期体系的量子论的基本公设,已经被线系电子和原子心之间的耦合所带来的一般后果所打破. 归根结蒂,正文中在多重结构的形式表示中引入半整数 j 值,只不过表示了这样一种看法:在理论的目前状况下,不可能在这些问题和周期体系量子论的已经证明的特点之间达成直接的联系.

　　** A. Sommerfeld and W. Kossel, Verh. d. Deutsch. Phys. Ges. **21**(1919)240;并参阅 N. 玻尔,《线光谱的量子论》.

　　*** 参阅 E. Fues, Ann. d. Phys. **63**(1920)1.

德关于碱土元素的塞曼效应的分析实际上已经表明,我们必须假设平行于磁场的角动量分量永远是 $h/2\pi$ 的整数倍. 再者,对于三重谱项组,这种分析已经得出一个 n_k 体系在磁场中的取向总数为 $3(2k-1)$. 按照和以上说法的类比,这一结果可以诠释为意味着:线系电子和原子心的耦合,一方面使得原子心不是像在碱金属原子正常态的情况中一样在外场中有两种可能的取向,而是必须被赋予三种可能的取向,而另一方面,这种耦合也使得较外电子的运动不是有 $2k$ 个而是有 $2k-1$ 个可能的态. 可能与此密切有关的是这样一种情形:当按这种办法选取 j 值时,原子就在磁场中那样取向,使得角动量轴线相对于磁场的一切平行取向都被排除,就如在碱金属光谱的情况中那样. 但是必须指出,在解释 s 谱项的单谱项性的问题中,我们在碱土元素中并不会遇到像碱金属中那样简单的情形. 的确,这一适用于磁场中的取向的排除定则显然根本不会排除一些 $j=1$ 的谱项. 因此,这些 s 态的排除和一个要求相一致就是一件令人满意的事了,那要求就是,和线系电子的 n_k 轨道相对应的磁场中总态数的普遍表示式对于 $k=1$ 也仍然成立;正如泡利先生在一篇很快就会发表的论文中所将证明的,可以通过考虑塞曼效应随渐增场强的变化来对这一要求作出简单的诠释.

如所周知,在碱土元素的光谱中,除了三重谱项以外还有一组单谱项. 将适用于三重谱项经验规律性的定则考虑在内,并且在像以上那样选择了 j 值以后,我们就唯一地被引导到一个假设:对于这些谱项有 $j=k$. 不依赖于和单谱项相对应的运动的详细诠释,我们就进一步被引导到对于一种经验结果的直截了当的理解;那结果就是,和三重谱项的可能组合,除了满足条件式(32)以外,还受到那样一种限制,使得 S 谱项($j=1$)和 p₃ 谱项($j=1$)的组合并不出现. 事实上,在一个外磁场中,原子的角动量轴线对于所讨论的各个态来说永远是垂直于场的;因此,显然不存在对应于 S-p₃ 跃迁的任何平行于场的谐振动分量. 建筑在对应原理上的关于某些塞曼效应成分线的缺失的考虑,可以在原第 629 页上提到的索末菲和海森伯关于反常塞曼效应中的成分线强度的论文中找到. 这些作者得出了在朗德的较早论文中也可以找到的结论:由 S-p₃ 组合的不出现可以推知,原子在所涉及的两个定态中都具有零总角动量. 但是,我们看到这一结论并不是令人信服的,而是原子在磁场中的可能取向的限制蕴涵了这样一个事实:所讨论的组合谱线甚至当存在最弱的外场时也不会出现.

正如在 §5 中已经提到的,不同类型的谱项的出现意味着,轨道组态是带着它们的总角动量的不同的值而出现在原子心中的. 关于这一情形的较深入理解,一个重要的提示就是,我们那建筑在磁场中平行取向的排除上的关于碱金属原

649

子 s 谱项的单谱项性的理由,只要原子的总角动量对应 $j \geqslant 1$ 的值,当所讨论的轨道组态作为一个原子心而出现时就不再成立了.独立于这些考虑,关于谱项值本身的考虑对一条假设提供了有趣的支持;那假设就是,单谱项的出现和原子心中各轨道组态的综合排列有关.

为了说明观察到的谱项值,我们必须对一切碱土元素线系的单谱项取和同一元素的火花光谱中的主量子数相同的主量子数对应值.诚然,在三重谱项的情况,某种类似的条件对于 p、d 和 f 谱项也成立.另一方面,对于最大的 s 谱项,我们却必须指定一个比元素系中的周期号数大一个单位的主量子数的值.当我们回想到一件事时我们就能理解这一结果;那件事就是,具有相同的量子数 n 和 k 的若干个电子轨道在原子的同一区域中的出现,只有当它们能够发展一种谐和的相互作用时才是可能的.但是,正如亚稳氦态的诠释所表明的,这样的相互作用通常是不能作为辐射过程的最终结果而达成的.但是,当原子心的轨道组态同时经受实质性的重新排列时,允许一个另加的电子进入已经存在的电子组中的那种可能性就出现了.

在理论的目前状况下,还很难形成关于原子心在对应于各个单谱项的那些定态中的轨道组的一些确定的概念,它们或能允许我们根据火花光谱的观察结果来确定原子心的动力学性质,特别说来是确定它的能量值.按照我们的看法,这一组态的出现依赖于把一个另加的电子耦合在原子上;这一情况本身也许不但能够解释一个事实,即那样一个态属于单谱项的集合,在该态中两个价电子的谐和相互作用已经建立;而且,与此同时,它或许也能够解释这一事实:正如光谱所要求的,对于具有渐增主量子数的单谱项来说,原子的能量和对于三重谱项来说的能量将趋于同一个值.

如所周知,位于 Cu 和 Ag 后面的元素 Zn 和 Cd 的电弧光谱,而且还有 Hg 光谱,都显示和碱土元素的电弧光谱相同的特征结构.事实上,我们也必须假设关于量子数 k 和 j 的情形是确切相同的.另一方面,由于原子心的线度相对地小,我们可以假设 $k \geqslant 2$ 的轨道完全位于原子心的外面,从而也像在 Cu 和 Ag 的电弧光谱中一样,适用于 p 谱项和 P 谱项的主量子数将从 2 开始,而适用于 d 谱项和 D 谱项的则从 3 开始.和谱项的量值一致的这一假设,显然已经得到汉森、高峰俊夫和沃尔诺在哥本哈根对汞光谱中的斯塔克效应进行的彻底考察的决定性支持[*];这种考察已经证明,不但对于 d 谱项,而且对于较高的 p 谱项,线系电子的轨道都只能和开普勒椭圆相差很小.

---

[*] 这一考察的详细报告,不久即将在《哥本哈根科学院学报》(Memoirs of the Copenhagen Academy) 上发表;这种考察给出了关于电场对复杂光谱的影响的若干有趣结果.

Al、Ga、In 和 Tl 各元素的光谱，又显示和碱金属电弧光谱种类相同的多重结构；这正是确实应该预期的，因为已经假设了碱土元素和稀有气体的正常态在合角动量及其在磁场中的可能取向方面都是相似的. 同时，当和碱金属光谱相比较时，这些光谱也显示和理论预期精确对应的典型差别. 首先，第一个 s 谱项的较小量值是由于主量子数比元素系的同一周期中的碱金属的主量子数大一个单位；而这又是和下述事实联系着的：在前面元素的正常态中有一个暂时闭合的轨道组态，由两个 n_1 轨道构成，此处 n 恰好是元素系中的周期号数. 由于这一情况，在所考虑元素的正常态中即将被俘获的最后一个电子的轨道，就将由 $k=2$ 来表征. 由于所考虑元素的原子心线度较大，$k=2$ 的轨道不但会透入原子的内部，而且，对于和原子正常态相对应的第一个 p 谱项来说，这个电子轨道甚至会完全位于早先束缚了的电子的区域之内. 这个轨道的主量子数等于元素系中的周期号数.

对于铝，帕邢关于第三种线系光谱的测量提供了关于原子心线度的简单估计的依据. 我们根据最大的 s 谱项值直接看到，在二倍带电的离子中的 3_1 轨道上运动着的电子，在它的绕转过程中将达到一个离核距离，它近似地是正常氢原子中电子轨道半径的三倍. 在带单一电荷的铝原子中，存在两个 3_1 轨道，这些电子的轨道线度更大得多. 这不但使得 $k=2$ 的轨道不能整个地位于较外区域中，甚至使得 3_2 轨道上的电子永远不会达到和 3_1 轨道上的价电子离核同样远的地方，而这就又引起原子正常态中这一电子的轨道线度的进一步增大. 很清楚，在这样的情况下，并不能期望通过和固定辏力场中的电子运动相对比来得到谱项值的近似估计，就像在某种程度上对于原子心形成稀有气体组态的那种光谱所能做到的那样. 铝原子心的特别大的线度，以及它的轨道组态的低对称性，进一步使我们能够理解电弧光弧的 d 谱项所显示的对氢谱项的特大偏差.

652   在所考虑的这一组元素中，我们遇到原子结构的一种新特点，因为我们在这儿在稀有气体出现以后第一次看到一些轨道出现在原子的正常态中，这些轨道的 $k=2$，而其主量子数等于元素系中的周期号数. 这就导致原子中较外电子组的发育中的一个新步骤的开始，而且使我们必须预期后继元素将显示新的光谱特色. 虽然已经有了很有希望的开端，但是，不论是经验的还是理论的情况都还不够清楚，从而在现在这一场合下不能继续讨论这些问题了.

正如在以上各节中已经提到的，在原第 636 页上的图中用线框包围起来的元素序列中，我们遇到由一个较内电子组的临时发育步骤所引起的一些情况. 正如在理论上所预期的那样，我们在这些元素中遇到对以上提到的光谱学位移定律的显著偏差. 正如卡塔兰通过对锰光谱的彻底考察而第一次阐明了的，我们在这儿甚至遇到完全新型的谱线多重结构,即所谓多重线[*]. 这些多重线的出现,依赖于原子心的总角动量比在双重线光谱和三重线光谱中具有更大的值;这一点,也在一种典型的方式下从这些元素序列的离子磁性中得到了证据. 伴随着各电子组的发育的这些情况,也在其他方面使得诠释光谱时必须考虑的定态总集显示更大的错杂性,比根据 §4 和 §5 中给出的光谱定律的那种示意表示法所应预期的要复杂得多.

在这儿,我们将不再进一步讨论这些更复杂的问题;对于考察这些问题来说,理论基础的不完全性在我们面前更加明白地显示了出来,这种不完全性甚至在以上几节所讨论的那些更简单问题的处理中也是如此强烈地显示了的. 从事物的本性来看,强调这种不完全性应该是这篇报告的主要任务之一;这篇报告的目的,首先就是对我们的一些努力的现状作出一种表达;我们的努力就是要应用光谱中的规律性来发展原子结构概念,并从而实现从光谱学这门科学一开始就时常出现在热衷此事的人们的眼前的那一希望.

在结束这篇论文时,我愿意对我的合作者们,特别是对 H. A. 克喇摩斯先生和 W. 泡利先生表示我的衷心感谢,他们曾经精力充沛地在稿件的撰写和许多理论细节的讨论方面给我以协助;我同样感谢 S·沃尔诺先生,他曾经在经验资料的讨论和光谱图表的绘制方面提供了可贵的帮助.

653

(1923 年 3 月 15 日收到)

图表的说明

黑点代表各经验谱项序列中一些最大的谱项,各谱项的通常的光谱学符号标在左方. 各点到图右的边界线的距离正比于谱项数值,每个表的下方按照波数标示了比例尺. 加在每个表的上方的比例尺表示有效量子数 n^* 的值;对于第 p 种光谱来说,这个有效量子数是通过公式 $T=Rp^2/n^{*2}$ 来和(以波数为单位的)谱项值 T 唯一地联系着的,式中 R 是由表示式 $R=109737(1-5.4\times10^{-4}/A)$ 给出的黎德伯恒量,此处 A 是相对于氢来说的元素原子量.

附在点旁的数字,表示和谱项相对应的线系电子轨道的主量子数. 这个数字适用于代替个体谱项序列中的流动数("Laufzahl"). 其值分属于个体谱项序列的辅量子数 k 和 j,首先确定不存在外力时各谱项的一切可能组合;组合定则是,

[*] M. Catalán, Trans. Roy. Soc. A. **223**(1922)127—173. 与此有关,并请参阅 H. 吉塞勒对于铬光谱的考察(Ann. d. Phys. **69**(1922)147). 关于这种类型的光谱的理论讨论,见 A. Sommerfeld, Ann. d. Phys. **70**(1923) 32,并见 G. Wentzel, Phys. Zeitschr. **24**(1923)104.

k 只能改变一个单位;而 j 则或是改变一个单位或是保持不变. 还要再加上一个限制,就是说,在全都具有等于 1 的 j 值的谱项之间不能出现组合. 必须特别强调,理论在确定量子数 j 的绝对值的意义方面是没有已经阐明的特点的;这一点,通过在各表上方这一量子数外面加一个括号来表明.

654

表 I

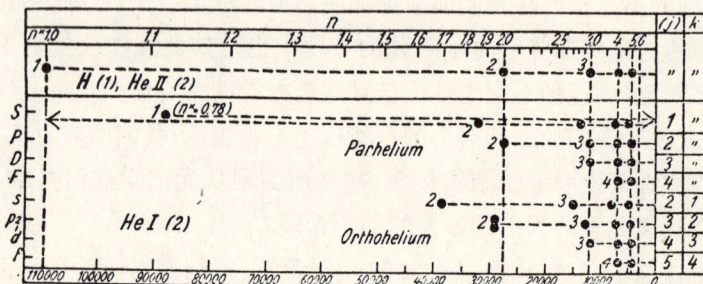

表 II

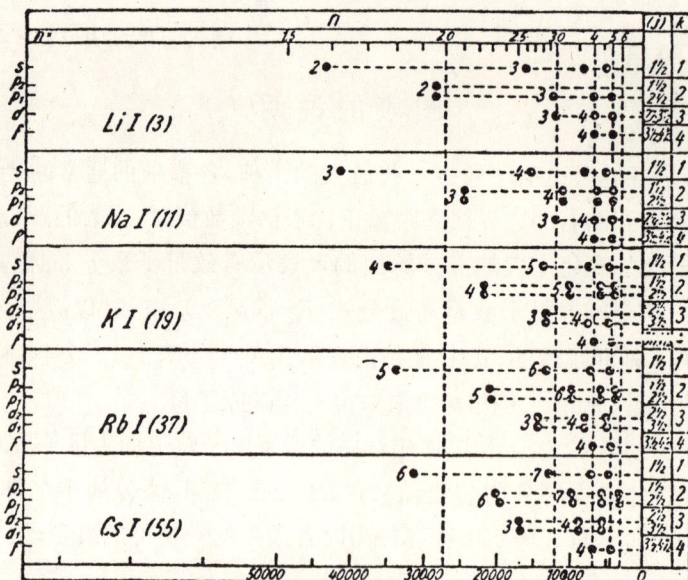

表 III

表 IV

655

表 V

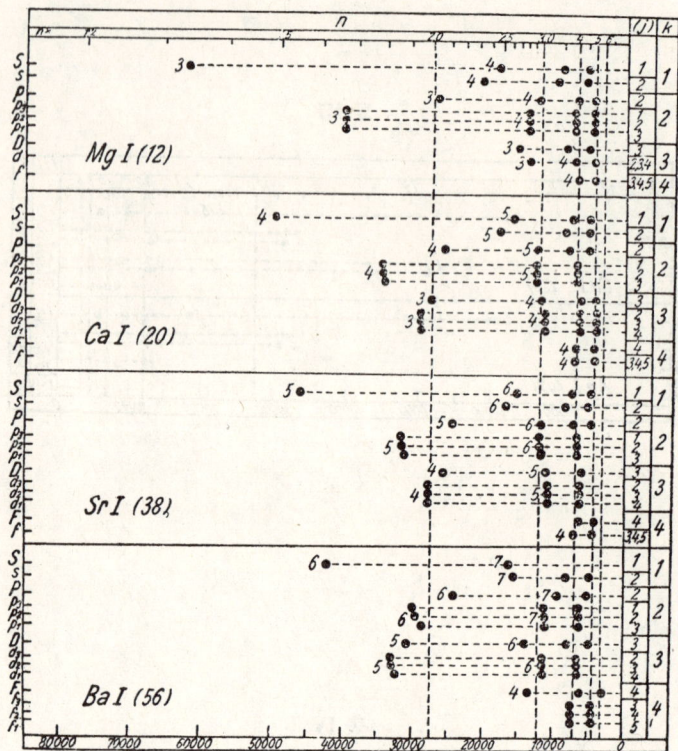

656

表 VI

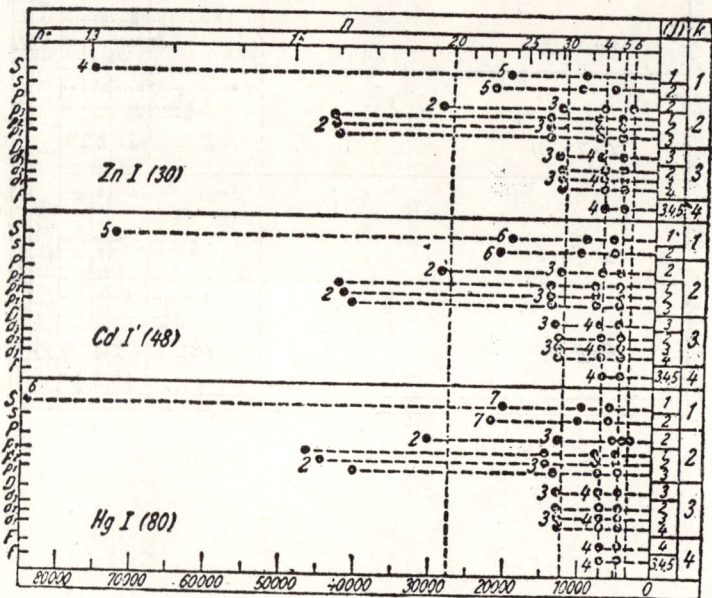

表 VII

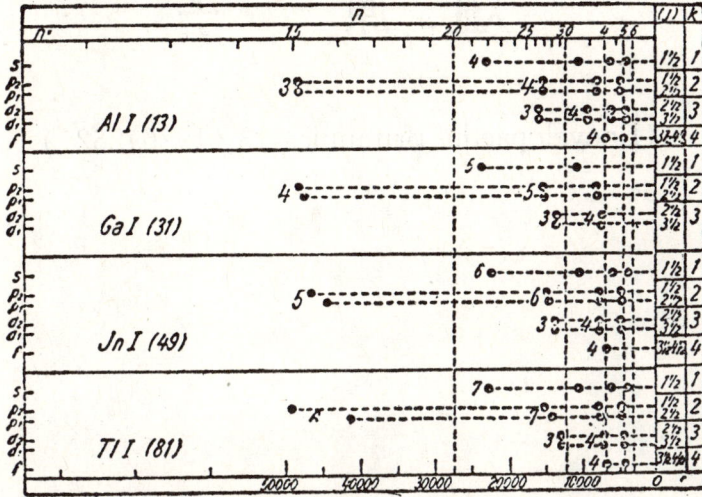

表 VIII

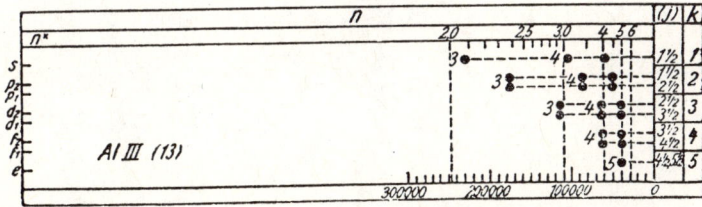

XIII. 原　　子

(Encyclopaedia Britannica 13 (1926) 262[*])

---

[*]［见《引言》第 14 节.］

原　子

（见 2.870）

结构单位　通过 19 世纪后半世纪的实验发现，人们渐渐弄清楚了各元素的原子绝不是一些不可分的实体，而是必须设想成由分离的粒子构成的集体. 例如，根据稀薄气体的放电实验，特别是根据对于所谓阴极射线的仔细研究，人们被引导着承认了很小的带负电粒子的存在，其质量只大约是最轻的原子即氢原子的质量的 2,000 分之一. 这些可以看成负电原子的小粒子，现在按照约翰斯通·斯通内的叫法被普遍地称为电子. 通过 J·J·汤姆孙等人的研究，已经得到了令人信服的证据，表明这些电子是每一个原子的组成部分. 在这种基础上，一些物质的普遍性质，特别是在物质和辐射的相互作用方面，得到了一种或然性的解释.

事实上，关于电子在原子中稳定平衡位置附近进行振动的假设，就提供了一种光谱线起源的简单图景，使得选择吸收现象和色散现象都可以用很自然的方式加以解释. 甚至由塞曼发现的磁场对谱线的特征效应，也可以依据这一假设来简单地加以理解，正如洛伦兹所证明的那样. 有一段时间，把电子保持在它们的位置上的那些力的根源是未知的，而正电在原子中的分布方式也是未知的. 但是，根据从放射性物质放出的高速粒子对物质的穿透实验，卢瑟福于 1911 年得到了所谓有核原子模型. 按照这一模型，正电是集中在一个核中的，核的大小远小于原子所占的总空间. 这个核实际上也可以说具有原子的全部质量.

各元素的性质　原子的有核理论曾经对各元素性质的起源提供了新的洞察. 这些性质可以分成截然不同的两类. 属于第一类的是主要的物理性质和化学性质. 这些性质依赖于核周围的电子团的构造以及外界因素对它的影响方式. 但是，这种方式将依赖于由核引起的使电子团保持在一起的那种吸引力. 由于核的线度远小于团内各电子之间的距离，这个力将在很高的近似程度上只取决于核的总电荷. 核的质量以及电荷和质量在构成核本身的那些粒子之间的分布，对于电子团的性能将只有非常小的影响.

属于第二类的是物质的放射性之类的性质. 这些性质取决于核的实际内部结构. 事实上，我们在放射性过程中看到的是核的爆炸，在爆炸中有些带正电或

负电的粒子即所谓 α 粒子或 β 粒子以很高的速度被放出. 两类性质的完全独立性由一些物质的存在而最突出地显示了出来, 这些物质是不能用任何普通的物理检测和化学检测来互相区别的, 但是它们的原子量并不相同, 而其放射性质则完全不同. 任何一组两种或多种这样的物质, 叫做一组同位素, 因为它们在按照普通的物理性质和化学性质而对元素进行的分类中占有相同的位置. 存在同位素的最初证据, 是在索迪和其他研究者们关于放射性元素的化学性质的工作中找到的. 已经证明, 同位素不但可以在放射性元素中找到, 而且许多普通的稳定元素也是由同位素组成的, 因为, 以前认为由完全相同的原子组成的许多普通元素, 已经被阿斯登的研究证明为具有不同原子量的同位素的混合物. 而且, 这些同位素的原子量是整数, 只因为所谓化学纯的物质实际上是一些同位素的混合物, 一些原子量才不是整数.

内部结构　核的内部结构还了解得很少, 尽管卢瑟福的用 α 粒子的轰击来引起原子核蜕变的实验已经提供了一种探索方法. 确实, 这些实验可以说开始了自然哲学中的一个新时代, 因为已经第一次完成了从一种元素到另一种元素的人为转化(见"元素的嬗变"条). 但是, 我们在以下将只考虑各元素的普通的物理性质和化学性质, 以及已经作出的在以上所述各概念的基础上来解释这些性质的尝试.

各元素间的关系

元素周期系　门捷列夫认识到, 当各元素实际可以说是按照它们的原子量的顺序排列起来时, 它们的化学性质和物理性质就显示很明显的周期性. 表 I 给出了这种所谓周期表的一个图解表示, 它在一种稍微改动了的形式下代表曾由朱里亚·汤姆森首次提出的一种排列法. 表中各元素用它们的通常化学符号来代表, 而各个竖行代表所谓的周期. 相邻各行中具有同族的化学性质和物理性质的元素用直线连接. 在较后的周期中, 画在一些元素序列外面的框线的意义将在以后提到; 这些元素的性质显示对起初几个周期中的简单周期性的典型偏差.

辐射　各元素间的关系的发现, 主要是建筑在它们的化学性质的研究上的. 后来又认识到, 这种关系也很清楚地表现在各元素在适当情况下所发射或所吸收的辐射的构造中. 巴耳末在 1883 年证明, 表中第一种元素即氢的光谱, 可以用一个极其简单的数学定律来表示. 这个所谓的巴耳末公式表明, 光谱中各谱线的频率 ν 在很好的近似下由下式给出:

$$\nu = R\left(\frac{1}{(n'')^2} - \frac{1}{(n')^2}\right) \tag{1}$$

659

表 I

658

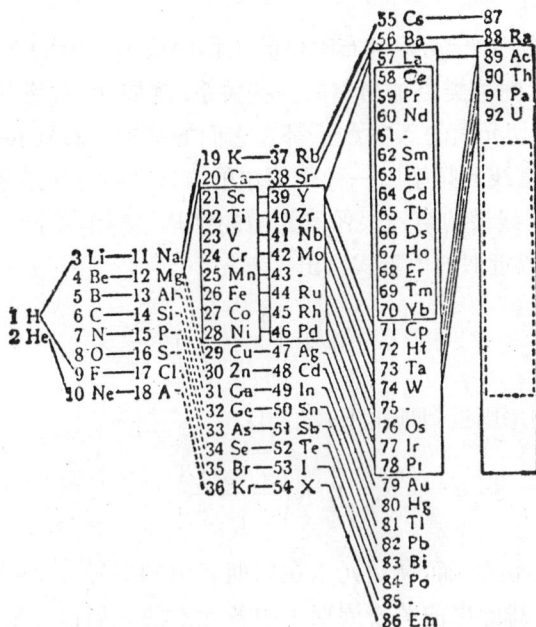

式中 R 是恒量,而 n' 和 n'' 是整数. 如果令 n'' 等于 2,而令 n' 依次取值为 3、4、$\cdots$, 公式就给出氢光谱可见部分一个线系的频率. 如果令 n'' 等于 1,而令 n' 等于 2、3、 4、$\cdots$,就得到 1914 年由赖曼发现的紫外谱线系. 和 $n''=3$、$4\cdots$ 相对应的,是一些 也已经观察到的红外区的氢谱线系.

659

　　三十多年以前,黎德伯在他的关于线光谱的著名研究中,已经能够按照相似 的方式分析其他元素的许多光谱. 正如在氢的情况中一样,他发现一种线光谱 (例如钠的线光谱)的频率可以用下列类型的公式来表示:

$$\nu = T'' - T' \qquad (2)$$

式中 T''、T' 可以近似地表示为

$$T = \frac{R}{(n-\alpha_K)^2} \qquad (3)$$

此处 α_K 对于任何一个线系来说是常数,但对不同线系却取不同的值 α_1、α_2、$\cdots$, 而 n 则取一组相继的整数值. R 在整个光谱中是恒量,而且是出现在(1)中的那 同一个恒量,它现在通称为"黎德伯恒量". 在许多光谱中,大多数序列的谱项是 多重的,我们认为形成一个序列的那些谱项,实际上形成两个、三个或更多个对 应于两个、三个或更多个稍许不同的 α_K 值的序列. 黎德伯也已发现,在周期表中

占着同族位置的那些元素的光谱是彼此很相似的,这种相似性在谱项的多重性方面尤其明显.

摩斯莱的发现   由于劳厄和布喇格的工作而成为可能的 X 射线谱的研究,揭露了不同元素之间种类更加简单的一些关系. 例如,摩斯莱在 1913 年作出了基本性的发现:一切元素的 X 射线谱都在它们的结构方面显示一种引人注意的相似性,而且对应谱线的频率以一种很简单的方式依赖于元素在周期表中的编号. 而且,这些 X 射线谱的结构很像氢光谱的结构. 例如,不同元素的最强 X 谱线之一的频率,可以近似地由下式给出:

$$\nu = N^2 R \left(\frac{1}{1^2} - \frac{1}{2^2} \right) \tag{4}$$

而另一条谱线的频率则近似地由下式给出:

$$\nu = N^2 R \left(\frac{1}{2^2} - \frac{1}{3^2} \right) \tag{5}$$

式中 R 又是黎德伯恒量,而 N 是元素在周期表中的编号. 这些公式的极端简单性使得摩斯莱能够排除以前关于周期表中各元素的先后次序的任何不确定性,并且也能肯定地说出表中应由尚未发现的元素来填充的那些空位.

原子序数   在原子的有核模型中,元素在周期表中的编号得到了非常简单的诠释. 事实上,如果把电子电荷的数值取作一,这个常被称为"原子序数"的编号就可以简单地和核电荷的值等同起来. 这一定律是由范登布若克首次提出的,而且在 J. J. 汤姆孙关于原子中电子数的探索中以及在卢瑟福关于原子核上的电荷的创见性估计中有其先兆. 从那以后,这一定律已经通过核电荷的精密测量而得以确立,并已证实为研究各元素物理性质和化学性质之间的关系的可靠指南. 这一定律也给一些简单定则提供了直截了当的解释,那些定则支配着放射性元素在发出 α 粒子或 β 粒子以后的化学性质的变化.

量 子 论

电子和核的发现是以实验为依据的,这些实验的诠释是建筑在经典电动力学定律的应用上的. 但是,一旦企图把这些定律应用到原子内各粒子的相互作用上以说明各元素的物理性质和化学性质,我们就会遇到严重的困难. 试考虑只包含一个电子的原子;显而易见,由一个正核和一个电子组成的电动力学体系将不会显示实际原子的奇特稳定性. 即使可以假设电子描绘以核为一个焦点的椭圆轨道,也还没有任何东西可以确定轨道的线度,从而原子的大小也还是一个不确定的量. 此外, 按照经典理论, 转动着的电子将不断以具有变化频率的电磁波的形式而辐射能量, 直到电子终于落入核中时为止. 简短地说, 物质的经典电子论的一切有希望的结果初看起来似乎都会变成幻影了, 不过, 却已经能够通过引入一些概念来在这一原子图景的基础上发展一种合理的原子理论; 这些概念形成了由普朗克在 1900 年发展起来的著名的温度辐射理论的基础.

这种理论标志了对那些一直在自然现象的解释中被应用了的概念的完全背离, 因为它赋予了原子过程以某一不连续性要素, 其种类是完全超出经典物理学定律之外的. 它的突出特点之一是一个新恒量即所谓普朗克恒量在物理定律的表述中的出现; 这个恒量具有能量乘时间的量纲, 而且常常被称为"基元作用量子". 我们将不讨论量子论在普朗克的原始研究中所显示的形式, 或是爱因斯坦在 1905 年发展起来的重要理论, 在那些理论中普朗克的概念在解释各式各样现象中的有成果性以一种巧妙的方式得到了显示. 我们将立即着手说明已经能够把量子论应用于原子构造问题的那种形式. 这种形式建筑在下述两条公设上:

1. 一个原子体系只在某一些态即一些"定态"中才是稳定的; 这些定态一般对应于原子能量值的一个分立序列. 这个能量的每一次变化都和原子从一个定态到另一个定态的完整"跃迁"相联系着.

2. 原子吸收辐射和发射辐射的本领由下述定律来支配: 和一次跃迁相联系着的辐射是单频的, 而其频率 ν 满足

$$h\nu = E_1 - E_2 \tag{6}$$

式中 h 是普朗克恒量, 而 E_1 和 E_2 是所涉及的两个定态中的能量.

这些公设中的第一条, 目的在于定义原子结构的固有稳定性, 这种稳定性是如此清楚地在许许多多化学现象和物理现象中表现出来的. 和爱因斯坦的光电效应定律密切联系着的第二条公设, 提供了诠释线光谱的一个基础; 它可以直接解释由关系式(2)来表示的基本光谱定律. 我们事实上看到, 出现在这一关系式中的那些谱项, 可以和除以 h 的各定态能量值等同看待. 这种关于光谱起源的观点, 已被发现和在辐射的激发中得到的实验结果相一致. 这特别表现在弗兰克和赫兹关于自由电子和原子之间的碰撞的发现中. 他们发现, 从电子到原子的能量传送, 只能按照和根据光谱项算出的那种定态能量差相对应的数量来进行.

氢光谱　　由巴耳末公式(1)和量子论公设可以推得, 氢原子具有单独一个定态序列, 第 n 个态中的能量数值是 Rh/n^2. 当把这一结果应用于氢原子的有核模型时, 我们可以假设这一表示式代表把电子从第 n 个态移到离核无限远处时所需的功. 如果原子级粒子的相互作用要用经典力学定律来解释, 则电子在任一定态中都必须是在以核为焦点的椭圆轨道上运动的, 轨道的长轴正比于 n^2. n 等于

1 的态可以看成原子的正常态,这时能量有最小值. 对于这个态,发现长轴约为 10^{-8} 厘米. 很可满意的是,这个值和从各种不同的实验推出的原子线度具有相同的数量级. 但是,由各公设的本性可以看清楚,这样一种定态的力学图景只能具有符号性质. 这也许可以最清楚地用一个事实来表明,那就是,这些图景中的轨道绕转频率和原子所发射的辐射频率并无任何直接联系. 但是,用力学图景来把定态形象化的尝试已经揭示了量子论和经典理论之间的一种影响深远的类似性,这种类似性是通过在相邻定态彼此差别很小的极限下分析辐射过程而追索出来的. 在这儿已经发现,和从任一定态到其次一个定态的跃迁相联系着的频率,趋于和这些态中的绕转频率相重合,如果出现在巴耳末公式(1)中的黎德伯恒量是由下列表示式给出的话:

$$R = \frac{2\pi^2 e^4 m}{h^3} \tag{7}$$

式中 e 和 m 是电子的电荷和质量,而 h 是普朗克恒量. 这一关系式事实上已被发现在测量 e、m 和 h 时所造成的实验误差范围之内是得到满足的,从而可以认为已经在氢的光谱和原子模型之间建立了一种确定的关系.

　　对应原理　　刚刚提到的这些考虑构成应用所谓"对应原理"的一个例子;这一原理在理论的发展中曾经起了重要的作用. 这一原理表现了在量子论公设的奇特品格所允许的范围内,在原子的定律中追寻和经典电动力学的类似性的那种努力. 近几年来,沿着这一方向曾经做了许多工作,而且在海森伯的手中已经得出了一种合理的量子运动学和量子动力学的表述. 在这一理论中,经典理论的概念从一开始就按照和基本公设相适应的方式进行了改写,而且关于力学图景的一切说法都被抛弃了. 海森伯的理论构成对描述自然现象的经典方式的一种大胆的背离,但是可以算一个优点的却是它只处理可以直接观察的量. 这一理论已经带来了各式各样有趣的和重要的结果,而且特别说来它已使得人们不必用到有关定态本性的任何随意的假设就能推得巴耳末公式. 但是,量子力学的方法还没有应用到多电子原子的构造问题上,从而在下面我们只将讨论已经通过应用定态的力学图景而导出的那些结果. 虽然这样并不能得到一种严密的定量处理,但是却曾经能够在对应原理的指引下对原子构造问题得到一般性的洞察.

原子序数较高的元素的光谱

　　氢光谱可以看成一种跨步式过程的证据,在这种过程中一个电子被俘获并越来越强地束缚在核周围的场中,这一过程的各个阶段就是原子的各个定态. 简单的论证可以导致这样的结论：和具有任一给定电荷的核对电子的束缚相对应的各个阶段，将由一个类似的定态序列来表示，而从第 n 态中取走电子时所需的功 W_n 就将由下式给出：

$$W_n = N^2 \frac{Rh}{n^2} \tag{8}$$

式中 N 是所考虑的元素的原子序数. 这些态可以具体想象成电子的一些力学轨道，它们的长轴只是氢原子中对应轨道的长轴的 N 分之一. 和所考虑的束缚过程相联系着的光谱由下列公式来表示：

$$\nu = N^2 R \left(\frac{1}{(n'')^2} - \frac{1}{(n')^2} \right) \tag{9}$$

对于 $N=2$，这一公式确实表示由单价电离的即失去了一个电子的氦原子所发射的光谱. 对于大于 2 的 N 值，这种类型的光谱［按指原子中只剩下一个电子］还没有被观察到，但是可以看到，公式（9）是包括了表示各元素 X 射线谱中最强谱线的频率的近似公式（4）和（5）的. 这一点可以理解，如果我们假设：X 射线谱和原子较内区域中一个电子的束缚状态的改变有关；在那种区域中，至少当原子序数较大时，核对一个电子的作用力将远远超过其他电子对这一电子的作用力，从而这些其他电子的存在将对束缚强度只有较小的影响.

电子的影响　一般说来，电子之间的相互影响是相当可观的. 试考虑已经有 s 个电子绕着它转的那样一个核俘获一个电子时的各个阶段. 在这一过程的起初一些阶段中，可以假设轨道的线度远远大于早先被束缚了的那些电子的轨道线度，这时来自这些电子的推斥力可被假设为中和掉 s 个单位的核电荷，从而合力就将近似地和当电子绕着原子序数为 $N-s$ 的核转动时的力相同. 在较后一些阶段中，新电子的轨道线度比较小了，其他电子就不能再看成像单独一个中央电荷那样起作用，从而它们的推斥力就不能很容易地确定了. 于是条件变得更复杂了，而各个定态就再也不能通过把新电子设想成沿着开普勒椭圆而运动来加以处理了. 但是，曾经发现，通过假设后加的电子沿着由一系列准椭圆形圈线构成的有心轨道运动，所得光谱的许多特点就能够得到解释. 但是，和开普勒轨道有所不同，单个的圈线并不是闭合的，而是相继的最大半径将终止于以核为心的一个圆上，而且各相邻半径之间的夹角都相同. 正如索末菲所初次证明的，对于这样的有心轨道来说，能够从可能轨道的连续集合中选出一组轨道来，它们可以被看成在量子论的意义上表示着各个定态. 这些态是用两个整数来标号的. 其中一个用 n 来代表的整数对应于出现在巴耳末公式中的那个整数，而且被称为主量子数. 另一个用 k 来代表，可以叫做辅量子数. 对于任一给定的 n 值，数 k 可以取值 1、2、3、…、n，对应于一组到核的最小距离递增的轨道. 对于给定的 k 值，递增的 n 值对应于一些轨道，它们显示递增的到核的最大距离，但是它们在电子来到离核最近处的区域中时却具有相近的大小和形状. 关于从第 n 个定态中把电子从核完全取走时所需的功，理论导致下列的近似表示式：

$$W_{n,\,k} = (N-s)^2 \frac{Rh}{(n-\alpha_k)^2} \tag{10}$$

式中 α_k 只依赖于辅量子数 k，而且随着 k 的增大而趋于零.

如果 s 等于 $N-1$，我们就看到，当除以 h 后，$W_{n,\,k}$ 就和适用于各元素的普通线系光谱中各谱项的黎德伯表示式(3)确切地重合. 因此这些光谱可以看成一些过程的证据；这些过程代表着中性原子的最后形成阶段，在这一阶段中，已经把 $N-1$ 个电子束缚在它的场中的一个电荷为 Ne 的核正在俘获第 N 个电子. 近年以来曾经发现，许多元素在适当的条件下除了它们的普遍光谱外还发射另一些光谱，这些光谱的谱项可以用下式表示：

$$T = p^2 \frac{R}{(n-\alpha_k)^2} \tag{11}$$

式中 p 可以取整数值 2、3、4、…. 把(11)和公式(10)比较一下，我们就看到这些光谱必须被看成起源于那样一些原子，它们在失去了 p 个电子以后正在把一个电子重新束缚在剩下来的原子性离子的场中.

线系光谱的这种诠释，也允许支配着各谱项的可能组合的那些定则得到解释. 事实上曾经发现，只有那样一些谱线才会出现在光谱中，对于那些谱线来说所涉及的谱项的 k 值之差为 1. 根据对作着有心运动的电子按照经典电动力学所将发射的辐射成分进行了的研究，可以证明这一定则是对应原理的一条简单推论.

多重结构　大多数线系光谱的谱项所显示的多重结构，使我们有必要假设在这些光谱的发射中所涉及的电子运动比以上所描述的简单有心运动要复杂一些. 建筑在对应原理上的一种分析表明，这一运动可以看成在上面叠加了轨道平面绕空间固定轴的均匀旋进的一个有心运动. 但是，有一段时间曾经显得是很难在观察到的结构和上述原子构造假说之间得到任何较密切的联系的. 特别说来，已经由实验揭示出来的光学光谱的和 X 射线谱的精细结构之间的突出类似性，曾是令人很感困惑的. 但是，通过研究磁场对光学多重谱线成分线的效应所显示的那些奇怪的反常性，最近已经得到了这样一种看法：电子本身除带有电荷以外还具有一个磁矩，这种磁矩可以和绕过中心轴线的一种迅速转动联系起来. 这个新假设不但可使反常塞曼效应得到说明，而且同时也给支配着多重结构宽度对原子序数的依赖关系的那些经验定则提供了自然的解释.

原子构造和周期表

在发现电子后不久,人们就认识到在周期表中显示出来的各元素物理性质和化学性质之间的关系指示着原子中电子分布的一种分组结构.沿着这一路线的基本工作是由 J. J. 汤姆孙于 1904 年做出的. 在发现了核和上面给出的原子序数的简单诠释以后,他的工作特别由考塞耳和刘易斯以很大的成功继续了下来.

价性质   人们提出,原子中的电子具有形成一些稳定组的趋势,每一组包含确定数目的电子,它们在原子的中性态中像一些相继的壳或层一样围绕着原子的中心. 例如,通过假设存在一种形成各自包含八个电子的完满组的趋势,就可以得到关于周期表中第二周期和第三周期的简单价性质的解释. 钠的单价性和镁的双价性,被认为起源于这些元素的中性原子分别失去一个或两个电子的那种容易性,因为那时剩下来的原子性离子就将只包含完满的壳层了. 另一方面,硫的双负价和氯的单负价则被认为起源于下述趋势:它们的最外壳层倾向于分别取得两个或一个后加的电子,以形成包含在惰性气体氩的中性原子中的那种八电子完满壳层.

电子的静态分布   曾经有人企图把这种组的存在和电子的具有高度对称性的静态位形联系起来. 例如,八电子组的存在曾经被解释为电子在立方体各顶角上的安排. 不论这些想法在提供化合物构造的图景方面曾经多么有启发性,它们却不能使我们和原子的其他性质建立直接联系;主要的困难在于,电子的稳定静态排列和原子的有核理论不能相容. 但是,在此期间,已经能够把原子中电子团的分组结构和光谱的量子论诠释联系起来了. 于是,中性原子在其正常态中的构造,就可以通过设想 N 个电子一个接着一个地被俘获和束缚在电荷为 Ne 的核周围的力场中的那一过程来加以探索.

对应于每一步骤,有许多阶段,即许多定态;在这些定态中,电子被越来越牢固地束缚在原子上. 束缚性最强的那个末态对应于原子性离子的正常态. 喏,光谱和分组结构之间的一种确定的联系,是通过下述假设建立起来的:在正常原子中,只有有限个数的电子可以束缚在那样一些态中,各该态被具体想象为用量子数 n 和 k 的定值来表征的一些轨道. 束缚在和 n 的给定值相对应的各个轨道上的那些电子,被说成形成一个 n 量子组,这个组在它的最后完成阶段将包含 n 个亚组,对应于 k 所取的可能值 1、2、$\cdots$、n. 对于足够大的核电荷来说,属于同一组中的不同亚组的各个电子的束缚强度将接近相同. 但是,在原子中各组随着核电荷的增大而逐渐建立的过程中,必须注意到,当一个 n_k 轨道初次出现在中性原子中时,束缚强度将在颇大的程度上依赖于 k 的值.

这是由于这样一种情况:这个量子数确定着电子可能达到的离核最近的距离.因此,原子中其他电子对核电荷的屏蔽作用,对于和不同的 k 值相对应的轨道就可以很不相同,而且对束缚强度的影响可以如此之大,以致用 n 和 k 的某些值来表征的一个轨道可以比 n 值较小而 k 值较大的轨道对应于更强的束缚.这就给周期表的一个特点提供了自然的解释,那就是周期越来越长,而且出现一些在化学性质和物理性质方面相差较小的元素序列.这样一个序列标志着 n 量子组的一个发育阶段,这就是和以前尚未在组中出现的 k 值相对应的一个亚组的加入,而且这是在对应于较大 n 值的组已经开始建立以后才开始进行的.事实上,在亚组的加入过程中,后一组的发育将出现一个暂时的停顿,而该组的构造就主要确定原子的化学亲和性,因为它包含着一些束缚得最松的电子.

662   在所附的表(表 II)中,给出了关于各元素的中性原子正常态的结构的一个总结.不同元素前面的数字是原子序数,它给出中性原子中的总电子数.不同竖行中的数字,给出和顶端的主量子数及辅量子数的值相对应的轨道上的电子数.和周期表(表 I)比较一下就能看出,在化学方面为同族的那些元素,在包含着所谓价电子的束缚得最松的电子组中将有相同数目的电子.在表 I 中用框线包围起来的那些元素的原子,具有这样的电子组态:有一个亚组正被加入一个组中,该组的主量子数小于包含着典型价电子的那个组的主量子数.较内电子组的这样一种完成过程的一个特别显眼的例子,是由形成稀土族的那些元素提供的.在这里,我们看到的是第四个亚组在 4 量子组中的加入;这是从 Ce(58)开始的,而第三个亚组的加入则在 Ag(47)中已经结束.

表 II 不但和光学光谱普遍相符,而且也和 X 射线区域中的光谱普遍相符.正如以前所提到的,我们在 X 射线谱中看到的是原子内部一个电子的束缚的改变.例如,当一个电子通过高速运动粒子对原子的撞击而从一个电子组中被取走,而它的位置由一个属于束缚能量较小的组的电子来补充时,这种情况就会出现.作为例子可以讲到,其频率可以近似地用公式(4)来表示的强 X 射线,是当一个电子已经从 1 量子组中被取走而 2_2 电子中的一个电子完成跃迁来占据空位时被发射出来的.用公式(5)来近似表示的谱线起源于一个跃迁,通过这个跃迁,一个 3_3 电子占据由于 2_2 电子被取走而剩下的空位.

各个组和各个亚组中有多少个电子的问题,近几年来已经讨论得很多了.表 II 是这种讨论的暂时结果,而且似乎对于光谱资料和化学资料都能作出合适的描述.很清楚,问题的充分理论处理是不能根据建筑在简单的有心轨道图景上的考虑来得出的.这样一种处理将本质地涉及对于出现在谱线结构中的电子束缚

表 II

	1_1	2_1	2_2	3_1	3_2	3_3	4_1	4_2	4_3	4_4	5_1	5_2	5_3	5_4	5_5	6_1	6_2	6_3	6_4	6_5	6_6	7_1	7_2
1 H	1																						
2 He	2																						
3 Li	2	1																					
4 Be	2	2																					
5 B	2	2	1																				
⋮																							
10 Ne	2	2	6																				
11 Na	2	2	6	1																			
12 Mg	2	2	6	2																			
13 Ae	2	2	6	2	1																		
18 A	2	2	6	2	6																		
19 K	2	2	6	2	6		1																
20 Ca	2	2	6	2	6		2																
21 Sc	2	2	6	2	6	1	2																
22 Ti	2	2	6	2	6	2	2																
⋮																							
29 Cu	2	2	6	2	6	10	1																
30 Zn	2	2	6	2	6	10	2																
31 Ga	2	2	6	2	6	10	2	1															
⋮																							
36 Kr	2	2	6	2	6	10	2	6															
37 Rb	2	2	6	2	6	10	2	6			1												
38 Sr	2	2	6	2	6	10	2	6			2												
39 Y	2	2	6	2	6	10	2	6	1		2												
40 Zr	2	2	6	2	6	10	2	6	2		2												
47 Ag	2	2	6	2	6	10	2	6	10		1												
48 Cd	2	2	6	2	6	10	2	6	10		2												
49 In	2	2	6	2	6	10	2	6	10		2	1											
⋮																							
54 X	2	2	6	2	6	10	2	6	10		2	6											
55 Cs	2	2	6	2	6	10	2	6	10		2	6				1							
56 Ba	2	2	6	2	6	10	2	6	10		2	6				2							
57 La	2	2	6	2	6	10	2	6	10		2	6	1			2							
58 Ce	2	2	6	2	6	10	2	6	10	1	2	6	1			2							
59 Pr	2	2	6	2	6	10	2	6	10	2	2	6	1			2							
⋮																							
71 Cp	2	2	6	2	6	10	2	6	10	14	2	6	1			2							
72 Hf	2	2	6	2	6	10	2	6	10	14	2	6	2			2							
⋮																							
79 Au	2	2	6	2	6	10	2	6	10	14	2	6	10			1							
80 Hg	2	2	6	2	6	10	2	6	10	14	2	6	10			2							
81 Tl	2	2	6	2	6	10	2	6	10	14	2	6	10			2	1						
⋮																							
86 Em	2	2	6	2	6	10	2	6	10	14	2	6	10			2	6						
87 —	2	2	6	2	6	10	2	6	10	14	2	6	10			2	6					1	
88 Ra	2	2	6	2	6	10	2	6	10	14	2	6	10			2	6					2	
89 Ac	2	2	6	2	6	10	2	6	10	14	2	6	10			2	6					2	1

的那些特点的分析. 事实上很可能的是,电子本身具有磁性的这种想法将给出诠释支配着原子中电子分组结构中的电子数的那些定则的线索.

在本文中,我们曾经力图对于在元素性质的分析中应用力学图景来具体想象定态的有成果性给出一个概念. 尽管这样的假说有着很有价值的启发性,但是必须再一次强调,这样的图景并不能使原子现象在量子论公设的构架内得到十分合理的诠释. 为了恰当地描述原子的性质,看来不可能直接依靠任何经典电动力学的概念. 与此相反,看来迫切需要的是,任何这样的概念都应该从一开始就用上面提到的新量子力学的方法来加以改写.(参阅"原子量"、"化学"、"气体的电性质"、"同位素"、"量子论"各条.)

参考书:E. N. de C. Andrade, *The Structure of the Atom*; G. Birtwistle, *The Quantum Theory of the Atom*; N. Bohr, *The Theory of Spectra and Atomic Constitution*; I. D. Main Smith, *Chemistry and Atomic Structure*; A. Sommerfield, *Atomic Structure and Spectral Lines*.

第二编　通信选(1920—1924)

引　言

　　和本卷所收各论文或各稿本有关的许多信件的一些段落，曾经在第一编的《引言》中被引用过．所有这些信件的全文都用原文重印在这里［现皆译为中文］．几封丹麦文信件附有英译本．各信件按通信人（以姓氏字母为序）分组，每一组前面有一张所含信件的表．*

---

　　* ［中译者按：这些信件大多原系德文，现都在信件标题右上角用ⓒ标出，由译者的老友容保粹教授协助译为中文．另有几封原系丹麦文本，但附有英文译本，今在标题之末用①标出．其原系英文本者不加任何标记．］

M·玻　恩

M·玻恩致尼耳斯·玻尔(1923 年 3 月 4 日)
尼耳斯·玻尔致 M·玻恩(1923 年 4 月 9 日)
M·玻恩致尼耳斯·玻尔(1923 年 4 月 17 日)
尼耳斯·玻尔致 M·玻恩(1923 年 5 月 2 日)

M·玻恩致尼耳斯·玻尔[C]

（1923 年 3 月 4 日）

哥廷根，3 月 4 日，1923

亲爱的玻尔阁下：

　　不久以前，海森伯给泡利写信谈到，他和我一起曾经进行了受激氢原子的谱项计算. 既然泡利还没有复信，我就愿意问问您本人对此有些什么看法. 我们的结果是完全否定的. 当人们利用微扰理论求出受激 He 的轨道的一切可能类型时，人们发现（除了 p 谱项以外）任何能级都和观察到的谱项不相符合. 因此，甚至在这里，当其中一个电子已被弄到很远处时，也必然出现离开力学定律或量子法则的偏差. 现在我将不通过讨论人们可以用来避免这一灾难的一切方法来麻烦您；但是我想请您告诉我，您或克喇摩斯或泡利是否作过类似的计算，而且如果没有作过，您认为我们简略地发表这种结果是否合适. 事实上，这种结果就是您以及泡利（和我一起）关于正氦所进行的那些考虑的直接继续. 这本不值得详细写出来，但是如果把这种结果简略报道一下，也许可以省下别人的劳力. 我顺便也想告诉您，我已经找到估算气体 HCl、HBr 和 HI 的偶极矩的一种方法，即可以用这些偶极子组成一个简单点阵，我现在把它的 1/8 个晶胞的草图画在下面：它包括两个四面体，合成一个立方体；其中一个四面体的顶角上各有一个指向中心的偶极子，而另一个四面体的顶角上则各有一个背离中心的偶极子. 如果我们现在来计算这种点阵的静电内聚力，并假设斥力能量和 r^{-9} 成比例（对指数的依赖关系并不很大），我们就能把升华热 S 用偶极矩 p 和点阵常数 δ 表示出来：$S = \alpha p^2 / \delta^3$，式中 α 是数值常数. 如果依据测得的 S 值来计算 p 的值，就得到一个完全合理的数字，它约为最大偶极矩的一半（最大偶极矩对应于电荷集中在核上即不存在形变时的情况），但稍大于弗瑞沃耳德[*]和哈塞耳[**]的观测值. 总之，由此可以断定，这类物体的内聚力大部分（也可能是全部）起源于偶极子的吸引.

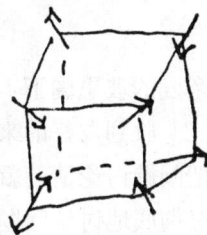

　　如果您没有时间给我写信，请让泡利代写. 我从后天起要出外旅行，3 月 15 日以前在柏林-格伦瓦耳德（信由 Königsallee 35 号的 H·黑希特先生转），然后到布雷斯劳（Kaiser Wilhelmplatz，13 号），直到 3 月 25 日为止.

---

　　* 弗瑞沃耳德（Frivold，Olaf Edvin，1885—1944），挪威物理学家.

　　** 哈塞耳（Hassel，Odd，1897—），挪威物理学家，自 1926 年起任奥斯陆大学讲师，后升教授. 因分子结构和分子形态方面的工作而获得 1969 年度的诺贝尔奖.

我和我的妻子向您和您的夫人及同事们致意.

您的忠实的

M·玻恩

亲爱的玻尔:

谨趁此机会向您和您的夫人致以最衷心的问候. 我们很高兴地在这里见到了诺尔伦德(Nörrlund)一家. 我们希望您的美国之行不致影响您和尊夫人一起来此访问. 我和布赫·安德森[*]通过信. 我想坚持我们关于 H_2 离解的结果的解释,而且我认为我也知道安德森的负结果从何而来.

您的最忠实的

J·弗兰克

671

尼耳斯·玻尔致 M·玻恩[©]

(1923 年 4 月 9 日)

4 月 9 日,1923

亲爱的玻恩阁下:

收到友好的来信而迟迟未能作复,歉愧殊甚. 我原想一经和克喇摩斯及泡利把问题讨论清楚就立刻复信,但是由于本职工作太忙,我们在本周内竟一次也没有彻底地讨论问题. 当我把为卡伊塞尔祝寿专号写的一篇有关光谱问题的综述性文章写完时,我十分遗憾地发现已经把给您的复信拖得太久了. 我但愿不会因此而打乱你们的计划,现在只能建议,请你们只管发表你们的计算而不必考虑我们. 事实上,氦光谱的问题毕竟还是一个远远没有解决的问题. 在上面提到的综述性文章中,我曾经表示了某些一般观点,而且宣布了即将发表克喇摩斯和我的计算,那是我希望在下一个星期中寄出的,而且我也将寄给您一分文稿副本. 在那篇综述性文章中,我曾经强调了一旦我们和多电子体系发生任何关系时就会到处遇到的那些深刻的困难. 我打算在我发表在 Zs. f. Phys. 上的关于原子结构的量子理论的论文的第二部分中更详细地阐述这些问题.

我和我的妻子谨向您本人、您的夫人以及哥廷根的所有朋友们致以衷心的问候.

您的很忠实的

〈N·玻尔〉[**]

---

[*] 安德森(Andersen, Emil Buch, 1892—1937),丹麦化学家和物理学家. 1933 年起任奥尔胡斯大学物理学教授,1936 年任校长.

[**] [中译者按:玻尔给别人的信,最后应有玻尔的签名,但在原书所收的副本上则大多没有,今用尖括号补足之.]

M·玻恩致尼耳斯·玻尔[ⓖ]

（1923 年 4 月 17 日）

哥廷根大学理论物理学研究所

4 月 17 日,1923

亲爱的、尊贵的玻尔阁下：

衷心感谢您的热情来信. 尽管您在来信中说我们可以发表我们有关氦的论文而不必考虑您和您的合作者们,海森伯和我却还是决定首先把它给您看一下. 这样做的理由之一是,泡利曾有几次在给海森伯的信中表示,他认为我们一定有算错了的地方；我们认为这是相当不可能的,但是我们毕竟愿意赢得泡利的赞同. 我确信你一定肯费心把附寄的稿子转给泡利看一下,然后请他早些把稿子退还（给我）. 您自己也许能够抽出一点时间来看看这篇论文. 我不愿意不经您的同意就在和您关系最密切的工作领域中发表任何东西.

我正在迫切地等待着您打算发表的文章. 我也思考得很多的一个问题是,为什么力学似乎在多电子情况下会失效. 海森伯转给我一封泡利的来信,使我得悉您和泡利正在认真考虑半量子数的可能性. 我非常希望知道这将如何进一步发展. 关于真正的"半个"量子,我是不相信的,我以为这是用某种办法间接地虚构出来的,尽管我和海森伯持有相同的看法,即认为各个塞曼谱项表现得似乎存在半个量子.

弗兰克正在荷兰,在古斯塔夫·赫兹那里,我们盼望他本周末能够回来.

我和内人向泡利致以衷心的问候,并向您的夫人致以最诚挚的敬意.

您的忠实的

M·玻恩

尼耳斯·玻尔致 M·玻恩[ⓖ]

（1923 年 5 月 2 日）

5 月 2 日,[19]23

亲爱的玻恩阁下：

我们把您和海森伯的优美作品搁置得太久,但愿这没有给你们造成什么不便. 正如泡利在给您的信中所说的,他和克喇摩斯对这一问题重新进行了深入的研究,结果是我们完全同意你们的看法. 我已经不揣冒昧地在为卡伊塞尔祝寿专号写的关于光谱的解释问题的文章中提到了你们的这一工作,希望你们不会介意.事实上,只要涉及的是有着多个电子的体系,作为目前量子论基础之不适当性的证据来看,这一结果是很重要的,但是,我对困难的看法并不和你们所表示的看法完全相同;因为我相信,正如我在最近发表在《物理学报》(Zs. f. Phys.)上的论文中已经指出的,给出量子论的那样一种统一的诠释是可能的,在该种诠释中力学对多电子定态的不适用性可以很自然地被容纳下来.从这种观点来看,在表述确定定态的条件时所将应用的方法,或者是理论的目前状况下的主要问题.在上面提到的那篇文章中,我结合已往的经验讨论了这个问题,并试着指出了下述两点:第一,关于原子结构之主要特点的普遍结论,在某种意义上是和这个问题无关的;第二,当讨论线系光谱的多重结构以及它们的塞曼效应时,就遇到量子论的基础对之无能为力的一些问题,而且,如果没有概念上的革新,看来要使整数量子数得到合理的应用也几乎是不可能的.而与此相反,根据对称性的考虑,在某种情况下利用半整数量子数来进行规格化却似乎是合适的,尽管我当然和您持有完全相同的看法,即认为一般说来半整数量子数的应用表示了理论基础的不完善性.

至于我和克喇摩斯关于氦问题的旧工作,我们很惭愧的是没有把它更好地完成;因为非共面轨道的研究在原理上也是可以用我们的方法来同样地进行的.由于目光短浅,我们当时满足于一个信念,即认为这种轨道过于复杂,从而我们在此不能应用简谐微扰.我很高兴的是,由你们的工作可知,这种微扰在这里也能适用;这是从你们所用的优美方法即将得出的必然结论.在这种形势下,我们现在很难考虑发表我们的计算.

致以衷心的问候.

您的忠实的
〈N·玻尔〉

D·考斯特尔

676

尼耳斯·玻尔致 D·考斯特尔^①
(1922 年 7 月 3 日)

7 月 3 日,1922

亲爱的考斯特尔博士:

在哥廷根小住以后刚刚回来,我就看到了您的学位论文,甚谢. 我愿意借此机会向您致以最热烈的祝贺,祝贺您完成了您的重要研究,而且我对您的未来工作也致以最良好的祝愿. 我们大家都在盼望着您在明年到哥本哈根来,我并且希望您将由此获得快慰. 摄谱仪的工作正在进行中,从而我希望当您来到时一切都将准备就绪. 弗兰克教授将在秋天到这里来讲几周课,而且青年人泡利(你一定已经听说过他)也将到这里来做理论问题方面的工作,因此我们大家或许将有一段活跃的时间了.

谨向您和您的夫人致以亲切的问候,并祝您在重新开始工作以前过一个好的暑假.

您的忠实的

N·玻尔

再启者:从哥廷根回来以后,我在 7 月 17 日*的《自然》上发现了一篇卢瑟福的短文,这篇短文您也许看过了;文中提到了关于把原子序数为 72 的元素鉴定为和 Celtium 等同的道维列和乌尔班的某些短文. 如果您能来信告诉我,您对道维列有关 X 射线谱线的鉴定的可靠性有什么看法,我将是极为感激的. 这问题是最为有趣的,因为您知道,原子结构的观念看来要求原子序数为 72 的元素具有和稀土元素所显示的很不相同的化学性质. 问题看来是相当清楚的,但是人们当然永远要对复杂性有所准备. 它们可能起源于这样一种情况:我们遇到的是两个较内电子组的同时发育.

677

D·考斯特尔致尼耳斯·玻尔©
(1922 年 7 月 16 日)

海牙,7 月 16 日,1922

亲爱的玻尔阁下:

今天我在海牙这里见到了席格班先生. 他住在巴黎,曾经和道维列交谈,并

---

　　* 〔这应该是 6 月 17 日.〕

看过他的底片. 他对我说,他对道维列关于元素 72 的工作绝对没有任何信任,他一点也没有看到 D.[按指道维列]声称已经发现的元素 72 所特有的 $L\alpha_1$ 线和 $L\beta_2$ 线. 当他向 D. 指出此点(即一点也看不见这些谱线的痕迹)时,道维列先生就说:是的,这是可能的,因为今天的天气不够晴朗!! 席格班先生委托我向你传达:"假如 D. 宣称他的样品中有 0.01%(百分之一的百分之一)的第 72 号元素*,那么人们必须承认他所拍的底片和这一点并不矛盾——但是这同样地也不肯定!"正如席格班先生对我谈起的,特别说来,D. 所出示的底片一般都很差,谱线很宽,底片曝光太强,而且弥散性也很大. 不用说,我对席格班先生那种能用肉眼很迅速、很准确地识别底片的本领,一向是十分钦佩的.

道维列那种不科学的工作方法,长期以来是一件使我很不愉快的事. 我相信,卢瑟福在《自然》上为 D. 说话的这封信,一定使人们甚感遗憾. 如果您愿意,您可以相信我会把席格班关于整个问题的意见很好地转告给卢瑟福. 我想趁此机会再强调一次,假如在道维列提到的位置上果然找到了谱线,那本身也完全不能证明 72 的存在. 为此,还必须进行细致的研究和讨论(例如必须在实验上证实不存在更高级次的 K 谱线等等).

我准备在最近一篇作品的附录中针对此事来证明 D. 的作品证据不足. 不过,目前我还不知道这能否做到.

对您的夫人顺致友好的问候.

您的 D·考斯特尔

尼耳斯·玻尔致 D·考斯特尔[①]
(1922 年 8 月 5 日)

678

8 月 5 日,1922

亲爱的考斯特尔:

我已经将您的论文寄给弗兰西斯. 我非常喜欢那些增订,克喇摩斯也很喜欢,他刚刚从英国回来. 我从您的论文中删去了关于致《自然》的信的提法,因为我很难建议您发出这样的信. 您的亲切而有趣的来信使我极其高兴;和您一样,我也确信人们几乎不能认为道维列的结果有多大重要性. 但是我想,在没有机会亲自考察道维列的底片或乌尔班的样品的情况下,您是很难根据对他的其他工作的考察来直接地和公开地对道维列的结果表示怀疑的.

我在同一批邮件中也给卢瑟福发了信,完全私下地把您和席格班对道维列

---

* D. 在他的文章中并没有宣称他的样品中有这一假设百分比的第 72 号元素.

结果的怀疑告诉了他.卢瑟福一旦就这一问题来了回信,我就会写信给您的.

　　向您和您夫人致以亲切的问候.

您的忠实的

N·玻尔

679

D·考斯特尔致尼耳斯·玻尔©

(1924 年 12 月 7 日)

哈勒姆,12 月 7 日,1924

亲爱的[中译者按:这个词用的是丹麦文]玻尔教授:

　　在这封信中只写了单独一个丹麦单词,敬请原谅;但是目前若要让我更多地用丹麦文来写信,那就会费我太多的力气,甚歉甚歉.首先我要向您和您的夫人表示衷心的感谢,感谢你们的良好祝愿给我带来的莫大快慰.我认为格罗宁根的物理学职务是值得一试的,我在那里可以比目前做更多的工作.从另一方面来看,它本身也有不少困难,因为实验室受到忽视,特别是目前那里从荷兰政府几乎得不到任何科学经费.

　　格罗宁根的一个优点是它比哈勒姆离哥本哈根更近一些,而且我对您盛情地邀我去哥本哈根进行一次访问甚为感谢.我感到遗憾的是,我现在没有机会和您或克喇摩斯讨论一个使我非常感兴趣的问题,那就是斯通诺尔关于电子按组的分布的论文.我相信人们应该考虑这一工作的结果本身,而不管那种实际上相当可疑的论据.克喇摩斯在来信中告诉我,说您对这篇论文持有否定的态度,而我感到遗憾的是不知道您的论证是怎样的.

　　我对斯通诺尔的量子数 n、k 和 j 诠释如下:当从一个完满组中取走一个电子时,人们可以形式地把它理解为不是取走一个电子而是在组中加入了一个正电子,结果上述那一个电子就被抵消.斯通诺尔的 n、k 和 j 就是这个虚拟的正电子的量子数,该正电子后来在从一个轨道转移到另一轨道时就放出伦琴射线谱.在我看来,似乎确实可能适当地建立起一个电子组,以使人们得到斯通诺尔的那些亚组.

　　在实验上,人们也许可以用下述办法来判断这一问题.我们看下面的各对伦琴谱线:

$$L_{III} \quad N_V - L_{II} \quad N_{IV}$$

$$n\,k\,j \quad 2_{2,\,2} \quad 4_{3,\,3} \quad 2_{2,\,1} \quad 4_{3,\,2}$$

680　　　按照您的理解,这些双重谱线的出现和 4_3 组中电子的存在有关.斯通诺尔则断定,第一条谱线和 $4_{3,3}$ 电子的存在有关,而第二条谱线和 $4_{3,2}$ 电子的存在有关. 我认为,从斯通诺尔观点得出的一个必然结论就是,在元素钇中,将不会存在 $4_{3,2}$ 电子而只存在 $4_{3,3}$ 电子. 于是,按照斯通诺尔的看法,人们在这里必须预期不出现 $L_{II}N_{IV}$ 谱线而出现 $L_{III}N_V$ 谱线. 在周期系的另外几个地方,也有类似的情况. 目前能够到手的实验资料还不允许作出肯定的决定. 但是,我希望不久就在这里力图获致更详细的信息.

我很希望关于这个问题没有讲得太啰嗦. 当然,您不必写什么回信,如果您看到问题有可以肯定之处,我将有机会从克喇摩斯那里听到的.

谨向您和您夫人致以衷心的问候.

您的 D·考斯特尔

尼耳斯·玻尔致 D·考斯特尔[①]
(1924 年 12 月 10 日)

12 月 10 日,1924

亲爱的考斯特尔:

681

  谢谢您的来信. 您根本不必考虑用丹麦文给我写信,但是,为了我们像我所希望的那样经常密切联系,得悉您能看懂一封丹麦文的信自然对我是一大方便之处. 来信所谈关于斯通诺尔论文的话使我很感兴趣. 我从一开始就理解他的能级分类法的形式美和简单性,但是,在此地的讨论中我只强调了,从量子论的观点来看,它不可能意味着问题的最后解决,因为我们还没有任何可能来用一种合理的方式把能级的分类和电子轨道的量子论分析联系起来. 完全抛开这一点不谈,您所强调的关于能级初次出现的问题能够得到解决,这当然是具有最大的意义的. 事实上,人们由此即将得到关于各组的建立的重要的新信息,即使人们很难用它来直接确定斯通诺尔的这种考虑从在《物理学报》上我们的合撰论文中所指出的能级多重性观点来看是否可取. 最重要的是,在我看来,只要理论还不能对有关双重线特点的主要实验结果作出合理的解释,人们就几乎不能足够有力地强调实验和理论之间的对比的歧义性. 我现在正企图就我们目前在原子理论中遇到的那些困难的普遍本性写一篇小文章,而且一经写完,我就将寄一份稿子给你.

  我们全都向您致以最亲切的问候.

您的忠实的
N·玻尔

P·艾伦菲斯特

P·艾伦菲斯特致尼耳斯·玻尔夫人(1922 年 11 月)

P·艾伦菲斯特致尼耳斯·玻尔夫人[ⓒ]

（1922 年 11 月）

683

请不必回信!!

亲爱的、亲爱的玻尔夫人：

当我得悉爱因斯坦和尼耳斯已经获得 1921 年度和 1922 年度的诺贝尔奖时，我真感到一种巨大的纯粹的喜悦．

我从内心深处祝您幸福，而且首先是祝你们两位、你们的孩子们以及和你们亲近的人们都很健康——想到你们的幸福的家，实在使人高兴!!

顺致衷心的问候．

您的
P·艾伦菲斯特

您或许已经听说，我的同事和朋友克于诺恩教授不幸于 9 月底突然逝世．——结果，我就必须完全谢绝美国方面的一切邀请，而且在取消美国之行的同时也不能到你们那里短期访问了！

A·爱因斯坦

尼耳斯·玻尔致 A·爱因斯坦（1922 年 11 月 11 日）

A·爱因斯坦致尼耳斯·玻尔（1923 年 1 月 11 日）

尼耳斯·玻尔致 A·爱因斯坦©

685

（1922 年 11 月 11 日）

11 月 11 日,1922

亲爱的爱因斯坦教授:

对于您荣获诺贝尔奖,我谨表示最衷心的祝贺. 对您来说,外界的承认确实不足挂齿,但是附属的款项也许可以使您的工作条件得到改善.

在颁发诺贝尔奖方面我竟然得以和您相提并论,这对我来说确实是一种从外界能够得到的最大的荣幸和喜悦. 我知道我是多么不够格的,但是我愿意说,我曾经感到最幸运的是,您对于我在里边工作的那个更专门的领域所作出的基本贡献*——即使抛开您对人类思想界的伟大贡献不谈**——也像卢瑟福和普朗克的贡献一样,在我被考虑授予这样的荣誉之前就得到了承认,而且也是十分公开地得到了承认.

我的妻子和我谨向您和您的夫人致以最衷心的问候.

您的忠实的

〈N·玻尔〉

A·爱因斯坦致尼耳斯·玻尔©

686

（1923 年 1 月 11 日）

日本邮船会社

"榛名丸"轮船

新加坡附近,1 月 11 日,1923

亲爱的或最亲爱的玻尔:

您的热诚来信在我即将离开日本时寄到我的手中. 我可以毫不夸张地说,这封信正像诺贝尔奖那样地使我高兴. 我发现特别感人的是您曾担心在我之前获奖——这确实是"玻尔式的"作风. 您的关于原子的最新研究陪伴了我的旅行,而且它们使我对您的思想的喜爱变得更强烈了. 我认为现在终于弄明白电与重力之间的联系了. 对此问题,艾丁顿比外耳更深入了一步.

这次旅行很愉快. 我对日本及其人民感到很满意,而且相信您也是这样的.

---

   * ［中译者按:指爱因斯坦的光量子理论,爱因斯坦因提出这一理论而获得诺贝尔奖.］

  ** ［中译者按:指爱因斯坦的相对论.］

另外,海上的航行对一个耽于思索的人来说也是一种愉快的经历——好像进了修道院.此外,赤道附近媚人的温暖使热雨纷纷地从天上飘落下来,造成了幽静和植物式的梦寐状态——这封短信就是证明.

致以衷心的问候.最迟也将在斯德哥尔摩和您愉快地重逢.

您的很忠实的

A·爱因斯坦

P·S·艾普斯坦

P·S·艾普斯坦致尼耳斯·玻尔(1922 年 12 月 23 日)

688

P·S·艾普斯坦致尼耳斯·玻尔©
(1922 年 12 月 23 日)

帕萨迪纳

加利福尼亚理工学院

12 月 23 日,1922

尊贵的教授阁下:

　　对于您赢得一个物理学家所能期望的最高嘉奖,请允许我向您致以衷心的祝贺.曾经有幸在您那辉煌的原子论大厦方面参加过工作的那些较亲近的同道们,即使是在微不足道的规模上参加过工作的,也早就承认了您的工作的宏伟意义,但是,更广泛范围内的人们不能再忽视其重要性,这毕竟是值得庆幸的.

　　在和尼耳森博士的交往中以及和汉森教授的短暂会见中,我很高兴地得悉了你们理论物理学研究所的一些工作和计划.我个人目前已经从量子论转向了其他方面的研究.唯一或许会使您感兴趣的是,我在某些时候以前计算了对称氦模型的电离电势.可惜我的结果太低:21 伏特.我有些怀疑,因为我的计算显得意外地简短.但是,一两个星期以前我有机会和布朗教授谈了这个问题,他表示的意见是,当第一级和第二级的微扰(像在我的情况中那样)几乎相同时,得到正确结果的可能性是相当大的.后来,范·弗来克的论文发表了,他用完全不同的方法求得了相同的结果.原子的对称性是一种不完全的对称性,这是我的理论.我认为我的方法或许也可以用来处理普遍的非对称的情况,但不知是否值得一做.在光谱的计算中我没有得出什么结果.有一项(似乎是 29200,我现在手头没有资料)符合得很好,但高次项却不符合(一般人们是期望会更精确些的).如果能够知道克喇摩斯和泡利两位先生的结果是否和我的结果一致,那将是使我很感兴趣的.目前来说,我还不考虑发表我的结果,因为我首先要做我们研究所里要求的几件工作.

　　请代向泡利、考斯特尔和汉森诸先生转致衷心的问候.我现在正在火车上,

689 携带着稿子去参加在波士顿召开的美国科学家协会.我预期在那里会结识许多有趣的人.我对我在加利福尼亚的所见所闻很满意,因为和一些著名的实验物理学家进行接触是很有启发性的.

　　即此致候.

敬爱您的

保罗·S·艾普斯坦

K·法扬斯

K·法扬斯致尼耳斯·玻尔(1921 年 6 月 25 日)

691

K·法扬斯致尼耳斯·玻尔©

(1921 年 6 月 25 日)

慕尼黑,6 月 25 日,1921

非常尊贵的同道阁下:

　　前承惠赐大著(由 Vieweg 出版公司代寄),甚为铭感. 能在案头有一册您的如此意义宏富的著作而时一开阅,实在使我欣喜不已. 长期以来,您就是激发我的灵感的源泉了.

　　在您致《自然》的信中宣布解开了周期系之谜,这使我们这些化学家们心中充满了特别大的期望. 当我们一旦熟悉了许多种元素中的电子组态时,我相信许多化学问题就将以完全新的面貌出现了. 事实上,只靠认为一切碱金属卤化物的离子(除 Li^+ 以外)都具有相同结构的这一假设(这条假设通过您关于一切稀有气体中 8 电子壳层的论断,可以认为已经被证明),就已经导致了许多出人意料的澄清. 我希望不久就能寄奉一篇这方面的论文.

　　谨此致候,并向希维思先生致意.

您的忠实的

K·法扬斯

J·弗兰克

尼耳斯·玻尔致 J·弗兰克(1921 年 9 月 16 日)
尼耳斯·玻尔致 J·弗兰克(1922 年 7 月 15 日)
J·弗兰克致尼耳斯·玻尔(1922 年 7 月 29 日)
J·弗兰克致尼耳斯·玻尔(1922 年 12 月 23 日)

693

尼耳斯·玻尔致 J·弗兰克[ⓖ]

(1921 年 9 月 16 日)

9 月 16 日,1921

亲爱的弗兰克:

　　您不知道您上次的友好来信使我多么高兴,因为改变计划会给您造成许多不便,这当然是会使我很不安的. 在此期间,我的全部时间都花在撰写关于原子结构观点的讲稿上了. 虽然工作本身进行得很顺利,但是,正如我事先预料的那样,我现在还没有把它写完. 看来我们确实能够阐明许许多多的事实. 在这种工作过程中,我的观点也基本上得到了澄清,而且有些问题甚至比我原来设想的还要简单. 我给《自然》发了一封信,更正并改进了我的上一封信中的一个重要之点. 现将稿子的副本寄上,您或许也可以请玻恩看一下.

　　我有一事想顺便问问您. 在我们前几次的通信中,曾经讨论过原子相互碰撞时发生无辐射跃迁的问题. 不知你们的实验室中是否正在做判断这一问题的实验,或者是否有进行这种研究的计划. 在这里的实验室中,由于曾经讨论此事,我们认为对这一问题进行系统的研究是有意义的;而且,如果你们实验室没有进行或不打算进行这种研究,我们实验室的乌登先生就打算进行了.

　　另外还有一事很想听听您的意见. 那就是哥本哈根科学院院报上我那篇文章的翻译问题. 几年以前,Vieweg 出版公司曾建议出版此文的[德]译本,但我迟迟没有答复,想等到我的文章中所缺少的部分问世时再说. 现在我却有意用这篇关于原子结构的演讲当作计议中的出版物的第三部分和第四部分. 我已给 Vieweg 去信,询问他们原来的建议是否还有效,能否把已译好的头两部分和新的文章一起出版,并将新文章在这里的科学院院报上用英文发表. 这样该文就可以同时用英文和德文发表了. 我现在请问您,您或玻恩是否认得什么愿意负责翻译此文的比较年轻的科学工作者. 当然,他的劳动将得到正式的报酬,而且本实验室的克喇摩斯博士、克莱恩博士和我本人将负责通校译稿的内容. 当然,不论

694

找的是谁,他本人最好对这些出版物的内容能有兴趣. 很久以前,有一位哥廷根的青年物理学家向我提出了友好的建议,他愿意翻译我的较早期的英文著作. 他的来信不在手边,我将于日内把它寄给您. 当时我想必是谢绝了他的建议,因为那些文章已经有人在翻译了.

　　我和我的妻子谨向您和您的全家以及哥廷根的所有友好致以衷心的问候.

　　　　　　　　　　　　　　　　　　　　　　　　　您的

　　　　　　　　　　　　　　　　　　　　　　　　　〈N·玻尔〉

尼耳斯·玻尔致J·弗兰克[Ⓖ]

（1922 年 7 月 15 日）

7 月 15 日,[19]22

亲爱的弗兰克:

我在哥廷根的整个停留,对我来说是一种奇妙而有教益的经历,而且我也无法形容我是多么为了每一个人对我表示的友谊而感到高兴. 特别说来,我也很难形容我感到和您的关系多么密切,以及我是多么感谢您在大大小小的事情方面给予我的帮助和同情. 能够认识您的夫人和孩子们也是我的一大快事. 我的妻子也是很喜欢和孩子们相处的,她颇因此次没能去哥廷根而感到遗憾,但她也因秋天将能认识尊夫人而感到欣幸.

我正在同时给柯朗写信;但是,对于别的同道们和朋友们,请转达我的问候和感谢. 对所有的人都已更加熟识和了解,这是使我很感高兴的. 我以后将给玻恩写信,那时我将更多地了解一些出版我的演讲的计划. 这件事我还没有多加考虑,因为回到哥本哈根以后一直有许多事务需要处理. 我今天上午就将和妻子一起带了孩子们到乡下去度假,并将在安静中考虑所有的问题.

我和我的妻子谨向您和您的夫人及孩子们以及哥廷根的所有朋友们致以衷心的问候.

您的

〈N·玻尔〉

附言:刚才收到一期《物理学报》,上面刊有卡瑞奥的美好论文. 不过,读了此文我很难了解他是根据什么得出他的定量结论的. 对于一种初步的工作,我并不过分注意它的运算技巧,因为那是不可能完全严密的. 这里的计算很简单,而且可以严密地进行,只要使自发跃迁几率等于第二类碰撞的几率就行了. 如果前者用 $A\mathrm{d}t$ 来表示,后者用 $\alpha B\mathrm{d}t$ 来表示,此处 α 是增益系数而 B 是碰撞数,那么就将很简单地得出:发光原子和经受逆碰撞的原子的数目之比,等于 $A/\alpha B=\mathrm{X}$;由此即得,发射辐射的受激原子所占的比例等于 $\mathrm{X}/(1+\mathrm{X})=A/(A+\alpha B)$. 这一表示式甚至可以描述由斯特恩和佛耳末尔算出的共振辐射对压强的依赖关系,而且定性地说是和实验符合得很好的. 我的反对意见完全不在于计算的严格与否,我所不能理解的是卡瑞奥对恒量 A 的值的估算精确度. 按照卡瑞奥的写法,这个值大体上等于 $1/\tau$,而在他的论文中没加进一步的说明就令 $\tau=10^{-8}$（该文中是 $\tau=10^{-3}$ 秒,这大概是一个印刷错误）. 他的结论是要求了这个精确度的,但我却看不

695

出如何确证这一精确度. 关于 A 这个量, 我们实在了解得很少, 尽管人们也许可以通过对应原理的应用来得出一种粗略的估计. 一般说来, 这一原理的应用将要求 A 随频率而急剧增加. 这样, 我们就可以根据维恩关于氢谱线持续时间的研究得出, 对于所讨论的汞谱线来说, A 这个量的值是颇大于 10^{-8} 的. 但是这当然和实验根本不相符合; 而且问题还在于, 这里出现的谱线并不是普通的线系谱线, 它的起源应该到有心运动的一个简谐分量中去找. 这就涉及两个不同的谱项系之间的组合, 而这种组合是和一种本质上不同的运动类型相对应的. 因此, 根据对应原理就应得出这样的理解: 正如从费尔特包尔的色散研究可以推知的那样, 所谈到的这种跃迁的几率是比较小的. 如果我的推断不错, 则由伍德的实验很难对逆碰撞增益系数的值作出进一步的定量结论, 而目前看来从这些实验只能作出关于几率系数 A 的上限的结论. 我写这些, 只是因为这种讨论对整个研究领域都是很有意义的. 不过, 我对自己犯了很大错误的可能性也完全有所准备, 因此, 如能惠我数行, 将您的意见告诉我, 我将是很感激的.

696

附言 2: 我所肯定知道的关于我的哥廷根演讲的唯一情况, 就是我在那里报道的若干结果已经是错误的了. 第一点就是第 72 号元素的构造; 该元素和我的预期相反, 到底被乌尔班和道维列证实为一种稀土元素了. 我在刚刚由 Vieweg 出版的一本小册子的后记中曾经提到了这一点, 也提到了哥慈的一篇论文. 另一点就是汞的光谱, 以及相同类型的光谱, 我所出示的幻灯片上的那些量子数不能全部保留了. 另一方面, 我现在相信我已经得到了这些光谱的一种相当肯定的诠释.

J·弗兰克致尼耳斯·玻尔[○]

(1922 年 7 月 29 日)

哥廷根大学物理研究所
第二实验分部

7 月 29 日, 1922
哥廷根, 本生大街 9 号
尼耳斯·玻尔教授阁下
哥本哈根, 漂布塘路 15 号

亲爱的玻尔:

　　多谢您的亲切而热诚的来信, 这封信和您寄给柯朗的信都同样使我们非常高兴. 假如我不曾受到各种情况的妨碍, 我就肯定会更早一些回信, 并力图表明您在这里花费的时间对我们意味着什么了．除了其他事务以外，我很不幸地必须和泡耳一起到柏林去参加我们的已故理事长汝本斯的葬礼．他这么早（57 岁）就去世是很令人伤心的．他得的是恶性白血病．但是，现在请让我说，我们认为您在这里停留的每一分钟都是一份丰厚的礼品，而且我们已经在希望您很快就会再到这里来，并且和您那亲爱的夫人一起来．得悉您一切顺适，我们都很高兴，希望您将在您的可爱的家庭中享受一个安静的暑假．至于我和妻子的哥本哈根之行，我们是很愿意去的．不过我愿意再强调一次，如果这和您的安排有什么冲突，我们也永远是乐意改期的．　　　697

　　请让我再谈几句有关物理问题的话．您对卡瑞奥论文的第一部分的批评当然是完全正确的．该文的第四部分本来曾经经典地得出所叙述的平均寿命，即约为 2.5×10^{-9} 秒．这当然是我们完全清楚的，遗憾的是我在审阅卡瑞奥的文章时把它忽略了．另外，计算方面有点纠缠，但您必须原谅我们这种实验性的理论．您认为卡瑞奥的计算不能成立的主要论点是 $1.5S - 2p_2$ 跃迁的稀有性，这一点是我们在您此次在这儿的停留期间才得知的，而那时这篇文章的校样早已看过了．我必须承认，您的观点当然绝对正确，但我们当时由于认识不足而对它并不熟悉．我希望很快能有机会提出您的反对意见，来使问题得到改正．正如您所知道的，我们现在正在进一步考察这个问题；我正在特别考虑的是，实验上有可能确定，当一个原子从一个量子能态转入另一量子能态时，其剩余能量在两个互相碰撞原子的平动能量间如何分配．也就是说，我希望这一点至少可以定性地通过多普勒效应来确定．特别有兴趣的也许是，用偏振光进行激发，然后确定是否对于平动速度也有一个特优方向．您认为这有没有可能呢？上星期我考虑了一种想法，认为我可以把从量子式吸收过程到色散过程的过渡理解如下：我假设，当从谱线的中心线向两侧移动时，受激态的寿命（如果我可以这么说的话）就将迅速地减小，而在离谱线很小的距离处就得到平均寿命为零，从而就过渡到经典的处理方法．我和爱因斯坦谈了这种想法，他同意这一观点，并且说他持有相同的观点已经一年多了．如果您认为这个观点是正确的，您也许早就熟悉它了．对于这样的概念来说，情况永远是这样的：要么它是错的，要么玻尔和爱因斯坦早就知道它了．我特别喜欢的是这样一个观点：关于受激原子的分裂，人们要把因果原理放在合法的地位上，因为，对每一个受激原子来说，在它的形成过程中，通过量子轨道的或多或少精确的定义，它的分裂时刻从一开始就已经确定了．迄今为　　　698止，我企图用来证明这样一种关系的一切实验都不成功，因为多普勒效应和辐射阻尼都太大．我们还必须进一步加以考察．

　　现在，果然像我起初所担心的那样，我用各种可能的物理问题来过分地打搅了您．我并不希望你作出任何答复，因为我希望 9 月中旬就能当面向您请教了．

我和我的妻子谨向您致以衷心的问候,并请代我们向尊夫人致意.

您的忠实的

J·弗兰克

J·弗兰克致尼耳斯·玻尔[ⓒ]

(1922 年 12 月 23 日)

哥廷根大学物理研究所

第二实验分部

12 月 23 日,1922

哥廷根,本生大街 9 号

尼耳斯·玻尔教授阁下

哥本哈根

亲爱的玻尔:

除了那份可怜的贺电以外,我早就想给您写一封长信,来告诉您我们在这里是怎样因为您终于获得了当之无愧的诺贝尔奖而欢欣鼓舞了. 人们因为您和爱因斯坦同时获奖而普遍地感到喜不自胜. 人们看到,一个委员会有时还真能作出明智的决定来. 我想起来,自从我们从丹麦和瑞典回来以后,我自己还一次也没有给您写过信;信都是由我妻子写的. 这里有那么多事情要做,弄得我总是抽不出空闲时间来好好地给您写一封信. 现在是一个有着三重意义的时机. 第一,祝您和夫人过一个愉快的圣诞节和一个快乐的新年;第二,罗西兰正在这里,这给我们带来很多快乐,并使我们关于哥本哈根的人的回忆保持其生动性;第三,洪德的文章已经完成,这篇文章是您曾在某种状况下看到过的,但我们早已脱离了那种状况了. 现在我不揣冒昧地寄上此文,即请指正. 现在我们已经查明,不但在氩中,而且在氖中,电子都在实际上可以穿过原子而不偏转;我们并且认为,只要电子的速度很小,这就甚至是量子论的一个要求. 我不准备在这封信中再多谈这一看法,因为您自己或克喇摩斯或别的什么人很容易从另封寄上的洪德论文中看到. 我认为重要的是,只要一个电子在进入原子时必须按照量子方式发射比它所具有的能量更多的能量,这种过程就会发生. 这个问题是和克喇摩斯在处理连续伦琴射线谱时所遇到的问题完全类似的. 一个自由电子是位于一条直线轨道上的;通过碰撞,它可以被激发而转入另一量子轨道. 于是就发生偏转. 但是,对于留在它的量子轨道上的电子来说,碰撞一般并不存在. 这个电子将留在它原有的直线轨道上. 初看起来,这也许显得有些荒诞不经,但我认为这显然是和您的概念相一致的. 我希望洪德先生的计算是正确的;对您来说,也许只要看看这篇作品的第二部分就行了,因为在第一部分中只证明了一个情况,即对于电子以 2π 为模而在上面绕核运行的那种轨道,人们是做不出这种实验的. 我很高兴地听到罗西兰说,克喇摩斯的文章已经付印. 尽管并不详细地了解克喇摩斯的计算,但我猜想在这篇文章中将有许多和我们的工作相类似的内容,而且,因为我从克喇摩斯和您那里了解了他的工作,所以我认为这种用来解释自由程的想法还是近似正确的;我希望您能同意这种想法. 每一次和您或和同您一道工作的那些先生们相会,对我来说照例会起一种振聋启聩的作用. 遗憾的是,连日来我一点也没有时间来进行实验. 尽管这样,通过学生们的研究和卡瑞奥过去的研究,我们现在关于第二类碰撞已经可以断言,事实上当一个受激原子撞上另一个原子时,第一个原子就将向第二个原子传递能量,而比量子激发多出的能量则将分配为平动的动能. 受激吸收谱线的吸收关系只能这样理解,但是我们希望能够更清楚地证实这一点. 此外我们相信,根据 H_2 分子的激发情况的认真考查和根据一位博士研究生的几个实验,必须得出这样的结论:氢分子的离解功远小于 70 千卡而不是 84 千卡,后面这个值是由朗缪尔测得的,而且是我们早先根据有关电子碰撞的测量(利用了错误的氦校准)而认为已经证实的. 当然,当您所提出的第一个氢分子模型不再被认为是正确的时,一个实验上对它的否定已经是无关紧要的了.

700

除此以外,关于我们的工作就没有多少新东西了. 我很高兴地得知你们的工作进行得极为顺利,即使罗西兰并没谈到任何细节. 第 72 号元素的发现确实是考斯特尔和希维思的一个出色的结果.

玻恩现在带领海森伯进行了相当多的计算,而且他们认为已经取得了真正的进展. 他自己会给您写信. 如果让我写,我就只能笨拙地重述他们的结果.

我们全家现在都好,可惜我妻子的神经衰弱还没有完全好,但她现在的精神也已经饱满多了.

我希望泡利在回来的途中能在哥廷根稍事停留,来给我们更多地讲讲您、您的家庭和你们的工作中的各种好消息. 我希望您在斯德哥尔摩过得不错,虽然我很遗憾地听说您在那里停留的期限曾经因为家庭方面的困难而被迫缩短. 我们能不能希望来年的春天或夏天在这里欢迎您和尊夫人? 那对我们大家都将是很大的愉快.

好,现在只好结束了. 但愿这封长信和寄去的洪德的文章不致成为您的负担. 祝您和尊夫人过一个真正快乐的圣诞节,并代我的妻子向你们多多致意. 同时也请代我向希维思、克喇摩斯、考斯特尔和研究所的其他各位先生致以衷心的问候.

您的忠实的
J·弗兰克

柯朗正在我这里,他向您问好,罗西兰也向您问好.

H·考诺恩

H·考诺恩致尼耳斯·玻尔[Ⓖ]

702

（1922 年 12 月 16 日）

波恩大学物理研究所

12 月 16 日，1922
波恩

非常尊贵的玻尔教授：

3 月 16 日是 H·卡伊塞尔先生的 70 寿辰.《物理纪录》(Ann. d. Phys.)的编者和出版者准备出一期庆寿专号，主要刊载光谱学方面的作品，而且塞曼、尤里乌斯、席格班、荣芝、帕邢、艾德尔等先生已经惠允供稿.

我承担了约稿和编辑的任务.

因此我斗胆请问，您是否愿意为这期专号写一篇文章，即使是很短的文章也行.出版者和编辑部保证在四个星期之内付排，因此，如果稿件能于 1 月底寄到我手，时间就是来得及的.我们所有的人们都将对您的文章无任铭感，这篇文章将给这一专号以及给卡伊塞尔先生增光添彩，这都是不言自明的.

我借此机会对一件事表示我的喜悦和满意，那就是，本年度的诺贝尔奖已经授予了那样一个人，他对光谱学的贡献是必须和达尔文对生物学的贡献相提并论的，如果可以引用我从 1913 年以来的说法的话.早在您的创始性著作问世以前，我就在当时出版的我的一本微不足道的小册子的前言中谈出了我的想法，因此人们不会认为我只有到了后来才认识到您的非凡成就.如果在所计议的专号中能有您的一篇文章，这也将使我个人感到更加高兴和满意.

谨此预致谢意，并在即将来临的一年中向您致以良好的祝愿和诚挚的问候.

您的忠实的
H·考诺恩

尼耳斯·玻尔致 H·考诺恩[Ⓖ]

703

（1923 年 3 月 13 日）

3 月 13 日，1923

亲爱的考诺恩教授：

我十分抱歉，没有能够按照约定的日期寄上卡伊塞尔专号的稿件.拖延的原因倒不是我有多少别的工作要做，而最主要的是我在撰写文章本身的过程中遇到了科学上的困难，从而我不得不花许多时间来澄清我的概念.现在寄上文稿的前四节,并可望将于最近寄上现正打印的最后两节.您将看到,这篇文章比原来计划的长了许多,从而我恐怕它对卡伊塞尔专号来说是篇幅太大了,如果这期专号还没付印的话.如果方便,希望您为我作出安排,在紧接专号的下一期《纪录》上开始刊载我的文章,以便该文将来在合订本中可以紧接在卡伊塞尔专号的其他文章的后面.因为我曾力图在风格上把文章写成一篇纪念性的文章,所以这样的安排是合乎要求的.除了由于潜心考虑问题而很遗憾地大大打乱了你们的计划以外,工作本身是给了我许多喜悦的,因为它使我有机会再一次重新考虑许多新老问题并且从一个统一的观点来把它们弄明白.对于最后两节尤其是这样,那里的问题本来在许多方面是处于混乱之中的.

在此附上一封致卡伊塞尔教授的信,信中对他表示了我的祝贺,并因为我的文章的延期交稿而向他表示了歉意.我没有把这封信直接寄给卡伊塞尔,因为我不清楚他是否知道为他出版庆寿专号的计划.

致以衷心的问候,并请原谅我给你们造成的一切困难.

您的忠实的
〈N·玻尔〉

704

尼耳斯·玻尔致 H·考诺恩©
(1923 年 4 月 4 日)

4 月 4 日,1923

尊贵的同道阁下:

现寄上我的文稿的其余部分.某些插图的出处已在文章中指出(第 27 页及以后的小注);一旦把这些插图弄到可以转载的状态,我就将于日内把它们寄去.

我再次由于这篇文章实在拖得太久而表示歉意,并且希望卡伊塞尔专号的计划没有因此而过份地被打乱.正如在我的上一封信中所提到的,延期是由主题方面的工作所造成的,这种工作逐渐导致了原来计划的短文的完全改变.就是说,我意识到了,不讨论较深入的原子结构问题而对线系光谱理论作出满意的形式阐述是何等地困难.就目前的事态来看,我对您的约稿所给予我的准备这篇论文的促进,是很感谢的,但是我又有一种惭愧的心情,因为这篇文章在篇幅方面可能不合乎您的要求.因此我请求您率直地告诉我,您最希望把这篇文章怎样处理.怎样处理对我都是无所谓的,例如把上次寄去的部分刊登在卡伊塞尔专号上,而把其余的部分刊登在下一期《纪录》上,这都未尝不可.这种处理的唯一欠妥之处只在于,这将使专号只部分地刊载一篇特意为它而写的文章.怎样处理才算最好,您自然会对问题有一个通盘的考虑,我所想说的是,如果把整篇文章收入庆寿专号将造成太大的经济困难,我们已经完全作好由我们研究所协助解决印刷费用的准备.

几天以前,卡伊塞尔教授给我来了一封很亲切和很有趣的信,请代我为此而向他转达衷心的感谢.

致以友好的问候.

您的忠实的

〈N・玻尔〉

尼耳斯・玻尔致 H・考诺恩©

(1923 年 4 月 6 日)

705

4 月 6 日,1923

亲爱的考诺恩教授:

昨天收到您的来信和我的文章的第一部分的校样.刚才我已经把校样寄还印刷所;很抱歉,为了和第二部分取得一致,我不得不在校样上作了一些必要的改动.在此期间,您想必已经收到我的稿件的第二部分,包括结尾部分在内.当您已经读到我的上一封附信时,我就由于给您造成的一切困难而深感惭愧,而在读了您最近的亲切来信以后,我的这种心情显得更加沉重了.我在整个这件事情中的行为无疑地显得很特别,但是我在并不企图为自己辩解的同时可以向您保证,只有到了现在,当文章已经完成时,我才明白它可能多么不适应它的目的.在一个人当企图澄清自己关于所处理问题的想法时所经常发生的那些困惑的影响下,阐述的形式逐渐地改变了和扩大了,而且我在最近的一个月中不得不搁置了一切其他的工作和任务,来把这篇文章写完.因此我恳切地请求您考虑我的建议,即把上述文章分段刊出,并请您选择对您最方便的分段方式.我在寄给印刷所的校样上曾经注明,按照和您的约定,应把后续部分和开始的部分印得紧接在一起;这样说的目的,只在于免得由于可能的误解而妨碍了您可能有的计划.

致以友好的问候.

您的忠实的

〈N・玻尔〉

W·考塞耳

尼耳斯·玻尔致 W·考塞耳（1921 年 7 月 19 日）

W·考塞耳致尼耳斯·玻尔（1921 年 8 月 15 日）

尼耳斯・玻尔致 W・考塞耳[ⓒ]

707

（1921 年 7 月 19 日）

7 月 19 日，1921

亲爱的考塞耳教授：

　　承蒙惠寄您的关于原子问题的优美文章，甚为感激；得读这篇文章，是我的一大快事. 也许您已经从索末菲处听说，我因工作过度而身体不适. 但是，我现在又开始工作了，而且我希望在今后几星期内完成一篇报告，来阐述我在致《自然》的信中简略报道了的关于原子结构的观点. 我用不着告诉您，我在这一工作中是怎样依靠您的概念的. 如果我长期以来对您的原子价理论有所保留，那是由于我相信自己看到了在把它和原子结构图景详细地协调起来时的巨大困难. 但是，现在我相信已经看出如何在和作为量子论文应用基础的理论处于最好协调的情况下来表述原子价理论了，而且我正在盼望着很快就能够把我的详细论述寄给您.

　　我常常想起我们两人于 1914 年在慕尼黑的一个美丽的夏季夜晚进行的那次兴味盎然的交谈，以及您是怎样通过您的引人入胜的著作来澄清了所讨论的问题的. 这样就接触到我写这封信的真正动机了. 我在您写的一本小书的封面上看到您已就任基尔大学的教授，我十分欣幸地趁此机会向您表示衷心的祝贺，并且也向您表示，希望基尔和哥本哈根之间的并非遥远的距离，意味着我们不久将有机会再来继续我们往年的讨论.

　　致以友好的问候.

您的忠实的

〈N・玻尔〉

W. 考塞耳致尼耳斯・玻尔[ⓒ]

708

（1921 年 8 月 15 日）

物理分部

基尔大学物理学研究所

8 月 15 日，1921

基尔

亲爱的教授阁下：

　　您的亲切来信给我以极大的愉快，甚感甚感. 那个慕尼黑的夜晚也属于我的美好的回忆——我时常回想起它来. 那时我们刚刚得知您的开创性的著作并开始理解其重要性. 我也看到了这些著作可能对我心中隐藏着的各种问题将有什么涵义；我很高兴能够和您谈论这些问题. 现在我们都极其迫切地想了解您在致《自然》的信中已经宣布的惊人进展. 我用不着说它们对我是如何特别重要的；我已经很仔细地研习了您的信，并且已经为《物理消息》(Physikalischen Berichte)准备了一篇评述. 因此，使我特别高兴的是，我们可以指望很快地看到您关于这一课题的完整阐述，而且也使我很高兴的是，您发现从您的普遍观点看来我试图从化学现象和其他现象得出的那些结论是有用的.

　　我很希望您对您的健康状况重又完全满意！——当您再来德国时，若能取道基尔并有时间在此小作勾留，那将是使我很感欣幸的.

　　出版公司已经按照您的委托寄来了您的著作的德译本，谨此致以最大的谢忱. 这对我是极有价值的，因为我手中恰好没有您那些早期的著作. 现在能够拿到您的如此富有独创性的每一篇著作来欣赏它们迸发出来的灵感，这真是一件非常可喜的事. 希望您对译文能够满意——我认为可以说翻译工作是做得很仔细的.

　　致以友好的问候.

您的很忠实的
W·考塞耳

R·拉登堡

R·拉登堡致尼耳斯·玻尔(1920 年 6 月 18 日)

尼耳斯·玻尔致 R·拉登堡(1920 年 7 月 16 日)*

R·拉登堡致尼耳斯·玻尔(1920 年 8 月 27 日)

尼耳斯·玻尔致 R·拉登堡(1920 年 9 月 29 日)

R·拉登堡致尼耳斯·玻尔(1922 年 11 月 12 日)

尼耳斯·玻尔致 R·拉登堡(1922 年 12 月 23 日)

* ［全信译文已见本书原第 4—5 页.］

710

R·拉登堡致尼耳斯·玻尔©

（1920 年 6 月 18 日）

> 布雷斯劳,6 月 18 日,1920
> 门采耳街 87 号

很尊贵的教授阁下:

多谢您的盛情来信和您的可贵文章中对我的谬奖. 您总使我回想起当您在场时我在柏林所度过的那段不寻常的时间. 当时您对所提的全部问题谈出了您的看法,那种回答问题的与人为善的坦率态度,鼓舞着我今天又向您提一个问题.

我在哈雷的本生会议上作了一篇关于"原子结构和周期系"的报告,而且在讨论中提出了关于您的(从 1913 年以来)确定元素中电子排列的尝试和考塞耳于 1916 年提出的排列建议之间的差别问题. 我现在能否问问您对考塞耳的概念有些什么想法? 他的概念是: 卤族元素 F、Cl、Br、I 在它们的简单化合物中(例如在和碱金属相化合时)将通过俘获单独一个电子而采取外层有八个电子的那种特别稳定的稀有气体组态,正如碱金属通过失去一个电子而采取那种组态一样,而与此相应,异极化合物就是这样通过这种电子的取舍而达到稳定的,等等. 确实,在我看来,玻恩关于卤族元素及硫的电子亲和势的计算,就是这种观念的有力支持,尽管这个观念现在因为人们还不能解决稳定性的问题而仍然是不太稳固的.

或者,您是否仍然更喜欢您那认为稀有气体的外壳层中有两个电子的老看法呢?

致以亲切的问候.

> 您的忠实的
> R·拉登堡

711

尼耳斯·玻尔致 R·拉登堡©

（1920 年 7 月 16 日）

哥本哈根大学理论物理学研究所

> 7 月 16 日,1920
> 哥本哈根,漂布塘路 15 号

很尊贵的拉登堡教授:

在回复您的亲切来信时,我必须首先深表抱歉;由于形势所迫,我迟至现在才能回信. 至于所询我对各元素的原子构造的看法, 我必须承认我认为任何观念都还没有足够肯定得使我们能采取一个确定的立脚点. 无论如何, 就这一点来说, 我的早期论文中的那些考虑必须看成一种试探性的摸索. 问题的困难特别在于如何合理地利用所提出的不同电子组态来解释所谈元素的化学性质. 事实上, 这不但取决于组态的几何特点, 而且首先取决于它的稳定性质. 且不谈从许多方面强调了的电子环假设在解释晶体性质、带光谱、电离电势等等时所遇到的困难, 仅仅由于不够稳定, 这种假设看来就是应该放弃的, 从而我们就不得不考虑原子中电子的更加复杂得多的运动. 但是, 直到这种运动的某一确定事例已经被彻底研究了时为止, 特别是到它在稳定性质方面被彻底研究了时为止, 看来要对这种运动在化学性质问题中的应用表示最后的意见总是困难的.

至于您那个关于稀有气体的原子构造的特殊问题, 我相信考塞耳那样的考虑并不像人们初看起来所倾向于相信的那样是一种有份量的论证, 而且我认为这一问题只有当进行了更加透彻得多的考察之后才能解决, 而这样的考察是至今还没有作出的.

我为这些论述的简略形式而深致歉意, 不过我希望它们是表示了我的观点的趋向的.

致以亲切的问候.

您的忠实的
〈N·玻尔〉

R·拉登堡致尼耳斯·玻尔©

(1920 年 8 月 27 日)

712

布雷斯劳, 8 月 27 日, 1920

很尊贵的玻尔教授阁下:

非常感谢您的亲切来信. 我完全同意您的看法, 稳定性的考虑是起决定作用的. 但是, 只要人们还不能说出关于电子运动细节的任何肯定的东西, 我却相信, 根据关于各元素的化学性质和物理性质的大量实验数据并借助于周期系, 人们是能够得出某些预备性的结论并叙述某些要点即能用的假说的. 随信寄上我关于原子结构和周期系的报告, 我请求您在上述意义上来理解我在该报告中所作的那些论述. 在目前, 我发现稀有气体组态的稳定性的化学理由是令人信服的. 同时, 我似乎觉得长周期中还有一种特别稳定的中间组态, 这和 Ni、Pb、Pt 的电子数相对应, 它们的比电子数为 10. 关于这一点的更详细的论述, 见上述报告.

现在请让我再提一个问题. 早在 1913 年的年底, 我就曾做过实验来探索是否可以证明钠蒸气的 D 谱线在吸收时的电致劈裂,并且发现这一效应肯定小于0.1Å 每 46000 伏特/厘米(请参阅附寄的记录). 当然,对于这条谱线(1. 5s—2p),不能预期很大的效应. 对于 Hg 的 2536 谱线,情况也是这样的;对于这一谱线,帕邢和盖拉赫甚至用灵敏得多的方法也没有发现效应. 人们必须研究序数更高的谱线——或研究另外的线系. 但是,2536 之类的 D 谱线在压力作用下又很容易变宽;按照德拜和霍耳兹玛克*的观点,这也是由电效应引起的. 另一方面,人们也可以问,对于吸收谱线特别是对于线系中序数较高的谱线来说,一般地能不能观察到某种"逆斯塔克效应". 吸收的初态轨道,例如 3/2s,是几乎不受外界的影响的;这是因为原子本身的场、其余电子的场等等都很强的原故——那么末态轨道是不是永远不可达到呢? 在您的关于原子结构的第一篇论著中(第 18页),当根据伍德关于 Na 的约 50 条超精细结构谱线的观察结果得出吸收过程并不对应于两个定态之间的"完全"跃迁的结论时,您的看法是不是这样的呢?

713　　　　对应频率的吸收之所以还是发生,大概和量子论中所常遇到的一个类似问题相近,那就是电子(或原子)在某种程度上可以说对量子有一种特殊的预感.

　　　　或者说,即使可以被影响的末态轨道将不能被达到,外电场是不是毕竟会影响被吸收的频率呢? 对于这一点,我至今不肯相信.

　　　　我一次又一次地用一些问题来麻烦您,敬请原谅. 但是这个问题使我思索了很久,而且我又想对这一问题进行一些新的实验研究,而除了您关于这一问题的那种论述以外我却找不到任何更多的资料.

　　　　致以友好的问候.

您的忠实的
R・拉登堡

尼耳斯・玻尔致 R・拉登堡[ⓒ]
(1920 年 9 月 29 日)

哥本哈根,9 月 29 日,1920

亲爱的拉登堡教授:

　　　　在答复您的亲切来信时我愿意首先指出,尽管正如我在 7 月 16 日的信中所叙述的那样,我认为现在我们对运动的条件和稳定性还了解得不够,还不足以对电子组态问题作出决定,但是我当然同意您的观点,即试着用化学现象所提供的

---

　　*　霍耳兹玛克(Holtsmark, Johan Peter,1894—),挪威物理学家,1923—1942 年任特隆赫姆工业大学物理学教授,1942—1964 年任奥斯陆大学物理学教授.

类例来进行工作是极其有用的,而且在这方面我对考塞耳的和别人的工作评价很高;但是,我感到自己因为一个信念而十分谨慎,那就是,化学稳定性的解释这一整个问题毕竟不能看成主要是一个几何学的问题,而却必须设想成一个动力学的问题.

关于您谈到的吸收中的斯塔克效应问题,我首先就认为,正如人们必须想象吸收机制的细节那样,人们必须很好地记住吸收光谱和发射光谱是这样互相对应的:作用在原子上的外力对吸收谱线所产生的影响,在方式上是和对相应发射谱线的影响确切相同的. 不过,这只有对由恒定外力场引起的规则作用才是如此. 但是,当外界扰动具有不规则的变化、当它具有碰撞的本性时,人们却很难设想,在吸收过程中,一个偶然出现在"末态"中的对相应谱线的发射有很大作用的"局部"扰动(碰撞),能对相应吸收谱线发生相应的作用.

714

(N·玻尔谨启)

R·拉登堡致尼耳斯·玻尔ⓒ
(1922 年 11 月 12 日)

布雷斯劳,11 月 12 日,1922
门采耳街 87 号

很尊贵的玻尔教授阁下:

承寄下关于光谱和原子的三篇大作,在此表示衷心的谢意. 把这些文章收集到一起来加以欣赏,使我获益尤深. 同时,我也迫切地要对您荣获诺贝尔奖表示由衷的祝贺. 我是在今天以无比喜悦的心情得悉这一消息的;我愿意借此机会告诉你,您那些关于原子结构的探索,对我们科学界的整个物理思想和物理知觉曾经有过多么无与伦比的重要意义;多年以来,我们这些您的同道们几乎没有一天不讨论由您的工作所提出的那些问题.

最后我还想再向您请教一个问题,这个问题不是纯科学性的,而是更加带有个人的性质. 在以前发表了关于原子结构新概念和周期系的多次演讲以后,我不久要按照我们的理事长汝本斯的要求到柏林的学术讨论会上去发表一篇演讲,因为他本人身体欠佳,不能亲自作这种演讲;这篇演讲要报道您最近发表在《物理学报》(Zs. f. Phys.)上的伟大著作和您在哥本哈根的有关阐述,而且要详尽地报道,共讲四个小时. 于是,我近来多次听到同事们对我说,要印点东西出来,并且说这对住在远处的人们也是方便的. 但是我却相反地有一些无法消除的顾虑——在广大的公众面前讨论这类问题是否为时过早? 因为我们离一种成熟的原子理论实在还很遥远——而且特别说来,您认为由我担任这一工作是否合适?

715　我一直不愿意用这样的问题来麻烦您,而且,经过一段较长时间的踌躇之后,我终于开始撰写或至少草拟一本关于"周期系的量子论"的小册子了. 当然,核心的内容就是您近年以来发表的那些思想,而且我完全明白,我之所以能够写这本小书,只是由于我在哥廷根时曾有幸听到您的演讲. 因此,在引言中我当然会特别提到我参加过的哥廷根的"玻尔节",从而我的愿望就是从一开始就向您汇报情况,以便随时听到您的指正,乃至反对这一计划的意见. 因为我无论如何不愿意恰恰在这件事中对您有任何忽视或揣度,所以我请求您完全坦率地把您的看法告诉我. 在书中,我将不引用您在哥廷根论述过而没有在别的地方发表过的结果——最多引用那张包含不同元素的电子分布的图表. (在此我想附带提到,我将不揣冒昧地加一点说明,即 N、O、Fl 及其同族的原子的制备法目前似乎还不确定,因为它们的分子几乎只是以双原子的形式出现的,而且,在稀土元素那里也还有许多不解之谜,例如,在这一元素系列中,颜色是涨落的而磁性却是交变的——例如 $CeCl_3$ 是无色、顺磁的(原子磁性 $k \times 10^6 = +2$),而四价的铈离子则是有色的;同时,CeO_2 的原子磁性仅为 0.01,余类推——另外,在 $k=1$ 的同一轨道上一般不会出现三个电子,根据同样的理由,在同一个轨道上也不能出现四个转动着的电子,因此,在 Sc(Y, La) 中也将有一个不是像最后两个电子那样被束缚着的新的电子,而且这样也许就把第三个 L 能级和 Ar 的第三个 M 能级及 Kr 的第三个 N 能级联系了起来:当从 $4\,2_1$(或 3_2、4_2)取走一个电子时,就剩下一个"已知的和已证实的"组态,但是当再从 $4\,2_1$(或 3_1、4_1 电子)中取走一个电子时,就剩下一个未知组态——从而现在就有两种不同的可能分组法了. 同样,我们也可以理解其他的多余能级.)

　　另外,我还想引用您的一两幅谱项图,最后还有您关于 S 谱项的有效量子数的计算或估计,但是这只有在征得您的同意时才行;我希望这不会打扰您.

　　占用了您太多的宝贵时间,即希见谅.

　　致以友好的问候.

　　　　　　　　　　　　　　　　　　　　您的永远忠实的

　　　　　　　　　　　　　　　　　　　　　R·拉登堡

716　　　　　　　　　## 尼耳斯·玻尔致 R·拉登堡[ⓖ]

　　　　　　　　　　　(1922 年 12 月 23 日)

　　　　　　　　　　　　　　　　　12 月 23 日,[19]22

很尊贵的拉登堡教授阁下:

　　非常感谢您 11 月 12 日来信中对我的祝贺,对于来信中所表达的盛意我是十分感激的.同时我也因为对所询各点没能早日作复而敬请见谅.正如泡利先生想必早已奉告的那样,我这个月非常忙碌,以致没有任何时间来安静地考虑问题.听说您想写一本关于周期系理论的小书,我很感兴趣,而且得悉您对我的研究结果如此有兴趣,这当然也使我很感荣幸.至于说我迄今发表过的文章和我在哥廷根所作的演讲相比很不完全,我觉得您的这一点顾虑并无多大困难,何况我在明年春天将在《物理学报》(Zs. f. Phys.)上发表一系列论文来讨论各种问题的细节.唯一的困难却在于,在许多重要之点上工作正在发展中,而我并不了解这些工作是否在一切细节上都和我在形式上毫无准备的哥廷根演讲中的看法完全相同;例如,当您征求我的同意,想引用我在当时提出的几张图表时,我唯一关心的是它们要正确,例如我认为,我以前指定给碱金属光谱和碱土元素光谱的那些量子数确实是有根据的,不过像银光谱和锌族元素光谱等等,它们的 P 谱项的主量子数却还有些不很确定,因为我在哥廷根曾经提到的关于汞光谱斯塔克效应的研究证明这些光谱的这种量子数应该估计得低一些.与此相似的一点是关于原子正常态中的电子轨道的看法,我现在愿意更加慎重地对某些问题表示我的意见;有一张我认为值得维护的表已包括在我和考斯特尔合写的一篇关于 X 射线谱和周期系的论文中,该论文在几星期之内即将在 Zs. f. Phys. 上刊出.你在该论文中也可以找到关于 X 射线能级数目问题的一种见解,这问题现在还不能认为已经解决了.

至于我在哥廷根谈到过的谱项估算方法,如果您提到此点那当然也是我很感欣慰的.这是一个历史上的观点,还可以有重大的阐发余地,正如我在将来的作品中所打算进行的那样.当然这只是一种近似的估算,但绝不像例如福意斯在刚刚发表的作品中所理解的那样只是一种定性的估算,因为我认为,从今天的原子物理学的观点来看,所谓定量的计算就是由原子序数和原子中各轨道的量子数导出光谱项和其他的性质.和通常引用一个假想力场的那种做法相反,我的论述恰恰就是企图在这种方向上前进一步.

总之,我能对您说的就是,请出版您的书,而了解这本书的内容就是我的一大快事.如果您认为有必要,替您看看校样也是我乐于从事的.

致以友好的问候.

您的忠实的
〈N·玻尔〉

A·朗 德

尼耳斯·玻尔致 A·朗德（1920 年 2 月 24 日）

A·朗德致尼耳斯·玻尔（1920 年 7 月 25 日）

尼耳斯·玻尔致 A·朗德（1921 年 2 月 14 日）

A·朗德致尼耳斯·玻尔（1921 年 2 月 21 日）

克喇摩斯（代 N·玻尔）致 A·朗德（1921 年 2 月 28 日）

尼耳斯·玻尔致 A·朗德©

（1920 年 2 月 24 日）

盖尔孙路 55 号，海勒罗普

很尊贵的朗德博士：

多谢惠寄您发表在《物理时报》（Phys. Zeits.）上的求职论文的摘录本. 了解它的内容，并得知您在 1919 年 8 月 9 日已惠书见告但未涉及细节的那种结果何以和我与克喇摩斯合撰论文中的结果不相一致，当然是使我高兴的. 不过，在研读您的文章时我却得到一种看法，即这种分歧起源于近似算法的不同，而您的计算方式对当前的目的来说并不是特别合用的. 在一级近似下，内部电子的轨道在任何时候都是一个椭圆，而且，正如我在 1919 年 6 月 26 日给您的信中所说的那样，我们的处理方式就在于在计算较外电子对较内电子轨道引起的久期微扰时采用了一种办法，它和我在哥本哈根科学院发表的文章的第二部分中关于受扰周期体系的计算相类似. 在您的计算中，是从一个"中间性的"圆形轨道出发来计算这种运动的"扰动"的. 但现在，在您的情况下，微扰力是比"扰动"本身小得多的（和我们的情况相反）. 于是，按照您的看法，轨道的偏心距就将和轨道半径之比的 2/3 次幂成正比，而微扰力则和半径比的二次幂成正比. 因此，按照我的看法，为了只期望求得第一级近似，您必须用到偏心距的三次幂的项，而您却只用了二次幂的项. 当把丢掉的各项考虑在内时，就将得出另外的结果，而在我看来，这种稍许冗长一些的计算结果是将和用我们的直接方法求得的结果相同的. 正如我在上述那封信中所谈到的那样，关于较内轨道的偏心率，求得的值将简单地正比于较内电子和较外电子的角动量之比，而且这个结果非常普遍，和较外轨道的偏心率无关. 我们文章的发表可惜比我当时设想的拖延得更久，因为克喇摩斯的康复比我所希望的历时更长，而且因为我在这一期间不得不忙于其他工作. 我现在又在做这些方面的工作了，从而我希望，不但我的长篇文章的第三部分，而且搁置了这么久的克喇摩斯和我自己的关于氦光谱的联合著作都将很快地问世. 由于在我的文章中将力图对有关光谱问题的文献给出尽可能完全的评论，因此，如果能给我一份您的求职论文抽印本，我将是极为感激的.

致以友好的问候.

您的忠实的

N·玻尔

A·朗德致尼耳斯·玻尔[ⓖ]
(1920 年 7 月 25 日)

法兰克福大学理论物理学研究所
梅因河畔的法兰克福
罗伯特·迈耶大街 2 号

7 月 25 日,1925

很尊贵的教授阁下：

今寄上几个月来陆续发表的文章一篇,文中总结了我关于空间原子结构的动力学的研究,并由此得出了一系列推论.通过修改我的原有模型,马德隆和我由此得出了一套轨道,其中有八个电子各自描绘一个完整的圆形轨道(而无尖锐转折)并从而构成一种特别稳定的立方型轨道体系,而只需借助于普适恒量、原子序数和量子数,就能由此算出一系列物理数据和化学数据.如果您感兴趣,我将很高兴亲自来哥本哈根向您报告情况.我很急切地想了解您所预告的关于氦的计算,特别是了解你们是怎样得出 He$_{\text{II}}$ 的双重性的.我相信借助于立方原子来计算碱金属光谱也不是很困难的;我在这方面已经得到了一些初步结果.

致以最良好的问候.

非常尊敬您的
A·朗德

721
尼耳斯·玻尔致 A·朗德[ⓖ]
(1921 年 2 月 14 日)

2 月 14 日,1921

亲爱的朗德博士：

多谢您的来信和关于金刚石内聚力的论文抽印本,对于这篇文章我当然是很感兴趣的.另外,也请您原谅我没有对您寄来的亲切感人的明信片早日作复.我们哥本哈根的人们很喜欢您上次的来访,并且希望您能在秋天顺利地再来.您知道,我本人对您的工作的确特别感兴趣,而且近来我正非常紧张地论述咱们曾经谈论的那些问题.不过我必须承认,关于您的文章中所作的那些假设,以及您对我的一篇文章的盛情引用,我的观点却已经多次地发生了改变,而且我想也已经得到了澄清.我现在相信,正如我当时告诉您的那样,人们不能仅仅达成原子正常态中多量子轨道的一种自然的解释,但是,同一论证的详细制订,已经以一种自然而然的方式把我引导到了关于原子中这些轨道的完全确定排列的一条假设.诚然,这种排列显示了显著的空间对称性,但它并不属于您所建议的那种运动类型,而却是也许可以用下列叙述来最好地加以表征:原子中的每一个电子,在一定意义上是独立于其他电子而运动的.我已经将这一观点发展成一种原子结构理论,正如我在刚刚寄给《自然》的一封信中所指明的那样(现寄上该信的一份副本).而且我打算很快就在一篇综合性的文章中报道这些颇为详尽的结果;一经脱稿,我就将寄奉一份.

我们这里所有的人以及弗兰克教授都向您致以友好的问候;弗兰克教授来此短期访问,以便通过他的指导来最可感谢地协助在新建的研究所中开展的实验工作.

您的很忠实的

〈N·玻尔〉

A·朗德致尼耳斯·玻尔©

722

(1921 年 2 月 21 日)

法兰克福,2 月 21 日,1921

很尊贵的玻尔教授阁下:

非常感谢寄示尊稿,此稿对未来的原子理论将具有最大的重要意义.在我看来,直到您的详细阐述问世时为止,在原子理论方面进行进一步的理论工作似乎是毫无意义的.因此我愿意建议,请让我把您致《自然》的信保留一段时间,以便我能够把它译成德文并尽快地寄给《物理学报》(Zeitschr. für Phys.);这样,德国物理学家们也就能够尽快地得悉您的新进展了.因此,我不揣冒昧地将尊稿留在手中,以静候您的下次来示,顺致衷心的问候.

非常尊敬您的

A·朗德

通信处不再是 Odenwaldschule,改为"梅因河畔的夫兰克福,罗伯特·迈耶大街2 号,理论物理学研究所".

克喇摩斯(代玻尔)致 A·朗德©

723

(1921 年 2 月 28 日)

2 月 28 日,1921

很尊贵的朗德博士:

　　玻尔教授让我代他写此短信,作为对您最近两次给他的来信的答复.最近几天他正因为新研究所的落成(将于 3 月 3 日举行落成典礼)而特别忙碌,因此他来不及亲自写信了.

　　关于您的盛情倡议,即把致《自然》的信译成德文并把它例如发表在《物理学报》上,他相信那将是欠妥当的.事实上,这封信只应该看成是对目前正在《自然》上进行着的关于原子结构的讨论的一篇投稿,而且,假如把它在别的地方单独发表,那就会显得太自命不凡了,这尤其是因为,关于稿中那些新观念的论证,事实上还完全没有发挥出来.此外,玻尔教授希望在几星期之内对有关课题完成一篇详细的德文论文,届时他将寄一份文稿的副本给您.

　　至于您的有关反常塞曼效应的论述,他让我向您转达,他对此事感到最大的兴趣,但您近来忙于别的事务,以致无法深入研究这一问题,特别是无法证明您的结果是怎样和理论观点相联系着的.但是,关于这些问题,他将在研究所落成之后进一步和您通信.

　　玻尔和我谨向您致以友好的问候.

　　　　　　　　　　　　　　　　　　　　　您的忠实的

　　　　　　　　　　　　　　　　　　　　〈H·A·克喇摩斯〉

I · 朗缪尔

尼耳斯·玻尔致 I·朗缪尔(1920 年 12 月 3 日)

725

尼耳斯·玻尔致 I·朗缪尔

(1920 年 12 月 3 日)

12 月 3 日,1920

厄悟英·朗缪尔博士

通用电器公司,研究实验室

斯克内克塔迪,纽约

我亲爱的朗缪尔博士:

　　几星期前收到你的亲切来信和关于原子结构的顶有兴趣的论文,甚为感谢.
我自然对你的工作以及在那里显示出来的那些倾向很感兴趣. 联系到朗德的工
作,我自己近几个月来正在撰写一篇论文;我希望这篇论文在几星期以后就可问
世,而且它可能引起你的兴趣,因为它特别涉及一个问题,而你在来信中是对这
一问题提出了批评的. 当在 10 月初在哥本哈根听朗德博士关于金刚石晶体结构
的一篇演讲时,我突然想到,按照量子论,是能够借助于一种简单考虑来为朗德
的假设得出一个合理的基础的;这种考虑也将同时为原子中不同电子壳层之间
的耦合提供一种直截了当的解释,这种耦合是由各元素的化学性质如此明确地
显示出来的. 事实上,我一直觉得,你在来信中提到的这种耦合的解释的缺少,就
是我那旧的预备性工作的最弱之点. 当时我考虑问题所主要依据的观点,就是通
过各单个电子的逐次束缚来建成原子的那种可能性的条件;但是,由于这些考虑
缺乏已经足够发展的基础,这种做法就被证实为并不永远是十分可靠的指南了.
然而,我现在仍然认为上述观点是一个基本的观点,而且正因如此,我必须承认
对你的近期论文中提出的那些有趣的氢分子模型和氦原子模型是表示怀疑的.
不同于在我的早期论文中提出的氢分子模型,我无法想象可以通过一种自然的
过程来形成你所提出的那种类型的模型的任何方式. 在其他方面,我对我自己的
氢分子模型和氦原子模型不再相信什么东西;而只是认为这些结构中的电子运
动属于更复杂的类型,对于这种运动现在是还不能进行任何简单的力学处理的.

　　至于你所提出的那种类型的可能结构的定态确定问题,我确信应用条件式 $\int pdq = nh$ 来确定这些定态是合理的;这一条件式看来至少不会在坐标的选择问题方面
726　引起更多的困难,因为对于所考虑的运动类型来说,上述条件式在广义坐标的任
何选择下都将导致相同的结果. 在来信提到的我的关于线光谱量子论的近期论
文中,对这一点是进行了详细的考虑的.

你在获得这一论文方面遇到困难,我对此甚感遗憾,但是由于我的论文的不同部分是想要形成单独一篇文章,所以它们本来是准备同时刊载在丹麦科学院的院报上的,而且直到现在我只收到迄今已发表的各部分的几份私人的零散印本,而且这些印本也早已散失了.但是,由于该文最后两部分的发表已经延期甚久,科学院的秘书在几星期以前已经决定将不同的部分作为分别的版本印出来,其实从一开始就当然是应该这样办的.由于这一决定,我近几天来已经收到一些和上述出版形式相对应的重印本,而且我很荣幸地在这同一批邮件中把迄今已问世的各部分的副本寄给你,同时寄了克喇摩斯博士关于有关课题的一篇论文.

随信附上我的一篇演讲的抽印本,这是我在 4 月间在柏林发表的一篇演讲,这里包含了关于线系光谱问题的普遍讨论,而却只是稍稍触及了原子的内部结构;但是,这一问题将在一篇新的论文中很详尽地加以处理,这篇论文的抽印本我希望不久即可寄奉.

近几周来我离开哥本哈根去短期度假,因而复信太迟,即希见谅,顺致最亲切的问候.

永远忠实于你的

〈N·玻尔〉

H·A·洛伦兹

H·A·洛伦兹致尼耳斯·玻尔(1922 年 12 月 10 日)*

---

* ［此信全文已见本卷《引言》原第 29 页,今不复载.］

J·C·马克楞南

尼耳斯·玻尔致 J·C·马克楞南（1923 年 3 月 14 日）

729

尼耳斯·玻尔致 J·C·马克楞南
(1923 年 3 月 14 日)

3 月 14 日,1923

我亲爱的马克楞南:

　　我因不在哥本哈根,几天以前才收到你 3 月 1 日的亲切来信;得悉你现在正在欧洲,使我很感兴趣. 假如你能来哥本哈根,那将是我们很大的快事. 6 月以后,我们就将住到一所乡村别墅中去了,但是如果你在 6 月以前来,而且在停留期间能够做我们家的客人,我的妻子和我将是很高兴的.

　　我刚刚写完一篇论文,文中联系到原子构造的概念讨论了各元素的光谱,而且我非常盼望能够在光谱学资料的诠释方面和你讨论一些问题. 你的包括一切元素数据的蓝图使我大感兴趣. 在理论的目前状况下,我还没有敢于针对一切元素的原子正常态中各亚组中的电子数发表什么明确的建议,尽管我对这一问题当然是费了很多心思的. 在同一批邮件中,我将寄上我们研究所的某些近期论文的抽印本. 在考斯特尔博士和我本人合写的关于 X 射线谱和周期系的论文中,你将在第 344 页上找到一张表,这张表对电子组态给出了一个概貌;就我所能相信的来说,这是目前的理论状态为之提供了可信的基础的. 在那张表中,已经对一些元素标明了不确定性,那里的光谱学证据不足以确定最高量子数的各组中的电子数. 但是,有鉴于近几年来的光谱学中的迅速进步,人们可以希望不久就能够不但解决这些问题,而且得到关于表中所缺的那些元素的确切结论.

　　在我们的条件允许的范围之内,我们正在这里努力对光谱的研究作出贡献. 在这方面,如果你能设法来哥本哈根访问,你的指教当然将对我们有很大的价值. 我打算来参加利物浦的大英协会会议,并且会后可能在秋季去访问美洲,我已经从那里接到在各种地方发表演讲的邀请.

　　致以亲切的问候,并盼望不久在此相见.

你的忠实的

〈N·玻尔〉

C·W·奥席恩

尼耳斯·玻尔致 C·W·奥席恩(1922 年 8 月 30 日)

731

尼耳斯·玻尔致C·W·奥席恩^①

(1922 年 8 月 30 日)

8 月 30 日,1922

亲爱的朋友：

　　我愿意感谢你和你的夫人在乌普萨拉的有趣而成功的物理学会议期间对我的一切盛意和款待．每次见面,我们都感到彼此在有关物理学基本问题的观点方面是如此地接近,我真无法形容这是一件多大的乐事．

　　我借此机会寄给你一点点计算,这是由克喇摩斯针对外莱德所处理的问题而作出的．正如我们昨晚所讨论的那样,外莱德使用的量子条件不满足对应原理所提出的关于和原子周期性质的联系方面的要求．事实上,正如由克喇摩斯的计算可以推知的,当把运动方程简化成它们的正则形式时,人们实际上就得到稍有不同的一些条件；如所周知,这种简化是一种手续,它保证了使浸渐原理和对应原理得以成立的一切条件的满足．我同时也将把克喇摩斯的计算寄给外莱德．

　　我们这里所有的人,特别是我的妻子和我自己,谨向你本人和你的夫人致以最亲切的问候．

你的亲近的
尼耳斯·玻尔

A·汝宾诺维兹

733

A·汝宾诺维兹致尼耳斯·玻尔©
(1921 年 4 月 18 日)

莱巴赫,4 月 18 日,1921

非常尊贵的教授阁下:

　　首先让我对您的寄赠论文抽印本表示衷心的感谢,而您致《自然》的信更是给我带来了非凡的喜悦.虽然这封致《自然》的信并没有让我们看到您又一次为我们打开的那一奇境的更精致的细节,而只是预示了这些细节,但是我却相信,由此已经足以意识到我们通过您的工作又被引领到了一个峰顶,从那里,我们可以眺望作为一种清晰而美丽的谐和统一体的原野.由于要求极度的仔细和认真,写一篇论文是将耗费许多心血的;假如我不了解这一点,我就将自私地请您至少发表一篇关于您的新思想的更详细的论著,然而我不能这么办.因此,我必须很高兴地满足于一般的关心,而静候您的详细论著的发表了.如果这封致《自然》的信对您来说意味着一个著述速度更大的阶段的开始,那将是美好的和我们大家都衷心盼望的.

　　现在谈一件不那么使人振奋的事.我给《物理学报》(Zs. f. Phys.)寄去了一篇讨论斯塔克效应中的强度不对称性的短文,我在文中已经证明,在巴耳末线系的精细结构图样中(除了强度几乎为零的特例以外),有半数的精细结构成分线对应于沿着场强方向拉长了的初态轨道,而其余半数的成分线则对应于反着场强方向拉长了的初态轨道.然后我就解释强度不对称性如下:通过阴极而进入引起裂劈的场中的原子,大部分具有沿和极隧射线飞行方向相反的方向而被拉长的初态轨道.在文章寄出后不久,我就发生了疑问:是不是您在哥本哈根已经向我指出过此事(因为当时您对我讲了许多有关电子碰撞的问题),而只是由于那时我对强度不对称性的实验情况几乎毫无概念,才没有把它记下来呢?如果情况真是这样,请即以电报告知,以便我可以让这篇短文不再付印,我本人将对

734

此十分感谢.现在我还没有收到校样,等它来了时我可以把它在这里压一段时间.请您千万不要顾虑这整个事情将使我如何难堪.

　　请代我吻您那仁慈夫人的手.

　　谨致崇高的敬意.

您的最忠实的
A·汝宾诺维兹

尼耳斯·玻尔致 A·汝宾诺维兹©
（1922 年 1 月 3 日）

1 月 3 日,1922

亲爱的汝宾诺维兹:

听说您相信今年春天可能到这里来,这使我很高兴,而且如果您真能够考虑帮助我准备哥廷根讲稿,那就将是对我的很大帮助. 对于您在这里的停留,我可以向您提供总数为 1500 克朗的资助;这笔款子是为了我的工作而归我支配的. 不言而喻,为了使您在莱巴赫能够申请休假,我将寄给您一份正式的邀请书. 但是我想先问问您认为什么时候能来. 正如我已经告诉希维思的,我必须于 3 月间去剑桥演讲,那是我去年因病而没有去成的;因此,我将只有 4 月和 5 月的时间来准备必须在 6 月间到哥廷根去发表的演讲. 一旦收到来信,得知这对您是否合适以后,我将立即把正式邀请书寄去.

在为您能够再来这里而感到高兴的同时,我和妻子谨对贤伉俪致以最亲切的问候和最美好的新年祝愿.

您的很忠实的

〈N·玻尔〉

A·汝宾诺维兹致尼耳斯·玻尔©
（1922 年 11 月 16 日）

735

维也纳,11 月 16 日,1922

尊贵的教授阁下:

我以愉快和满意的心情得悉您已获得了科学界应该授予您的最高荣誉之一. 当然,这对我们来说并不是任何的意外之事;任何人,即使是道听途说地知道您的工作的人,都会在很久以前就乐于授予您以诺贝尔奖了. 即使像上面说到的那样,这是最高的荣誉之一,但是,对于您以一种独一无二的方式开创和追求了的那许多进展来说,这毕竟只是科学界对您的巨大感激的一种微薄表示而已. 现在我们将为了曾经有幸和您结识而多么自豪啊!

但是我的最真诚和最亲切的祝贺也只能就此结束,不然的话,恐怕您在荣获另一届诺贝尔奖以前就只能不断拆阅那些滔滔不绝的贺信了. 那么,请让我预先向您致贺:下一届诺贝尔奖万岁!

我的妻子和我谨向尊夫人致以最亲切的问候.

谨向您致以崇高的敬意.

您的忠实的
汝宾诺维兹

E · 薛定谔

E · 薛定谔致尼耳斯 · 玻尔(1921 年 2 月 7 日)

尼耳斯 · 玻尔致 E · 薛定谔(1921 年 6 月 15 日)

737

E·薛定谔致尼耳斯·玻尔
(1921 年 2 月 7 日)

布雷斯劳,动物园大街 7 号

亲爱的玻尔先生:

我不揣冒昧地分别寄给你和克喇摩斯先生一篇短文的副本,文中涉及的模型也许会引起你一点点兴趣,因为在我看来,这模型是和你在致《自然》的关于不同"壳层"电子之间的必要相互作用的那封信中表达了的新的和最有兴趣的看法符合得很好的. 当然,我很明白,我的短文中所采用的计算这种相互作用的那种简单方式,只是一种很粗略的近似.

我能否再提一个冒昧的请求呢? 你的从 1918 年开始在丹麦科学院发表的两篇重要的研究报告,我们在德国是非常难以得到的. 就我所知,在我们布雷斯劳只有一份,那就是拉登堡先生的那一份. 你是否可能让我也得到一份呢? 既经接替 Ch·歇弗尔在布雷斯劳担任了理论物理学教授,我现在正主持一个关于原子模型的讨论班,因此你可以想到我得到你的那些重要论文会是多么感激的,这特别是因为,索末菲的美好著作(目前在德国这当然是我们在一切原子问题方面的标准著作)在许多方面正如你所知道的那样是和你自己看待问题的那种最使人神往的方式相差很大的.

谨向你和克喇摩斯先生致以最良好的问候.

你的忠实的
E·薛定谔

738

尼耳斯·玻尔致 E·薛定谔©
(1921 年 6 月 15 日)

6 月 15 日,1921

很尊贵的同道阁下:

在这封对您的亲切表示的复信中,我附寄了您所要的论文和克喇摩斯的论文. 您发表在《物理学报》上的论文当然使我极感兴趣. 附带提到,很久以前我自己就采用了完全相同的考虑,并作了相应的计算;例如,在去年 12 月间对哥本哈根物理学会发表的演讲中(我在那里提出了致《自然》的信中所指明的那些关于周期系的解释的结果),我作为例证报道了,为了精确地重新得出锂的锐辅线系的各个谱项,这样一种球形分布的半径所必须具有的值. 由于工作过度,我很不幸地还没有能够发表关于这一演讲内容的综合论述. 但是,我正在试着重新开始工作,并且希望在今后几星期内完成这样一篇供发表的文章.

致以友好的问候,克喇摩斯博士嘱代致意.

您的忠实的

〈N·玻尔〉

A·索末菲

A·索末菲致尼耳斯·玻尔^G
（1921 年 3 月 7 日）

［此系明信片］

亲爱的玻尔：

多谢寄赐您的致《自然》的信. 它显然代表 1913 年以来原子结构方面的最大进展. 正如您在 1916 年所做的那样,我已经在它的影响下撤回了我已经寄给《物理学报》的一部分稿件. 在那一部分稿件中,关于在原子内部系统地增大的量子数在原子表面上可能怎样减小,我曾经表示了一些想法. 但是您现在牢固地将此事具体化了.

我现在必须撰写我的书的新版稿件,这使我颇感棘手. 您或许会同意我的一个请求（如果收不到您的来信,我就假定您已经同意了）,即如果您有什么关于您的新结果的文章寄给《物理学报》,请把从那里拿到的校样寄给我一份. 无论如何,今年夏天我将在哥廷根见到您,以便我能够为我的书而更多地了解一些有关您的新发现的情况.

致以衷心的祝愿.

您的

A·索末菲

A·索末菲致尼耳斯·玻尔^G
（1921 年 4 月 25 日）

慕尼黑,4 月 25 日,1921

亲爱的玻尔：

十年以前,当希耳伯特在完成了积分方程理论以后因为劳累过度而不得不进疗养院时,我曾写信对他说:"您达成的这一数学王国已经是一种洋洋大观了." 现在我也愿意对您说同样的话,因为我从弗兰克的来信得知您因劳累过度而不适宜继续工作. 您的数学-物理学王国将比希耳伯特的积分方程王国更加长久和招致更多的子民. 请您不要把您今天的暂停工作看成什么严重的或特殊的事. 您的新发现肯定要求高度的思想集中,您必须为此而耗费巨大的精力,我觉得这完全是很自然的. 假若我也有幸能够得到这样深入的洞察,我是心甘情愿付出这样的代价的. 关于您的情况,我只知道您不来哥廷根也不去布鲁塞尔,此外我就一无所知了. 假如您能遵循我的医学建议,来和我们一起滑雪,那么事情就会好得多了.

　　我本来打算能在哥廷根见到您,并向您请教有关原子结构的问题.现在不行了,我只能在不了解电子轨道的这种决定性改动的情况下撰写我的书的第三版了.在某种方式下,问题反而会因此而得到简化和加速的.

　　肯定地,我充分确信您的方法是正确的;如果像您所指明的那样,你能够数学地重建各周期中的元素种数 2、8、18、……那么这事实上就是原子物理学中最大胆的希望的实现.但是我却有足够的异端倾向,以致相信有一天这将以一种更不形式化而更加统一的方式得以实现.当然这要等到人们用针状电动力学(nadelförmige Elektrodynamik)代替了连续电动力学以后.

　　另外我还要谈几句和科学无关而只和个人事务有关的话.最近几星期来,科学工作想必把您完全占住了,另外还有研究所方面的工作! 我很怕研究所所长和原子理论研究组长这样的双重职务会使您负担过重.如果允许我向您进一言,那么请尽可能完全地把研究所的领导任务交给您的同事汉森先生吧.

　　愿您早日康复.

您的

A·索末菲

尼耳斯·玻尔致 A 索末菲[Ⓖ]

(1921 年 9 月 16 日)

9 月 16 日,1921

亲爱的索末菲:

　　久未修函,愧甚! 但我对您的多次亲切来信及您对我身体的关切,都是极为感激的.在最近几个月中,我已经觉得好多了,而且已经忙着完成一篇关于我的原子结构观点的综合性论文了.工作进行得很顺利,看来人们确实可以理解大量的事实了;这不但是和线系光谱及化学性质有关的事实,而且特别是已经发现可以得到有关伦琴射线较精细结构的一切细节的详细阐明,而这就以最美好的方式证实了您关于这一问题的普遍理论.在工作过程中,我的观点已经变得清楚多了,而且甚至变得比我所敢于希望的都要简单多了.现随函附上我刚刚寄给《自然》的一封信的副本;正如您将看到的,这封信在我上次致该刊的信中的一个本质问题上代表着一种修正和改进.我希望能够很快地把文章写完,而且当然会尽快地寄给您一份.

742

　　我的妻子和我谨向您及我们在慕尼黑的全体朋友们致以最良好的问候.

您的很忠实的.

〈N·玻尔〉

尼耳斯·玻尔文献馆所藏稿本简目

关于对应原理的应用和周期系的
诠释的文件

　　此处列举的稿本都在瑞希特尔(H. K. E. Richter)的协助下由吕丁格尔 (Erik Rüdinger)进行了编目.这一简目摘自他的卡片:全部稿本形成"玻尔稿本"缩微胶片的一部分,这种胶片收藏在哥本哈根,也收藏在伯克利和费城的《量子物理学史文献》中.在每一条目的第二行,可以看到上面复制了稿本本身的那一缩微胶片的编号.

　　稿本的简短标题是由编目者拟定的,所有方括号中的日期也是这样.这种日期带有推测性.在一两个地方它们已经修改过.没加方括号的日期都录自原稿本.此处应用了下列的缩写:Da 代表丹麦文本,En 代表英文本,Fr 代表法文本,Ge 代表德文本,而 Mf 代表缩微胶片.标明"量子物理学史文献"中这一组缩微胶片的"Bohr MSS"字样,在此为了简单已被略去.

　　页边上对准一个条目的号码,表示上面复制了该条目的各页的号码.第三卷和第四卷分别用一个 3 字或 4 字标出.如果给出的只是摘录,则号码后面注有 E 字.指示英译本的号码后面注有 T 字.

　　1　*Atomteori* 1917 年 12 月 18 日
　　　　纸页,手写,2pp.,Da,Mf7
　　　　显然是演讲提纲的一部分.

　　2　*Principles of the quantum theory* [1917—1918]
　　　　底稿,打字,手写,50pp.,En,Mf7
　　　　或许是《论线光谱的量子论》的各式稿本.包括关于放弃适用于个体量子过程的守恒性的论述,以及关于用黎曼平面各叶上的点来图示定态中的运动的论述.

3　*Quantum theory of line spectra. Part III* [1917—
　1918]

　　稿本,手写和打字,228pp. , En, Mf7

　　各种的底稿和稿本,其中一份和发表的文本相当接近
　　(Dan. Vid. Selsk. Skr. nat. mat. Afd. (8)IV, 1, 3(1922)).

3 [185—200]　4　*Quantum theory of line spectra. Part IV* [1917—
　1918]

　　纸页,手写,36pp. , En, Mf7

　　《论线光谱的量子论》第四部分的底稿(未发表).

5　*Om grundstoffernes liniespektre* 1918 年 2 月
　14 日

　　纸页,手写, 3pp. , Da, Mf7

　　对哥本哈根物理学会所作演讲的提纲.

3 [54—64]　6　*Quantum theory of line spectra* 1918 年 2 月 20 日
　至 4 月 30 日

　　带有手写小注的校样,11pp. , En. Mf7

　　《论线光谱的量子论》第一和第二部分的校样,包括一些
　　后来在发表本中略去了的论述.

7　*Grundlaget for kvanteteorien* 1918 年 3 月 22 日

　　纸页,手写,1p. , Da, Mf7

　　对丹麦皇家科学文学院所作演讲的提纲.

2　8　*Drawings to triatomic hydrogen molecule* [1918—
　1919]

　　作图,6pp. , Mf7

　　为《论一种三原子氢分子的模型》(Medd. Kgl. Vetensk.-
　　akad. Nobelinstitut **5**, no. 28(1919))一文所作的四幅插图.

747　　9　*Virkningen af sammenstød mellem atomsystemer
　og fri elektriske partikler* [约 1919]

　　稿本,计算,21pp. , Da. Mf7

　　一篇演讲的提纲和稿本.

10　*Mekaniske og termodynamiske grundlag for
　kvanteteorien* 1919 年 2 月 13 日及 27 日

　　纸页,手写,18pp. , Da, Mf7

　　对哥本哈根物理学会所作的两篇演讲《论量子论的力学
　　基础和热力学基础》的提纲.

11　*Problems of the atom and the molecule I* 1919
　　纸页,手写,201pp. , En, Mf8
　　1919 年 4 月 25 日在莱顿发表的演讲的各种底稿.

3[202—216]　　12　*Problems of the atom and the molecule II* 1919
　　底稿,稿本,译本,手写和打字,285pp. , En, Ge,
　　Da, Mf8
　　1919 年 4 月 25 日在莱顿发表的演讲《论原子和分子的问
　　题》的底稿和讲稿.

13　*Problems of the atom and the molecule III* 1919
　　纸页,手写,38pp. , En, Mf8
　　1919 年 4 月 25 日在莱顿发表的演讲的部分底稿.

14　*Trykkets indflydelse paa brintlinierne* 1919
　　计算,笔记,手写,15pp. , Da, Mf8
　　处理压强对氢谱线的外貌及细锐度的影响的简稿.

15　*Atomic physics and the problem of radiation* 1919
　　年 9 月 10 日
　　纸页,手写,19pp. ,En, Da, Mf8
　　在 1919 年 9 月间在瑞典伦德召开的原子物理学会议上的
　　演讲的提纲和底稿.

3 [218—219]　　16　*Rede an Sommerfeld* 1919 年 9 月 22 日　　　　748
　　稿本,手写,2pp. , Ge, Mf9
　　索末菲对哥本哈根物理学会发表演讲后玻尔对他的致
　　谢辞.

3 [222—226]E, T　　17　*Den nyere atomfysiks program* 1919 年 12 月 2 日
　　部分稿本,打字,13pp. , Da, Mf8
　　对哥本哈根化学会发表的关于当代原子物理学纲领的演
　　讲的部分稿.

18　*Disentanglement of series spectra* [约 1920]
　　笔记和计算,手写,48pp. , Da, Ge, Mf9
　　关于线系光谱的分析和诠释的笔记.

19　*Indflydelse af et elektrisk felt paa finstrukturen*
　　[约 1920]
　　表格,打字,16pp. , Da, Mf9
　　关于电场对氢谱线精细结构的影响的计算.

3 [228—240]T　　20　*Vekselvirkningen mellem lys og stof* 1920 年 2 月

13 日

稿本,打字,27pp. , Da, Mf9

对丹麦皇家科学文学院发表的关于光和物质之间的相互作用的演讲的稿本. 显然曾打算发表.

21　*Om grundstoffernes seriespektre* 1920

底稿,打字,手写,37pp. ,Da,Mf9

显然是 1920 年 4 月 27 日在柏林发表的演讲的早期稿本. 稿中引入的修改已包括在增订了的德文本(Z. Phys. **2** (1920)423)中.

3 [242—282] T　　22　*Serienspektra der Elemente* 1920 年 4 月 27 日

稿本和底稿,打字,手写,190pp. , Ge, Da, Mf9

1920 年 4 月 27 日在柏林对德国物理学会发表的演讲. 打字稿实际上和刊在 Z. Phys. **2**(1920)423 上的文本相同. 底稿的较大部分处理了氢光谱的更详细的讨论,这种讨论在实际的演讲中被略去了.

749　　　　　　　　　23　*Virkning af elektriske og magnetiske felter* 1920 年 5 月 11 日

纸页,手写,2pp. , Da, Mf9

在瑞典乌普萨拉发表的关于电场和磁场对谱线的影响的演讲提纲.

3 [48—52] E　　24　*Generalization of correspondence principle* [1917?]

纸页,手写,13pp. , En, Da, Mf9

玻尔在封套上用丹麦文标明"推广对应原理的最初迹象"的字样.

3 [325—337] T　　25　*Fortale til tysk oversættelse* 1920

稿本,打字,手写,45pp. , Da, Ge. Mf9

1913—1916 年原子结构德译论文集(*Vieweg* 1921)的前言. 发表的前言和稿本基本一致,但有几处改动.

4 [44—69] T　　26　*Atomernes bygning* 1920 年 12 月 15 日

底稿,稿本的一些部分,手写,打字,73pp. , Da, Mf9

标题为[Da]"关于原子结构的某些考虑"和"论我们的原子知识"的打字稿本. 手写稿为 1920 年 12 月 15 日对哥本哈根物理学会发表的演讲,标题同上.

27　*Forelæsning i Fysisk Forening* 1920 年 12 月 15 日

部分稿本,手写,10pp.,Da,Mf9

1920 年 12 月 15 日对哥本哈根物理学会发表的论周期系的诠释的演讲,显然是增订本.

3 [293—301] T　　28 *Indvielsen af Institutet* 1921 年 3 月 3 日

稿本,打字,28pp.,Da,Mf9

在哥本哈根大学理论物理学研究所的落成典礼上的致辞.

3 [364—380]　　29 *3rd Solvay Congress* 1921 年 4 月　　　　750

稿本,打字,33pp.,En,Mf9

论量子论对原子问题的应用. 由 P. 艾伦菲斯特在索尔威会议上宣读. 法译本发表在《物理学会议的报告和讨论》(*Rapport et discussions du conseil de physique*,Paris 1923,p. 228)上,又见《玻尔教授报告的第二部分的简单摘要》.

30 *Normaltilstanden af grundstoffernes atomer* 1921 年春

纸页和部分稿本,打字,手写,29pp.,Da,Mf9

《论各元素原子的正常态》.《关于原子方面的德文著作的笔记》. 显然是为 1920 年 12 月 15 日对哥本哈根物理学会所作演讲的德译本所作的准备.

31 *Perturbation theory* 1921 年春

部分稿本,打字,13pp.,En,Mf9

显然打算用作玻尔和克喇摩斯合写的一篇论文的一部分.

3 [350—356] T　　32 *Zur Frage der Polarisation* 1921 年 6 月

部分稿本,打字,4pp.,Da,Mf9

在《论量子论中的辐射偏振问题》(Z. Phys. **6**(1921)1)一文中未经采用的稿本.

33 *Elements within the first period* 1921

部分稿本,手写,10pp.,En. Da,Mf9

关于线系光谱的笔记. 或许打算用作玻尔的索尔威报告第 B 部分的一部分内容,该 B 部分根本未交稿.

4 [100—121]　　34 *Constitution of atoms* 1921

部分稿本,打字,手写,27pp.,En,Mf10

§1. 各元素的线系光谱的诠释. 原子对电子的束缚过程的一般考虑. 原拟用作《索尔威报告》的第二部分的部分内容. 后拟作为论文由丹麦皇家科学院出版.

751 4[100—174](T)   35 *Atomic theory and periodic system* 1921

部分稿本,打字,手写,155pp.,En,Da,Ge,Mf10

四个封套,标有[En]:(1)§1.各元素的线系光谱的诠释,(2)§2.氦,(3)论周期系的第一周期中的元素,以及(4)第五章.在放弃了他的提交《索尔威报告》第二部分的计划以后,这些材料曾拟作为一篇论文由丹麦皇家科学院出版.

3 [398—414]   36 *Application of the quantum theory to atomic problems in general* 1921

稿本,打字,手写,57pp.,En,Mf10

这份稿本有着这样一些标题[En]:第一章:普遍原理,§1基本公设,§2定态的一般性质,§3多周期体系的态关系式,以及§4量子论中的辐射问题.正如由复写的引论可以看出的,这份稿本原拟作为由丹麦皇家科学院发表的一系列论文中的第一篇.

37 *Series spectra and atomic constitution* [1921—1922]

部分稿本,打字,2pp.,En,Mf10

这是一份未发表稿件的开端,或其中一节的开端.

38 *Bemerkungen über den Atombau* 1922

稿本,打字,20pp.,Ge,Mf10

这似乎是在《各元素的原子结构及其物理性质和化学性质》(Z. Phys. **9**(1921)1)的一条小注中预告过的一篇论文.

39 *Lectures London and Cambridge* 1921 年 3 月 6—22 日

提纲,手写,9pp.,En,Da,Mf10

3 [419—446]   40 *Guthrie lecture* 1922 年 3 月 24 日

底稿和部分稿本,手写,打字,129pp.,En,Da,Mf10

一份稿本和发表本(《电场和磁场对谱线的效应》,Proc. Phys. Soc. London 1923, p. 275)几乎完全相同.另一份稿本进行了较大的改动.

752 4 [341—419] T   41 *Die Theorie des Atombaus* 1922 年 6 月 12—22 日

稿本,打字,手写,119pp.，13 figs，Ge，Mf10

1922 年 6 月间在哥廷根所作的关于原子结构理论的七篇演讲的稿本和笔记.

4 [421—424] T　　　42　*Forklaringen af det periodiske system* 1922 年 8 月 24 日

演讲提纲,部分稿本,笔记,16pp.，Da，Mf10

论周期系的解释,在瑞典乌普萨拉在第二届北欧物理学会议上发表的演讲.

43　*Kvanteteoriens anvendelse* 1922

部分稿本,打字,5pp.，Da，Ge，Mf10

《论量子论对原子结构的应用. 第一部分：基本公设》(Z. Phys. **13**(1923)117) 一文的头几页.

44　*Ukomplet manuskript* 1922

部分稿本,手写,16pp.，Da，Mf10

关于量子论的未完成稿.

45　*Veröffentlichte Werke* 1922

纸页,手写,1p.，Ge，En. Mf10

到 1922 年为止的玻尔最重要论文的目录.

4 [26—27] T　　　46　*Tale ved tildelingen af Nobelprisen* 1922 年 12 月 30 日

稿本,打字,2pp.，Da，Mf10

在斯德哥尔摩诺贝尔奖授奖式后的宴会上的致辞.

47　*Forskellige optegnelser* 1923

纸页,手写,2pp.，Da，Mf11

N. 玻尔写的各种札记.

48　*Spectra of isotopes* 1923

纸页,打字,1p.，En，Mf11

涉及 *V. Thorsen, Naturwiss.* **11** (1923)78;《同位素线系光谱之间的差别》(Nature **109**(1922)746).

49　*Answer to Campbell* 1923

底稿,打字,6pp.，En，Mf11

对 Norman Campbell《一种静态的或动态的原子》(Nature **111**(1923)569)一文的未发表的答复.

50　*Answer to Wood and Ellett* 1923

底稿,打字,2pp.，En，Mf11

753

对 Wood 和 Ellett 的一篇文章(Nature **111**(1923)255)的
答复的未发表稿.

51　*Siegbahn on Hafnium* 1923

纸页,打字,1p.,瑞典文,Mf11

摘自席格班在哥德堡发表的一篇讲话,其中提到道维列
关于第 72 号元素的声明.

52　*Atomteoretiske problemer* 1923

部分稿本,打字,9pp.,Da,Mf11

关于原子理论的一些问题的简略讨论.

53　§ 5. *Die Gruppeneinteilung der Elektronen im
Atom* 1923

部分底稿,打字,手写,7pp.,Ge,Da,Mf11

此稿有两个部分和一份提纲,内容是原子内部的电子分
组问题.

54　*Komplexstruktur-Linien* 1923

部分底稿,手写,8pp.,Ge,Mf11

处理的是具有多重结构的谱线的塞曼效应.

55　*Table of doublet systems* [1923?]

纸页,手写,3pp.,En,Mf11

包括头三组中的金属的双重线系的两个表和第二组中的
金属的单线系和三重线系的一个表.

56　*Atomic structure*(《自然》的校样)

校样,1p.,En,Mf11

J·D·梅恩·斯密兹关于玻尔的量子组方案(概述见
1923 年 7 月 7 日的《自然》)的讨论,和玻尔的一份答复.
二者都不曾发表过.

754　3 [532—558] T　57　*Anwendung der Quantentheorie auf den Atombau
II* 1923

稿本,打字,43pp.,Ge,Mf11

论量子论对原子结构的应用 II. 线系光谱的理论. 原拟作
为发表在 Z. Phys. 上的一系列论文的第二篇. 由于解释
反常塞曼效应和多重结构的困难,此稿迄未发表.

58　*Toronto lectures* 1923 年 10 月

提纲,手写,5pp.,En,Mf11

1923 年 10 月 1—3 日在多伦多大学发表的三篇演讲的

提纲.

59　*Amherst lectures* 1923 年 10 月

提纲,手写,5pp.,En,Mf11

1923 年 10 月间在阿默斯特大学所作的五篇演讲的提纲.

3〔578—579〕 60　*From the Liverpool meeting of the British Association*

1923 年 10 月 22 日

底稿,5pp.,En,Mf11

致阮肯教授的信,附有玻尔关于光谱起源的讨论的摘要.

发表本见 Nature **113**(1924)223.

61　*Harvard lectures* 1923 年 10 月 26 日

提纲,手写,1p.,En,Mf11

1923 年 10 月 26 日在哈佛大学所作两篇演讲中的第二篇

演讲的提纲.

3〔45—46〕 62　*Science Club lecture. On certain philosophical*

aspects of modern atomic theory 1923 年 10 月

29 日

提纲,手写,1p.,En,Mf11

63　*Columbia lecture*(附幻灯片)1923 年 11 月 19 日

提纲,手写,3pp.,En,Mf11

在哥伦比亚大学作的单独一次演讲的提纲.幻灯片已不

存在.

64　*Yale lectures* 1923 年秋

提纲,手写,3pp.,En,Mf11

显然是 1923 年 10 月或 11 月间在耶鲁大学所作九篇演讲

的提纲.(其中的六篇演讲可能曾经是席利曼演讲.)

3〔582—601〕 65　*Silliman lectures*〔1923 年秋〕

提纲,手写,打字,44pp.,En,Mf11

1923 年 10 月或 11 月间在耶鲁大学所作六篇席利曼演讲

的提纲.

66　*On the selective reflection of X-rays* 1924

稿本,打字,6pp.,En,Mf11

于 1924 年 2 月 6 日寄给 P. 福提以便在 Journ. of Opt.

Soc. of Am. 上发表的论文.由于 W. 杜安在有关的现象方

面得出了新的结果,论文于 5 月 6 日被撤消.

3〔458—500〕 67　*On the application of the quantum theory to atomic*

755

structure 1924

稿本,打字,69pp. , En, Mf11

这是发表在 Z. Phys. **13**(1923)117 上的玻尔论文的英译本,译者是 L·F·科尔提斯. 这一译本发表于 Proc. Camb. Phil. Soc. Suppl. , p. 1(1924).

索 引 [*]

阿瑞尼乌斯(Arrhenius), S. 429,467

阿斯登(Aston), F. W. 431,468,658

艾德尔(Eder), J. M. 702

艾丁顿(Eddington), A. S. 686

艾利斯(Ellis), C. D. 261

艾伦菲斯特(Ehrenfest), P. 14,15,29,51,
136,353,354,356,361,362,423,450,
476,556,616

艾伦菲斯特致玻尔夫人的信(letter to Mrs.
Niels Bohr from Ehrenfest)(1922 年 11
月) 683

艾普斯坦(Epstein), P. S. 29,37,39,213,
358,368,369,449,476

爱因斯坦(Einstein), A. 24,25,27,28,29,
30,97,344,345,348,355,423,435,436,
450,470,476,553,613,659,683,697,698

奥斯特(Ørsted), H. C. 434,469

奥席恩(Oseen), C. W. 25,51

巴尔(Bahr), Eva von 437,470

巴耳末(Balmer), J. J. 434,469,659

巴克拉(Barkla), C. G. 268,461,481

北欧物理学会议,第二届(Nordic Physics
Conference, second) 25

    在～上的演讲的摘要(abstract of
lecture before～) 421—424

贝克(Back), E. 216,379,573,629

本生(Bunsen), R. W. 446,475

比耳特维叟(Birtwistle), S. 663

别人致尼耳斯·玻尔的信(letters to Niels
Bohr from…),详见本卷第二编目录

玻恩(Born), M. 4,7,8,24,38,39,48,57,
68,95,105,203,276,392,593,643,693,
694,700,710

伯根格伦(Bergengren), J. 499,532

伯齐留斯(Berzelius), J. J. 429,467

铂族元素(platinum metals) 81,243,313,
404

布尔杰斯(Burgers), J. M. 357,358,359

布赫-安德森(Buch-Andersen), E. 670

布喇格(Bragg), W. H. 442,473,659

布喇格(Bragg), W. L. 442,473,659

布朗(Brown) 37,688

布瑞(Bury), C. R. 244,315,316,459,
463,480,482,489,522

穿透性轨道(penetrating orbits) 8,78,
147,454,478

戴维斯(Davies), A. C. 53

道耳顿(Dalton), J. 84,85

道列塞克(Dolejsek), U. 493,530

图书在版编目（CIP）数据

尼耳斯·玻尔集. 第 4 卷, 周期系：1920～1923 /
（丹）玻尔（Bohr, N. H. D.）著；戈革译. —上海：华
东师范大学出版社，2012.5
　ISBN 978 - 7 - 5617 - 9557 - 6

　Ⅰ. ①尼…　Ⅱ. ①玻…②戈…　Ⅲ. ①玻尔，
N. H. D.（1885～1962）-文集②原子结构-文集　Ⅳ.
①Z453.4②O562.1 - 53

中国版本图书馆 CIP 数据核字（2012）第 108389 号

尼耳斯·玻尔集
第四卷　周期系(1920—1923)

著　　者　(丹麦)尼耳斯·玻尔
译　　者　戈　革
策划编辑　王　焰
特约策划　黄曙辉
项目编辑　庞　坚
审读编辑　沈毅骅
装帧设计　高　山

出版发行　华东师范大学出版社
社　　址　上海市中山北路 3663 号　邮编 200062
网　　址　www.ecnupress.com.cn
电　　话　021 - 60821666　行政传真 021 - 62572105
客服电话　021 - 62865537　门市(邮购)电话　021 - 62869887
门市地址　上海市中山北路 3663 号华东师范大学校内先锋路口
网　　店　http://hdsdcbs.tmall.com

印 刷 者　上海中华商务联合印刷有限公司
开　　本　787×1092　16 开
印　　张　29.5
字　　数　515 千字
版　　次　2012 年 6 月第 1 版
印　　次　2012 年 6 月第 1 次
印　　数　1—1500
书　　号　ISBN 978 - 7 - 5617 - 9557 - 6/O · 220
定　　价　116.00 元(精)

出 版 人　朱杰人

(如发现本版图书有印订质量问题，请寄回本社市场部调换或电话 021 - 62865537 联系)